中国文化产业评论

第27卷

胡惠林 陈昕 主编
单世联 李康化 凌金铸 副主编

Commentary on Cultural Industry in China

中文社会科学引文索引（CSSCI）来源集刊
上海交通大学国家文化产业创新与发展研究基地 主办

上海人民出版社

目　录

文化场景研究

区域文化产业

特　　稿

第 27 卷

Commentary on Cultural Industry in China

我的文化产业学术研究

——写在《文化产业发展的中国道路：理论、政策、战略》出版之际

上海交通大学　胡惠林

今年是改革开放40周年，也是我国文化产业管理专业学科建设25年。25年前，上海交通大学率先创办了我国第一个以培养文化产业经营管理高级专门人才为目标的“文化艺术事业管理”专业。25年来，以上海交通大学为标志的我国文化产业管理专业从无到有，初步建立起了本科、硕士研究生、博士研究生和博士后比较完整的文化产业高级专门人才培养体系。我有幸参加了这一历史进程。同时也开始了我的文化产业学术研究生涯。2018年8月，社会科学文献出版社出版了我的学术专著：《文化产业发展的中国道路：理论、政策、战略》，也算是对改革开放40年和我国文化产业管理专业学科建设与学术研究25年的一个纪念。

一

这本书我整整写了20年。从1998年发表的《世纪之交的中国文化发展战略》到2017年写就《十字路口的中国文化产业发展战略选择》，它既是我20年来文化产业学术研究的一个小结，同时也是20年来中国文化产业理论研究与学术发展的一个学者的记录与见证。这不是一本一般意义上的论文汇编集，而是围绕一个核心命题——文化产业发展的中国道路——展开和完成的一本学术专著。

什么是文化产业？为什么要发展文化产业？发展什么样的文化产业？怎样发展文化产业？这些问题既是文化产业与中国社会主义文化发展的关系性问题，也包括在中国要不要发展文化产业，怎样发展文化产业和发展什么样的

文化产业,文化产业发展与国家发展的关系等。这是贯穿于该书的全部主题。虽然,该书的章节结构并不是完全按照这样的序列安排的,但它的全部精神就是由此而展开的。全书 13 章,每章 1 个主题,加导论和结语,共 15 主题,43 个论题。从文化产业的当代中国发生、中国文化产业战略、中国文化产业现代化的几个战略关系,从"文化产业:把一个什么样的中国带入 21 世纪"开篇,到提出"十字路口的中国文化产业发展战略选择"收尾,理论、政策、战略三个维度,对中国文化产业发展中提出来的一系列重大、基础、前沿问题进行跟踪研究,从一个人的视角记录式地反映了 20 年来中国文化产业研究发展的学术历程。

20 年前,中国正面临着加入世界贸易组织带来的制度性、政策性和战略性挑战,而冷战结束、"文明冲突论"被植入中国学术视野之后,如何应对这一挑战,在重建中国政治、经济秩序的同时,重建中国的文化秩序,便成为中国学术界不得不严肃面对的,并且必须给予回答的问题。

"把一个什么样的中国带进 21 世纪",是党的十五大在世纪之交提出来的一个重大的中国命题。这一战略性命题是我 20 年来思考、跟踪中国文化产业发展的起点。《世纪之交的中国文化发展战略》(1998 年《学术月刊》第 8 期)就是在思考这一问题下写成的。文章发表之后,1999 年第 1 期《新华文摘》全文转载,并以封面标题的形式予以突出。紧接着,我于 2000 年初发表《国家文化安全:经济全球化背景下中国文化产业发展策论》,还是由《学术月刊》(2000 年第 2 期)发表,又被当年《新华文摘》第 6 期全文转载,获得极大的反响。(这原本是一篇 1999 年 11 月我参加由上海社科院和上海市社科规划办联合主办的"加入 WTO 后中国文化产业发展与管理政策国际研讨会"提交并宣读的会议论文。)"国家文化安全"这一概念也为中央决策层所采纳。这给我以极大的鼓励,也给了我信心。对于中国文化产业发展问题的关注和文化产业发展的中国道路的关注,由此而构成了 20 年来我的文化产业研究学术全过程。

在这里,我不能不特别提到《学术月刊》原常务副主编夏锦乾先生。正是由于他的力排众议,大力支持,发表了我的这两篇文章,这才坚定了我的学术转型的学术自信,并且把文化产业研究的这条路一直走到今天。没有夏锦乾先生的大力提携,也许也就没有我今天摆在大家面前的这本书。

二

文化产业是中国改革开放 40 年取得的最伟大的成就之一,中国文化产业理论研究和学术发展也取得显著的成就。中国有文化产业，但是，在一个相当长的时间内，文化产业一直没有得到应有的发展，作为它的理论形态，中国文化产业学术研究也始终处于空白状态。它的许多命题被淹没在其他相关学科的学术研究中。中国加入世界贸易组织（WTO）带来的对中国文化产业发展和文化市场准入的制度性挑战，中国经济结构战略性调整亟须破解的结构性矛盾与体制性障碍，历史性地使得中国文化产业第一次被推到了中国政策与战略变革与创新的前沿，肩负起前所未有的历史重任。应对加入世贸组织给幼稚中的文化产业带来的威胁与挑战，陡然挑开了文化产业发展的中国大幕，进而也由此带来与中国文化产业发展的一系列理论、政策与制度性问题。当不发展文化产业便不能有效应对世贸组织对中国文化产业发展的挑战，进而对中国文化市场建设和意识形态建设整体性、战略性挑战的时候，大力发展文化产业便成为中国在文化领域里的重大的战略性创新；而如果不对中国的文化政策进行战略性调整和战略性创新就无法适应和满足这一战略应对需求的时候，文化政策创新便与中国文化制度创新在这个时候被同时提到了中国学术界和决策层的面前。中国的文化产业研究正是在这个重大而严峻的时代背景和时代需求下开始它的理论和学术历程，并由此而展开它的内容的丰富性，发展成为一门全新的人文社会科学学科。在迄今为止的中国人文社会科学学科建设和学术研究领域中，还很少有哪一个学科如文化产业研究这般横空出世而为世人瞩目，并对中国社会进程产生如此巨大而深远的影响的。

三

中国的文化产业发展是为克服经济发展的结构性矛盾和体制性障碍提出来，是为解决经济结构战略性调整所发生的成本转移、结构改革提出来的。但是，它同时遭遇到文化发展的结构性矛盾与体制性障碍。长期形成的关于文化的意识形态属性认识和文化生产体制的国有化，使得文化产业发展在它的初始阶段遭遇到原初的“文化正义抵抗”。所谓“文化有意识形态”是这一“文化正义抵抗”的典型表述。社会主义与市场经济在这里碰撞出不可避免的矛盾与冲突。意识形态逻辑与市场经济逻辑成为典型的文化产业发展的中国问题，成为中国文化产业发展必须跨越的“意识形态之坎”。这个问题如影随形，构成20年来中国最重要的文化产业发展问题。这个问题很大程度上决定了文化产业发展的中国道路的性质。正是为回答这一问题，我在《中国文化报》

(2002 年 3 月 23 日)上发表了《要把文化产业作为意识形态来抓》的论文。定义了文化产业的意识形态属性,消除文化产业与意识形态之间的对抗,以排除文化产业发展中的“狭隘”的意识形态障碍。这既是一个中国文化产业发展最重要的文化政策问题,同时也是一个影响中国文化产业发展的具有普遍性的社会认知问题。20 多年来文化产业发展的中国道路,可以说就是不断地从解决这一对矛盾中走过来的,构成非常鲜明的中国特色。市场准入、市场开放,文化体制改革,也正是在这个意义上成为中国与以欧美为代表的资本主义文明体系不断冲击的对象,成为中国与欧美在文化领域进行战略性博弈的主战场。而中国文化产业也得以在这个过程中,不断地强身健体,不断地从弱小走向壮大。

20 年来中国文化产业发展不断展开的矛盾的丰富性,构成和形成了我的文化产业研究的问题对象来源,在中国文化产业发展几乎每一个具有重要意义的政策与战略的时间节点上,我都就此提出来的文化产业发展问题撰文研究,率先提出并发表了一系列文化产业研究的命题与概念,“国家文化安全”(2000)、“文化产业走出去”(2007)、“文化产业的公共责任”(2009)、“文化产业数据话语权”(2012)、“国家文化治理”(2012)、“文化产业正义”(2012)、“文化产业的本质”(2017)等等,从而形成了一个以“把一个什么样的文化产业带入 21 世纪”为核心论题的比较完整且自成逻辑关联的关于“文化产业发展的中国道路”的研究论说。其中有许多论文被《新华文摘》转载,为学界所广泛引用。对中国文化产业发展现实问题的关注,这是我的文化产业研究价值观和方法论。

四

中国的文化产业研究是为应对中国加入世界贸易组织、中国发展和开放文化市场、重建中国发展的文化制度这一系列问题开始的。在制度性障碍和政策性思维尚未突破原有的制约性思维观念和狭隘的“文化有意识形态问题”认知,中国文化产业起步“迟疑”的时候,我和张晓明、章建刚、金元浦、齐勇锋、叶朗、施惟达等被称为中国第一代文化产业研究的先行者走在了时代的前面,著文呼吁发展中国文化产业(在这个过程中,我们先后得到了文化部文化市场司副司长刘玉珠、文化产业司副司长金一伟、谢锐,文化产业司第一任司长王永章诸同志的大力支持。这是需要另文梳理的。立此存照)。一种危机意识和危机克服的紧迫感,使得我们的文化产业研究走在中国文化产业战略性起步的前面,掀起了一场颇具"文化产业启蒙主义"色彩的中国文化产业研究浪潮——中国文化产业学术研究第一次浪潮。在中国还尚未来得及坐下来细细地坐而论道"什么是文化产业"的时候,一批文化产业研究论文横空出世了,给中国文化产业发展以振聋发聩之影响。影响了决策者,也影响了企业家。同时也决定了中国文化产业研究的方法论:以学术的名义,开始中国文化产业发展的"策论"研究——同时破解在文化发展问题上的观念形态和经济发展问题上的观念形态,走出了一条完全不同于西方文化产业理论研究——社会批判研究与大众文化研究——的"对策研究"的中国之路。建构了独具中国特色文化产业理论的"研究范式",并且以此把它同法兰克福学派社会批判理论和伯明翰文化研究理论的文化产业研究范式相区别。我的文化产业研究第一篇长篇论文《国家文化安全:经济全球化背景下中国文化产业发展策论》,就是这样的"对策研究"。国际国内两个方面的因素同时构成了中国文化产业发展的动力结构。这就赋予了中国文化产业研究的双重视角:在全球的空间视角中思考和研究文化产业发展的中国道路,在中国的历史(时间)视角中思考和研究中国文化产业发展的现实道路。这既是中国文化产业研究的时代性,同时也形成了我的文化产业研究的显著特征:宏观问题研究。

五

每个国家文化产业的发展道路是不一样的。不同的国家有不同国家的发展文化产业之路。这是由不同国家的历史文化传统和政治制度性质决定的。中国的文化产业发展之路是由中国的政治社会制度决定的。中国在农耕文明时代形成了以手工业为主要生产方式的传统文化产业体系。这是一个以"器"——骨器(骨笛)、玉器、陶器、竹器(竹简)、青铜器、瓷器、石器(石雕、画像石)、木器(漆器、家具木雕、建筑木雕)、乐器——为主要载体形态的文化生产体系,而主要不是以"道"——主要不是以"书"印刷出版——为主要内容的文化产品生产体系。这个生产体系是中国人的精神生产体系的最高表达形式之一,由器物而人物,将人的情怀与物的形态有机融合在一起:玉不琢、不成器,器重,器量,器度,成器,大器晚成,器宇轩昂,"备物致用,立成器以为天下利,莫大乎圣人"。[1]其间所形成的技艺、工艺以及由此而推动的社会生产力形态

---

① 《易・系辞上》。

演化，及其建筑在其之上的关乎“器”的社会生产关系，即相关制度的演化，不仅使得“器”在中国的社会发展结构中具有为其他人工创造和生产的产品形态中所没有的、极为丰富的表达形态，而且使“器”成为中国文化产业发展史的重要构成形态，和具有哲学意味的中国文化经济学概念。只要看一看在中国大地上几乎所有博物馆陈列的青铜器，这在当时该是有个怎样的产业规模啊！“工欲善其事，必先利其器”①，成为中国处理“道”“器”关系生产的基本原则。这也是为什么中国虽然是纸和活字印刷发明的母体，却始终没有形成强大的出版业的原因，并且也因此造成了中国的高文盲率(1949 年新中国成立之初，中国的文盲率高达 85%以上)。今天，我们能看到的这些“道”的存在物，是刻画在甲骨上的文字，是浇铸在青铜器上的文字，是书写在竹片和木片上的文字(“清华简”“长沙简”)，具有现代意义上的印刷业(雕版印刷和活字印刷)只是到了宋朝才获得了“行业”或“产业”的规模发展。从这个意义上说，中国现代文化产业是中国开始进入工业文明时代起步的。洋务运动掀开了中国现代文化产业的大幕。到 20 世纪 30 年代，以上海为中心基本形成了现代意义上的文化产业体系，除了没有电视与互联网这两类文化产业业态，其他的都有了。

这是一个半农耕文明半工业文明时代，两大文明的文化生产方式和产品形态同时构成了中国文化产业体系。它们既是中国人的社会精神生活方式，也是中国人的社会物质生活方式。以现代书报刊为主要产品形态开始进入农村和边远城镇，并由此而引发了近代中国的社会革命。但是，占据百姓民众文化消费主体的依然是诞生于农耕文明时期的文化产品，尤以戏曲表演业和书画业为盛。瓷器业兼具生活用品和文化用品双重属性。京剧是最典型的代表。即便如像上海这样的现代大都市，能够消费像电影这样的文化产品还是极少数人。绝大多数依然是农耕时期的文化产品消费者。这一基本状况决定了中国文化产业发展中历史性存在的结构性特征与矛盾。

新中国成立之后改变了文化产品生产与创作的“道”的内容，也改变了文化产品“器”的供给与需求的社会制度结构。福利型的国家文化生产与供给体制，其结果造成了中国有文化产业，但始终没有作为文化产业来发展，而是把它作为文化事业来建设的基本格局。也有文化市场，但是，市场不在文化资源配置中发挥作用。这一方面是由主流意识形态建设的初始需求造成的，另一

① 《论语・卫灵公》。

方面也是由人们的可供支配收入水平较低，缺乏文化产业发展所需要的社会购买力决定的。再加上整体性国家文化生产力水平较低，还无法满足人们文化消费水平增长需求。这三个方面的叠加组合长期决定和影响了中国文化产业的发展道路和低水平缓慢发展。改革开放后，发展文化产业一直到世纪之交才进入国家议事日程和议程设置，逐渐成为国家战略。但是，中国文化的基本国情没有变，中国文化产业构成的文明型结构没有变。中国依然是一个以农耕文明为主体的社会。农业、农民占据中国社会的主要方面，即便是在像上海这样的大城市，其中的绝大多数市民也都是来自农村的。更不用说北京、天津这样的大城市了。城乡二元结构是中国文明的基本结构，同时影响和决定了中国文化产业二元结构的基本属性：半农耕文明半工业文明——“半工半农”。正是这样的一个结构性属性，影响和决定了中国文化产业发展道路的问题、动力、结构与走向。该书内容的构成结构就是由此而形成的。

六

工业文明向农耕文明生成，农耕文明向工业文明生成，这样一种双向生成结构同时在中国城乡文化和创意产业园区建设的浪潮中得到了激扬的反应和表现。当政府部门和学术界还在为大力发展中国文化产业进行体制改革，出谋划策和理论探索的时候，成都市三圣乡“五朵金花”开创的“农家乐”新文化旅游休闲形态、青海热贡唐卡生产与销售的火爆、四川绵竹年画、河北蔚县剪纸产业化出口等，诞生于农耕文明时期、以手工业为主要生产方式的传统文化产业形态的再现与重生，陡然间在改变了中国文化产业发展的产业形态、发展思路的同时，也改变了关于中国文化产业发展形态的认知结构与认知模式。我的关于中国文化产业发展形态的“三分法”——以农耕文明为基础、以手工业为主要生产方式的传统文化产业形态；以工业文明为基础、大规模机械复制为主要生产方式的现代文化产业形态；以信息文明为基础、以数字技术和互联网为主要生产方式——的理论，就是从这样一个中国文化产业发展的现实中提出来的。后来学界提出来的文化产业发展的“跨界”和“融合”理论，也都由此而来。

传统—后传统与现代—后现代，同时构成了中国文化产业发展的两个界面、四个维度，两大类型的四种动力结构。不仅文化产业发展的中国道路由此而历史性生成中国特色，而且文化产业发展的中国问题以及关于它的研究也由此而产生。正是因为中国文化产业运动发展具有这样一种属性特征，中国国家统计局在2012年修订的《文化及相关产业分类指标体系》时，在修改关于文化产业三个圈层关系的划分的同时，把“特色文化产业”作为一种文化产业类型而专门列入其中，就是对传统文化产业形态在中国整个文化产业体系构成中的比例关系而做出的一个符合中国文化国情实际的安排，从而为广大的农耕文明占主导地位的地区可以从实际出发，根据自己拥有的文化资源禀赋和比较优势发展文化产业，提供了一个公平的国家统计价值，使得现代文化产业相对不发达的省份，可以发展比较发达的传统文化产业，把优化文化产业结构和实现文化产业优势互补有机地结合统一于国家统计。这不是一种简单的统计学意义上的调整，而是从中国文化产业发展实际出发做出的一个重大的文化产业政策的调整。国家统计指标体系的建立具有政策导向价值。各地的国民经济统计都是以此为标准的。而推动这一统计政策调整的是中国文化产业发展实践巨大的“中国化”。

中国不可能走西方发达国家文化产业的发展之路。西方国家文化产业的发展之路是建筑在资本主义工业文明体系之上的，是以西方的城邦文明为其历史社会制度基础的。西方国家的文化产业发展道路是这二者的有机结合与体现。它们不存在像中国“半农半工”的这样一种双重属性同时并存的社会文明结构。中国的文化产业发展之路是建筑在以农耕文明为基础，以工业文明为主导，以中国特色社会主义为发展方向的根基之上的。这就决定了中国的文化产业是一种发展文化经济学。所谓新旧动能转换在文化产业发展的中国道路中得到了非常奇妙的体现。这也就决定了中国的文化产业理论研究不可能走法兰克福学派的“社会文化批判”之路，也不可能走伯明翰学派的“文化研究”之路，而只能立足于文化产业发展的中国实践的“中国特色文化产业理论建构”之路，并且实践不断完善关于理论体系的建构。

中国要有自己的文化产业理论，而不是靠用西方的文化产业理论来解释和言说中国的文化产业发展的实践。中国的文化产业理论应该产生于中国文化产业发展的实践之中和问题之中，而不是用西方文化产业理论来对号入座。西方文化产业理论永远都只能是中国文化产业理论创造的文明借鉴、一种文化参照，永远不能代替中国自己的文化产业理论研究和创造。中国文化产业理论研究与学术体系、话语体系建设的任务，只能由中国的文化产业实践家和理论家去完成。如果说，20年前中国的文化产业理论研究走在了中国文化产业发展的实践前面的话，20年后的今天，则似乎已经赶不上快速发展的中国文化产业实践变化。今天中国的“半工半农”的文化产业体系正在遭遇信息文明全方位的整体而系统性的改造，不是挑战。信息文明正在重塑中国文化产业“半工半农”的文明结构体系。未来中国文化产业很可能呈现一种在信息文明——数字技术、互联网、人工智能——引领下的全新的“半工半农半数字”的文化产业体系，特别是当“人工智能”不再是文化产品生产的工具和载体形式，而是发展成为具有“创造性”“独立自主”的文化产品生产主体的时候。①中国文化产业整个生态系统都将因文明的变迁而呈现出全新的形态，需要中国文化产业理论给出全新的前瞻性揭示和阐释。

七

中国文化产业发展是在中国改革开放重大转型进程中被提出来的，是中国社会转型、变革的重要组成部分。不仅中国社会转型发展的其他方面的变革会给文化产业发展变革带来深刻的影响，而且文化产业发展在这个过程中发展的转型与变革也会对中国社会发展的其他方面产生巨大的影响，无论是政治、经济、社会、文化、生态乃至外交与安全等。这就决定了中国文化产业发展的丰富复杂性和中国文化产业理论研究的丰富复杂性。这种丰富复杂性在任何一个国家文化产业发展与文化产业学术研究史上，都是罕见的。随着文化产业发展合法性的解决，文化产业发展的合理性问题便上升为中国文化产业发展的主要问题：怎样的文化产业发展才是中国应该有的发展政策与发展道路。文化产业对象的不断扩容与增量，使得文化产业边界一再被“修编”。文化产业前所未有地渗入中国的政治、经济和社会文化生活，也由此而不断产生中国文化产业发展的新问题。新问题催生了新文化产业政策。文化体制改革的深化和文化产业不断地被新发现所激动，于是，当一个文化产业发展的中国问题尚未得到理论上的深入研究的时候，另一个新的发展问题迅速地把前一个问题给覆盖了、遮蔽了。于是，中国文化产业研究便进入了一个“根本停不下来”的“激励”状态。

① 作者“九歌”创作的以“早春”为题的一首古诗：“早春江上雨初晴，杨柳丝丝夹岸莺。画舫烟波双桨急，小桥风浪一帆轻。”是由清华大学计算机科学与技术系团队历时3年研发的人工智能创作而成。谁能想到，这是人工智能以“早春”为关键词创作的一首诗。在综艺节目《机智过人》中，微软的聊天机器人小冰以一曲中国风歌曲《桃花梦》“险胜”人类对手。当歌手唱出“茫茫夜雨中，往事如风，耳边桃花笑春风，梦里你我相逢”这般古风浓郁的句子，很多观众以为这是人类所作。见《写诗作曲绘画，人工智能创作的春天来了》，《新华每日电讯》，2018年3月14日。

现时中国的文化产业研究比较大的主题多数是关于所谓文化产业发展的"对策研究",忙于给地方政府做文化产业发展规划。而真正做基础理论研究的是不多的。殊不知,任何文化产业政策都是应该建筑在关于文化产业的学理性认知的理论基础上的。或者说,任何文化产业政策首先就是一种理论形态,是一种理论建构。没有理论为基础的文化产业政策不是文化政策,因而,这样的所谓"对策研究"是没有意义的。以为文化产业对策研究就是关于发展文化产业项目的"创意策划",这是一种"文化产业研究误会"。这是一些地方的文化产业发展规划之所以被扭曲成关于发展文化产业"招商引资"的政府项目文书的重要原因。这也是有的地方一些重大文化产业项目会失败的重要原因。缺乏对文化产业发展规律性的理性认识,必然导致在文化产业发展中的高成本、高风险和高失败。中国的文化产业发展应该首先从理论上解决中国文化产业发展的首要问题是什么这个根本性问题。中国所有的文化产业研究都应该从这个根本问题出发,去探究中国文化产业发展的理论、政策和战略问题。只有这样,中国的文化产业发展才能是一种建立在科学理性基础上的发展,而不是相反。

文化产业发展与其他社会的政治、经济形态发展一样,都还是有着自身的发展规律的,对文化产业发展规律的揭示和理论性总结、归纳与提升,并不因中国文化产业发展的特殊性而不重要。中国文化产业实践中遭遇到的发展问题,最终也还是需要通过学术理论的学理性研究,通过对文化产业发展的一般规律、中国文化产业发展的特殊规律的认真研究和深刻揭示,形成科学理论来解决。没有理论的指导、没有建立在理论基础之上的对策研究和发展战略研究,都难以克服"空中楼阁"和"画饼充饥"的尴尬。这也是近年来中国的文化产业研究没有如世纪之交那般走在实践的前头,而是陷入亦步亦趋的"我注六经"的重要原因。毫无疑问,中国文化产业的实践发展仍然需要着眼于文化产业发展中国问题的"对策研究"。但是,如果仅仅局限于工具理性的"对策研究"而不在价值理性的层面上深入研究文化产业的基本理论和文化产业发展的基本规律,我们很可能陷入有"对策"而无"研究"的地步,即所谓有"库"而无"智"的境况,最终陷入"对策研究"也不可持续的境地。而这样的"窘相"正在显现出来。真正的理论在于发现,在于真知灼见。没有理论上的真知灼见,就没有对策研究上的"对症下药"。中国文化产业的科学发展,当然需要"对策研究"。但是,"对策研究"的核心是针对问题的研究,是针对问题是非的价值研究。没有对问题的发现和研究,没有对问题是非的价值研究,所谓的"对策研究”的价值何在呢?《论文化产业的本质》是我对这一基础理论问题的系统性探索与回答。

习近平有一句名言:“房子是用来住的,不是用来炒的。”在党的十九大报告中,习近平又一次在中国最高层次的政治宣言中特别阐述了这一观点。这一关于“房子”功能属性的表述,把人们的基本需要与市场的资本需求做了一个清晰的价值区分。这个区分,对于认识中国文化产业发展的价值取向和道路取向具有极为清晰而重要的文化产业政策价值的指导作用:文化产业发展是用来满足人们对美好生活追求的需要、人的全面发展的需要,而不是用来满足 GDP 增长的需求的。文化产业发展的 GDP 增长,应当是在满足人们对美好生活的向往的需求和人的全面发展的需要中实现,而不是相反。不能以牺牲人的全面发展和人们对美好生活需要向往的实现为代价来实现文化产业的 GDP 增长。这应该是中国特色社会主义文化产业发展道路与西方资本主义文化产业发展道路的根本区别。因此,中国文化产业应当对:“文化产业怎样才能满足人们对美好生活向往的需要?”“怎样才能满足人的全面发展的需要?”这样一些“房子是用来住”的中国文化产业发展问题进行理论研究、对策研究、战略研究。只有这样,中国文化产业发展的理论研究才能有助于中国文化产业的实践发展,也才能在这个过程中建构起中国特色文化产业学术理论体系、文化产业政策体系和文化产业发展战略体系。

八

2017 年 10 月,党的十九大召开提出了未来 20—30 年中国发展的战略远景规划,也对文化建设和文化产业发展提出了新的目标性要求。这些新的战略性目标要求,既为中国文化产业规划了路线图,也为中华文化的伟大复兴制定了时间表。毫无疑问,也必将在给中国文化产业发展提供更加广阔的空间展示的同时,提出更高的文化产业发展质量的要求。这个质量要求就是:中国的文化产业发展能否为实现中华文化的伟大复兴贡献足够的、实现中华文化伟大复兴所需要的文明能量的支持?到 2050 年的时候,中国的文化产业发展与文化发展能否与一个在经济上、政治上强起来的中国规模相一致、相适应,这仍将取决于文化产业发展的中国道路能否在历史的进步中创造历史,走出中国文化产业发展新的辉煌之路。这对中国的文化产业研究依然是一项重大的历史性挑战。回应这一挑战依然如 21 世纪之初那样构成了中国文化产业学术界的历史性责任。

始终赋予对策研究和战略研究以理论形态，努力在概念建构与议程设置上赋予文化产业研究以学术品格，始终是我 20 年来努力追求的学术目标。我深知，我离此目标还有很长的路要走、还很遥远。但，我将义无反顾地朝着这条路走下去。

理论政策研究

第 27 卷

Commentary on Cultural Industry in China

思罗斯比如何讨论文化产品的特殊性

中国社会科学院　章建刚

［内容提要］　国内一些学者认为思罗斯比也谈及文化产品具有经济和文化的双重价值，不同于普通商品，因此不能完全市场化。这种简单的推论其实是一种误解。实际上思罗斯比认为，一切商品都具有价值二重性，文化产品并不例外；只是它们的使用价值与一般物质产品的使用价值有所不同。但接下来，对文化产品使用价值的分析发现，文化产品的精神性使用价值不仅具有一定的私人性，而且具有某些公共性特征，因此很难予以一次性经济价值评估。这是在商品使用价值内部分析剥离出的新的二重性。文化产品内容的这种公共性特征延缓了其市场化进程。在全球发展进程和文化竞争加剧的今天，文化产品尤其高端创意产品的生产和销售往往因此得到公共政策与公共财政的支持。对这两种“二重性”的分辨如此艰难，以致我们在思罗斯比著作译本中也读到了一些稍显含混的表述。我们不仅对其进行了初步澄清，也相信这些问题的讨论会促进经济学与人文科学的进一步互动。

［关键词］　文化商品；思罗斯比；价值；公共性；二重性

文化繁荣是当代社会发展的一个重要趋势，文化产业更是迅速崛起，这引起各学科学者持续的关注和研究。而文化产业研究首先就要讨论文化产品的概念或者说文化产品（及服务）的特殊性问题，其实质是说明文化产品是否可能成为商品，是否可以通过市场广泛传播。经济学家说过：“只有让艺术屈尊沦为产品和服务的范畴，经济学才可能处理它们。”①那么，对文化的这种经济

① 罗杰·特劳伯（Roger M. Troub）：《传统经济学、制度经济学和新制度经济学当中的艺术问题》，转引自威廉·亨顿等（William S. Hendon、James L. Shanahan 和 Alice J. MacDonald）编：《关于艺术的经济政策》，Abt 联合图书公司出版，1980 年版，第 7 页。中译文见叶取源等主编：《中国文化产业评论》第 10 卷，上海人民出版社 2009 年版。

学的处理方式合适吗？

十余年来，国内学者追随改革进程，对文化产业发展也开展了不断深入的研究，其间也参照了国外一些学者的先期研究。目前对国内业界尤其文化研究者影响较大的有澳大利亚学者思罗斯比(David Throsby)，他的两本著作被译成中文。[①]思罗斯比是澳大利亚麦考瑞大学经济学教授、国际文化经济学协会前主席。其文化经济学观点受到联合国教科文组织的重视，他的文章曾多次被散发以支持与文化相关的多个国际公约的起草和谈判。思罗斯比认为文化产品既有经济价值，也有文化价值；有所谓二元性，且二者并不完全匹配。进而他认为，市场无法对文化产品进行充分合理的定价(或实现交易)，因此文化产品的文化价值无法仅仅通过市场交换得到体现；市场不利于文化生产，需要公共部门的支持。这些观点在国内有较大影响，一些学者认为它们与我们所说文化产品具有意识形态属性因此不能商业化的观点相类似。那么，这种理解合理吗？

针对上述两方面的问题，我们给出几点简单分析。

一、思罗斯比肯定还是否定了文化产品商品化的可能性？

由于与英国文化研究尤其伯明翰学派的文化理论具有一种继承性关系，思罗斯比的学术背景也相当宽泛。它主要是经济学的(包括经济史和经济学说史)，但也有较深的人文主义色彩。同时当他借用某种价值理论处理文化或文化产品问题时，又回避直接引用某些思辨性的理论来源。这使我们准确把握他注重经验性的经济学思想有一定的难度。也是因此，当我们注意到他说："为了经济分析的目的，必须将文化商品与文化服务定义为一个界限清楚的商品门类"，说"文化经济学家一直在争论，究竟有没有一类叫做'文化商品'的商品，在一些基本方面这类商品与'普通经济商品'有所不同"[②]时；当他认为，文化产品(包括文化商品)既需要用经济价值评估，也需要用文化价值进行评估时；当他说："我们认为价值的二元性适用于文化政策领域的所有现象"[③]时，很容易把思罗斯比所说的文化产品的"二元性"理解为文化产品与普通商品不

① [澳]思罗斯比：《经济学与文化》，王志标等译，中国人民大学出版社 2011 年版；[澳]索罗斯比：《文化政策经济学》，易昕译，东北财经大学出版社 2013 年版。本文以下引用各处均见这两个版本。

② [澳]思罗斯比：《经济学与文化》，王志标等译，中国人民大学出版社 2011 年版，第 5 页。

③ [澳]索罗斯比：《文化政策经济学》，易昕译，东北财经大学出版社 2013 年版，第 21 页。

同，仿佛普通商品是属性单一的。有时还把这种多出来的内容大致理解成意识形态；认为这是文化产品不能完全交给市场去推动生产的原因。这样他们又会推论认为，文化产品的特殊性及因此需要特殊政策对待的看法在西方国家也不是例外。我认为这是对思罗斯比的一种简单化的看法，甚至是一种误解。

首先思罗斯比可能会同意说，任何商品都具有二重性，即同时具有使用价值和（经济）价值，因为他谈及经济学中的价值理论时首先是从亚当·斯密关于商品使用价值和交换价值的论述开始的。[①]这应当是商品的基本属性。例如馒头或者面包能在市场上作为商品出售，首先是因为它可以充饥，而且价格还比较公道。文化产品被称为精神食粮，也可以填补心灵的匮乏，因此同理，如果它（诗歌或小说）能有个好价钱，我们也会乐于购买、消费。在这个意义上，文化产品与普通商品并没有什么区别。对于我们的讨论这里反倒是应该强调普通商品（如面包）和文化商品一样也具有价值二重性。进而人们没有理由因为具有这样一种二重性而反对文化产品进入市场。这里，文化商品并不具有异于普通商品的特殊性。文化产品并不天然拒斥市场，反之市场也不天然排斥文化产品。用思罗斯比的话说："我们不难算出消费者为了获得文化商品而愿意放弃的其他物品数量，并且可以建立起文化商品的需求函数，这种需求函数看起来与非文化商品的需求函数并无两样。"[②]我认为，通过提及商品价值二重性属性，思罗斯比是肯定了文化产品可能成为商品进入市场的（逻辑上的）必要条件，而不是相反。文化产品如果没有文化价值，怎么可以称为文化产品呢？

那么思罗斯比说文化产品有不同于普通商品的特殊性是什么意思呢？

二、公共性：思罗斯比关于文化产品特殊性的讨论

市场经济一般不强调政府干预，人们相信"看不见的手"。但思罗斯比是强调文化生产需要政府或公共部门予以政策和财政扶持的。为此他给出的理由是："许多文化商品和文化服务事实上都是混合商品，它们兼具私人物品和公共物品的双重属性。"[③]原来他所说的二重性或双重属性是指某些或某类商品同时具有私人品与公共品这两种属性。公共性和混合商品概念的引入才通

① [澳]思罗斯比：《经济学与文化》，王志标等译，中国人民大学出版社 2011 年版，第 21 页。

② [澳]思罗斯比：《经济学与文化》，王志标等译，中国人民大学出版社 2011 年版，第 25 页。

③ [澳]思罗斯比：《经济学与文化》，王志标等译，中国人民大学出版社 2011 年版，第 24 页；[澳]索罗斯比：《文化政策经济学》，易昕译，东北财经大学出版社 2013 年版，第 22 页及前后。

往文化产品特殊性的界定。

这里我们可以分辨一下，思罗斯比所说的文化产品的价值二元性与这里所说的私人性与公共性的双重属性是不同的两件事。前者是说一件文化商品既需要使用经济价值尺度进行评估，也需要使用文化价值尺度进行评估。这是两种维度、并行不悖的评价，分别针对文化商品的使用价值与价值。其实人们在现实的每一次交易中都在进行这两种尺度的综合评估，根据产品的性价比决定是否成交。后者是说文化产品的内容可能同时满足消费者的私人需求与公共需求。这种双重属性都是针对文化产品的使用价值而言的，它们会影响其(经济)价值(暂且不推论其存在的问题)。思罗斯比这两个"二重性"、"二元性"或"双重属性"的含义不可混淆。

说一件物品如文化产品具有公共性，就会带来一个重要的问题：对于具有公共性的物品或者说公共品，市场通常不感兴趣，企业没有生产积极性。因为公共品是具有天然垄断属性或非竞争性非排他性消费特征、通常具有较高正的外部性的产品，企业难以盈利。例如国防，一个国家只能有一支军队(天然垄断)，保护所有公民(非竞争性非排他性消费)，而无论他缴税多少甚至是否缴税。所以国防要由政府动用公共财政提供。一些文化产品也具有这样的公共性，例如大型博物馆或图书馆。①卢浮宫中的艺术藏品件件价值连城，谁能拥有甚至独占它呢？只有法国政府拥有它，并将其作为公共产品向公众开放，这些产品的文化价值才得以充分发挥出来。人们常说，文化相关人们的身份认同。这也许是一个事实，但强调这一点更多是出于民族国家的某种特殊考虑。

文化产品的公共性特征可以从两方面考虑。首先从文化作品的本质或基本特征上看，它总是服务于特定社会或人类共同体的价值规范形成及身份认同，对这种内容的消费、体验是群体性的。换句话说，文化产品的创作或生产的目标就是服务共同体所有成员的，文化内容不具有排他性。②在全球化的今天，这种文化认同的形成更具有某种紧迫性和竞争性，因此文化创意、文化产品的生产对于社会发展尤其发展中国家的可持续发展不可缺少。但另一方面，文化产品的这种内容又可能有许多个体消费者无法感受或知晓，对作品内容的文化价值难以准确评估，从而难以形成与之相称的消费意愿，难以

---

① 关于图书馆书籍外借服务的公共属性，我们已经在有关文章中予以说明，请参阅拙著《文化经济学视野的搭建》(社会科学文献出版社 2014 年版)中《打造高质高效的国家公共文化服务体系》一文。

② 虽然我们看到许多思想或艺术作品被题献给某某人，但这只是作者借此向特定个人表示敬意。即使是献给特定个人的创意作品如情诗，作者也是潜在地与整个文化系统进行沟通，期待有朝一日能让更多的受众接触到。

作购买决策。同样，文化产品的消费效用也难以测量，消费者对文化产品的消费、体验往往需要有较长的偏好积累过程，他要先尝到甜头、取得一定经验才会进一步消费。因此文化产品的消费总体上要较明显地滞后于文化产品的生产。一些重要的文化经典甚至在漫长历史进程中才慢慢转变了消费者对其最初的恶评，得到广泛认同。这期间也不能排除“搭便车”心理或行为的存在。如果我买的东西并不归我所有，而且他人其后还可能低价甚至免费消费，我为什么要为此付费呢？因此一个规范、繁荣的文化市场总是难以形成的。

进一步说，与普通消费品不同，文化产品的物质载体往往并不随受众的视听消费过程而消失，仍然可以为更多消费者所接触和体验。这种消费的集体性、历史性特征导致文化经典、艺术杰作的经济价值在市场交易发生之后总是处于不断的变动之中，并总有一部分作品在不断升值，这也让消费者对其难以准确估价，从而无法形成交易。思罗斯比说：“作品也可能以一种思想的形式存在”；“由于思想是不断传播的，个体评估（从而其总价值）可能随着时间而发生变化，因此，可能需要花费很长时间才能确立一件作品‘均衡’的文化价值。即使达到了‘均衡’的文化价值，其仍然可能随时而发生变化”。①这就是说，如果一定要假设这些文化产品从诞生之日起就已经具有了特定的内在价值或固有价值，那么这个数值一定是无法用经验的方式确定的（用分析哲学的话说也是无法证伪的）。产品的使用价值及其效用如果是不确定的，其经济价值（尤其价格）当然也是难以确定的。文化产品作为商品其经济价值似乎注定有某种不确定性，在一定意义上也可以说，这带来新的一类“市场失灵”。

按思罗斯比的说法，文化产品的公共性属性源于个人消费和集体消费行为模式的区别。当前的市场消费基本是个体行为，而文化消费“是群体或集体行为的表现”。这种适合集体消费的商品在经济学上被称为“俱乐部产品”。只是文化俱乐部通常都很大，成员众多，以至于很难给一个国家甚至全人类冠之“俱乐部”这么轻巧的名称。思罗斯比说：“我们提出如下命题：经济驱动力是个人主义的，而文化驱动力是集体主义的。”②正是这两种行为模式的差异导致对文化产品的经济价值评估和文化价值评估不能完全匹配（尽管是正相关），甚至出现价格倒挂（负相关）的情况。③具体地说，文化消费过程中，消费

① ［澳］思罗斯比：《经济学与文化》，王志标等译，中国人民大学出版社 2011 年版，第 112 页。

② ［澳］思罗斯比：《经济学与文化》，王志标等译，中国人民大学出版社 2011 年版，第 13 页。

③ ［澳］思罗斯比：《经济学与文化》，王志标等译，中国人民大学出版社 2011 年版，第 33—37 页，第二章“价值理论”中“经济价值能否涵盖文化价值”一节。

者个人在微观消费过程中需要完成与集体或社会以及与历史的跨时空沟通。文化消费的这种复杂性导致对文化产品的两种价值评估出现差异，难以相匹配，进而对文化创造构成持续制度性抑制，因此文化生产的发展需要获得公共部门的持续支援。

三、混合产品：思罗斯比对文化产品多样性的讨论

通过对文化商品具有普通商品的价值二重性特征的分析，思罗斯比肯定了文化产品可以作为商品存在的必要条件；另一方面，通过对文化商品具有公共性(内容)的分析，思罗斯比又讨论了文化商品作为商品存在的充分条件，即它们必须具有内容方面的私人性才易于通过市场进行交换、传播。问题是思罗斯比指出，文化产品具有成为商品的必要条件，却未必具有成为商品的充分条件。逻辑地说，必要却不充分条件下，文化产品成为商品的可能性还是有的。但逻辑上的可能等值于可能不。这等于是说，有些文化产品可能或可以成为商品，另一些则不行。

这就是说，思罗斯比对文化产品因内容公共性而造成的市场不适应的讨论是特称的、有限度的。他并未将所有的文化产品都划在公共产品的范围内，且因而断言文化完全不能在市场环境中发展繁荣。他只是说文化产品在市场环境中还不能大昌其道。因此我们可以注意到他使用了“混合产品”的说法，即文化产品的精神性内容既有私人性的，也有公共性的；在不同产品或不同类型的产品中二者的比例是不同的，文化产品的文化价值和经济价值不相等或不相称的情况也是需要区别对待的，不能一概而论。

思罗斯比认为，文化创意是最具公共性的，对全社会具有广泛的、正的外部性。或者说，越是“高文化”的产品越具有外部性，越难以经济价值尤其是当下的市场价格(会计价值)来衡量。反之，文化产品的内容含量或密度越低，其内容对理解或体验所要求的能力越低(通俗文化产品)，其经济价值就越容易在市场得到充分体现。我们可以看看他据此对文化产品所进行的分类。

思罗斯比也通过一个同心圆模型对文化产品的生产部分即文化产业进行了分类。这与我国文化产业统计所用的同心圆模型具有某种相似性和可比性。思罗斯比认为：其“模型以产生创意思想的条件为中心，不断与其他投入要素结合，以涵盖不断扩大的产品范围，由此向外辐射”。[1]首先“创意艺术”作

① [澳]思罗斯比：《经济学与文化》，王志标等译，中国人民大学出版社2011年版，第122页。

为这个同心圆的核心圈包括了音乐、舞蹈、戏剧、文学、视觉艺术、手工艺,也包括一些新的艺术形式如视频艺术和计算机与多媒体艺术。同心圆模型的第二圈是核心圈的扩展,被称为“主要文化商品和服务”,“包括图书和杂志出版业、广播电视业、报纸业和电影业”,还包括博物馆和美术馆。而这个同心圆的最外层是“那些本质上不属于文化领域但部分产品含有某种程度文化内容的产业。这类产业包括广告业、旅游业和建筑服务业”。[①]接下来思罗斯比就说:“在圆的中心是那些根据给定的标准来看文化内涵和商业内涵之比最高的核心行业;随着产品和服务的文化内涵降低,商业价值升高,圆弧一层层向外展开。”[②]应注意,“文化内涵和商业内涵之比最高”是指以经济价值为分母,文化价值为分子所形成的分数值。实际这是在强调这些行业的产品难以通过经济价值或价格回报其生产成本及价格预期,因此这些行业在市场条件下是难以持续的。

根据对文化产业这样的理解,思罗斯比对文化政策的建议就是针对市场失灵,国家要对文化生产尤其艺术原创给以种种政策甚至财政支持,且这种考虑应与整个经济社会可持续发展相关,逐步推广到就业及城市发展等方面。这样做也会反过来促进艺术自身收益能力的提高。同时,这样的财政政策规模也并不必然是持续扩张的,应随着文化产业和文化市场的发展、与企业或非营利组织建立种种新型伙伴关系、开展广泛国际合作等而逐渐收敛。这也是依据文化产业同心圆模型作出的。

四、经济学处理价值和文化问题的局限性:一点评价与讨论

总体上说,思罗斯比认为文化产品可能作为商品在市场化进行交易同时起到文化传播的作用;同时又认为市场价格对文化产品的文化价值评估是不充分的,这是由作为混合产品的文化产品中有部分内容具有公共性造成的。他还认为文化产品种类繁多,上述因公共性内容无法充分实现其经济价值的文化商品只占整个文化产品中的一部分,而多数的文化产品(尤其在同心圆模

① 关于这三个圈层划分的内容,见《经济学与文化》,第123页。关于电影业是应该分在第二层还是其他圈层,思罗斯比承认有不同看法。与之相比较,我国文化产业的划分核心层最主要是文学艺术创作及广播电视、新闻出版业,还包括博物馆、图书馆等公共部门;第二层即外围层是一些互联网、歌厅舞厅网吧及旅行社、休闲健身、广告制作、会展服务之类的市场化小的文化企业;第三层被叫做相关层,已经包括了纸张、文具、玩具、游艺器材制造及广电及视听器材制造业。

② [澳]索罗斯比:《文化政策经济学》,易昕译,东北财经大学出版社2013年版,第29页。

型外圈的产业所提供的商品）已经可能在文化价值与经济价值上实现基本匹配的局面。本文开篇提出的两个问题，现在其实已经有了答案。第一，文化产品完全可以作为商品进入市场，尽管还有一些困难需要克服。第二，思罗斯比是说，文化产品内容的公共性特征使它不易进入市场，而不是因为他有某种意识形态属性就不该进入市场。两种观点有着明显的差异。

但他书中有些表述还是让我们感到费解，它使思罗斯比已经说清的问题重新变得含混，让我在此作一些讨论。比如他在书中说："文化商品体现或引起了文化价值和经济价值，而'普通'经济商品只产生经济价值。"①仿佛文化产品因文化价值的存在成了市场中的异类。这里的问题在于到底如何理解经济价值，更在于如何理解价值这个概念。

我们可以懂得思罗斯比这么说的本意，但这句话有逻辑缺陷。如果说，所谓"普通经济商品"等于"非文化商品"，而"只产生经济价值"意味着不产生文化价值，那么这句话的意思等于"非文化商品没有文化价值"。当然是这样，但这只是同义语反复，不增进人们的理解。而如果是在对普通商品和文化商品的使用价值相比较的语境下，假定文化商品是可能产生或携带文化价值的，那么又容易让人认为普通商品不具有经济价值之外的使用价值。这其实是有问题的。作为人类文化中的人工制品是否完全没有文化价值，这是很可分析的。这里我们姑且认为所谓普通商品的文化价值过低可以被忽略，但我们仍然认为普通商品也体现了特定的使用价值。例如市场上可以买到的非处方药，显然除了经济价值也具有维系生命的价值、提升生命质量的价值及间接的各种社会价值，因为它会使人及社会健康、强健。这里的关键在于，当说"普通商品只有经济价值"时是否暗含了对这些商品使用价值或实用价值的认定，却忘记了说明其同时具有的其他使用价值。因为所有的商品都具有价值二重性。不太严格地说，只具有经济价值的商品只有货币或金融产品，但货币一般被认作"特殊的商品"，它恰好不普通。

更深入的分析和讨论需要在价值理论的层面展开。思罗斯比已经认识到："价值是联结经济学与文化的基石。"②他说过："讨论文化问题实际上就是讨论价值问题。"③思罗斯比还说："文化价值是一种多样化的、变动中的观

① ［澳］索罗斯比：《文化政策经济学》，易昕译，东北财经大学出版社2013年版，第172页。

② ［澳］思罗斯比：《经济学与文化》，王志标等译，中国人民大学出版社2011年版，第21页。

③ ［澳］思罗斯比：《经济学与文化》，王志标等译，中国人民大学出版社2011年版，第27页。其实这里的这句话更宜于调换过来说：讨论价值问题就是讨论文化问题。

念……换句话说，价值既是多元的，又是可变的。”①不知是否可以合理地推论说，思罗斯比已经意识到，人类的价值观不仅是复数的，也是有组织和系统性的，且这个系统高度复杂、多元、可变，而不仅“二元”。我想在这个问题上，思罗斯比可能并未考虑那么深。

要对一个远远超出经济学范围的人类价值系统进行思考就需要解决两个基本问题：首先是价值本质的界定问题；其次要说明价值系统中多种维度（即多元）之间的一般关系问题。我不得不说思罗斯比对这两方面问题的思考都是有限的。第一，虽然他意识到不仅要关注“复数形式的价值观”，更要对“单数的价值观”进行探讨，但《经济学与文化》一书整个其第二章尤其“文化价值”这一节中，没看到对单数价值观的深入讨论。我理解，所谓单数的价值观就是指价值观的本质或概念。而他的策略似乎是不去触碰对最根本概念下定义的难题，而是直接援引、概括人文学者已经建立并取得一定共识的下层价值尺度及价值概念的外延，如按照审美价值、精神价值、社会价值、历史价值、象征价值和真实价值的序列对文化价值概念进行了分解。对文化遗产的价值分析也是照此办理的。这些对我们美学家或文化批评学家来说几乎是常识。

第二，如果仅考虑经济价值和文化价值这两个维度，那么思罗斯比的上述表述也是可以理解的。这两类商品的区别就是文化内容的有与无、是与非。问题是即使对于商品来说，其使用价值也是多元的。“二”是“多”，但“多”可能不仅限于“二”。思罗斯比的上述表述的缺陷可能在于对普通商品其他使用价值评价尺度或系统的忽略，也可能在于其价值系统的理论构建不完整。这就是说（如我上述关于药品的价值分析），普通商品经济价值之外的使用价值也是多元的，可以用多种价值尺度衡量，因此其实只有在与普通商品其他使用价值尤其是区别于文化产品的精神性、符号性使用价值的实用价值相比较时，文化产品的文化价值的存在与表现方式，以及与其各自经济价值的差异才可以得到更精准的揭示；对文化商品在市场境遇的特殊性的揭示才更符合实际。当然我们不能苛求经济学家同时要做文化哲学家或价值哲学家，但我们相信，经济学所说的经济价值只是人类复杂价值体系中的一个评价维度，也应能从对整个价值体系的某种理解中说明它与其他评价维度的有机关联。

对思罗斯比可能的疏忽有点儿吹毛求疵了，实际上我还是非常赞赏思罗斯比的学术探索。《经济学与文化》的书名显示了一种不平衡。它把两个不太

① ［澳］思罗斯比：《经济学与文化》，王志标等译，中国人民大学出版社 2011 年版，第 30 页。

对等的概念用一个"和"字并联在一起。但这是文化勃兴的时代发展对经济学提出的新要求。思罗斯比不仅遵从艺术经济学自鲍莫尔和鲍文所开创的传统深入思考①,而且勇于接受挑战,通过这一课题的研究思考了经济学的局限,也作出了拓展性探究。这是它准确概括了全书内容的书名可能传达的意味。当然我们也对思罗斯比的研究有更多的期待。既然文化问题已经进入了经济学家的视野,那么更多理解、借鉴人文学者的研究成果尤其是其思维方式也许是必要的。

人文学者善于以历史的眼光看待文明的发展。对于市场他们也会进行同样的考察。借助这样的方法人们会意识到,市场是一个与文化相比历史稍短的进程。人类早期的生活很少依赖市场,相当多的生产生活资料并不依赖市场,因此很难说它们有经济价值。②城市生活与市场的发展相互促进。今天市场对城市化了的人类社会生活已渗透无边,经济学家用自身独特的方法描述社会生活方方面面的野心也路人皆知。但文化产品还是市场交易的一个新的商品种类;文化的发展特别是文化市场化进程毕竟还是它所努力要进行刻画的一个新领域。尽管思罗斯比坦言"如果经济学家宣称,经济学可以将文化价值完全包含在内,且经济评估方法能够把握文化价值的所有相关方面,那么他们就是在自欺欺人"③,但我们对文化市场化进程及文化经济学家的努力倾向持更乐观的看法。因为我们看到,文化与文化市场的勃兴源自经济发展的自身逻辑。工业化进程把教育和文化的因素带给更多的市民,使他们具有接触文化的条件,也使他们有更多参与文化创造的机会和冲动,而一个民主化进程中的国家也会使其公民有更多的收入和闲暇用于文化活动。同时市场也是一个会成长、不断创新的制度安排,会把许多以前具有公共性、外部性的俱乐部产品等吸纳到市场之中来。若干年前,人们不知道道路(如高速公路)这种公共品可以成为全封闭的因而可以像私人品一样提供给消费者;人们更不知道知识产权为何物。但今天,通过旅游经历人们对付费体验不再陌生。更何况,除了市场技术,还有许多复制技术正配合市场需求将以前具有公共性的高端文化产品以单元切分的方式送到消费者面前。在文化需求不断放大的情况下,文化会大量进入市场,文化产品的公共性属性会被市场以各种方式克服。

① 两位作者 1966 年合著的《表演艺术:经济学困境》被有关学术圈认为是文化艺术经济学诞生的标志。参见《经济学与文化》,第 12 页及相关注释。

② 这里我们会想到,"经济"这个词只是很晚才具有了今天我们理解的意思。而无论拉丁语言中的 economy,还是中文中的"经济"都曾指称其他的含义。

③ [澳]思罗斯比:《经济学与文化》,王志标等译,中国人民大学出版社 2011 年版,第 44 页。

经济学上的“价值悖论”会上演一场逆转大戏:文化产品逐步从价高量小的奢侈品变成价低量大的生活必需品。人们总会找到让那些珍贵的文化遗产、艺术杰作在市场进行交易的办法,使它们的文化价值与经济价值相匹配,从而激励更多的人投入文化创意活动。在大众文化和文化产业时代,文化生产与传播比在恩宠制(patronage)之下生产传播更繁荣。我们有理由希望经济学家能帮助文化产品找到易于进入市场的更多制度安排。这是一种更正面迎接挑战的姿态。当年法兰克福学派思想家对文化进入机械复制和商业化体制的前景十分担忧。今天看这种悲观并不符合历史发展的潮流。所以我们对思罗斯比今天仍然担忧的状况也持更谨慎乐观的态度。希望历史的出场会对我的猜想作出证明!

D. Throsby on the Specificity of Cultural Goods

Zhang Jiangang

Abstract: Some scholars think that in D.Throsby's mind, cultural goods possess a dual-value in economy and culture, which differentiate it from general commodities. Therefore, cultural goods could not be produced and distributed in market as general commodities. This is, however, a misunderstanding of D. Throsby. In fact, Throsby believes that all commodities possess such duality and in this sense, cultural product is not an exception. What differentiates it from general material products is its use value. Further, through an analysis of cultural products' use value, it is believed that the spiritual use value is both primitive and public. This is a new duality. And the public nature of the cultural products makes it difficult to realize its value on an open and fair market. Because of this, the production of cultural or creative industries often requires supports from public sector as the globalization process advances and cultural competition intensifies. The two dualities above-mentioned are so difficult to distinguish completely that we can find a few confusions in the translation of Throsby's work. In this paper, we try to clarify the logic confusion, and we hope to promote cross-discipline discussions between the economics and humanities.

Key words: cultural goods; D. Throsby; value; public nature; duality

文化价值的效用

——新旧动能转换中如何发展文化产业

广西师范大学 付延慧

［内容提要］ 按照产业经济学家的解释，“文化产业”是既有投入、又有产出的部门，属于第三产业的范畴。问题是，文化之所以“谓”文化，是因为文化有特殊性。产业经济学家解释经济问题游刃有余，面对文化问题难免捉襟见肘。因为当产业的发展对象是文化时，就必须按照文化的价值规律指导和发展文化产业，才能实现文化意义的经济价值，也才能说发展文化产业是有效果的。本文以全面深化改革为背景，以文化价值为理论基础，指出山东作为新旧动能转换的试点地区，只有实现文化价值的积累和扩散，才能形成以文化价值推动山东省域新旧动能转换的路径依赖，才能说发展文化产业是有意义的。

［关键词］ 文化产业；文化价值；新动能转换

引言

为了发挥“标准”的效用，引领“山东制造”创新发展，实现山东省域经济向高质量、高水平转化，2018 年 6 月，山东省人民政府印发了“关于开展国家标准化综合改革试点工作的实施方案”。该“方案”对制造业升级、环境保护、安全生产等一系列问题提出了若干基于国家标准甚至严于国家标准的要求，用于指导和规范山东省域经济进一步发展。“文化产业”作为“切实加强服务业标准化建设”的一个重要方面，受到高度重视和关切。

山东是一个经济大省，虽然 GDP 总量一直居于全国前列，但是经济质量和发展水平并不高。发展模式主要集中在传统产业的规模性扩张，资源/资本和劳动力消耗型产业占据了半壁江山。

山东也是一个文化大省，不仅传承了儒家文化的优良传统，革命文化、海洋文化和民间文化,也丰富了山东人民勤劳质朴、坚韧不拔的性格。近年来,山东省通过实施文化强省战略和新旧动能转换工程,腾笼换鸟,淘汰落后产能,提高新兴业态比重,推进产业结构优化、转型、升级,“文化”发挥了重要作用。

值得注意的是,文化之所以“谓”文化,是因为文化有价值。在这个意义上,“文化产业”虽谓产业,但是它的存在价值与发展意义却无法与文化失去关联。所以,只有按照文化价值的规律发展文化产业,才能实现文化价值,才能说文化产业发展是有意义的。这就是说,不能简单地把“文化产业”视为置换和淘汰落后产能的“腾笼换鸟”工程。这样做的后果,有可能为了追求产业价值,忽视文化价值,走向文化的反面。

笔者以“文化价值”为立论的基础,系统地分析为什么发展文化产业要以文化价值为基础。在这里,讨论的对象虽然是山东,是山东省域如何通过发展“文化产业”,使文化价值增量,推动山东省域经济实现新旧动能转换,但同时也适用于当下的中国。

一、文化产业与山东省新旧动能转换

随着我国消费结构的全面升级,供给侧结构性改革深入拓展,我国经济发展面临着全面调整和改进,以适应新常态。文化的特殊性,决定了文化产业作为实现文化发展的重要组成部分,既是优化供给侧,推动地方经济转型/升级、提档晋级的深层动力,也是满足大众精神文化需求的主要内容,被委以重任。

简单说来,产业(industry)问题主要是经济学家擅长的领域。他们把“产业”界定为处于微观经济单位(企事业等)与宏观经济单位(国民经济)之间的,以投入一定的经济资源为代价,生产某类具有共同特性产品的集合体,寻求的是经济效益。按照联合国的分类方法,第一产业是广义农业,第二产业是广义工业,第三产业是除了农业和工业以外的广义服务业。根据我国文化产业兴起的理路,我国经济学者认为,这是需要遵循投入/产出规律的第三产业部门,是一个可以在三个宽窄不一的范畴使用的概念。一是狭义的文化产业。这个领域的“文化产业”与计划经济年代“教科文卫”的“文化”部门紧密关联在一起,包含了文化艺术(艺术、出版、文物保护、图书馆、档案馆、群众文化、新闻、文化艺术经纪与代理、其他文化事业)和广播电视电影业,但不包括教育、科技和卫生,简称文艺广电业。当把“文化”界定在物质文明和精神文化的范畴时,

"文化产业"则包含了文化艺术业、广播电影业和教育业，简称为文教广电业或广义的文化产业。更进一步，还可以把与文化产品生产、交换、分配和消费有关的行业——三大产业门类中较多地体现文化特征和审美艺术特征的行业，比如广告行业、建筑行业（文化艺术建筑）都纳入文化产业的范畴，即文化创意产业。①截至目前，这种解释依然适用。

有些经济学者也很重视文化产业的文化价值。他们认为文化产业虽然是与人的精神消费需求（第三产业）②关联在一起的产业门类，但是离不开一次产业和二次产业的支持和发展（这种观点事实上反映出精神需求与物质文明之间的互动关系）。在与社会结构交互发展的过程中，文化产业以满足大众精神需求为目标，借助市场关系，把理念创意、形象造型、品牌塑造、企业文化、大众娱乐、传媒传播、高雅艺术欣赏、消费中的审美体验与经济（指第一产业、第二产业、第三产业）融合在一起，实现了文化意义的交流、评价和自我赋予。一方面推动了文化产业自身的发展。另一方面，通过文化产业自身的发展丰富了人的体验，进一步带动整个社会经济结构整体水平的提升和改进。③

随着我国市场经济体制改革的深入拓展和大众消费结构的全面升级，2015 年 3 月，国务院为落实中共中央《关于全面深化改革若干重大问题的决定》、国务院《机构改革和职能转变方案》和国务院《关于促进市场公平竞争维护市场正常秩序的若干意见》，能够让市场在资源配置中起决定作用和更好地发挥政府的作用，推动我国经济迈向中高端水平，发布了《深化改革工作方案》（国发〔2015〕13 号）。《方案》提出，让标准成为对质量的"硬约束"，通过改革，健全统一协调、运行高效、政府与市场共治的标准化管理体制，形成政府引导、市场驱动、社会参与、协同推进的工作格局，以有效支撑统一市场体系的建设。

根据"方案"的精神，山东省作为试点地区之一，于 2018 年 6 月，制定了《关于开展国家标准化综合改革试点工作的实施方案》。《实施方案》以国际标准为引领、国家标准和行业标准为基础、团体标准和企业标准为主体、地方标准做补充，建立了山东标准体系，以"新旧动能转换标准领航工程"，提升制造业标准化水平、服务业标准化建设，为我国标准化工作改革提供经验。

"人"是作为推动山东省域深化改革、标准化建设和转型升级的"核心要

① 李江帆：《文化产业：范围、前景与互动效应》，《经济理论与经济管理》2003 年第 4 期。

② 按照产业经济的划分方式，文化产业属于第三次产业的第三个部门，即为提高科学文化水平和居民素质服务的部门，主要包括教育、文化艺术、广播电视电影业、科学研究业、卫生、体育和社会福利业。

③ 吕方：《国际分工与中国文化产业》，《世界经济与政治论坛》2006 年第 5 期。

素”。在这次标准化改革中,说到底就是如何全面提高山东省域人口的现代化质素为前提的“开创新时代现代化强省建设新局面”。山东是中华文化的发祥地。传统儒家文化、当代红色文化、现代工业文化、民间风俗文化、海洋资源文化,构成了发展文化产业“腾笼换鸟”新旧动能转换的竞争优势。从积极的方面来说,山东省域的文化资源优势可以转换为新旧动能转换的优势,通过大力发展文化产业,比如文化旅游业,淘汰落后产能,带动全社会消费结构的升级,以此形成对一次产业、二次产业的倒逼机制,完成山东省域经济结构的“腾笼换鸟”。从消极的方面来说,山东省的文化资源优势也可能是新旧动能转换的劣势。一方面,由于山东文化底蕴过于厚重,会影响新思想、新观念的介入,阻碍文化创意产业的发展;另一方面,由于山东文化资源过于丰富,用经济手段的杠杆化、GDP化,不仅造成了对文化资源的巨大浪费,也将使文化失去了应有的价值和规范,也就失去了发展文化产业的意义。

二、发展文化产业是为了实现文化价值

文化之所以“谓”文化,是因为文化有价值。在这个意义上,“文化产业”虽然叫的是产业,但是它的核心始终是“文化”,是人与意义和规范关联在一起的生活方式、审美意识和道德自觉。所以发展文化产业应以实现文化价值,提高人的生活品质、审美素养和道德自觉为目标。只有在发展文化产业的过程中实现了文化价值的扩散,从而提高了消费者的文化修养,才能说文化产业发展是有意义的,才能以人的素质提升为前提,从根本上推动山东经济的新旧动能转换,实现山东经济健康、可持续发展的目标。在这个意义上,文化的复杂性,决定了发展文化产业不等于文化产业经济化。

英国学者雷蒙·威廉斯(Raymond Henry Williams)指出,英文里有两三个比较复杂的词,“文化”(culture)就是其中之一。威廉斯的这一结论通过“文化产业”在与三次产业相融合过程中呈现出的特殊性、渗透性与交互性等特点予以体现。在经济的领域,“文化”既能够作为驱动一次产业、二次发展的创新新动力,赋予其新的内涵,推动二次产业、三次产业全面升级,比如工业设计对制造业的贡献,生态旅游对传统农业的贡献;在社会的领域,也能以满足人的精神消费需求为内容,提高人的文化修养与认知能力,使人产生因利他而利己的自觉,与“社会”的规范达成共识,再如高雅艺术对人的社会责任意识的唤醒。在前述意义上,与传统社会不同,置于现代社会民主政治的框架体系内,

"文化产业"的复杂性在文化产业这一概念的原型——"文化工业"(cultural industry)中可管窥一二。

20世纪50年代,秉承马克思主义的批判传统,法兰克福学派敏锐地察觉到资本与技术合谋,"文化工业"化的负面效果,于是用一个否定性的术语——"文化工业",描述工业化制度体系和科技文明介入文化生产的领域,导致文化机械化、大众化、商品化和泛娱乐化的后果。利奥·洛文塔尔(Leo Lowenthal)指出,这种具有标准化、保守、虚幻等特征的"消费品"极具操纵性,剥夺了"本真文化"①理应具有的批判功能和协商方式(文化的规训价值的丧失),造成了文化的贬值。②

"文化贬值"的过程是这样产生的。在工业化的制度体系,"文化"不可避免地被纳入"商品化"的领域,由市场根据需要配置资源。"文化商品"志在征服市场(迎合消费者品位)。资本的本性是逐利的。这就意味着文化生产的组织体系有可能需要突破文化中蕴含的传统与特殊的宗教信仰、政治契约、伦理规范和审美标准的束缚,让文化在"被消费"的过程中创造新的价值,导致资本与市场合谋,经济价值取代了文化内在的审美与规范价值,成为"文化工业"追逐的目标。资本的逐利本性与大众"娱乐至死"的原始本能媾合在一起,使文化沦为资本的附庸,大众的玩偶,走向文化的反面。正像20世纪七八十年代伯明翰学派理查德·霍加特(Richard Hoggart)指出的:

> 我们正在进入群氓文化的时代;而在某种程度上,代价就是一种"属于人民的"都市文化的毁灭。崭新的群氓文化远比被它赶走的那种"天然的文化"有害。③

一直以来,按照启蒙运动思想家们的设想,文化的目标始终在于帮助世人

---

① 与阿诺德和利维斯一样,法兰克福学派是从文化的政治价值的属性方面理解"文化工业"的。他们认为高雅文化包孕了反抗资本主义制度的理念。这种文化通过对资本主义社会进行隐性的批评,取代宗教,帮助世人冲出资本主义社会的藩篱,建立一个理想的社会。"文化工业"的存在对"本真"文化的激进性潜能产生了严重的威胁。"通过剔除高雅文化中的对抗性、异质性和超验性因素消弭了文化和社会现实中的冲突,原因是这些冲突显示了现实社会的另一重维度。这种对二维文化的清算并非通过拒斥'文化价值'的方式完成,而是通过将'文化价值'纳入既存秩序体系,再对其进行大规模的再生产和展示来实现的。"(参见[英]约翰·斯道雷:《文化理论与大众文化导论》,常江等译,北京大学出版社2012年版,第76页。)

② [英]约翰·斯道雷:《文化理论与大众文化导论》,常江等译,北京大学出版社2012年版,第76—78页。

③ [英]约翰·斯道雷:《文化理论与大众文化导论》,常江等译,北京大学出版社2012年版,第47页。

建立一个理想社会，以理性代替宗教，使人性在其中可以被认识，使观念和政治秩序在其中可以按照人类的需要和愿望重新加以安排。这种理想的生活方式不是传统社会那样的按部就班，而是现代社会通过文化的有意识的调节使社会结构在动态发展中秩序井然。文化工业的介入，改变了这种设想，文化失去了应有的意义和规范。市场体制、资本与科技改变了文化的初衷：

> 尽管竞争化的商业如今受到压抑（通过法律予以规范），无法从经济上诱使大众走向堕落……但它迟早会变成一种崭新的、更为强大的征服形式；这种征服是文化征服，它比以往的经济征服更易使人接受、更难接受抗拒。①

就像一枚硬币的两面，从积极的方面来看，文化工业借助市场体制，把过去以来受到箍制的“文化”从精英、宗教、权力意志者的手中解放出来，让“大众”（普通人）拥有文化权利。这是民主政治在“文化”领域进步的表征；但是，在另一个方面，资本的逐利本性，又决定了被鼓动的不受约束的“大多数”（大众）对经济社会既有的规范和伦理提出挑战的行为深受资本的青睐——美其名曰“创新”“自由”，增加了大众社会的治理成本，构成了现代社会的深层矛盾。值得注意的是，人类社会的实践经验表明，文化所强调的“创新”和“自由”更多地依赖一个特定社会的历史传统，而不是市场制度/科技文明本身。一个社会如果不能向认同中心、工作内容和文化目标提供终极意义，这样的社会注定是动荡不安的。②这样看来，“文化工业”又是反文化的。

在我国，随着市场化改革的推进，经济快速发展，科技日新月异，文化产业兴起以来，也表现出这种困境。“天价明星”、“抗日神剧”等既违背了市场体系自身的制度伦理，也违背了意识形态和社会共同规范的政治伦理。在资本和欲望的裹挟下，文化价值被肆意篡改和挪用，这类文化事件在向社会传导的过程中，造成许多负面效果，以致在社会治理中，经常是摁倒葫芦瓢起来，造成对

① [英]约翰·斯道雷：《文化理论与大众文化导论》，常江等译，北京大学出版社2012年版，第53页。

② 关于这个观点，丹尼尔·贝尔在《资本主义文化矛盾》中有详尽而系统地论述。贝尔指出，文化领域是意义的领域，是以想象的形式，通过艺术和仪式，特别是那些不可思议事件来理解世界的努力。宗教守卫着文化的入口，把传统作为意义的内在机理，摒弃那些威胁到宗教的道德规范的艺术作品。现代社会运动打碎了这种完整性。一是坚持审美有其独立性，和道德规范相分离；一是更看重新的和实验性的东西；一是把自我作为文化鉴赏的试金石。市场制度为这些行为提供了便利。（见[美]丹尼尔·贝尔：《资本主义文化矛盾》，严蓓雯译，江苏人民出版社2012年版，第1—22页。）

改革成本的极大浪费。

这就是说，站在文化价值的立场，通过发展文化产业实现新动能转换包含两个方面的议题：

一是路径问题。新旧动能转换并不等于“腾笼换鸟”，即与文化产业有关的新兴业态替代低端制造业，比如把钢铁产业撤出城市中心，以发展文化创意产业园区的名义替代，最后变成了房地产。房地产就是房地产，没有必要举着文化的招牌。动能转换需要具体的标准，规范文化创意产业园区，使文化的多重意义被增值和放大。比如结合当前制造业升级/换代的需要，孵化工业设计园区，通过园区的一站式服务，使文化的意义与制造业结合在一起，提高制造业附加值。在这个方面，苹果公司就最有代表性。

二是目标问题。也就是说，把“新旧动能转换”作为目的还是作为手段。是目的，就是从形式上，把落后产能淘汰出局，即“新旧动能转换＝腾笼换鸟”，它所强调的是产业结构的组成形式，而不必考虑置换后产业结构能否可持续发展；是手段，就是针对不同时期经济社会发展的不同需要，有计划、有目标、有方向的调节/改造/淘汰落后产业。比如通过发展文艺广电业，唤醒大众的审美意识、公共意识，唤醒大众对公共空间和居家环境的美的“需要”，这种需要将会逐渐提升城市公共空间和居家环境的形式美感和内容美感。这个过程，也会潜移默化提高劳动力资源禀赋，推动制造业升级换代。在这个意义上，“文艺广电业”就起到了“广而告之”和“社会规训”的效果。

这就是说，发展文化产业是为了创造文化价值，使文化的意义进行积累和扩散，使其规范价值和审美意识作用于产业经济、政府管理、市场消费的各个领域、各个环节，推动当下的中国形成理性的政府引导、市场驱动、社会参与、协同推进的文化局面，才能有效地支撑一个健康统一的市场体系，才能在全面深化改革、转变政府职能中，促进市场公平竞争，维护市场伦理，才能推动经济社会健康稳健地发展。

三、用文化价值驱动新旧动能转换

文化就是文化，但文化又不只是文化自身，它必须依附于“社会”才能展现其价值，发挥其价值。工业革命以来，生产方式的革命性变化，改变了一直以来文化价值自上而下相对完整而统一的体系，文化的独特价值显现出来。在政治的领域，文化具有意识形态价值，寻求的是公平；在经济的领域、市场的空间，文化使资本增值，寻求的是效益。广义的社会价值，包含着政治价值和经济价值，而狭义的社会价值是指文化在增进知识、培育道德、美化生活和整合群体中发挥的作用，寻求的是伦理和规范。

文化也被视为变革的发轫地，自我实现的领域，并被视为驱动经济社会创新发展的深层动力——特别体现在把经济发展作为头等大事的后现代社会的政治治理之中，构成了现代社会复杂深刻的文化局面。“创新”是革命性的，是打破经济社会原有的均衡，改变与替代既有生产方式，自发的、非连续的变化。“创新”推动了生产力以及与之有关方面（如商品市场、生产在技术意义上的组织形式）的全面拓展和进步①，比如“网购”对实体店的颠覆。

美国当代著名批评家丹尼尔·贝尔（Daniel Bell）明确指出，现代社会是政治、经济、文化三个截然不同领域的不协调混合。这三个领域被相互对抗的轴心原则所统治：对经济来说，是效益，对政治来说是平等，对文化来说是自我实现和自我表达。在以私有制为主导的市场经济体制中，资本主义社会的矛盾，就来自政治、经济和文化这三个领域的分裂，来自效益、平等和自我实现之间的冲突。

1. 独尊政治价值可能无视其他价值。政治价值重视权威、影响力和意识形态的效果。独尊政治价值，极易使文化沦为政治的工具，权力的仆从，极端结果或者是“算政治账不算经济账”，或者不顾社会价值，由权力制定标准，把文化管理等同于政治宣传和思想教育，与传统价值彻底决裂等等，由此而来的文化必然是假、大、空。

2. 寻求经济价值可能导致唯利是图，从而突破政治契约、社会规范、文化特性和环境的限制。如与市侩主义合谋，媚从于流行价值观，甚至造成与政治之间的紧张关系等等，使文化媚俗、恶俗和庸俗。（“价值”这一概念本身是从经济的领域扩展到文化的领域的。在经济学的领域，价值选择是理念的出发点，特别指交换价值，是资本关系的本质。）

3. 注重社会价值可能对抗权力控制、轻视经济效益、压迫个性创造，重视统一性、规范性和完整，这样就有可能使文化停滞。学者张东荪对此问题认识深刻。他说“须知文化是人所造，但文化又回过头来用以造人。人造文化是为了需要。文化造成以后，人们生长在其中，渐渐为文化所潜移默化，不知不觉遂反为文化所束缚，这就是囿于其中了。有些种族在最初造文化时未尝不灿烂，迨后来因为在其中生活有了惰性，便习惯成性而化为固有了。其文化乃一

① ［美］约瑟夫·熊彼特：《经济发展理论》，郭武军、吕阳译，华夏出版社2015年版。

成不变，从此停滞”。①

正是因为在理论上存在，在实践中已经发生这种局面，贝尔主张，在经济的领域要遵循社会公平的原则，以共同体而不是个人的价值为优先考虑的对象（在文化的领域，可以看作是发展文化产业社会效益优先的题中之义）；在政治的领域，要遵循自由的方针，视个人而非任何群体才是政治的首要参与者，而且社会要有一定的奖赏标准回报个人的成就；在文化的领域（可以看作是社会的领域），要提倡尊重传统，相信艺术质量的判断有一定的客观标准和权威意见，使文化价值相对统一。这就要求把“国家利益”置于文化其上，以政策调节、律法制度和道德规范等方式，协调三个领域的价值，使文化在动态发展的社会结构体系中实现其价值。

在文化意义上，反观近代以来，从有感于器物不足兴起的“洋务运动”，到制度不足实行的“戊戌变法”，最后归结为文化不足展开的“新文化运动”，当代中国已见证了现代文化价值在经济领域、政治领域和社会领域的逐一展开。仅就中国的经历而言，尽管经济、政治和社会领域是相互影响并非铁板一块，但是没有统一于社会领域文化价值的配合，其结果：

> 一个国家可以从国外引进作为现代化最显著标志的科学技术，移植先进国家卓有成效的工业管理方法，政府机构形式，教育制度，以至全部课程内容……结果，它们往往收获的是失败和沮丧。原先拟想的完美蓝图不是被歪曲成奇形怪状的讽刺画，就是为本国的资源和财力掘下了坟墓……那些完善的现代制度，以及伴随而来的指导大纲，管理守则，本身是一些空的躯壳。如果一个国家的人民缺少一种能赋予这些制度以真实生命力的广泛的现代心理基础，如果执行和运用着这些制度的人，自身还没有从心理、思想、态度和行为方式上都经历一个向现代化的转变，失败和畸形发展是不可避免的，再完美的现代制度和管理方式，再先进的技术工艺也会在一群传统人的手中变成废纸一堆。②

实现现代化是执政党的理想，也是几代中国人为之奋斗的目标。正是因为文化的差异，1982 年 9 月，邓小平在党的十二大开幕词中提出“把马克思主义的普遍真理同中国的具体实际结合起来，走自己的道路，建设有中国特色的

---

① 张东荪：《理性与民主》，岳麓书社 2010 年版，第 17 页。

② ［美］英格尔斯：《人的现代化》，殷陆君编译，四川人民出版社 1985 年版，导论。

社会主义”。习近平把改革开放看作是党“在新的时代条件下带领人民进行的新的伟大革命”。①强化国家在培育道德和信仰方面的职能。②从这段经历来看，中国的现代化的核心就是实现文化价值从管理到规范，再到适应的过程。

为此，党的十八届三中全会把文化和文化管理提升到新的高度③，政治的领域，提出要牢牢掌握意识形态工作领导权/主动权，以培养担当民族复兴大任的时代新人为目标，使社会主义核心价值观演变为文化的集体无意识，提高中国社会的文明程度。具体到经济领域的文化与社会领域的文化，就是用文化事业和文化产业的调节，统一于“中国特色社会主义”的制度伦理，实现中华民族的复兴。

在文化生产的过程中，延续我国计划体制的传统，结合西方的经验，文化事业体现出公益性、公共性的特点，由政府免费提供，比如图书馆、文化馆，让文化消费成为大众日常生活的内容之一。以基层，特别是农村为重点，通过文化惠民工程，促进基本公共文化服务标准化、均等化，以保障大众基本文化权益得到实现。

由于社会主义市场经济体制的完善，文化发展与市场的关系越来越紧密，越来越离不开市场配置文化资源的积极作用。为此“鼓励各类市场主体公平竞争、优胜劣汰，促进文化资源在全国范围内流动”④成为深化改革的目标，使经济与文化之间的交融既增强经济发展的可持续性，又能提高我国文化的竞争力成为重点。文化及文化创意产业作为繁荣发展社会主义文化的主要途径、促进文化与经济深度融合的生产要素，必然要把握好经济效益和社会效益的关系，社会效益优先，实现社会效益和经济效益有机统一，才能医治社会的

---

① 《习近平谈治国理政》(第1卷)，外文出版社2018年版，第86页。

② 涂尔干在解释和预测现代社会的发展方面，代表了古典现代性理论的基本范式。他指出，社会“失范”是现代性所隐含的问题之所在，这是因为，在从传统社会向现代社会转型的过程中，社会分工的发展和个人主义的强化日益消解了传统社会的宗教、道德和习惯等整合社会的纽带，但是在社会转型时期，新的社会整合纽带还处于形成过程当中，从而造成国家信仰道德匮乏，行为失去外在约束和欲望变得毫无节制等后果。社会失范的根本原因在于道德信仰的缺失，他建议要增强国家在培育道德和信仰方面的职能，同时，强化以地方群体和职业群体为主体的民主机制，重建社会的道德信仰，实现社会整合纽带从“机械团结”向“有机团结”的过渡，最终建立一个以高度分工，有机团结和道德个人主义为基础的现代工业社会。(参见[英]安东尼·吉登斯：《资本主义与现代社会理论——对马克思、涂尔干和韦伯著作的分析》，郭忠华、潘华凌译，上海译文出版社2013年版。)

③ 十九大报告明确指出“文化是一个国家、一个民族的灵魂。文化兴国运兴，文化强民族强。没有高度的文化自信，没有文化的繁荣兴盛，就没有中华民族伟大复兴。要坚持中国特色社会主义文化发展道路，激发全民族文化创新创造活力，建设社会主义文化强国。”(习近平：《决胜全面建成小康社会　夺取新时代中国特色社会主义伟大胜利——在中国共产党第十九次全国代表大会上的报告》，人民出版社2017年版，第40—41页。)

④ 《十八大以来重要文献选编》(上)，中央文献出版社2014年版，第534页。

惰性和腐化症，形成各方利益项妥协的路径共识，减少改革成本，提高全社会劳动力资源禀赋，推进经济结构全面升级。

这就是说，只有以文化价值为核心，加快发展现代文化产业，培育新型文化业态，引导和扩大文化消费，推动现代文化产业结构自身的优化/升级，带动骨干文化企业和创意文化产业的发展，使文化及文化产业的发展与全面深化改革和现代化建设需要相适应，与社会主义市场经济、民主政治、先进文化、社会治理需要相协调，才能以文化的发展驱动山东新旧动能的转换。这是一个无法回避的也是一个更为艰难的过程。

余论

现代制度的产生虽然是偶然的，但是现代制度的演变，以及制度能否按照理性的方向发展却与作为命运共同体的人类社会的文化价值的升级/转换、协调发展紧密关联在一起。也就是说，只有按照文化价值的发展规律，规范文化产业，才能实现文化价值，才能从根本上把发展社会主义新文化，落实到文化发展之中，以文化发展提高人的现代化质素，推动社会的进步，建设具有中国特色的社会主义。

进而言之，随着我国市场经济体制改革的深入拓展，让市场在资源配置中起决定作用和更好地发挥政府的作用的关键是如何让文化价值成为对"质量的'硬约束'"，通过文化发展，使高质量的创意要素与经济相融合，由"中国制造"走向"中国创造"；通过文化发展，使与现代化发展相适应的观念意识与人的成长过程相结合，全面提高中国人口的现代化质素，完成人的现代化启蒙；通过文化的发展，使建设具有中国特色社会主义的意识形态与执政党和政府的廉政建设、制度建设、法治建设紧密结合在一起，建设一支高效、廉洁的现代化管理队伍，根本在于使文化价值协调、统一于政治、经济和社会诸领域，与中国国情和中国发展相结合，建设具有中国特色的现代社会的"文化伦理"。

在这个意义上，建立文化价值的标准，规范文化产业发展，推动新旧动能转换，既是作为试点地区——山东省"标准化"改革的方向、发展的目标，也将是在全面深化改革过程中，形成政府引导、市场驱动、社会参与、协同推进的标准化工作格局，有效支撑统一市场体系建设的，推动中国经济迈向中高端水平的发展文化产业的目标。

How to Develop Culture Industry During Industrial Transformation in Shandong Related to the Utility of Culture Industry

Fu Yanhui

Abstract: According to explanation from industrial economists, "Culture Industry" is an input-output sector, which is included the tertiary industry. The question is that culture is so called culture related to its particularity. For industrial economists, it is easy to solve economic problems, but it is not good at elaborating culture. Because when the industry targets to the culture, it is necessary to guide and develop Culture Industry based on the law of cultural value, in order to realize cultural value, and to say that it is effective developing Cultural Industry. Based on the comprehensive deepen reform and cultural value theory, this paper points out that Shandong as a pilot area for the conversion of industrial transformation, only by realizing the accumulation and diffusion of industrial economic value based on its cultural significance can we form an effective value of kinetic energy transfer. Industrial Transformation in Shandong can be said to make the development of cultural industries valuable.

Key words: culture industry; culture value; industrial transformation

投桃报李:财政补贴与文化企业并购*

山东大学　刘慧凤　熊宗惠　张俊霞

[内容提要]　本文研究财政补贴政策对文化企业并购的影响。基于信号理论与并购协同理论,以2011—2016年上市文化企业数据为样本,研究发现:财政补贴与文化企业并购显著正相关。财政补贴影响了不同产权性质的文化企业并购行为选择,能够显著促进民企的跨行业并购,但有助于国企的同行业并购;财政补贴与跨地区并购行为负相关,且在民营企业中显著,财政补贴没有促进文化企业跨地区并购。虽然并购没能提高企业净资产收益率,却显著提升了文化企业的社会贡献。这些研究揭示了政府与企业之间相互支持的关系特征。

[关键词]　文化企业;财政补贴;并购;净资产收益率;社会贡献

一、问题的提出

我国"十二五"规划纲要中提出"繁荣发展文化事业和文化产业","推动文化产业成为国民经济支柱性产业"的政策目标。党的十八届三中全会发布的《关于全面深化改革若干重大问题的决定》,强调要"推动文化企业跨地区、跨行业、跨所有制兼并重组,提高文化产业规模化、集约化、专业化水平"。根据这一国策,财政部和地方政府相继出台了一系列政策来支持文化产业的发展。十九大报告第七部分重申健全文化产业体系,推动文化产业发展的政策。

财政补贴是财政支持政策的重要组成部分,是政府运用"支持之手"对微

* 本文系山东省人文社科重点项目(15BGLJ05财税政策激励情境下文化企业并购行为的选择与资源配置效率研究)的研究成果,国家社科基金重大项目(14ZDA051完善现代市场体系与培育骨干文化企业)相关成果。

观经济刺激的手段。文化产业财政支持政策通过"文化产业发展专项资金"、"国家非物质文化遗产保护专项资金"、"中央补助地方文化事业专项资金"等方式落实下去。其中，2012 年修订的《文化产业发展专项资金管理暂行办法》中规定专项资金支持培育骨干文化企业，对文化企业跨地区、跨行业、跨所有制联合兼并重组和股改等经济活动予以支持。同时，地方也出台系列文化产业财政补贴政策。仅 2016 年，文化产业上市公司的政府补助总额就达到近 24.88 亿元。[①]

并购作为企业快速做大做强的方式之一，成为骨干文化企业成长的重要路径。虽然财政补贴与企业行为的研究很多，也不乏研究文化企业并购的文章，但财政补贴与文化企业并购关系的研究文献很少。

现有研究财政补贴的文献主要集中于三个方面：(1)影响企业获得财政补贴的因素，发现国有企业（孔东民等，2013[②]；杨芷晴，2016[③]；等）、亏损企业（朱松和陈蕴森，2009[④]；孔东民等，2013[①]）、政治关联强的企业（余明桂等，2010[⑤]）、受到产业政策扶持的企业（钱爱民等，2015[⑥]；冯发贵和李隋，2017[⑦]）获得更多财政补贴。潘爱玲和王琳琳(2015)[⑧]研究发现文化企业的产权属性和政治关联成为影响企业并购及其并购整合效果的重要因素，国有企业政治关联性更强，在并购中能获得更多的财政补贴。(2)财政补贴的作用。财政补贴有利于缓解企业融资压力（高艳慧等，2012[⑨]；卢盛峰等，2017[⑩]）、促进创新

---

① 数据来源于国泰安数据库，代码仅选择证监会 2012 年版的行业分类中的文化、体育和娱乐业，共 47 家上市公司。

② 孔东民、刘莎莎、王亚男：《市场竞争、产权与政府补贴》，《经济研究》2013 年第 48 卷第 2 期，第 55—67 页。

③ 杨芷晴：《不同产权性质下的地方政府财政补贴质量——来自中国企业一员工匹配调查(CEES)的证据》，《金融经济学研究》2016 年第 31 卷第 3 期，第 51—59 页。

④ 朱松、陈运森：《政府补贴决策、盈余管理动机与上市公司扭亏》，《中国会计与财务研究》2009 年第 3 期，第 92—140 页。

⑤ 余明桂、回雅甫、潘红波：《政治联系、寻租与地方政府财政补贴有效性》，《经济研究》2010 年第 3 期，第 65—77 页。

⑥ 钱爱民、张晨宇、步丹璐：《宏观经济冲击、产业政策与地方政府补助》，《产业经济研究》2015 年第 5 期，第 73—82 页。

⑦ 冯发贵、李隋：《产业政策实施过程中财政补贴与税收优惠的作用与效果》，《税务研究》2017 年第 5 期，第 51—58 页。

⑧ 潘爱玲、王淋淋：《产权属性、政治关联与文化企业并购绩效》，《华中师范大学学报》（人文社会科学版）2015 年第 54 卷第 3 期，第 89—100 页。

⑨ 高艳慧、万迪昉、蔡地：《政府研发补贴具有信号传递作用吗？——基于我国高技术产业面板数据的分析》，《科学学与科学技术管理》2012 年第 33 卷第 1 期，第 5—11 页。

⑩ 卢盛峰、陈思霞：《政府偏袒缓解了企业融资约束吗？——来自中国的准自然实验》，《管理世界》2017 年第 5 期，第 51—65、187—188 页。

投资（钟凯等，2017[①]；李汇东，2013[②]；郭晓丹等，2011[③]；王遂昆和郝继伟，2014[④]）、促进出口（苏振东等，2012[⑤]）。（3）财政补贴的经济效果。关于财政补贴的经济后果研究结论并不一致。一是发现财政补贴未能获得如期效果。具体包括政府补贴没有增强上市公司的经济效益（唐清泉和罗党论，2007[⑥]；于赛渊，2017[⑦]；等），补贴并未换来装备制造企业竞争力的提升（任曙明和张静，2013[⑧]），政府补贴对企业出口产品质量造成的是抑制效应（张杰等，2015[⑨]），财政补贴扭曲了企业购买行为（刘海洋等，2012[⑩]）；二是发现财政补贴有利于提高企业绩效，但贡献度不大（胡浩志和黄雪，2016[⑪]；刘鹏等，2015[⑫]）。

在持续实施我国文化产业财政金融支持政策的背景下，提出以下问题：我国文化企业财政补贴影响文化企业并购吗？财政补贴是否如期促进了文化企业跨地区、跨行业并购？另外，习近平总书记在党的十九大报告中再次强调："要深化文化体制改革，完善文化管理体制，加快构建把社会效益放在首位、社会效益和经济效益相统一的体制机制。"因此我们关心：文化企业并购是否提高了企业财务绩效和社会贡献？

以往的研究表明，财政补贴对投资行为具有显著的激励作用。但是，某些

---

① 钟凯、程小可、肖翔、郑立东：《宏观经济政策影响企业创新投资吗——基于融资约束与融资来源视角的分析》，《南开管理评论》2017 年第 20 卷第 6 期，第 4—14、63 页。

② 李汇东、唐跃军、左晶晶：《用自己的钱还是用别人的钱创新？——基于中国上市公司融资结构与公司创新的研究》，《金融研究》2013 年第 2 期，第 170—183 页。

③ 郭晓丹、何文韬、肖兴志：《战略性新兴产业的政府补贴、额外行为与研发活动变动》，《宏观经济研究》2011 年第 11 期，第 63—69 页。

④ 王遂昆、郝继伟：《政府补贴、税收与企业研发创新绩效关系研究——基于深圳中小板上市企业的经验证据》，《科技进步与对策》2014 年第 9 期，第 92—96 页。

⑤ 苏振东、洪玉娟、刘璐瑶：《政府生产性补贴是否促进了中国企业出口？——基于制造业企业面板数据的微观计量分析》，《管理世界》2012 年第 5 期，第 24—42 页。

⑥ 唐清泉、罗党论：《政府补贴动机及其效果的实证研究——来自中国上市公司的经验证据》，《金融研究》2007 年第 6 期，第 149—163 页。

⑦ 于赛渊：《财政补贴对企业社会经济效益影响的实证》，《统计与决策》2017 年第 20 期，第 181—184 页。

⑧ 任曙明，张静：《补贴、寻租成本与加成率——基于中国装备制造企业的实证研究》，《管理世界》2013 年第 10 期，第 118—129 页。

⑨ 张杰、翟福昕、周晓艳：《政府补贴、市场竞争与出口产品质量》，《数量经济技术经济研究》2015 年第 4 期，第 71—87 页。

⑩ 刘海洋、孔祥贞、马靖：《补贴扭曲了中国工业企业的购买行为吗？——基于讨价还价理论的分析》，《管理世界》2012 年第 10 期，第 119—129 页。

⑪ 胡浩志、黄雪：《寻租、政府补贴与民营企业绩效》，《财经问题研究》2016 年第 9 期，第 107—112 页。

⑫ 刘鹏、赵连昌、杜啸尘：《文化产业财政补贴绩效评价及影响因素研究——基于上市公司的实证分析》，《中国海洋大学学报》（社会科学版）2015 年第 3 期，第 55—60 页。

文化企业具有地区经济和文化特色，有些也肩负舆论宣传、弘扬民族文化等任务，地方政府给予企业财政补贴不仅是为了促进企业发展，提高企业经济效益，还在于提高企业社会效益，实现政府的就业、纳税等社会效益目标。

在中国式财政分权的背景下，中央与地方双层政策执行结果造成了地区之间财政政策差异化，一方面会促进跨地区资本流动，另一方面，文化产业起步晚、规模小等特点，也自然会提高文化产业内部的并购整合力度。鉴于企业内部发展需求和外部政策引导的双重作用下，财政补贴会影响文化企业并购策略的选择。本文从财政补贴的信号作用和企业并购协同理论的视角，研究财政补贴政策与文化企业并购行为之间的相关性，研究结论不仅能够更好理解公共财政政策是如何引起企业行为的变化，而且对优化财政补贴政策具有重要意义。

论文结论与贡献在于：(1)论证了财政补贴与文化企业并购行为显著正相关，说明政府财政补贴政策有利于文化企业的资源整合，有助于文化企业做大，论证文化产业财政支持政策的有效性。(2)产权性质影响财政补贴与文化企业跨行业和跨地区并购的关系。财政补贴与国有文化企业的跨行业并购显著负相关，与民营文化企业跨行业并购显著正相关；与民营文化企业跨地区并购显著负相关。这提供了下一步改进财政补贴效果的方向，说明提高财政补贴政策精准度是必要的。(3)财政补贴并没有提高文化企业并购后的短期财务业绩，但提高企业的社会效益。在财政补贴与并购显著正相关的前提下，这一结果解释政府与企业之间的相互支持关系，即“政府付出财政补贴之桃，企业必然回报政府社会贡献之李”。

论文以下部分由制度背景、理论分析与假设、研究设计、实证结果分析、结论与建议构成。

二、制度背景、理论分析与研究假设

支持文化产业最初是发展我国文化事业的一个重要国策。财教字〔2007〕83号就规定通过中央补贴地方文化产业发展的财政政策，但财政补贴主要用于文化事业的基础设施和固定资产投资。2009年国务院颁布《文化产业振兴规划》，提出文化产业是市场经济条件下繁荣发展社会主义文化的重要载体，明确提出加大财税扶持力度，加大金融支持。2010年发布的《文化产业发展专项资金管理暂行办法》(财教字〔2010〕81号)，明确支持骨干文化企业发展的政策。

我国“十二五”规划纲要中提出“繁荣发展文化事业和文化产业”，“推动文化产业成为国民经济支柱性产业”的目标要求，文化产业的经济地位凸显。党的十八届三中全会发布的《关于全面深化改革若干重大问题的决定》，强调要“推动文化企业跨地区、跨行业、跨所有制兼并重组，提高文化产业规模化、集约化、专业化水平”。财文字〔2012〕4 号，对原专项资金管理暂行办法进行修订，提出财政支持方向，包括：推进文化体制改革，培育骨干文化企业（对中央确定组建的大型文化企业集团公司重点发展项目予以支持，对文化企业跨地区、跨行业、跨所有制联合兼并重组和股改等经济活动予以支持）；促进金融资本和文化资源对接（对文化企业利用银行、非银行金融机构等渠道融资发展予以支持；对文化企业上市融资、发行企业债等活动予以支持）等。专项资金支持方式包括：项目补助、贷款贴息、保费补贴、绩效奖励。地方政府坚决贯彻中央的政策，也设立地方文化产业发展专项资金。此外，2016 年文化部、财政部联合印发《关于开展引导城乡居民扩大文化消费试点工作的通知》，中央和地方还发布了引导文化消费的财政补助政策，刺激文化市场消费。2015 年以后，文化产业财政政策开始转向对小微文化企业的扶持政策。

财政补贴可以通过以下路径影响文化企业并购。

第一，有利于缓解文化企业融资压力，提供并购资金来源。并购需要大笔现金，融资约束是影响并购的重要因素。哈福德（Harford，2005）①的实证结果表明，即使在没有行业冲击的条件下，只要宏观层面流动性充裕，也会引发并购浪潮。周守华等（2016）②研究发现企业外部融资依赖性越高，发生并购的概率则越低，但是当金融发展程度提高时，企业外部融资依赖性对并购发生概率的负向作用随之降低。文化企业属于轻资产行业，存在融资难题（潘爱玲，2014）。③而并购是文化企业发展壮大的自然需求，融资约束也会限制其并购行为的发生。

财政补贴可以为企业提供融资支持，降低企业融资约束。具体方式有：(1)财政补贴可以使企业产生更多的现金流（Tzelepis，2004）。④财政补贴一

① J. Harford, “What drives merger waves?”, *Journal of Financial Economics*, 2005, 77(3): 529—560.

② 周守华、吴春雷、赵立彬：《金融发展、外部融资依赖性与企业并购》，《经济经纬》2016 年第 2 期，第 90—95 页。

③ 潘爱玲：《我国文化产业融资难问题与对策建议》，载全国哲学社会科学规划办公室：《国家社会科学基金〈成果要报〉汇编(2013)》，学习出版社 2014 年版，第 28—32 页。

④ D. Tzelepis, D. Skuras, “The effects of regional capital subsidies on, firm performance: an empirical study”, *Journal of Small Business & Enterprise Development*, 2004, 11(1): 121—129.

方面通过项目补贴、绩效奖励直接对企业注入资金，不仅直接增加了企业现金流，而且提高了每股收益，提高了企业在资本市场的融资能力。解宏等(2011)①在案例分析中就指出，计入上市公司利润的财政补贴和减免税按照市盈率放大之后为公司创造了巨额的市值。高市值反过来提高了企业融资能力，提高了企业并购议价能力，为企业连续并购提供了条件。(2)财政补贴可能使企业获得更多的融资机会。一方面，贷款贴息可以降低文化企业的外部融资成本，保费补贴可以在一定程度降低文化企业的经营风险，减少外部投资的不确定性。另一方面，政府补贴向市场传递了相关的利好信号，有助于文化企业获得更多的银行贷款(高艳慧等，2012②)。根据政府支出"效率观"，财政补贴首先会支持具有良好发展潜力的项目，获得政府财政补贴的企业，相当于获得政府的隐形信誉担保，由此降低了文化企业外部融资时的信息不对称，降低融资难度，缓解由于信息不对称而导致的融资约束。(3)文化企业专项资金引导大量社会资本进入文化产业，比如PPP项目融资。

第二，提高了公共支出水平，刺激了文化产品消费，有利于降低文化企业社会资本支出，提高销售规模，改善企业财务绩效。我国文化消费市场潜在规模达到4.7万亿元，但是实际消费仅约1万亿元左右，缺口逾3万亿元。③文化产业财政专项资金用于文化基础设施支出、固定资产投资，改善文化消费环境，再加之文化产品税收优惠政策、文化产品消费财政补贴政策，将显著改善文化企业投资环境，刺激消费需求，提高市场规模。这会吸引资本流入文化产业，促进文化企业做大。

基于以上分析，财政补贴将引导资本进入文化企业，促进文化企业投资和并购，论文提出假设1：

H1：财政补贴与文化企业并购行为发生正相关。

我国文化企业数量多、规模小，经营分散，集约化、专业化和国际化水平较低，缺乏竞争力。从美国国际文化集团的发展历程不难看出：文化企业要做大做强，并购是不可或缺的手段。例如：美国的迪士尼集团并购大都会美国广播公司，由此实现了内容制作和传输渠道的整合，一举成为全球规模最大的文化企业集团。时代华纳并购特纳广播公司，从此跻身世界上最具影响力的传媒

---

① 解宏、花贵如、江敬文：《企业并购中的税收转移与对策》，《税务研究》2011年第5期，第40—43页。

② 高艳慧、万迪昉、蔡地：《政府研发补贴具有信号传递作用吗？——基于我国高技术产业面板数据的分析》，《科学学与科学技术管理》2012年第33卷第1期，第5—11页。

③ 马思遥：《扩大文化消费首次出台相关政策》，《北京青年报》2016年5月24日。

娱乐企业之列。

根据企业发展战略，拓展产业链、打造文化帝国的文化产业内部并购，也就是高度相关的内部并购是目前文化企业并购的主要类型之一（潘爱玲，2017）①。行业并购可以划分为三种不同的类型：横向并购、纵向并购和混合并购。文化企业行业通过横向行业并购可以扩大生产规模，实现规模经济和范围经济，减少竞争对手，提高行业的集中程度，增强产品在同行业中的竞争能力。通过纵向并购可以缩短生产周期，减少交易费用，获得一体化的综合效益。通过混合型并购可以实现投资多元化和经营多元化。Sullivan、Jiang（2010）②研究了9大美国传媒集团的数据，发现大型传媒集团并购交易的发生多数源于规模成长因素，传媒集团都希望借助并购获得规模经济的优势。Daidj、Jung（2011）③指出，传媒企业可以通过纵向和横向多元化整合使价值链移动，以谋求规模和范围经济；王乾厚（2009）④认为通过技术研究开发、管理体制创新、专业分工和协作等能促使文化企业获得规模经济，并购重组能扩大企业的这种规模经济效应。文化企业并购催生文化产业“巨人”（张道政、胡静，2006）⑤，在并购整合后可以获得协同效应和异质资源，提高企业的盈利能力。

文化产业是国家重点扶持的行业，具有高附加值、轻污染的特性，符合新旧动能转换的要求。同时，我国文化市场消费潜力巨大，按照国际发展经验，现阶段我国居民的文化需求满足程度不足国际同等发展程度国家的四分之一。中央和地方政府为促进文化企业发展，打造文化产业的核心地位，给予了大力的财政支持。另外，文化企业的轻资产性，资金进入门槛较低。产业发展潜力和高盈利性、政策支持以及进入壁垒较低，使得文化产业较其他行业具有较强的行业吸引力。

因此，由于财政补贴的针对性，尽管文化企业也急需通过相关多元化打造具有竞争力的价值链，但文化企业更倾向相关多元化的同行业并购而非跨行业并购。基于以上分析，本文提出假设2：

---

① 潘爱玲：《文化产业并购与文化资源配置》，《人文天下》2017年第19期，第12—15页。

② Dan Sullivan, Y. Jiang, "Media Convergence and the Impact of the Internet on the M&A Activity of Large Media Companies", *Journal of Media Business Studies*, 2010, 7(4): 21—40.

③ N. Daidj, J. Jung, "Strategies in the Media Industry: Towards the Development of Co-opetition Practices?", *Journal of Media Business Studies*, 2011, 8(4): 37—57.

④ 王乾厚：《文化产业规模经济与文化企业重组并购行为》，《河南大学学报》（社会科学版）2009年第49卷第6期，第78—85页。

⑤ 张道政、胡静：《国际文化企业并购特点及趋势》，《文化产业研究》2006年第1期，第35—40页。

H2:财政补贴与文化企业跨行业并购行为发生负相关。

已有文献认为企业跨地区并购比同区域并购更难。方军雄(2009)[①]指出由于地方保护主义倾向的存在,跨区域并购的难度比同区域并购的难度要大,因而发生的可能性相对要低。另一方面,同区域并购企业之间信息不对称程度较小,由于距离较近的企业间信息搜集的成本相对较低,并购存在"本地偏好"的倾向。文化企业同样存在跨区域并购的障碍。由于文化产业的特殊性,政府对文化产业的干预比传统行业多,存在地方保护主义。地方政府出于做大做强文化产业及政绩方面的考虑,会对辖区企业间的并购交易施加控制,支持或推动区域内文化企业的并购。文化产业省份之间的壁垒已经形成(潘爱玲等,2016)[②],区域内并购更容易。

财政补贴能否激发跨地区并购呢? 刘鹏等(2015)在研究中发现,文化传媒上市企业的财政补贴主要来自各级地方政府,而非中央政府。在中国分权制背景下,地方政府拥有更多的财政自主权干预地方经济。为了地方经济的发展,各地方政府针对当地发展情况出台不同的适应性政策,因此也形成区域文化企业财政补贴的差异性。潘爱玲等(2016)指出,文化企业的成长与所在区域的经济发达程度、政策导向和区域资源禀赋密切相关。上市的文化企业和参与并购的文化企业都具有明显的区域集聚特征,在本文研究的395个并购样本中,发生在北京、上海、江苏、湖南、广东、浙江6个省市的并购样本就有274个,占全部并购样本的91.77%;2011—2016年6省市的地方财政文化体育与传媒支出年平均总和达793.6亿元,占全国地方财政文化体育与传媒支出年平均总和的33.28%[③],这种现象显然与地区经济发展和政府扶持力度有关。由此推论在地方政府财政支持力度存在差异性时,当地政府对主要文化企业的财政补贴越多,企业可获得的政府资源越多,企业越有可能基于资源优势进行本地并购。本文提出假设3:

H3:财政补贴与文化企业跨区域并购行为发生负相关。

目前关于财政补贴经济后果的研究结论并不一致,一种观点认为,财政补贴具有正的经济后果。阿哈罗尼等(Aharony et al.,2000)[④]指出政府给当地

① 方军雄:《市场分割与资源配置效率的损害——来自企业并购的证据》,《财经研究》2009年第35卷第9期,第36—47页。

② 潘爱玲、邱金龙、闫家强:《"三跨"并购与文化企业综合竞争力提升研究——来自A股上市公司的实证证据》,《山东大学学报》(哲学社会科学版)2016年第1卷第3期,第1—12页。

③ 数据来源于国家统计局。

④ J. Aharony, C. W. J. Lee, T. J. Wong, "Financial Packaging of IPO Firms in China", *Journal of Accounting Research*, 2000, 38(1):103—126.

的上市公司减免税赋和提供财政补贴对双方而言是共赢的，不仅可以提高企业绩效，而且对当地政府也是有利的。原因是，财政补贴可以直接增加企业现金流，通过信号传递效应缓解外部融资时的信息不对称，提高企业的研发（Abraham Garcia 等，2010①；Maseko 等，2011②；邵传林，2015③）、生产（任曙明、吕镯，2014）、出口（苏振东等，2012），从而提升企业绩效。唐清泉和罗党论（2007）发现政府补贴没有增强上市公司的经济效益，但却有助于上市公司社会效益的发挥。

另一种观点认为，财政补贴具有负的经济后果。原因之一可能是企业为获取财政补贴迎合政府期望，采取对企业绩效无益的行为。什莱夫、维什尼（Shleifer，Vishny，1994）④认为，地方政府对企业的补贴可能并非基于企业绩效抑或提高整个社会的资源配置效率，而是基于企业家和政治家间的贿赂活动与寻租活动，这种动机下的补贴所带来的效果并不理想。伯尼尼、佩莱格利尼（Bernini，Pellegrini，2011）⑤考察了意大利南部地区的补贴效果，发现与未获得补贴企业相比，获得补贴企业的全要素生产率的增长幅度反而更小。余明桂等（2010）⑥研究发现，民营企业通过与地方政府建立政治联系，俘获掌握着财政补贴支配权的地方政府官员，进而得到更多的财政补贴收入，其获得的财政补贴与企业绩效及社会绩效负相关。冯发贵和李隋（2017）⑦研究发现在受到产业政策支持的企业中，财政补贴没有显著改善企业的绩效。其原因可能是多方面的，与地方政府利用补贴帮助企业争夺社会资源有关，也与财政补贴机制不完善有关。

如果财政补贴既不能提高并购企业的财务绩效，也不能提高企业社会贡

① A. Garcia，P. Mohnen，“Impact of Government Support on R&D and Innovation”，*UNU_MERIT Working Paper*，2010.

② N. Maseko，O. Manyani，L. Chiriseri et al.，“An analysis of the impact of targeted government support on SMEs growth and development in Zimbabwe：a survey of Mashonaland Central Province”，*Journal of Research in International Business Management*，2011，2：51—59.

③ 邵传林：《制度环境、财政补贴与企业创新绩效——基于中国工业企业微观数据的实证研究》，《软科学》2015 年第 29 卷第 9 期，第 34—37、42 页。

④ A. Shleifer，R. W. Vishny，“The Politics of Market Socialism”，*Journal of Economic Perspectives*，1994，8(2)：165—176.

⑤ C. Bernini，G. Pellegrini，“How are growth and productivity in private firms affected by public subsidy? Evidence from a regional policy”，*Regional Science & Urban Economics*，2011，41(3)：253—265.

⑥ 余明桂、回雅甫、潘红波：《政治联系、寻租与地方政府财政补贴有效性》，《经济研究》2010 年第 3 期，第 65—77 页。

⑦ 冯发贵、李隋：《产业政策实施过程中财政补贴与税收优惠的作用与效果》，《税务研究》2017 年第 5 期，第 51—58 页。

献，这种结果短期内存在是可能的，但文化企业财政补贴持续多年，如果没有任何效益政府还坚持补贴，这不符合理性政府决策者的特征。我们认为，政府财政补贴促发了企业并购行为，至少帮助企业做大了，至于是否做强，即投资效益是否提高不好确定，因为并购不同于直接投资行为，并购是否成功在很大程度上取决于并购决策是否科学、并购整合是否成功。由于文化企业并购溢价比价高，大大延长了并购获利的时间。但只要并购做大了企业，政府所追求的文化产业的税收、就业等增加值指标就会增加，即"政府付出财政补贴之桃，企业必然回报政府社会贡献之李"。基于以上分析，本文提出以下两个假设：

H4a：财政补贴不会提高文化企业并购的投资效益。

H4b：财政补贴提高了文化企业并购后的社会贡献。

三、研究设计

（一）样本选择与数据来源

由于"十二五"规划确定了文化产业作为国民经济支柱产业，对企业做大做强进行财政支持。我们选择的并购总样本是2011—2016年深、沪两市A股文化产业类上市公司，相关数据来自CSMAR数据库。文化类上市公司的筛选以国家统计局发布的《文化及相关产业分类（2012）》为标准，通过查阅公司经营范围后手工整理完成，最终得到2011—2016年的样本数分别是260家、279家、285家、304家、333家和380家，共1 841个观测值。并购样本是上述文化类上市公司作为主并方，在2011—2016年间发生并购交易的事件，共415起，其中跨地区并购205起，跨行业并购198起，有些公司在样本期间内实施了多起并购。并购交易数据来自WIND中国并购数据库。最后，经样本匹配并剔除：（1）被ST公司；（2）相关信息缺失的公司，最后得到1 212个全样本观测值，并购样本395个。

（二）变量定义

为检验财政补贴激励下的企业行为，本文构建模型（1）：

$$\text{Logit}(MA, CIMA, CRMA) = \alpha_0 + \alpha_1 \text{Sasset} + \text{Control} + \text{Year} + \varepsilon \tag{M-1}$$

被解释变量为企业并购决策，包括"企业是否进行并购（MA）"、"企业是否进行跨地区并购（CRMA）"和"企业是否进行跨行业并购（CIMA）"。当上市文化企业宣告进行并购时 MA 取 1，否则取 0；以企业注册地作为划分区域的标准，以省为界限，若并购标的与主并企业分别位于不同省份，则认为该企业的并购属于跨地区并购，CRMA 取 1，否则为本地并购，CRMA 取 0；以《文化及相关产业分类（2012）》为标准判断被并购方是否为文化类上市公司，若不属于，CIMA 取 1，否则取 0。解释变量为企业当年获得的财政补贴。①

控制变量方面，参照已有文献研究，加入了以下财务指标和公司治理指标：财务杠杆（LEV），企业市场价值（TobinQ），现金持有水平（Cash），营业现金流（CF），资本密集度（Intensity），企业成长性（Growth），企业规模（Size）和年限（Age），独立董事占比（Gov），大股东持股比例（Big），多元化程度（Divfic），产权性质（SOE）。为消除年度间差异的影响，控制了年度效应（Year）。

另外定义当企业为国有控股时，样本属于国企组，当企业为非国有控股时，样本属于民企组；企业经营多元化程度（Divfic）以“1－赫芬达指数”进行计量，该指标值越大，代表企业多元化程度越高，主要变量及计算方法如表 1 所示。

表 1　主要变量及计算方法

性质	变量名称	变量符号	变量描述
被解释变量	并购	MA	发生并购为 1，否则为 0
	地区并购	CRMA	跨地区并购为 1，否则为 0
	行业并购	CIMA	跨行业并购为 1，否则为 0
	并购投资绩效	ΔROE	并购前后净资产收益率变化 $(ROE_{t+1}+ROE_t)/2-ROE_{t-1}$
	企业社会贡献	FSCR	（净利润＋支付利息手续费及佣金的现金＋支付给职工以及为职工支付的现金＋支付的各项税费）/总资产
解释变量	财政补贴	Sasset	企业年报中每年收到的“政府补助”并扣除所有的税收返还、即征即退、税收减免等财政补贴得到的实际财政补助/总资产

① 这里需要解释的是，财政补贴列入年度财政预算，不会提前或滞后发放。企业因符合政策要求而获得的财政补贴会当年到账。因此，我们也无法采取错期的方式避免内生性问题，也无法通过统计方法排除。换句话说，我们可以从理论上说财政补贴对并购行为的作用机理，从结果上解释两者关系意义，但从统计上只能论证两者是否存在相关性。

（续表）

性质	变量名称	变量符号	变量描述
控制变量	资产负债率	LEV	负债/资产
	企业市场价值	TobinQ	市场价值/总资产账面价值
	现金持有水平	Cash	现金及现金等价物期末余额/总资产
	营业现金流	CF	经营活动产生的现金流量净额/总资产
	资本密集度	Intensity	年末固定资产净值除以总资产
	企业成长性	Grwoth	每股市价/每股净资产
	企业规模	Size	企业总资产的对数
	企业年限	Age	ln(1＋上市年限)
	治理水平	Gov	独立董事占比
	大股东持股比例	Big	主并企业的大股东持股比例
	多元化程度	Divfic	1－赫芬达指数
	产权属性	SOE	国有控股取值为1,民营控股取值为0
	时间效应	Year	设置了5个年份虚拟变量

为了分析财政补贴促发下文化企业并购效果，构建模型2：

$$\Delta ROE,\ FSCR = \beta_0 + \beta_1 \text{Sasset} + \text{Control} + \text{Year} + \varepsilon \qquad \text{(M-2)}$$

企业并购投资绩效指标为净资产回报率(ROE)，这是最常用的收益指标。没有以市值衡量并购绩效的原因在于其影响因素更多、更复杂。为了分析财政补贴是否提高了并购后企业社会贡献，论文引入社会贡献水平指标，以企业支付给职工的薪酬，支付债权人的利息，上交给政府各种税收以及为股东创造的利润之和为企业社会贡献。

四、实证检验与结果分析

（一）描述性统计分析结果

文化企业发生并购的样本不到33％，文化企业并购概率并不很高。财政补贴占企业资产总额的均值为0.5％，最大值为4％，最小值约为0。并购前后企业净资产收益率的差都是负的，表明并购后企业净资产收益率是下降的。社会贡献占总资产的16.6％，但企业间差异较大。另外，我们对并购前后社会贡献水平进行 T 检验，结果是显著为正。

表 2　主要变量描述性统计结果(N=1 212)

变量名称	Mean	SD	Min	Median	Max
MA	0.326	0.469	0.000	0.000	1.000
Sasset	0.005	0.007	0.000	0.003	0.040
ΔROE	−0.013	0.055	−0.245	−0.009	0.165
FSCR	0.166	0.088	0.032	0.152	0.476
LEV	0.427	0.218	0.039	0.402	0.852
TobinQ	3.356	2.750	0.981	2.380	16.041
Cash	0.291	0.219	0.033	0.235	1.210
Size	22.269	1.374	20.056	22.103	27.028
Age	2.723	0.408	1.386	2.773	3.401
Big	0.361	0.157	0.073	0.337	0.757
Gov	0.342	0.119	0.000	0.333	0.571

由表 3 可以看出，皮尔森相关性检验结果财政补贴与并购正相关，但不显著；斯皮尔曼相关性检验系数为负，也不显著。控制变量与并购关系显著。可见，财政补贴与并购的相关性是有条件的，需要控制相关变量进行回归检验。

（二）回归检验与结果分析

1. 财政补贴与企业并购回归结果

由于财政补贴与并购之间单变量相关性不显著，以往文献又指出国有文化企业和民营企业获得财政补贴的能力不同，甚至业务内容也有所不同，担负的社会责任不同，单变量检验产权是一个与并购和财政补贴都很显著的变量，我们按产权性质进行分组(见表 4)。

企业财政补贴与并购间的回归结果(见表 4)，(1)—(9)列分别按全样本和分样本检验财政补贴与并购、跨行业并购和跨地区并购之间的关系。表 4(1)—(3)列回归结果表明财政补贴的激励能显著促进企业的并购行为，通过 1%水平上的显著性检验，由此验证了假设 1。但分产权看，财政补贴与国有企业是显著正相关的，与民营企业正相关但不显著。

表 4(4)—(6)列回归结果表明财政补贴对文化企业跨行业并购行为的影响。在国有企业和民营企业不同，国有企业组财政补贴与跨行业并购 1%显著水平下负相关，而民营企业组是在 5%显著水平下正相关。因此，并购总样

表 3　变量相关系数矩阵

	MA	Sasset	LEV	TobinQ	Cash	CF	Growth	Size	Age	Big	Gov	SOE
MA	1	−0.004	0.286***	−0.094***	−0.126***	0.072**	−0.015	0.448***	0.345***	0.014	−0.041	0.257***
Sasset	0.022	1	−0.351***	0.344***	0.189***	0.121***	0.254***	−0.243***	−0.138***	0.013	0.024	−0.122***
LEV	0.294***	−0.283***	1	−0.581***	−0.368***	−0.153***	−0.305***	0.657***	0.201***	0.096***	0.001	0.211***
TobinQ	−0.075***	0.336***	−0.412***	1	0.224***	0.286***	0.907***	−0.464***	−0.092***	−0.204***	−0.090***	−0.312***
Cash	−0.149***	0.097***	−0.361***	0.190***	1	0.222***	0.142***	−0.197***	−0.143***	0.138***	−0.022	0.036
CF	0.101***	0.192***	−0.123***	0.284***	0.234***	1	0.234***	0.004	0.058**	0.005	−0.085***	0.068**
Growth	0.011	0.340***	−0.204***	0.865***	0.131***	0.283***	1	−0.330***	−0.029	−0.185***	−0.100***	−0.296***
Size	0.405***	−0.214***	0.669***	−0.325***	−0.198***	−0.007	−0.281***	1	0.214***	0.142***	0.015	0.369***
Age	0.289***	−0.101***	0.163***	−0.063**	−0.138***	0.096***	−0.006	0.068**	1	−0.160***	−0.190***	0.235***
Big	0.043	−0.033	0.087***	−0.167***	0.112***	−0.002	−0.162***	0.224***	−0.213***	1	0.153***	0.343***
Gov	−0.020	−0.047*	0.024	−0.032	−0.004	−0.061**	−0.060**	0.047	−0.227***	0.142***	1	−0.013
SOE	0.257***	−0.164***	0.216***	−0.304***	−0.021	0.037	−0.290***	0.388***	0.179***	0.356***	0.016	1

注:左下方为 Pearson's 相关系数,右上方为 Spearman's rank 相关系数

*** $p<0.01$，** $p<0.05$，* $p<0.1$

表 4　模型 1 回归结果

	MA			CIMA			CRMA		
	(1)	(2)	(3)	(4)	(5)	(6)	(7)	(8)	(9)
	全样本	国企组	民企组	并购样本	国企组	民企组	并购样本	国企组	民企组
Sasset	3.474***	5.391**	2.562	1.740	−21.338***	8.227**	−6.146***	−1.786	−7.775**
	(2.91)	(2.52)	(1.30)	(1.00)	(−3.69)	(2.36)	(−3.03)	(−0.58)	(−2.29)
LEV	0.088	−0.172	1.632*	2.989***	3.496**	−0.889	−2.921***	−1.610	−3.775**
	(0.15)	(−0.19)	(1.65)	(3.12)	(2.02)	(−0.51)	(−3.08)	(−1.22)	(−2.05)
TobinQ	−0.200***	−0.042	−0.154	−0.437**	−0.994**	−0.489*	−0.048	0.054	−0.205
	(−2.69)	(−0.24)	(−1.55)	(−2.50)	(−1.99)	(−1.90)	(−0.33)	(0.19)	(−0.90)
Cash	−1.067**	0.042	−3.081***	0.961	5.496***	−2.893	−2.069**	−2.216**	−1.264
	(−2.41)	(0.07)	(−3.38)	(1.15)	(4.27)	(−1.52)	(−2.47)	(−2.01)	(−0.60)
CF	2.845***	0.847	5.184***	−2.538*	−6.087**	−0.322	4.461***	3.112	7.024***
	(3.13)	(0.62)	(3.32)	(−1.81)	(−2.53)	(−0.14)	(3.23)	(1.51)	(2.69)
Growth	0.188***	0.198	0.152*	0.274**	0.394	0.143	0.055	0.041	0.152
	(3.14)	(1.45)	(1.87)	(2.18)	(1.36)	(0.92)	(0.50)	(0.18)	(1.03)
Size	0.763***	0.754***	0.594***	−0.267*	−0.650***	−0.065	0.581***	0.450**	0.288
	(8.29)	(5.77)	(3.20)	(−1.86)	(−2.79)	(−0.15)	(3.89)	(2.16)	(0.70)

（续表）

	MA			CIMA			CRMA		
	（1）	（2）	（3）	（4）	（5）	（6）	（7）	（8）	（9）
	全样本	国企组	民企组	并购样本	国企组	民企组	并购样本	国企组	民企组
Age	1.879***	0.884***	3.298***	−0.059	0.506	0.285	−0.637	−1.379***	1.614
	（7.39）	（2.78）	（6.03）	（−0.15）	（0.88）	（0.26）	（−1.64）	（−2.83）	（1.44）
Big	1.159**	0.499	−1.704	−0.195	1.525	1.407	−1.544*	−2.236**	−1.130
	（2.18）	（0.67）	（−1.48）	（−0.26）	（1.39）	（0.67）	（−1.95）	（−2.19）	（−0.58）
Gov	−2.506*	−4.400**	0.591	1.960	4.738*	5.335	−0.313	−0.563	−1.489
	（−1.69）	（−2.11）	（0.23）	（0.98）	（1.69）	（1.26）	（−0.15）	（−0.22）	（−0.34）
Divfic	1.431***	1.130**	1.447***	0.555	1.070	−0.573	0.857*	1.887**	−0.157
	（4.61）	（2.52）	（2.81）	（1.11）	（1.23）	（−0.61）	（1.71）	（2.53）	（−0.17）
_cons	−24.568***	−20.796***	−25.706***	4.564	9.766*	16.096	−9.924***	−5.424	−21.731
	（−11.09）	（−7.02）	（−5.52）	（1.31）	（1.83）	（0.01）	（−2.83）	（−1.17）	（−0.03）
year	Yes	Yes	Yes	Yes	Yes	Yes	Yes	Yes	Yes
N	1 212	547	665	395	251	144	395	251	144
Chi^2	464.15***	161.75***	300.20***	57.57***	93.84***	32.00***	61.58***	45.83***	37.11***
Pseudo R^2	0.303	0.214	0.432	0.105	0.271	0.160	0.112	0.131	0.186

本正相关但不显著。假设2在国有企业组成立,但在民营企业组不成立。这说明,国有和民营文化企业不仅是财政补贴不同,而且对财政补贴下企业跨行业并购行动也不同。这与国有文化企业的业务内容有一定关系,国有文化企业的业务,比如新闻出版、广播电视等行业政治敏感性和社会责任更强,受到的政府管制更多,做大的渠道是同行业并购,实施规模扩张。而民营企业则倾向于跨行业并购。

而表4(7)—(9)列回归结果表明财政补贴与跨地区并购在1%显著水平下负相关,这说明企业财政补贴越高,越倾向于同地区并购,结果这与假设3一致,而且这个关系只在民企组中显著,说明民营企业对地区性财政补贴比国有企业反应更为敏感,也可以说是国有企业受地方政府羁绊更多,对地区性财政补贴缺少回应。

2. 财政补贴与并购效果

前文描述性统计已经发现并购后企业投资回报率是下降的,而表5的回归结果进一步证实,财政补贴政策下文化企业并购没有提高企业短期投资回报率。假设H4a通过检验。这与冯法贵和李隋(2017)等相关研究结论相同,说明产业政策扶持背景下的财政补贴没有改进企业并购绩效。这既可能与并购决策有关,更与并购绩效需要通过并购整合后才能体现出来,也可能与地方政府把财政补贴政策执行看成政治任务,忽视补贴效果的考评有关。

通过对并购前后社会贡献水平的T检验,发现所有的并购样本,并购后比并购前的社会贡献水平都显著提高了(检验结果略)。在此基础上,为了回答政府付出财政补贴是否在企业并购后获得社会效益,论文也对并购样本的财政补贴与并购后的社会贡献率进行回归检验,结果见表5(4)—(6)列。结果表明,财政补贴与企业并购后社会贡献率在1%显著水平下正相关,与跨行业并购和跨地区并购相关性分别在5%和1%显著水平下显著。结果验证了我们假设H4a和H4b。

表5 模型2回归结果

	并购样本	跨行业并购样本	跨地区并购样本	并购样本	跨行业并购样本	跨地区并购样本
	(1)	(2)	(3)	(4)	(5)	(6)
	ΔROE	ΔROE	ΔROE	FSCR	FSCR	FSCR
Sasset	−0.114*** (−2.80)	−0.251*** (−2.94)	−0.075 (−1.31)	0.170*** (3.68)	0.175** (2.23)	0.227*** (4.37)

（续表）

	并购样本	跨行业并购样本	跨地区并购样本	并购样本	跨行业并购样本	跨地区并购样本
	(1)	(2)	(3)	(4)	(5)	(6)
	ΔROE	ΔROE	ΔROE	FSCR	FSCR	FSCR
LEV	−0.001 (−0.04)	−0.020 (−0.59)	0.021 (0.73)	−0.096*** (−4.44)	−0.177*** (−5.83)	−0.091*** (−3.49)
Cash	0.039** (2.03)	0.073** (2.22)	0.009 (0.28)	−0.032 (−1.47)	−0.002 (−0.05)	0.014 (0.48)
CF	0.050 (1.62)	0.114** (2.11)	0.051 (1.11)	0.100*** (2.81)	0.182*** (3.67)	0.115*** (2.75)
Growth	−0.003** (−2.44)	0.001 (0.40)	−0.006*** (−2.88)	0.012*** (8.04)	0.011*** (5.08)	0.010*** (5.03)
Size	−0.002 (−0.44)	0.011* (1.69)	−0.009* (−1.72)	−0.003 (−0.67)	0.009 (1.60)	−0.002 (−0.33)
Age	0.010 (1.07)	0.058*** (3.04)	0.007 (0.51)	−0.016 (−1.51)	−0.002 (−0.12)	−0.002 (−0.15)
Big	0.014 (0.73)	0.002 (0.06)	0.012 (0.45)	0.038* (1.77)	0.018 (0.62)	0.032 (1.28)
Gov	−0.056 (−1.20)	0.008 (0.11)	0.021 (0.28)	0.031 (0.58)	−0.068 (−1.00)	0.084 (1.26)
SOE	−0.009 (−1.27)	−0.013 (−1.16)	−0.018* (−1.73)	−0.016** (−1.97)	−0.008 (−0.79)	−0.021** (−2.21)
_cons	0.041 (0.50)	−0.393** (−2.44)	0.189 (1.47)	0.270*** (2.87)	0.052 (0.35)	0.173 (1.49)
year	Yes	Yes	Yes	Yes	Yes	Yes
N	395	190	195	395	190	195
R^2	0.163	0.279	0.241	0.582	0.686	0.633
Adj.R^2	0.13	0.22	0.18	0.56	0.66	0.60

表 6　模型 1 稳健性检验回归结果

	MA			CIMA			CRMA		
	(1)	(2)	(3)	(4)	(5)	(6)	(7)	(8)	(9)
	全样本	国企组	民企组	并购样本	国企组	民企组	并购样本	国企组	民企组
Sasset2	7.259 (1.42)	23.961** (2.42)	0.255 (0.03)	−0.330 (−0.05)	−130.538*** (−3.42)	39.684** (2.43)	−14.577* (−1.80)	3.856 (0.46)	−40.351** (−2.39)
LEV	−0.101 (−0.17)	−0.342 (−0.37)	1.417 (1.43)	2.713*** (2.81)	2.938* (1.66)	−0.684 (−0.39)	−2.511*** (−2.64)	−0.905 (−0.68)	−3.763** (−2.03)
TobinQ	−0.205*** (−2.73)	−0.075 (−0.42)	−0.167* (−1.68)	−0.457*** (−2.59)	−0.674 (−1.39)	−0.441* (−1.74)	−0.038 (−0.26)	0.055 (0.19)	−0.245 (−1.07)
Cash	−1.176*** (−2.69)	0.110 (0.18)	−3.357*** (−3.77)	0.915 (1.10)	4.660*** (3.75)	−3.283* (−1.71)	−1.829** (−2.21)	−2.178** (−1.97)	−0.240 (−0.11)
CF	2.823*** (3.12)	0.129 (0.09)	5.708*** (3.76)	−2.714* (−1.88)	−6.134** (−2.36)	0.133 (0.06)	4.627*** (3.26)	4.228* (1.88)	6.518*** (2.58)
Growth	0.211*** (3.51)	0.229* (1.68)	0.185** (2.31)	0.323** (2.57)	0.241 (0.84)	0.134 (0.85)	−0.023 (−0.21)	0.022 (0.09)	0.158 (1.07)
Size	0.774*** (8.35)	0.777*** (5.79)	0.572*** (3.10)	−0.231 (−1.60)	−0.594** (−2.52)	−0.032 (−0.08)	0.507*** (3.43)	0.381* (1.81)	0.223 (0.54)

（续表）

	MA			CIMA			CRMA		
	(1)	(2)	(3)	(4)	(5)	(6)	(7)	(8)	(9)
	全样本	国企组	民企组	并购样本	国企组	民企组	并购样本	国企组	民企组
Age	1.859***	0.978***	3.164***	−0.082	0.227	0.155	−0.557	−1.461***	1.869*
	(7.30)	(3.07)	(5.90)	(−0.21)	(0.41)	(0.14)	(−1.46)	(−2.99)	(1.68)
Big	1.294**	0.907	−1.780	−0.020	1.058	1.730	−1.822**	−2.705***	−1.078
	(2.43)	(1.22)	(−1.54)	(−0.03)	(1.00)	(0.82)	(−2.35)	(−2.65)	(−0.55)
Gov	−2.746*	−4.997**	0.878	1.291	5.576*	5.284	0.649	0.483	−2.551
	(−1.84)	(−2.34)	(0.34)	(0.64)	(1.94)	(1.23)	(0.31)	(0.18)	(−0.56)
Divfic	1.463***	1.203***	1.541***	0.647	0.573	−0.530	0.681	2.077***	0.097
	(4.72)	(2.64)	(2.96)	(1.30)	(0.66)	(−0.57)	(1.39)	(2.71)	(0.10)
_cons	−24.653***	−21.546***	−24.759***	3.953	9.320*	14.107	−8.648**	−4.162	−20.876
	(−11.08)	(−7.15)	(−5.37)	(1.13)	(1.74)	(0.02)	(−2.47)	(−0.89)	(−0.03)
year	Yes	Yes	Yes	Yes	Yes	Yes	Yes	Yes	Yes
N	1 204	543	661	391	249	142	391	249	142
Chi^2	453.31***	164.16***	292.91***	55.80***	90.58***	32.36***	54.68***	46.05***	38.95***
Pseudo R^2	0.298	0.219	0.425	0.103	0.264	0.165	0.101	0.133	0.198

（三）稳健性检验

为检验财政补贴与文化企业并购行为发生之间相关性的稳定性，用财政补贴除以企业营业收入为解释变量，回归结果（见表 6）。与表 4 相比，除了第（1）列不显著，第（8）列符号变为正的，其他系数相关性含义未变。由于总样本回归结果表明财政补贴只与国有文化企业并购显著正相关，表 6 没有改变这个基本结论，所以我们认为稳健性结果是可以接受的。而在表 4 和表 6 中，国有文化企业跨地区并购与财政补贴的关系都不显著，T 值也很少，不影响前文的基本结论，即没有发现财政补贴促进国有文化企业跨地区并购的证据，但发现主并方获得财政补贴越高，民营文化企业越不会跨地区并购的证据。综上所述，稳健性检验结果支持前文研究结论。

为了检验财政补贴下企业并购的经济效果，我们以并购后年 ROE 减并购前一年 ROE 为 ROE2，衡量并购后投资绩效，以并购后社会贡献除以企业当年营业收入得到 FSCR2 衡量企业社会贡献率，以财政补贴除以营业收入为解释变量 Sasset2，控制影响绩效的因素，多元回归结果如表 7。结论与表 5 一致。我们把社会贡献按高、中、低回归进行内生性检验，结果仍然支持上述结论。

表 7　模型 2 的稳健性检验

	并购样本	跨行业 并购样本	跨地区 并购样本	并购样本	跨行业 并购样本	跨地区 并购样本
	(1)	(2)	(3)	(4)	(5)	(6)
	ΔROE2	ΔROE2	ΔROE2	FSCR1	FSCR1	FSCR1
Sasset2	−0.499** (−2.47)	−0.888* (−1.76)	−0.187 (−0.67)	2.980*** (8.21)	5.594*** (7.96)	2.780*** (5.91)
LEV	−0.015 (−0.61)	−0.029 (−0.72)	0.021 (0.59)	−0.357*** (−8.10)	−0.271*** (−4.76)	−0.418*** (−7.06)
Cash	0.052** (2.16)	0.096** (2.37)	0.027 (0.70)	−0.245*** (−5.64)	−0.246*** (−4.36)	−0.229*** (−3.48)
CF	0.010 (0.24)	0.009 (0.13)	0.039 (0.69)	0.418*** (5.67)	0.442*** (4.49)	0.289*** (3.04)
Growth	−0.006*** (−3.83)	−0.003 (−0.94)	−0.010*** (−4.17)	0.012*** (4.48)	0.002 (0.50)	0.023*** (5.55)

（续表）

	并购样本	跨行业并购样本	跨地区并购样本	并购样本	跨行业并购样本	跨地区并购样本
	(1)	(2)	(3)	(4)	(5)	(6)
	ΔROE2	ΔROE2	ΔROE2	FSCR1	FSCR1	FSCR1
Size	−0.000	0.010	−0.011*	−0.003	−0.008	0.008
	(−0.11)	(1.27)	(−1.69)	(−0.37)	(−0.77)	(0.76)
Age	0.011	0.052**	0.010	−0.016	−0.003	0.092***
	(0.97)	(2.25)	(0.58)	(−0.79)	(−0.10)	(3.17)
Big	0.012	−0.005	0.012	−0.111**	−0.044	−0.002
	(0.51)	(−0.12)	(0.37)	(−2.58)	(−0.79)	(−0.03)
Gov	−0.041	0.031	0.066	0.555***	0.463***	0.304**
	(−0.68)	(0.33)	(0.73)	(5.10)	(3.57)	(2.03)
SOE	−0.011	−0.012	−0.031**	0.022	0.012	0.097***
	(−1.24)	(−0.83)	(−2.38)	(1.34)	(0.59)	(4.46)
_cons	0.008	−0.373*	0.228	0.342*	0.401	−0.256
	(0.07)	(−1.91)	(1.45)	(1.79)	(1.47)	(−0.97)
year	Yes	Yes	Yes	Yes	Yes	Yes
N	391	187	195	391	187	195
R^2	0.180	0.278	0.277	0.641	0.759	0.682
Adj.R^2	0.15	0.21	0.22	0.63	0.74	0.66

五、结论与建议

（一）结论

基于信号理论与并购协同理论，论文以2011—2016年上市文化企业数据为样本，检验了“十二五”以来，各级政府的政府财政补贴是否、如何影响文化企业并购以及并购后的企业财务绩效和社会效益。研究发现：

（1）产权性质影响了财政补贴与文化企业并购的关系，财政补贴与文化企业并购正相关，与国有文化企业并购显著正相关，与民营企业并购正相关，但不显著。在进一步分析中发现，财政补贴能够显著促进民企的跨行业并购，但抑制了国企的跨行业并购，换句话说，财政补贴与国有文化企业同行业并购正相关。财政补贴政策也没有推动文化企业跨地区并购，表现为财政补贴越高，文化企业跨地区并购发生越少，这在民营企业中更为显著，这意味着财政补贴与文化企业同地区并购相关。这一结论可以从财政政策角度解释“文化企业同行业并购高于跨行业并购，同地区并购高于跨地区并购”现象。

(2) 虽然并购没能提高企业并购后的投资收益，但财政补贴提升了文化企业社会贡献水平。这说明，在文化产业财政补贴政策实施过程中，政府财政补贴政策确实有利于文化企业通过并购重组做大，但没有发现文化企业做强证据，却发现在企业做大的过程中为政府作出了更大的社会贡献。

本文结果详细刻画了政府与企业之间的相互支持关系特征，可以说“政府付出财政补贴之桃，企业回报了政府社会贡献之李”。

（二）建议

(1) 从国家政策视角，要提高财政补贴政策的精准性。一要针对财政补贴政策对不同所有制文化企业的作用效果不同，基于政策目标需求，设计差异化财政支持政策。二要针对不同并购行为施以不同程度的财政补贴。另外，要改进财政补贴发放机制，根据并购项目进程和效果分期下发财政补贴。

(2) 从地方政府视角，加强区域经济之间协调，减少跨地区并购的政策性、行政性障碍，促进文化企业跨地区并购，跨所有制并购，全面推动文化企业做大做强。

(3) 从企业视角，确保文化企业并购决策的理性，慎重权衡并购对企业战略发展的影响，充分评估并购后整合的困难和风险，以保证文化企业不仅能做大，也能做强。

Reciprocal Effect: Financial Subsidies and Cultural Enterprises M&A

Liu Huifeng　Xiong Zonghui　Zhang Junxia

Abstract: The paper is to test how financial subsidies policies influence on the M&A behavior of Chinese listed cultural companies from 2011—2016 basing on policy signal theory and M&A synergy theory. The results show that financial subsidies are significantly positively related to M&A of cultural companies. Financial subsidies policies have different effects on the choice for the behavior of M&A. Financial subsidies are significantly positively with Cross-industry M&A of the private enterprises, but it is contrary in the state-owned enterprises. Financial subsidies policies are negatively correlation with cross-regional M&A, which is more obvious in the private enterprises. However, the cultural enterprises have returned the higher social contribution to government after the M&A, although not improved their ROE. These finding revealed reciprocal relation between governments significantly and cultural enterprises.

Key words: cultural enterprise; financial subsidies; M&A; ROE; social contribution

基于信号传递模型的文创产品定价机制研究*

西南大学　杨　毅　陈秋宁
武汉大学　张　琳

[内容提要]　创意经济时代的需求迭代诱发了文创产品的大量涌现，其兼具艺术品的审美性与生活工具的实用性。但由于文创市场尚不成熟且传统经济学难以为文创产品定价提供有效的分析框架与技术工具，消费者的购买更多地依靠个体主观判断，从而使信息不对称的交易市场存在产品滞销、盈利困难等诸多隐患。文创产品的定价与市场信息问题息息相关，斯宾塞的信号传递理论能够通过探寻交易中的有效信号来解决信息不对称的问题。研究运用信号传递理论中的均衡分析对文创产品定价机制进行探讨，表明文创产品以声誉作为定价的标准更有利于卖家、买家共同作出最优选择。故文创产品定价机制应更多地考虑声誉因素、促进品牌形成、加以制度支撑并关注基于文创园区所建立的艺术惯例的集体行动过程。

[关键词]信号传递；文创产品；艺术市场；艺术声誉；定价机制

一、引言

《国家“十三五”时期文化发展改革规划纲要》指出要构建统一开放、竞争有序的现代文化市场体系。文化市场是连接文化生产与文化消费的重要纽带，通过价格信号以推动文化资源的优化配置。但我国文化创意市场尚未形成科学合理的价格机制，使得市场在实现文化资源与要素的配置上出现了低

* 本文系教育部人文社科规划基金项目(18YJA760071)、重庆市“研究阐释党的十九大精神”专项项目、中央高校基本科研业务专项重大培育项目(SWU1809023)阶段性成果。

效率和不经济的情况。如我国艺术品市场呈现出拍卖等二级市场十分发达而画廊等一级市场发育不足的特征，这种市场结构极易导致艺术品价格虚高和倒错的情况，在羊群效应和“更大笨蛋理论”的牵引下，文创产品的真实价值这一信息无法在拍卖市场虚高的价格中得以体现，极易导致大量资金、人力要素投入低质品的生产。究其原因，文化产业作为国家新兴战略产业，现尚处于国家监管空窗期，诸多关于文化市场与价格机制的完整顶层设计、运行机制、监管体系还未形成，市场信号失真，文化市场“柠檬市场”出现，低质量文化产品排斥高质量文化产品的现象，不利于文化市场的持续健康发展。因此，优化文化市场信息传递、提升市场价格信号质量具有重要意义，需要从信号产生、信号传递、信号优化等多方面进行规制。

文化创意产品作为文化市场的重要组成部分，指的是依附于文创园区的、以商铺或摊位租赁为形式的、多为艺术家或原创手工业者经营的、具备原创性和稀有性的文化商品。文化创意产品市场定价机制的完善与否直接关系到创意要素的有效配置和文创产品的有效流通，是构建现代文化市场的应有之意。一直以来，传统的经济学分析工具都难以为文创市场定价问题提供除供需之外令人满意的解释，一方面，边际效用理论建立在大批量生产的基础上，与文创产品异质性、非标准化的工艺特色相违背；另一方面，供求关系模型假定于供需市场同步均衡的前提下，又与文创产品“先创造产品，再寻找消费者”的时空布局相矛盾。除却文创产品供给侧的生产特性外，文创产品定价机制应更多地考虑到文创产品需求端的效用偏好，既包括实用价值的客观属性，又涵盖美学价值与艺术声誉两个维度的主观诉求，其更加直接关系到文创产品交易中的需求形成；而传统经济学中将其简化为可支配性收入与品味偏好这两个不易于形成信号传递抑或信号失灵的度量指标，显然无法对于文创产品定价发挥理论支撑。斯宾塞的信号传递模型认识到传统经济学工具在研究信息不对称市场中的实践困境，充分考虑到此种市场情形下定价过程中会出现的“逆向选择”与“道德风险”问题，并提出需要拥有私人信息的一方（供给方）或拥有公共信息的一方（需求方）主动选择行为来克服此种信号阻碍。具体于文化创意产品市场，首先，这一理论将“信息”作为效用指标，突出了文创产品的异质性，能够对非标准化的市场进行统一的假设研究；其次，理论将“供给”作为衡量标准，强调了文创产品的供给导向，能够在不颠倒文创产品供求关系的前提下对观念的架构与规范作用进行研究。在文创市场中，由于行业缺乏统一的评价标准且产品的重复购买率较低，具有异质性的商品在卖家和买家之间形成了信息不对称的状况。卖家掌握着产品的生产成本、产品质量、使用周期及业内评价等私人信息，而买家却不能获悉产品的真实质量，往往只能通过获取外界评价等公共信息来对即将购买的产品进行判断。但在这种信息不对称的情况下，文创市场并没有因为交易的无效率风险而萎缩衰退，反而呈现缓慢拓展的态势。斯宾塞指出，有效信号能够改善市场的信息不对称，最终避免逆向选择。因此根据文创市场的发展现状，可以判断在市场内部的交易行为中确实存在着能够促使买卖双方在信息不对称的情况下均作出最优选择的有效信号或其他评价标准。故通过信息传递模型对文创市场进行研究，了解并归纳交易行为中可能存在的有效信号，对于厘清文创产品的价值构成、构建系统有效的产品定价机制以及明晰文创市场的实质有着重要的参考价值与借鉴意义。

二、国内外研究综述

国内外众多学者对文化创意产品的属性与特征、价值与本质、定价机制与竞争力提升等相关问题进行了广泛的研究，取得诸多成果。综合分析国内外相关研究，可以总结为如下两个维度的学理倾向：

第一，关于文化创意产品价值构成的研究。马克思生产劳动理论指出精神生产也是人类基本生产形式，具有与物质生产相同的特点和特征，则作为精神文化载体的文创产品的价值也就来自“凝结在商品中的一般的无差别的人类劳动”，同时创作者创造性的劳动则形成了文创产品的使用价值，即产品“有用性”。布迪厄继承了马克思劳动形成价值的观点，并进一步指出文创产品具备物质性和符号性双重属性，因而具备保值升值的经济价值和象征意义的文化价值。此后，澳大利亚经济学家戴维·思罗斯比将文化价值与经济价值联系起来，认为经济价值往往是由文化价值赋予的，文化价值则包含审美价值、精神价值、社会价值、历史价值、象征价值、真实价值一整套价值体系。学界对文创产品价值的研究大多便围绕经济价值和文化价值展开。霍金斯(Hawkings)在其著作《创意经济》中谈到了文化创意产品的价值决定的独特性，即本来在经济体系中可以被量化的原材料被赋予了主观色彩和不确定性。我国学者多从马克思主义经济学的角度阐释文创产品的价值决定，强调“文化产品的二重性”(李建中，1995)。耿鹏认为，“创意产业价格是以价值为基础的。价值决定了价格的下限，使用价值决定了产品价格的上限，是消费者所愿意付出的货币量”。[①]何琦、高长春(2013)则从市场价值实现视角分析出文创产品的价值在于物权价值、知识产权价值、体验价值和文化价值四个方面。此外,李川、葛中权和曾勇(2009)还通过产品生命周期理论和层次分析法对创意产品不同成长期的价值增值评估问题进行详细的研究,得出价值增值权重及指标的权重贡献值。

第二,关于文化创意产品定价方式的讨论。国外对于定价策略的讨论倾向于运用古典经济学定价理论。如汉维(Hanvey, 2002)、戈萨维(Gosavi, 2006)等学者主张文创产品厂商应采取单一化的定价策略。而邢伟林(2001)、裘立波(2009)等则从市场结构进行研究,反而认为价格歧视策略更有助于文创市场的发展。庞建刚、周彬(2012)更加深入地采用边际定价模型,进行了依据时间序列的分段式定价策略的研究。此外,还有部分学者从边际效用价值理论(张莹,2009)、政治经济学角度(耿鹏,2014)对文创产品进行了相应的研究。考虑到文创产品的特殊属性,贾森、波茨(Jason, Potts)从社会网络视角出发,得出文创产品的价格有高度分散的个体所处的社交环境所决定这一结论。同时,我国学者严峻从信息经济学这一不同于传统经济学的方法入手,在理论层面探讨了美学价值对于艺术品定价机制的影响。总的而言,当前文创产品定价方法可以分为拍卖定价法、类比定价法、竞标定价法、最低定价法等(易华、张丹,2017);具体策略包括基于巴摩尔原理提出的浮掠与渗透战略、降价战略、品牌战略等(Francois, 1994)。

然而,学界对于文创产品的价值确定以及属性的研究,极大一部分是从传统经济学的层面等入手。诚然,正如《文化艺术经济学》一书的作者詹姆斯·海伦布尔与查理·格雷所述,一般经济学分析的工具也适用于艺术品市场,能够揭示市场内的特定问题。但仅仅从传统层面进行考虑,难免会导致研究忽视包括文创产品在内的艺术品的需求形成,有可能会忽视偏好于口味在文创产品交易中的强烈影响。此外,通过CNKI检索可以发现,有关文创产品定价的研究尚不充分,应用到相关经济模型的研究则少之又少。因此,在供需关系的基础上,运用信号经济学中的信号传递模型分析文创产品交易行为中的有效信号可能会为文创产品及艺术品的定价提供更加科学有力的支撑。

三、模型简介与适用性分析

“信号传递模型”最初于1973年由斯宾塞提出,是为了解决由信息不对称

① 耿鹏:《创意产业产品定价机制研究》,南开大学博士学位论文,2014年。

而出现的逆向选择和道德风险两种困境的一种对策理论。逆向选择源于1970年阿克劳夫对旧车市场的研究。①指的是在买卖双方信息不对称的情况下，买方只愿意以均衡价格购买产品，从而导致高质量产品退出市场；道德困境指的是在购买行为发生后，买方可能因为行为不被卖方观察从而做出有悖于双方合同的行为的现象。信号传递理论则是在试图寻找可以避免逆向选择的交易过程中的有效信号。这一有效信号称为“分离条件（sorting condition）”或斯宾塞-莫里斯条件（Spence-Mirrlees condition）。设市场内产品质量为 θ 且 $\theta \in [\theta_1, \theta_2]$，有效信号集为 S，分离条件表达为：

$$C = \lambda \frac{S}{\theta}(\theta_1 > \theta_2；当 S_1 = S_2 时，C_1 < C_2) \tag{3-1}$$

模型中，非对称信息的情况下，精炼贝叶斯均衡可能是混同均衡或分离均衡。②混同均衡指的是不同质量的卖家都选择同样的策略；分离均衡指的是高质量的卖家选择有效的手段进行信号传递，低质量的卖家选择不进行信号传递。设有效信号为 S，ω 为买家的行动，μ 为卖家的效益。则混同均衡表示为：

$$\text{PE}\begin{cases} S(\theta=1) = S(\theta=2) \\ \omega(0) = \omega(1) \\ \mu(\theta=1 \mid S=0) = \mu(\theta=1 \mid S=1) \end{cases} \tag{3-2}$$

分离均衡表示为：

$$\text{SE}\begin{cases} S(\theta=1) < S(\theta=2) \\ \omega(0) < \omega(1) \\ \mu(\theta=1 \mid S=0) \geqslant \mu(\theta=1 \mid S=1) \\ \mu(\theta=2 \mid S=0) < \mu(\theta=2 \mid S=1) \end{cases} \tag{3-3}$$

本研究所指的文创产品，具备如下几个特征。第一，由艺术家或原创手工业者经营，依附于文化创意产业园内；第二，采用租赁店铺的形式进行经营，且经营时间足够形成小范围内的艺术声誉；第三，生产者即为销售者，经营模式趋近于手工作坊；第四，兼具实用性与创意性，脱离了单纯的艺术品或实用工具的范畴；第五，产品大多不进行批量生产，产品迭代无规律且重复消费率低。

① 石树琴：《信号传递和信息甄别模型浅析及其应用》，《复旦学报》（自然科学版）2003年第2期，第246—252页。

② 张维迎：《博弈论与信息经济学》，上海三联书店、上海人民出版社1996年版。

在此基础上，按照逆向选择理论，卖家掌握有关产品成本和艺术声誉的私人信息，而买家得到的有关文创产品质量的信息则相对模糊，那么消费者若仅仅按照一般市场上实用产品的均衡价格进行产品的购买，会导致高质量或高声誉的卖家退出市场。但是，根据实际情况我们可以知道，在艺术常规尚未构建完成、定价缺乏系统机制的情况下，大多数文化产业园内部的经营者都能够较为稳定地经营下去。这就说明在产品交易过程中存在有效信号的传递可实现交易的帕累托改进，使得消费者愿意支付高于均衡价格的价格进行产品的购买。而这一有效的信号，在一定程度上能够体现文创产品定价的核心与本质，因此将卖家进行定价的行为视为一次不完全信息动态博弈过程、分析并探讨这一有效信号的具体可能就显得极为重要。综上所述，利用信息传递模型对文创产品定价问题进行研究是合理的。

四、模型设计

现有的诸多研究表明，艺术品的定价与其声誉价值及美学意义有着紧密的联系。加里·贝克尔也指出受到外界因素影响的偏好与口味问题不该受到经济学者的忽视，反而应该尽可能详细地纳入研究当中。[①]由于文创产品兼具实用性与艺术性的特征，卖家的艺术声誉一方面会作为买家能够预先获取的信息辅助其对产品的优劣进行判断，另一方面也会作为产品的附加价值体现在货币上。此外从买家角度考虑，正如布迪厄所言，艺术品所附带的声誉意义，会以文化符号的形态达到阶层区隔，这实际上也显示了消费者在消费过程中的炫耀性心理。基于以上分析，本研究将艺术声誉及产品质量作为两种定价的可能途径进行研究。

从信息经济学的角度考虑，由于买家能够获知艺术声誉的区间，但不清楚定价的标准，因此艺术声誉则成为卖家向买家发出的隐性信号。买家基于声誉与价格进行是否购买选择，从而确定卖家是否能够获得利润。为了使此次研究更为严谨并更好地控制研究过程与变量，需要提出如下假设：

假设 1：卖家兼具生产者和销售者的身份，掌握着包括艺术声誉与产品质量在内的私人信息 θ，θ_1 为低艺术声誉，θ_2 为高艺术声誉。研究所述声誉 R 的高低是相对的，在产品生产成本 $Q(\theta)$ 相等的情况下，满足 $R > Q$，且市场

---

① J. Howkins, *The Creative Economy: How People Make Money From Ideas*, London: Penguin Group, 2001:10—18.

均衡价格分别为 $p(\theta_1)$、$p(\theta_2)$。

假设 2:买方不了解产品的质量,但对于卖家及其产品的声誉和美感具有自己的判断,设判断为 $V(\theta)$, $\theta \in \{\theta_1, \theta_2\}$, 分布概率为 $P(\theta)$。假定 $P(\theta_1)=1-\gamma$, $P(\theta_2)=\gamma$, $\gamma \in [0, 1]$。为进一步完善研究过程,假定对于低艺术声誉卖家而言 $Q<p<V<R$;对高艺术声誉卖家而言 $Q<p<R<V$,且在交易过程中高艺术声誉卖家比低艺术声誉卖家更容易获利,满足 $(\varepsilon p-\varepsilon Q)/\varepsilon\theta>0$。

假设 3:根据研究背景,设卖家对于文创产品的定价策略 M, $M \in \{m_1, m_2\}$。m_1 为按质量进行定价;m_2 为按声誉进行定价。卖家作出决策后,买家只能观察到价格 C',基于此作出的选择设为 $A(m)$, $A(m) \in \{a_1, a_2\}$, a_1 为进行购买,a_2 为不进行购买。

假设 4:产品的交易行为发生后,卖家可以直接观察到回报。设卖家为信号发出者Ⅰ,买家为信号接收者Ⅱ,卖家的利润为 $U_i(m_i, a_i, \theta_i)$。则有 $U_i(m_i, a_i, \theta_i) \geqslant 0$, $i \in \{Ⅰ, Ⅱ\}$。

基于以上假设对模型的博弈顺序进行推演如图 1:

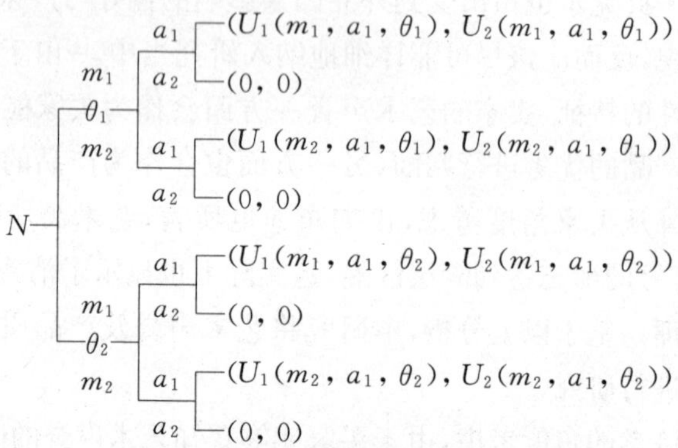

图 1　信号传递模型博弈树

(1) 拥有私人信息的卖方作出定价策略,区间 $M \in \{m_1, m_2\}$。若存在完全的分离均衡,m_1 表示用质量定价,m_2 表示用声誉定价。不完全分离均衡的条件下,m_1 表示低收益,m_2 则表示高收益。

(2) 买方在观测到价格这一信号后,会在考虑声誉与偏好的同时,作出购买与否的判断。行动 $a(m) \in A$, $A=\{a_1, a_2\}$。a_1 为购买,a_2 为不购买。后验概率 $P=P\left(\frac{\theta}{m}\right)$。

(3) 在买方作出行动判断后，卖方获得收益 $U_i(m_i, a_i, \theta_i)$，$i \in \{\mathrm{I}, \mathrm{II}\}$。对于收益 $U_1(\theta_1)$ 和 $U_1(\theta_2)$，则有 $U_1(\theta_2) > U_1(\theta_1) \geqslant 0$；$U_2(\theta_2) > U_2(\theta_1) \geqslant 0$。

(4) 为了使研究更为完整，如表 1 所示，设定不同情况下获得高收益的概率。根据研究假设 1、2 可以得出 $P_{(\theta_1 m_1)} > P_{(\theta_2 m_1)}$；$P_{(\theta_2 m_2)} > P_{(\theta_1 m_2)}$；$P_{(\theta_1 m_2)} > P_{(\theta_1 m_1)}$；$P_{(\theta_2 m_2)} > P_{(\theta_2 m_1)}$。

表 1　获得高收益的概率

	θ_1（低艺术声誉）	θ_2（高艺术声誉）
m_1（按质量定价）	$P_{(\theta_1 m_1)}$	$P_{(\theta_2 m_1)}$
m_2（按声誉定价）	$P_{(\theta_1 m_2)}$	$P_{(\theta_2 m_2)}$

五、模型分析

（一）分离均衡

分离均衡在研究中指的是高艺术声誉的卖家不会选择以质量进行定价，而低艺术声誉的卖家则不会选择以声誉进行定价。由于文创产品的消费群体流动性极强且重复购买率较低，因此本研究将文创产品的交易行为视为只进行一次的博弈。若存在完全的分离均衡，则给定预期价格 $P(m)$，$M(\theta)$ 就是质量为 θ 时卖方的最优选择。同理设 $P(m)$ 为买方的最优选择。

总体而言，若 θ_1 类型即低艺术声誉的卖方不作出 m_2 即以声誉定价这一选择，那么必须满足：

$$U_1(m_1, a_1, \theta_1) \geqslant U_1(m_2, a_1, \theta_1) \tag{5-1}$$

将 $U_1(m_1, a_1, \theta_1) = \lambda[P(\theta_1) - C(\theta_1)]$、$U_1(m_2, a_2, \theta_1) = \lambda[P(\theta_2) - C(\theta_1)] - C(m_1)$ 对上述条件进行替换可知，需满足 $C(m_1) \geqslant \lambda[P(\theta_2) - P(\theta_1)]$。

若 θ_2 类型即高艺术声誉的卖方不作出 m_1 即以质量定价这一选择，那么必须满足：

$$U_1(m_1, a_1, \theta_1) \leqslant U_1(m_2, a_1, \theta_2) \tag{5-2}$$

同理，对上述条件进行转换可得 $C(m_2) \leqslant \lambda([P(\theta_2) - C(\theta_2)] - [P(\theta_1)$

$-C(\theta_1)]$)。

经过以上分析容易发现，上述两个条件并不能同时满足，因此可以证明完全分离均衡是不存在的。根据这一结果研究得到如下推论，高艺术声誉的卖家可以通过较高的定价表明产品的价值，买家透过先前获知的艺术声誉信息与价格信号对产品进行判断，实现了交易行为中的信息对称，容易做出购买行为，从而使卖家的预期收益得到实现。但是对低艺术声誉的卖家而言，作为信号的价格无法向买家传递有效信息，卖家无法获得更高的收益，最终可能会退出市场，故以质量定价的策略不是最优策略。这是由于文创产品的特殊属性造成的。在价格之外，艺术声誉及其美学价值作为买家可以先于价格获知的信息，对于其在进行产品交易时左右着买家对产品质量优劣的评价和购买。但在实际情况中，若低艺术声誉卖家的产品生产成本高于高艺术声誉卖家，则会导致高质量低声誉的产品退出市场，此时买方所作出的购买策略就偏离了最优策略。因此，"高声誉卖家以声誉定价，低声誉卖家以质量定价"的完全的分离均衡在文创产品市场内并不存在。

（二）混同均衡

混同均衡在研究中指的是不同艺术声誉的卖家作出同样的定价策略。为了探讨在文创产品市场内是否存在混同均衡，首先确定研究中存在的两种可能：第一，不论高艺术声誉卖家还是低艺术声誉卖家，都选择以声誉进行定价；第二，不论高艺术声誉卖家还是低艺术声誉卖家，都选择以质量进行定价。接下来就上述两种可能分别进行讨论。

情形 1：两类卖家都选择以声誉进行定价

根据信号传递理论，低声誉的卖家以声誉进行定价后，买家根据声誉信号和价格信号进行判断的后验概率为：

$$P\left(\frac{\theta_1}{m_2}\right)=\frac{P(\theta_1)p_{(\theta_1 m_2)}}{P(\theta_1)p_{(\theta_1 m_2)}+P(\theta_2)p_{(\theta_2 m_2)}} \tag{5-3}$$

高声誉产品的买家作出判断的后验概率为：

$$P\left(\frac{\theta_2}{m_2}\right)=\frac{P(\theta_2)p_{(\theta_2 m_2)}}{P(\theta_1)p_{(\theta_1 m_2)}+P(\theta_2)p_{(\theta_2 m_2)}} \tag{5-4}$$

为了判断卖家定价策略是否最优，需要验证不同选择下预期收益的大小。不同情况下的预期收益如表 2 所示。

表 2　不同情况下的预期收益

类　型	预期收益	序号
低声誉卖家以声誉定价	$\partial u_1 = p_{(\theta_1 m_2)} \cdot P\left(\frac{\theta_2}{m_2}\right) \cdot u_1(\theta_2)$	①
低声誉卖家以质量定价	$\partial u_2 = p_{(\theta_1 m_1)} \cdot P\left(\frac{\theta_1}{m_2}\right) \cdot u_1(\theta_2)$	②
高声誉卖家以声誉定价	$\partial u_3 = p_{(\theta_2 m_2)} \cdot P\left(\frac{\theta_2}{m_2}\right) \cdot u_1(\theta_2)$	③
高声誉卖家以质量定价	$\partial u_4 = p_{(\theta_2 m_1)} \cdot P\left(\frac{\theta_2}{m_2}\right) \cdot u_1(\theta_2)$	④

根据前文所述可知 $P\left(\frac{\theta_1}{m_2}\right) > 0$、$u_1(\theta_2) > 0$；根据模型博弈设计(4)可知 $P_{(\theta_1 m_2)} > P_{(\theta_1 m_1)}$、$P_{(\theta_2 m_2)} > P_{(\theta_2 m_1)}$。那么可得如下结果：

$$①-②=(p_{(\theta_1 m_2)} - p_{(\theta_1 m_1)}) \cdot P\left(\frac{\theta_1}{m_2}\right) \cdot u_1(\theta_2) > 0 \quad (5\text{-}5)$$

$$③-④=(p_{(\theta_2 m_2)} - p_{(\theta_2 m_1)}) \cdot P\left(\frac{\theta_1}{m_2}\right) \cdot u_1(\theta_2) > 0 \quad (5\text{-}6)$$

因此推论，不论是高艺术声誉卖家还是低艺术声誉卖家，依据声誉对文创产品进行定价都是最优决策，说明在这种均衡条件下，买家可以根据声誉与价格对产品的质量和优劣进行较为准确的判断。

情形 2：两类卖家都选择以质量进行定价

根据情形一的推论，可以知道不论对于哪一类声誉的卖家，选择以质量进行定价都会造成利润的流失，因而对两类卖家而言均不是最优定价策略。所以这一均衡在实际情况中基本不存在。在实际交易中，为了避免信息不对称所带来的弊端，卖家会依据自身的艺术声誉水平对产品进行评估并拟定价格，以便与买家形成同一水平的判断，从而获得预期利润。

由于研究是在同类产品具有同等质量的前提下进行声誉影响价格的探讨，因此市场上若出现高声誉低质量或低声誉高质量的产品时，情形一的混同均衡则不存在。

六、模型分析结果

根据研究所作的模型分析可以知道，在假设成立的条件下，文创产品卖家以声誉进行定价，能够使卖家、买家均作出最优决策。可以表明，买方对于文创商品的购买，本质上体现着艺术声誉购买的意味。在文创产品的交易行为中，声誉代替了一般意义上的抽象的艺术价值，成为评判文创产品优劣的有效信号。在艺术品市场，有着以霍华德·贝克尔(Howard Becker)为代表的"艺术品的交易行为是一次集体行动过程"的观点。简而言之就是指在艺术品市场上，声誉的形成与艺术家的名声、参与赛事的级别、获得奖项的次数、艺术评论家的意见、专业评价机构的判断等因素密切相关，是一个有着多主体的抽象概念。虽然文创产品也基本遵循着这一规律，但由于文创市场是一个不完全成熟，没有一级市场与二级市场之分，也不具有权威的专业评价机构和完善的艺术经纪制度，因而相比之下缺乏统一的艺术常规建构的文创产品声誉的确定则被赋予了更多的不确定性。从艺术社会学的视角来看，审美价值和艺术声誉与社会建构有着重要的关系，而文创产品的声誉比其他艺术品则更多地依靠社会评价。

正如前文所述，一直以来，学者对于文创产品价值构成的研究大多到"经济价值与艺术价值兼备"就戛然而止，因此本研究在综合考虑了文创产品特性、文创产品市场以及模型分析结构后认为，文创产品声誉的形成与建构共有五个阶段。其一，生产者的声望。在文创产品生产的环节，生产者的名望决定了产品可以进入哪一层次的市场。这正是声誉形成的基础。根据Julia Wang《艺术银行——艺术品全球化的第一步》的数据，欧洲艺术品专家在进行艺术品评价时，艺术家名望的权重占到50%。①其二，所属文创园区的水平。高发展水平的文创园区会对希望入驻园区的卖家进行筛选，而低发展水平的文创园区则会被高声誉产品的卖家淘汰。此外，文创园区的影响力、吸引力、活跃度都强烈地影响着外界对其内部文创产品的优劣评价和购买欲望。以台湾地区文创园区为例，在不清楚创作者的情况下，同种类钥匙扣文创产品在松山文创园的售价相比于在驳二艺术园区的售价高出3—5元人民币。②其三，产品实用性。文创产品的特性决定了产品实用性的评判关系到声誉的高低。其四，社交网络。文创产业作为一个新兴产业会被外界持有更多的怀疑态度，因此在信息时代发达的社交网络对文创产品或园区的评判则为买家提供了隐形的标杆，会带动相关联的消费群声誉的形成与建构。其五，参展情况。文创博

① 《艺术银行——艺术品全球化的第一步》，《中国证券报》2007年12月8日。

② 陈郁秀、林会承、方琼瑶：《文创大观：台湾文创的第一堂课》，台湾先觉出版股份有限公司2013年版。

览会作为一个较为专业的文创产品展示平台，能够增加文创产品的知名度，推进文创产品的品牌形成。以第九届杭州文博会为例，通过展出民间手工艺术家的手工文创产品，就促使更多人认可了具备传统文化传播意义的"杭州匠人"这一概念品牌。①

那么，根据模型推演和上文分析，一个完整的文创产品交易行为中的信号传递过程则如图 2 所示。

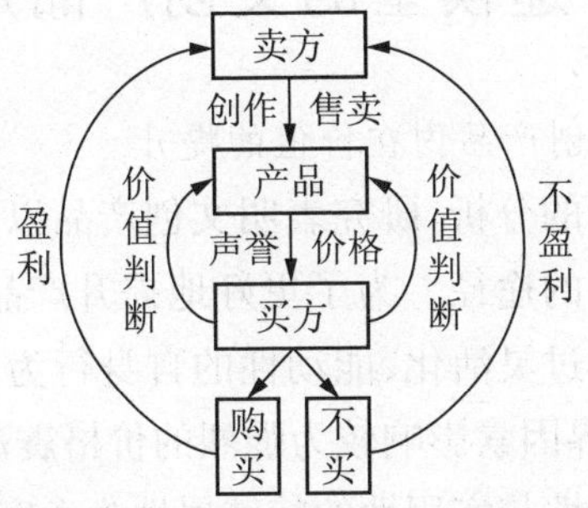

图 2　文创产品购买行为中信号传递过程

同样的，对于"声誉"这样一个信号而言，买方的认知过程也具备着主观能动性。根据信号传递理论，买方可以根据实际情况作出具有自主性的修正行动。如果实际交易过程中，某一产品缺乏某个环节的声誉构建过程，那么就会在不同程度上使买方产生"性价比低"、"未能获取预期回报"等念头来降低对产品的评价，从而放弃对"声誉"这一信号的选择，转而重新寻找其他信号促使自己做出最优策略。当然，这一过程中也可能存在一些影响信号传递的因素，这些因素更多地受到文创产品所属园区的影响。文创园的结构属于"有机组织"，即成员间存在互相依赖性，为了使各自要素得以发挥作用，在创造共同利益中获得自身利益而建立的组织。②从信号干扰的角度来说，有两个方面的影响最为明显。第一，文创园区规模和商业水平会影响信号的有效传递。卖家构建声誉需要付出成本，但由于文创产品的经营规模较小，若所属园区商业化水平较低，那么卖家很有可能作出放弃长期利益的选择从而不愿付出构建声誉的成本，买家也就无法获悉该园区内产品的声誉，难以正确作出产品优劣的判断。第二，教育水平和文化观念会影响信号的有效传递。根据李乘(2011)

① 陈律薇：《文创博览会引领下的城市文创品牌商业模式探究》，《中国商论》2015 年第 26 期，第 141—143 页。

② 陈展辉：《深度解读松山文创园》，《CEO》2016 年第 8 期，第 45—47 页。

等学者的研究，文创产品的消费群体极大部分具有较高受教育水平这一特征，从侧面反映了买家自身文化水平对文创产品交易的成功与否有着强烈的影响。可以推论，一旦所属园区附近的公众受教育水平较低，"声誉"信号对接收方行动造成的影响则会被大大减弱，而文创园区及文创产品卖家的效益也会随之缩减。

七、基于信号传递模型的文创产品定价机制构建

（一）信号形成：文创产品内在价值的提升

通过信号传递模型的分析，研究表明文创产品以声誉进行定价是同时实现卖家和买家最优策略的途径。为了更好地提升产品价值并促进声誉形成，文创产品的卖家可以通过灵活化、能动性的自身行为及时应对市场的供需变化，以更好地应变受外界因素影响较为强烈的价格震荡。

文创产品兼具艺术性与实用性的特殊属性为卖家提升产品内在价值提供了两种通路。从实用价值层面而言，第一，应在确保成本的前提下提升商品的耐受性。耐用性差、使用周期短是诸多文创产品现存的问题，这不仅使产品的购买倾向于一次性消费，还过度强化了买家购买时对文创产品声誉的依赖性，长久下去会使高质量产品退出市场，产生劣币驱逐良币的隐患。因此从选材、做工、售后等环节进一步完善产品质量将会从根本上提升内在价值，对于扩大声誉、提高利润、优化市场有着重要的作用。第二，应从文创产品的创新内核着手，促进产品迭代升级。卖家应掌握市场变化规律，以同类文创产品的周期化迭代不断适应市场需求的瞬息万变。文创产品的迭代能够削弱其非标准化特性导致的质量不均、良莠不齐，有助于使产品规范化并逐步提高卖家在该类产品范畴内的开发效率。从艺术价值层面而言，首先，卖家应借助文化创意产业园的优势形成自身的独特品牌。品牌作为一种无形资产，与产品和商家的声誉密不可分。从基本的经济学工具入手，品牌的建构往往会带来价格的提升，然而对于文创产品或其他艺术品，正如弗朗索瓦所说，"高价标签增加了期望值，同时也似是而非地降低了消费者可能感觉到的风险"。[①]台湾的一款名为"黑后风华"的红酒类文创产品，比其他未形成品牌的红酒类文创产品的售价高出15—30元人民币。这体现了文创产品比其他艺术品更多地显示了商业内涵，故在缺乏系统的经纪制度的文创市场内，形成品牌不失为一种强化产

① [加]弗朗索瓦·科尔伯特：《文化产业营销与管理》，高福进等译，上海人民出版社2002年版。

品声誉、提升内在价值的有效途径。其次，卖家应主动谋求具有原创性、独特性和创新性的文创产品专利化、产权化。一方面，产权化可以使产品的研发受到保护，维护创作者的权益；另一方面，知识产权作为一种无形资产无疑可以进一步提升产品附加值，最终起到提高声誉的作用。此外，卖家还应关注产品的在地性，通过创新创意与在地文化的糅杂彰显产品的独特价值。总的而言，对于文创产品来说，其定价策略的机理，不外乎产品质量与艺术声誉。故卖家应同时着眼于这两个层面，才可能使高口碑与高利润共同实现。

（二）信号传导：文创行业艺术惯例的规范

艺术惯例即为艺术界定的可能，被认可的艺术惯例为评价机构和买家提供了一个判断艺术品价值的标准。在艺术品市场内，合理的评价标准有利于声誉在公众间的传播，有效的信号传导能够同时促进交易效率的提升。乔治·迪基在对艺术惯例进行论述时谈到了“艺术的次属或衍生意义”①，即某一物体与某一个规范的艺术作品是否存在着共同性质。这一观点对于文创产品艺术惯例的构建提供了理论支撑。正如前文所述，文创市场尚未形成一个系统的、权威的艺术惯例，因此才使得产品的定价更加复杂。应该关注到，建立艺术惯例是一个牵涉到社会、行业、生产者等多方的集体行动过程，这一过程的完整与否对日后行业的发展、价值的确定以及声誉作为信号在受众间的有效传递有着密切的关系。总体来说，艺术惯例逐步形成过程的核心应是建立以文创园区为主体的分地区、分层级的文化创意产业评价准则。

其中首先是对文化创意产业园区评价机制的构建。一个优秀的文创园区，注定会吸引优质的文创产品卖家入驻，而优质卖家的入驻又会进一步带动园区质量的提高。文创园区的评价机制可以从园区对声誉的影响入手，从四个维度进行考量。一是商业化水平。正如前文提到的，园区内生产要素的丰富性以及生产关系及过程的协调性正向影响着文创产品充实迅速地实现价值。在保证艺术纯度的前提下，高商业化的园区能够激励文创卖家生产更好的产品和服务，建立完善的市场体系。二是地理位置。园区所在地的经济水平、教育程度、人口总数影响着买家购买文创产品的消费观念、消费偏好和重复消费率。人口越密集、文化水平越高、经济越发达的地区越能够形成稳定的文创产品市场，也更有助于园区及产品声誉形成的科学化和及时性。三是旅游价值。文创园区所承载的意义之一即为旅游价值，高旅游价值如台湾松山文化创意园区、上海红坊文化创意园区等能够吸引众多流动消费群，为文创产

① ［美］乔治·迪基：《何为艺术》，《当代美学》，光明日报出版社1986年版。

品卖家创造更多收益。四是国际化水平。园区的国际化水平可以具体表现为举办国际文博会的状况、吸纳国外艺术家入驻的情况以及园区内产品参与国际文博会的表现等。高度国际化的文创园无疑会为园区及园区内卖家带来更好的声誉。

其次是对文创产品评价机制的构建。买家对于文创产品的购买,在很大程度上是在进行声誉价值和美学价值的购买,因此评价机制实际上即为交易过程中信号传导的渠道,故产品的评价准则应该合理分配产品质量与产品声誉的比重,更凸显"利于买家获取权威的公共信息"这一内涵。如前文分析所述,质量维度上应考虑到产品的使用周期、迭代周期以及专利化水平,声誉维度上则应考虑生产者声望、参与展览情况以及所属园区水平等。在此基础上可设立相关部门,形成产品卖家—评价机构—产品买家—社会舆论四方信息传导的闭环,协同建构以声誉为核心的文创产品艺术惯例。除此之外,在现实背景下,艺术惯例的构建更应该强化原创和创新要素在文创产品评价中的意义。脱离了创意性的产品注定会退出文创市场,而别具特色、独一无二的原创性文创产品则应当得到更高的艺术声誉。只有保证文创市场内创新要素的活力,才能更好地完善市场,促进其产业化、规模化发展。

(三)信号去噪:文创市场政策规制的扶持

文创市场的发展是一个涉及多方的集体行动过程,其中定价机制则同时涵盖着市场自主调节与政府宏观调控两个方面。宏观调控不仅仅对于文创产品的定价有着明显的规范作用,还对文创园区及产品声誉有着舆论引导的价值。因此为了声誉信号能够在交易中更有效地形成、传导而不至失灵,需要同时进行或加强制度培育,调节经济活动外在性带给文创市场的困扰,避免劣币驱逐良币、以次充好等扰乱市场定价等潜在隐患。

第一,注重文创产业生存环境的优化。一方面,政府应关注文化创意产业园的发展困境,促进文创园声誉培育、扶持文创园健康发展。诸多文创园存在空壳化和亏损的现象,数据表明我国近两千家文创园的集聚化程度只达到5%。[①]空壳化会使文创行业愈见分散,难以通过利益协调实现整体的进步。文创卖家质量参差不齐则不能实现市场均衡,长久下去整个文创行业的利润都会受到冲击。因此应出台文创园区建立标准与准入政策,指导园区健康有序成长并深入推进文化创意产业集聚化形态发展。另一方面,政府应关注文

① 张博:《2 000 家文创园背后的隐忧:文化产业集聚区不到 5%》,《中国企业报》2015 年 5 月 26 日。

创产品卖家的生存环境，激励并扶持原创产品，拨款扶持优质文创产品的品牌化。如前文所述，品牌化对于提升文创产品声誉、形成有效的声誉信号有着重要的作用。对于整个文创市场来说，优质产品品牌化及其带来的高利润会对市场内其他卖家产生激励作用，从而使更多产品通过迭代升级、增加附加值等手段建立新的品牌，逐步规范市场秩序，实现良性竞争。第二，注重文创产业评价机构和参展平台的设立。一是政府应为文创产业艺术惯例的建构提供宏观标准并完善其科学性和权威性，为文创产品声誉的有效传导提供帮助。评价机制的构建是一个声誉"量化"的过程，应该从产学研结合的思维入手，着力推进高校、行业、企业一同构建权威的评价机构，为文创产品的声誉判断及定价范畴提供可供参考的科学结论。二是政府应以政策手段指导文博会向专业化、国际化的方向发展，一方面吸纳、邀请更多境外文创艺术家携作品赴境内交流，吸收经验、取长补短；另一方面鼓励、选拔、推荐优质文创产品赴境外高水平文博会参展，提高中国文创工艺的国际声誉。第三，注重文创相关行业协同合作的推进。文创产业的发展为非物质文化遗产的保护、民族文化与工艺的传承提供了可靠的平台，文创产品生产者所具有的"匠人精神"能够使非遗工艺在产品上得到更好的彰显，在艺术价值和商业意义上两者相融相成。故政府应从政策上鼓励文创产品注入在地文化元素，注重多民族不同文化在商业领域的传承价值，在提高文创产品附加值的同时推广具有高度文化意义的在地民俗与工艺，逐渐实现艺术品、文创产品以及在地手工艺品的聚合发展。

Research on Pricing Mechanism of Literary and Creative Products Based on Signaling Model

Yang Yi　Chen Qiuning　Zhang Lin

Abstract: As a product of cultural industry cluster derived, products of art both have the meaning of practical aesthetic and life tools. Because the market is not mature and the traditional economic analysis tools can not provide reasonable pricing for the product initiatives, consumer behavior is more dependent on the product, the seller and the park's reputation and the individual's subjective judgment, so that the market may have many hidden dangers. Pricing is closely related to the cultural and creative products and market information, using signalling model to discuss the product pricing mechanism, shows that if the cultural and creative products are priced by reputation, it will be more convenient for sellers and buyers to make the optimal choice together. Therefore, the pricing mechanism of the product should be more concerned with the reputation factor and pay more attention to the collective action process based on the artistic practice established by the cultural park.

Key words: signalling model; creative products; art market; artistic reputation; pricing mechanism

社交网络时代非物质文化遗产传承人研究

——基于性别的视角*

上海师范大学　张　华　许丽霞

[内容提要]　非物质文化遗产的传承人作为非遗传承和发展的重要载体，对其的研究一直以来是非遗关注的焦点。通过对现有传承人的现状和已有研究角度的梳理，不难发现从性别的角度对传承人进行研究在目前相对缺乏。尤其在社交媒体飞速发展的当下，技术赋权使得女性有更多的机会成为数字化社会关系中的重要组成部分。因此，在性别的视角下对非遗传承的研究就显得尤其具有价值。本文以此为切入点，在对非遗传承人的性别分布进行分析的基础上，聚焦传统舞蹈，分析了非遗传承人中女性缺位的原因。同时，结合社交媒体所营造的新的传播环境，对非遗传承人的研究提出一些建设性意见。

[关键词]　非遗传承人；性别；社交媒体；传承

“非物质文化遗产”(或“无形文化遗产”)简称非遗，来源于“Nonphysical cultural heritage”。关于非遗概念的起源，存在两种不同的观点。第一种观点认为，非遗概念可以追溯到两个起点：来源于日本的“无形文化财”概念①，和来自联合国教科文组织《保护传统文化和民俗的建议(1989)》中对“民俗(传统的大众文化)”概念的界定有关。②第二种观点则认为，非遗概念起源于1972

＊　本文系国家社会科学基金青年项目“社交网络传播中传播主体行为的演变和规范研究”(13CXW025)的成果。

①　杨怡：《非物质文化遗产概念的缘起、现状及相关问题》，《文物世界》2003年第2期。

②　联合国教科文组织：《保护传统文化和民俗的建议(1989)》，国家文物局：《国际文化遗产保护文件选编》，文物出版社2007年版。

年联合国教科文组织(United Nations Educational, Scientific and Cultural Organization, UNESCO)《保护世界文化和自然遗产公约》。[①]“无形文化财”的概念虽然在时间上最早，但是它与今天所使用的非物质文化遗产的概念有所差异。联合国教科文组织的观点对非遗概念的追溯早于第一种观点，更具有词源上的价值。2003年，非遗的概念在联合国教科文组织颁布的《保护无形文化遗产公约》中，以国际性标准法律文件正式确定。在此基础上，2011年我国通过并实施《中华人民共和国非物质文化遗产法》，其中也给出了适用于中国本土的非遗概念。

在非遗的保护过程中，核心是传承人，他们扮演着“活宝库”的角色，是非遗的物质载体。目前，对“非物质文化传承人”还未有明确的概念界定，在民间文学和民俗学研究领域中，已有“传承者”(即传承人)的相关解释，指通过常民的生活经验并且获取丰富多彩传承知识的人。[②]该定义的角度虽是基于民俗学研究，但对总体的非遗传承人概念的形成有一定的贡献。联合国教科文组织的相关文件中也给出了不少传承人的相关提法，各有千秋的同时也存在局限性，总体而言，“传承人”有以下几个要素：(1)某项非遗项目的技术技艺掌握者；(2)掌握民俗传统；(3)具有公认性，受法律认可和保护。[③]在此基础上，本文认为，非物质文化遗产传承人，是在非物质文化遗产传承过程中，掌握深厚的民族民间文化传统以及某项非遗项目技能，受法律认可和保护的公认人物，他们是非物质文化遗产的物质载体。

一、非遗传承人的研究现状

近年来，学术界对非遗的研究和非遗传承人的研究逐渐增加。2018年5月20日，中国知网上以非遗传承人为主题的文献共有380篇，最早的文献是王大为2007年发表在《黑河学报》上的《浅谈对非物质文化遗产传承人的保护》。自此，有关非遗传承人研究的发文数量呈现逐年上升的趋势(见图1)。

经过10年的发展，国内对非物质文化遗产传承人的研究，从最初的2007年的3篇文章发展到2017年的74篇，增长了二十多倍，其间在2012年和

① 时吉光、喻学才：《我国近年来非物质文化遗产保护研究综述》，《长沙大学学报》2006年第1期。

② 张紫晨：《中外民俗学词典》，浙江人民出版社1991年版，第225页。

③ 邹启山：《联合国教科文组织：人类口头和非物质遗产代表作申报指南》，文化艺术出版社2005年版，第5、153、18、190页。

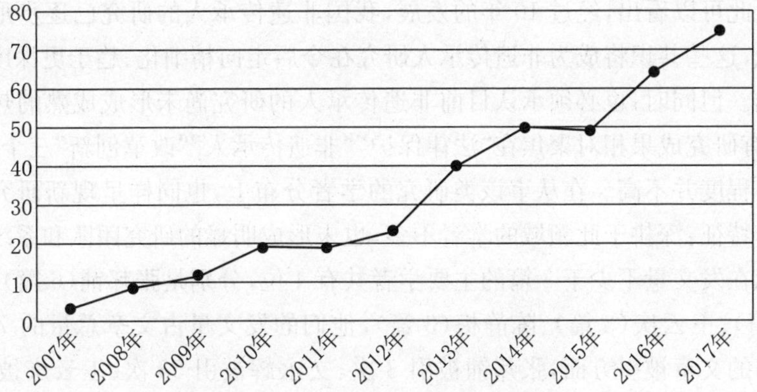

图 1　国内非遗传承人研究的发文趋势

注：数据来源：中国知网，www.cnki.net。

2015 年出现两次加速增长的拐点，这表明学术界对非遗传承人的关注逐渐增加，其重要性越来越得到各方认可。虽然在总量上，非遗传承人的研究还不能算目前研究的一个重点和热点，但这一稳定的增长趋势表明学界对该问题的关注正在持续升温。

在研究内容上，通过对 2003 年到 2018 年 5 月 20 日共发表的 380 篇相关论文的关键词进行贡献图谱分析，发现“保护”是传承人研究各方取得的最大共识；在研究方法上，由于非遗传承人年龄、受教育程度等原因，利用“口述史”进行研究是研究非遗传承人使用最多的方法；在研究对象上，“代表性传承人”是研究关注的焦点；而在具体的保护手段和方法方面，“法律保护”是现有研究中关注的重点。

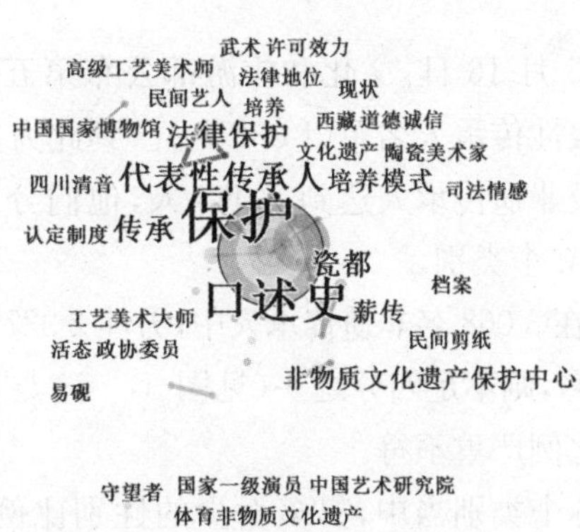

图 2　非遗传承人研究关键词共现

由此可以看出，经过10年的发展，我国非遗传承人的研究已逐步形成一些共识，这些共识将成为非遗传承人研究在今后走向精细化、趋于更深度研究的基础。但同时，也必须承认目前非遗传承人的研究尚未形成成熟的热点领域，现有研究成果相对聚焦在“法律保护”“非遗传承人”“改革创新”三个领域，但聚集程度并不高。在从事该类研究的学者分布上，也同样呈现新研究领域的基本特征：深耕于此领域的学者不多，也未形成明显的研究团队和系统。具体表现在发文量不少于3篇的主要学者共有4位，分别是张邦铺（6篇）、文永辉（3篇）、王云庆（3篇）、陈静梅（3篇），他们的发文量占文章总量的7.5%。在他们的文章被引方面，张邦铺被引3次、文永辉被引53次、王云庆被引19次、陈静梅被引37次。这说明已有学者开始持续研究非遗传承人的问题，但尚未形成较有影响力的权威，其研究团队也不成熟。此外，针对非遗传承人的研究主要集中在人文社科领域，其中哲学和人文科学的研究占据半壁江山，发文量占总数的52.2%，社会科学占31.9%，经济与管理科学和信息科技也有学者进行研究，发文比例占到10%左右。

综上，对非遗传承人的研究近年来呈现持续升温的状态，并达成一些初步共识。同时该领域的研究也依然处在研究领域的形成与初创阶段，框架和结构尚在搭建，进一步的共识和范式也还在探索中。所以探索新的研究思路，贡献不同视角的研究正是我国非遗传承人研究现在主要的任务。在细致梳理了研究成果后，发现从性别的角度切入，研究成果较少；结合现有社交媒体的媒体环境，探讨对非遗的传承与保护的研究成果也不突出。因此，本研究试图从这两个方面对非遗传承人的研究有所推进。

二、基于性别视角的非物质文化遗产传承人分析

2018年5月16日，文化和旅游部公布第五批国家级非物质文化遗产代表性项目代表性传承人名单（1 082人）。到此为止，中国非遗传承人目录中的认定的国家级非遗传承人达到3 068人，他们分别来自传统戏剧、民间文学、传统美术等10个类别。

总体上，在3 068名非遗传承人中，男性2 327名，占传承人总数的四分之三强，女性741名，则不足四分之一（见图3）。这与我国人口统计中51.2∶48.8的男女性别比例严重不符。

细化到各个类别当中，男多女少的性别比例在10个类别当中均有所体现，但在不同类别当中体现出的程度有所不同（见图4）。

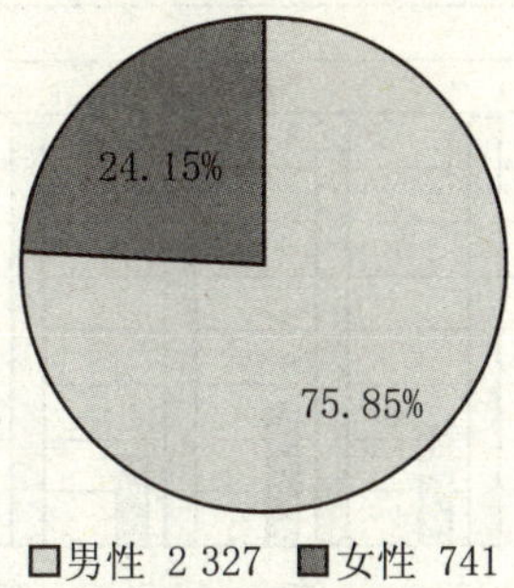

图 3 中国非遗国家级传承人性别比例

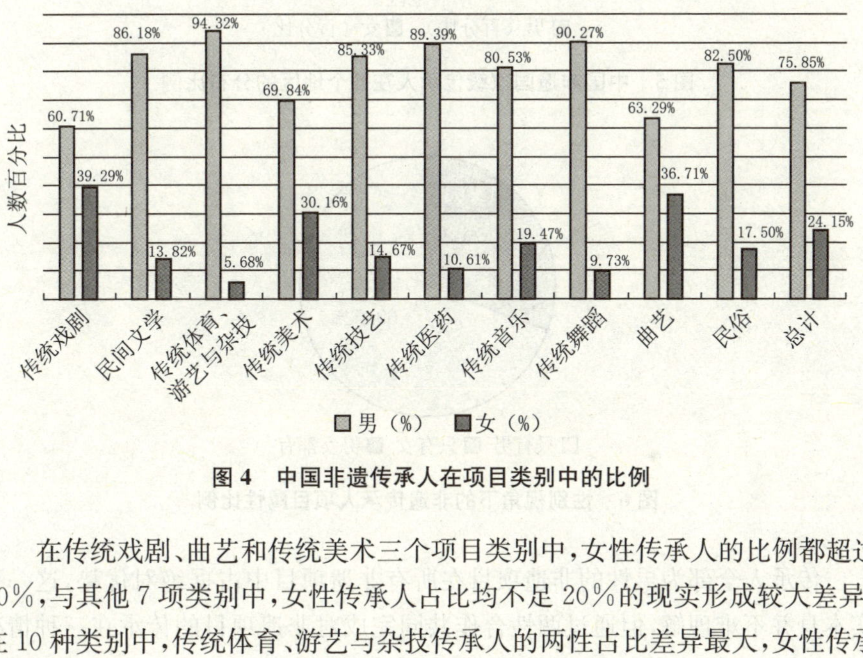

图 4 中国非遗传承人在项目类别中的比例

在传统戏剧、曲艺和传统美术三个项目类别中，女性传承人的比例都超过30%，与其他 7 项类别中，女性传承人占比均不足 20%的现实形成较大差异。在 10 种类别中，传统体育、游艺与杂技传承人的两性占比差异最大，女性传承人仅占 5.68%。

在地域分布上，各地男女传承人比例也呈现分布不均的现实。女性传承人占比高于全国平均水平的分别是东北地区、华北地区、华中地区和华东地区。但仅从这一数据，很难说与当地现实生活中女性地位的高低、经济发达程度等有直接的关联。

在非遗传承人和非遗项目的认定上，有的项目只有一位传承人，有的项目可能有多位传承人。用性别视角去分析发现，传承人全部为女性的项目占项目总数的 18.45%，全部传承人中男性的项目占比高达 69.52%，而既有男性传承人，又有女性传承人的项目仅占总数的 12.03%（见图 6）。

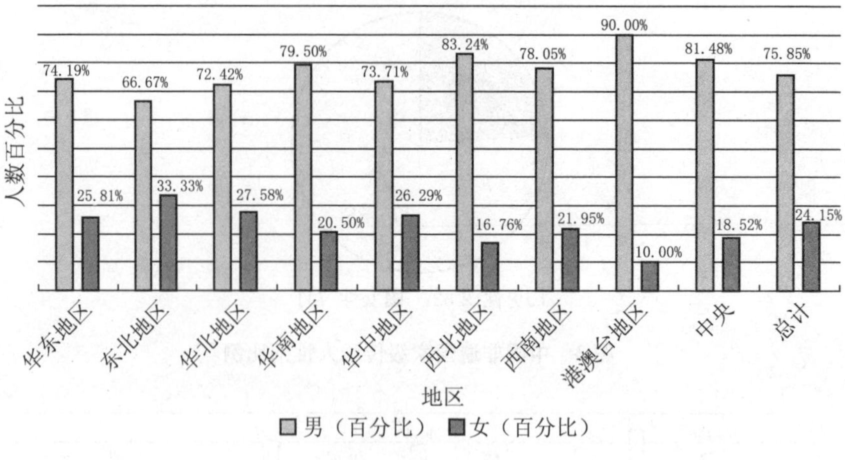

图 5　中国非遗国家级传承人在各个地区的分布比例

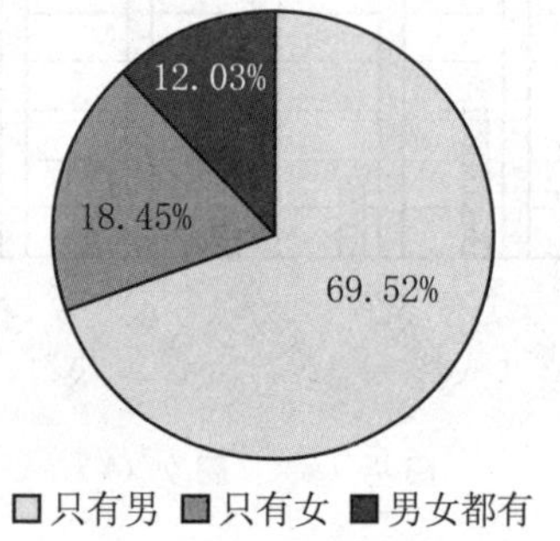

图 6　性别视角下的非遗传承人项目属性比例

传承人全部为男性的非遗项目在所有非遗项目中占据绝对优势，这一事实本身并不难理解，但通过两性合作共同完成对非遗项目的传承在三种情况中是最少的，却值得思考。因为男女共同合作完成工作已经成为现代社会的基本工作方式，这一分工合作的方式已经成为现代社会运作的基础，也成为现代文明的一个重要标志。但在非遗的项目中，这类情况却是最少。“男女搭配，工作不累”这样的讲法，在非遗传承人的工作方式上，似乎完全得不到体现。在一定程度上，我们甚至可以推断，在非遗的传承中，可能存在刻意避免让两性合作、共同完成的情况。

进一步细化数据，我们发现只有女性传承人的非遗项目主要集中在传统戏曲、传统美术、传统音乐和曲艺等项目类别中，与其他几个项目类别中不到5%的情况形成较明显的对比(见图 7)。

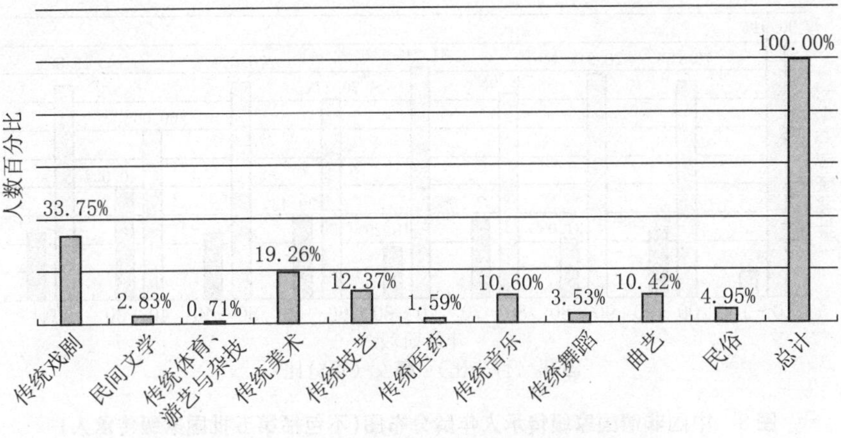

图7　传承人全部为女性的非遗的类别分布

这样的对比在一定程度上可以理解为非遗项目中的某些类别存在性别屏障,尤其是民间文学、医药和传统体育、游艺与杂技等类别上,可以看作是有禁止女性参与的倾向。本研究无意用现代两性平等的观念去指责传统非遗传承人的性别比例。但吸纳更多的人关注、了解非遗项目,并愿意成为其传承人,毫无疑问是当下保护非遗的主要途径。因此在非遗项目中,如果还存在禁止女性参与的事实,最直接受到伤害的不是男性或者女性,而是非遗自身。

在公布的五批传承人目录中,由于第五批传承人没有年龄信息,因此在年龄和性别的交叉分析中,只能以前四批的数据为基础,针对四批共 1 986 名非遗传承人进行分析。数据显示,非遗传承人总体年龄结构趋于老化已经是一个不争的事实,保护并进行抢救性传承是众多非遗面临的共同使命。在性别比例的分布上,也呈现一些重要特征,在 80 岁以上的非遗传承人,女性的占比均不足 25%,低于各年龄阶段女性占比的平均值,这与我国 80 岁以上女性人数多于男性的现实有较大差异。同时,在 30—40 岁的传承人群体中,女性的比例达到 40%,是各个年龄阶段中占比最多的。两性平等国策的具体落实、独生子女政策是依靠家庭传承的非遗项目只有女性继承人的原因,可以看作这一现象的具体解释。

进一步与非遗类别进行交叉分析,在拥有百岁传承人的 6 个类别中(传统戏剧、民间文学、传统体育、游艺与杂技、传统技艺、传统医药和传统音乐),除了在传统戏剧这一类别中有四分之一的女性传承人,其他均为男性。在最年轻的 31—40 岁的传承人年龄段中,只有传统美术、传统技艺和民俗 3 个类别在这个年龄阶段有传承人,同时各个类别的人数都非常少,但 3 个类别总的男

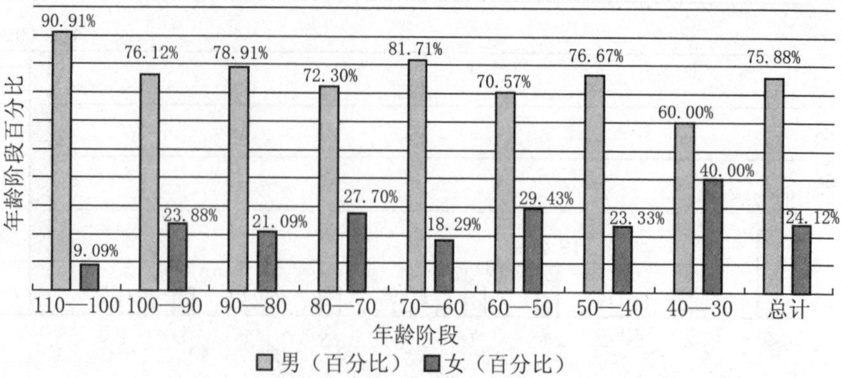

图 8　中国非遗国家级传承人年龄分布图(不包括第五批国家级传承人)

女性别比例达到了 1∶1。虽然总体人数较少的确存在说服力不够的现实，但从最大年龄极端的男女性别比到最小年龄较为均等的性别比，已经能看出男女性别比例在非遗传承人上的一个基本趋势。

但是，和性别比例悬殊同等重要的是几乎所有类别的传承人已经进入老龄化和衰亡的高峰期，人去艺绝从而导致传承链的断裂。例如，北京“聚元号”弓箭的第十代传人杨福喜在他尚未继承父亲杨文通衣钵时，父亲就撒手人寰了。[①]从各类别上来看，很多项目甚至没有 40 岁以下的传承人，传统舞蹈甚至连 50 岁以下的传承人都没有(基于前 4 批数据，第五批尚未公布出生年月，无法进行统计分析)。可见解决传承人危机的关键就是培养年轻的传承人，同时应该让传承方式更加多样化。

三、以传统舞蹈为例，管窥非遗传承人女性缺位的原因

一般情况下，传承人非物质文化遗产的传承大体有 4 种方式：群体传承；家庭(或家族)传承；社会传承；神授传承。

群体传承在社会习俗的传承上较为多见，通常依靠集体的记忆和集体无意识把民族、前人所通行的风俗或礼俗代代传袭，故被称为群体传承。例如始于 2000 多年前战国时期的嵊州竹编，在传承上就属于群体传承。当地用竹子编制用具，不是某一个家族或某几个人的特殊技能，而是整个当地大规模的特

① 《“聚元号”老弓箭铺第九代传人去世》，《北京青年报》2006 年 5 月 19 日。

色。据记载,清光绪年间嵊州就出现了竹编作坊,竹编在当地已具有产业的雏形,产品也远销到华东其他地方。同样属于第一批入选国家非遗的土族婚礼在传承方式上也是群体传承,它是青海互助土族地区的人民在实践中逐步形成并发展起来的。当地土族人都会在结婚时使用这一婚礼习俗,就都可以算作对这一非遗项目的传承。

另一类常见的传承方式是家族传承(家庭传承),在一些专业性、技艺性比较强的行业中(如手工艺、中医等)体现得较为明显。家族传承指的是依据血缘关系(主要是父系血缘关系)进行传授和修习,一般不传外人。例如,在第一批国家非物质文化遗产名录中,"聚元号"弓箭制作工艺的传承就属于典型的家族传承方式,据《"聚元号"制弓技艺论证报告》可知,就传承方式而言,传承链极为保守和封闭,"聚元号"制弓技艺的传承就是个家庭内部传承的封闭性传承系统,这反映了中国社会构成的细胞——家族。①虽然有些非遗进行家族传承(或家庭传承)时,并不都是传男不传女,但在中国传统社会中,家族就是以父系亲属差序向外扩大的氏族,不管是针对有血缘关系的女儿,还是针对已经是一家人的儿媳妇,技艺的传承可能一直都不会让女性参与。这是非遗传承人中男女性别比例悬殊的重要原因。尤其是在年龄较长的传承人中,他们受这一习俗的影响更大,因此掌握非遗技艺的男性会远多于女性。

除上述两种传承方式外,社会传承也是非遗重要的传承方式。社会传承大致有两种情况:一是从师学艺的方式,师承某位非物质文化遗产的传承人,然后以师傅教授、徒弟学习的方式习得非遗技艺。另外一种属于无师自通式的,通过对艺人或把式的演唱、表演、操作多听多看而习得的②,如北京天桥中幡的传承路线就属于这种传承方式。这种传承方式大多发生在戏曲和曲艺界,歌谣以及民间故事的传承大体上也是社会传承,也有少部分来自家传。在这两种情况的传承方式中,师从学艺的方式基本排除了女性群体;而通过自身多听多看的方式习得技艺,往往使得"主内"的女性不占优势。

最后一种传承方式是神授传承(托梦说、神授说),这种传承方式存在一定的争议,但在我国少数民族史诗传承中,占有相当的地位,如藏族史诗《格萨尔》的传承。不少传承人,如已故昌都说唱艺人扎巴、那曲索县的女说唱艺人玉梅等,都表示有来自神奇的力量帮助自己掌握技艺。③

① 《"聚元号"老弓箭铺第九代传人去世》,《北京青年报》2006年5月19日。

② 刘锡诚:《传承与传承人论》,《河南教育学院学报》(哲学社会科学版)2006年第25卷第5期。

③ 杨恩洪:《格萨尔艺人"托梦神授"的实质及其他》,《民间文学论坛》1986年第1期。

在非遗项目的传承上，有的项目只沿用其中一类方式进行传承，同时也有项目使用多种方式进行传承。以北京面人的传承方式为例。北京面人大致分为汤、郎两大流派。郎绍安（1909—1993），郎派创始人，幼年即拜面塑艺人赵阔明为师，有“面人郎”之称，第二代传人为郎绍安之女，郎志丽，此外，还有一个外姓弟子张宝琳。[①]这种传承方式既有师传，也有家传，传女也传外姓人。

物质文化遗产诞生于悠久的历史中，过往历史的烙印同样会在这些非遗项目中留下痕迹，长达千年重男轻女的历史现实也不可避免地表现在非遗传承人的性别分布比例上。对四种非遗传承方式进行分析，在了解女性在传承人中占比较少的原因的基础上，也为保护和传承非遗提供可参考的思路。

但在具体分析某一类非遗技艺时，性别比例的悬殊还存在其他原因。以舞蹈为例，在现代人的心目中，舞蹈通常是女性参与较多的一项活动，不管是高雅的芭蕾舞，还是市井的广场舞，但凡是舞蹈，大多数会被认为女性是其中重要的参与者，其价值和参与人数往往会高于男性。但是在非遗的传统舞蹈类别中，女性的比例却非常低。在国家非遗传承人名录中，共有 298 位传统舞蹈项目的传承人，其中女性仅 29 位，占比不足 10%，这一比例远低于总体传承人中近 25%的女性占比。

以傩舞为例，这是一项历史悠久的舞蹈，是傩礼的主要表现形式。早在我国周朝时期，傩便被纳入了国家礼制，是多元宗教文化、民俗文化、艺术文化的融合体，其起源与原始狩猎、图腾崇拜、巫术意识有关。傩舞表演时一般都佩戴某个角色的面具，“摘下面具是人，戴上面具是神”。担当着与神对话、与神灵沟通的职责的傩舞，表演者往往也具有较高的社会地位。中国传统文化认为天地万物皆由阴阳之气聚合而成，男女也是如此，很多典籍也印证了这种观点。[②]女性在传统两性关系中通常被认为是阴物，在祭祀文化中认为阳物才具有抗御邪恶的能力，而阴物极则易被邪恶之物侵犯。因此，祭祀场所只允许有着阳刚之体的男性进行祭祀活动。因此入选国家非遗的湛江傩舞、婺源傩舞、祁门傩舞、邵武傩舞、南丰跳傩等 8 项傩舞，传承人全部为男性。

在非遗舞蹈当中，还有一类舞蹈往往需要较高的体力要求，例如龙舞、狮舞、蜈蚣舞等。入选国家非遗的龙舞有醉龙、铜梁龙舞、长兴百叶龙等十多个项目，这些项目在具体表现上可能存在差异，但通过人体的运动和姿势的变化

① 刘锡诚：《传承与传承人论》，《河南教育学院学报》（哲学社会科学版）2006 年第 25 卷第 5 期。

② 王庆淑：《中国传统习俗中的性别歧视》，北京大学出版社 1995 年版，第 10—11 页。

完成龙的游戏，穿、腾、跃、翻、滚、戏、缠，组图造型等动作和套路却是基本一致的。狮舞至今已有 1 000 多年的历史，入选国家非遗的包括徐水狮舞、小相狮舞、黄沙狮子、广东醒狮等 10 多个项目。在表演时，往往一人手持彩球或头戴面具在前引逗由人扮演的狮子做抖动、搔痒、跌扑、跳跃、踩球、过板、登高等动作。起源于清同治至光绪年间的蜈蚣舞，是一种民间大型广场舞蹈，表演者均需要以半蹲的姿势起舞，同时，还有快速咬尾、翻肚、吐珠等紧张激烈的高难度动作。这些舞蹈的学习和表演，都对体力有着非常高的要求，传统社会的女性，尤其是缠裹小脚之后的女性，完全没有从事这类舞蹈的可能性。因此入选国家非遗的这些舞蹈项目的传承人，几乎都是男性。

另外也有一些传统舞蹈的起源就与性别息息相关。例如鄂西土家族民间传统舞蹈肉连响，其传承方式主要是师传，表演形式为男性裸身徒手舞，只着短裙或裤衩，可单人起舞亦能集体共舞。①这种裸身起舞的方式，在男女大防的传统社会里不但限制了女性对该技艺的学习和表演，甚至连参与观看都受到限制。瑶族长鼓舞虽然在表演上不存在和肉连响类似的问题，但是它来自一段美丽的爱情故事：很久以前，瑶山上原来住着父子 3 人，哥哥贪图钱财，把父亲临死前平分给兄弟二人的家产全部占为己有，弟弟冬比只好流浪在外，给人做工为生。盘古王的女儿房莎十三妹看见冬比人品好，下凡与他结为夫妻。贪心的哥哥想用野法害死冬比，霸占房莎十三妹。盘古王得知此事后，帮助冬比击败了哥哥，把房莎十三妹召回了天庭。离别前，十三妹告诉冬比：南山上有棵树，砍来做个长鼓，打上 360 个套环，等到十月十六日那天(盘古王婆诞)，踏环击鼓，跳上 360 个圈，就可以像鹰一样飞上天去与她团圆了。冬比按照十三妹的嘱咐，不畏艰危，来到了南山，找到了琴树，做成长鼓，在约定的时间跳了起来，果然飞上天与十三妹团圆了。人们为了纪念这对恩爱的夫妻，以后每逢盘古王婆诞要歌堂时，都要跳长鼓舞，这种习俗，一直流传到今天。这一传说表明长鼓舞的舞者就是像冬比一样的男性，因此在后世的传承中，也就鲜有女性涉足。随着长鼓舞的发展，它逐渐成为瑶族传统的祭盘王仪典中和在一些驱鬼逐邪、治病占卜的巫术活动中的重要组成部分。长鼓舞在祭祀等宗教活动中的价值，以及伴随它而流传的故事，让当地人在接受和传承这一传统舞蹈时，自然而然就认为它应该是以男性表演为主。入选国家非遗的瑶族长鼓舞有两项，一项是来自广西壮族自治区的瑶族长鼓舞(黄泥)，另一项是来自湖

① 左尚鸿：《巴人军舞遗风与“泥神道”传承——鄂西土家族民间传统舞蹈肉连响发展探源》，《东南文化》2007 年 11 月 20 日。

南省永州市的瑶族长鼓舞，传承人均为男性。

由此可以看出，传统舞蹈在其存在的社会形态中，除了承担了今天舞蹈在艺术审美上的价值和职责外，还扮演着沟通神灵、祭祀等多方面的角色；另外，传统舞蹈中很大一部分对舞者体力有较高要求，无疑将以柔弱为主要审美标准的传统女性排除在了这些项目之外；另外一些项目在表演形式和传承方式都最终使得女性没能成为传统舞蹈的传承人。

历史发展中所形成的社会文化环境，和由此所形成的传承方式都是造成非遗传承人性别比例悬殊的重要原因。随着社会本身的进步和发展，造成这一点的各种因素也已发生根本性的变化。因此面对已经改变的环境，有针对性地提出策略，让更多的女性加入非遗的传承和保护，成为非遗的传承人，对于非遗本身有着积极而重大的意义。

四、社交媒体发展带给非遗和非遗传承人新的机会

传统社会男女地位差异的宏观环境、非遗传承的传承方式等都是造成目前非遗传承人在性别比例上巨大悬殊的原因。如今社会宏观环境已经发生巨大改变，占到人口一半的女性在非遗传承上能够做出的努力和贡献也会更多，这与当下在非遗和非遗传承人方面所形成的最大共识“保护”也是完全一致的。根据文化部非物质文化遗产司的统计，3 068 名国家级非物质文化遗产代表性项目代表性传承人中已有 407 位去世，对其进行抢救性保护已刻不容缓。面对今天已经发生改变的环境，采用新的传播手段，探索更多途径的传承方式，成为很多非遗保护和非遗传承研究的聚焦点。

随着网络技术，尤其是社交媒体近年来的兴起，技术极大赋权于个体，人们在信息获取和信息传播上的能力达到了前所未有的高度。根据皮尤研究中心的报告现实，2017 年 8 月，三分之二的美国人表示通过社交媒体获取新闻。来自“社会”和“Hootsuite” 2017 年 8 月的全球统计数字显示，世界各地使用社交媒体的人数已经超过 30 亿。同时和过去相比，社交媒体更多的向年龄较大、受教育程度较低、非白人等人群延伸，这也意味着社交媒体不再只是年轻知识人群的专属，它正在逐渐成为美国社会乃至全球的基本信息平台。

在中国，广义的社交媒体有着更加宽泛的范围。除了微信、微博两大巨头外，具有社交功能的交友类媒体（如陌陌、世纪佳缘等）、通讯类媒体（如 QQ、LINE 等）、生活类媒体（如携程、饿了吗）、论坛类媒体（如贴吧、豆瓣），带有社

交评论功能的电商、直播视频和新闻类媒体，近年来的发展引起全世界的瞩目。以微信为例，总体覆盖率从2016年的93.3%上升为94.5%，其中40岁以上的所有年龄阶段的用户使用率均有所增长，其中60岁以上用户数增长百分比达到38.2%。[①]社交媒体不再只是年轻人的专属，它逐渐成为整个社会的基本信息平台。

我国的非遗主要传播途径仍然是传统媒体，传统媒体传播方式单一，互动机制落后。同时，一些电视台和报纸，往往具有地域限制，传播的受众群体存在局限，考虑到很多非遗项目的地域性也很强，总体传播效果并不乐观。因此利用社交媒体平台传播非遗，让越来越多的人了解并喜欢非遗，从而通过社会传承的方式让更多的人有可能成为非遗的传承人，成为在社交媒体时期非遗和非遗传承人保护的一条路径。

非遗＋直播的传播模式，不仅能够打破非遗传承中的地域界限，也突破了传统媒介的年龄传播界限。通过上文的分析，不难发现非遗传承面临的一个重大难题，就是传承人的老龄化，这使得他们与年轻人之间存在隔膜，造成非遗和年轻人很难相遇。2017年5月31日开始，由中央网信办指导，光明网与斗鱼直播联合团队走访全国14个省区市的国家级、省级非遗技艺传承人，进行30多场的移动直播，覆盖1.73亿人次左右的有效传播用户量。移动直播正在赋予非遗的传播生命力，藏身于幽僻街巷、乡野山间的非遗传承人以年轻人的交流方式，在公众，特别是90后、00后的网友群体面前展现自己的独特魅力，让非遗年轻化。在社交网络上，非遗传承人只需要一部手机，便可将他们的日常状态呈现在公众面前，无需另外搭建舞台。

另一个值得关注的是，在我国的社交平台上，女性表现更加活跃。据《2017中国社交媒体影响报告》，我国社交媒体使用者中女性用户占51.2%，男性用户占48.8%。而我国总体人口结构中，男性占51.22%、女性占48.78%，在数值上刚好呈现倒置的现状。这说明女性更乐意使用社交媒体，同时，有社交功能的网络直播平台，其女性主播的比例达到80%。女性善于沟通、能够更好地利用社交媒体等特征能够帮助非遗借助社交媒体平台进行更加有效的传播。

因此，在现实中需要承担更多、较多家务的女性传承人可以利用琐碎时间进行直播，传播非遗文化和非遗知识，利用社交媒体的平台将家庭角色和社会

① 凯度(Kantar Group)：《2017中国社交媒体影响报告》，搜狐科技频道，https://www.sohu.com/a/146588745_742234)。

角色实现有效的融合。另一方面，相对年轻的社交媒体使用群体也可以在他们熟悉的媒体环境中接触到非遗和非遗传承人，用他们熟悉的传播方式和话语方式进入并理解非遗，并愿意成为非遗传播上的一个节点。即使很多非遗项目的复杂性，使得大部分人在短期内无法真正成为非遗的传承人，但是他们可以利用社交媒体赋予他们的传播能力在传播非遗上贡献自己的力量。

Research on the Inheritor of Intangible Cultural Heritage from the Perspective of Gender

Zhang Hua　Xu Lixia

Abstract: The inheritor of intangible cultural heritage, an important vehicle of its inheritance and development, has always attracted the attention. By featuring out the current status of existing inheritors and the existing research perspective, it is not difficult to find out that there are few studies on the inheritor from the gender perspective. This paper focuses on traditional dance and analyzes the reasons for the absence of women inheritors based on the gender distribution in this regard.

Key words: inheritor of intangible; cultural heritage; gender; inheritance

城市老旧厂房拓展为文化空间的政策障碍及建议*

中共中央党校　杨传张

［内容提要］　城市老旧厂房拓展为文化空间是当前我国城市更新，促进城市经济转型升级的重要途径，也是保持城市文脉，引领城市生活风尚的有效手段。但是，在改造过程中还缺乏一系列相应的土地、审批、运营、管理等政策配套，致使很多改造项目很难推进，或者由于缺乏相应规范审批手续，留下诸多隐患。应顺应城市产业转型升级需要，完善认定标准、用地规范、审批配套、动态管理，鼓励老旧厂房积极拓展为文化空间。

［关键词］　老旧厂房；文化空间；政策障碍

为了适应经济转型升级的需要，当前许多城市在进行新的规划，对传统的城市空间进行功能调整，加速腾退产能过剩、高污染、重复建设项目，特别是将许多老的厂房、厂区、仓储转变为文化建设项目。以北京为例，目前北京市已腾退老旧厂房240余个，总占地面积超过2 500万平方米，其中一些已转型为文化创意产业园区，另外还有七成处于待开发状态。将城市老旧厂房拓展为文化空间，是实现城市经济转型升级的有效途径，各城市不乏很多极具代表性的文化园区、历史街区和旅游项目。但总体上看，城市老旧厂房拓展为文化空间仍然缺乏一套综合的政策保障体系，很难满足文化产业发展和产业转型升级的需求。

一、城市老旧厂房拓展为文化空间的运营管理方式

所谓城市老旧厂房拓展为文化空间，是指对城市老旧建筑、工业厂房、仓

＊　本文系2014年国家社科基金艺术学重大项目：国家文化治理能力和体系现代化建设研究（项目编号：14ZD04）的阶段性研究成果。

储空间等闲置资源，进行保护性修复、功能改造和创意提升，使之成为具有一定创意特色的文化企业和项目集聚空间。各城市不乏利用老旧厂房改造为文化空间的成功案例，由于土地性质、产权所属不同，很多城市老旧厂房在改造升级过程中的管理运营方式也有所区别。总体来看，根据产权方、运营机构、政府和入驻企业之间的关系不同，管理运营方式大致可以分为以下三类：

（一）独资运营

即产权所有方成立专业的运营管理公司，承担老旧厂房的改造及改造后文化空间的管理和运营。如北京的 798 艺术区，基本由其物业持有方七星集团负责管理和运营。而 798 艺术区管委会作为政府性质的机构，主要承担艺术区内容生产的监督及管理工作。这类由产权所有方独资运营的文化空间，避免了产权转让过程中短期租赁的问题。但是，也会衍生较多其他问题，首先，是打破了画廊、艺术经营机构、艺术家等实际塑造艺术区空间形态和决定内容创作的良性状态。由于七星集团缺乏专业艺术理念，其最基本的修缮缺乏艺术构思，与艺术区本来的包豪斯厂房风格背道而驰，破坏了艺术区整体的创意氛围。其次，受到市场规律的支配，“盈利”成为集团运营的最大目标，这导致商业化过重，艺术生态失衡的同时，一些艺术教育、辐射带动、产城融合等涉及公共利益和社会效益的部分被忽略，极大限制了 798 艺术区未来发展。

（二）委托经营

即产权所有方，通常是国有企业，将闲置空间以租赁的形式，委托给专业企业进行开发、管理和运营。如上海的德必、北京的尚 8，都是专业从事租赁并改造城市空间的连锁型文化产业园区运营企业。委托经营的方式可以有效避免“房东型”管理园区的问题，充分发挥运营企业的专业化优势，尤其是在文化产业园区的服务体系建设和产业生态培育上的优势。例如，上海的德必集团就创建了一种“轻公司生态圈发展模式”，不仅提供金融、会计、注册、咨询等基础服务，同时更加注重通过文化创意活动场景的引入创建企业与企业、人与人之间的交流平台，形成社群效应。仅 2017 年，德必集团共组织举办 2 000 余场社群活动，平均每场活动参与人数 72.8 人，单个活动最高访问量 20 万人次，内容涉及各类专业培训沙龙、美食、文学影视、艺术鉴赏、话剧以及公益和慈善等各个领域。通过从生活到工作方方面面活动的覆盖，搭建企业间的合作交流社群，有机连接着各园区企业。

（三）政府主导运营

即由政府相关部门规划出一块区域，市、区等各级政府在区域产业总体发展战略和规划的指导下，通过分析文化产业发展所需的环境以及创意人群的区位需求、空间要求和特征，综合评估区域经济、社会、文化等发展状况和环境条件，在符合条件的特定区域引进各类文化企业、文化产业项目入驻，形成以文化业态为主导的区域经济发展模式。在实际运作管理中实行以管委会为辅、企业为主的模式，即管委会从事一些最基本的管理、政策协调工作，具体的运营管理工作由开发公司来进行。此种形成机制是政府规划推动与企业市场运作良性互动的机制。在国家和地方相关政府部门大力推动文化产业示范园区建设的过程中，当前各地存在较多政府主导的文化产业园区，此类园区往往涉及空间范围较大，以促进企业、项目和要素集聚为主要目的，注重的是在特定空间里创意人才、文化设施、多样化活动、社区空间以及共同价值观等多元要素和多样业态的聚合。例如，南京市根据不同地区资源优势和产业要素的不同，将南京市划分为13个功能区。乌镇也是创意人才、文化设施、多样化活动、社区空间以及共同价值观等各类要素资源完美结合的一个案例。它有特色鲜明的文化空间，有各种便利性生活文化设施，有定期举办的各种文化活动，其中如世界互联网大会和国际现代戏剧文化节等很有影响力，以及由此带来的众多的人流。乌镇已经成为崇尚生活与艺术相融合的理念，一个传统与现代完美融合的特色文化小镇。

二、城市老旧厂房拓展为文化空间的政策障碍

城市老旧厂房在改造为文化空间的过程中，由于产权方、运营机构、政府和入驻企业之间的关系不同，在管理运营中期面对的问题也有所不同。同时，由于缺乏一套综合的政策保障体系，在改造过程中也面临一些共性问题。

（一）土地政策障碍

从用地性质来看，城市老旧厂房等闲置空间资源多数属于工业用地。工业用地的性质与文化相关业态的商业属性不符，导致在改造为文化空间的过程中，产生一系列问题。首先，对于入驻企业来说，由于工业用地不允许开展文化及相关产业经营活动，从而导致很多文化及相关类型的企业虽然在改造后的空间内开展经营业务，但所租赁的场地却很难作为企业注册地使用。在实践中，很多文化企业只能选择在改造后的空间内经营，而在其他区域进行注册，或者在改造后的空间内以工业项目的性质注册。这一方面会导致地方和文化空间经营税收效益的问题，另一方面本区域内文化企业应有的优惠政策

也很难享有。

其次，对于产权方来说，按照国家规定变更用地性质，需要按照变更后的土地用途，补缴土地出让金。大额的土地出让金往往让产权方望而却步。若不办理变更，对于园区经营管理主体来说，在从工业空间向文化艺术空间改造的过程中，必须受到工业用地容积率、建筑高度等建设指标的限制，导致在改造过程中存在空间利用率不高，园区收益受到较大限制等问题，同时也很难满足文化艺术发展的空间需求。

最后，农村集体用地改造程序繁琐。由于很多老旧厂房属于农村集体用地，一方面很难进行市场交易，另一方面农村集体资产产权归属不清晰、权责不明确。因此，在租赁改造的过程中也面临着土地价格评估、收益分配等一系列复杂问题。

（二）新建项目缺乏系统的审批监管制度

由于文化空间的特殊性，在老旧厂房等闲置空间改造过程中，需要对工业建筑的主体空间、水电网络、休闲场所、公共空间和公共景观，以及道路交通等进行系统的改造，以满足入驻文化企业和创意人员的生活工作需求。由于规划和国土部门对文化空间改造的基础设施建设、环境整治、安全管理、新增面积和新增用途等方面缺乏相应的可执行的标准，导致安监、消防、环保等部门难以按正常程序为新建改造项目办理相关安全审批、新增面积和新增用途的审批手续。这导致很多待改造的文化空间缺乏科学的保护、利用和安全评估标准，改造工作很难推进。同时，改造后的项目往往面临着审批难，承担着缺乏正规手续的经营风险。以北京市为例，北京市多数老旧厂房改造的文化产业园区，要么是相关审批手续不全，冒着“违法建筑”的风险进行改造升级。要么就是北京市很多已建或在建园区，对单个改造项目进行“一事一议”的办法，往往需要在多个政府部门之间进行反复沟通和整改，协调难度较大，极大地延缓了项目的改造进度，增加了改造建设成本。这种方式很难适用于庞大数量的空间改造工程。在产业门类标准和经营主体认定方面，长期缺少产业支撑的配套政策条例，运营主体在法律上始终处于边缘化甚至“违法化”的状态。

（三）所有权和管理权、经营权的矛盾

由于多数老旧厂房产权归属于原有的国有工业企业，因此，在运营过程中，物业持有者往往与运营方和入驻企业存在着所有权和管理权、经营权的矛盾。首先，制定的租赁制度不合理，制约产业发展。考虑地租上涨等要素，产权方很少签订较长的租赁协议。通常与经营方以短期租赁的形式进行老旧厂

房空间的出租，租期时限很短。而老旧厂房改造为文化艺术空间通常需要1—2年，再加上招商时间，经营方所剩的经营时间较短，经营时间和盈利空间有限。虽然多数租赁合同中规定了优先续租权，但是经营方仍然因为承担租赁到期无法续租的风险，而往往选择对老旧厂房进行简单改造，低成本运营，从而使得很多改造后的文化空间缺乏完善的服务体系，经营方变成仅靠收租盈利的“二房东”，很难形成应有的集聚效应。

例如，与上海的德必在园区建设上有一整套的投资、设计、运营、平台式整合创新服务的服务体系相比，北京尚8文化产业园区则为了规避租期较短带来的经营风险，在园区运营上相对处于低层次、粗放式状态。

其次，是经营管理者与园区企业之间的矛盾。例如，上述提及的798艺术区就长期存在运营方管理方既是“裁判员”，又是“运动员”的问题。在798艺术区业主七星集团成立并介入798艺术区管理之前，艺术区举办的重要艺术活动都是由艺术家和艺术机构发起和组织的。之后，七星集团不仅负责物业管理，还成立了文化股份公司从事文化经营活动，由于缺乏对文化艺术及相关业态规律的认识和把握，管理理念和方式与文化艺术产业自身发展的内在规律存在冲突。“裁判员”“运动员”兼于一身，与园区其他艺术机构存在着明显的不平等竞争。

(四) 发展层次较低

近年来，学界和业界都呼吁文化类园区发展应该从1.0向2.0、3.0的方向发展，即园区经营应该从单纯依靠房租的传统物业型服务平台转向商业模式更加完善的产业公共服务平台，如注重打造金融服务、社群服务等服务平台，强调园区经营理念，完善商业模式，关注品牌建设。但很多改造的文化空间仍然处于简单追求设计特色、生活功能配套完善、集聚产业类型相似的文化企业等目标，而实际运营还是主要依靠租金和简单的物业服务，处于加价出租的单体园区运营模式，核心竞争力差，集聚效应不明显。

首先，除了硬件改造建设外，构建完善的公共服务体系等软件内容也是文化空间发展程度和集聚效应的重要体现。但公共服务平台很难通过单个园区经营主体或单个企业来构建，很多园区平台建设都处于概念性阶段，很难真正发挥作用。例如，关于金融服务平台的建设，面临如何做好文化企业信用体系建设和无形资产评估标准建设等基础性工作的问题。无论是园区、企业都不具备资源整合能力，园区单方面的信用评级、资产评估很难形成业界通用的准则。必须联合政府、金融机构和行业协会等多方资源，形成合力，做好文化金融服务的基础性工作。

其次，文化空间品质不高，主要表现为缺乏特色鲜明的主导业态。由于对文化空间的主导业态规划不足，盲目追求短期效益，导致引进的企业涉及的行业类型过多。缺乏具有很强竞争力、产业带动效应的优势企业，文化企业之间缺少足够的关联协作，空间内企业涣散，很难形成核心和优势产业，也很难形成品牌效应和可持续发展能力。

第三，与社区、街区和城市的融合不足。城市老旧厂房拓展为文化空间的重要目的是对城市历史遗址的保护和城市文脉的传承。同时，随着城市发展由规模扩张型向品质提升型转变，未来的竞争将转移到城区存量空间的转型改造。改造后的文化空间作为产业集聚的一种形式，仅仅是文化创意业态起步发展的平台及抓手。未来文化空间的发展目标不仅仅是实现城市闲置空间的改造升级、城市经济的转型升级，更应该以更加开放的形式，提升自身辐射带动效应，形成与城市社区、街区建设融合发展的模式，以文化特有的魅力，悄无声息地改造着城市的方方面面，从而塑造和引领城市生活和品牌形象。

三、城市老旧厂房拓展为文化空间的建议

城市老旧厂房拓展为文化空间虽然不是新鲜事物，但是如上所述，在政策层面还存在很多亟待完善之处。尤其是城市的文化空间，除了可以促进城市产业结构转型升级，创造经济收益之外，更具长远意义的还是在于其对整个城市居民生活潜移默化的引领作用，以及对整个城市品牌形象和文化氛围的辐射作用。因此，在改造过程中，既要重视对改造项目土地利用政策、审批规范、公共服务配套设施建设、安全生产标准等硬性指标加以规范，也应该注重在运营中文化辐射力和社会效益的提升，加强动态管理和过程管理。

（一）要制定相关认定标准

全国范围内很多城市都面临老旧厂房改造问题，这些空间的改造是一项复杂的系统工程。在改造的过程中，统筹协调经济、工信、国有资产、国土规划、消防等多个政府主管部门，形成联动审批管理机制。老旧厂房等工业用地转变为文化艺术经营活动等商业用地的具体落地细则等一系列政策创新，是建立在对城市老旧空间的普查、登记、认定、分类的基础之上的。因此，亟需在城市内开展老旧空间的普查登记，依据老旧厂房的年代风貌、体量结构、文化价值、安全质量，建立认定评估标准，分级、分类确定保护利用规范，并建立相

应的资源信息库。对于具有较高文化价值的老旧遗址，依据相应的文物管理规定，纳入保护范畴。对于可改造利用的老旧遗址，则在制定相应保护、修缮、改造标准上，进一步确定改造的一系列落地配套政策，并研究制定老旧厂房保护利用专项规划，明确城市内老旧厂房保护利用的范围、对象和层级。

（二）进一步完善配套政策

老旧厂房改造为文化空间的关键在于如何突破用地政策障碍和破解改造审批难的问题。在符合国家相关规定的基础上，可以采取制定过渡期的配套政策，缓解由于临时变更土地使用性质，为经营企业带来的运营成本压力。首先，对经认定可供开发的城市老旧空间改造项目，统一制定新的土地利用优惠政策，鼓励活态保护。例如，对利用老旧厂房发展文化创意产业项目可实行一定期限内的过渡政策。即对经认定批准的改造项目，可规定在不改变原有土地性质、产权关系、不涉及重新开发建设基础上，实行继续按原用途和原土地权利类型使用土地的5年过渡期政策，过渡期内暂不对划拨土地的经营行为征收土地收益。过渡期满后，可按新的用途、市场价格，以协议出让方式或长期租赁、先租后让、租让结合等方式办理相关用地手续。其次，加强审批制度配套。可统一制定允许临时变更建筑使用功能的认定标准和审批办法，对于符合认定标准的老旧空间改造项目，允许临时变更建筑使用功能。各审批部门参照拟改造后的建筑使用功能属性，办理立项规划、建设施工、消防安监、工商注册等手续。

（三）加强动态管理

从世界城市发展的轨迹来看，城市艺术区、文化园区等文化空间的发展意义并不止步于经济，更重要的是，它塑造了独特的城市风尚，为城市提供了独一无二的都市形象和生活方式。在老旧厂房拓展为文化空间过程中更应该坚持高端引领，完善动态管理，保持文化空间对城市形象、城市生活的引领作用及其发展的活力。例如，纽约的苏荷(SOHO)艺术区，在经历了一系列改造开发，以及商业化的过程之后，现在的苏荷艺术区已经被全面商业化。但是，苏荷区的艺术盛名并没有消退，依然保留着一定数量的画廊，包括商业画廊、剧院、音乐剧制作公司和一些有影响力的艺术机构，也保证着每年一定数量的展览和演出。尤其是苏荷区已经成为美国纽约市的新地标和地产热点，生活在艺术家和商人共同塑造的高档生活社区，已经变成美国中产阶级追逐的一种生活风尚。因此，文化空间的发展效益更应该从其文化辐射力，以及在发展中所形成的文化观念的影响力，以及对当地居民的生活影响等角度进行衡量。

具体包括以下几方面:第一,是否具有很强的识别性,具有特色的文化空间往往可以为城市带来"名片"效应。第二,是否具有文化引领性,从城市发展的角度而言,成熟的文化空间能为现代都市展示一种新的文化面貌,提供令人向往的新文化生活。第三,是否传承城市文脉,文化空间建设应鼓励其发挥资源禀赋、立足于当地的文化基因,以增强当地居民的文化认同感,不断完善城市肌理。

（四）完善公共服务建设

多数老旧厂房改造的文化项目,是以文化园区的形式运营。无论是文化园区,还是其他文化类空间,公共服务体系完善程度,是其发展层次和可持续发展能力的重要体现。在改造项目的后期运营中,首先,加大对改造文化空间,特别是文化园区的财税支持,支持具有示范性的文化空间优化提升硬件设施,建设公共技术服务平台、投融资服务平台、信息咨询平台、人才培养平台、知识产权服务平台等文化创意产业公共服务平台。其次,发挥政府的协调作用,改变文化空间,特别是文化园区普遍处于单纯依靠租金的低端经营状态,促进文化空间完善公共服务平台和产业服务体系,提升集聚效应,尤其是要加大对多数文化园区都没有能力单独建设的公共服务平台的支持力度。例如,北京市朝阳区国家文化产业创新实验区通过将企业信用建设、银行担保与政府支持三者相关联的方式,建立文化企业信用评级服务平台、文化金融服务平台。即由专业信用评级机构对文化企业的信用情况进行评级,以信用等级衡量企业信用状况,具备一定级别的企业可优先享受银行、担保类机构便利快捷优惠的融资担保服务,同时,政府提供园区资金支持政策也与文化企业的信用评级挂钩。由此聚集起银行、担保公司、信用评级机构、政府等多方资源,扶持企业发展。

参考文献

1. 李红艳:《北京老旧厂房华丽变身记》,《北京日报》2018 年 9 月 11 日。

2. 江凌、倪洪怡:《上海文化产业园区管理:现状、问题与对策》,《福建论坛》(人文社会科学版)2013 年第 4 期。

Policy Barriers and Suggestions for the Expansion of Old Urban Factories into Cultural Spaces

Yang Chuanzhang

Abstract: The expansion of urban old factory buildings into cultural space is an important way to promote urban economic transformation and upgrading, and an effective means to maintain urban context and lead urban life fashion. However, at present, a series of corresponding land policies, examination and approval system, operation and management policies, etc. are still lacking in the process of reconstruction, which makes it difficult to promote many reconstruction projects or lacks corresponding standard examination and approval procedures, leaving many hidden dangers. In order to meet the needs of urban industrial transformation and upgrading, we should improve the identification standards, land use standards, examination and approval facilities, and dynamic management.

Key words: old factory; cultural space; policy barriers

亚欧文化经济与政策研究

第27卷

Commentary on Cultural Industry in China

欧洲的文化政策

西班牙瓦伦西亚大学　保罗·劳塞利·科斯特尔　劳尔·阿韦莱多·桑奇斯　李　传

云南大学　王　莹　译

[内容提要]　欧洲正站在一个复杂的十字路口,发展、公民权利、竞争力、可持续力等全球性问题均牵涉其中。鉴于创造力和社会创新对于欧洲发展战略的重要性,文化作为战略实施工具的潜力就显得至关重要。因此,需要对文化和创意产业领域的一系列公共政策加以再思考和重新制定,以加强不同政策间的多层次协调,提升其在地区发展中的核心地位,为政策应对不同挑战提供法律机制和融资机制。本文快速回顾欧盟各成员国实施的不同文化政策的主要特点,分析欧盟主要国家为其文化政策分配的财政预算,概括《欧洲文化议程》(European Agenda for Culture)中反映出的欧洲文化政策的主要特征。最后,详细阐释依照一个更加全面的范式来重新制定文化政策的必要性。

[关键词]文化政策;欧洲;文化议程;文化预算

一、引言

如老生常谈一般,欧洲正面临着这样一个重大关头——如何超越其制度紧张和现有财政、货币政策的局限性,克服危机,抑制日益增长的社会和经济不平等。其中,主要的难题是保持生产模式的可持续性和维护欧洲价值的话语竞争力。毫无疑问,欧洲的建构无论在政治上还是历史上都是独一无二的。换言之,欧洲可以被看作人类历史上一个奇迹般的“异常形态”——近30个国家,拥有超过30个民族和不断爆发冲突与对抗的悠久历史——不是采取同化或战争的手段,而是决定自愿聚合在一起,以为其身份负责任的公民权利原则为基础,建立和创造出一个真正的共同体。在这里,我们被赋予一系列合理的权利,使我们能够享受到世界上最高的生活质量标准。柏林墙的倒塌给了我们这样一种印象，即深深扎根于“文明”之中、能够激发全世界“讲故事”的充满智慧的欧洲终于取得了胜利。在危机爆发之前，“欧洲梦想”，用里夫金(J. Rifkin, 2014)的话来说，似乎成了世界上所有其他社会经济体必须遵循的模式，并且还证明了平克(Pinker)的理论——人类正在走向一个更加和谐的世界，一个更多平等而更少战争的世界，一个贫困和痛苦日益减少的公平自由的世界。

然而，早在危机爆发之前，就已经有一些人开始尝试破坏理想欧洲的准则。从政治观点来看，70 年代后期的自由保守主义对欧洲社会国家的观念造成威胁，从而迫使社会民主采取了防御立场。社会民主历史上第一次成了“现实”的倡导者，而英国撒切尔夫人和美国总统里根关于自由主义的言论则引发了对基于社会民主理念的欧洲社会模式的质疑。

另一方面，亚洲和南美国家在经济和政治上的崛起，以及 20 世纪末俄罗斯的复苏，改变了美国扮演全球警察的传统现状。作为促进人权和发展合作的一个具有参考性的实体，欧洲在这一过程中被赋予了一定的道德优势。

最后，欧洲在应对危机方面也有臭名昭著的失败案例，主要反映在欧盟对希腊问题的处置、英国脱欧、对移民和难民流动问题管理不善等，引发了针对欧盟有用性或有效性的质疑。

引发人们对欧洲产生怀疑的因素更多的是与象征层面有关，而不仅仅局限于其能否有效提供满足普通欧洲人生活需要的物质条件。欧洲国家仍然出现在不同指标的排名列表中，如更好人类发展、更多创新、更快乐、更安全、预期寿命更长、生活质量更好、更团结、收入水平更高等。当然，确有其他的经济实体超过欧洲，但总体而言，欧洲仍然是世界上繁荣程度最高、安全和宽容程度最大的地区。各国公民在欧洲享有最高的个人自由(政治的、道德的、生活方式的)，当他们面临社会危机或与健康有关的危机时，也能获得最高水平的集体防护。

如果这些都存在，那么这就是“欧洲梦”。欧洲的承诺是要创建一个繁荣共享的空间，拥有坚实的福利网络，使得全体公民在遭遇不幸时能获得平等的健康、教育和社会保护。欧洲还是一个生活和社交的空间，在这里，城市不仅是生产要素的地理聚集，更为社会交往创造成熟的载体；自然不仅是资源的仓库，更是人们和平共处的美丽场所；市场活动不仅限于产权交易，还为人们的互动交流创造空间。在这里，集体行动的主要目的之一就是满足公民的文化权利，通过个人身份和集体身份的构建，使参与和获得文化表达成为可能。与此同时，保证每个公民通过不同的文化表现形式和艺术学科感受、分享、表达自己的权利也被赋予了日益重要的意义。

从集体管理的角度而言,这其中的许多问题都是借助象征维度的建构来表述的,并由诸如自由、身份、技艺、文化管理等整体价值观所塑造。总体而言,欧洲的文化政策植根于过去50年来占主导地位的福利国家主义,它的实施伴随着教育政策、社会政策和卫生政策的创建和兴起(Menger, 2010)。然而,文化和创意产业正日益成为"智慧增长"(Smart Growth)的基石(Cooke & De Propris, 2011)。在这个意义上,文化政策和针对文化和创意产业的行动,就成了欧洲及其发展项目生存和衔接的轴心战略。

二、是否存在一个欧盟的文化政策?

显然,当我们试图通过欧洲的文化政策来描述欧盟所寓意的多样性现实时,就需要考虑牵涉其中的多个层级的国家政府。如果要严格地讨论欧盟的文化政策,就必须指出《欧洲联盟运作条约》(Treaty on the Functioning of the European Union)是以辅助性原则(principle of subsidiarity)①和各成员国在基本问题上维护其主权的最高意志为基础的(Baltà Portolés, 2016),但《条约》第167条却对文化领域的相互竞争作出了基本限制,旨在促进成员国之间的合作,关注共同的文化遗产,推动欧盟与第三世界国家和其他国际组织的交流合作。鉴于文化在"欧洲2020"战略中所肩负的重要性,这成为一个关键的起始性局限。考虑到文化和创意活动对欧洲地区社会和经济创新动态的影响,如果没有组织良好、资源丰富的文化生态系统,那么兼顾可持续、包容性、创造性的发展亦是不可想象的。

然而,欧盟委员会确实正在努力解决欧盟各成员国文化部门普遍面临的主要问题和挑战,如数字化转型的影响、文化治理的新兴模式、对支持文化创意产业的创新潜力的需求等。同时,欧盟委员会还承诺,要致力于促进文化多样性,保护文化遗产,减少妨碍文化专业人员流动的屏障,支持文化创意产业为促进整个欧盟的经济增长和就业作出贡献——这与《欧洲文化议程》的原则是相符合的。

《欧洲文化议程》和《2015—2018文化工作计划》:

2007年11月通过的《欧洲文化议程》(2007/C 287/01),其基本原则涉及

① 辅助性原则(principle of subsidiarity),是欧盟法中的一项重要的基本原则,其基本含义是,只有在成员国采取行动是不充分的情况下,欧盟才能够介入。

与三个主要领域(多样性、创造性、文化外交)有关的一系列挑战：

第一个领域旨在促进文化多样性和文化间对话，具体包括以下措施：

- 提高文化领域的艺术家和其他专业人员的流动性；
- 推动文化遗产的保护与发展，特别是通过促进馆藏的流动和鼓励数字化进程，使得公众有更多机会采取不同形式进行文化表达和语言表达；
- 推动文化间对话的可持续进程，促进欧洲身份认同，提高公民意识和社会凝聚力，发展公民的跨文化能力。

在创造和创新领域，欧盟委员会致力于促进文化成为创造力的催化剂，采取的行动包括：

- 更好地利用文化和教育之间的协同作用，特别是通过鼓励艺术教育和促进公民积极参与文化活动，推动创造力和创新的发展；
- 提升管理技能、企业精神和业务培训水平，特别要针对文化和创意产业专业人员的需求进行量身定制；
- 为包括音像业在内的文化创意产业发展创造良好的环境，激发它们的潜力，特别是中小企业的潜力；尤其是在地方和区域发展的背景下，充分利用现有的项目和举措，促进文化产业与其他产业建立创新合作关系。

最后，在文化外交领域，欧盟委员会视文化为国际关系的核心要素，在此基础上它的主要目标包括：

- 加强文化在欧盟对外关系政策和发展政策中的作用；
- 推动联合国教科文组织《保护和促进文化表现形式多样性公约》的应用，并为其在国际范围内的实施作出贡献；
- 促进欧盟成员国的民间社会与第三世界国家之间的文化间对话与互动；
- 加强欧盟各成员国文化部门间的合作，包括与第三世界国家各文化机构以及它们的合作伙伴开展合作交流。

尽管《欧洲文化议程》所提出的目标显得规模宏大且雄心壮志，但是能够用于实现这些目标的政策资源和财政资源却相当有限。

首先，在严格的产业条件下，对文化创意产业的资助受限于“创意欧洲”计划。“创意欧洲”是2014—2020年期间欧盟文化政策采用的总称，以促进文化和创意产业的发展为核心目标，投入的全球性预算总数为14.6亿欧元。该计划结合了之前实施的“文化2007—2013”、“媒体”和“媒介蒙德斯(MEDIA

Mundus)”等项目，主要就是因为这些部门都面临一些相似的挑战，例如由于文化和语言多样性导致的市场分割、全球化和数字化转型、获得商业贷款的巨大障碍等。

于是，《欧洲文化议程》的实施在这里碰到了第一个障碍，原因就在于用于指导“创意欧洲”的目标都不够广泛和灵活，无法涵盖与领土创新和发展有关的所有文化倡议和举措，这意味着它们只能满足部门文化政策的一些传统目标。各个成员国针对文化政策的观点和发展局面的多样性限制了目标之间的协调，但同时也为“创意欧洲”设计了一个更具野心和创新性的提案。

另一方面，分配给“创意欧洲”的预算显然不足以实现《欧洲文化议程》的宏伟目标及其与“欧洲 2020”战略的联系。如前所述，2014—2020 年的“创意欧洲”的预算为 14.6 亿欧元，其中有 56％被分配给了“媒体”子项目，31％投向文化项目，13％投入跨产业项目。如此一来，在 2014—2020 年期间，只有 4.5 亿欧元用于资助“创意欧洲”的全部文化项目，这意味着每年的经费投入只有相当微薄的 6 400 万欧元。如果我们将这些数字与欧盟在其他产业的经费预算进行比较，那么关于文化的政治话语和预算投入之间的不对称性就变得十分明显。此外，2015 年的分配预算还比上一年下降了 1.6％。

尽管如此，我们必须指出，根据欧盟委员会的估算，通过实施“创意欧洲”下设的“文化”子项目，在 2014—2020 年期间，至少会有 8 000 个文化组织（公共的或私立的，营利的或非营利的）以及 30 万名艺术家和文化专业人士获得经费支持，以开展跨国界交流，获取发展国际事业所需要的经验。该计划也将资助 5 500 多本书籍和文学作品的翻译工作。

“媒体”子计划将用于资助利用传统和数字平台发布且全球发行量超过 1 000 部的欧洲电影；也将为视听专业人士提供资金，帮助他们进入国际市场并取得成功，鼓励他们制作和生产具有跨境流通潜力的电影和其他音像制品。

“创意欧洲”还将支持“欧洲文化之都”和“欧洲遗产邮票”项目，以及欧洲文学、建筑、遗产保护、电影、摇滚和流行音乐等奖项。

此外，向文化创意产业提供财务担保工具也是“创意欧洲”计划的一部分。欧盟委员会通过欧洲投资基金为那些向金融中介机构贷款的文化创意产业的中小企业提供免费担保，以帮助他们改善融资渠道。

《2015—2018 工作计划》旨在整合并突出文化和创意产业对经济、社会和地区发展的重大贡献，及它们对于在“欧洲 2020”的战略框架下欧洲实现智慧的、可持续的、一体化的发展的重要性。根据《2015—2018 工作计划》所强调的工作重点，主要的干预措施与方案见表1：

表1 《2015—2018 工作计划》的行动重点

行动重点	执行机构	相关议题
无障碍的和包容的文化	各成员国	A1. “文化意识与表达”核心能力的发展 A2. 通过数字媒体推动文化获取：扩展观众的政策和策略 A3. 促进文化对社会融合的贡献
文化遗产	各成员国	B1. 参与式文化遗产管理
	各成员国	B2. 技能、培训和知识的转移：传统和新兴的与遗产相关的职业
	欧盟委员会	B3. 风险评估和预防，保护文化遗产免受自然灾害和人为威胁的影响
文化和创意产业：创意经济与创新	各成员国	C1. 获取融资 C2. 文化和创意产业中公共政策对于企业和创新潜力发展的作用 C3. 可持续的文化旅游
促进文化多样性，欧盟对外关系和流动性中的文化	各成员国/欧盟委员会	D1. 联合国教科文组织“保护和促进文化表现形式多样性公约”
	各成员国/欧盟委员会	D2. 欧盟对外关系中的文化
	各成员国	D3. 文化间对话和流动性 D4. 电影院：更广泛的欧洲电影传播

从这个意义上可以说，除了“创意欧洲”所建立的产业融资框架外，是文化与社会经济发展政策之间的交叉关系使得获取其他类型的融资方案成为可能。如前所述，欧盟制定的各项政策正力图全面理解文化在城市复兴、塑造领土吸引力、企业精神、社会和经济创新、自主就业和环境可持续性等方面做出的积极贡献，恰恰也正是因为欧洲的各个城市和地区本身就处在这样的情况下。

可惜的是，即使是在《2014—2020 欧盟凝聚政策》①（Cohesion Policy

① 欧盟凝聚政策（Cohesion Policy），是综合财务工具与愿景在内的完整配套组合。继《里斯本条约》之后，欧盟的发展重点在原先的社会、经济凝聚（Social and economic cohesion）基础上增加了疆域凝聚（Territorial cohesion），使得凝聚政策彻底涵盖社会、经济、疆域三个层面。凝聚政策的核心是希望通过以此实现永续性、平衡式的疆界发展，减少高度与低度发展区域之间的差距，增加就业，推动经济增长，以提升欧洲的竞争力。

2014—2020)当中,也只是部分地体现了文化投资的渗透潜力。

将文化投资纳入欧盟委员会《凝聚政策》2007—2013 年监管框架的做法主要限于文化基础设施的改造和建设、文化服务的提供以及对文化遗产和资源的保护和文化发展,实际上并没有提及文化作为非技术创新或社会创新源泉的潜力、文化对城市更新的贡献、文化创意产业对绿色经济的影响等话题。

然而,这种变化是不完整的,尤其是在文化基础投资的预算分配上。虽然欧盟文化政策享有 11.8 亿欧元(针对"文化"子项目和"媒体"子项目)的财政预算,但是创新和凝聚政策所获得的资金数额却高得多(分别约为 840 亿欧元和 347 亿欧元)。文化政策必须通过其他项目和补充资金来获得补偿性投资,因为它们对欧洲的发展有着潜在的贡献。回想一下,1993—2002 年,文化创意产业占欧盟国内生产总值(GDP)总量近 3%,为欧洲创造了 600 万个就业岗位,其增长速度远远高于制造业,总营业额也超过了汽车工业(KEA,2006)。

2007—2013 年,欧盟向各地区和各成员国共划拨了 3 470 亿欧元以实现《凝聚政策》制定的发展目标,其中有 60 亿欧元惠及文化领域。然而,这个数字还是在一定程度上被低估了,因为政府对文化的干预还通过其他途径获得了资助,如创新和支持创业。整个欧洲的经验表明,欧盟结构基金(EU Structural Funds)不仅在支持文化投资方面扮演着重要的角色,而且在政策的创新发展中也发挥着重要的作用。

然而,在新的凝聚政策中,文化并没有被作为优先议题包含其中。只有 ERDF 2014—2020 区域行动计划(比 2007—2013 计划概括得更为笼统)中提到了一种基于投资重点的特定类型的文化干预手段:"保护环境和提高资源效率"——寓意着文化遗产的保护、促进和发展。

《2014—2020 欧盟凝聚政策》受到三个主要目标的启发:推动"欧洲 2020"战略目标的实现、最大限度地发挥政策的影响力、重视成果。为此,需要解决一系列关键性问题,如与其他政策之间的协调性不足、评估不够充分,需要更有效地使用"共同战略框架"(Common Strategic Framework)资金等。

三、欧盟各成员国文化政策的准则与实践

(一) 基本准则

我们至少可以确定三个既普遍又鼓舞人心的基本准则——遗产保护、文

化参与、鼓励创造——它们构成了欧盟各成员国文化政策的大部分基础。至于第四个原则——文化和创新作为区域发展的引擎——则是近些年,尤其是2008年经济危机之后才被包括进来的。

1. 遗产保护

首先是艺术和历史遗产保护。在文化政策领域,遗产保护是对文化进行干预获得最大共识的议题之一。这种现象自现代文化政策起步发展以来就已经存在了。可以肯定的是,站在不同的意识形态立场来看,遗产保护为公共行政部门的干预提供了不同的选择以及干预合理化的依据。对保守派而言,遗产是传统的物质形态和象征元素,它使社会得以发展延续。因此,作为特定社会物质和精神生活方式守卫者的国家理应承担起遗产保护的责任。对于社会民主的支持者来说,对遗产的捍卫和保护则与界定社区社会凝聚力的要素息息相关,而社会凝聚力又是以该社区的身份象征为基础的。遗产保护还包括遗产可及性以及集体再利用的问题,因为这涉及文化获取的民主化及其价值的社会影响力。最后,从更自由的意识形态观点来看,绝大部分的遗产都属于公共产品,鉴于市场本身固有的缺陷,就应该对其实施政府干预。

在欧洲,很少有人质疑该项准则,即使是坚持国家不应该对文化实施干预的自由主义也是如此。在大部分欧盟国家,遗产通常都被认定为属国家所有,并与国家历史和民族身份密切相关。

2. 文化获取

民主与文化之间的关系也是当代欧洲文化政策的第二个基础核心:平等地获取文化。在文化政策领域,已经达成广泛共识的目标之一就是实现"文化民主化"。尽管这种民主化可以从不同的层面加以理解,但最基本的就是所有公民都应该参与前现代社会只为经济和社会精英保留的全部文化产品、活动和服务的消费与实践。一部分文化领域的公共干预正是借助这一论点实现了合法化。因此,实现上述目标的关键手段之一,就是公共部门有责任在准入壁垒是经济性的前提下,以公共价格——低于市场价格——向大众提供文化产品和服务。可以说,这是欧洲福利国家建设的文化部分,它为获得社会权利补充了文化权利的内容,以期能够实现一个更加平等和包容的社会(Dubois, 2013)。

3. 鼓励创造

在某种程度上,文化政策致力于鼓励创造性的精神和态度,促进创造性技能和能力的培训,培育有利于创造性传播的环境。我们认为,制定文化政策面临的一个重大挑战,就在于如何在保障创意自由和创作者思想独立的环境中,寻求新的鼓励创造的有效方式。

正是在这个层面,合理化公共干预并对其结果进行评估就变得更加困难,因为一些认知推理的过程,诸如横向思维——对不同事物、表现形式和目标之间存在的不可思议的或仅凭直觉推理的新型关系加以思考——是不容易被社会科学所理解的。“创造创造者”的任务迄今为止已经被证明了是何等复杂。露丝·陶斯(Ruth Towse)也强烈指出:“我们根本不知道如何刺激创造力”(Towse,2006)。在这方面,文化政策的传统态度局限于普及艺术教育,通过奖学金、奖励、表彰等手段鼓励创造者,或为版权所有者授予经济资助等(数字化和互联网对版权保护提出了真正的挑战)。另一方面,在城市政策的背景中以及“创意城市”(Landry & Bianchini,1995;Scott,2006)这一概念框架下,文化政策的重点也开始向“吸引人才”集中——通过建设具有吸引力的空间、社区和疆域,为艺术家社区以及想要实现自我表达的公民——哪怕仅仅只是业余爱好者——提供工作和生活的场所。

4. 文化和创意作为区域发展与创新的引擎

近几十年来,关于文化和创造力对经济活动的影响的研究已不胜枚举。在经济危机之前,一些热烈的言论就预言文化和创意很快就会成为后工业时代经济增长的新动力。尽管文化和创意产业与整体经济相比表现出来的更强大的复原力确属事实,但经济危机影响之深,后续财政巩固政策的打击之大,都减缓了其发展规模和发展趋势。尽管如此,文化创意产业在欧洲国家面临经济危机时还是表现出了比其他经济部门更强的抵御能力。

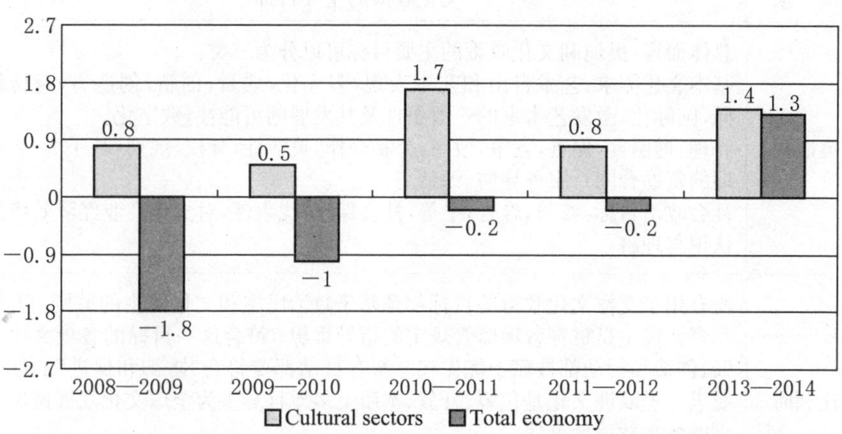

图 1　2008—2014 年总体就业人数和文化就业人数年度增长率(欧盟 28 国)

数据来源:欧盟统计局《文化统计 2016 版》。

在欧洲层面首次明确承认文化和创意是地区发展与创新的引擎，是在2010年4月底发布的《解锁文化与创意产业的潜力》绿皮书（欧盟委员会，2010）中。《绿皮书》收录了针对影响欧洲文化创意产业若干问题的不同见解和主张，强调文化和创意产业在创造财富和就业方面拥有巨大的潜力，其间接影响力很有可能为创造一个更具想象力、凝聚力、生态、繁荣的未来开辟一条崭新的道路。

尽管最初的期望还没有成为现实，但越来越多的证据表明，文化和创意产业的规模对地区增长力（Marco-Serrano，Rausell-Koster 和 Abeledo-Sanchis，2014）和经济体系的生产力（BoixDoménech & Soler i Marco，2014）都有很大影响。文化与创意产业是能够最快克服经济危机消极影响的方法之一，并帮助定义了在全球化和竞争力的框架中关于欧洲专业化的一个更加可采信的向量（Rausell-Köster 等，2013）。

在这一背景下，全球化和由深刻的技术变革引导的数字化环境给我们带来了巨大的挑战。我们必须采取必要的适应性调整，让文化和创意发挥最大潜力，成为我们能够长期立足于世界舞台的比较优势和核心要素。

（二）不同欧盟国家文化政策的主要目标

尽管绝大多数欧盟国家都可以在当代意义上识别其文化政策，但是第二次世界大战之后，欧盟各国的发展轨迹，如政治传统等，都明显地表现出大相径庭的趋势。为总结各个国家文化政策的主要特点，我们制作了下面的表格，分别阐明了各欧盟主要成员国公共政策的核心目标（见表2）：

表2　欧洲各国文化政策的主要目标

国　家	文化政策的主要目标
奥地利	总体而言，奥地利文化政策的主要目标可以分为三类： 基本文化需求：艺术自由和艺术表现，多元化，质量，创新，创造力，身份认同，国际化，激发艺术家的一般条件及其发展的可能性，数字化。 管理：透明度，促进，竞争，效率，公私合作，灵活性，分权，规划（基于3—5年期的资助合同），服务导向，评估。 社会政治目标：参与，融合，平等，社会保障，代表性，对文化产业经济效应的认识与理解。
比利时	所有用于支撑文化政策的目标都是基于政治民主和文化民主的原则。人权和多元民主是贯穿各项监管规定的指导思想。符合这一目标的各项文化实践、创造和行动都被赋予优先权。所有行动都要符合“防御和促进”的框架要求——欧洲文化是包容、开放、本质上多元且尊重为全球文化发展做出贡献的各少数民族群体。 比利时及其共同体在欧盟委员会内一直发挥着非常积极的作用，有若干项文化政策都与欧盟委员会制定的参数准确对应。

（续表）

国　家	文化政策的主要目标
法　国	自1959年成立文化部以来，两个主流和相互交叉的目标已经推动和促进了法国不同级别的政府和机构制定和实施文化政策。 一方面，以文化民主化为目标是马尔罗政策的特点，其目的是扩大被认为是高雅文化、遗产和卓越艺术代表的传统项目的参与度：20世纪60年代开放"文化之家"，公共文化机构降低或减免入场费，扩大文化受众的行动等，例如1963年在公共电视频道的黄金时间播出希腊悲剧《波斯人埃斯库罗斯》。最近一次则是在2009年，法国文化部颁布规定，凡是在欧盟居住、26岁以下的人可以免费参观国家博物馆及其他拥有国家古迹的永久收藏地。 另一方面，20世纪70年代到80年代，这种可以被认为是限制性的、有时甚至被看成是精英主义式的方法得到文化民主方法的补充，从而扩大了内容、表达方式、艺术和文化要求的多样性；排除分层后，文化部的活动范围得到扩大，对那些以前被认为属于"小艺术"的新兴实践或创造性学科予以支持，如街头艺术、马戏艺术、漫画、时尚和装饰艺术、爵士乐以及"当代音乐或非古典音乐"等。 在这种背景下，文化发展是指在这两种文化政策之间寻求平衡，不存在任何精英主义或煽动性，以达到高标准和开放性。 2012年5月24日颁发的第2012—776号法令（该法令根据1959年7月24日安德烈·马尔罗（André Malraux）的"创始法令"改编而成）第1条规定文化和通信部长的主要任务和使命： • 使人类的主要作品能够拥有数量最多的受众，尤其是法国作品； • 保护和促进文化遗产及其所有要素； • 促进艺术和知识的创作； • 推动艺术教学和实践的发展； • 为发展儿童和青年的文化和艺术教育作出贡献； • 鼓励地方文化举措，促进国家和地区间文化政策的联系，参与政府的移交政策； • 帮助发展文化产业以及用于创造和传播文化遗产的新技术，促进发展文化数字内容和服务； • 制定、协调和评估表演和视觉艺术的政策； • 确保法语和法国艺术与文化对世界影响； • 为法国对外文化政策及法国文化机构网络政策作出贡献。
德　国	从一开始，20世纪七八十年代的"新文化政策"就反映了欧盟委员会为有关文化认同、文化遗产、文化多样性、参与文化生活等问题的事项赋予的优先权利。 今天，德意志联邦共和国文化政策的主要目标之一是让尽可能多的人参与艺术和文化。文化政策作为一项社会政策被用于处理诸如人口趋势、移民流动、价值体系塑造、金融发展、经济化、数字化等一系列社会问题。近年来，文化界在德国是一个移民国家的认知上达成共识。人们也认识到，文化政策，特别是市政级的文化政策，更加需要对这个问题加以考虑。这也意味着要把多元和文化多样性作为既定目标，把移民文化纳入文化政策中，并考量具有移民背景的人的文化需求。

（续表）

国　家	文化政策的主要目标
希　腊	希腊文化政策的目标受到保护文化遗产的法定义务的制约，该领域无论是在国家资助层面还是在机构支持和努力层面都占据着绝对的优先权。在更广泛的文化和艺术领域，国家政策的重点是促进文化与社会的更紧密联系（包括文化参与），支持创意，尤其是支持青年艺术家和文化专业人士，促进希腊文化生产的国际化。 平等享有和参与文化生活是被写入希腊宪法的基本原则之一，并体现在优先对地区和大都市中心的艺术基础设施进行投资。学校开展的相关教育项目和免费参观博物馆和考古遗址，都是为了培养年轻人对文化和艺术的积极态度。政府尤其专门对考古遗址，博物馆和文化场所开展了大量的工作，为残疾人提供便利。 促进身份认同原则在希腊的文化政策中占主导地位，它强调希腊文化遗产的历时统一性，并表现在不同政策文件和公开演讲中对希腊文化独特性的声明与陈述中。该原则也体现在针对国外希腊人（散居希腊人）和现代希腊语教学开展的行动中，其中，现代希腊语的教学是通过国家和希腊文化基金会两个层面同时开展的。 促进文化多样性和尊重文化权利的原则体现在艺术和文学表达自由的宪法权利以及零星的（给予弱势者优惠待遇的）正面差别待遇方案中，以此鼓励罗姆人、色雷斯的穆斯林少数民族等群体表达文化权利和参与文化生活。尽管希腊社会在普遍流行的传统文化上是相对统一的，但与其他完全城市化的社会相比，代表少数民族的民间文化在民间艺术博物馆、传统音乐和舞蹈团体中都能得到很好的体现。过去，文化部关于历史古迹的修复方案涉及数座清真寺和犹太教堂，而关于要在雅典地区建立清真寺的决定则被在2011年底成立的联合政府推翻。 希腊宪法还明确了支持创造的原则。在数量有限的可用于文化的财政预算中，希腊政府通过公共委员会以及购买作品向艺术家提供经费资助，支持艺术家流动（主要针对表演艺术），为文学作品的翻译以及戏剧、舞蹈、电影作品、文学作品和有关奖项提供赞助，还为知名艺术家提供荣誉退休金等社会福利。此外，艺术和文化项目的基础设施建设在很大程度上都能得到公共基金的支持，并由中央政府和地方政府进行管理。
爱尔兰	爱尔兰的艺术、遗产和语言部（DAHG）全权负责制定、发展和评估艺术与文化政策及结构： “提供适当的资源、政策和立法框架，支持爱尔兰艺术的兴起和发展，使爱尔兰社会各阶层从中获得的经济回报、文化艺术就业、艺术获得和参与实现最大化”。（http://www.ahg.gov.ie/en/Arts/） 艺术、遗产和语言部在2014年7月发布的简要文件中概述了目前的优先事项（http://www.ahg.gov.ie/en/Publications/CorporatePublications/CurrentPublications/BriefingforMinister.pdf）。部长再次重申了其前任致力于起草《文化2025》的承诺。作为爱尔兰的国家性文化政策，该文件将阐述DAHG的高级别目标。 艺术委员会认为这些高级别目标应该是：

（续表）

国　家	文化政策的主要目标
爱尔兰	• 成为专注于公共产品的艺术发展机构； • 制定明确和相互关联的政策和策略； • 改变投资策略和行为； • 消息灵通，以证据为基础； • 加强自身和艺术产业的能力； • 广泛参与和公开沟通。 此外，艺术委员会还根据这些目标提出了一些建议，为其战略规划提供依据。在《令人鼓舞的未来》——2014 年艺术委员会战略评估指导小组的报告中，这一信条被建立在确认委员会功能发生转变的基础上。但是，预期的转变会有不同的标志表示其转变程度，因为必须做出“艰难的选择”，以促进委员会“转型”成为一个功能完备的发展机构。
意大利	在意大利宪法所设立的更加广泛的文化目标框架内——“遗产和景观保护”“文化发展”“多元主义和言论自由”——第 368/1998 号授权令规定了以下更加详细的政府行动目标，新的遗产与文化行动方案也是在这个基础上创建的。 • 文化遗产的保护和价值增值； • 促进阅读，推动图书和图书馆的发展； • 提升城市和建筑质量； • 促进各种文化活动的发展，特别是针对表演艺术、电影和视觉艺术开展的文化活动； • 支持艺术研究和创新； • 实现所有文化学科的高级别培训； • 意大利文化和艺术在国外的传播。 尽管上述目标与欧盟委员会文化政策的原则——促进身份认同和多样性，支持创新——之间没有自动的相关性，但目标 1 似乎与身份认同问题密切相关，且目标 3、4 和 5 也主要涉及创意的问题。另一方面，欧盟委员会另外两个与社会相关的文化政策原则——多样性和参与文化生活——也并没有在第 368 号法令中获得相应的处理。 然而，就参与遗产领域而言，应该指出的是，随后出台的赋予遗产及其相关事项合法权利的《遗产和景观法》（授权令 42/2004）第 6 条明确规定，遗产的“价值增值”应该包括“遗产保护”和“保证遗产的公共利用性和享受性的最佳条件”两个部分。近几年来，已经有许多关于“文化遗产价值增值”的行动和方案依据该条原则由政府负责陆续开展。 另一方面，促进文化生活多样性的目标还没有成为意大利国家文化政策的重点。在克服本国持久的社会和地理文化失衡以及承认文化在多元文化并存的社会中具有促进社会凝聚力和相互理解的潜在作用方面，仍有一些延迟。与其他欧洲国家（尤其是英国）不同，负责文化事务的部门内没有任何行政单位被赋予这一职责，使文化成为促进社会凝聚力和文化融合、实现更普遍的文化权利的有效手段。在过去的几十年里，有 500 万外国人居住在意大利。然而，对这些问题的新认识似乎才正在进行中。

（续表）

国　家	文化政策的主要目标
波　兰	波兰共和国的当代文化政策反映了欧盟委员会政策的主要目标：决策过程的权力下放和民主化，遵守决策透明原则，遵守多样性和辅助性原则，以及摒弃想要把文化置于公共行政边缘的想法。当然，以发布声明的方式遵守规则要比应用它们容易得多。 但是，重要的是要记住，尽管采取共同确定的民主原则和文化政策目标可能是受欢迎的，但这些原则的制定和实施方式则是不可调和的。在这一方面，波兰有雄心去寻找自己的文化政策模式，而不是仅仅复制其他西欧国家的既定模式和解决方案。 波兰文化政策的目标和方向的变化与不断变化着的政府的态度和优先考虑的事项都密切相关。
葡萄牙	葡萄牙第 18 届政府（2009 年 10 月—2011 年 6 月）声明的主要承诺是： • 增加现行立法机关的文化预算，充分资助产业公共政策的全面发展； • 确保所有部门和机构的文化政策和其他与文化相关联的产业政策之间的协调配合； • 加强和改善现代创意艺术对国家发展的重要贡献，鼓励搭建网络和伙伴关系，增加文化实践的多样性，通过明确的政策支持艺术家，普及艺术受众教育，实现文化、科学、教育之间的更大互动。特别强调三个领域：语言、文化遗产、艺术与创意文化产业。 就国家文化设施和网络而言，应该指出的是，文化政策的此项目标最初是通过投资创意和恢复文化基础设施来实施的。近些时候，开始强调扩大公众参与文化活动和使用文化设施的重要性。 在第 19 届政府上任（2011 年 6 月）后，最具关联性的战略政策目标是"评估国家参与文化生活和减少行政机构"（来自政府计划）。其他的一般性目标包括支持历史和非物质遗产，推动创意产业和艺术发展等，同时也涉及文学、图书馆、语言政策等其他内容。
西班牙	1978 年宪法指定政府当局在文化领域的具体任务，指明这些职责是政府的"基本属性"，并列举一系列最接近文化政策目标定义的领域。 从近年来中央和地方政府的政治言论以及公共文化开支来看，西班牙文化政策的主要目标是文化遗产的保护和促进。其次，文化创造力被理解为"发展中的文化遗产"。 如果根据欧盟委员会确定的文化政策原则分析西班牙最近的文化政策，我们就会看到，促进国家认同是区域文化政策的主要目标，特别是在那些语言互为分离的地区，最近几年来的局势有所恶化。就承认多样性而言，西班牙国家在疆域上的组织方式就是对国家文化多样性的认可。语言和文化的多样性受到 1978 年《宪法》序言和各条款的明确保护，在自治区宪章中对此也有同样阐述。因此，到目前为止，保护多样性是通过对组成现代西班牙的各种文化的个体特征进行内部审视来实现的。2000 年以来，由于移民人数急剧增加，在国家边界内的另一种形式的文化多样性被纳入区域级别的，尤其是市政级别的文化政策议程，成为移民群体社会融合的另一个组成部分。

（续表）

国　家	文化政策的主要目标
西班牙	对文化创造力的支持传统上是通过落实文化政策目标来实现的，这些目标的三大核心分别是：对知识产权和版权的法律保护、创意艺术教学、创意艺术家作品的自我推广。总体而言，对创造力的支持在文化政策上强调得较少，特别是在与其他例如遗产保护相比较的时候。 文化获取和参与文化生活是近年来西班牙文化政策的主要目标之一（见1978年《西班牙宪法》第9条和第44条）。事实上，这是公众参与文化事务的主要动机。然而，大众文化领域之外不断增长的需求现实中比最初文化爱好者声称的要复杂得多。同样，文化民主化被理解为公民有权就其社区的文化生活如何发表自己的见解，这为寻求周全的西班牙文化政策留下了很大的发展空间。
瑞　典	2007年和2008年，文化政策委员会对瑞典的文化政策进行了评估。根据委员会的建议和相关的批评性意见，《政府文化法案》于2009年获得议会通过。该法案规定了瑞典国家文化政策的以下目标： “文化应该是一种基于言论自由的、充满活力的、具有挑战性和独立性的力量。每个人都应该能够参与文化生活。创造性、多样性和艺术品质应该成为社会发展的主要标志。” 要达到这些目标，文化政策应该： • 提升每个人获得文化体验和文化教育的机会，培养人们的创造力； • 促进品质和艺术革新； • 促进文化遗产的生命力——保存、使用和发展； • 促进国际合作和跨文化交流； • 特别注重儿童和青年人的文化权利。 因此，瑞典文化政策的目标与欧盟及其他成员国的目标相类似，如促进文化多样性、支持创造力、参与文化生活、尊重文化权利等。它们也与之前设立的文化发展目标（1974年和1996年决定）有许多相似之处。 文化教育（这里使用瑞典语“bildning”的英文翻译）和艺术品质在1996年被作为明确的目标获得补充。这应该被理解为是对既有观点的肯定，而不是政策方向的改变。2009年修订版中最重要的一个变化是：“消除商业主义的负面影响”的目标被取消了，这标志着对商业在文化政策中的角色有了更积极的认识。
英　国	英国文化政策的根本目标是把“人生中最好的东西提供给尽可能多的人”。它旨在增加和深化对国家文化（以及体育）生活的获取和参与，确保提供真正卓越的文化体验，充分发挥文化活动改变人们生活的潜力。 为了实现其倡导的卓越愿景，改善所有部门共同参与目标塑造的途径，英国文化、媒体和体育部围绕2008—2011年的工作安排，制定了以下四个战略目标： • 机会：鼓励对文化、媒体和体育的更广泛的享受； • 卓越：支持文化、媒体和体育方面的人才和卓越成就； • 经济影响：实现各部门的经济效益； • 奥运：举办一届成功的、鼓舞人心的奥运会和残奥会，为使其成为人类的可持续遗产做出贡献。 文化、媒体和体育部公共服务协议（PSA）的目标与其战略重点互相关联。公共服务协议列出了各个政府部门的主要目标与核心人物，它们与英国财政部达成了一致意见，组成了负责实施“支出审查”的完整部门。

资料来源：《欧洲文化政策与趋势回顾》。

（三）分配给文化政策的预算

可以发现，经济危机对欧盟的影响可以通过政府在娱乐、文化和宗教功能方面的支出表现出来，国内生产总值从 2009 年的 1.2%下降到 2015 年的 1%。

应该指出的是，上述支出包括了各级行政管理部门（中央、地区和地方政府）的数字，但不同的欧洲国家分权的程度是各不相同的。如果我们考虑到大多数欧洲国家的国内生产总值是呈下降趋势，那么我们可以看出欧洲公共文化支出在绝对值上是有所减少的。

如果我们按国家进行分析，就会发现其中显著的差异，如表 3 所示：

表 3　人均公共文化支出（单位：欧元）

国　家	2000 年	2005 年	2010 年	2013 年
德　国	100	97	115	117
奥地利	225	250	278	288
保加利亚	16	18	29	—
丹　麦	290	352	300	—
西班牙	78	120	149	102
爱沙尼亚	80	140	189	214
芬　兰	175	168	177	—
荷　兰	196	229	274	—
爱尔兰	—	34	40	36
意大利	101	112	117	90
挪　威	296	380	446	533
波　兰	31	48	55	—
葡萄牙	60	76	69	—
瑞　典	234	220	267	278
瑞　士	185	183	235	274

数据来源：欧盟委员会/欧洲比较文化政策和艺术研究机构（ERICARTS）以及 COMPENDIUM 研究机构（2017）。

根据不同国家的起点和经验演变，我们可以划分不同的情况。在第一组中，斯堪的纳维亚国家①——挪威、瑞典、丹麦、芬兰——与荷兰一样，文化支

① 斯堪的纳维亚半岛（Scandinavia），位于欧洲西北角，濒临波罗的海、挪威海及北欧巴伦支海，与俄罗斯和芬兰北部接壤，北至芬兰，意为“斯堪的纳维亚人居住之地”。

出水平较高，维持在人均200欧元左右；爱沙尼亚的情况也与此相似。在第二组中，德国、意大利和西班牙三个国家的人均文化支出约为100欧元，且意大利和西班牙的情况还突出反映了紧缩政策对其造成的影响。最后，爱尔兰、波兰和保加利亚的人均文化支出则远远低于欧洲的平均水平。

如果我们参考公共支出的百分比和各国GDP的百分比，人均公共支出的数字就会显得更有意义。该信息显示在表4中：

表4　用于文化的公共支出占国家总公共支出的百分比和GDP的百分比(单位:欧元)

国　家	2013年	公共支出的百分比	GDP的百分比
德　国	117	1.68	0.35
奥地利	288	1.55	0.76
保加利亚	—	1.72	0.44
丹　麦	—	—	0.7
西班牙	102	0.9	0.46
爱沙尼亚	214	3.21	1.5
芬　兰	—	0.99	0.54
荷　兰	—	1.48	0.83
爱尔兰	36	0.30	0.10
意大利	90	0.66	0.35
挪　威	533	1.54	0.72
波　兰	53	0.51	0.5
葡萄牙	—	0.9	0.42
瑞　典	278	1.3	0.66
瑞　士	274	1.7	0.43

数据来源：欧盟委员会/欧洲比较文化政策和艺术研究机构(ERICARTS)以及COMPENDIUM研究机构(2017)。

这一次各国表现出来的情势与前述有所不同，我们会发现，用于公共文化支出占国家公共支出百分比的数字涵盖了从挪威的1.54%到爱尔兰的0.30%不等。同样，反映在各国公共文化支出占GDP的百分比上则又有差异，从挪威的0.72%到德国的0.35%不等。

总的来说，我们可以看到，无论是在文化干预的模式上，还是在文化开支的幅度上，欧洲的文化政策实际上都表现出分散和难以协调的总体特征。

四、结论

文化和创意产业的发展状况、国家福利水平、经济社会发展潜力这三者之间存在着因果关系，而这一复杂的关系框架又与供给和需求因素密切相关，既取决于外生动力，又受制于内生动态，还同时作用于结构和系统两个维度。通过宏观、中观和微观的经济过程，它还发挥着短期和中长期的不同影响，并与全球进程和不同疆域的具体特征紧密联系（Abeledo Sanchis Coll Serrano & Köster，2016）。

需要特别关注这种复杂的联系，因为如果我们能够理解其中的因果关系并评估它们的规模，我们就有可能改变一个能对数百万欧洲人的生活条件和福祉产生重大影响的社会现实。

文化与发展之间关系的复杂性要求我们在制定文化政策时要采取一种包含了创新、传播、教育、工业和城市政策的综合性的方法。

在全球化竞争的背景下，欧洲没有其他更多的专业化选择。正如几年前《解锁欧洲的文化与创意潜力》绿皮书（欧盟委员会，2010）中阐述的那样："对于欧洲和世界其他地区而言，新技术的快速推广和全球化的加速意味着从传统制造业转向服务和创新的惊人转变。工厂车间正在逐渐被各种创意社群所取代，而他们所使用的原材料，正是他们的想象力、创造力和创新力。在这个新的数字经济时代，物质价值越来越更多地取决于非物质价值，因为消费者正在寻找新的并且更加丰富的'体验'。创造社交体验和社交网络的能力现在成了竞争力的一个因素。"

正如库克和德·普雷西斯（Cooke&De Propris，2011）所言，欧盟的经济增长很少考虑到创意和文化产业的机会和潜力，以及它们能够助力于硬技术和服务的发展。但是，如果欧洲想要在不断变化的全球环境中保持竞争力，就必须创造出适合创意和创新的正确条件，促进新的文化企业蓬勃发展。当然，制定新的政策框架也就显得更加重要了。

如果说文化是变革的驱动力，那么针对文化创意产业的政策可以算作实现这种转型的策略工具。这个工具需要高剂量的工具理性、知识、有效信息和研究。当然，如果谈论的是对情绪、情感、感官和意义的管理，我们同样也需要情商、直觉、美丽和真实。

参考文献

1. Abeledo Sanchis, R., Coll Serrano, V. & Köster, P. R.(2016). Culture as a factor of socio-economic innovation in rural areas: the case of the artistic craftwork cluster of La Città Europea dei Mestieri d'Arte(CITEMA). Ager. *Revista de Estudios sobre Despoblación y Desarrollo Rurales*, (20), 73—103.

2. Boix Doménech, R. & Soler i Marco, V.(2014). Creative industries and the productivity of the European regions. In *International Conference on Regional Science*(pp.1—36). f.

3. Bonet, L. & Négrier, E.(2007). La politique culturelleen Espagne. KARTHALA Editions.

4. COMISIÓN EUROPEA.(2010). Green Paper "Unlocking the Potential of Cultural and Creative Industries." Bruselas.

5. Cooke, P. & De Propris, L.(2011). A policy agenda for EU smart growth: the role of creative and cultural industries. *Policy Studies*, 32(4), 365—375. http://doi.org/10.1080/01442872.2011.571852.

6. Dubois, V.(2013). Cultural Policy Regimes in Western Europe. In *International Encyclopedia of the Social & Behavioral Sciences*, 2nd edition. Elsevier.

7. KEA.(2006). THE ECONOMY OF CULTURE IN EUROPE.

8. Landry, C. & Bianchini, F.(1995). The Creative City. Demos.

9. Marco-Serrano, F., Rausell-Koster, P. & Abeledo-Sanchis, R.(2014). Economic development and the creative industries: a tale of causality. *Creative Industries Journal*, 7(2). http://doi.org/10.1080/17510694.2014.958383.

10. Menger, P.-M.(2010). Cultural Policies in Europe. From a State to a City-Centered Perspective on Cultural Generativity(GRIPS Discussion Paper No.10—28). Tokyo.

11. Rausell-Köster, P.(2013, July 21). Comprender la economía de la cultura como vía para salir de la crisis. El Profesional de la Información.

12. Rifkin, J.(2014). El sueño europeo: Cómo la visión europea del futuro está eclipsando el sueño americano. PAIDOS IBERICA.

13. Scott, A. J.(2006). CREATIVE CITIES: CONCEPTUAL ISSUES AND POLICY QUESTIONS. *Journal of Urban Affairs*, 28(1), 1—17,

http://doi.org/10.1111/j.0735-2166.2006.00256.x.

14. Towse, R. (2006). COPYRIGHT AND ARTISTS: A VIEW FROM CULTURAL ECONOMICS. *Journal of Economic Surveys*, 20(4), 567—585.

Cultural Policy in Europe

Pau Rausell Köster Raúl Abeledo Sanchis Li Chuan

Abstract: Europe is facing a complex global crossroads in terms of development, citizenship, competitiveness and sustainability. The potential of culture as a tool to implement the European strategic agenda is vital, given the importance that creativity and socio-economic innovation have for the latter. This poses the need to rethink and redesign the public policies for the cultural and creative sectors to improve their multi-level coordination, promote their centrality in regional development and provide them with legal and financing mechanisms that are coherent with the dimensions of the challenge. In this article, we present the main features of European cultural policy, reflected in the European agenda for culture, we do a quick review of the main characteristics of the cultural policies implemented by the different member states of the European Union and we also identify the number of budgetary resources allocated to cultural policy in the main European countries. Finally, we elaborate on the need to reformulate cultural policies according to a more comprehensive paradigm.

Key words: cultural policy; Europe; cultural agenda; budget for culture

欧洲文化统计

西班牙瓦伦西亚大学　文森特·科利-塞拉诺　克里斯蒂娜·帕尔多-加西亚　玛利亚·卡瓦列尔-塔拉索纳

云南大学　王　莹　译

[内容提要]　文化作为价值和认同的源泉，是欧洲独特性的重要特征和主要优势之一。随着文化在欧洲国内生产总值(GDP)中的比重日益增长，以证据为基础的文化测量活动具有重要意义。因此，文化数据库的可靠性和可获得性对政策制定者和社会科学研究者显得尤其重要。在此背景下，本文汇编了国际机构在文化统计和测量方面的最新努力，为文化经理人的工作提供便利。具体而言，本文总结了欧洲国家和欧盟层面现有的文化统计资源，其中包括一组欧洲文化观测台的汇总表。

[关键词]文化；文化统计；欧洲统计局；国家统计局

一、引言

作为价值和身份的来源，文化是欧洲特质中最具特色的优势之一。除其他方面，文化的价值实质上在于其作为社会凝聚、融合及公民福利改善的运行机制。欧盟的各项法规、计划和政治行动中都包括促进文化领域发展的内容，其中，《欧洲联盟运作条约》(Treaty on the Functioning of the European Union)(2007)第167条更是明确规定了以下要求："……要为各个成员国的文化繁荣做出贡献，在尊重其民族和宗教多样性的同时，重视公共文化遗产……"

文化和创意产业的活力被认为是一项可以测量任何国家社会进步和公民素质的指标。目前，作为社会发展与经济增长的推动力，文化和创意产业的重要性正日趋凸显，文化企业对于国民经济的价值与日俱增，成为增长、经济多元化和创造就业的来源。毫无疑问，从那些并非无关紧要的数字可以看出，文化 GDP 在西方国家的参与度不断提高，文化产业的需求也不断增长。统计数据清晰地表明，对文化产品和文化服务的需求在经济增长的维度上不断扩大，而解释这一现象的结构性原因又与未来可能持续的长期趋势有关。因此，教育和培训水平的提高以及把文化作为优等财货的考量，都意味着收入水平越高，文化需求就越多；休闲时间增加了，人口和社会结构相应产生变化，加上新的信息和通信技术的运用——这些有助于新的文化生产、分配和消费模式的产生——都指明了文化已经成为一个新兴的经济部门。鉴于大多数文化产品和文化服务都还远未成熟，其快速兴起并发展的趋势仍将持续发酵。因此，支持反映产业增长能力的领土专业化似乎是一个相当明智的战略选择。

这也正是为什么在过去几十年里，欧盟做出了诸多坚决的努力，把有关文化和创意产业具有可信度、连贯性的各项指标与数据库汇集在一起。本文就是对这些主要统计数据的汇编，它们能够为我们能提供整个欧洲层面关于文化产业持续更新的、不断完善的、具有说服力的信息。

社会科学领域的研究人员面临的主要障碍之一是难以获取关于他们既定选题的完整而可靠的信息。因此，对现在手边的，即文化产业的所有可用数据库进行汇编是十分有益的。通过这项工作，我们试图在研究的初始阶段为文化领域的科研人员提供帮助，介绍、总结一些密切相关的权威数据来源，其中就包括欧洲各个国家的文化统计信息。

二、文化产业的统计来源

1986 年，欧洲统计学者大会(Conference of European Statisticians)正式通过了“文化统计框架”(Framework for Culture Statistics, FCS)，详细阐释了文化领域的国际统计数据。这次会议聚集了 20 多个欧洲和北美国家的代表，按照 1972 年联合国教科文组织欧洲文化部长会议的理念，制定了关于文化产业数据汇编和统计细化的通用方法。“文化统计框架”的出台，旨在成为国家和国际层面组织文化统计的有效工具，以便于开展相关的比较研究。

2009 年，用于阐释联合国教科文组织文化统计的方法得以修订。这一新的统计框架构建了“一个概念基础，它可以提供一种共识，使得在文化生产、流通和使用等一切领域中的各种活动具备了在国际间进行比较的可能”(UNESCO, 2009)。我们需要将 2009 年的“文化统计框架”(简称 2009FCS)作为建立文化统计指标体系的参考(Ben, 2007；文化和青年部，2009；Rojas

Vázquez, 2010),因为正是在这个框架中,获得国际认可的、用于新的文化统计方法的概念、结构和标准被建立了起来。

2009年版《文化统计框架》的主要指导原则之一,就是要建立一个能够包含所有文化表现形式的概念基础,对产品、经济活动和就业等施用国际通行的比较分类标准,为变量识别和文化指标阐释提供便利,使得文化现实能够以描述性和整合性的双重方式得以充分体现。

2009年版《文化统计框架》确定了对文化的经济维度和社会维度进行测量的必要性。对经济维度的测量是通过研究不同的国际分类体系,协调并统一对文化产业的分析研究。相比之下,对社会维度的测量由于其本身与符号维度(即非物质性)有关而最为复杂,尤其是在当地方层面为了监督和评估文化政策而配置指标体系时显得最为重要。一般而言,对文化产业社会维度的测量是通过调查来实施的。例如,关于文化实践与消费的调查,或者那些为了获取更多有关文化服务的信息而专门设计的调查(如图书馆等)。

另一方面,欧盟诸多国际论坛对文化统计资料缺乏这一现实问题的认识不断提高,推动了"文化统计欧洲领导小组"(European Leadership Group on Cultural Statistics, LEG-Cultura)于1997年正式成立。"文化统计欧洲领导小组"的主要目标在于界定文化的"领域",及时调整能够反映文化产业显著特点的国家与国际分类标准,评估、修订所有可用数据,并创建一系列可用于国家间开展比较研究的统计指标。

领导小组的工作成果最早以《"文化统计"口袋书》(第一版)的形式于2007年发布,2011年发行第二版,2016年,第三版被纳入"统计丛书"出版。这是欧盟统计局(Statistical Office of the European Communities, Eurostat)第一本涉及文化领域的出版物,其中收录了欧洲统计系统(European Statistical System)提供的可比数据,以及联合国教科文组织和"欧洲晴雨表"①(Eurobarometer)等其他信息资源库。

2009年,欧盟统计局提出建立"欧洲统计网络"(European Statistical Network, ESSnet-Culture),以期改进文化产业数据的创建与统计方法,同时进一步提高其在欧洲国家间进行比较的便利性。为了实现这一目标,以卢森堡文化部为领导成立了4个工作组:第一组的任务是更新2000年"文化统计

---

① Eurobarometer,通常被翻译成"欧洲晴雨表",是欧盟委员会官方的民调机构。该机构每年分两次发布调查报告,调查范围涉及欧盟扩张、欧洲公民意识、社会形势、信息科技、文化、卫生、环境、防务等多方面内容,其调查结果是欧盟委员会进行决策的重要依据。

欧洲领导小组"为文化和文化经济活动而设立的概念框架(2009 年联合国教科文组织发布了该文化统计框架文件的修订版);第二组负责界定文化经济和文化就业的统计指标;第三组对公共文化支出和家庭文化支出的数据来源进行清点,并界定文化金融的统计指标;第四组则重点关注文化实践以及文化的社会参与问题。

下面,我们介绍并总结欧盟统计局就"文化统计"提供的相关信息。该报告由经合组织(Organization of Economic Cooperation and Development, OECD)出版发行,是其"文化中经济与社会重要性的国际测量"项目和联合国教科文组织"文化发展指标"(Culture for Development Indicators, CDIS)项目的研究成果。

(一)欧盟统计局的文化统计

欧盟统计局是欧盟官方的统计机构,其使命是负责提供整个欧洲层面高质量的统计数据,以便能够在国家和地区间开展比较研究。

最近,欧盟统计局发布了 2016 年文化领域相关数据的报告,前两次则分别发布于 2007 年和 2011 年。这份题为《文化经济学》的报告包括一系列文化指标,涉及文化就业、文化产品的国际贸易、文化企业、用于文化发展的互联网运用、文化的私人支出等多项议题。针对每一个议题,欧盟统计局分别使用了不同的信息来源,通过对数据进行有意识、集中化的处理,建立起了一个独特的数据库,使其能助益于文化领域的决策者和科研人员。

报告中的统计资料覆盖了欧盟所有成员国、全民教育国(冰岛、列支敦士登、挪威、瑞典)和候选国(阿尔巴尼亚、黑山、马其顿共和国、塞尔维亚、土耳其)。所有数据均可以登录欧盟统计局的官方网站进行访问(网址:http://ec.europa.eu/eurostat/data/database)。同时,也可以登录网址 http://ec.europa.eu/eurostat/en/web/products-statistical-books/-/KS-04-15-737 查阅《文化统计报告(2016)》的详细内容。报告中每个表格的下方都有一个链接到欧盟统计局数据库的代码,可用于访问和查看对应表格的最新数据。

统计报告的第一章是研究背景,介绍了研究所涉及的各个国家的社会经济状况,具体内容覆盖了人均 GDP、就业/失业指数以及根据城镇化水平测量的人口分布、人口教育水平及满意度、收入、邻里关系等社会人口变量。还有一章专门针对文化产业的 6 个基本维度:文化就业、文化企业、文化产品国际贸易、文化参与、服务于文化的信息和通信技术的应用、文化的私人支出等。

表 1 概述了文化统计中的有效信息。其中,被欧盟统计局采纳、用于创建

集成数据库的可用变量和信息来源分别在对应的主题旁列出。

表 1　欧盟统计局《文化统计报告》的数据

主　题	来　源	数　据
文化就业 该部分包括 15 岁及以上人员的文化就业数据； 不考虑其实际工作性质，所有在被界定为“文化产业”部门工作的人员都被视为“文化从业人员”。	欧盟劳工调查(EU Labour Force Survey, LFS)	文化就业百分比与文化就业年度增长率； 女性文化就业； 文化就业与年龄； 文化就业与教育水平； 合同与文化活动的种类。
文化企业 该部分包括在文化产业中各个企业不同方面的统计数据。	结构商业统计(Structural Business Statistics, SBS)和商业人口统计(Business Demography, BD)	文化企业数量及其生产利润； 企业平均雇员数； 文化企业生产利润年平均增长指数； 不同活动类型的文化产业增加值； 根据规模和活动类型划分的文化企业数量； 根据企业规模及活动类型显示出的劳动生产率； 以活动类型为分类，自 2008 年起 1 年、3 年和 5 年后的文化企业生存率。
文化产品国际贸易 由于“文化产品”一词寓意多样，本章尝试依照产品类型、来源和目的对其进行分类。也就是说，为了界定消费特征和工业生产结构的专业化，有必要对不同成员国文化产品的进、出口趋势进行研究分析。	欧盟统计局	不同类型文化产品的出口； 不同类型文化产品的进口； 十大出口合作伙伴； 十大进口合作伙伴。
文化参与 文化参与是促进文化产业健康发展的基本要素之一，本章提供的统计资料显示了不同国家公民的文化活动参与度。	欧盟统计局“成人教育调查”(Adult Education Survey, AES)	以性别为参数，过去 12 个月内阅读书籍的人口百分比； 过去 12 个月内参加过文化活动的人口百分比； 以年龄为参数，过去 12 个月内参加过文化活动的人口百分比； 以性别和年龄为参数，过去 12 个月内参加过文化活动的人口百分比； 以性别和年龄为参数，过去 12 个月内参加过现场演出的人口百分比； 访问过历史古迹和文化场所的人口百分比。

（续表）

主　题	来　源	数　据
服务于文化的信息和通信技术的应用 今天，互联网允许大众以新的形式获得和参与文化产品和文化服务。因此，收集与这一领域有关的数据是全面了解文化与创意产业的关键。	关于家庭使用信息与通信技术的社区调查	以文化为目的的互联网应用，以年龄为参数； 以文化为目的的互联网应用，以性别为参数； 以文化为目的的互联网应用，以受教育水平为参数； 以文化为目的的移动设备的应用； 利用"云"技术以储存和分享文化内容的； 以获得文化产品和文化服务为目的的互联网的应用。
私人文化支出 本章尝试提供足够的信息来了解私人文化消费，从而展现个体追求和参与文化的不同水平。	家庭收支调查(Household Budget Survey，HBS)及调和消费者物价指数(Harmonised Indexes of Consumer Prices，HICP)	根据产品或服务类型，家庭平均文化消费支出； 文化产品和服务消费价格统一指数。

（二）国家统计局

在国家层面，每个国家的统计局或研究机构都会直接或间接地统计与文化和创意产业有关的数据资料。为了便于搜索国家一级的统计信息，表 2 提供了可访问各个欧盟国家统计局的网页链接。研究者可以通过这些链接获取文化产业的可用数据和资料，并在表格之后找到可能感兴趣的案例。

表 2　各欧盟国家统计机构信息一览

国　家	机　　构	链　　接
德　国	联邦统计局	https://www.destatis.de/DE/Startseite.html
奥地利	国家统计局	http://www.statistik.at/web_en/statistics/index.html
比利时	国家统计局	http://statbel.fgov.be/en/statistics/figures/
保加利亚	国家统计局(NSI)	http://www.nsi.bg/en
塞浦路斯	统计局	http://www.mof.gov.cy/mof/cystat/statistics.nsf/index_en/index_en?OpenDocument
克罗地亚	统计局	http://www.dzs.hr/default_e.htm
丹　麦	丹麦国家统计局	http://www.dst.dk/en

（续表）

国 家	机 构	链 接
斯洛伐克	统计局	http://portal. statistics. sk/showdoc. do? docid=359
斯洛文尼亚	统计局	http://www.stat.si/StatWeb/en/home
爱沙尼亚	统计局	http://www.stat.ee/?lang=en
欧盟委员会	欧盟统计局	http://ec.europa.eu/eurostat/
芬 兰	芬兰国家统计局	http://www.stat.fi/index_en.html
法 国	法国国家统计与经济研究所(INSÉÉ)	https://www.insee.fr/fr/accueil
希 腊	国家统计局	http://www.statistics.gr/
匈牙利	匈牙利中央统计局	http://www.ksh.hu/?lang=en
意大利	意大利国家统计局(ISTAT)	http://www.istat.it/it/
爱尔兰	中央统计局	http://www.cso.ie/en/index.html
拉脱维亚	拉脱维亚中央统计局	http://www.csb.gov.lv/en
立陶宛	统计局(StD)	http://www.stat.gov.lt/en/
卢森堡	中央统计与经济研究所	http://www. statistiques. public. lu/fr/acteurs/statec/index.html
马耳他	国家统计局	https://nso.gov.mt/en/Pages/NSO-Home.aspx
荷 兰	中央统计局	https://www.cbs.nl/
波 兰	中央统计局(CSO/P)	http://stat.gov.pl/en/
葡萄牙	国家统计局	https://www.ine. pt/xportal/xmain? xpgid=ine_main&xpid=INE
英 国	国家统计局	https://www.ons.gov.uk/
捷克共和国	国家统计局(CzSO)	https://www.czso.cz/csu/czso/home
罗马尼亚	国家统计局	http://www.insse.ro/cms/rw/pages/index.en.do
西班牙	国家统计局(INE)	http://www.ine.es/
瑞 典	国家统计局(SCB)	http://www.scb.se/en/

1. 法国

在法国国家统计与经济研究所(INSÉÉ)的网站上，我们可以找到由文化部统计处提供的统计数据。作为法国文化与交流部的下属部门，统计处也参与了“前瞻性规划与统计”的研究项目（Forward Planning and Statistics, DEPS)，收集了广泛文化领域内的相关数据，其中建筑、档案、图书馆、博物馆、电影院、书籍、音乐、戏剧、舞蹈、造型艺术、文化遗产等均包括在内。

“前瞻性规划与统计”项目的主要目的是汇编文化统计数据，向文化专业人士、政策制定者和研究者提供信息，并通过撰写研究报告和发布研究成果，为分析文化实践和文化生活提供支持。

该项目的统计数据主要集中于文化产业的以下几个方面：

——文化就业和文化就业人口统计；

——对文化活动资金的分析，包括公共资金（中央政府、地区、部门和市政）和私人资金（企业赞助等）；

——法国人口的文化实践；

——文化设施、文化机构及其活动；

——文化和艺术高等教育。

2. 西班牙

西班牙《国家统计规划(2017—2020)》包括一系列统计内容，其中，文化领域的资料和数据统计工作由西班牙教育、文化和体育部（Ministry of Education, Culture and Sports, MECD)负责实施：

——文化卫星账户；

——关于文化习俗与文化实践的调查；

——关于公共文化资金与支出的调查；

——博物馆及博物馆收藏统计；

——有 ISBN 编码的图书发行统计；

——档案统计；

——有 ISMN 编码的音乐产品发行统计；

——电影艺术统计：生产、展览、分销和推广。

此外，西班牙教育、文化和体育部的统计处还每年出版《年度文化统计报告》，其中的大部分数据可以通过访问其“文化数据库”获得（网址：www.mcu.es/culturabase)。该平台旨在传播文化统计数据和统计指标，其构架与《年度文化统计报告》中的部分相同。

3. 意大利

意大利国家统计局（ISTAT)是 1926 年创建的公共研究实体。自 1989

年起，统计局的主要职能是在“国家统计系统”（National Statistics System，Sistan）内负责协调各项统计工作，并为其提供技术支持与培训。国家统计局和意大利中央及其附属行政机关、地方与区域实体、商会和其他负责收集统计信息的公共机构一起构成国家统计系统的核心支柱。

每年，国家统计局都会针对不同主题发布年度统计报告。第 25 版的年度统计报告于 2017 年出版，通过从不同角度对所有组别的数据特征进行描述和解释，分析了当前意大利的社会结构。

该报告第三章题为“人口与生活条件”，其中也收录了文化产业的一些统计信息，报告全文可以通过以下链接进行访问：http://www.istat.it/it/archivio/199318。

4. 德国

由德国联邦统计局发布的统计报告是根据主题进行汇编的。其中，“教育、研究和文化”部分收录了一些有用的文化统计数据。遗憾的是，这些数据并没有获得及时更新。具体而言，这些资料涵盖以下几个方面：

——文化消费支出；

——博物馆、戏剧、音乐；

——图书馆及其档案资料；

——广播。

相关信息可以通过以下链接进行访问：https://www.destatis.de/EN/FactsFigures/SocietyState/EducationResearchCulture/Culture/Culture.html#Tabellen。

5. 瑞典

瑞典国家统计局（Statistika centralbyran，SCB）致力于对文化和休闲进行统计。它提供了一系列与文化和休闲活动产生的营业额有关的可用变量。

同时，瑞典文化政策分析局还对政府在文化领域提出的措施和建议进行评估，通过推动和监督文化领域的研究项目，传播相关的知识和经验。

另外，文化政策分析局还在瑞典开展了关于使用闲暇时间的调查。该机构的网站可以通过以下链接进行访问：http://kulturanalys.se/en/。

（三）文化的经济与社会重要性的国际测量（经合组织）

在《统计工作文件》的框架下，经合组织发布了题为《关于文化的经济与社会重要性的国际测量（2007）》的研究报告。该报告是一个测量文化和艺术相关活动项目的研究成果，其目的是研究、分析在国际层面就文化领域开展可靠的比较测量的可行性，最终目的则是评估文化产业对 GDP 的贡献。

该报告通过分析社会、经济、生活质量等方面的统计数据，为文化产业提供了一个全面的视角。项目的研究基础是联合国教科文组织提供的统计资料，然而，在对不同国家的概念和变量进行定义和分类的过程中，研究人员发现了不可忽略的异质性特征。因此，该研究试图通过缺失信息进行估算，从而为数据库提供相对均衡和连贯的测量。该报告的作者也提醒，要谨慎对待从这些统计指标的比较中得出的推论。

报告的数据归属于澳大利亚、加拿大、法国、英国、美国等五个经合组织国以及伦敦、蒙特利尔、纽约、巴黎等四个城市。用于阐释这份报告的数据都从各个国家的官方统计机构获取。报告全文可以通过以下链接访问：https://www.oecd.org/std/na/37257281.pdf。表 3 显示了每个国家及对应参考年份的变量信息。

表 3　经合组织统计报告《文化的经济与社会重要性的国际测量》中的相关数据

国　家	数　据	年　份
澳大利亚	特定文化产业的收入和增加值；	1999—2000
	对艺术和文化机构的财政支持；	1999—2000
	文化产业从业人员；	1996 & 2001
	文化产业从业人员；	2001
	根据性别和活动类型划分的参与文化活动的人员；	2004
	根据既定特征(居住地区和合同特征)划分的参与文化活动的人员；	2004
	文化产品和服务贸易；	2002—2003
	不同级别政府的文化资助；	2002—2003
	不同贡献类型的商业捐赠；	2000—2001
	澳大利亚的家庭文化支出；	1998—1999
	不同地区访问文化场所和参与文化活动的人员；	2002
	不同类型的文化场所和活动的出席频率。	2002
加拿大	文化的经济贡献率，即文化 GDP；	2002
	文化产品国际贸易；	2003
	文化服务国际贸易(以“文化构架目录”为参考)；	2003
	按照政府级别与职能划分的政府文化支出；	2003—2004
	文化产品和服务的年平均家庭支出；	2004
	参与特定活动与事件的被调查者百分比；	1998
	15 岁及以上加拿大人每天参与不同文化活动的平均小时数。	2005

（续表）

国 家	数 据	年 份
法 国	年收入100万欧元的文化企业； 文化企业平均雇员数FTE(全职就业)； 不同行业的职业特征； 文化企业雇员数(全职就业人员)； 文化产品外贸； 文化部批准的预算； 家庭年度平均文化支出； 家庭文化产品和服务消费； 文化实践。	2003 2003 2003 2004 1999 2003 2003 2003
英 国	创意产业对总增加值的贡献率； 创意产业对总增加值的贡献率； 创意就业； 创意产业出口； 成年人(16岁及以上)花费在主要文化活动上的时间。	2003 2003 2003 2003 2000
美 国	美国创意产业从业人员； 12个月内至少参加过一次艺术活动的美国成年人。	2003 2002

（四）联合国教科文组织文化发展统计指标(CDIS)

联合国教科文组织的基本宗旨是通过保护和促进教育、科学、文化和交流，助力于世界和平与安全。

2005年，联合国教科文组织正式通过《保护和促进文化表现形式多样性公约》(Convention on the Protection and Promotion of the Diversity of Cultural Expressions)，其中明确了一系列把文化纳入各级增长与发展政策的机制，其目的是创造一个允许表达多样性并把文化融合作为可持续发展要素的良好环境。

在这一背景下，联合国教科文组织于2014年发布"联合国教科文组织文化发展统计指标"(CDIS)项目的研究成果。该文件是解释如何构建和界定22项统计指标的方法手册。这些指标被分别归入经济、教育、治理、社会参与、性别平等、传播、遗产等7个大类。该项目所采取的多维度研究方法试图展示文化在发展过程中所实现的广泛功能，强调文化不仅仅只是另一种形式的经济活动。完整的报告可以通过以下链接进行下载：http://es.unesco.org/creativity/sites/creativity/files/iucd_manual_metodologico_1.pdf；CDIS项目生成的数据也可以通过以下链接进行访问：http://es.unesco.org/creativity/indicadores-de-desarrollo/caja-de-herramientas。

这份《联合国教科文组织文化发展统计指标文件》已经在世界不同地区的11个国家(波斯尼亚和黑塞哥维那、布基纳法索、柬埔寨、哥伦比亚、厄瓜多尔、加纳、纳米比亚、秘鲁、斯威士兰、乌拉圭、越南)进行了测试,以确定其在生成单一数据时的可行性和可适性。

为了试图准确界定文化产业的所有维度,联合国教科文组织还从不同的来源寻找信息以构建和设计这些指标。表4列举了每个统计类别使用的信息源。

表4 联合国教科文组织文化发展统计指标的信息来源

类别	来源
经济	• 联合国国民账户体系(System of National Accounts, SNA),2018年 • 联合国教科文组织文化指标统计框架 • 国际劳工组织(International Labour Organization, ILO)的条例和准则
教育	• 国家官方数据,通常从国家统计局或教育部获得。第三章关于教育被剥夺和边缘化的全球监测报告“触及被边缘化的教育”(联合国教科文组织,2010年)中的统计图表可以通过以下链接访问:http://www.unesco.org/new/fileadmin/MULTIMEDIA/HQ/ED/GMR/html/dme-4.html
治理	• 联合国人权事务高级专员办事处(Office of the High Commissioner for Human Rights):http://www.ohchr.org/SP/Pages/WelcomePage.aspx • 联合国法律事务厅(Office of Legal Affairs of the United Nations):http://untreaty.un.org/ola • 联合国教科文组织数据库:www.unesco.org
社会参与	• 世界价值观调查(World Value Survey, WVS):http://www.worldvaluessurvey.org • 全球晴雨表调查:http://www.jdsurvey.net/gbs/gbs.jsp • 盖洛普世界民意调查机构(Gallup World Poll, GWP):http://www.gallup.com/Home.aspx • 国际社会调查项目(International Social Studies Programme, ISSP):http://www.issp.org • 经协调的欧洲时间使用调查(Harmonised European Time Use Survey, HETUS):https://www.testh2.scb.se/tus/tus/StatMeanMact2.html • 欧盟收入和生活条件统计(European Union Statistics on Income and Living Conditions, EU-SILC):http://epp.eurostat.ec.europa.eu/portal/page/portal/microdata/eu_silc • 欧盟成人教育调查(European Union Adult Education Survey, AES):http://epp.eurostat.ec.europa.eu/portal/page/portal/microdata/adult_education_survey

（续表）

类　别	来　　源
性别平等	政治参与： • 国家议会妇女数据库，国际议会联盟：http://www.ipu.org/wmn-e/classif.htm 教育： • Barro-Lee 数据库：http://www.barrolee.com • 教育部提供的官方数据 • 联合国教科文组织统计所：http://uis.unesco.org/ 劳动力参与： • 统计附件 4：联合国开发计划署《人权发展报告》之"性别不平等指数及相关指标"：http://hdr.undp.org/en/reports 两性平等立法： • 性别、机构和发展数据库（GID-DB）：http://stats.oecd.org/Index.aspx?datasetcode=GIDDB2012
传　播	• "自由之家"（Freedom House）关于新闻自由指数的报告：http://www.freedomhouse.org/
遗　产	• 联合国教科文组织世界遗产名录：http://whc.unesco.org/en/list • 联合国教科文组织暂行世界遗产名录：http://whc.unesco.org/en/tentativelists • 联合国教科文组织人类非物质遗产代表名录：http://www.unesco.org/culture/ich/index.php?lg=es&pg=0017 • 联合国教科文组织濒危世界遗产名录：http://whc.unesco.org/en/danger • 联合国教科文组织需要紧急维护的非物质文化遗产名录：http://www.unesco.org/culture/ich/index.php?lg=es&pg=0017 • 国家和国际水下遗产登记册清单：http://www.unesco.org/new/es/culture/themes/underwater-cultural-heritage/the-underwater-heritage/databases/

与此同时，表 5 显示了 22 个统计指标中每一个指标所具体覆盖的维度和范围，这些指标被分别划入既定的七大类别中。

表 5　联合国教科文组织文化发展统计指标

类　别	维　度	统 计 指 标
经　济	文化活动对 GDP 的贡献	私人的和正式的文化活动对 GDP 的贡献百分比
	文化就业	与总就业人口相比，在文化领域就业的人数百分比
	家庭文化支出	与最终消费支出相比，家庭在文化活动、文化产品和文化服务上支出的百分比

(续表)

类　别	维　度	统计指标
教　育	包容性教育	17—22岁人口平均受教育指数(调整不平等的功能)
	多语言教育	与语言学习的总时间相比,致力于推广多语种的学时比例(7—8年级)
	艺术教育	与总学时相比,用于艺术教育的学时比例(7—8年级)
	文化产业专业人士培训	技术和高等教育体系在文化领域的一致性和覆盖率指数
治　理	文化监管框架	保护和促进文化、文化权利和文化多样性的监管框架发展指标
	文化的政治和制度框架	保护和促进文化、文化权利和文化多样性的政治和制度框架发展指标
	文化基础设施的分配	既定的文化基础设施配置与国家行政单位内人口分布比
	民间社会参与文化治理	促进少数民族和文化专业人士代表参与制定和实施与之相关的文化政策、措施和方案的指标
社会参与	参与家庭外的文化活动	过去12个月至少参加过一次家庭户外文化活动的人口百分比
	参与强化身份识别的文化活动	过去12个月至少参加过一次强调身份属性的文化活动
	对其他文化的包容度	对来自不同文化的人的包容度
	人际信任	人际信任度
	自由意志	感知自由意志的中等结果
性别平等	两性不平等	在政治、教育、就业以及涉及两性平等的立法框架中男、女之间的差距指数(客观方法)
	对性别平等的态度和看法	对性别平等采取积极评价的程度(主观方法)
传　播	言论自由	新闻、广播、电视和互联网媒体的自由指数
	访问和使用互联网	使用互联网的人口百分比
	公共电视频道虚构内容的多样性	每年专门用于播出全国性虚构性节目的时间比例,并与每年在免费公共电视频道播出虚构性节目的总时间相比
遗　产	遗产的可持续性	能够促进遗产可持续性的多维框架的发展指数

三、欧洲的文化观测台

20 世纪末，欧洲建立起了一些“文化观测台”(Cultural observatories)，用以观测社会中的不同文化现实。它们的目标是对文化进行全面深入的研究，协调信息来源，分析和评估影响某一疆域或区域的文化政策，当然也助力于文化发展。这些文化观测台所覆盖的地理范围各有不同，区域性的(研究一个国家的特定区域)、国家性的以及国际性的(例如覆盖整个欧洲地区的)都包括其中。相比之下，西班牙和法国拥有的文化观测台要多于欧盟其他国家。

欧洲的文化异质性语境和几十年的发展演变导致了这些文化观测台以不同的模式得以建立，并在专业代理机构的管理下各有其主要职能和观测范围。一般来说，我们可以将这些文化观测台分为三种类型：

(1) 研究中心和国际机构。这类观测台独立于公共行政机构，由基金会或协会资助建立。由于观测台的成员以及它们研究的文化现实不局限在一个国家，因此所覆盖的地理范围也具有一定的国际性——旨在促进国家和地区间知识网络的建立和信息的交流。除了作为文化观测台的主要职能外，这些机构还具有文化传播等其他功能。例如：

——ERICARTS，欧洲比较文化研究所(德国)

——COMPENDIUM，欧洲文化政策与趋势研究中心(德国)

——“文化链接”(Culturelink)(克罗地亚)

——Interarts 基金会，欧洲文化、区域和城市政策观察站(私营机构，西班牙)

——“文化与传播”(Observatorio de Cultura y Comunicación)，(西班牙 Fundación Alternativas 基金会)

—— EUROMEDINCULTURE 文化观测台(法国)

——“欧洲视听观测站”(European Audiovisual Observatory)(法国)

——中、东欧地区文化观察站(布达佩斯观察站)(匈牙利)

(2) 区域的或国家的观测台。通常情况下，它们是根据区域或国家政府的要求建立起来的，针对特定的地理范围开展研究，并参与各级政府文化政策的制定、发展和评估。例如：

—— Zentrum für Kulturforschung 文化研究中心(德国)

——专门从事应用研究和文化文献研究的国际文化研究中心(奥地利)

——瓦伦西布鲁塞尔联邦政治文化遗产观察站(比利时)

——萨拉戈萨文化观测台(西班牙)

——巴斯克文化观测台(西班牙)

——文化资源研究中心(Centre d'Estudis i Recursos Culturals, CERC)(西班牙)

——文化政策研究基金会(CUPORE)(芬兰)

——政治文化观察站(OPC),格勒诺布尔(法国)

——皮埃蒙特文化观察站(OCP)(意大利)

——Sppettacolo 观测台(意大利)

(3) 学术机构。他们是专门研究和评估文化政策和文化现实的研究中心或大学部门,经常参与区域性或国家性的文化政策研究。例如:

——安达卢西亚大学 Atalaya 文化观测站(加的斯大学与安达卢西亚其他大学协作)(西班牙)

——文化政策研究中心(CCPR)(英国)

——SweCult,瑞典文化政策研究观测站(瑞典)

(一) 文化观测台的使命和目标

观测台的主要功能是收集文化资讯,并将其处理为可用信息后提供给相关机构或人员。他们尽量对信息进行组织和构架,并从各个文化产业门类(文化中心、视听媒体、电影、文学、表演艺术、戏剧、舞蹈、音乐、博物馆、遗产、视觉艺术、多媒体等)中收集数据。通过数据分析,阐释文化现实,发布研究报告,使之服务于相关机构,如文化、科技企业和学术机构,文化政策的决策者,感兴趣的协会和单位,以及整个社会(Carrasco-Arroyo & Coll-Serrano, 2013)。

当观测台只覆盖较小的地理范围时,更需要确定该机构的有用性并对其功能作出阐释。地方政治最接近于大众,所以这些机构必须能够证明它们具有可以转化为具体功能的实际用途。基于前述过的主要功能,我们可以界定文化观测台的四种用途(BenAndrés, 2013):

——它是一个有助于决策的工具;

——为社会文化建设提出行动、政策和战略;

——识别和解决文化领域的问题;

——它也是一个促进文化产业进步、发展创新能力的平台。

创建一个能够与其他区域或国家进行比较的信息系统是很重要的,在此基础上若要使之与本地或本区域原有的信息系统进行整合,就需要建立信息网络(Carrasco-Arroyo and Coll-Serrano，2013)。欧盟正在制定一个统一的统计系统，试图通过各个成员国的统计部门协调处理各自收集的数据和信息——欧盟统计局正是这种努力的成果。

通常，文化观测台的另一个核心功能是建立联系网络。这些网络可以是内部性的，即连接参与不同文化产业门类的代理机构；也可以是外部性的，即负责与来自国外的各文化产业代理机构建立联系。由这些关系网产生的联系促进了文化产业的国际合作。保持这种交流与沟通意味着能够及时获取相关产业的最新信息，从而使文化观测台能够为文化公司、协会等机构提供指导，并帮助它们快速识别文化产业内部的行动机会，或为“研究＋发展＋创新”(R＋D＋i)项目做好准备。根据本内特(Bennet，2004)的研究(2004)，关系网对于及时参与新的跨国融资至关重要，尤其是在欧盟内部各成员国之间。

同时，特里马奇(Trimarchi)也指出(2011)，要想发挥真正的功能，超越政府推动的建立基础和由此造成的仅仅按照政府指导方针运作的被动角色，文化观测台就应该考虑如下建议：

——不仅只是系统地收集数据，更要对所编制的文化统计数据进行批判性分析；

——要为那些已经在既定领域内得以执行的文化政策的更新与修订提供指导，以维护文化观测台独立于公共行政的自由性和公正性；

——应该积极培育专家、行政人员、职业人员和艺术家之间的关系网，以采纳来自不同观点的批评性意见和建议；

——应该充分考虑文化观测台所处疆域的其他相关条件。

因此，文化观察台的目标是反思、指导和改进(Ben Andrés，2013)。反思始于数据，再与知识相结合，对行动产生影响——为政策、文化规划或文化领域的相关战略提供指导方针或建议。根据阿韦莱多(Abeledo，2013)的观点，文化观测台的工作必须以数据管理的全面性为导向，把文化现实作为一个整体加以认识和理解，采取多学科的方法，更要重视整合传统上相隔甚远的不同学科，如生态学和经济学等。

(二) 收集信息和分析文化供给与需求的方法论

文化观测台可以使用和处理不同类型的统计数据(Carrasco-Arroyo 和 Coll-Serrano，2013)，有时这些数据由官方的统计机构和一些具体研究项目提供：

● 各部或统计机构提供的官方统计资料、数据库或行政记录；

- 控制变量和个体的实验设计；
- 不以控制为目的的观察研究，这种研究以观察为基础，如德尔菲法[①](Delphi method)、使用 ad hoc[②] 调查问卷开展的研究等。

经济变量容易测量，例如某文化活动的参与人数或分配预算。然而，其他一些有趣的变量就很难加以量化统计，例如用户资料、人们对文化项目和文化作品的选择、受众反应、其他商品和服务的相关消费等(Trimarchi, 2011)。由于文化的经济价值具有复杂性，因此需要在具体的社会现实语境中对其进行准确理解，而不是仅仅只看电子表格中陈列的那些数字。

在测量中，相对主观的信息是通过回答一系列问题而获得的，例如“我们应该采取行动吗?”“有没有可用的上下文信息做参考?”“是否存在因果关系?”“谁参与其中?”“它如何影响被观察到的现实?”“对其他部门或产业有什么作用和影响?”，等等。明确了解我们想要获取的信息和知道谁能提供这些信息一样重要：公民、展览空间、位置、文化政策、文化部门等(Carrasco-Arroyo & Coll-Serrano, 2013)。根据本内特(Bennet, 2007)的研究，文化观测台需要提出的问题不仅只限于“政策是否有效?”或“方案是否有效?”，这些问题必须涉及更复杂的事项，如“这项政策反映的价值观是什么以及为什么?”“这个方案的含义是什么?”

如果从批判的角度考察文化产业的动力和趋势，从长远来看，对文化统计的分析应该要变得更加丰富。一个文化观测站越是独立于政府机构，就越少受制于它们短期的选举目标——这种独立性允许观测台自行决定使用何种战略来对文化现实进行批判性的分析和解读(Trimarchi, 2011)。

文化统计需要与一个既定的领域相关联，因为对任何观测台而言，最重要的统计产品就是那些与其所覆盖的区域有关的数据和资料。这些数据使得观测台能够确定其疆域内文化产业的需求、不足和潜力，进而收集与该区域相关的信息，并将其储存在数据储存库或数据仓库中。

如今，每一个文化观测台都需要一个网站。然而，这些网站并不一定只是作为文化信息传播的空间，或者仅仅用来将观测台的数据或报告提供给感兴趣的代理机构和公众；它们还可以包含一些允许用户对数据库进行实时分析(在线分析处理)的工具。同时，社会网络则构成了分析的另一个关键问题，因

① 德尔菲法(Delphi method)，是一种结构化的决策支持技术，其目的是在信息收集过程中，通过多位专家的独立的反复主观判断，获得相对客观的信息、意见和见解。

② ad hoc，拉丁文短语，有“特设的，特定目的的，专案的”等含义，通常用于指代为某个特定问题、任务而专门设立的解决方案，或为了特定问题而设立的国家级、国际性组织、合约、网络协议等。

为目前文化正处在一个个体间的关系与个体本身一样重要的环境中。

（三）欧洲的文化观测台

表 6 展示了一份相对全面的欧洲文化观测台名册。第一列是观测台运行的国家；第二列是观测台的名称及其网站链接；第三列指明了表后用于在地图上对不同观测台进行地理定位的代码（见图 1）。

表 6　欧洲文化观测台信息一览

国　家	文化观测台	代码
德　国	ERICARTS，欧盟比较文化研究所 http://www.ericarts.org/web/index.php	1
	COMPENDIUM，欧洲文化政策与趋势研究 http://www.culturalpolicies.net/web/index.php	2
	Zentrum für Kulturforschung（文化研究中心） http://www.kulturforschung.de/institutsprofil.html	3
奥地利	The österreichische kulturdokumentation-internationales archiv für kulturanalysen. 专门从事应用研究和文化文献研究的文化研究中心 http://www.kulturdokumentation.org/eversion/indexframe.html	4
比利时	ACP 文化观测台（非洲、加勒比和太平洋国家文化观测台） http://www.acpcultures.eu/?page=observatoire_culturel_ACP2&lang=uk	5
	瓦伦西布鲁塞尔联邦政治文化遗产观察站 http://www.federation-wallonie-bruxelles.be/index.php?id=349	6
克罗地亚	"文化链接" http://www.culturelink.org/network/index.html	7
西班牙	Interarts，区域和城市文化政策观测站 http://www.interarts.net/es/interarts.php	8
	文化与传播观测台（Fundación Alternativas 基金会） http://www.falternativas.org/occ-fa/que-es-el-occ-fa	9
	伊比利亚美洲亚太观测站 http://www.iberoasia.org/	10
	Kulturaren Euskal Behatokia. 巴斯克文化观测台 http://www.kultura.ejgv.euskadi.net/r46-19130/es/	11
	萨拉戈萨文化观测台 https://www.zaragoza.es/ciudad/cultura/observatorio/	12
	Centre d'Estudis i Recursos Culturals(CERC)，文化资源研究中心 http://www.diba.cat/web/cerc/default	13

（续表）

国　家	文化观测台	代码
西班牙	"沟通和文化"晴雨表 http://www.fundacc.org/fundacc/ca/barometre/descripcio.html	14
	安达卢西亚文化产业观测台 http://www.industriasculturalesdeandalucia.es/	15
	OIKÓS，安达卢西亚文化经济与发展观测台 http://www.oikos.org.es/inicio.htm	16
	安达卢西亚大学 Atalaya 文化观测站 http://observatorioatalaya.es/es/que-es-el-observatorio-atalaya/	17
	文化监测 http://www.monitorsofculture.deusto.es/	18
	文化遗产保护研究观测台 http://www.investigacionenconservacion.es/	19
	加利西亚文化观测台 http://observatorio.consellodacultura.org/temas	20
	当代基金会文化观测台 http://www.fundacioncontemporanea.com/	21
	OAAEP，阿拉贡公共艺术观测站 http://www.unizar.es/oaaep/	22
芬　兰	CUPORE，文化政策研究基金会 http://www.cupore.fi/en	23
法　国	文化看欧洲：文化治理观测台 http://www.coe.int/t/dg4/cultureheritage/cwe/default_EN.asp	24
	DEPS，前瞻性研究与统计部 http://www.culturecommunication.gouv.fr/Politiques-ministerielles/Etudes-et-statistiques	25
	EUROMEDINCULTURE 文化观测台 http://euromedinculture.org/	26
	欧洲视听观测站 http://www.obs.coe.int/	27
	文化产业变化观测站（OMIC） http://www.observatoire-omic.org	28
	政治文化观测站（OPC），格勒诺布尔 http://www.observatoire-culture.net/#home	29

（续表）

国　家	文化观测台	代码
法　国	Relais 欧洲文化研究中心 http://www.relais-culture-europe.eu	30
荷兰	ECF 文化实验室：欧洲文化合作观测台 http://ecflabs.org/	31
匈牙利	中、东欧地区文化观测站(布达佩斯观测站) http://www.budobs.org/	32
意大利	皮埃蒙特文化观测站(OCP) http://www.ocp.piemonte.it/	33
	Sppettacolo 观测台 http://cultura.regione.emilia-romagna.it/osservatoriospettacolo	34
葡萄牙	里斯本文化活动观测台(OAC)	35
英　国	EUCLID http://www.euclid.info/	36
	文化政策研究中心(CCPR) http://www.gla.ac.uk/schools/cca/research/ccpr/	37
瑞　典	SweCult：瑞典文化政策研究观测站 http://www.eenc.info/fr/organisation/swecult-swedish-cultural-policy-research-observatory-2/	38

文化观测台为社会提供5种不同类型的产品(Ben Andrés，2013)：

(1) 文化统计资料。它们负责收集并处理数字信息，并对这些信息进行有组织的和系统性的管理。同时，它们还负责统计并发布一国或一个地区的统计数据，以便与其他国家和地区进行比较。

(2) 文化信息系统。这些系统基于统计指标和相对复杂的数字表达形式而建立，并提供给政策制定者用以指导他们的决策和行动。

(3) 制图和绘图(文化绘图)。文化地图是针对既定疆域内关于文化现实的照片或图片，绘图使用地理统计的方法，对疆域规划至关重要。绘制出来的图片需要对所有可能对此感兴趣的用户开放(政治家、管理者、创意者、文化产业等)，因此，这项工具需要具有良好的使用交互性，并且必须具备阅读和更新功能。

(4) 研究。对文化政策进行研究是一项复杂且涉及多个学科的工作，它

图 1　欧洲文化观测台定位

资料来源：https://drive.google.com/open? id = 13BlWpw0iSTUBjcPhaZZ6Vo3ymu4&usp=sharing。

重点关注文化生产、再生产和文化体验的各项条件。它因深入社会现实的各个方面而备受关注，因此需要将其视为未来行动计划的优先事项——文化观测台必须清晰地界定这种研究的界限。

(5) 建议。在公共政策、项目、计划和方案等领域发布文件，以提出替代措施和行动准则。例如：关于既定产业/部门的白皮书，或根据特定研究目的/委托的报告——寻求反思和提供解决具体问题的建议（咨询功能）。

文化观测台的最终目标是观察现实，以便设计和制定能够改善公民生活质量的文化政策。对特定疆域内的文化现实开展研究分析，有助于我们将其与其他区域的文化实践进行比较，关注其他地区实施的文化政策，甄别并采纳它们的优秀实践经验。文化观测台的工作有助于提高文化政策的合理性和有效性。

以下是不同文化观测台开展的部分研究项目清单，它们可以作为判定“优秀实践案例”的参考：

● 促进公民参与文化领域（萨拉戈萨文化观测台）

- 构建并促进部门专家和舆论制造者之间的沟通与交流(CERC,文化资源研究中心)
- 传播信息和成功经验(安达卢西亚文化产业观测站)
- 领土使对领域内的文化现象开展全面分析成为可能(OIKOS,文化与发展经济安达卢西亚观测站)
- 旨在改善管理和提高透明度的信息与评估(安达卢西亚大学 Atalaya 文化观测站)
- 建立与其他经济部门的联系,如不同产业和创新与创意循环(加西利亚文化观测站)
- 促进多元化和文化间的对话,推动文化成为增长和就业的催化剂,促进文化成为欧盟对外关系的基础(EUROMEDINCULTURE 文化观测台)
- 在欧洲发展过程中增强对文化所扮演角色的关注度(ECF 研究实验室)
- 验证文化项目的可行性与可持续性(皮埃蒙特文化观察站)

四、结论

本文只介绍了文化产业中一部分主要的资讯来源,这些数据和信息使得在欧盟国家之间开展比较研究成为可能。除此之外,还有很多在国家和地区等不同层面收集文化产业有效信息的数据库,而其他更多的非正式性数据库则试图梳理和系统化互联网产生的海量信息。这些信息也需要及时地纳入官方统计数据,因为要了解任何产业部门的发展状况和趋势,这些非正式的数据来源正变得日趋重要。

显然,要在国际上汇编文化产业统计数据,第一步就是要建立一系列所有国家通用的标准定义和分类准则。其次,要定期对这些分类准则进行修订和更新,以适应文化产业生产、分配和消费的快速变化。鉴于信息和通信技术(ICTs)的重要性,也需要对快节奏的社会变化加以考量,这也要求不断修订对产业活动进行量化和测量的方法。

另外,文化产业统计不仅要考虑经济因素,更要重视其全面反映文化和艺术领域所有维度的重要功能。由香港艺术发展理事会发表的一项研究成果充分反映了这种多元化的视野:该研究把艺术定义为"具有创造力和创新力的生态系统和连续机体的一部分,能够远远超越其内在价值,触及更加广泛的物质与政策领域,如社会凝聚力、经济创新、再生与重建、创意和知识经济、内向投资策略、旅游和生活品质等”(《艺术与文化指标(2005)》)。

因此,任何试图反映文化产业发展状况的统计数据库都应该提供一个整体的观点,并整合涉及所有重要方面的统计指标。尽管目前还存在很多前述提及的困难,如国际数据的协调以及在统一数据基础上的同质信息生产等,但本文所介绍的数据源还是可以被认为是文化领域政策决策者和研究人员开展工作的一个有用的起点。

参考文献

1. Abeledo Sanchis, R. Un ejercicio de prospectiva en torno a los observatorios culturales: hacia la evaluación de la vitalidad cultural. Periférica, revista para el análisis de la cultura y el territorio, 14, pp.133—153, 2013.访问链接: http://revistas. uca. es/index. php/periferica/article/view/2010, 2017-03-17。

2. Ben Andrés, J. L.(2013) Utilidades de los observatorios culturales, la perspectiva práctica de los pararrayos, Periférica, revista para el análisis de la cultura y el territorio, 14, pp.79—89.访问链接:http://revistas.uca.es/index.php/periferica/article/view/2007。

3. Bennett, O.(2004) Review essay. The torn halves of cultural policy research, in *International Journal of Cultural Policy*, 10(2), pp.237—248.访问链接:http://www.tandfonline.com/doi/abs/10.1080/1028663042000255844。

4. Carrasco-Arroyo, S. y Coll-Serrano, V. Observare-Laborare. Periférica, revista para el análisis de la cultura y el territorio, 14, pp.91—118, 2013.访问链接: http://revistas. uca. es/index. php/periferica/article/view/2008, 2017-03-17。

5. EUROSTAT. Cultural Statistics in the UE- Final report of the LEG, Eurostat Working paper n°3/2000/E/N°1. Luxembourg: European Commission, 2000.

6. EUROSTAT. Cultural Statistics, Eurostat Pocketbooks: Luxembourg: European Commission, 2007. 访问链接: http://ec. europa. eu/eurostat/documents/3930297/5960638/KS-77-07-296-EN. PDF/2cdad7c0-6da3-4294-ad86-f6df336ed297?version=1.0, 2017-02-12。

7. EUROSTAT. Cultural Statistics, Eurostat Pocketbooks: Luxem-

bourg：European Commission，2011.访问链接：http://ec.europa.eu/eurostat/documents/3930297/5967138/KS-32-10-374-EN.PDF/07591da7-d016-4065-9676-27386f900857?version=1.0，2017-02-12。

8. Hong Kong Arts Development Council，Hong Kong Arts & Cultural Indicators，International Intelligence on Culture and Cultural Capital Ltd. and Partners，2005，p.15.

9. Ministerio de Educación，Cultura y Deporte. Observatorios/Centros de Investigación de Recursos Web.访问链接：http://www.mecd.gob.es/cultura-mecd/areas-cultura/libro/mc/observatoriolect/redirige/recursos-web/observatorioscentros-de-investigacion.html，2017-04-30。

10. Negrón，B. y Brodsky，J.(2014) Los observatorios culturales hoy，en Manual Atalaya de apoyo a la gestión cultural，editores Ben Andrés，L.，Zambrano Rodríguez，C.V. y Ojeda Gómez，C. http://atalayagestioncultural.es/capitulo/los-observatorios-culturales-hoy，2017-04-30.

11. OCDE 2006 International Measurement of the Economic and Social Importance of Culture John C. Gordon and Helen Beilby-Orrin Report of a new OECD project on the measurement of Culture and Artrelated activities. 访问链接：https://www.oecd.org/std/na/37257281.pdf。

12. OEI，Organización de Estados Iberoamericanos. Observatorios de investigación cultural. 访问链接：http://www.oei.es/historico/cultura/enlaces2.htm，2017-04-30。

13. PERIFÉRICA. Listado de Observatorios Culturales. Periférica，revista para el análisis de la cultura y el territorio，14，pp.171—184，2013.访问链接：http://revistas.uca.es/index.php/periferica/article/view/2011/1843，2017-04-29。

14. Trimarchi，M.(2011) Models of observation and cultural policy in Europe，en el libro New challenges of cultural observatories，ed. Ortega Nuere，C.，Universidad de Deusto，Bilbao.访问链接：http://www.deusto-publicaciones.es/deusto/pdfs/ocio/ocio44.pdf。

15. UNESCO(2009). Marco de las Estadísticas Culturales(MEC) de la UNESCO 2009，Montreal，Instituto de Estadística de la UNESCO. 访问链接：http://www.uis.unesco.org/culture/Documents/framework-cultural-

statistics-culture-2009-en.pdf。

16. UNESCO 2014 Culture for Development Indicators：Methodology Manual/UNESCO United Nations Educational，Scientific and Cultural Organization，place de Fontenoy，75352 Paris SP，France.访问链接：http://unesdoc.unesco.org/images/0022/002296/229608e.pdf。

Cultural Statistics in Europe

Vicente Coll-Serrano　Cristina Pardo-García　María Caballer-Tarazona

Abstract：Culture as a source of value and identity is one of the most characteristic strengths of European idiosyncrasy. With the increasing contribution of culture to the European Economy in terms of Gross Domestic Products(GDP)，the evidence-based measurement of cultural activities is of particular significant. For this reason，the availability of robust cultural data bases is crucial for policy-makers and social science researchers. Under this context，this paper compiles recent efforts of international institutions to measure culture statistics with the aim of facilitating cultural managers' work. Specifically，we summarize the cultural statistics resources available from a national level to a European level，including also a line-up of cultural observatories in Europe.

Key words：culture；cultural statistics；Eurostat；national statistics institutes

西班牙文化创意产业布局：区位与集聚经济

西班牙巴亚多利德大学　伊万・博阿尔・圣・米格尔
华中师范大学　廖正丽　译

［内容提要］　分析集聚经济对企业区位决策的影响是区域经济研究的重要课题之一。由于文化创意产业在经济增长中所起的关键作用，探索其空间布局越来越受到人们的关注。本文首先回顾与集聚经济有关的经济学方面的内容和迄今为止开展的主要研究。在此基础上，对西班牙的文化创意产业进行分析，并同时探究其在西班牙经济中的比重以及决定其地域分布的空间逻辑。这项研究最具创新性的一面是在微观空间解聚层次上所采用的地域路径，即使用西班牙区域的行政划分。考虑到这一目标，所使用的数据库是SABI(由 Bureau van Dijk 提供)。数据的时间跨度是 2007—2017 年。为了探究集聚经济的区位和范围的动态，我们利用分位数图和密度指数，这也有助于确定创意产业集群与区位系数。结果表明，西班牙文化创意产业的空间分布并不均匀，而是以空间集聚模式为特征，其中集聚经济的影响起着关键作用。特定地区的高度专业化表明，少数地区形成了创意集群。

［关键词］　创意产业；空间经济分析；集聚经济；创意集群；微观地域分析

一、引言

近几十年来集聚经济对企业区位的影响是经济学家关注的问题。马歇尔(Marshall, 1890)认为，在某一特定领域的相同部门中运转的集聚企业会导致正向外部效应的产生，例如熟练劳动力、辅助商品及服务的可获得性，还有交流和创造知识的便利性。

由于文化创意产业在经济增长中的关键作用，人们对此类活动的区位和地域分布格局有着极大的兴趣。鉴于特别强调地域所取得的重要性,最近的研究都集中在研究文化创意活动的集聚经济上(Boix 等,2012; Boix 等,2014; Hong 等,2014; Boal and Herrero, 2016; Coll-Martínez 等,2017; Kiroff, 2017)。对于在创意经济中的空间逻辑发展贡献的研究,大部分使用了与省级和地方劳动力市场相对应的就业和地域单位的数据。而本次研究是通过利用西班牙的行政区域,一个尚未被探索的解聚层次,来考虑分区域的。

这些地区对应于接近副省级水平的城市分组,并提供了一个使西班牙所有城市都能得到分析的行政划分。通过采用更高的解聚水平,我们可以对文化创意产业的集聚经济开展更为详细的研究,并与其他地域水平取得的结果进行比较。

本文有三个目标:一是在区域层面的解聚上探索文化创意产业的空间模式;二是通过集聚的统计指标定量评价这些活动在西班牙集聚的程度;三是通过区位系数的使用,准确定位创意活动中最专业化的地域以及主要空间聚集点。

在实证应用方面,来自 SABI 的有关文化创意公司数量的数据已经投入使用。该数据源提供有关公司位置的微观数据,从而使信息能够在空间上作为地理参考,并得以在微观地域的层次上进行分析。为了对时间动态进行分析,我们选择 2007—2017 年这一时间段展开研究。

文章其余部分的结构如下:第二部分阐述理论框架并回顾现有文献;第三部分介绍所采用的方法论,以及所使用的解聚层次和汇编的数据库的细节;第四部分处理结果;第五部分呈现产生的主要结论。

二、企业区位与集聚经济

集聚是指经济活动的地理集中(McCann 等,2016)。集聚经济对企业定位的影响已经研究了几十年,近年来特别受关注(Callejón, 2003; Holl, 2004; Drennan, 2017)。

经济活动在地区间的定位或分布不是均匀的,而是倾向于集中在特定地区,该趋势能借助集聚经济得到解释,这种集聚经济明确了因公司的共同地理区位而产生的利益(Alcácer 和 Chung, 2014)。这一集聚过程的优点是与规模经济的更好利用、与人口或经济活动的大型中心的邻近性联系在一起的。根据各因素的影响,集聚经济往往被分为两类:区位经济和城市化经济。

前者解释了在处理同一部门或相关部门的公司时集聚的优势，当马歇尔指出，集聚的正向外部效应是通过成本的削减和生产力及人力资本的可获得性的提高、知识的传播和中间商品的供应而产生时，基于他最初设想的这些集聚优势得以明确（Van Oort，2004）。

考虑到集聚的规模与对特定区位的所有企业的影响，城市化经济（或者Jacobtype）就其本身而言指的是来自不同部门的众多企业形成的集聚。城市化外部效应的存在解释了城镇圈的多样性。这些优势源于丰富的多学科劳动力的可获得性、基础设施的供给以及不依赖于驻扎同一区位的企业之间的相似性而是作为城市区域特征的公共服务和商品的供应（Harrison 等，1997）。通过这种方式，考虑到企业之间的邻近性，在特定集聚点的不同部门的区位产生了一种更有利于互动的环境，并有助于建立跨部门的联系，从而促进知识传递，降低交易成本。

应当指出，区位和城镇化这两种经济类型并不是相互排斥的，而是相辅相成的（Cooke 和 Lazzeretti，2008）。

所有工业区的这些特点绝非工业独有，这就是为什么许多研究者将区域的概念扩宽到新的部门，如文化或旅游业。在探索文化部门时，我们发现了马歇尔文化区概念的延伸（Santagata 2005；Lazzeretti 2006）。商品和文化服务的生产以人才和创造力的使用为特征，它们包含一定程度的知识产权并传达象征意义。这些方面往往导致文化商品和服务的生产易遭受竞争压力，这迫使文化代理商个别地聚集成密集的专业化集群或工业区（Power 和 Scott 2004）。因此，文化集群因文化主体之间的集中和交流密度而产生利益（Markusen 1996）。

在文化经济学的学术领域，文化部门的空间分析仍然是少数。然而，现有的实证研究表明，文化创意产业集聚经济的重要性（简称 CI），其地理分布在一定范围内趋于集中。美国以及欧洲（Boix 等，2012；Bertacchini 和 Borrione，2013）和亚洲（Hong 等，2014）都证明了这种区位模式。布鲁克斯和库什纳（Brooks & Kushner，2001）、桑塔加塔（Santagata，2005）的文献回顾揭示了文化领域工业区的概念和演变及其对经济发展的影响。在欧洲背景下，库克和拉扎里蒂（Cooke & Lazzeretti，2008）探讨了各种文化集群的案例。柯里德（Currid，2007）考察了纽约城中艺术、时尚和音乐领域的邻近性和面对面互动的价值。博伊克斯（Boix）等人（2015）的研究为欧洲创意产业提供了集群区位空间模式。拉扎里蒂等人（2009）基于遗产和文化商品的提供、区位和城镇化的经济、相关多样性和创意阶层的集中，解释潜藏于文化创意产业集中之下的原因。基于NUTS-2，鲍尔和尼尔森(Power & Nielsen, 2010)比较了所有欧盟区域的创造性活动的分布情况和动态。在西班牙，我们发现卡萨里斯(Casares)等人(2012)的研究，他们基于佛罗里达(Florida)的概念和他关于技术、人才和容纳程度的不同解聚水平的指标来处理创意阶层的地域分布。门德斯和桑切斯·莫拉尔(Méndez & Sánchez Moral, 2011)分析西班牙城市系统中文化创意活动的分布；博伊克斯和拉扎里蒂(2012)利用附加值和就业数据研究西班牙的创意产业；门德斯等人(2012)将城市系统看作一个整体对西班牙的创意经济进行分析，并对马德里、巴塞罗那城镇圈做比较分析；纳瓦罗(Navarro)等人(2012)从微观空间的解聚层次，分析文化消费机会在创意阶层区位中的重要性；最后，埃斯卡洛纳(Escalona)等人(2016)阐释创意集群，仅侧重于非大都市地区。

通过这些研究，我们旨在更深入地探讨西班牙CI的地理位置和空间分布，为对它的当下理解做出贡献，以及研究集聚经济对某些地区专业化的影响。与其他现有的研究不同，我们利用了微观空间解聚的新层次——地域层次，考虑西班牙整体并使得在不同规模上获取新的结果得以成为可能。此外，当前的研究时间跨度大，有助于洞察部门中区位模式的时间动态。

三、方法和案例研究

(一) 界定西班牙创意经济

在现有文献中，对CI部门的界定和阐释引发了主要的许多矛盾和分歧。大量研究出于操作的目的限定而窄化了此类活动的识别，这已被证明是一项复杂的任务，因为统计数据不均衡的可用性取决于国家、时间和空间分析量表。结果是，鉴于不同的理论和实证方法有赖于包含在每个案例中的诸活动，因此致力于探索创意经济的诸研究之间存在实质性的差异。

DCMS(2001)将创意产业界定为源于创意、技能和个人才能的产业，通过创造和开发知识产权展示创造财富和就业的巨大潜力。从这个意义上说，联合国做出了一项重要的努力，即在界定标准方面，使《创意产业报告》(UNCTAD, 2008和2010)成为一个被共同参照的基准。联合国将创意产业定义为："a.是以创造力和智力资本为主要投入的商品和服务的创造、生产和分配的循环；b.组成一套以知识为基础的活动，以艺术为重点但不限于艺术，可能从贸易和知识产权中产生收入；c.包括有形商品和具有创造性内容、经济价值和市场目标的无形知识或艺术服务;d.处于手工业、服务业和工业部门之间的交叉地带;e.在世界贸易中构成一个新的有活力的部门"。

因此,联合国贸易与发展会议(2010)在其定义中区分了各种概念模式,其中包括思罗斯比(Throsby, 2001)提出的"同心圆模型"(见图 1)。

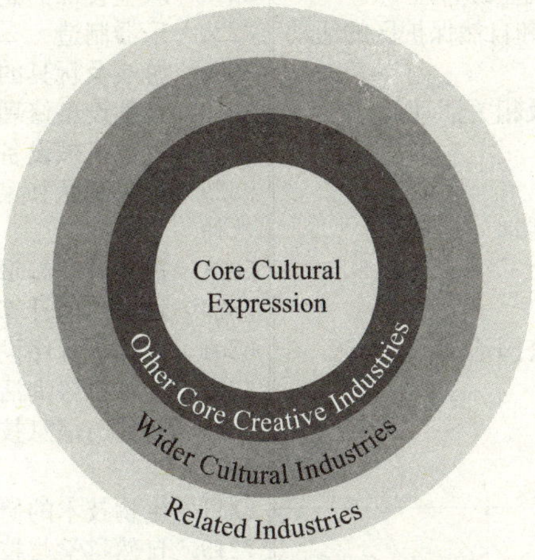

图 1　文化创意产业模型:同心圆模型

取决于对其的需求如何,一种商品或服务的文化内容将决定它未来的生产。创意观念因此诞生于创造性艺术的核心(音乐、文学和视觉艺术),这些观念和影响随着它们通过一系列层次或同心圆进一步偏离中心而扩散开来,就像发生在商业和文化内容领域的一样。

考虑到这里所追求的目标,我们采纳这一区分 CI 的建议,因为它是文献中使用最广泛的分类方法之一,同时它也适宜于我们数据的可获得性。表 1 显示了此研究中所包括的创意活动的分类及其 NACE 的第二次修订。根据核心活动和外围活动的概念,我们初步确定了不同部门之间的区分:第一组被称为"核心创作艺术和文化遗产",包括范围广泛的艺术活动以及与文化遗产有关的其他活动;第二组被界定为"文化产业",包括为更广泛的受众而设计的文化商品,或以出版物(例如期刊和书籍)的形式或以视听商品(电影、电视、音乐等)的形式出现。就创意产业而言,它们包括具有高度创造性内容(建筑、广告等)的软件和服务等活动。最后,"相关产业"是与创意经济中的生产链相联系的产业。以这一建议为参考,在将其应用于西班牙案例研究时,我们共考虑了 58 组活动,对应于 NACE 第二次修订的欧洲分类结构,伴之以四位数的解聚。

表 1　文化创意产业(NACE 第二次修订)

代码	产业
1. 核心创意艺术和文化遗产	
遗产	
9101	图书馆和档案馆的活动
9102	博物馆活动
9103	历史古迹及建筑业的管理
9104	植物园、动物园和自然保护区的活动
表演艺术	
7990	其他预订服务及相关活动
8552	文化教育
9001	表演艺术
9002	辅助表演艺术活动
9003	文艺创作
9004	演出场地管理
9321	游乐园及主题公园活动
9329	其他娱乐活动
摄影	
7420	摄影活动
2. 文化产业	
电影,电视和音乐	
1820	录制媒体
5911	电影、视频和电视节目制作活动
5912	电影、视频和电视节目后期制作活动
5913	电影和电视节目发行活动
5914	电影展览活动
5920	录音和编辑活动
出版和印刷	
1811	印刷报纸
1812	其他印刷及平面艺术活动
1813	印前和媒体准备服务
1814	装订及相关服务
5811	图书出版
5813	报纸出版
5814	杂志出版
5819	其他出版活动
广播	
6010	广播活动
6020	节目制作活动及电视广播
3. 创意产业	
手工艺	
2899	特殊用途的机器制造业
3211	硬币制造
3212	珠宝首饰的制造
3220	乐器制造
3240	游戏及玩具的制造
3319	其他设备修理
3320	工业机械设备安装
9529	个人用品和家用物品的修理
软件	
5821	视频游戏编辑
5829	编辑其他计算机程序
6201	计算机程序设计活动
6202	计算机咨询活动
6209	其他与信息技术有关的服务
R&D	
7211	生物技术的研究与实验开发
7219	自然科学与技术科学的其他研究和实验进展
7220	社会科学与人文科学研究与实验发展
建筑	
7111	建筑技术服务
7112	技术工程服务和其他与技术咨询有关的活动
7490	其他专业、科学和技术活动
广告	
7311	广告代理机构
7312	媒体代表服务
4. 相关产业	
服装	
1320	纺织面料的制造
1412	工作服的制造
1413	其他外衣的制造
1414	内衣制造
1419	其他服装的制造
1431	袜子制造
1520	鞋类制造
3299	其他制造业

资料来源:摘自联合国贸易与发展会议(2008 年)和博伊克斯等人(2012 年)。

（二）研究范围和数据

当前研究的重点是在微观区域层面对西班牙 CI 的空间区位模式进行分析。考虑到这一目标，我们采用地域解聚的最低层次——市级，以便在一个足够长的时间段（2007—2017）里得到可被检验的结果。关于地域划分，尽管所收集的信息符合尽可能低的空间分类水平——市级，但数据已被归类为更加均匀的地理单位，以便减少信息的可变性并促进空间分析。其次，空间分析单元是农业区的地理区划。尽管在行政术语方面大家承认欧盟术语里的 NUTS2（自治区）、NUTS3（省）和 LAU2（直辖市）①的定义，但在西班牙尚没有任何有关构成部分 LAU1 级的地理单位的划定。然而，在由农业和环境部设立的农业区中确实存在一种划界，这个划界充分折射了共享社会、经济和地域特性的城市组群。这一行政区划比省级行政区划小，使得我们有可能去研究所产生的文化创意经济活动的企业数量的地理微观数据。

CI 经济活动的地域分布是从 SABI 数据库以及 Van Dijk 局提供的资料中得到的。具体来说，SABI 从商业登记处收集数据，由于贸易公司必须每年在那里存入其资产负债表，这提供了大量与公司有关的变量信息，例如经济活动部门（按照 NACERev.2 分类有四级解聚级别）以及关于区位的具体信息，从而使公司的区位能够在地理上得到精确定位。这样，获得的数据库就使得在工作中使用到的变量的数据能用于地理参照，从而使对 CI 空间分布模式的分析得以成为可能。SABI 是西班牙经济活动地理位置研究最常用的来源之一（Boix 等，2015；Sánchez，2016；Coll-Martínez 等，2017）。

（三）集聚与专业化

根据当前研究的目标，本文考虑了各种补充方法：首先，作为研究 CI 地理位置的初步方法，通过分位数图地理信息系统已被用于地理参考数据和用来表示这些活动的空间分布。此外，为了定量估计这些活动的地理集中程度和分析集聚经济的规模，我们计算了两种集中度，即 Gini 指数和 Theil 指数，它们为我们提供了关于这些活动在西班牙地区分布不平衡程度的信息。最后，利用区位商（LQ）来确定哪些地区在创意经济中最为专业化，从而使我们能够精确地定位西班牙的创意集群。

Gini 指数提供了关于个体分布之间的差异的信息，这些个体构成目标群

① 为了满足地方一级对统计的需求，欧统局维持一个与 NUTS 兼容的地方行政单位系统。这些 LAUs 是 NUTS 的基石，由欧洲联盟的市政当局组成。

体(Greene,2003)并且在我们的案例中构成西班牙地区文化创意产业的地理分布。这一指数是基于频率分布计算的,其中 Y_i 是区间 i-th 的区间中点,N_i 表示所述区间的绝对频率,由下面的表达式给出:

$$I_G = 1 - \sum_{i=1}^{k} (q_i + q_{i-1})(p_i - p_{i-1}) \tag{1}$$

其中

$$p_i = \frac{\sum_{j=1}^{i} n_i}{\sum_{j=1}^{k} n_i} = \frac{\sum_{j=1}^{i} n_j}{n} \frac{N_i}{n} \quad \forall i = 1, 2, \cdots k \tag{2}$$

是相对累积频率,q_i 是指示 N_i 区域中变量值最低的部分所占比例的商数,例如:

$$q_i = \frac{\sum_{j=1}^{i} y_j n_j}{\sum_{j=1}^{k} y_j n_j} \quad \forall i = 1, 2, \cdots k \tag{3}$$

这一指数从 0 到 1(最大等式—最大不等式)。就其本身而言,Theil 指数是从熵指数族中计算出来的,其计算方法如下:

$$T = \log N - \sum_{i=1}^{N} p_i \log \frac{1}{p_i} \tag{4}$$

LQ 是一种衡量某一部门区域间分布与经济活动总分布的相似程度的指标。通过这种方式,LQ 提供了在给定行业中存在基础企业的证据,并确定了某一地区的专业化,因为它反映了空间集聚,而不论区域的大小(Vom Hofe and Chen, 2006; Lazzeretti 等,2008; Villarreal 和 Flores, 2015)。

这个系数通过以下表达式反映出来:

$$LQ_{ij} - \frac{E_{ij}}{E_j} \bigg/ \frac{E_i}{E} \tag{5}$$

其中:

E_{ij} 是 j 区 CI 部门的公司数量,

E_j 是 j 区的公司总数,

E_j 是西班牙 CI 部门的公司数量,

E 是西班牙的公司数目。

根据所采用的数值，将其解释为：

$LQ_{ij}=1$，j 区创意部门(I)的相对规模与全国同行业的相对规模相同；

$LQ_{ij}<1$，j 区创意部门(I)的相对规模小于全国同行业的相对规模；

$LQ_{ij}>1$，j 区创意部门(I)的相对规模大于全国同行业的相对规模，在这种情况下，它表明某一地区的创意部门存在着比全国平均水平更高的集中程度，因此反映了区域专业化。

四、实证分析

在本文的第二部分，我们看到了如何运用强有力的理论工具来解释集中经济活动在一个地区的优势，这些优势通过不同类型的正向外部效应以及企业的地理协同效应而产生。运用这一理论框架并使用刚刚描述的技术，本节将展示在西班牙案例中的实证应用结果。

为进行实证分析而选择的地理单位是市级区域(见方法部分)，因此考虑到了西班牙总共 324 个区。汇编的数据库的时间跨度为 2007—2017 年，因此可以对西班牙 CI 分布的进展和时间动态进行为期共计 11 年的研究与分析。

如前所述，CI 涉及知识密集型活动，并显示出在国际范围内日益增长的需求。文化的逐渐商业化加上有关遗产和创意商品的公共政策使许多欧洲国家能够拥有一大批文化创意资本，这在近年来已经有所增加(Manito，2010)。这反映在如下事实中：西班牙 2007 年共有 122 328 家属于这一部门的公司，而根据现有数据，这一数字在 2017 年上升到 162 061 家，增幅超过 32%(见表 2)。

表 2　描述性统计

年　份	文化和创意产业总量	中位数	Std.Dev.	最小值	最大值
2007 年	122 328	377.555 6	1 751.836 92	0	27 626
2008 年	128 589	396.879 6	1 844.088 82	0	29 080
2009 年	133 662	412.537 0	1 922.540 39	0	30 350
2010 年	138 822	428.463 0	2 003.367 43	1	31 645
2011 年	143 790	443.796 3	2 083.922 52	1	32 933
2012 年	148 833	459.361 1	2 162.658 26	1	34 175

(续表)

年　份	文化和创意产业总量	中位数	Std.Dev.	最小值	最大值
2013 年	153 672	474.296 3	2 240.191 70	1	35 455
2014 年	157 368	485.703 7	2 295.126 18	1	36 382
2015 年	159 612	492.629 6	2 327.176 46	1	36 955
2016 年	160 811	496.330 2	2 341.754 25	1	37 218
2017 年	162 061	500.188 3	2 357.937 71	1	37 499

资料来源:由 SABI 编写。

正如 CI 的就业集中在少数公司(Gámir, 2005)一样,这种活动的地域分布在少数地区也是高度两极分化的。在观察西班牙 CI 分布图(见图 2)并参照附录(见表 A1)所载数据时,首先引起我们注意的是这种经济活动在某些核心区域中的显著位置。

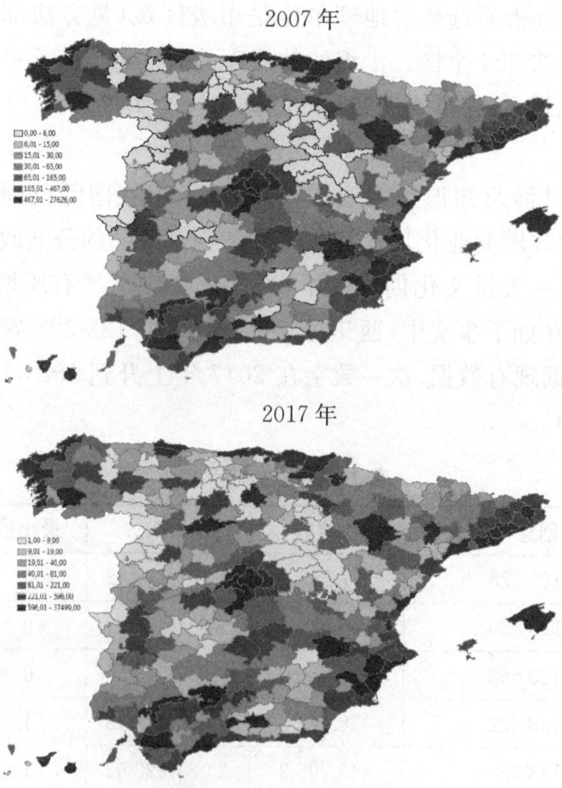

图 2　西班牙区域文化资本的分布与区位

资料来源:由 SABI 编写。

超过55%的公司集中在12个主要地区(见图3),这一事实佐证了空间的两极分化占主导地位。然而,在CI部门内部的不平等权重方面存在着显著差异。在这方面,最突出的是马德里大都会和巴乔洛布拉格特地区,分别有37 499家和15 907家公司,占2017年西班牙CI总数的33%。这些地区包括马德里和巴塞罗那的大城镇区,它们是主要的聚集点。如果再加上韦尔塔·德瓦伦西亚、比斯卡亚、中南部地区、西部山谷和拉维加等地区——这些也拥有西班牙大都会区的一部分,如巴伦西亚、维茨卡亚、马拉加、萨巴德尔和塞维利亚等,这些地区的CI在总数中所占比例为46.6%。由于位于大城镇区,这些地区享受着来自区位经济(资本和基础设施、经济多元化、客户与供应商之间的邻近性等)和城市化经济(知识储备、人口密度、服务供应等)的外部效应带来的优势。这一发展规模中与之相对的另一端是在西班牙所有文化创意公司中所占比例不到1%的124个地区。这一真空地带在半岛内部尤其明显,主要是在埃斯特雷马杜拉和卡斯蒂利亚-拉曼恰自治区,以及北海岸的坎塔布利亚自治区。这种对比反映了CI地域分布的极不均匀性以及这类经济活动区位的高度集中:地中海、大西洋和埃布罗地区以及马德里和塞维利亚和瓦拉多利德等某些内陆地区的CI值较高。从2007—2017年期间CI的发展和增长来看,增长最快的地区是里奥哈的塞尔维纳,坎塔布里亚北部的阿松和半岛内陆的贝果德奥斯马,分别增长400%、200%和200%。这些都是将自身增长建基于少数创意公司之上但在此时期达成公司数量翻两番或翻一番的小区域。这些在CI数量比例上大幅增加的区域所展示的动态,可能要归因于与该地区的文化传承有关的特定的局部性进展,可能是文化振兴举措和地方政府遗产最大化的结果,而非区位和城镇化经济的影响。

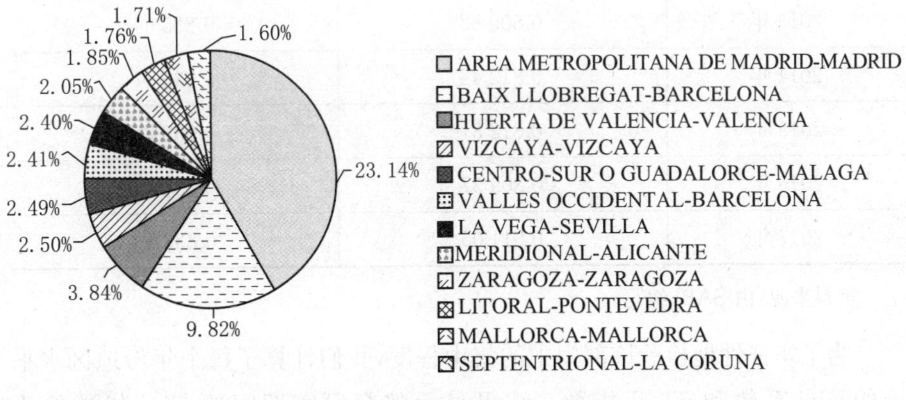

图3 2017年西班牙主要创意区

资料来源:由SABI编写。

CI的区位和分布图反映出在西班牙的这些活动中的极端两极分化。在这些活动的空间分布方面出现了集聚的趋势,这些活动集中在该地区的主要城市地区和主城镇,而大多数西班牙城市仍然处于创意经济圈之外。然而,对市一级CI部门的分析展示了不相称于主要城市且强调城镇边际化的新兴地区:这些是最具活力的城市的郊区,这些城市由于边远地区的城镇和生产扩张,已经逐渐向外扩展。

这些都是城郊的自治城市(具有明显的城市影响力)并且集中了CI的一部分。在这方面特别突出的是马德里周围的城郊地带,其中诸如波苏埃洛阿拉尔孔、阿尔科文达斯、玛哈达翁达、阿尔科孔、阿尔卡拉埃纳雷斯和特雷斯坎托斯等城镇占西班牙CI的2.75%。关于CI部门位置决策的时间动态和进展情况表明,两极分化和分散是西班牙文化创意部门的区位模式最明显的特征。

表3 文化创意产业密度指数

年 份	Gini系数	Theil系数
2007年	0.801 97	0.825 14
2008年	0.804 68	0.825 66
2009年	0.806 25	0.827 00
2010年	0.810 21	0.828 98
2011年	0.813 92	0.831 74
2012年	0.807 21	0.833 64
2013年	0.809 82	0.835 64
2014年	0.812 43	0.835 77
2015年	0.812 31	0.835 26
2016年	0.809 37	0.834 26
2017年	0.811 05	0.833 83

资料来源:由SABI编写。

为了实证性地检验该部门中的集中程度,我们计算了每个年份地区水平上的Gini系数和Theil指数。结果显示整个研究期间的Gini指数约为0.80和0.81(见表3),反映了这类活动在西班牙区位分布的极度集中。比较

2007 年与 2017 年，尽管所获得的数值显示出的时间动态几乎是恒定的，但 Gini 指数略有增加。这一证据也反映在 Theil 指数获得的结果中，Theil 指数在分析的所有年份中都显示出很高的数值，介于 0.82—0.83 之间。来自这两个指数的结果证明西班牙地区文化创意活动存在显著差异。在区域集聚水平上获得的结果与使用不同程度的集聚和数据源的其他研究中所获得的结果一致。博伊克斯等人(2012)在西班牙、意大利、法国和联合国的一项比较研究中分析了创意产业的区位模式，并得出结论认为，西班牙创意产业比其他国家更集中。当我们使用不同的空间分析单元以及不同的变量和统计来源——既包括就业也包括市场——进行分析时，CI 向地域集中的重复趋势被证实了(Lazereeti 等，2008；Méndez 等，2012；Boix 等，2015)。加西亚(Garcia)等(2003)强调了自治社区方面 CI 的极大集中，纳瓦罗和格雷罗(2010)强调了已超过 5 万居民的城市的 CI 集中度。

在制定了 CI 部门的空间模式之后，一个关键的方面是精确找到与创意集群相对应的主要集聚点。LQ 的使用提供了对创意产业的密度和从总数中进行每个地区专业化程度的估算的分析。结果如表 5 所示，在所研究的 324 个地区中，只有 30 个地区的文化创意产业的相对权重大于全国的总和，即 LQ 高于 1 的地区。根据专业化程度可以看出不同的空间集聚：瓦伦西亚自治区(中部的、南部的、比纳洛波流域、拉普朗和蒙塔地区)、加那利群岛(大加那利岛和特纳利夫岛的诺尔特)、阿斯图里亚斯(希洪市)、巴斯克自治区(艾尔伽比昂-戈贝尔)、马德里(瓜达拉马和大都市区)、安达卢西亚自治区(爱杰拉夫)、拉曼恰(阿尔曼萨)，卡塔卢尼亚(巴塞罗那)和纳瓦拉(昆塔潘普纳)，其 LC 值超过 1.20，与其他经济部门和其他国家相比，CI 的专业化程度很强。同样，LQ 接近但低于 1 的地区，在 0.90—0.99 之间，显示了文化创意产业的高度密集，主要对应于卡斯蒂利亚·莱昂和安达卢西亚自治区。LQ 值的空间表示如图 4 所示，它揭示了一种空间聚类模式。总体而言，我们已经确定了几个集中在少数区域的高度专业化地区，主要对应于巴伦西亚、加那利群岛、阿斯图里亚斯、巴斯克、马德里、安达卢西亚和加泰罗尼亚等自治区。这些结果表明，与其他经济部门相比，CI 具有较强的空间选择性。

表 4　西班牙创意经济区 2017 年 LQ 值

LQ≥1				LQ≥1			
区　域	省　份	地　区	LQ	区　域	省　份	地　区	LQ
C.Valenciana	Alicante	Central	2.57	Cataluña	Barcelona	Bergada	1.10
C.Valenciana	Alicante	Meridional	2.40	C.Valenciana	Valencia	Huerta de Valencia	1.09
Canaries	Las Palmas	Gran Canaria	2.16	Cataluña	Barcelona	Vallés Occidental	1.09
C.Valenciana	Alicante	Vinalopo	1.97	Cataluña	Barcelona	Maresme	1.08
C.Valenciana	Castellón	La Plana	1.93	C.Valenciana	Valencia	Vallés de Albaida	1.07
Asturias	Asturias	Gijón	1.61	Galicia	A Coruña	Septentrional	1.05
Canarias	Sta.Cruz de Tenerife	North of Tenerife	1.59	Basque Country	Vizcaya	Vizcaya	1.04
Basque Country	Álava	Estribaciones Gorbea	1.55	Asturias	Asturias	Oviedo	1.03
C.Valenciana	Alicante	Montaña	1.52	Extremadura	Badajoz	Badajoz	1.02
Madrid	Madrid	Guadarrama	1.43	C.Valenciana	Valencia	Sagunto	1.00
Madrid	Madrid	Á.Metropolitana de Madrid	1.38	LQ between 0.90—0.99			
Andalusia	Seville	El Aljarafe	1.33	Madrid	Madrid	Campiña	0.98
Castillala Mancha	Albacete	Almansa	1.27	Basque Country	Álava	Llanada Alavesa	0.97

（续表）

LQ≥1				LQ≥1			
区　域	省　份	地　区	LQ	区　域	省　份	地　区	LQ
Cataluña	Barcelona	Baix Llobregat	1.27	Castillay León	Valladolid	Centro	0.96
Com.Navarra	Navarra	Cuenta Pamplona	1.27	Andalusia	Granada	Dela Vega	0.94
Madrid	Madrid	Lozoya Somosierra	1.19	Andalusia	Huelva	Andévalo Oriental	0.94
Andalusia	Seville	La Vega	1.17	Aragón	Zaragoza	Zaragoza	0.94
Andalusia	Córdoba	Campiña Baja	1.15	Cataluña	Barcelona	Vallés Oriental	0.94
Aragón	Zaragoza	Calatayud	1.13	Andalusia	Jaén	Campiña del Sur	0.93
Basque Country	Guipúzcoa	Guipúzcoa	1.13	Andalusia	Jaén	Magina	0.92
Canaries	Sta.Cruz de Tenerife	Southern Tenerife	1.12	Castillay León	Salamanca	Ciudad Rodrigo	0.90

资料来源：由 SABI 编写。

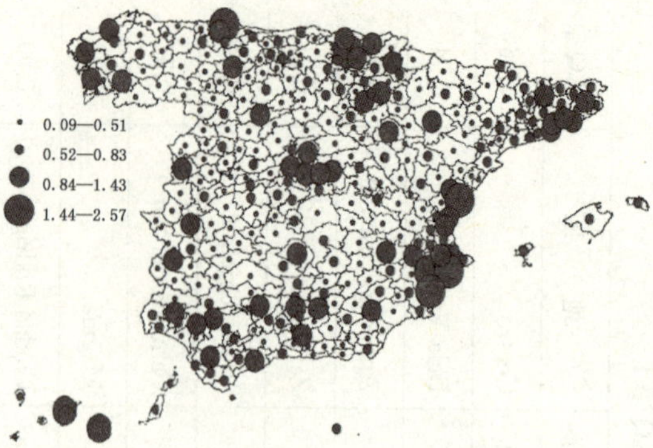

图 4　2017 年西班牙创意经济区

五、结论

如一开始所述，本文力求对文化创意部门的地理位置和集聚经济模式的研究做出贡献。根据 SABI 的数据，这个部门是西班牙经济的重要组成部分，在 2017 年占西班牙所有公司的 20%以上。

本文的最具创新性的方面之一是已分析过的地域路径，其地域规模相当于微观空间的解聚层次，使用到的是西班牙地区的行政区划。这种方法使我们能够考虑整个西班牙的现实情况。同时，我们使用了 2007—2017 年有地理参照的公司数据，这使我们能够准确地定位每一家公司的地理位置，并观察 CI 空间分布的时间动态。

与 2007 年相比，西班牙的 CI 数量增长 32%，在 2017 年达到 162 061 家公司。此外，在研究的所有地区，创意公司的数量在分析期间保持不变或增加，突出表明这一部门在西班牙经济中的重要性。

马德里和巴塞罗那等大城市是主要的聚集地，西班牙四分之一以上的 CI（33%）位于那里。除此之外，巴伦西亚、维茨卡亚、马拉加、萨巴德尔和塞维利亚等主要大城镇区的地区占 CI 的 46%以上，反映了这一部门在地理位置决策方面的两极分化趋势。代表这些活动分布的地图显示，西班牙的空间集中度很高，通过集中指数的计算使我们能够定量分析集聚程度，在整个研究期间达到较高的数值。观察到的集聚模式指导并支撑着西班牙 CI 的分布，与区位经济和城市化经济的优势密切相关。然而，有可能看到一些小地区的 CI 数量有所增加，这表明某些地区的文化遗产作为地理位置因素的重要性。

仅有 30 个地区的区位系数高于 1，这意味着与整个研究区域相比，文化创意活动的专业化程度很高。这些地区显示出高密度的创意产业，表现出集群集聚的特点，主要分布在地中海弧巴伦西亚地区、加那利群岛、半岛北部地区，如阿斯图里亚斯和巴斯克自治区，以及马德里、安达卢西亚、加泰罗尼亚和纳瓦拉等主要大城镇地区。在瓦拉多利德省、萨拉戈萨省和萨拉曼卡省还有其他较小的星团。在这两种情况下，这些聚集地的形成要么是由于其城镇系统的特点，要么是与每个城镇的文化遗产相联系的特定局部性进展的结果。

总之，研究结果显示，西班牙各地区文化创意产业的空间分布存在着巨大的差异。城市周边地区的集聚、两极分化和分散是西班牙文化创意部门区位模式的最显著特征。这些结果与使用不同统计数据和地域方法的其他作者得出的结果一致。

附录：西班牙创意文化产业分布情况

表 A1　2007—2017 年西班牙创意文化产业区域分布情况

District	Firms 2007		Firms 2017		Evolution 2007—2017		District	Firms 2007		Firms 2017		Evolution 2007—2017	
	No.	%	No.	%	No.	%		No.	%	No.	%	No.	%
Costera	805	0.66	1 128	0.70	323	40.12	Tierras Altas Y Valle Del Tera	6	0.00	8	0.00	2	33.33
Liébana	3	0.00	4	0.00	1	33.33	Burgo De Osma	2	0.00	6	0.00	4	200.00
Tudanca-Cabuérniga	3	0.00	4	0.00	1	33.33	Soria	99	0.08	130	0.08	31	31.31
Pas-Iguña	17	0.01	25	0.02	8	47.06	Campo de Gómara	6	0.00	7	0.00	1	16.67
Asón	1	0.00	3	0.00	2	200.00	Almazán	6	0.00	8	0.00	2	33.33
Reinosa	10	0.01	13	0.01	3	30.00	Arcosde Jalón	0	0.00	1	0.00	1	100.00
Mancha	96	0.08	115	0.07	19	19.79	Tierra De Campos	13	0.01	18	0.01	5	38.46
Manchuela	36	0.03	44	0.03	8	22.22	Centro **	1 009	0.82	1 391	0.86	382	37.86
Sierra Alcaraz	6	0.00	8	0.00	2	33.33	Sur	29	0.02	43	0.03	14	48.28
Centro *	574	0.47	761	0.47	187	32.58	Sureste	43	0.04	60	0.04	17	39.53
Almansa	258	0.21	315	0.19	57	22.09	Sanabria	2	0.00	2	0.00	0	0.00
Sierra Segura	7	0.01	10	0.01	3	42.86	Benavente Y Los Valles	19	0.02	22	0.01	3	15.79

（续表）

District	Firms 2007		Firms 2017		Evolution 2007—2017		District	Firms 2007		Firms 2017		Evolution 2007—2017	
	No.	%	No.	%	No.	%		No.	%	No.	%	No.	%
Hellín	86	0.07	107	0.07	21	24.42	Aliste	2	0.00	3	0.00	1	50.00
Montes Norte	13	0.01	19	0.01	6	46.15	Campos-Pan	165	0.13	214	0.13	49	29.70
Campo De Calatrava	318	0.26	426	0.26	108	33.96	Sayago	3	0.00	4	0.00	1	33.33
Mancha	413	0.34	570	0.35	157	38.01	Duero Bajo	19	0.02	27	0.02	8	42.11
Montes Sur	6	0.00	7	0.00	1	16.67	Bergadá	131	0.11	153	0.09	22	16.79
Pastos	54	0.04	81	0.05	27	50.00	Penedés	549	0.45	710	0.44	161	29.33
Campo De Montiel	40	0.03	50	0.03	10	25.00	Anoia	257	0.21	329	0.20	72	28.02
Alcarria	11	0.01	14	0.01	3	27.27	Bages	444	0.36	555	0.34	111	25.00
Serrania Alta	1	0.00	1	0.00	0	0.00	Bajo Llobregat	12 244	10.01	15 907	9.82	3 663	29.92
Serranía Media	111	0.09	154	0.10	43	38.74	Maresme	1 898	1.55	2 421	1.49	523	27.56
Serranía Baja	8	0.01	12	0.01	4	50.00	Osona	429	0.35	507	0.31	78	18.18
Manchuela	43	0.04	53	0.03	10	23.26	La Selva	312	0.26	400	0.25	88	28.21
Mancha Baja	33	0.03	46	0.03	13	39.39	Vallés Occidental	3 058	2.50	3 900	2.41	842	27.53
Mancha Alta	39	0.03	49	0.03	10	25.64	Vallés Oriental	1 021	0.83	1 273	0.79	252	24.68
Campiña	309	0.25	414	0.26	105	33.98	Alto Ampurdán	324	0.26	401	0.25	77	23.77

（续表）

District	Firms 2007		Firms 2017		Evolution 2007—2017		District	Firms 2007		Firms 2017		Evolution 2007—2017	
	No.	%	No.	%	No.	%		No.	%	No.	%	No.	%
Sierra	9	0.01	9	0.01	0	0.00	Bajo Ampurdán	432	0.35	564	0.35	132	30.56
Alcarria Alta	6	0.00	9	0.01	3	50.00	Cerdaña	24	0.02	32	0.02	8	33.33
Molinade Aragón	6	0.00	9	0.01	3	50.00	Garrotxa	182	0.15	232	0.14	50	27.47
Alcarria Baja	5	0.00	6	0.00	1	20.00	Gironés	771	0.63	1 038	0.64	267	34.63
Talavera	263	0.21	323	0.20	60	22.81	Ripollés	63	0.05	74	0.05	11	17.46
Torrijos	172	0.14	199	0.12	27	15.70	Alto Urgel	49	0.04	60	0.04	11	22.45
Sagra-Toledo	580	0.47	769	0.47	189	32.59	Conca	17	0.01	21	0.01	4	23.53
La Jara	9	0.01	11	0.01	2	22.22	Pallars-Ribagorza	25	0.02	31	0.02	6	24.00
Montes De Navahermosa	20	0.02	21	0.01	1	5.00	Garrigas	26	0.02	34	0.02	8	30.77
Montesdelos Yébenes	39	0.03	48	0.03	9	23.08	Noguera	65	0.05	81	0.05	16	24.62
La Mancha	151	0.12	195	0.12	44	29.14	Segarra	48	0.04	55	0.03	7	14.58
Arévalo-Madrigal	8	0.01	13	0.01	5	62.50	Segriá	530	0.43	698	0.43	168	31.70
Avila	112	0.09	156	0.10	44	39.29	Solsonés	40	0.03	51	0.03	11	27.50
Barco Ávila-Piedrahita	7	0.01	10	0.01	3	42.86	Urgel	163	0.13	208	0.13	45	27.61
Gredos	3	0.00	3	0.00	0	0.00	Vallede Arán	34	0.03	42	0.03	8	23.53

（续表）

District	Firms 2007		Firms 2017		Evolution 2007—2017		District	Firms 2007		Firms 2017		Evolution 2007—2017	
	No.	%	No.	%	No.	%		No.	%	No.	%	No.	%
Valle Bajo Alberche	11	0.01	19	0.01	8	72.73	Bajo Ebro	222	0.18	287	0.18	65	29.28
Valledel Tiétar	35	0.03	46	0.03	11	31.43	Bajo Penedés	136	0.11	158	0.10	22	16.18
Merindades	21	0.02	26	0.02	5	23.81	Concade Barberá	17	0.01	23	0.01	6	35.29
Bureba-Ebro	57	0.05	70	0.04	13	22.81	Priorato-Prades	10	0.01	13	0.01	3	30.00
Demanda	26	0.02	27	0.02	1	3.85	Ribera De Ebro	11	0.01	19	0.01	8	72.73
La Ribera	79	0.06	91	0.06	12	15.19	Campo De Tarragona	968	0.79	1 258	0.78	290	29.96
Arlanza	8	0.01	8	0.00	0	0.00	Terra-Alta	16	0.01	19	0.01	3	18.75
Pisuerga	4	0.00	8	0.00	4	100.00	Alburquerque	7	0.01	13	0.01	6	85.71
Páramos	1	0.00	2	0.00	1	100.00	Mérida	159	0.13	241	0.15	82	51.57
Arlanzón	467	0.38	598	0.37	131	28.05	Don Benito	100	0.08	136	0.08	36	36.00
Bierzo	187	0.15	231	0.14	44	23.53	Puebla Alcocer	10	0.01	11	0.01	1	10.00
La Montaña De Luna	11	0.01	15	0.01	4	36.36	Herrera Duque	2	0.00	4	0.00	2	100.00
La Montaña De Riaño	18	0.01	22	0.01	4	22.22	Badajoz	328	0.27	466	0.29	138	42.07
La Cabrera	2	0.00	2	0.00	0	0.00	Almendralejo	106	0.09	155	0.10	49	46.23
Astorga	20	0.02	28	0.02	8	40.00	Castuera	26	0.02	30	0.02	4	15.38

（续表）

District	Firms 2007		Firms 2017		Evolution 2007—2017		District	Firms 2007		Firms 2017		Evolution 2007—2017	
	No.	%	No.	%	No.	%		No.	%	No.	%	No.	%
Tierrasde León	466	0.38	593	0.37	127	27.25	Olivenza	12	0.01	13	0.01	1	8.33
La Bañeza	18	0.01	18	0.01	0	0.00	Jerez De Los Caballeros	27	0.02	40	0.02	13	48.15
El Páramo	4	0.00	11	0.01	7	175.00	Llerena	23	0.02	32	0.02	9	39.13
Esla-Campos	26	0.02	29	0.02	3	11.54	Azuaga	11	0.01	14	0.01	3	27.27
Sahagún	3	0.00	3	0.00	0	0.00	Cáceres	256	0.21	366	0.23	110	42.97
El Cerrato	16	0.01	24	0.01	8	50.00	Trujillo	17	0.01	24	0.01	7	41.18
Campos	191	0.16	241	0.15	50	26.18	Brozas	2	0.00	3	0.00	1	50.00
Saldaña-Valdavia	3	0.00	3	0.00	0	0.00	Valenciade Alcántara	0	0.00	1	0.00	1	100.00
Boedo-Ojeda	3	0.00	4	0.00	1	33.33	Logrosán	2	0.00	2	0.00	0	0.00
Guardo	6	0.00	6	0.00	0	0.00	Navalmoral De La Mata	27	0.02	38	0.02	11	40.74
Cervera	1	0.00	5	0.00	4	400.00	Jaraiz De La Vera	28	0.02	32	0.02	4	14.29
Aguilar	14	0.01	19	0.01	5	35.71	Plasencia	100	0.08	137	0.08	37	37.00
Vitigudino	4	0.00	4	0.00	0	0.00	Hervás	7	0.01	12	0.01	5	71.43
Ledesma	2	0.00	3	0.00	1	50.00	Coria	23	0.02	31	0.02	8	34.78
Salamanca	442	0.36	589	0.36	147	33.26	Septentrional	1 835	1.50	2 597	1.60	762	41.53

(续表)

District	Firms 2007		Firms 2017		Evolution 2007—2017		District	Firms 2007		Firms 2017		Evolution 2007—2017	
	No.	%	No.	%	No.	%		No.	%	No.	%	No.	%
Peñaranda De Bracamonte	19	0.02	20	0.01	1	5.26	Occidental	768	0.63	1 150	0.71	382	49.74
Fuente De San Esteban	3	0.00	6	0.00	3	100.00	Interior	113	0.09	152	0.09	39	34.51
Alba De Tormes	13	0.01	19	0.01	6	46.15	Costa	81	0.07	104	0.06	23	28.40
Ciudad Rodrigo	10	0.01	18	0.01	8	80.00	Terra Cha	35	0.03	56	0.03	21	60.00
La Sierra	28	0.02	34	0.02	6	21.43	Central	338	0.28	493	0.30	155	45.86
Cuéllar	38	0.03	47	0.03	9	23.68	Montaña	4	0.00	6	0.00	2	50.00
Sepúlveda	22	0.02	25	0.02	3	13.64	Sur	42	0.03	55	0.03	13	30.95
Segovia	144	0.12	194	0.12	50	34.72	Orense	514	0.42	691	0.43	177	34.44
Pinares	6	0.00	10	0.01	4	66.67	El Barco De Valdeorras	42	0.03	53	0.03	11	26.19
Verín	43	0.04	56	0.03	13	30.23	Las Colonias	25	0.02	31	0.02	6	24.00
Montaña	119	0.10	157	0.10	38	31.93	Campiña Alta	289	0.24	338	0.21	49	16.96
Litoral	2 009	1.64	2 848	1.76	839	41.76	Penibética	65	0.05	80	0.05	15	23.08
Interior	14	0.01	22	0.01	8	57.14	De La Vega	1 152	0.94	1 578	0.97	426	36.98
Miño	121	0.10	161	0.10	40	33.06	Guadix	27	0.02	37	0.02	10	37.04
Lozoya Somosierra	196	0.16	253	0.16	57	29.08	Baza	37	0.03	54	0.03	17	45.95

（续表）

District	Firms 2007		Firms 2017		Evolution 2007—2017		District	Firms 2007		Firms 2017		Evolution 2007—2017	
	No.	%	No.	%	No.	%		No.	%	No.	%	No.	%
Guadarrama	872	0.71	1 217	0.75	345	39.56	Huéscar	6	0.00	12	0.01	6	100.00
A.Metropolitana De Madrid	27 626	22.58	37 499	23.14	9 873	35.74	Iznalloz	4	0.00	7	0.00	3	75.00
Campiña	1 011	0.83	1 378	0.85	367	36.30	Montefrío	8	0.01	12	0.01	4	50.00
Sur Occidental	1 265	1.03	1 713	1.06	448	35.42	Alhama	8	0.01	11	0.01	3	37.50
Vegas	196	0.16	258	0.16	62	31.63	La Costa	71	0.06	97	0.06	26	36.62
Nordeste	105	0.09	135	0.08	30	28.57	Las Alpujarras	13	0.01	14	0.01	1	7.69
Noroeste	127	0.10	153	0.09	26	20.47	Vallede Lecrín	15	0.01	17	0.01	2	13.33
Centro ***	14	0.01	21	0.01	7	50.00	Sierra	30	0.02	36	0.02	6	20.00
Río Segura	1 567	1.28	2 005	1.24	438	27.95	Andévalo Occidental	33	0.03	44	0.03	11	33.33
Suroestey Valle Guadalentín	299	0.24	370	0.23	71	23.75	Andévalo Oriental	44	0.04	52	0.03	8	18.18
Campo De Cartagena	430	0.35	527	0.33	97	22.56	Costa	325	0.27	427	0.26	102	31.38
Montaña Alavesa	8	0.01	9	0.01	1	12.50	Condado Campiña	120	0.10	154	0.10	34	28.33
Nord Occidental	85	0.07	105	0.06	20	23.53	Condado Litoral	68	0.06	82	0.05	14	20.59
Pirineos	11	0.01	16	0.01	5	45.45	Sierra Morena	90	0.07	107	0.07	17	18.89
Cuenca De Pamplona	1 074	0.88	1 432	0.88	358	33.33	El Condado	4	0.00	10	0.01	6	150.00

（续表）

District	Firms 2007		Firms 2017		Evolution 2007—2017		District	Firms 2007		Firms 2017		Evolution 2007—2017	
	No.	%	No.	%	No.	%		No.	%	No.	%	No.	%
Tierra Estella	67	0.05	91	0.06	24	35.82	Sierra De Segura	9	0.01	14	0.01	5	55.56
Navarra Media	35	0.03	44	0.03	9	25.71	Campiña Del Norte	119	0.10	140	0.09	21	17.65
Ribera Alta Aragón	59	0.05	74	0.05	15	25.42	La Loma	119	0.10	151	0.09	32	26.89
Ribera Baja	141	0.12	195	0.12	54	38.30	Campiña Del Sur	283	0.23	383	0.24	100	35.34
Cantábrica	47	0.04	63	0.04	16	34.04	Magina	25	0.02	27	0.02	2	8.00
Estribaciones Gorbea	29	0.02	37	0.02	8	27.59	Sierra De Cazorla	20	0.02	26	0.02	6	30.00
Valles Alaveses	13	0.01	16	0.01	3	23.08	Sierra Sur	50	0.04	77	0.05	27	54.00
Llanada Alavesa	676	0.55	896	0.55	220	32.54	Norte O Antequera	105	0.09	146	0.09	41	39.05
Rioja Alavesa	24	0.02	31	0.02	7	29.17	Serraníade Ronda	59	0.05	70	0.04	11	18.64
Guipúzcoa	1 675	1.37	2 223	1.37	548	32.72	Centro-Sur O Guadalorce	3 007	2.46	4 030	2.49	1 023	34.02
Vizcaya	3 067	2.51	4 044	2.50	977	31.86	Vélez Málaga	181	0.15	249	0.15	68	37.57
Rioja Alta	52	0.04	70	0.04	18	34.62	La Sierra Norte	51	0.04	64	0.04	13	25.49
Sierra Rioja Alta	4	0.00	7	0.00	3	75.00	La Vega	2 868	2.34	3 893	2.40	1 025	35.74
Rioja Media	435	0.36	576	0.36	141	32.41	El Aljarafe	619	0.51	859	0.53	240	38.77
Sierra Rioja Media	1	0.00	1	0.00	0	0.00	Las Marismas	14	0.01	17	0.01	3	21.43

（续表）

District	Firms 2007		Firms 2017		Evolution 2007—2017		District	Firms 2007		Firms 2017		Evolution 2007—2017	
	No.	%	No.	%	No.	%		No.	%	No.	%	No.	%
Rioja Baja	196	0.16	243	0.15	47	23.98	La Campiña	448	0.37	594	0.37	146	32.59
Sierra Rioja Baja	2	0.00	2	0.00	0	0.00	La Sierra Sur	67	0.05	80	0.05	13	19.40
Vinalopó	1 763	1.44	2 291	1.41	528	29.95	De Estepa	27	0.02	30	0.02	3	11.11
Montaña	378	0.31	468	0.29	90	23.81	Jacetania	30	0.02	43	0.03	13	43.33
Marquesado	430	0.35	527	0.33	97	22.56	Sobrarbe	12	0.01	15	0.01	3	25.00
Central	1 580	1.29	2 036	1.26	456	28.86	Ribagorza	18	0.01	24	0.01	6	33.33
Meridional	2 589	2.12	3 322	2.05	733	28.31	Hoya De Huesca	156	0.13	220	0.14	64	41.03
Alto Maestrazgo	19	0.02	26	0.02	7	36.84	Somontano	50	0.04	66	0.04	16	32.00
Bajo Maestrazgo	15	0.01	18	0.01	3	20.00	Monegros	9	0.01	15	0.01	6	66.67
Llanos Centrales	12	0.01	17	0.01	5	41.67	La Litera	83	0.07	99	0.06	16	19.28
Peña Golosa	31	0.03	42	0.03	11	35.48	Bajo Cinca	34	0.03	41	0.03	7	20.59
Litoral Norte	151	0.12	178	0.11	27	17.88	Cuenca Del Jiloca	19	0.02	27	0.02	8	42.11
La Plana	1 176	0.96	1 526	0.94	350	29.76	Serraníade Montalbán	8	0.01	12	0.01	4	50.00
Palancia	35	0.03	40	0.02	5	14.29	Bajo Aragón	64	0.05	92	0.06	28	43.75
Rincónde Ademuz	4	0.00	4	0.00	0	0.00	Serraníade Albarracín	2	0.00	4	0.00	2	100.00

（续表）

District	Firms 2007		Firms 2017		Evolution 2007—2017		District	Firms 2007		Firms 2017		Evolution 2007—2017	
	No.	%	No.	%	No.	%		No.	%	No.	%	No.	%
Alto Turia	12	0.01	17	0.01	5	41.67	Hoya De Teruel	103	0.08	134	0.08	31	30.10
Campos De Liria	238	0.19	333	0.21	95	39.92	Maestrazgo	7	0.01	8	0.00	1	14.29
Requena-Utiel	44	0.04	59	0.04	15	34.09	Ejea De Los Caballeros	42	0.03	56	0.03	14	33.33
Hoya De Buñol	84	0.07	118	0.07	34	40.48	Borja	32	0.03	46	0.03	14	43.75
Sagunto	287	0.23	369	0.23	82	28.57	Calatayud	151	0.12	173	0.11	22	14.57
Huerta De Valencia	4 679	3.82	6 230	3.84	1 551	33.15	La Almunia De Dña Godina	42	0.03	50	0.03	8	19.05
Riberas del Júcar	472	0.39	596	0.37	124	26.27	Zaragoza	2 273	1.86	2 999	1.85	726	31.94
Gandía	311	0.25	396	0.24	85	27.33	Daroca	1	0.00	2	0.00	1	100.00
Valle De Ayora	14	0.01	17	0.01	3	21.43	Caspe	29	0.02	35	0.02	6	20.69
Enguera Y La Canal	27	0.02	32	0.02	5	18.52	Vegadeo	3	0.00	3	0.00	0	0.00
La Costera de Játiva	163	0.13	191	0.12	28	17.18	Luarca	23	0.02	34	0.02	11	47.83
Valles De Albaida	368	0.30	438	0.27	70	19.02	Cangas De Narcea	20	0.02	27	0.02	7	35.00
Ceuta	51	0.04	62	0.04	11	21.57	Grado	28	0.02	34	0.02	6	21.43
Melilla	54	0.04	69	0.04	15	27.78	Belmonte De Miranda	4	0.00	5	0.00	1	25.00
Los Vélez	17	0.01	21	0.01	4	23.53	Gijón	792	0.65	1 113	0.69	321	40.53

（续表）

District	Firms 2007		Firms 2017		Evolution 2007—2017		District	Firms 2007		Firms 2017		Evolution 2007—2017	
	No.	%	No.	%	No.	%		No.	%	No.	%	No.	%
Alto Almazora	47	0.04	63	0.04	16	34.04	Oviedo	898	0.73	1 214	0.75	316	35.19
Bajo Almazora	95	0.08	117	0.07	22	23.16	Mieres	36	0.03	44	0.03	8	22.22
Río Nacimiento	7	0.01	7	0.00	0	0.00	Llanes	31	0.03	40	0.02	9	29.03
Campo Tabernas	8	0.01	11	0.01	3	37.50	Cangas de Onís	8	0.01	14	0.01	6	75.00
Alto Andarax	5	0.00	8	0.00	3	60.00	Ibiza	301	0.25	427	0.26	126	41.86
Campo Dalías	241	0.20	318	0.20	77	31.95	Mallorca	2 178	1.78	2 779	1.71	601	27.59
C.Níjary Bajo Andarax	447	0.37	593	0.37	146	32.66	Menorca	164	0.13	221	0.14	57	34.76
Campiña de Cádiz	521	0.43	716	0.44	195	37.43	Gran Canaria	1 671	1.37	2 133	1.32	462	27.65
Costa Noroeste de Cádiz	416	0.34	545	0.34	129	31.01	Fuerteventura	136	0.11	167	0.10	31	22.79
Sierrade Cádiz	28	0.02	40	0.02	12	42.86	Lanzarote	268	0.22	331	0.20	63	23.51
De La Janda	70	0.06	84	0.05	14	20.00	Norte De Tenerife	574	0.47	726	0.45	152	26.48
Campo De Gibraltar	292	0.24	368	0.23	76	26.03	Sur De Tenerife	1 253	1.02	1 633	1.01	380	30.33
Pedroches	59	0.05	70	0.04	11	18.64	Isla De La Palma	70	0.06	82	0.05	12	17.14
La Sierra	13	0.01	16	0.01	3	23.08	Isla De La Gomera	10	0.01	17	0.01	7	70.00
Campiña Baja	1 115	0.91	1 468	0.91	353	31.66	Isla De Hierro	3	0.00	3	0.00	0	0.00

注：* 阿尔巴塞特省 ** 巴拉多利德省 *** 穆尔西亚省。

资料来源：由 SABI 编写。

参考文献

1. Alcácer, J. and Chung, W.(2014): "Location strategies for agglomeration economies", *Strategic Management Journal*, 35(12):1749—1764.

2. Bereitschaft, B.(2014): "Neighbourhood Change among Creative-Cultural Districts in Mid-Sizedus Metropolitan Areas, 2000-10", *Regional Studies, Regional Science*, 1(1):158—183.

3. Bertacchini, E. and Borrione, P.(2013): "The geography of the Italian creative economy: the special role of the design and craft-based in dustries", *Regional Studies*, 47(2):135—147.

4. Boal, I. and Herrero, L.C.(2016): "Where are the artists? Analyzing Economies of Agglomeration in Spain", *ACEI Working Paper Series AWP-11*, Association for Cultural Economics International.

5. Boix, R., Lazzeretti, L., Cappone, F., and Sánchez-Serra, D.(2012): "The geography of creative industries in Europe: Comparing France, Great Britain, Italy and Spain", in *Creative Industries and Innovation in Europe. Concepts, Measures and Comparative Case Studies*. Edited by Luciana Lazzeretti. Routledge. Series: Regions and Cities.

6. Boix, R., Capone, F., De Propris, L., Lazzeretti, L. and Sánchez, D.(2014): "Comparing creative industries in Europe", *European Urban and Regional Studies*, 1—5.

7. Boix, R., Hervás-Oliver, J.L., and De Miguel Molina, B.(2015): "Micro-geographies of creative industries clusters in Europe: From hot spots to assemblages", *Papers in Regional Science*, 94(4):753—773.

8. Brooks A.C. and Kushner, R.J.(2001): "Cultural Districts and urban Development", *International Journal of Arts Management*, 3:4—15.

9. Callejón, M.(2003): "En busca de las economías externas", *Ekonomiaz*, 53:75—89.

10. Casares, P., Coto-Millán, P., e Inglada López de Sabando, V.(2012): "Talento, tecnologíay des arrollo económico en las provincias españolas", *Investigaciones Regionales*, 22:57—80.

11. Cooke, P. y Lazzeretti, L.(2008): *Creativecities, cultural cluster and local economic development*, Edward Elgar, Cheltenham.

12. Coll-Martínez, E., Moreno-Monroy, A.I. and Arauzo-Carod, J.M.(2017): "Agglomeration of creative industries: An intra-metropolitan analysis for Barcelona", *Papers in Regional Science*, November.

13. Currid, E.(2007): "How art and culture happen in New York", *Journal of the American Planning Association*, 73(4):454—467.

14. Department of Culture, Media and Sport (2001): *Creative Industries Mapping Document 2001*, DCMS, London.

15. Drennan, M.P.(2017): "Do agglomeration economies decay over short distances? Are they stable in the face of shocks? Evidence from Manhattan", *International Journal of Urban Sciences*, 22(1):1—16.

16. Escalona-Orcao, A.I., Escolano-Utrilla, S., Sáez-Pérez, L.A. and Sánchez-Valverde García, B.(2016): "The location of creative clusters in non-metropolitan areas: A methodological proposition", *Journal of Rural Studies*, 45:112—122.

17. Gámir, A.(2005): "La industria cultural y los grupos multimedia en España, estructura y pautas de distribución territorial", *Analesde Geografía*, 25:179—202.

18. García, M.I., Fernández, Y., and Zofío, J.L.(2003): "The economic dimension of the culture and leisure industry in Spain: national, sectoral and regional analysis", *Journal of Cultural Economics*, 27:9—30.

19. Greene, W.H.(2003): *Econometric Analysis*, New Jersey:Prentice-Hall.

20. Harrison, B., Kelley, M.R.and Gant, J.(1997): "Innovative firm behavior and local milieu: exploring the intersection of agglomeration, firm effects, and technological change", *Economic Geography*,72:233—258.

21. Holl, A.(2004): "Transport Infrastructure, Agglomeration Economies, and Firm Birth: Empirical Evidence from Portugal", *Journal of Regional Science*, 44(4):693—712.

22. Hong, J., W.T.Yu, X.M.Guo and D.T.Zhao(2014): "Creative industries agglomeration, regional innovation and productivity growth in China", *Chinese Geographical Science*, 24(2):258—268.

23. Kiroff, L.(2017): "Auckland and the creative industries: the spatial

distribution of the design subsector", *Urban Geography*, 38 (10): 1573—1602.

24. Lazzeretti L.(2006): "Creative firms increative regions: The case of Florence", In: Cooke P., Schwarz D.(eds) *Creative regions: Technology, culture and Knowledge entrepreneurship*. Edward Elgar, Cheltenham.

25. Lazzeretti, L, Boix, R. and Capone, F.(2008): "Do creative industries cluster? Mapping creative local production systems in Italy and Spain", *Industry and Innovation*, vol.15(5):549—567.

26. López Hernández, F.A., Martínez Ortiz, P.J. y Cegarra Navarro, J. G.(2015): "Interacción espacial en el gasto en servicios públicos de las entidades locales. Un enfoque panel mediante modelos SUR", *Estudiosde Economía Aplicada*, 33(1):81—100.

27. Manito, F. Ed. (2010): *Ciuda des creativas*. Vol.2: *Creatividad, innovación, cultura y agenda local*. Barcelona: Bellaterra Ediciones.

28. Markusen, A.(1996): "Sticky places in slippery space: a typology of industrial districts", *Economic Geography*, 72:293—313.

29. Marshall, A.(1890): *Principles of Economics*, London, MacMillan.

30. Mc Cann, B.T., Reuer, J.J., and Lahiri, N.(2016): "Agglomeration and the choice between acquisitions and alliances: An information economic sperspective", *Strategic Management Journal*, 36(6):1085—1106.

31. Méndez, R. and Sánchez Moral, S.(2011): "Spanish cities in the knowledge economy: theoretical debates and empirical evidences", *European Urbanand Regional Studies*, 18(2):136—155.

32. Méndez, R., Michelini, J.J., Prada, J. and Tébar, J.(2012): "Economía creativa y des arrollo urbano en España: una aproximación a sus lógicas espaciales", *EURE*, Vol.32, 113:5—32.

33. Navarro, C.J. y G.Guerrero. 2010, "La relevancia de las industrias culturales en las ciudades españolas. Un primer acerca miento", *Jornadas Repensandola Metrópolis. Prácticas Experimentalesen Tornoala Construcción de Nuevos Derechos Urbanos*, Centro de Estudios Andaluces, Málaga, 8 y 9dejulio.

34. Navarro, C.J., Mateos, C., Rodríguez, M.J.(2012): "Cultural scenes, the creative class and development in Spanish municipalities", *Euro-*

pean Urban and Regional Studies 21(3):301—317.

35. Power, D. y Nielsen, T.(2010): "*Priority sector report: Creative and cultural industries*", *Europe Innova*. European Cluster Observatory.

36. Power, D. and Scott, J.A.(2004): *Cultural industries and the production of culture*, Routledge, New York.

37. Sánchez, D.(2016): "Location determinants of creative industries' firms in Spain", *Investigaciones Regionales*, 34:23—48.

38. Santagata W.(2005): Cultural districts, clusters and economic development. In: Ginsburgh V., Throsby D.(eds) *Handbook on the economics of art and culture*. Elsevier, Amsterdam.

39. Santagata, W.(2005): Cultural districts, clusters and economic development, en V. Ginsburghy, D. Throsby (Eds.), *Handbook on the economics of art and culture*, pp.1101—1119. Amsterdam, Elsevier.

40. Throsby, D.(2001): *Economics and Culture*. Cambridge University Press, Cambridge, MA.

41. UNCTAD (2008): Creative economy. Report 2008, UNDP-UNCTAD, Geneva-NewYork.

42. UNCTAD (2010): Creative economy. Report 2010, UNDP-UNCTAD, Geneva-NewYork.

43. Van Oort, F.G.(2004): *Urban Growth and Innovation: Spatially Bounded Externalities in the Netherlands*, Aldershot, Ashgate.

44. Villarreal, A. y Flores, M.A.(2015): "Identificación de clusters espaciales en el sector de la innovación y especialización económica", *Regióny Sociedad*, 62:117—147.

45. Vom Hofe, R. and Chen, K.(2006): "Whether or Not Industrial Cluster: Conclusions or Confusions?", *The Industrial Geographer*, 4(1): 2—28.

The Geography of Creative and Cultural Industries in Spain: Location and Economies of Agglomeration

Iván Boal San Miguel

Abstract: Analysing the impact of agglomeration economies on company location decisions is one of the main topics in regional economy. As a result of the key role played by cultural and creative industries in economic growth, there is ever-increasing interest in exploring the spatial location patterns of these activities. This article starts by offering a review of the economic aspects related to agglomeration economies together with a look at the main studies carried out to date. Based on this, an analysis is conducted of the cultural and creative sector in Spain, taking into account both its weight in the Spanish economy as well as the spatial logic that determines its territorial distribution. One of the most innovative aspects of the study is the territorial approach undertaken at a micro-spatial disaggregation level, using the administrative division of Spanish districts. With this goal in mind, the database used is the SABI(supplied by Bureau van Dijk). Data correspond to the period 2007—2017. In order to ascertain the dynamics of location and scope of agglomeration economies, we use quantile maps and concentration indices, which also help to pinpoint creative clusters and location coefficients. Results show that the distribution of cultural and creative industries in Spanish districts is not evenly spread, but is characterised by a pattern of spatial concentration, in which a key role is played by the influence of agglomeration economies. The high level of specialisation in certain areas suggests the formation of creative clusters, located in a small number of districts.

Key words: creative industries; spatial economic analysis; agglomeration economies; creative clusters; micro-territorial analysis

如何及为什么评价文化机构的效率？西班牙的方法及应用

西班牙巴亚多利德大学　路易斯·塞萨尔·赫拉罗·普列托
玛利亚·何塞·德尔·巴利奥·忒拉多
华中师范大学　黄　莺　译

[内容提要]　本文写作目的是提出一种方法论的途径来评价文化机构的效率，特别是博物馆，因为这是文化遗产领域最具特色的机构。文章对案例研究的不同应用方法进行了回顾以说明这些途径和方法是如何随着时间的推移而发展的。我们还对区域博物馆系统的绩效评估进行了具体的实证应用，以探索某些外在因素，如制度管理模式和博物馆位置，对效率水平的影响。我们采用数据环绕分析这种非参数化的方法用于衡量这些机构的效率，还采用了一个复杂的生产函数，它包含了许多与博物馆所实现的各种功能相适应的输入和输出形式：保存、研究、交流和展览。研究最重要的发现表明，至少有一半选到的博物馆是高效运作的。最高效的博物馆是那些位于城区的博物馆，由地区政府管理，而市级管理下的乡村博物馆则效率较低。这项工作旨在证明这种方法以及这些技术在制定指导方针和提供关于使用文化机构资源的建议方面的有效性。

[关键词]　效率评价；博物馆管理；数据发展分析；文化经济；西班牙

一、研究介绍

文化的供应是公共产品分配的一个例子——虽然它可与卫生、教育、市政服务等其他领域的分配相比较——这些都是许多分析的重点，但迄今为止，对于文化机构效率进行衡量的研究还没有达到这个主题研究所应有的程度。这很可能是由于文化产品的独特性，因为它们具有象征意义和无形的意义，因此很难客观地对它们所保障的服务或它们需要的资源加以客观化的评价。这也可能是由于从负责管理和监督上述货物的机构收集可靠和有代表性的数据产生的困难,或者是仅仅从财务角度分析文化和文化机构的研究不太常见,因为对它们中的大多数机构进行成本最小化的指导是很少的。

然而,没有理由不对这些机构的效率进行评估。这首先是因为提供文化产品会消耗某些资源,而这些资源是稀缺的,可能会被用于其他用途,因此意味着机会成本。考虑到最近的经济危机和财政限制,这样的问题变得更加重要,因为预算限制和削减迫使公共机构争夺资金。其次,文化机构提供的许多服务是无形的或不具市场性质的,并不意味着它们的生产和管理不能被定义和评估,至少是为了提供相对参考的可能的最佳实践。此外,在非市场产品评价技术和公共服务的提供方面,有越来越多的切实发展,这对于管理者和决策者双方都是非常有用的。第三,当今社会对公共机构的高效运营和公共资源的使用有越来越高的要求。由于这些原因,发展理论知识和实践应用以衡量文化机构的效率,在目前看来是至关重要的,作用也是不可估量的。

这项研究的目的是按照上述思路进行框架设计的。它的目的是在文化机构的效率评估中展示最常用的技术,并通过在西班牙的案例研究中的不同应用显示它们的演化。同样,一种原初的经验性应用也被提出,以探讨外部变量如何影响一个区域性的博物馆体系的效率,特别是关于这些机构的机构类型和地理位置的变量。

正如前面所指出的,尽管不像其他公共服务那样普遍,但最近有越来越多的文献评价文化机构的效率(参见费尔南德斯等,2013 年)。许多研究都是基于非参数数学编程技术,特别是数据包分析(DEA)及其衍生物。基于这种技术所提供的灵活性,自 20 世纪 90 年代以来,在博物馆领域,已经有了大量的应用。同样的研究也出现在了对管弦乐队(卢克谢奇和诺德·休斯,1997 年;戈麦斯和赫拉罗,2017 年)、图书馆(维塔利亚诺,1998 年;德威特和盖斯,2011 年;古乔等,2017 年)、剧院(塔拉斯,1997 年和马可·塞拉诺,2006 年)、舞蹈部门(德尔·巴利奥和赫拉罗,2018 年)和从事保护遗产的实体(费西欧罗·卡斯特罗等,2011 年;古乔等,2014 年)研究中。在旅游目的地的效率评估中也有许多应用(赫拉罗和戈麦斯,2017;菲格罗等人,2017 年),为能够管理自己的资源的地区或国家设计一个生产函数,以最大限度地提高旅游流量和经济影响。

我们在应用中所关注的主要领域是博物馆,所以对文献依次进行简要回顾。保卢斯(1995)探讨了法国博物馆的技术效率,而梅雷斯(1997)、梅雷斯和范登·埃克特(2002年)对比利时博物馆的样本进行了评估。塔赫里和安萨里(2013)通过DEA,分析了伊朗德黑兰博物馆的效率。塔拉斯(1998)的工作是少数评估分配效率的方法之一,还在属于这种特定类型的芬兰博物馆加以应用。在意大利,皮尼亚塔罗(2002)探索了西西里岛博物馆的效率和技术变革。巴索和弗纳里(2004)对位于三个大型旅游城市(博洛尼亚、佛罗伦萨和威尼斯)的博物馆样本进行了详细的生产力收益评估。最后,德尔·巴利奥等人(2009)、德尔·巴利奥和赫拉罗(2014)根据不同的方法和工作假设,评估了西班牙几个博物馆网络的效率。

在此基础上,本文的结构如下。在介绍部分之后,第二部分讨论了衡量文化机构效率的技术和方法的理论框架,通过不同的应用程序来研究它们在不同时期的进展情况。第三部分包含一个具体的经验应用,重点是区域博物馆系统的效率评估,以及诸如管理机构类型和地理位置等外部变量如何对这一问题产生影响。研究结论部分对此进行了总结。

二、理论框架:文化机构的评估方法

概括地说,对提供公共产品的机构效率的研究可分为两类。通过应用一系列的绩效指标,第一组包括那些试图衡量机构运行能力的研究。这种方法乍一看似乎简单且直接,因为它涉及收集与活动相关的基本变量和资源使用——同样还有其他聚合指标的相对比例——这样不同机构之间的对比或行为随着时间的推移发生的演变就可以探讨。文化机构这一特定领域的研究可以追溯至威尔(1995)、埃文斯(1997)、博伊尔(2007)、特拜德和劳瑞(2009),他们利用一系列的定量和定性的成分分析选择的各种活动在多大程度上被实现。他们甚至允许为正在被审查的机构设计一个平衡计分卡(温斯坦和布科文斯基,2009年)。皮科克(2003)和皮纳塔罗(2003)描述了建立一个适当的绩效指标体系所需要的一系列条件,这也将允许对其进行一致的解释。然而,这些作者承认,这些指标永远不能提供对文化机构如何运作的全面综合的描述,如果试图使用这些指标来比较机构效率和在它们之间进行排名时,要格外谨慎。

研究的第二方面是对直接提供特定的生产功能的评价,这些研究合并了旨在于取得与分配到某一机构的主要任务相应的产品和服务。这种方法的目的是在这个转换过程中估计一个最优的边界,并从最优效率边界的距离来测量各个研究单位的效率水平。问题在于确定这个边界在哪里;确定可以通过参数或非参数模型的应用加以克服的障碍(费尔南德斯等,2013 年)。前者更加严格,因为它们需要精确定义生产函数的功能形式,尽管它们在估计与每个因素相关的生产率和处理随机错误时更准确。相比之下,第二组更灵活,因为这样的模型基本上是由一个使用经验数据并结合产生大量输出因素组合的数学优化过程组成的。

在非参数化方法中,DEA 是一种相当标准化的技术,它基于法雷尔(1957)的效率和测量的基本概念,与优秀实践案例的边界保持一段距离。[①]这种模型的优点在于它具有更大的灵活性,因为它不需要预先定义生产函数,并且可能考虑多个输出情况,这在很多情况下是有用的。这种方法更有效是因为它提供了大量有关研究单位的具体信息,可用于制定提高效率的指导方针,并为良好的实践提供指示。与此相反,DEA 作为一种非参数化的方法,是一个确定性模型,因为它假定与最优边界的任何距离都是效率低下的结果,而不是随机的。当研究机构之外的特定变量时尤为相关,因而超出了管理者的范围,可能会对性能产生重大影响,这一点尤其重要。应用 DEA 方法也要求研究单位是充分和谐的,变量的收集也需小心翼翼地进行,因为任何区分因素(由于一个信息中的错误或在单位的分散性质)可能影响效率估计,导致某些单位被认为是高效率而事实上他们并非如此,反之亦然。尽管有这些缺点,我们之后会看到,这项技术已经被广泛应用于评估文化机构,尤其是博物馆。

博物馆是最有特点的文化遗产之一,与此同时,也是一种独特的文化机构。博物馆的管理效率可以其如何成功实现他们追求的目标(有效性)和如何有效地使用可用的资源(效率)来评估。我们也要考虑他们是否遵守成本最小化准则(分配效率),尽管这在这种类型的公共机构中并不常见,尤其是在文化领域。然而,运用评估技术来分析博物馆的表现可能在这三种方式中都是适当和合理的。重要的是要根据他们所追求的活动与目的来定义这些机构的生产功能。在这种情况下,我们可以假设博物馆至少有三种功能:保存和维护它们的收藏品;在有可能的最好条件下展示他们的展品,以达到最大的效果;最后,参与到一个与该机构作为公共服务的角色相关的传播、研究和教育活动

① 在甘利和库宾(Ganley and Cubbin, 1992)的文章中,可以参考这种优化方法的理论基础和不同变量。

中。在此基础上,评价的目标是尽可能准确地指定代表每个函数的输出数据,以及可用的资源和可能的外部变量,这些变量不是由经理直接控制的,而且可能会影响评价的性能水平。我们将看到本文作者在西班牙进行的案例研究的经验基础上找到解决这些问题的各种方法。基本上,方法上的进步从技术应用的角度可以分成四个阶段:

a. 权威方法:广泛地分析博物馆

这个术语,指的是这个初始阶段评价分析所追求的是雄心勃勃的规模评价,包括评估一个地区的一组博物馆,无论它们管理形式的范围、性质、所有权状况如何。由于头脑中的这个目的,德尔·巴利奥等(2009)在审查西班牙卡斯蒂利亚-莱昂地区的一系列博物馆时,首先利用调查收集了各种各样的博物馆的信息,这让我们看到固有效率分析的一个主要缺点;也就是说,样本的异质性或分散性,因为这使DEA的应用变得复杂(戴森等,2001)。作为克服这一方法问题的一种手段,它首先决定对整个样本进行聚类分析以获得同类的博物馆群数据,接着运用DEA方法进行效率分析。在这个例子中,一个非常简单的三输入生产函数被用来获得一个输出,即访问者的数量,这是博物馆的旅游吸引力指标。这种方法的优点在于它能够将同类机构集合在一起,因为它产生了四种类型的博物馆(理想的博物馆、中间博物馆、胚胎期博物馆和不稳定的博物馆)。这显然导致第一个群体,换句话说,就是那些拥有最丰富的资源和最熟练的管理人员,在吸引游客方面达到最佳效率和效果的博物馆。

b. 准确的方法:制度界定

在抽样的异质性问题的基础上,将效率分析的重点放在制度界定上,这涉及管理要求和活动范围的某种一致性,以避免不稳定的因素和行为。考虑到这个目的,德尔·巴利奥和埃雷罗(2014)的工作重点是分析卡斯蒂利亚-莱昂(西班牙)自治区博物馆系统的效率,对于任何想要成为该体系一分子的博物馆,这一制度界定需要一定程度的组织和管理需求认证。与此同时,这也为这些博物馆提供了对传播渠道、资金支持和培训的优先准入。以这种方式获得认可还可以使抽样中所包含的单位具有一定的一致性,从而为确保效率评估的可靠性提供了一个基本条件。这项工作的价值在于使用一个复杂的生产函数,它涉及三个输入(就业、大小和博物馆设施)和四个输出(游客、临时展览、博物馆的社会影响以及艺术品收藏)的影响,目的是提高博物馆作为一个公共机构所希望达成的数量目标。这次分析的结果表明,对于那些属于同类和制度界定清晰的博物馆来说，效率比是更好的(60％属于最优边界，平均效率比是80％)，尽管我们发现由于资源过度供应或在吸引游客方面不太成功导致效率不足。这些结果可能很有趣，既可以作为管理者之间的比较，也可以对那些负责文化政策的人有用，因为他们可以建立一个效率溢价体系。

c. 外部情况：两阶段效率分析

在这个新阶段我们考虑，文化机构的管理者会推动促成某些结果，但也有一些因素不受他们的控制。例如，尽管馆长可以维护藏品并准备吸引人的展览，但参观者的数量最终可能取决于这座城市的吸引力以及参观者到达该城市的可及性条件。基于这一假设，德尔·巴利奥和埃雷罗(2016)提出了一种双效率评价模型，首先考虑严格的管理控制下一个复杂的生产函数组成的一组输入和输出，目的只为了测评管理性能，其次，将博物馆游客的数量作为一个变量以外的非管理控制因素包含进来。我们在从第一种到第二种模式效率水平上发现的差距表明，有一些外部因素可能决定博物馆的整体效率。因此，我们应用了截断的回归模型来分析特定的环境变量如何以及在多大程度上影响博物馆的效率。在这种情况下，我们考虑了诸如可及性、旅游能力、旅游吸引力、博物馆馆龄和机构管理模式等指标，这些指标是可能影响博物馆效率的外部变量。这个应用程序是在一个西班牙国家博物馆网络提供的样本上进行的。总的来说，结果表明，在管理方面，良好的效率水平并不能保证在吸引参观者时取得成功。诸如博物馆机构的可及性和收入，以及博物馆的管理模式等变量，可能会决定每个机构的效率水平。在管理这些文化机构以及负责文化遗产领域公共资源分配政策的人员时，这项工作的研究结果被证明可能是有用的。

d. 时间推移：对效率的动态分析

最后，随着时间的推移，技术变革和效率比率的演变是一个问题，到目前为止，这一直是学术研究稀缺的方面。只有皮尼亚塔罗(2002年)、德尔·巴利奥和赫拉罗(2013年)建立了马尔姆奎斯特的指标来分解博物馆和所有相关机构的平均演变。其他研究(梅里·斯凡登·埃克特，2002年)包括一个动态组件分好几年从不同的角度考虑数据(“窗口分析”)。该假设认为博物馆需要超过一年时间来开展一些如组织临时展览或准备教学计划的活动。马尔姆奎斯特指数被证明是适合的，因为它们允许我们将生产力分解为技术进步(从效率前沿的位移)或生产管理效率的调整(从单位到边界的距离变化)产生的变化。反过来,后者可能会被分解成纯粹的效率变化或规模效率的变化,这表明西西里博物馆的生产效率在1994—1998年每年增长4.5%,主要是由于技术因素而不是博物馆效率的实际提高。相比之下,2005—2008年,西班牙博物馆的生产效率增长了18%,这主要是由于内部管理水平的改进,而不是对技术变革的适应。与预期相反,技术变革对这些文化遗产机构的影响较小,与其他文化产业相比,这些机构对新技术的接受程度较低。

三、在效率评估方面的实证应用:博物馆的表现是否受到地点和机构类型的影响?

我们提出的实证应用是在有条件的效率分析的领域提出的,因为它试图衡量一个区域博物馆系统的绩效,考虑到两个外部因素,博物馆位置和管理模式的类型,可能决定效率达到的程度。在对西班牙卡斯蒂利亚-莱昂自治区的博物馆网络进行实证分析得出结论,该地区拥有丰富的文化遗产,这得益于其悠久的历史和丰富的艺术形式。该地区的各类博物馆被作为一个代表性样本研究,因为它包含了广泛的主题,同时也涉及各种管理形式,跨越各种各样的地理区域。这些博物馆由一种特定类型的机构组成,这意味着所涉及的运营实体有一定程度的组织认可,因此也确保了某种程度的一致性。考虑到一个复杂的生产函数包含许多与博物馆所履行的各种功能相适应的输入和输出数据,所以采用非参数化的DEA方法来衡量这些机构的效率。最后,这项工作旨在阐明这一技术对于建立有关资源使用的指导方针和建议的有用性,以提高其整体效率,并提高每个相关机构的绩效。

(一)案例研究:西班牙的一个区域博物馆网络

目前的案例研究涉及一组博物馆机构,这些机构属于卡斯蒂利亚-莱昂(西班牙)自治区的博物馆系统①,该博物馆系统由三个明确定义的类型组成。第一类是由地方当局管理的博物馆,主要由省级博物馆(由国家所有,但由地方政府管理)和近期由地方当局设立的博物馆组成。第二类包括所谓的综合博物馆,这些博物馆被认为属于自治区。这些博物馆主要由地方和省级政府所有,但在某些情况下,这些博物馆的管理是由财团和基金会管理的,这赋予了它们一定程度的独立性。最后一类博物馆被归为受承认的博物馆,这意味着它们处于正式进入区域博物馆系统之前的阶段。这些博

① 见 http://www.museoscastillayleon.jcyl.es/。

物馆主要是小型的市立博物馆，往往具有民族志的性质，以及一些系列主题的私人收藏馆。

表1 博物馆样本

编码	博 物 馆	类型	管理方	位置
M1	Castilla y León Ethnographic Museum	自治区	地区政府	城区
M2	Castilla y León Mining and Steel Industry Museum	自治区	地区政府	城区
M3	Ávila Museum	省	地区政府	城区
M4	Burgos Museum	省	地区政府	城区
M5	León Museum	省	地区政府	城区
M6	Palencia Museum	省	地区政府	城区
M7	Numantino Museum in Soria	省	地区政府	城区
M8	Valladolid Museum	省	地区政府	城区
M9	Zamora Museum	省	地区政府	城区
M10	Dinosaur Museum	综合	当地政府	郊区
M11	Roman Museum	综合	当地政府	郊区
M12	Upper Bierzo Municipal Museum	综合	当地政府	郊区
M13	Sierra-Pambley Museum	综合	基金会	城区
M14	Bierzo District Museum of History	综合	当地政府	郊区
M15	Valencia de Don Juan Castle Museum	综合	当地政府	郊区
M16	Piedad Isla Ethnographic Museum	综合	基金会	郊区
M17	Mateo Hernández Museum	综合	当地政府	郊区
M18	Esteban Vicente Museum of Contemporary Art	综合	财团	城区
M19	Museum of the “Fueros”	综合	当地政府	郊区
M20	“Las Ferias” Museum	综合	基金会	郊区
M21	Villadiego Municipal Museum	认可	当地政府	郊区
M22	Chocolate Museum	认可	当地政府	郊区
M23	David Melui Jewish Museum	认可	当地政府	郊区

总而言之，作为被认可的特定机构系统，卡斯蒂利亚-莱昂自治区 2016 年总共有 48 家博物馆。在这些博物馆的基础上，2009 年进行了一项调查，其中要求提供关于 2005—2008 年博物馆所从事活动的数量信息，以及用于上述活动的资源清单和数量①。数据回收率为 73%，有关博物馆效率评价的最终名单见表 1，由 23 个机构组成，占该地区博物馆总数的一半。该样本可以被认为代表了该体系中极其重要的一部分，因为它实际上包含了大部分由地区当局管理的博物馆，以及那些在当地政府体系中最重要的博物馆。从广义上讲，该类型的博物馆体系由汇集了来自该地区或该省最具代表性的民族志、考古或艺术作品，以及其他展品门类更细的博物馆组成，它们要么在工艺品和设计处理方面更专业，要么由某位艺术家或创作者提供藏品。因此，样本中包含了这些本质相似的博物馆。

（二）生产函数

我们试图为这些博物馆的样本提供描述性的变量，代表所有与博物馆的生产功能相关的输入和输出数据，其操作设计如图 1 所示。在输入端，我们首先对参与博物馆各种活动的人员涉及的工作或人员因素进行整理：管理、行政、技术人员、安全、维护人员，等等。其次，资本渠道被明确为两个变量：博物馆面积用平方米，这让我们了解了收藏这些藏品的建筑的规模和重要性，该因素被认为是博物馆开展活动所必需的设备和服务的一个指标。②本节不包含任何反映博物馆收藏品本身的文化价值或官方认可的变量，因为这是一些定性变量。然而，这些因素的影响被认为与剩余变量有直接关联。例如，博物馆的大小往往与博物馆的重要性或其所在建筑的历史价值联系在一起。尤其体现在艺术品收藏的活力方面，从借出的藏品或新增的作品的比例来看，这间接地反映了藏品的重要性和范围。前者是一种输入，而后者则被认为是一种博物馆活动，因此，作为一种输出，我们看到图 1 所示循环。

事实上，对于代表输出的变量，我们首先考虑的是与博物馆的展览功能相关的因素；也就是游客数量，即需求最基本的表现形式；博物馆组织的临时展览的数量，以每年占用天数来衡量。事实上，第二个变量也是一个输出数据，它是博物馆最具特色与代表性的活动之一，也就是组织展览，以补充

① 研究及收集到的数据均可向作者索要。

② 该指数专门计算博物馆借阅服务、档案、修复、仓库、摄影、视听设备、教育活动区域、环境控制、计算机控制、衣帽间、残疾人车辆停放点、出租、向导、网页、会议室、咖啡吧及商店区域。

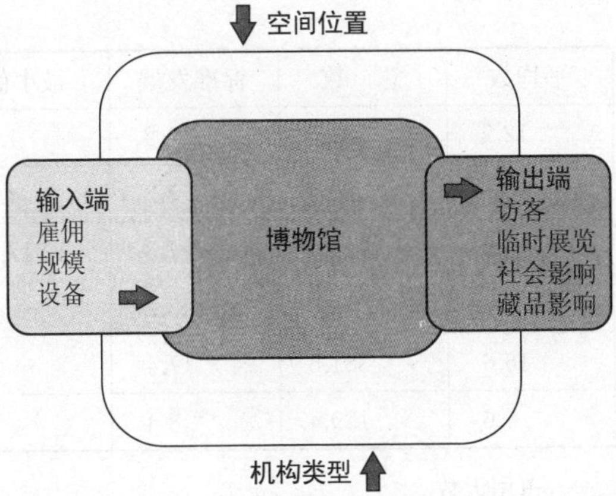

图 1　博物馆及有关变量

永久藏品。为了继续进行有代表性的产出，计算了两个影响指标。首先是博物馆的传播、沟通、教育和研究活动，因为我们计算这些博物馆发行的出版物的数量(指南、目录、藏品研究文章)以及传播活动的组织，如教育研讨会、音乐会、研讨会、会议和小型会议等等。考虑到这些活动数据的分散性，我们决定把这个变量称为博物馆的社会影响。第二个指标与博物馆收藏本身的影响有关，因为它计算了与永久藏品规模相比较的贷款和新收购的流动性。如前所述，这个变量也间接地反映了博物馆的文化价值，因为它假定了藏品的重要性越大，它所产生的贷款和汇编的藏品数量就越多。总而言之，表 2 显示了在 2005 年和 2008 年的两个时间段内，我们所选的博物馆样本的效率基础分析中所包含的变量的描述性统计。

表 2　描述性变量

变　量	平均数	总　数	标准发展	最小值	最大值
规模*	1 753.4	40 327.5	1 996.1	165.0	7 500.0
雇佣 05	10.2	234.0	9.6	1.0	29.0
设施 05	6.9	158.0	4.5	—	13.0
访客 05	13 011.5	299 265.0	18 148.4	680	87 078.0
临时展览 05 **	77.9	1 790.5	104.5	—	322.0
社会影响 05	7.7	177.0	10.2	—	46.0
藏品影响 05	5.6	128.2	12.7	—	51.5

（续表）

变　量	平均数	总　数	标准发展	最小值	最大值
雇佣 08	12.2	281.0	9.2	1.0	27.0
设施 08	9.6	220.0	3.2	4.0	15.0
访客 08	14 814.0	340 721.0	12 737.3	1 517.0	59 967.0
临时展览 08**	108.9	2 504.0	108.2	—	365.0
社会影响 08	16.6	381.5	17.4	—	66.5
藏品影响 08	5.6	129.4	8.4	—	31.0

注：*，平方米；**，占用天数。

（三）方法

为了对卡斯蒂利亚-莱昂自治区博物馆系统进行效率分析，我们考虑了一个复杂的生产函数公式，即一个包含了工作和资本的基本资源，以获得一组反映博物馆所承担的各种功能的输出数据。我们试图利用这一点来克服大多数博物馆效率研究中的局限性，即只考虑一个结果，即只用参观者数量来衡量产出效率。我们总共用了四种可能的产出，即先前提到的，并试图合并博物馆提供的大部分服务。在输入端，三个考虑——就业、规模大小和设备情况——第二是作为非任意资源，在这个意义上，我们认为博物馆管理在短期内改变博物馆展厅大小或展览的房间的数量不太可能。其他因素可以被看作自由的资源，受机构经理的控制，原则上，可以根据中期管理的要求进行调整。

然而，基于对博物馆系统所产生的一般和假想的生产功能，我们认为某些外部因素可能会影响这些机构的表现，这些因素具体是机构管理模式和博物馆的位置。前者与博物馆的组织和战略有关，后者可能从仅仅展示一个艺术收藏品到承担与保护、研究和传播相关的所有工作。很明显，这可能会影响到可用的输入数量和博物馆的实际影响。同样，博物馆的位置也可能对绩效有影响，因为城市的博物馆具有人口规模和影响周边地区的优势，并且很可能受益于更好的通讯和可及性。

在这些假设的基础上，两个前后相关的外部变量被建立起来，这些变量反映了一家博物馆的活动。第一个变量是管理的制度方法，它区分了由地方政府管理的博物馆和其他主要是在地方议会层面管理运营的博物馆。地区运营的博物馆大多遵循公共部门的常规供应模式，并且都是享有长期声誉的机构，而本地运营的博物馆往往规模更小而且存在时间更短。有时，它们的管理被外包给非营利性的基金会。第二个变量是位置，它是外部的决定因素，基本上区分了省会城市的博物馆和在郊乡地区的其他博物馆。在这样做的过程中，我们考虑到，由于惯性因素作用，博物馆的地理位置和可及性可能会在多大程度上决定它们的成功。

表 3　管理模式和位置输入输出变量中位差克鲁斯凯-沃利斯检验结果

变　量	管理模式		位　置	
	统计数值	p-值	统计数值	p-值
规模大小	118.0	0.000 594 785[a]	116.5	0.001 558 08[a]
雇佣量 05	108.0	0.004 791 85[a]	122.0	0.000 422 251[a]
设施 05	54.5	0.611 64	82.0	0.302 56
访客量 05	83.5	0.207 599	98.0	0.043 793 2[b]
临时展览 05	73.5	0.522 818	85.5	0.208 322
社会影响 05	67.0	0.824 897	82.5	0.290 072
藏品影响 05	85.0	0.169 594	89.0	0.139 408
雇佣量 08	121.0	0.000 282 241[a]	130.0	0.000 060 737 5[a]
设施 08	70.5	0.656 929	94.5	0.070 058 8[c]
访客量 08	94.0	0.054 691 1[c]	98.0	0.043 845 3[b]
临时展览 08	89.0	0.107 761	91.0	0.113 33
社会影响 08	108.5	0.004 566 43[a]	109.0	0.006 953 03[a]
藏品影响 08	79.0	0.326 459	78.0	0.435 933

注：(1) 机构管理模式：地区管理 vs 当地管理；位置：城区 vs 郊区。
(2) (a)(b)(c)，各自保密级别和重要性在 99%、95%和 90%。

基于这一方法，在这两个外部因素作用下，输入和输出数据上出现了显著差异的对比。为此，对克鲁斯凯-沃利斯检验的非参数测试对各组变量中位数差异进行比较。表 3 显示了该分析的结果。首先，管理模式揭示了四个相关变量的巨大差异：输入端的雇佣情况和博物馆规模，以及输出端的访客数量和社会影响。其次，位置变量揭示了上述指标的显著差异，再加上另一个指标，即博物馆的设备水平，在比较城市和乡村博物馆时，表现出显著差异。为了确定在效率水平和这一发展过程中是否也存在明显的差异，单独分开的效率评估也实行了，以获得四个组的结果。在这个目的下，我们使用生产函数，以使其在每种情况下都有代表性；换句话说，使用博物馆各部分的两输入和两输出功能，以及用于地理位置区域的三输入和两输出功能机制。

通过DEA进行效率评估首先要我们明确最小化输入值的导向。如前所述，采用这一方法，效率指标产出结果表明在哪种程度上现有输入数据可以被加强以获得相同的输出；或者换一种方式，为了保持既定的输出水平，最大限度地减少输入的可能性是多大。效率分析也是在两个技术假设下进行的：假设这些单位使用绩效常模(CRS模型)，或者使用可变绩效模型(VRS模型)。这种区别在我们的案例研究中非常方便，因为当用于分析的单位大小之间存在很大差异时，用同一比例比较大单位和小单位是不合适的，所以我们必须接受一个更灵活的选择，即既有的绩效变量模型。之后，在第一个模型中，我们获得了一个总体的技术效率指标(OTE)，在这种分析模型下，效率低下或与边界有一定距离的情况可能是由于生产管理不足，或者是由于规模不适合造成的。然而，第二个模型去掉了生产规模不足因素，并解决了与资源优化相关的纯技术效率(PTE)问题。使用这两个指数提供了获得另一个的可能性，即规模效率指数(SE)，它将被计算为前两个指标之间的商数；换句话说，SE=OTE/PTE(见甘利和库宾，1992)。

（四）结果

卡斯蒂利亚-莱昂自治区博物馆体系及各段不同群体的效率评价结果显示如下。[①]在机构管理模式后应用分块研究，换句话说，第一批外部因素作为决定成功水平的因素，我们首先使用了代表性生产功能——运用工作和博物馆规模大小输入数据以保障参观者需要和社会影响力——被看作与教育、研究和传播有关活动的复合指标。结果如表4所示。以2008年的可变参数规模回报为例，由地区运营的博物馆拥有更丰富的效率前沿，因为9家博物馆中有6家达到最佳绩效值，而在地方议会运营的博物馆中，14家中只有5家博物馆的展览达到最佳水平。这反映在每一组的平均效率比上，这在前一种情况下要高得多，82%比77%。这些数据表明，由于资源管理不足，或由于不适当的规模，这些博物馆中其余的正在以低于它们的能力运作。具体地说，在地区经营的博物馆中，可以通过减少18%的资源来达到同样的商品供应和服务水平，在当地运营的博物馆这一案例中，这意味着平均调整达到23%。从广义上讲，可能有人说，由地方政府管理的博物馆效率较低。

---

① 该项分析运用了PIMSoft(绩效提升管理，2011)项目。

表 4 管理模式分段：效率产出

代码(区域/当地管理)	2005 年			2008 年		
	CRS 整体技术效率	VRS 纯技术效率	SE 规模效率	CRS 整体技术效率	VRS 纯技术效率	SE 规模效率
M1	19.02	19.02	100	100	100	100
M2				100	100	100
M3	100	100	100	100	100	100
M4	29.69	29.69	100	32.76	38.46	85.17
M5	44.98	44.98	100	99.6	100	99.6
M6	21.04	21.04	100	40.48	58.82	68.81
M7	100	100	100	65.99	100	65.99
M8	25.63	100	25.63	42.56	100	42.56
M9	21.04	21.04	100	19.38	41.67	46.52
平均效率	45.18	54.47	90.70	66.75	82.11	78.74
标准发展	34.81	38.57	26.29	33.67	27.39	23.56
高效博物馆数	2	3	7	4	6	4
M10	85.95	85.95	100	58.01	58.66	98.9
M11	100	100	100	46.45	58.99	78.74
M12	22.28	22.28	100	58.82	61.9	95.02
M13	46	46	100	30.34	31.32	96.89
M14	81.21	82.06	98.97	58.7	66.22	88.64
M15				11.91	100	11.91
M16	100	100	100	69.55	70.81	98.23
M17	77.18	77.18	100	100	100	100
M18	80.31	100	80.31	100	100	100
M19	72.06	72.06	100	100	100	100
M20	100	100	100	96.11	97.77	98.31
M21	20.72	20.72	100	18.55	50	37.09

（续表）

代码(区域/当地管理)	2005年			2008年		
	CRS 整体技术效率	VRS 纯技术效率	SE 规模效率	CRS 整体技术效率	VRS 纯技术效率	SE 规模效率
M22	100	100	100	100	100	100
M23	50	50	100	80.88	85.71	94.36
平均效率	71.98	73.56	98.41	66.38	77.24	85.58
标准发展	28.54	29.54	5.44	31.33	23.22	26.98
高效博物馆数	4	5	11	4	5	4

每个博物馆的效率也进行单独分析。这一分析表明，最高效的博物馆是那些在地区所有权和管理下，最近由地方政府开放的博物馆、许多省级博物馆以及一些由基金会运营的当地博物馆，它们享有一定程度的独立性。所有这些博物馆都被赋予了重要的资源，并将展览重点放在几个互补的目标上。

表5　位置分段:效率产出

代码(区域/当地管理)	2005年			2008年		
	CRS 整体技术效率	VRS 纯技术效率	SE 规模效率	CRS 整体技术效率	VRS 纯技术效率	SE 规模效率
M1	17.49	50	34.98	85.37	90.16	94.69
M3	100	100	100	100	100	100
M4	40.1	66.1	60.67	54.16	76.07	71.19
M5	44.98	96	46.85	100	100	100
M6	17.95	64.86	27.67	34.06	98.57	34.55
M7	100	100	100	80.67	100	80.67
M8	22.43	100	22.43	97.64	100	97.64
M9	18.99	54.55	34.82	28.57	76.29	37.45
M13	56.55	100	56.55	100	100	100
M18	100	100	100	100	100	100
平均效率	51.85	83.15	58.40	78.05	94.11	81.62

（续表）

代码（区域/当地管理）	2005 年			2008 年		
	CRS 整体技术效率	VRS 纯技术效率	SE 规模效率	CRS 整体技术效率	VRS 纯技术效率	SE 规模效率
标准发展	35.65	21.41	31.05	28.53	9.93	25.94
高效博物馆数	3	5	3	4	6	4
M2				100	100	100
M10	85.95	85.95	100	60.78	67.14	90.52
M11	100	100	100	60.94	65.08	93.63
M12	40	40	100	58.82	61.9	95.02
M14	82.65	82.65	100	72.96	82.47	88.47
M15				17.92	100	17.92
M16	100	100	100	72.68	76.81	94.61
M17	100	100	100	100	100	100
M19	83.54	87.14	95.87	100	100	100
M20	100	100	100	96.11	97.77	98.31
M21	21.37	21.37	100	21.86	100	21.86
M22	100	100	100	100	100	100
M23	51.85	51.85	100	80.88	100	80.88
平均效率	78.67	79.00	99.62	72.53	88.55	83.17
标准发展	28.05	28.13	1.25	28.36	15.54	28.65
高效博物馆数	5	5	10	4	7	4

在地理位置分段的效率分析中，采用了三输入和双输出的生产函数，其中考虑了第二个外部因素。在这个生产功能中，博物馆的设备水平作为一种资本供应，在之前的组合中加入了，因为在比较城市和乡村博物馆的差异时，这一点被证明是很重要的。评价结果见表 5。它们反映出，从广义上讲，城市博物馆揭示了更好的平均效率比，而农村博物馆的效率则较低。这是因为大多数农村博物馆是小收藏，由地方议会管理。与城市形成鲜明对比的，是由基金会和当地财团经营的省级和其他博物馆，后者在机构细分分析中显得更加有效。

非参数 DEA 分析用于评价公共服务供应是为了改善低效率的单位，它允许在输入和输出计算中作必要的调整，以达到最佳的结果；换句话说，就是效率边界。对案例研究的分析结果显示在表 6 和表 7 中，这反映了次优博物馆需要实施改进措施，以便从制度和地理分段中脱颖而出。[①]由此可以看出卡斯蒂利亚-莱昂自治区博物馆体系效率低下的主要原因是雇员冗余，尽管区域运营的博物馆和城市博物馆还需要实施关键性的改善以吸引更多游客和产生更大的社会影响以及研究提示的相关的活动。相比之下，市政博物馆和乡村博物馆在输出端几乎没有任何潜在可能的改善，而且似乎人员和设施过剩。这是一个简单的由这类博物馆规模很小这一事实推出的结论，在访客或社会影响方面有限范围得出的结论意味着任何费用节省只能在人员和设施上实现。

表 6　管理模式分段：输入及输出实现方面可能的改进

编码	输入			输出					
	雇佣情况			访客			社会影响		
	值	目标	增长%	值	目标	增长%	值	目标	增长%
M4	26	10	−61.54	18 993	22 299	17.41	13	25	92.31
M6	17	10	−41.18	6 647	22 299	235.47	17.5	25	42.86
M9	24	10	−58.33	10 373	22 299	114.97	9	25	177.78
M10	6	3.52	−41.34	11 000	11 000	0	8	8	0
M11	5	2.95	−41.01	9 327	9 327	0	7	7	0
M12	3	1.86	−38.1	3 440	5 353	55.6	6	6	0
M13	12	3.76	−68.68	12 889	12 889	0	7	7	0
M14	7	4.64	−33.78	16 190	16 190	0	6.5	7.67	18.06
M16	4	2.83	−29.19	7 136	7 136	0	9	9	0
M20	6	5.87	2.23	16 311	16 311	0	14	14	0
M21	2	1	−50	1 517	4 090	169.61	0	3	
M23	2	1.71	−14.29	2 833	5 142	81.52	5.5	5.5	0

① 博物馆规模大小变量已经从该分析中除去，因为博物馆管理人员认为这是短期内的非随意性资源。

表7 位置分段:输入和输出效果方面可能的改善

编码	输入						输出					
	雇佣			设施			访客			社会影响		
	值	目标	增长%	值	目标	增长%	值	目标	增长%	值	目标	增长%
M1	24	21.64	−9.84	13	11.72	−9.84	9 706	24 500	152.42	61.5	61.5	0
M4	26	19.78	−23.93	10	7.61	−23.93	18 993	18 993	0	13	13	0
M6	17	16.76	−1.43	11	10.84	−1.43	6 647	16 755	152.07	17.5	17.5	0
M9	24	18.31	−23.71	11	8.39	−23.71	10 373	16 712	61.11	9	9.45	5.04
M10	6	4.03	−32.86	11	7.39	−32.86	11 000	11 000	0	8	8	0
M11	5	3.25	−34.92	11	7.16	−34.92	9 327	9 327	0	7	7	0
M12	3	1.86	−38.1	12	6.79	−43.45	3 440	5 353	55.6	6	6	0
M14	7	5.77	−17.53	10	8.25	−17.53	16 190	16 190	0	6.5	11.29	73.65
M16	4	3.07	−23.19	8	6.15	−23.19	7 136	7 136	0	9	9	0
M20	6	5.87	−2.23	11	8.8	−20.01	16 311	16 311	0	14	14	0

四、结论

对文化机构的效率评价是学者们较少关注的问题。然而,这些机构可能确实被认为是公共实体的典型例子,它们利用了各种各样的投入,虽然这些投入并不总是以客观的方式衡量;这些投入反过来又产生了一系列复杂的产出,这些产出有时是无形的,而且是非市场的。总而言之,研究评估的是公共服务的效率,内容与教育或卫生领域相当,相比之下,近年来,这一领域受到更大的关注。在评价文化机构效率的过程中,发展理论知识和实践应用,证明了这一理论的重要性和宝贵价值。

本文通过运用非参数化的方法,特别是DEA,通过对西班牙博物馆系统的不同案例研究,部分地提出了文化机构效率评价理论框架。考虑到这一点,我们的目标是展示理论方法和评估技术的进展。

目前的研究还提供了一种对文化机构进行评估的具体经验应用,并以西班牙某区域博物馆系统为样本。生产功能,适用于博物馆作为公共服务机构的各种功能。我们认为,某些外生因素可能会影响效率的水平和演变,因为它们是不由决策者控制的变量。因此,我们分析了这两个变量的影响,即博物馆的机构管理模式和它的位置，作为这些机构的效率水平的可能决定因素。为了实现这一目标，与两阶段的条件效率模型不同，基于这两个变量的博物馆系统的差异形成了对比。这产生了两组生产功能不同的博物馆，它们的生产功能被证明代表了每一种情况。因此，对这些得出结果的博物馆而言，效率评估是分开进行的，目的是为了确定在效率水平和这一发展过程中是否也存在明显的差异。我们根据两种不同的技术假设（持续业绩和可变规模业绩）来估计效率比率，并通过分解马尔姆奎斯特指数来衡量效率强弱。

最重要的发现表明，至少有一半的博物馆是高效运作的。然而，实现最高效率水平的博物馆是那些位于城市地区并由地方政府管理的博物馆，相比之下，乡村博物馆却效率较低。因此，效率水平的高低似乎确实取决于两个可能的外部决定因素才有这样的效果。这通常是因为由地区行政管理的博物馆，主要位于城市，从事更广泛的活动和功能，并拥有更多的资源。它们有一个额外的优势，那就是有更大的潜在参观者需求，这都是由于它们所在的地区的大小，以及它们从更好的交通和可及性中获益。

在天平的另一边是在市政层面运行乡村博物馆，这显示出效率水平较低，以及优质博物馆数量少。这一结果反映了这些博物馆的规模很小而且展品范围局限，以及它们基本上是小型的民族志和艺术收藏品博物馆。然而，它们实现了保护乡村文化遗产的目标。因此，维持公共供给是由于其存在和遗留价值，而不是因为管理效率水平的缺陷。事实上，获得估计实现最优效率前沿所需的输入和输出的变化的研究结果几乎指向这类博物馆的任何重大改进，而在前一组主要集中于员工水平的变化和获取更多参观者数量和更大的社会影响。

最后，从这一研究本质中得出的结论适用性并不局限于为一个区域性的博物馆网络的效率提供客观和可靠的见解，也可能为参与文化产业领域的分析人士和决策者提供合作的机会。首先，博物馆管理者自己可能会从这个应用研究中受益，他们可以获得一个衡量他们管理博物馆的效率的相对方法。其次，文化政策制定者可由这种客观的工具，将资源分配给治下的各个博物馆，要么通过为高效团体提供资金，要么通过更有想象力的公式，比如建立与管理绩效相关的效率奖金制度。最后，私人股东尤其是赞助者，可以从这种等级化中受益，因为他们能够了解到他们对此类活动的赞助是多么富有成效。

参考文献

1. Basso, A. and Funari, S., 2004, "A Quantitative Approach to Evaluate the Relative Efficiency of Museums", *Journal of Cultural Economics*, 28(3), 195—216.

2. Boyle, S., 2007, "Impact of changes in organisational structure on selected key performance indicators for cultural organisations", *International Journal of Cultural Policy*, 13(3), 319—334.

3. De Witte, K. and Geys, B., 2011, "Evaluating Efficient Public Good Provision: Theory and Evidence from a Generalised Conditional Efficiency Model for Public Libraries", *Journal of Urban Economics*, 69 (3), 319—327.

4. Del Barrio, M. J., Herrero, L. C. and Sanz, J. A., 2009, "Measuring the Efficiency of Heritage Institutions: A Case Study of a Regional System of Museums in Spain", *Journal of Cultural Heritage*, 10 (2), 258—268.

5. Del Barrio, M.J. and Herrero, L.C., 2014, "Evaluating the efficiency of museums using multiple outputs: evidence from a regional system of museums in Spain", *International Journal of Cultural Policy*, 20 (2), 221—238.

6. Del Barrio, M.J. and Herrero, L.C., 2016, "Museum management assessment using a DEA two-stage approach. Application to a Spanish state-run network of museums", *19th International Conference on Cultural Economics*, Valladolid, Spain, Association for Cultural Economics International.

7. Del Barrio, M.J. and Herrero, L.C., 2018, "Supporting the dance sector. Does efficiency clash with success when programming?" *20th International Conference on Cultural Economics*, Melbourne, Australia, Association for Cultural Economics International.

8. Dyson, R.G., Allen, R., Camanho, A.S., Podinovsky, V.V., Sarrico, C.S., Shale, E.A., 2001, "Pitfalls and protocols in DEA", *European Journal of Operational Research* 132:245—259.

9. Evans, P., 1997, "Local Authorities and the Arts in the United Kingdom: The Development of Policy-Specific Evaluative Indicators", *In-*

ternational Journal of Cultural Policy, 4(1), 161—181.

10. Farrell, M.J., 1957, "The Measurement of Productive Efficiency", *Journal of the Royal Statistical Society. Series A (General)*, 120(3), 253—290.

11. Fernández-Blanco, V., L. C. Herrero and Prieto-Rodríguez, J., 2013, "Performance of Cultural Heritage Institutions", I. Rizzo and A. Mignosa, eds., *Handbook on Economics of Cultural Heritage*, Cheltenham, UK and Northampton, MA, USA: Edward Elgar Publishing Ltd.

12. Figueroa, V., Herrero, L. C., Báez, A. and Gómez, M., 2017, "Analyzing how cultural factors influence the efficiency of tourist destinations in Chile", *International Journal of Tourism Research*, 20(1), 11—24.

13. Finocchiaro Castro, M., C. Guccio and Rizzo, I., 2011, "Public Intervention on Heritage Conservation and Determinants of Heritage Authorities Performance: A semi-Parametric Analysis", *International Tax and Public Finance*, 18(1), 1—16.

14. Ganley, J. A. and Cubbin, J., 1992, *Public Sector Efficiency Measurement: Applications of Data Envelopment Analysis*, Elsevier Science Publishers.

15. Gómez, M. and Herrero, L.C., 2017, "Measuring emotion through quality: evaluating the musical repertoires of Spanish symphonic orchestras", *8th European Workshop on Applied Cultural Economics*, Kralow, Poland, Association for Cultural Economics International.

16. Guccio, C., Mignosa, A. and Rizzo, I., 2017, "Disentangle inefficiency in the production activities of Italian national libraries: A network DEA approach", *ACEI Working Paper Series* AWP-04-2017, Association for Cultural Economics International.

17. Guccio, C., Pignataro, G., and Rizzo, I., 2014, "Evaluating the performance of public procurement contracts for cultural heritage conservation works in Italy", *Journal of Cultural Economics*, 38,(1), pp.43—70.

18. Herrero, L. C., and Gómez, M., 2017, "Cultural resources as a factor in cultural tourism attraction: Technical efficiency estimation of re-

gional destinations in Spain", *Tourism Economics*, 23(20), 260—280.

19. Luksetich, W. and Nold Hughes, P., 1997, "Efficiency of Fund-Raising Activities: An Application of Data Envelopment Analysis", *Nonprofit and Voluntary Sector Quarterly*, 26(1), 73—84.

20. Mairesse, F. and Vanden Eeckaut, P., 2002, "Museum Assessment and Fdh Technology: Towards a Global Approach", *Journal of Cultural Economics*, 26(4), 261—286.

21. Mairesse, P., 1997, "Les Limites D'analyse D'efficacité Dans Le Secterur Des Musées", Paper presented at the Fourth AIMAC Conference, Conference, San Francisco.

22. Marco Serrano, F., 2006, "Monitoring Managerial Efficiency in the Performing Arts: A Regional Theatres Network Perspective", *Annals of Operations Research*, 145(1), 167—171.

23. Paulus, O., 1995, "Museums' Efficiency, Paper presented at the Fourth European Workshop on Efficiency and Productivity Analysis", Conference, CORE, Université Catholique de Louvain.

24. Peacock, A. T., 2003, "Indicatori Di Performance E Politica Cultural", *Economia della Cultura*, 13(4), 513—524.

25. Pignataro, G., 2002, "Measuring the Efficiency of Museums: A Case Study in Sicily", I. Rizzo and R. Towse, eds., *The Economics of Heritage. A Study in the Political Economy of Culture in Sicily*, Cheltenham, UK and Northampton, MA, USA: Edward Elgar Publishing Ltd, pp.65—78.

26. Pignataro, G., 2003, "Performance Indicators", R. Towse ed., *A Handbook of Cultural Economics*, Cheltenham, UK and Northampton, MA, USA: Edward Elgar, pp.366—372.

27. Simar, L., Wilson, P. W., 2007, "Estimation and inference in two-stage, semiparametric models of production processes", *Journal of Econometrics*, 136, pp.31—64.

28. Taalas, M., 1997, "Generalised Cost Functions for Producers of Performing Arts—Allocative Inefficiencies and Scale Economies in Theatres", *Journal of Cultural Economics*, 21(4), 335—353.

29. Taalas, M., 1998, "Efficiency of Finnish Museums—Free Disposal

Hull Method to Measure Cost Efficiency", Paper presented at the Tenth International Conference on Cultural Economics, Conference, Barcelona, Spain.

30. Taheri, H. and Ansari, S., 2013, "Measuring the relative efficiency of cultural-historical museums in Tehran: DEA approach", *Journal of Cultural Heritage*, 14(5), 431—438.

31. Turbide, J. and Laurin, C., 2009, "Performance Measurement in the Arts Sector: the Case of the Performing Arts", *International Journal of Arts management*, 11(2), 56—95.

32. Vitaliano, D. F., 1998, "Assessing Public Library Efficiency Using Data Envelopment Analysis", *Annals of Public and Cooperative Economics*, 69(1), 107—122.

33. Weil, S. E., 1995, "Performance Indicators for Museums: Progress Report from Wintergreen", *The Journal of Arts Management, Law, and Society*, 23(4), 341—351.

34. Weinstein, L. and Bukovinsky, D., 2009, "Use of the Balanced Scorecard and Performance Metrics to Achieve Operational and Strategic Alignment in Arts and Culture Not-for-Profits", *International Journal of Arts Management*, 11(2), 42—56.

How and Why to Assess Efficiency of Cultural Institutions? Methods and Applications in Spain

Luis César Herrero Prieto　María José Del Barrio Tellado

Abstract: The goal of this work is to present a methodological approach to the efficiency evaluation of cultural institutions, particularly museums, since these are amongst the most characteristic in the area of cultural heritage. Different applications to cases studies are surveyed to show as well how the methods and approaches have progressed over time. We also carried out a specific empirical application on performance evaluation on a regional system of museums in an effort to explore the impact which certain exogenous factors, such as the institutional management model and museum location, can have on the efficiency level. A non-parametric approach, Data Envelopment Analysis, is used to measure efficiency in these institutions, and we employ a complex production function that embraces a number of inputs and outputs adapted to the various functions that museums fulfil: preservation, research, communication, and exhibition. The most important findings indicate that at least half the museums chosen operate efficiently. The most efficient museums are those located in urban areas and run by regional administration, whilst rural museums under municipal management prove to be less efficient. The work seeks to evidence the usefulness of this approach and these techniques in establishing guidelines and offering recommendations concerning the use of cultural institutions' resources.

Key words: efficiency evaluation; museum management; data envelopment analysis; cultural economics; Spain

文化发展的机遇：2018年欧盟—中国旅游年

西班牙巴亚多利德大学　埃米利奥·埃尔南德斯
华中师范大学　廖正丽　译

［内容提要］　近年来，由于经济稳步增长、经济结构调整以及国内旅游市场进一步开放，中国旅游业不断发展。中国已成为世界上最大的出境游客来源，同时也是一个最具吸引力的旅游目的地。在可预见的将来，中国的旅游业将持续快速增长。在“一带一路”倡议的不断实施和一系列优惠政策的支持下，随着中国人越来越富裕，愿意在旅游上投入更多资金，同时旅游基础设施不断升级，旅游资源也在不断开发，中国旅游业发展潜力巨大。今天的中国是世界上第一大出境旅游市场，无论是在国外旅游还是在旅游支出方面都是如此。中国不仅已成为亚洲及太平洋许多目的地的主要客源市场，也成为欧洲联盟的主要目的地，其中5个成员国已跻身世界十大目的地之列，中国游客不断涌入，兴趣日益浓厚。本文考察欧盟与中国之间的旅游流动，对中国出境旅游市场的演变进行全球概览，提供有关中国游客对欧盟看法的一些线索，并明确这一行业的主要趋势。

［关键词］　中国人；欧洲；出境旅游；文化

一、引言

旅游业是促进经济增长和创造就业机会的潜在部门之一，也是促进文化和国家形象提升的活动之一。旅游业在欧洲地区的发展中也发挥着重要作用。为旅游目的地创建的基础设施有助于当地发展，而创造或维持的就业机会可以帮助抵抗工业或农村的衰退。旅游业可以保护文化和自然遗产，范围从艺术到当地美食。欧盟的5个成员国是世界十大目的地之一，中国在出境旅行和旅游支出方面一直占据世界最大旅游市场的地位。换句话说，中国是国际旅游市场的增长引擎。近年来，中国出境游大幅增长（自2000年以来，年均增长27.2%，超过世界旅游组织预测的到2020年的1亿人次）——这是2014年实现的目标。仅2016年前6个月，出境游客就达到5 900万人次，超过2010年全年。许多新兴目的地发现这一商机，并开始成为欧盟强劲的竞争对手。为了确保更快的增长，欧盟必须加强其旅游部门的竞争力，并增加来自非欧盟的游客人数。2016年7月12日，欧盟委员会主席让-克洛德·容克(Jean-Claude Juncker)与中国总理李克强一致认为，2018年将是欧盟—中国旅游年，原因就在此。此外，2018年已被指定为中国—加拿大旅游年、中国—土耳其旅游年以及中国—白俄罗斯旅游年。有一种普遍的误解，认为旅游年是中国和特定国家之间的专属事务。所有这些竞争对欧洲旅游业来说并不是障碍，而是一个很好的机会——可以开拓中国市场，学习如何吸引中国游客，并关注中国游客不断变化的偏好和行为模式。这一举措为增加双方的游客流量和投资提供了一个独特的机会。

二、在欧洲的中国出境旅游

近日，中国旅游学院院长戴斌在欧洲议会——旅游会议上发表了专题讲话。他指出，自中国与欧盟于2004年签署ADS协议的13年来，欧洲已正式成为中国公民出境旅游的目的地，年均增长10.6%。2016年，308.11万名欧盟公民访问中国，441.77万名中国公民访问欧盟国家。据初步估计，中国和欧洲的旅游业分别创造了141.7亿美元和114.9亿美元的收入，为当地经济增长和社会就业做出了重大贡献（中国旅游学院，2017）。

一些人对中国出境旅游的热情忽视了这样一个事实：2015年，绝大多数出境游（占64%）都是前往中国香港特别行政区和中国澳门（中国旅游学院，2016）。

亚洲占73.3%。这在很大程度上体现了区域内旅游的便利性和偏好，这些旅游在世界各地的许多市场上都是典型的区域内旅游。考虑到短途目的地的时间和成本优势，这种趋势毫不奇怪。中国一线城市游客在四小时内就能到达大多数亚洲目的地（Goldman Sachs，2015）。

继亚洲之后，欧洲是2016年中国旅游最多的目的地，约占总数的11.5%（不包括俄罗斯的萨尔斯），即1 250万人次。其次是北美和南美洲、非洲和大洋洲(中国旅游学院,2016)。欧洲在出境游中所占的比例已达到11.5%,在经历了2005年的20.3%和2010年的12.9%(欧洲旅游委员会和世界旅游组织,2012)之后,在2015年逐渐下降到11.5%(不包括俄罗斯的萨尔斯)。这种下降在一定程度上可以归因于出境旅游构成的变化,相对来说,商务和公务旅行在减少,而私人和休闲旅游则更倾向于短途旅行(国家统计局,2016)。

欧洲国家的情况比较复杂,因为不同国家的统计数据是以不同的方式衡量的。然而,变化率可以看出每个国家的发展方向。欧洲旅游目的地的增长是由南欧和地中海国家主导的:法国、西班牙、塞浦路斯、葡萄牙和希腊是前五名。波罗的海国家也经历了惊人的增长,特别是拉脱维亚和爱沙尼亚。相对来说,中欧、西欧和北欧的一些国家的增长率较低,但冰岛和瑞士明显例外,这两个国家的旅游增长更快(欧洲旅游委员会,2016)。法兰克福、罗马、马德里、巴黎、莫斯科、伦敦、布拉格、维也纳、哥本哈根和圣彼得堡成为最受欢迎的十大目的地城市(中国旅游学院,2017)。克罗地亚、捷克和黑山等国的旅游增长迅速。特别是克罗地亚受到《权力的游戏》等电影和电视作品的影响,实现了10多个百分点的增长率。在"一带一路"倡议的推动下,捷克、黑山和其他国家实现了双倍增长,这得益于直接路线布局和资源政策的优势(中国旅游学院,2017)。尽管欧洲一些国家偶尔会发生当地的恐怖袭击,但对中国游客来说,欧洲仍然是一个极具吸引力的目的地,也是长途出境旅游的首选。

在过去10年里,来自中国的游客在欧盟过夜的人数增加了两倍多,2016年达到近2 500万个夜晚。中国旅游业的增长幅度超过了其他非欧盟国家,如美国、俄罗斯或巴西(欧洲统计局,2018)(见图1)。

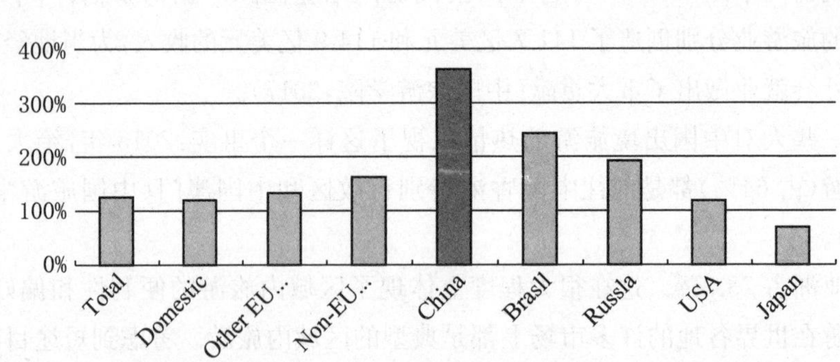

图1 2016年各国在欧盟旅游过夜的人数的增长比例(与2006年相比)

资料来源:(欧洲统计局,2018)。

据表1显示,在欧盟国家旅游过夜的外国人中大多数来自其他欧盟成员国，占72%，其他欧洲国家占9%。在非欧洲游客中，来自亚洲的游客占比最大(8%)。

表1　2016年非欧盟居民在欧盟国家旅游过夜的人数及比例(欧盟28%)

Residence of the guest	Nights spent in EU	%
Other EU Member States	1 057 063.327	72
Other European countries	137 131.926	9
Asia	**111 783.273**	**8**
North America	94 536.254	6
Oceania	26 182.364	2
Central and south America	25 143.740	2
Africa	18 379.078	1

资料来源：(欧洲统计局，2018)。

非欧盟居民在欧盟28个国家过夜的游客中，中国游客占1.7%；对芬兰来说，这一比例接近5%(见图2)。

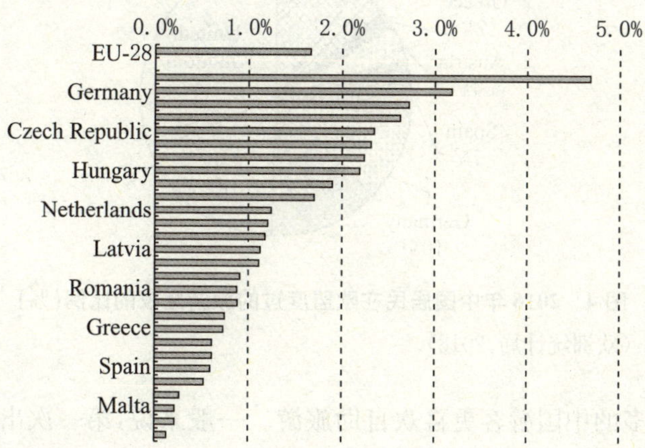

图2　2016年中国游客占非欧盟居民过夜总数的比例(%)

资料来源：(欧洲统计局，2018)。

在来自欧盟以外的游客的总过夜数中，中国游客所占的比例几乎为6%(见图3)。卢森堡在中国游客中非常受欢迎；非欧盟游客在卢森堡的8晚中就有1晚是中国游客度过的。中国游客主要停留在四个欧盟国家：每10名从中国到欧盟的游客中，有7名以上是在英国(31%)、意大利(18%)、法国

(13%)、德国(10%)(见图4)。

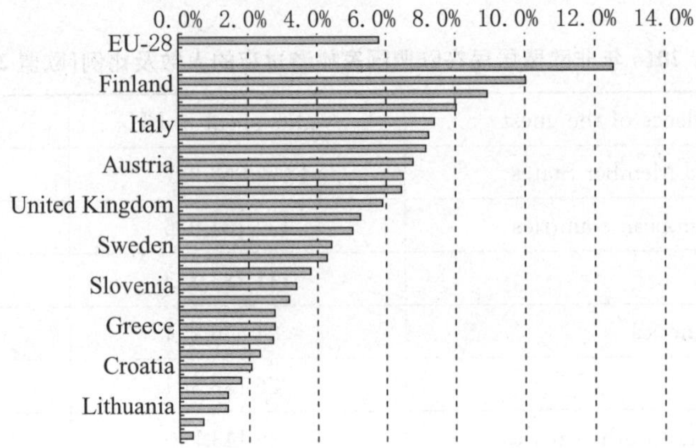

图 3　2016 年中国游客占欧盟以外的客人过夜的比例(%)

资料来源:(欧洲统计局,2018)。

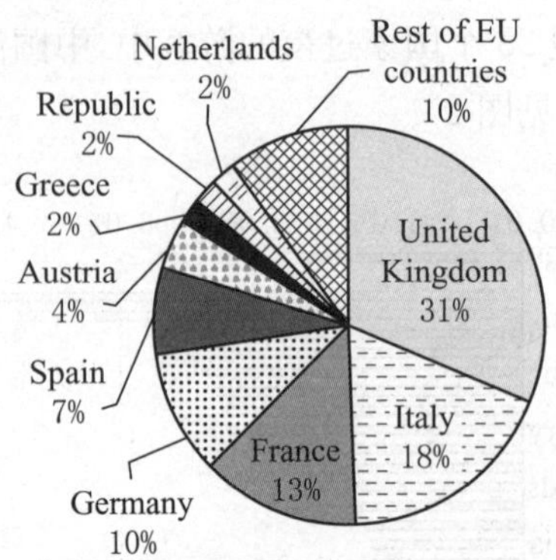

图 4　2016 年中国居民在欧盟度过的旅游之夜的比例(%)

资料来源:(欧洲统计局,2018)。

越来越多的中国游客更喜欢自助旅游。一般来说,第一次出国旅游的人倾向于参加团体旅游,而越来越多的有经验的旅行者更喜欢自助旅行。根据欧盟委员会发布的一份对旅游市场的细分报告,中国赴欧旅游可分为五大类。最多的是传统主义者(70%),喜欢加入旅行社出游,因为它更便利。"文艺青年"或"冒险家"(10%)是为了更自由,而寻找新体验的群体(10%)想要满足他们的好奇心,文化游客(7%)的目标是与家人一起学习新事物和获得新的文化体验,而最后一批"享乐主义者"(3%)则与朋友一起去游玩和购物(欧盟委员会,2016)。

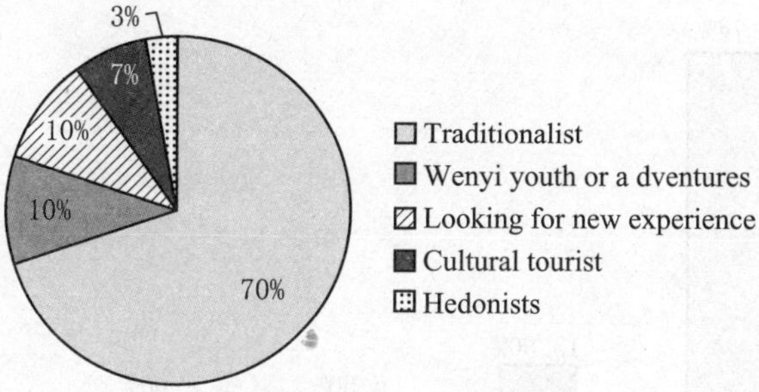

图 5　五大旅游族群

资料来源:(欧盟委员会,2016)。

到 2025 年,中国出境游数量将增加到 2.2 亿人次,从 2018 年到 2025 年每年增长 6.5%(Goldman Sachs, 2015)。对欧洲而言,预计 2015—2025 年,欧洲将每年增长 8.4%,这意味着在这段时间内欧洲将从其他地区获得份额。中国赴欧旅游的增长也将导致欧洲入境旅游构成的变化。世界旅游组织预计,到 2020 年,前往欧洲的亚洲游客中,有四分之一将来自中国(欧洲旅游委员会和世界旅游组织,2012)。据预测,在欧洲大城市中伦敦将迎来中国游客最多的增长;到 2023 年,预计伦敦的年游客人数将比 2013 年增长一倍(ITB Academy, 2015);阿姆斯特丹和鹿特丹紧随伦敦之后,在过去几年的缓慢增长之后有所回升。

三、中国出境旅游地区

在地理、历史等因素的综合作用下,中国各省份经济发展不平衡。东部沿海城市经济发达,生活水平较高,西部省区经济欠发达。因此,东西部地区旅游者表现出不同的行为和偏好。中国出境旅游客源市场按人均国内生产总值、城镇居民人均可支配收入和富裕人口数分为 3 个区域:一级旅游地区、二级旅游地区和三级旅游地区。

一级地区包括北京、上海、广东、天津、浙江、江苏和福建。这些地区人均国内生产总值超过 1 万美元,是城市居民人均可支配收入最高的 7 个省(市),这些地区居住着中国一半以上的中产阶级和富裕的城市家庭,居民对出境旅游的需求和能力都很高。2015 年,第一级旅游地区由旅行社组织的出境游客人数占全国游客总数的近 60%,其中,第一级旅游地区出境旅游流量的 74% 流向亚洲目的地(不包括中国香港、澳门和台湾),13.8%流向欧洲,约 5%流向美洲和大洋洲。非洲仅吸引 1.8%的出境游客(世界旅游组织,2017)。

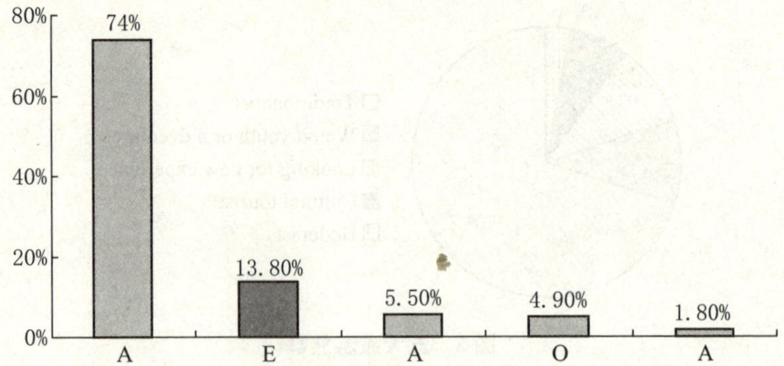

图6　一级区域流动(%)

资料来源:WTO。

二级旅游区域主要包括中部省份和经济相对富裕的西部省份:山东、河南、四川、湖北、河北、湖南、安徽、辽宁、陕西、内蒙古、江西、广西、重庆、黑龙江、吉林、山西、海南(国家统计局,2017)。这些省市的国内生产总值处于中等发达水平,人均国内生产总值主要在 5 000 至 1 万美元之间。这些地区约占中国富裕阶层的 40%(世界旅游组织,2014)。随着生活水平的提高和收入的增加,二级旅游地区的人们对出境旅游的需求越来越大。因此,二级旅游区域作为一个资源市场具有巨大的潜力。二级旅游地区的出境游客占全国游客总数的 38%(国家旅游局,2017)。来自二级地区的游客 83.6%前往亚洲目的地,而欧洲仅吸引 8%的游客量。与一级区域相比,二级区域的游客更喜欢短途旅游目的地(世界旅游组织,2017)。近距离、便捷的交通和短程产品的价格优势都促成了亚洲国家在二级地区的普及。二线城市获得快速增长,占据超过一半的市场份额。

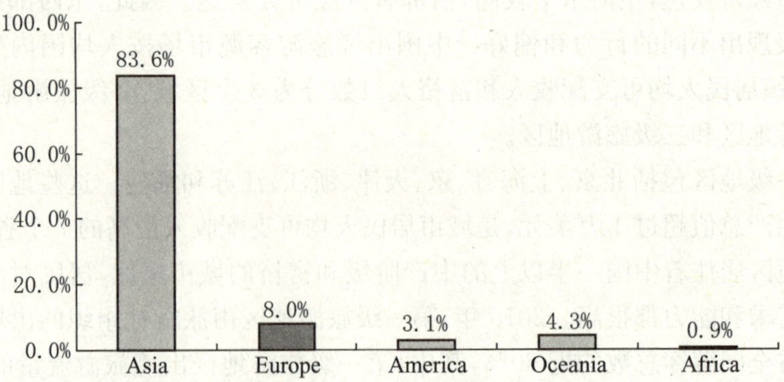

图7　二级区域游客流量(%)

资料来源:WTO。

三级旅游区域主要位于中国西部偏远地区，包括云南、贵州、新疆、甘肃、宁夏、青海(国家统计局，2017)。这些地区容纳了大约 10%的中国富裕阶层(世界旅游组织，2014)。由于这些地区经济不发达，人口相对较少，出境流量也较小。由于地处中国内地和经济欠发达地区，当地居民对海外旅游的需求相对较低。这些地区的游客对旅游产品的价格非常敏感，倾向于选择旅行社组织的多目的地观光旅游(世界旅游组织，2017)。三级地区的出境旅游业务占全国总量的 7%，仅占出境流量的 2%。就目的地国而言，亚洲占该区域所有出境流量的 82.2%，其次是欧洲(11.3%)和大洋洲(3.7%)(世界旅游组织，2017)。

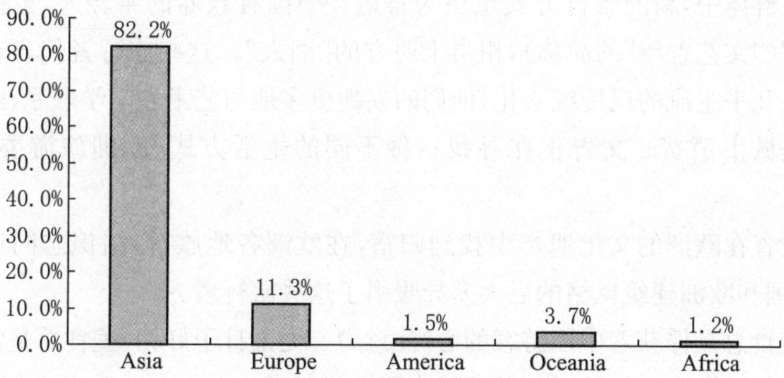

图 8　三级区域游客流量(%)

资料来源：WTO。

华东和华南地区是中国的领头羊。中国二三线城市将成为未来经济增长和国际商品与服务需求的主要驱动力(Hinsdale, Jing Travel, 2017)。国际旅游公司应该考虑在中国二三线城市寻找新的增长机会。2017 年第三季度，一线和二线城市占整个欧洲出境旅游市场的 82%。二线城市的市场占有率达到 53%，成为市场领先者。在增长率方面，二线和四线城市的增长速度是突出的，特别是四线城市。与 2016 年第三季度相比，前往欧洲的游客在二线城市增长 47%，在四线城市增长 69%(中国旅游学院，2017)。

四、中国旅游的新趋势

中国出境旅游的构成正在发生变化。公务旅行的比例正在下降，而私人旅行的比例却在上升(国家统计局，2016)。中国城市中产阶级的增长同时意味着中国消费者和旅行者的意向发生了变化,因为更多的人可以花更多的钱在“玩乐”上。对于1980年以后出生的“千禧一代”来说尤其如此,占今天出境旅客的三分之二。在消费方面,“千禧一代”通常更多的以体验为导向,在诸如外出就餐、体育和旅游等方面的花费比老一辈人多(欧洲旅游委员会,2017)。近一半的中国出境旅客每年出国一次,尽管这些旅行大多是短途旅行。长途旅游目的地中欧洲最受欢迎,其次是北美和南美(中国旅游学院,2016)。

千禧一代的中国人被认为是有抱负的,比前几代人更倾向于旅行、体育、在线游戏和外出就餐等消费(欧洲旅游委员会,2017)。这可以被预期为出境旅游市场持续增长的驱动因素,因为更多千禧一代有出国旅游的经济可能性。在这一群体中,新的旅行方式也更为普遍。中国有教养的年轻人,也被称为“文青”(“文艺青年”的简称),相当于西方的“潮人”。这些旅行者代表着一种广泛且几乎主流的反传统文化,他们的兴趣更多地与艺术和文学联系在一起,而不是城市消费。文青正在寻找一种不同的生活方式(欧洲旅游委员会,2016)。

文青在欧洲的文化遗产中找到归宿,在欧洲各地旅行,结识志同道合的人,中国和欧洲建筑风格的巨大差异吸引了这些旅行者。

美食总是俘获着中国游客的心/注意力。无论日子好坏,美食总是萦绕在中国人的脑海中。正如一句著名的中国谚语所说:“民以食为天。”越来越多的中国年轻人成了“美食家”或者说如他们在中国所自称的“吃货”,而且人们对探索世界各地的食物文化越来越感兴趣。这是千禧一代旅游发展的新趋势。

“吃货”这个词在年轻的中国游客中很受欢迎,他们是旅游时美食的狂热爱好者。这些旅行者在旅行期间拍摄的照片突出显示了精心安排的有趣菜肴。这些吃货在海外旅行中往往花更多的时间去探索当地的美食,而不是进行观光或购物活动。借助智能手机和微信的帮助,人们往往会花更多的时间去品尝当地的美食。一些中国游客甚至会拍一张菜单的照片,上传给他们在中国的朋友(Arlt, 2017)。这意味着对地道的本地烹饪体验的需求,能够更好地迎合这些中国游客的不是食物本身,而是翻译成中文的菜单,以及接受中国人付费的方式。

(一)对欧洲旅游产品的新需求

随着中国旅行者更加注重经验,他们倾向于制定适合个人兴趣的旅行计划。这导致中国市场旅游产品的多样化。体育、婚礼和医疗旅游是中国游客到欧洲旅游的新需求。

1. 体育旅游

从历史上看，很少有中国游客在国外旅游时参加体育赛事，但如今，体育旅游在中国消费者中成为一种日益增长的趋势，旅行社提供体育旅游的相关产品来满足这一需求。许多中国游客愿意在海外观看体育赛事，比如西班牙、英国或德国的足球比赛，瑞士的滑雪旅行以及为观看奥运会而举办的观众席套餐。温布尔登锦标赛在到欧洲旅游的中国游客中很受欢迎。此外，在一些中国博客中，通过在不同国家举办马拉松比赛也是一种新的趋势。体育旅游产业日新月异，是世界上增长最快的旅游市场，年平均增长率为14%(搜狐体育，2016)。

2. 婚庆旅游

与过去几年相比，中国婚礼旅游是一种新的趋势。对于中国“千禧一代”来说，海外婚礼提供了一种在国内往往无法获得的个性和自由的感觉。毫不意外，这种独特婚礼体验的追求带来了各种各样的婚礼旅游形式，其中许多形式与西方婚礼旅游的风格大不相同。

当然，许多中国人力求在梦想中的婚礼目的地举办更符合婚礼旅游标准概念、同时又具有为单独的一对夫妇精心设计的婚礼仪式的个性化婚礼。这样的婚礼往往被视为“长面子的”(Hinsdale, Jing Travel, 2017)。

社交媒体给年轻中国夫妇的高度优先级别也有助于解释婚礼摄影旅游。法国、意大利、英国、希腊和其他欧洲国家都渴望在针对年轻中国夫妇的婚礼旅游选择的版图中占据一席之地。这一趋势对欧洲旅游业来说是一个巨大的机遇。

这里有一个巨大的文化差异是欧洲人必须理解的：中国的大多数夫妇在婚礼前几个月拍婚纱照。与西方夫妇想要在婚礼上捕捉真实瞬间的婚纱照片不同，中国夫妇想要的是反映他们浪漫幻想的精心制作的照片。据中国社交媒体用户透露，欧洲婚礼比传统的中国婚礼更浪漫。

3. 医疗旅游

无论富裕与否，中国公民都希望获得最好的医疗服务，或是他们迫切需要的治疗(Read, 2016)。医疗旅游是一个潜力巨大、只会持续增长的行业，这主要是由于中国对医疗服务的巨大需求，人们认为这些服务优于在中国可以享受到的服务。对国内医疗保健提供者质量的不信任为欧洲国家提供了极好的商业机会。

由于医疗体制跟不上需求，越来越多的中国人在世界各地寻找其他选择。

这些游客中的大多数选择了本国以外的亚洲目的地。那些决定到更远的地方去旅游的患者主要去美国接受心脏手术、癌症治疗或代孕治疗。

在欧洲，匈牙利以其价有所值的牙科保健而闻名于中国游客，而瑞士正在成为富有的中国人尝试抗衰老干细胞疗法的目的地。

(二) 扩大"中国友好"区

微信是由中国高科技巨头——腾讯于2011年推出的，它已在中国社交媒体领域占据主导地位，并日益在国外占据主导地位。目前，海内外每月超过9亿人成为微信社区的一员。

但很少有欧洲互联网和社交媒体的重量级消费者以及更少的欧洲公司，意识到微信已经成为中国人日常生活中必不可少的一部分，因为中国消费者群体已有近10亿。

欧洲的公司和消费者需要更加熟悉微信当下所提供的大量和日益增长的、能在某种程度上解释其受欢迎程度的服务。

微信平台还提供英文和中文服务，使得用户与朋友和同事交流信息得以可能，但这项服务还有待进一步优化。人们还经常使用微信打电话，用二维码购买商品和服务，在网上搜索和订购商品和服务，在网上玩游戏、阅读和分享新闻(Bastin, 2017)。

在中国，基于二维码的移动支付市场的领导者是腾讯的微信支付和阿里巴巴的支付宝。中国银联不是特别占主导地位，但仍然是重要的一方。尽管社交通信工具微信的触角延伸到了海外，但微信支付却并非如此。这是因为中国人民银行严格限制各种形式的外汇外流。为了规避这些限制，微信支付公司和其他移动支付提供商一样，已经确立外部合作伙伴，以拓展海外市场(Brown, 2017)。

微信希望为在中国和世界各地向中国消费者销售更多产品的品牌提供一个经济实惠、高效的线上服务，而且这里不需要获得中国的营业执照及支付其费用。在通过微信实现线上存在之前，中国的商业伙伴也是不需要的。

如今，移动支付是中国消费文化不可或缺的一部分。只要扫描二维码就可以通过支付宝和微信付费购买包括机票和街头食品在内的一切商品(Hinsdale, Jing Travel, 2017)。考虑到这些平台在中国消费文化中的整合程度，让一个迎合中国游客的企业不去选择这些可用的支付手段就很难说是有理有据的了。

支付宝和微信海外支付面临的最大障碍，是其将支付平台与本地银行系统整合的能力。如果一家公司想利用中国移动支付来促进游客的消费,这当然也好,但是如果这个账户不能连接到当地的银行或交易系统,那就没有实际意义了。

2016 年 12 月,支付宝与四大欧洲银行:法国巴黎银行、瑞士六家集团、英国巴克莱和意大利联合信贷在欧洲建立最大的银行业合作伙伴关系。这一协议使得支付宝可在银行的商业网络中被使用。微信支付也达成类似的协议,包括 2017 年 11 月与法国巴黎银行达成类似支付宝的合作协议。

这些协议的核心是让尽可能多的商家接受微信支付和支付宝,因此中国游客无论身在何处,都可以依赖他们最喜欢的移动支付平台。

这些协议的一些例子是巴黎的拉法耶特画廊(Galeries Lafayette),从 2017 年 11 月开始将微信支付方式作为一种支付选择。巴黎公共交通服务公司(RATP)有一个微信页面,允许乘客在应用中购买人民币车票,芬兰也于 2018 年 2 月宣布拥有首个全面支付宝的外国游客,此前有 8 名中国游客在那里完成仅使用支付宝一周的挑战(Parulis-Cook, 2018)。

欧洲的公司和消费者需要更加熟悉微信所提供的大量且范围不断扩大的服务。微信的欧洲市场趋势应该被视为欧洲品牌在旅游领域的巨大机遇。欧洲企业需要在中国的在线领域中脱颖而出,才能让自身跻身购物清单。确保在主流旅游平台和社交媒体渠道上提供公司资料和产品信息是一个好的开始。

(三)中国游客如何看待欧洲

欧洲的优势是丰富的文化和历史。这一观察符合将欧洲作为艺术和历史博物馆的观点。中国游客将欧洲视为历史、艺术、文化、博物馆、古典音乐和建筑的发源地,这对中国人在欧洲的旅行产生了巨大的影响。

蓝天、优美且得到很好保护的环境以及许多拍照的机会也是中国游客所认识的欧洲的积极方面。

在中国人的欧洲之旅中,奢侈品商店和购物中心仍然高居榜首。巴黎的拉斐特画廊是中国游客的天堂。这些商店在寻求奢侈品的中国游客中很受欢迎,中国消费者在全球奢侈品购物中所占的份额比任何其他国家的消费者都大(D'Arpizio, Levato, Zito 和 de Montgolfier, 2015)。

然而,在中国人的欧洲之旅中,“并非所有闪光的东西都是黄金”这句话同样适用。存在一些棘手的障碍和烦恼。中国旅行者认为的最大问题是语言交流障碍。第二个抱怨是不安全,因为在一些欧洲目的地的中国游客担心盗窃、暴力,甚至恐怖主义。一个较小的抱怨是关于大多数酒店不提供中国设施的事实。尽管一些中国游客说他们确实发现欧洲食物很美味,但更多的人抱怨说它不好吃。其他人抱怨在目的地很难找到好的中国餐厅(欧洲旅行委员会,2016)。

一份 SWOT 的分析为欧盟制定吸引中国游客的战略方针和未来规划的方向提供了一个很好的框架。

表 2　SWOT 分析

优势: 保存完好的历史景点 世界一流的文化遗产 世界级奢侈品牌(购物) 丰富的自然遗产 蓝天,优美的环境	**劣势:** 汉语信息缺失 缺乏精通中英文的人力资源 与中国支付方式缺乏兼容性 文化差异导致各种误解
机遇: 成长中的中产阶级 文化需求与文化活动 中国旅行者的成熟 新丝绸之路计划	**挑战:** 强大的亚洲及太平洋竞争对手 欧洲恐怖袭击后的安全观

中国公民旅游资金的增加和日益壮大的中产阶级成为欧洲旅游业发展的机遇之一。中国城市人口中属于中产阶级,尤其是中上阶层的比例正在迅速增长。根据世界经济论坛的一项研究,到 2020 年,中上阶层和富裕家庭的数量将达到 1 亿,占城市家庭总数的 30%,而 2015 年为 17%,2010 年仅为 7%。此外,该研究预计,到 2020 年,中上阶层和富裕家庭将占中国城市消费的 55%,占其增量增长的 81%(世界经济论坛,2016)。城市中产阶级的增长意味着中国消费者和旅行者的实况发生了变化,届时更多的人可以花更多的钱在"享受乐趣"上。这对"千禧一代"来说尤其如此,他们占了当今出境游客的三分之二。在消费方面,"千禧一代"通常更注重体验,这意味着他们在诸如外出就餐、体育和旅游等方面的花费要比老一辈人多(Goldman Sachs, 2015)。经济正日益成为消费驱动型,旅游业是受此影响较大的行业之一,2015 年出境旅游在进口总额中所占份额为 14.6%,而 2011 年为 4.0%(世界银行,2017)。

欧洲旅游业发展的另一个机遇是,如今对文化和文化活动的需求日益增加,新一代的中国游客对知识、文化和艺术有着浓厚的追求。此外,整个 2018

年，欧洲联盟都在庆祝整个欧洲的多元文化遗产。欧洲文化遗产年的目的是鼓励更多的人发现和参与欧洲的文化遗产，并加强对欧洲共同空间的归属感。

特别是对西班牙来说，新丝绸之路的中国项目即“一带一路”是一个很大的机遇。2013 年 9 月，中国国家主席习近平在哈萨克斯坦纳扎尔巴耶夫大学(Nazarbayev University)发表讲话，首次公布了这一项目。2015 年 3 月，外交部、商务部和国家发展与改革委员会发布一份联合文件，列出该路线的主要目标，其中包括重视解决贸易障碍和促进文化关系。

这些目标之中就包括西班牙通过旅游业参与了中国的新路线项目。在丝绸之路上讨论旅游意味着讨论一个带有多种目的的产品。自 2015 年 4 月以来，西班牙作为世界旅游组织丝绸之路方案(UNWTO)的第 32 个成员国，是又一个旅游目的地。西班牙是在接受工业、能源和旅游部的请求，并应联合国教科文组织巴伦西亚—地中海中心和巴伦西亚大学的邀请被纳入该方案的。

通过这一倡议，巴伦西亚必须发挥优先作用，成为西班牙新丝绸之路的旅游参考。巴伦西亚作为联合国教科文组织丝绸之路项目唯一的西班牙城市，2016 年被指定为丝绸市，同时新建即将落成的丝绸博物馆——巴伦西亚丝绸之路大学博物馆，这有助于增加与“一带一路”沿线国家，尤其是与中国的文化、学术和旅游联系，使西班牙的中国游客数量大幅增加。新丝绸之路沿线的城市与其关系密切，而巴伦西亚在西部丝绸之路的城市中发挥着主导作用，当然这并不是唯一的城市。在西班牙，还有其他与地理分布有关的观点，而且与丝绸有着非常重要的联系。塔拉萨城就是其中之一。自 1990 年以来，该城市一直把丝绸之路委员会的总部设在西班牙的纺织博物馆，目的是将这条路线作为一种文化路线加以研究。穆尔西亚、塞维利亚、科尔多瓦、格拉纳达、萨拉戈萨、托莱多和巴塞罗那等城市，甚至拉帕尔马岛都与丝绸文化有着密切的关系(Hernández, 2018)。

所有这些城市都可能是中国游客前往西班牙旅游的不同文化路线的一部分，并将其纳入西班牙丝绸之路的“内陆路线”项目。这一行动不仅能使西班牙更密切地了解中国的旅游市场，而且还能让西班牙政府在其西班牙国内积极参与中国政府推动的新丝绸之路的建设。如果这种“文化路线”计划成为西班牙以中国旅游为重点的旅游服务的一部分，无疑会受到中国和中国游客的欢迎，两国在旅游业的双边关系也将从中受益。

另一方面，瓦伦西亚作为海上丝绸之路的首都，是邮轮旅游的关键点之一，沿着地中海(伊斯坦布尔、雅典、威尼斯和瓦伦西亚)的路线。这一条件使得人们有可能考虑创造和提供一种与瓦伦西亚新丝绸之路有关的新的邮轮产品。西班牙作为世界上旅游产品最具竞争力的国家，有着使这一产品闻名国外的工具，并使这条路线延伸到西班牙(Hern Ann DEZ, 2018)。

公私伙伴关系对丝绸之路旅游业的发展起着非常重要的作用。政府必须制定旅游政策，但旅游业发展的动力是私营企业，因此没有私营企业就无法发挥作用。在西班牙旅游部门的公共机构和私营企业(酒店、旅行社、旅游经营者、船运公司等)之间共同参与生产良好产品的行动，以及在中国充分宣传西班牙丝绸之路，可能触发对中国游客和以文化旅游为动机的游客的新需求和新偏好。此外，必须补充说，西班牙的新丝绸之路可以避免旅游业的季节性，促进新产品出现在沿线城市，为不同目的地的发展提供可能性，并促进与旅游活动有关的企业的国际化。毫无疑问，这种联合参与可以帮助发展和改善产品开发、营销和基础设施等问题，并增加中国游客的数量。

五、结论

欧盟—中国旅游年于 2018 年 1 月 19 日在威尼斯启动。这一倡议是在 2017 年欧盟中国峰会上商定的，旨在支持制定新的、更好的旅游路线，促进文化间的交流，增进旅游和旅游体验，包括更大程度的推广和可持续的旅游业。

中国出境旅游市场不仅规模不断扩大，而且日趋成熟和多样化。这意味着从组团旅游转向自助旅游，从标新立异的景点转向注重体验，从到最著名的景点旅行，再到探索新景点的兴趣。

中国游客对技术的了解越来越多，更多的是以移动为导向，更有见识。他们通过社交网络获得信息，通过手机预订旅行，通过网络与朋友和家人分享旅行时刻，并优先考虑通过中国在线支付平台进行海外旅行。在一个难以渗透和吸引游客的市场，建议中国游客使用自己的信用卡(银联)或通过支付宝和微信等中国平台支付。如果这是他们喜欢和要求的东西，它就必须得到实现。

西班牙加入世界贸易组织的丝绸之路项目，也许有助于开发与丝绸和蚕业有关的新型旅游产品，并与中国建立更紧密的联系，这些将成为西班牙游客在中国的旅游参考。同样，这种新产品可以作为传递思想和知识的媒介，加强两国之间的联系。尽管存在着把两国分开的物理距离和文化距离，但新丝绸之路给了两国一个交流和成长的机会。这一举措将有助于加强西班牙与中国的旅游联系，使新丝绸之路可以作为一个大好机遇来促使中国游客到西班牙访问。最后，我们必须考虑到，中国游客正在改变国际旅游市场，在数量和质量上都在增长。欧盟—中国旅游年以及艺术和文化的作用可以帮助建立与中国游客的情感联系，这是再怎么估计也不为过的。

2018 European Union—China Tourism Year: An Opportunity for Culture

Emilio Hernández

Abstract: China's travel industry has been expanding in recent years, thanks to steady economic growth, economic restructuring and the further opening of the domestic tourism market. Consequently, China has become the world's biggest source of outbound tourists and at the same time an ever popular travel destination. China's travel industry will be able to maintain a steady and rapid growth in the foreseeable future. Backed by the ongoing implementation of the "Belt and Road" initiative and the introduction of a number of favorable policies, China's travel industry has enormous potential as its citizens are wealthier and willing to spend more on travel, while its tourism infrastructure is continuously upgraded and more tourism resources are being explored. China today is the number one outbound tourism market in the world, both in terms of trips abroad and expenditure. China has become a key source market not only for many destinations in Asia and the Pacific but also for destinations in the European Union (EU), with five of its Member States among the world's top 10 destinations, which see a steady influx and growing interest from Chinese tourists. This paper takes a look at tourism flows between the European Union and China, provides a global overview on the evolution of the Chinese outbound market, some clues about Chinese travellers' view of the European Union and identifies the key trends of this dynamic sector.

Key words: Chinese; Europe; outbound tourism; culture

文化作为哥伦比亚麦德林社会和城市转型的要素

哥伦比亚国立大学　诺拉·埃琳娜·埃斯皮纳尔-蒙萨尔韦
乔纳森·丹尼尔·戈麦斯-萨帕塔
上海交通大学　毕晓梅　译

[内容提要] 本文旨在以发展理论为指导回顾麦德林所经历的社会与都市转型,这个城市曾经艺术创造力传统有限、博物馆文化淡薄、高度隔离,并且处于冲突的政治、经济、社会环境中,这在该地区没有任何先例。这种城市转型是文化和教育政策实施的结果。本文分析和论证了城市的主要变化及其对居民生活的影响,经历这一系列变化之后它在2013年被公认为世界上最具创新精神的城市。

[关键词] 地方发展;文化;社会转型;城市化转型

一、引言

麦德林的转变是对现代性下的赌注,但始于明确和决定性的文化身份,从一个与它的居民需要相关联的地区的构想开始,聚焦于将文化作为促进地方可持续发展的策略,致力于开启一个重大转型。在21世纪初,城市政府的新概念伴随着私人部门和居民的参与兴起,并开始涵盖文化项目,赋予城市旅游和服务目的地的新特征。随着未来的视觉、艺术和文化成为主要的焦点,麦德林作为一个拥有有限的艺术创造力遗产的城市,没有强大的博物馆文化,高度隔离,并处于该地区没有任何先例的政治、经济和社会冲突的环境中,然而,情况开始缓慢而坚定地发生变化。如今的麦德林被认定为2013年度最具创新性的城市。

本文介绍了教育和文化政策重新制定的总体布局,其中优先考虑了在麦德林市边缘化地区的投资，克服了非常复杂的国家合法性缺失、暴力、无望，以及几个社会部门的贫困化。这种转变是实施政策的短期和长期影响的表达，这些政策影响体现为创新的交通基础设施、文化情景的构建、公民使用和广泛接受的其他设备的回收和充分利用，以及创意、艺术和文化团体的强势存在与城市文化参与的增加，等等。然而，没有数据库和研究来评估政策，或衡量对国内生产总值(GDP)的贡献，以及政策对不同活动、方案和文化项目的实施的贡献，也没有监测和评估这些政策和国家行动的测量方法。20年后的今天，聚焦文化教育的发展战略其长期的影响日渐显现。

本文的结构安排如下：在导言之后，第二部分从理论上讨论经济发展的概念、文化作为促进活力的因素，以及公共政策的作用。第三部分提出麦德林实现重要的城市和社会转型的战略和证据，这不但改善了其居民的福祉，并成为世界范围变革和创新的参照。作为结论的第四部分包括对这种转变的意义和尚待解决的挑战的洞见。

二、发展、文化和政策

(一) 文化与发展

如今，经济发展的概念包括几个方面：和平、经济、环境、社会和民主(Boutros-Ghali, 1995; Bifani, 1997)，为了实现人类的福祉，每个方面都是不可或缺的。

> 没有和平，人类的能量就不能具有生产力；没有经济增长，资源匮乏难于解决问题；没有健康的环境，生产力就会吞噬人类进步的基础；没有社会正义，不平等就会吞噬一切；如果没有自由的政治参与，人民就无法表达他们对个体和共同命运的看法(Del Giorgio & Girotto, 2017)。

此外，发展还应保证当前人口的福祉，并为未来福祉保存条件，从而有利于社会的均衡发展(Manilo & Mastromonaco, 2014)。通过这种方式，基于主动行动和对居民的了解，以及对特定区域的现有和潜在资源可持续的利用，经济、社会和可持续发展处于增长和结构变化的过程；推动满足需要和改善本区域或本市人口福祉的区域能力和生产能力；认为疆域不仅是实体、活动和经济进程的物理支撑，而且是经济和社会变革的催化剂(Boisier, 2001; Clark et al., 2012)。为了实现所有维度的发展,需要整合资源(政治和生产系统)、行动者(公共部门、私营部门、民间社会)和科学技术系统(Blanco, 2003; Del Giorgio, 2015)。

当考虑到可持续性时,我们必须涉及社会层面;实现可持续发展需要公民充分参与管理和引导获得资源和受益于经济和就业机会的决策过程。这种发展促进形成基于保护人权、消除歧视、包容、尊重多样性、机会均等、团结、安全和包容所有人的稳定和公平的社会(Del Giorgio 和 Girotto, 2017)。这样的社会可持续发展要提高教育质量,为个人提供有益和实用的知识、道德、文化和社会价值观,以及参与社会、经济和政治发展进程的理性能力。

然而,本地发展的诸多维度并没有以同样的方式得到承认,特别是与社会文化有关的方面。1982 年,联合国教科文组织在墨西哥举行的世界文化政策会议(Mondiacult)明确地将文化纳入经济发展中,将这种考虑扩大到全球层面,并在各国的国家和地方政策中得到重视(Miralles, 2009)。通过这种方式,诞生了经济发展概念的一个重要里程碑,不同于 70 年代和 80 年代早期从严格的生产力观念解释经济发展的主导潮流:

> 文化是发展进程的基本方面,有助于加强国家的独立、主权和认同。经济增长常常以定量的方式来理解,而没有考虑其必要的定性维度,也就是人类心灵和文化需求的满足。真正的发展追求每一个人和所有人的福祉的持续的实现(UNESCO, Declaración de México sobre Políticas Culturales, 1982)。

(二) 文化对经济发展的影响

构建以艺术和文化为重点的地方发展战略可以产生两种效应:短期效应和长期效应(Herrero-Prieto, 2011)。短期效应能够吸引新消费者将收入用于文化活动和其他相关商品的消费,并在经济的其他部门产生影响,促进总需求的净增长。上述影响可以分解为:文化活动的直接影响;与文化活动的参与者相关的间接影响;以及与上述两者在其他生产活动上引起的那些影响相对应的诱发的影响。这种影响可以从生产和就业方面衡量,并且使用不同的系数来计算,例如就业倍数、凯恩斯系数,特别是源于投入—产出的系数(Herrero-Prieto et al., 2006; Devesa, 2006; Fernández et al., 2008)。

上述讨论文化活动在短期内所产生的经济影响的研究,既不显示文化干预的额外成本，也不显示文化干预的短期和长期有效性，更不显示所牵连的投资，因此，执行成本效益和分析，或者建立与文化和经济部门相关变量演变有关的指标体系，对于测算这种影响是必不可少的(Herrero-Prieto，2011)。

文化的长期影响与城市和社会结构的变化、地方生产力以及区域形象的转变有关。赫雷罗-普列托(Herrero-Prieto，2011)提出了五种影响：第一种影响是指对具有历史价值的建筑物进行抢救、改造和修复，或创建属于大师建筑的文化或城市基础设施；这种干预涉及城市规划的改变、街区的改造、对工业区和历史中心的恢复。第二类影响涉及特定文化环境吸引新居民、公司或投资者的能力。第三个影响是教育水平的提高和创造力的提升，这一方面会产生变革和创新，另一方面会创造新产品和消费经验。第四种影响是竞争力方面，认为文化资本是经济发展的新推动力，在知识社会的新语境下它决定了区域内比较优势的新定义。最后，第五个影响是与社会效应相关的，这意味着社会凝聚力较强、归属感增强、公民自豪感和社会认同感提高等带来的外部性。这些方面有助于巩固该区域的文化形象，使其能够吸引其他居民和经济组织。

(三) 公共政策

如果不了解社区的价值观、信仰、传统和仪式(非物质文化资本)以及作为群体身份的社区艺术和文化创造的物质要素和产品(物质文化资本)，就不可能讨论社区的经济发展(Espinal，2006；Herrero-Prieto，2011)；这意味着，文化被置于发展进程的中心，不仅是为了承认其经济影响，表现为对国内生产总值(GDP)的贡献、产生新的直接和间接的就业，以及与创造新市场有关的商业活动(Rausell et al.，2007)，而且也要承认文化发展影响社会福祉的积极外部性。

关于文化作为经济和文化资本的认识促使公共政策承认文化价值的这种双重维度，并就本地区的多样性和文化创造力达成共识(马塔拉索，2001)。发展规划的设计除了关注不同的社会行动者——私营部门、创建者、大学和整个社区——之外，还应该在不同层次的公共管理之间进行协调。因此，公共政策的设计与实施是地方政府在其地域基础上促进新的生产过程，包括身份、可持续性、竞争力和创新要素等的生产，使区域内带有文化认同的商品和服务有得到传播和消费的新机会(Gómez-Zapata，2015)。

作为潜在发展中心的城市的推广和再生主要依赖于其创新能力的发展(Florida，2010)，以产生能够培育和吸引人力资本的环境，这能促进多样性社区的创造：提升人力资本的素质、保护环境、投资改善基础设施和新的信息通信技术，支持培训和研究，以及发展新的能力(Aparicia et al.，2012)：

> 那些把创意经济纳入政府计划的发达国家，已经实现刺激当地经济的重大变革，因为它们拥抱新的公共政策，创造新的就业机会，增加城市的文化和创意的消费，这些都使得每个国家的无形财富不断流动和增加(Alcalda de Medelln，2018)。

为了分析公共政策，本文从如何结合政治和国家动态来研究的观点出发，也就是一种从社会政治和制度角度出发的方法。根据奥斯拉克和奥多奈尔(Oszlak and O'Donnell，1995)的定义，公共政策可以被定义为国家当局为解决公共议程的事项而作出的一系列具体决定。为了实现上述目标，国家与社会之间的关系必须位于整体图景的中心，而这要通过重新配置公共、私人和政治行动者之间的关系来实现，或者说是国家与社会运动之间的关系(Schuttenberg and Lozano，2017)以及公民参与和公共政策之间的关系(Pagani，2017)。

三、麦德林的转型

麦德林[①]是安蒂奥基亚省的首府，位于哥伦比亚西北部，面积 38 064 平方公里。它是第二大城市，被称为“永恒之春城”，因为它温和的天气和人民的善良。麦德林是现代化城市，拥有哥伦比亚唯一一个集地铁与公共汽车、电缆、有轨电车等交通设施的大规模的交通系统，其服务业和工业部门都取得了重要发展。

早在 20 世纪，麦德林就被称为“哥伦比亚工业城市”。20 世纪 50 年代到 70 年代的几十年中，麦德林在各个领域都经历了繁荣：新公司、建筑、银行、运输、大学、购物中心等，是该国工业化进程和发展的先驱。然而，20 世纪 80 年代以来，由于全球和国家的动态，这一趋势面临危机，因为 1950—1985 年，城市接收了大部分因暴力和农村地区失业而流离失所的农民，但是城市没有适当的机构有能力面对复杂的危机，体现为缺乏明确连贯的国家行动(Bravo，2008)。地方和国家的体制危机随腐败而加剧，毒品贩运势力渗透到社会和国家中，在公共和私人部门中滋生了多种形式的无法无天现象。

① 麦德林的大都市区由 10 个市组成，有 350 万人口，占全国人口的 8.1%，占国内生产总值的 11%。

图 1　文化宫和麦德林地铁

20 世纪 80 年代，由于武装组织、准军事组织、游击队和犯罪团伙的存在，不安全感和恐惧笼罩着整个城市，他们集中力量统治这个地区。当时，整个社会必须面对一场反颠覆、反有组织犯罪和反黑手党的斗争，但是却没有明确有效的安全或司法政策，也没有执行上述任务的工具。这种状况主要影响城市的贫困和周边地区，由于这些地区通常体制缺失，教育、文化、娱乐和卫生设施薄弱，而这些设施在年轻人中具有非常重要的意义，年轻人面临机会贫乏和来自不同武装团体要其加入作为生存选择的压力。90 年代末，70%的人口生活在贫困状态，在一些社区甚至超过 85%(Corporación Región，2007)。总而言之，麦德林正面临着一场深刻的治理危机，表现在社区层面，尤其是边缘化的社区，贫穷、缺乏城市化和公共空间、受非法武装控制；以及因腐败和客户主义行为而丧失公信力的制度和弱化的社会(Alcaldía de Medellín，2004)。

由于以上种种原因，90 年代早期，麦德林已被钉上暴力和不安全城市的国际耻辱柱，到 1991 年，每 10 万居民中有 381 人死亡(Personería de Medellín，2013)。鉴于这种情况，麦德林的公民力量开始重新考虑这个复杂的问题。无数的文化建言、青少年和艺术创作者团体在流行的社区发表关于生活和非暴力的演讲，并开始影响陷入这种冲突的年轻人，引导他们选择新的生活(参加学校和乐队、街头剧院、木偶剧、生活文化团体等)作为遭受暴力的替代，由于国家没有与虚弱的社会一道做出充分的应对，该运动中社会组织成为复原力①的主体

① 复原力这个概念是为识别和理解有助于人们成功地克服生活中遇到的逆境和困难的因素而构建。

来源。

在这样一个10年里，为了建设一个现代化的国家和新的社会契约，在全国范围内进行了制度化的营救过程，1991年《政治宪法》颁布，该宪法确立了行政管理和财政分权，这有助于通过建立管理工具和公民参与工具，以提供自治为核心将城市置于发展的重点，进而从根本上改变地方面貌。这种体制环境再加上当地民间社会的复原力的作用，麦德伦的居民开始拒绝恐惧和恐怖，寻找新的语言和概念来理解现实，并且探索界定新的城市目标(Bravo, 2008)。这一时期的特点是公共和私营部门为城市重新定向和定位所做的努力。具体的文化、教育和社会倡议的执行开始反击暴力浪潮——暴力浪潮存在于最易受伤害的部门，并与大学结盟建立了关于该城市的批判性思考的中心，这些大学成为研讨会召集人，吸引和激励众多研究和重要的出版工作。在这几年中，通过大量的公共和私人机构，城市参与了各种战略规划的演练，旨在提出一个包容性、人性化、可管理和企业家城市的建议；以受过教育的和具有教育意义的城市模式思考(Duque, 2015)。

图2　麦德林公共设施面貌

在这一时期，重要的城市改造和文化装备项目开始启动，仍然没有一个整体性的焦点，而其中最重要的是，作为城市中心特别发展计划中的战略元素的庞大的地铁交通系统和新的安蒂奥基亚分校，以及强化卡拉波波街的旅游、商业和文化走廊定位。因此，在 90 年代末这一历史性的时刻的特点是其活力，一个涉及大量行动者参与转型的过程。

21 世纪初，独立公民运动“公民献身”兴起，由来自城市公共生活的学术领袖、居民、商人团体和个体组成，他们接受了上述复杂的情况，把它作为将文化纳入过去 20 年城市的规划和发展议程的政治机会：

> 政治家是决定社会和城市变化的人，因为他们拥有确定优先次序的行政和官僚权力，有预算和资源来执行，并拥有民众选择的权威，所以他们从拥有合法性和代表权开始，进而可以领导变革进程，并召集社会的不同部门与之一道。(Fajardo，2008)

2004 年，这一运动到达市政府层面，发起了被称为“麦德林受教育程度最高”的第一个发展计划，随后是“支持性和竞争性的麦德林”，这就是所谓的“麦德林模式”的基础。

伊莎贝尔·杜克·弗朗哥(Isabel Duque Franco，2015)指出，麦德林对城市政策的研究证明，文化与规划的关系是从三个互补的视角展开的：教育和默许方面的公民文化、作为平等和社会包容机制的文化、作为城市竞争力战略的文化。在考虑以下管理领域的公共政策中被表达为“麦德林受教育程度最高”“艺术与公民文化”“公民安全与共存”“公平与包容”“社会城市化、城市空间与家庭”“竞争与创业文化”。

图 3　西班牙图书馆公园和地铁电缆

资料来源：https://www.skyscrapercity.com/showthread.php?t=1424846&page=7。

社会实践和公众批判性思维得以建立，为人们的伦理道德（个人行为）和法律作为社会契约和集体行为的文化之间建立一致性的机制（Alcaldía de Medellín，2004）。通过这种方式，麦德林开始将文化理解为公民教育学中一项永久的联系，通过与他人的接触和往来，教导社区自我调节、尊重和团结，为此，能够促进人们积极享用城市的公共空间建设是必要的。这被转化成一个整体的干预，整合各方努力，以连贯的方式协调它们，以便实现相关的影响和可持续性。这些干预措施在长期内实现了暴力触发因素的减少，促进了国家的法制化。

（一）社会转型

首先，文化传统直面国家的缺位，同时企业社会责任的概念在城市中得以确立，这是社会和公司的承诺，伴随着国家推进城市改造的意愿。举个例子，不能忘记70年代和80年代的几十年，由私营部门出资，由最重要的织品公司组织的Coltejer双年展，使麦德林成为当代拉丁美洲的艺术风向标。与之类似，其他公司也为艺术家和创作者提供了商机，支持他们的作品以促进机构收藏。

同样，当以公民文化为主题时，社会城市化作为一种将物质转型、社会干预、制度管理和公民参与相结合的地域干预方式正在兴起（Alcaldía de Medellín，2008）。这样的方法包括：

> 最基本的是解决对城市贫民区城市化项目的重大投资。这种路径认为该市对这些被遗忘的部门背负着历史债务，打算通过建设高品质的具有强烈的美学和社会影响的基础设施和建筑作品来偿还（Brand，2010）。

社会城市化促进社会最弱势阶层消费文化产品和服务，这被作为社会包容的一种形式。这种方法认为文化是保证生活质量和享受城市的一种权利。因此，设施建造是为了解决文化和聚集空间的不足，并保证城市所有居民都能享用城市的权利（Duque，2015）。通过这种方式，麦德林的转型进程正在兴起，这是由于一系列高度创新的城市政策和由城市专业学生发起的教育、社会和文化项目，这些项目自2004年以来一直强调教育和文化作为转型和社会重建的工具。

今天可得到的不多的统计数字表明，超过60%的城市居民已经参观过、认为有价值，并愿意向麦德林的主要文化组织付款，如拉丁美洲公共图书馆试点、安蒂奥基亚博物馆、麦德林现代艺术博物馆等（Espinal，2013；Espinal and Echavarría，2015；Gómez-Zapata，Espinal-Monsalve and Herrero-Prieto，2018）。此外，公民观念调查（2017 年）的结果显示，26%的人口参与文化组织、娱乐和体育活动，麦德林居民参加较多的文化活动是：去看电影（27%）、参加节日活动（26%）、阅读报纸和杂志（20%）、阅读书籍（17%）、参加音乐会（16%）。

艺术和文化已成为社区面对暴力的抵抗形式，后来被公认为是规范社区参与、重建信任的适当策略。不同艺术文化项目和活动的影响尤其明显，体现为犯罪率的下降，1991 年为每 10 万居民命案 381 起，2017 年降为每 10 万居民 23 人（见图 4）。

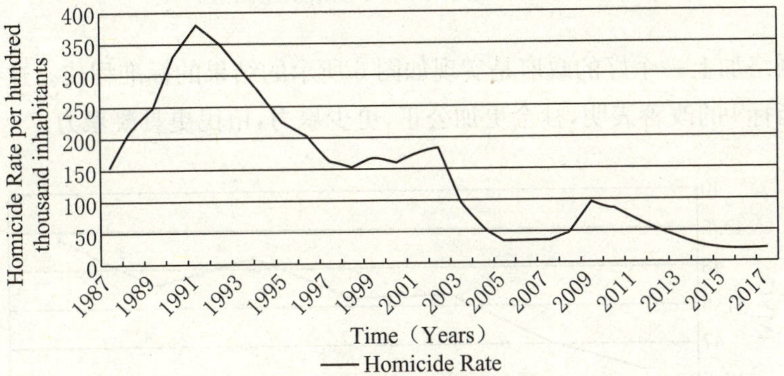

图 4　每 10 万居民的命案率

资料来源：麦德林规划行政部，基于 2017 年生活质量调查。

除了凶杀案数量的减少，公民观念调查①还显示，在过去的几年里，这个城市的居民宣称他们的社区安全状况有所改善。图 5 显示，平均而言，参与调查的 70%的人在他们居住的地方感到安全。此外，上述情况还表明，国家如何重新控制城市，并因其行动而获得根深蒂固的认可和信誉。

多维的城市政策对麦德林转型的影响程度是明显的，并且表现为生活质量多维指数（西班牙语称为 IMCV）②的提升趋势。一个由社会和社区组织组

① 该调查自 2006 年以来由“Medelln Cmo Vamos”计划执行，其目的是从市民角度评估麦德林生活质量的变化。

② IMCV 的出现是为了理解麦德林人民生活条件的进展和人文发展，有助于理解哪些因素影响公民的福祉的高低，并通过这种方式确定政策以修正可能存在的失衡。麦德林的 IMCV 包括 15 个维度：家庭背景、公共服务、环境、学校教育、低龄教育、流动性、有形资本、参与、自由和安全、脆弱性、健康、就业、娱乐、对生活质量的看法、人均收入。这些值从 0 到 100 不等，100 代表最高水平的生活条件（Informe de Calidad de Vida，2017）。

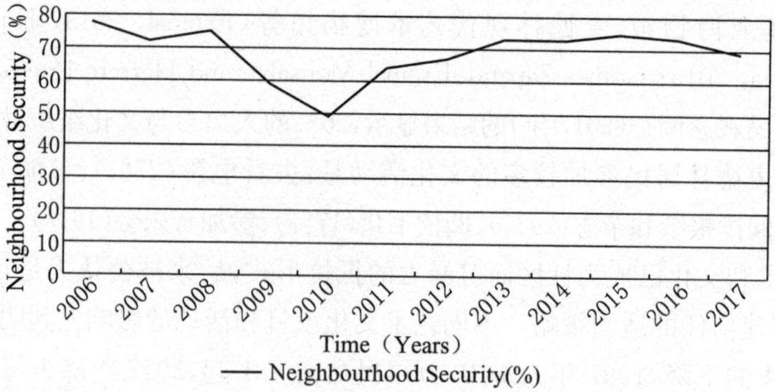

图 5　市民对社区安全的感知

资料来源：麦德林规划行政部，基于 2017 年生活质量调查。

成的网络加上一个好的政府是实现如图 6 所示的结果的标准程式。这些生活质量指标①的改善表明，社会更加公正，更少暴力，市民更具凝聚力。

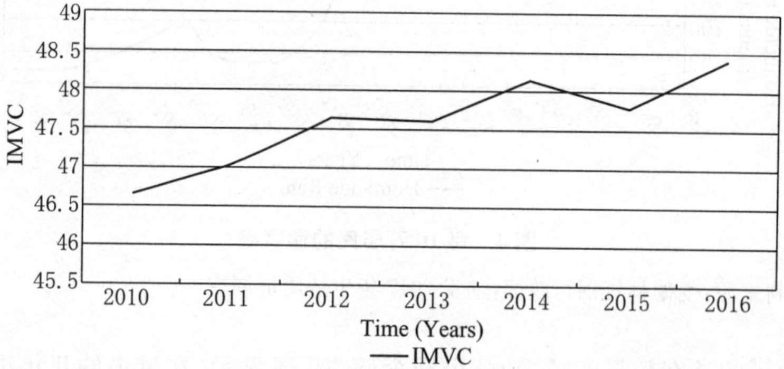

图 6　麦德林的 IMCV 演化

资料来源：麦德林规划行政部，基于 2017 年生活质量调查。

这样的成就是城市两个文化发展规划所包含的不同项目的结果。1990 年，麦德林制定了“肯定生活和创造力”的文化计划，这是哥伦比亚城市中第一个此类计划，主要目标是“从文化的角度来看待城市规划，采取一些措施以巩固文化行动作为在生活与暴力之间博弈的城市社会秩序的结构性和优先因素”。这一计划以 1986 年安蒂奥基亚政府制定的文化发展计划基金会为先

① 对麦德林市生活质量综合指数的关注是最近才有的，自 2004 年以来，第一批生活质量和人类发展指数出现，但都以独立的形式出现，2010 年以来才开始采取具有一致性的有力方法来测量幸福感的基本方面。

例，开文化规划在该国文化发展进程中具有突出意义之先河。

2001 年，《政治宪法》的授权通过 2001—2010 年国家文化计划“走向文化民主的公民”，随后推出了麦德林 2011—2020 年文化发展计划，目标为“促进和巩固麦德林作为公平、包容、慎重和多样化的世界开放文化空间，促进参与式文化政策的实施”(Alcaldía de Medellín and Universidad de Antioquia, 2011)。上述计划寻求文化生产和消费的民主化，提供条件使居民能够“创造、散布和传播他们的文化产品”，同时获得文化产品和服务。①这样的计划将麦德林嵌入全球文化经济中，将文化部门与商业旅游、节日和会议②等国际化进程联系起来，为文化投资创造条件(Alcaldía de Medellín and Universidad de Antioquia, 2011)。这些规划认识到城市和区域的社会经济变化，鉴于城市和国家的国际形象的恢复，放弃了工业模式，采用了基于服务和旅游的城市模式。

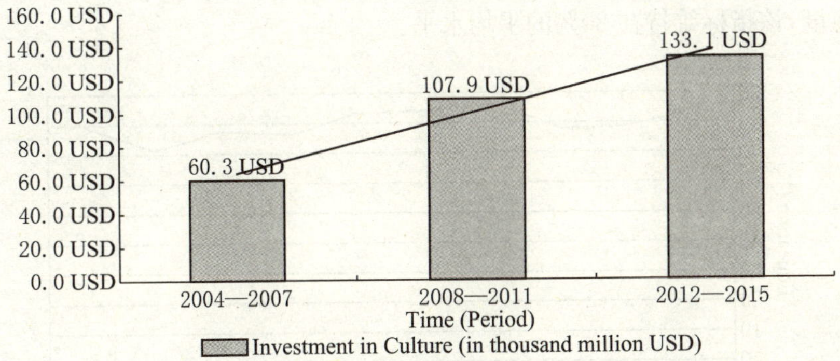

图 7　文化投资

资料来源：基于麦德林市政厅管理报告自制图表。

回顾上届市政府的《管理报告》，我们可以发现 2004—2015 年，文化投资增长 121%，这些财政资源注定要用于发展文化项目，增加文化供给，鼓励创造者(见图 7)。作为这种投资的回报，2006—2017 年，80%的城市居民表示对文化供给感到满意(Medellín Cómo Vamos, Online)。

(二) 教育管理的转型

以文化为中心的麦德林社会和城市转型的核心要素是教育管理的转型。

① 为了实现文化访问的民主化和创造公共空间，市政厅已制定政策，城市的几个博物馆和文化中心免费进入，其他空间则补贴 12 岁以下儿童、老年人和低收入人群。自 2005 年以来，安蒂奥基亚博物馆实施了这一倡议，博物馆参观者的数量增加了 1 000%(Alcaldía de Medellín and BID, 2009)。

② 哥伦比亚年度展、2009 年美洲开发银行大会、2010 年第九届南美运动会、2014 年第七届世界城市论坛等。

财政资源的优化来源于1991年新的政治宪法所提出的教育分权，以及将城市的资源投资于文化、艺术、科学和研究等教育部门基础设施的现代化建设，例如：10个图书馆公园①、12个一体式生活单元②（西班牙语称为UVA）、科技探索公园、摩拉维亚文化中心的创业和发展公园，以及新的物理设施及关于它们在城市文化中的角色的新定位，如记忆博物馆等新空间的出现，将麦德林整合为教育城市。该市的教育预算高达40%，是拉丁美洲最高的数字（Fajardo，2008）。

为此，大学、私立学校和非政府组织纷纷加入，更准确地说，社会所有部门都指出、参与并一致认为，城市转型的动力在于从孩童一直到大学阶段的教育。为了增强教师在教育学和不同专业领域的才能和知识，对教师也采取了雄心勃勃的规划，开始实施接受高等教育计划，扩大现有名额、专业咨询和奖学金，以实现教育水平的提高。图8显示出麦德林市民对该市教育规划的高满意度，该指标维持在80%的平均水平。

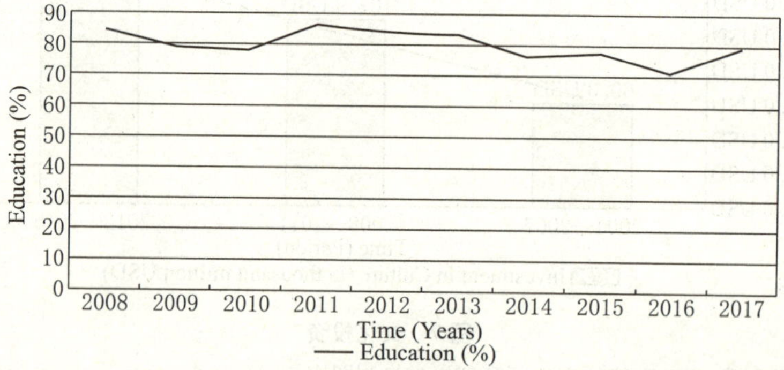

图8 教育满意度

资料来源：麦德林规划行政部，基于2017年生活质量调查。

（三）城市化转型

在麦德林，根据诊断结果和与全球趋势接轨的本土化解决办法，不同形式的文化路径还体现为在城市周边地区开发的城市化干预措施，建设新的公共空间和社会设施，这些项目从设计和服务提供方面考虑质量，已成为城市的新标志，构成城市的新形象，其中最重要的要数图书馆公园和莫拉维亚文化发展

① 图书馆公园被理解为超越图书馆传统概念的文化发展中心，构成了麦德林公共图书馆系统的主轴，包括：拉丁美洲公共图书馆试点及其分支机构，社区图书馆和档案中心。

② 由市政府创立，目的是发展充满活力的文化、娱乐和休闲空间，它们往往位于社会经济条件最差的地区，具有包容性和平等的标准。

中心。

图书馆公园建在远离城市规划的地区,莫拉维亚文化发展中心位于人口密度最高的地区,没有教育、卫生和文化服务,是麦德林以前的开放式垃圾填埋场,来自战争区的贫困移民定居于此,基本需要得不到满足。这个地区已经变成文化管理的参照物,而且也是社会整合的模范。通过这种方式,市政府以邀请社区居民享受公共空间的文化消费、娱乐和教育的战略项目来面临社会的紧张局势。同样,这样的公共空间也彰显并创造持久的社会纽带。

这些位于城市最脆弱地区的新文化设施似乎是促进社会正义的一种方式(Alcaldía de Medellín and BID, 2009)。除了新公共设施,地铁线路、综合公交线路、有轨电车和电梯使超过 1.2 万人受益,开此类项目先河,巩固了城市的综合公共交通系统。为了改善周边地区的社会和环境条件,综合城市项目(西班牙语中称为 PIU)启动,涉及交通网络和娱乐空间、河流和水道覆盖以及在城市的邻里之间跨越地理灾害的桥梁。

图 9　电动楼梯、公社和麦德林现代艺术博物馆

资料来源:http://www.nutabestour.com/turismo-medellin/comuna13/。

(四) 教育管理的转型

20 世纪的麦德林已经不复存在:由于一系列的教育和文化政策和项目,在地方政府的领导下,在社会各界的支持下,麦德林实现了社会和城市的转型。这种变化使该市得到不同国际组织的认可(见表 1)。

这种认识不仅巩固和认可了不同机构的干预模式和协调行动,而且提出了新的挑战:巩固、加强、可持续拨款、方法创新,以及最有效和适当的方法的衡量和评估。

表 1 麦德林获得的国际认可

年份	奖 项
2000	International Award Dubai/ONU-HABITAT for best practices
2007	Global Knowledge Partnership award for the network of Public Libraries
2008	HOLCIM award to the best Ibero-American architecture and urbanism works for the España Library
	First place in the XVI Panamerican biennial of Quito for the integral urban project
2009	City to City Barcelona FAD Award for the "Medellín the most educated" management model
2013	Award as the most innovative City; recognition granted by *Wall Street Journal* and the *Urban Land Institute*
2015	Network of Creative and Musical Cities of the UNESCO for its cultural policy of Music Schools Network
2016	*Lee Kuan Yew World City Prize* for its sustainable and innovative urbanistic bet
2018	*Traveller's Choice* Award to the best touristic destination of South America granted *by* TripAdvisor

资料来源:作者整理。

四、结论

麦德林的转型是一个可实现的工作议程,辅以战略远景、分享的努力和管理能力。产业创新、集体意愿和公民投入成为克服困难、为特定的地域环境创造创新解决方案的有效模式。从与居民需要相联系的区域的概念开始,必要的能量联合起来开启重要的城市转型,最重要的就是包括教育制度和文化,如图书馆、文化公园、博物馆、公共空间、交通传媒与社区创业等;综上所述,它从一种明确而果断的文化身份出发追求现代性。上述内容主要涉及公共部门,一种公开透明的政府作风,并与民间社会和私营部门建立战略联盟。

由于在就业、收入、生产等方面可能产生的经济影响,文化和教育被视为发展规划中的基本要素,是加强独立、强化主权和文化认同的有用有效工具。以这种方式,文化和教育似乎是对麦德林在 20 世纪末所经历的安全与共存、排斥和治理等关键难题的回应。

在麦德林不同的文化计划和项目的开发中，文化有不同的含义，如，公民权利、社会包容机制以及经济工具，因为文化为若干创造性的企业提供了竞争力，并将城市推向国际水平，促进了其在全球经济中的嵌入。麦德林的物理环境、社会和文化转型是一个参照点，使得它在过去10年中赢得九个奖项和认可。

本文的目的是在发展概念的范畴内，回顾作为以文化和教育为重点的公共政策实施的结果——麦德林所经历的社会和城市转型。可以明显看到，在21世纪初的这段时间，麦德林犯罪指数下降了94%。80%的居民表示对他们的教育质量和文化供给感到满意，超过60%的居民曾去过城市的主要文化组织，认为其有价值，并愿意支付。70%的人们在他们的周边环境及与其他人的关系中感到安全。也许最能说明问题的指标是IMCV——最完整的社会福利衡量标准，彰显了城市转型的趋势。

虽然，麦德林所经历的社会和城市转型，很明显是在缺乏连贯的方法、缺乏数据、缺乏对地方政府为此目的而采取的行动的监测和系统评估模型的情况下实现的；没有数据能够使麦德林在20世纪和21世纪之间进行比较，并更好地衡量执行发展层面的政策在和平、经济、环境、社会和民主等方面所产生的影响。接下来要完成的工作涉及数据收集和确定能够对公民项目和城市发展进行经济评估的指标，以补充过去几年中生活质量报告和公民观念调查所报告的客观和主观指标。预计国家统计行政部门（西班牙语称为DANE）将向省和研究人员提供关于经济、文化、环境、麦德林包容性的城市数据，因为这种数据在区域整体中得以发现。

毫无疑问，麦德林已是一个由企业家和富有创造力的市民组成的城市，能够应对最复杂的挑战，一次又一次地克服各种各样的逆境。今天构成集体、社会组织、大学、私营公司和公共部门的丰富的人力资本，是城市实现弹性发展的有利条件之原料与根基。

参考文献

1. Alcaldía de Medellín. (2001). *Plan de Desarrollo 2001—2003 Medellín Competitiva*. Medellín: Alcaldía de Medellín.

2. Alcaldía de Medellín. (2004). *Plan de Desarrollo 2004—2007 "Medellín compromiso de toda la ciudadanía"*. Medellín: Alcaldía de Medellín.

3. Alcaldía de Medellín. (2008). *Plan de Desarrollo 2008—2011 "Medellín es solidaria y competitiva"*. Medellín: Alcaldía de Medellín.

4. Alcaldía de Medellín.(2018). *Medellín Creativa. Plan Intersectorial de Economía Creativa*. Medellín: Alcaldía de Medellín.

5. Alcaldía de Medellín and Universidad de Antioquia(2011). *Plan de Desarrollo Cultural de Medellín 2011—2020*. Medellín: Alcaldía de Medellín.

6. Alcaldía de Medellín and Banco Interamericano de Desarrollo.(2009). *Medellín: transformación de una ciudad*. Medellín: Alcaldía de Medellín and Banco Interamericano de Desarrollo.

7. Aparicia, G., Charterina, J. and Vidal, J.(2012). *La cultura como eje de desarrollo urbano y dinamización comercial. Caso de Bilbao*. In Actas de la XXXVIII Reunión de Estudios Regionales. Bilbao, España: Congreso de la Asociación Española de Ciencia Regional.

8. Bifani, P.(1997). *Desarrollo sostenible: ¿Panacea o paradigma? Cultura y desarrollo*. Valladolid: Fundación Navapalos-Universidad de Valladolid.

9. Blanco, H.(2003). Planeamiento del desarrollo local. *Revista de la CEPAL, Serie Recursos naturales e infraestructura, 61*.

10. Brand, P.(2010). El "urbanismo social" en Medellín, Colombia. *Revista Arquitectura COAM*, 359, 99—104.

11. Bravo, M.(2008). Itinerarios culturales 1985—2007. Voces y presencias. Medellín: Editorial Lealon.

12. Boisier, S.(2001). Desarrollo(local): ¿de qué estamos hablando?. In Madoery, O. and Vázquez-Barquero, A.(Eds.). *Transformaciones globales, Instituciones y Políticas de desarrollo local*. Rosario: Editorial Homo Sapiens.

13. Boutros-Ghali, B.(1995). Un programa de desarrollo. *Revista Relaciones Internacionales*, 5(8).

14. Clark, G., Huxley, J. and Mountford, D.(2012). *La economía local. La función de las agencias de desarrollo*. Serie Políticas Públicas y Transformación Productiva, número 2. Madrid: Banco de Desarrollo de América Latina-CAF and Organización para la Cooperación y el Desarrollo Económico-OCDE.

15. Corporación Región.(2007). *Panorama social de Medellín. Diagnóstico*

social de Medellín y evaluación del modelo de intervención de la Secretaría de Bienestar Social-2007. Medellín: Corporación Región and Alcaldía de Medellín.

16. Departamento Administrativo Nacional de Estadística-DANE. (2005). Censo Poblacional, estimaciones y proyecciones 2005. Bogotá.

17. Del Giorgio Solfa, F.(2015). Juventud, cohesión social e innovación para el desarrollo local argentino: un análisis oportuno de la experiencia italiana en la Región Emilia-Romagna. *Revista de Estudios Políticos y Estratégicos*, *3*(2), 36—49.

18. Del Giorgio, F. and Girotto, L.(2017). Concepciones, dimensiones y perspectivas del desarrollo. In Camou, A. and Pagani, M. L.(Coords.), *Debates teóricos y metodológicos actuales sobre las políticas públicas* (pp.169—188). La Plata: Universidad Nacional de La Plata. Facultad de Humanidades y Ciencias de la Educación.

19. Devesa, M. (2006). El impacto económico de los festivales culturales. El caso de la Semana Internacional de Cine de Valladolid, Madrid, Fundación Autor.

20. Duque, I.(2015). La cultura como estrategia de transformación y promoción urbana en Bogotá y Medellín. *Revista de Geografía Norte Grande*, 61, 25—43.

21. Espinal, N.(2006). Economía de la Cultura. *Ensayos de Economía*, 15(28), 71—82.

22. Espinal, N.(2013) *La Disponibilidad a Pagar como una medida de la Legitimidad: el caso de la Biblioteca Pública Piloto para América Latina y los Parques Biblioteca de Medellín, Colombia*. Tesis Doctoral: Universidad Pablo de Olavide. Sevilla, España.

23. Espinal, N. and Echavarría, J.(2015). *Las Cifras de la memoria. Museos, economía y región*. Medellín: Universidad Nacional de Colombia.

24. Fajardo, S.(2008). Cambiarle la piel a la ciudad. In: Beltrán, R. and Manito, F.(Eds.), *Aprendiendo de Colombia: Cultura y educación para transformar la ciudad*, (pp. 168—174). Fundación Kreanta and Convenio Andrés Bello.

25. Fernández, J., Martí , M., and Puertas, R.(2008): Análisis del

impacto económico de la Copa América. In XI Encuentro de Economía Aplicada, Salamanca.

26. Florida, R.(2010). *La clase creativa: la transformación de la cultura del trabajo y el ocio en el siglo XXI*. (1ª ed.). Madrid: Paidós.

27. Gómez-Zapata, J. D.(2015). La cultura en el desarrollo económico local: una aplicación en el Museo de Antioquia(Medellín-Colombia). *Revista Proyección*, 9(18), 95—117.

28. Gómez-Zapata, J. D., Espinal-Monsalve, N.E. and Herrero-Prieto, L.C.(2018). Economic valuation of museums as public club goods: Why build loyalty in cultural heritage consumption? *Journal of Cultural Heritage*, 30, 190—198.

29. Herrero-Prieto, L. C.(2011). La contribución de la cultura y las artes al desarrollo económico regional. *Investigaciones Regionales*, 19, 177—202.

30. Herrero-Prieto, L. C., Sanz, J., Bedate, A., Devesa, M. and Barrio, M.(2006). The Economic Impact of Cultural Events: a Case-Study of Salamanca 2002, European Capital of Culture, *European Urban and Regional Studies*, 13(1), 41—57.

31. Matarasso, F.(2001). *Recognising Culture. A series of briefing papers on culture and development*.(1ª ed.). Londres: Comedia, the Department of Canadian Heritage and UNESCO.

32. Manilo, P. and Mastromonaco, R.(2014). *The Local Economic Impacts of Unconventional Shale Development*. Department of Economics, University of Oregon.

33. Medellín Cómo Vamos. Online data: https://www.medellincomovamos.org/quienes-somos/.

34. Millares, E.(2009). *Cultura, cooperación descentralizada y desarrollo local*. Anuario de la cooperación descentralizada. Montevideo: Observatorio de la Cooperación Descentralizada UE-AL.

35. Organización de las Naciones Unidas para la Educación, Ciencia y Cultura-UNESCO.(1982). Declaración de México sobre las políticas Culturales. México: Ciudad de México.

36. Oszlak, O. and O'Donnell, G.(1995). Estado y políticas estatales en América Latina: hacia una estrategia de investigación, *Redes*, 2(4), 99—128.

37. Pagani, M.(2017). Las piezas de la participación: dimensiones de análisis, un rompecabezas para armar. In Camou, A. and Pagani, M. L.(Coords.), *Debates teóricos y metodológicos actuales sobre las políticas públicas* (pp.119—138). La Plata: Universidad Nacional de La Plata. Facultad de Humanidades y Ciencias de la Educación.

38. Personería de Medellín.(2013). *Informe sobre la situación de los derechos humanos en la ciudad de Medellín*, Medellín: Personería de Medellín.

39. Rausell, P., Abeledo, R. Carrasco, S. and Martínez, J.(2007). *Cultura. Estrategia para el desarrollo local. Cultura y desarrollo.*(1ª ed.). Valencia: Agencia Española para la Cooperación Internacional del Desarrollo-AECID and Instituto Interuniversitario de Desarrollo Local, Universitat de Valencia.

40. Schuttenberg, M. and Lozano, J.(2017). Estado y movimientos sociales. Una propuesta para pensar la relación en torno a cuatro dimensiones de análisis. In Camou, A. and Pagani, M. L.(Coords.), *Debates teóricos y metodológicos actuales sobre las políticas públicas*(pp.93—118). La Plata: Universidad Nacional de La Plata. Facultad de Humanidades y Ciencias de la Educación.

Culture As A Social and Urban Transformation Element of The City of Medellín-Colombia

Nora Elena Espinal-Monsalve Jonathan Daniel Gómez-Zapata

Abstract: This paper aims to review, in the light of development theory, the social and urbanistic transformations experienced in Medellín, a city with a limited tradition of artistic creativity, without a strong museum culture, highly segregated, and located in an environment of political, economic and social conflict without any precedents in the region. Such transformations are the results of the implementation of cultural and education policies. This paper analyses and demonstrates the principal changes in the city and the effects on the wellbeing of its inhabitants, through which it gained recognition as the most innovative city in the world in the year of 2013.

Key words: local development; culture; social transformation; urbanistic transformation.

智利的创意和经济发展

南智利大学　安德里亚·贝茨·蒙特格尼洛
塞西莉亚·古特雷斯·维佳
华中师范大学　黄　莺　译

[内容提要]　本文回顾了智利创意经济的基本情况并与拉丁美洲一些国家的数据进行比较,同时,将其与当前创意经济战略计划的成果进行对比一直很重要。创意经济战略计划就提高创意产业优先发展领域(视听、音乐、出版和设计)出口竞争力体现这些举措在智利面临的主要挑战、进展和影响情况。另一方面,根据融资、教育、经济活动、职业和基础设施以及文化消费等维度来将国家划分为政治和行政等方面的15个集聚地区,通过分层次的集群来进行多元分析。

[关键词]　创意经济;多元分析;层级和非层级集聚

一、介绍

作为一个经济生产部门,智利的创意经济在2007年第一次得到释放,当时国家创新和竞争力委员会将其视为创新和竞争力战略的31个优先发展领域之一。自那时起,生产促进公司联盟(CORFO)和文化、艺术和遗产部一直是主要的推广和行动者。另一个重要的里程碑是在2015年,国家促进创意经济的计划获得批准,各部委、公共部门、私营部门、学术界和民间都参与制定了各自的战略计划。这个项目的目的是加强发展创意经济以捕获在国家和国际层面上不断增长的需求,加强商业化的创新产品和服务生态系统,通过动态创业、创新、增强地区遗产保护,培养、吸引和留住人才。

这些行为,从根本上由政府在私营部门的支持下产生,需要在国内建立一个体系以达成:第一,提高优先发展部门的出口竞争力(音像、音乐、出版和设计);第二,设置和认证出口的技术和商业技能。同时也创造动态的市场情报,以指导商业事务、内容开发和技术投资的战略决策,目的是实现基于创造力和创造性人才的出口,这对促进国家发展是一个巨大的挑战。要做到这一点,就意味着要认识到,在最广泛的意义上,这个国家有赋予创造力和文化价值的内在体制,使其成为经济及其文化的真正驱动力。

在上述基础上,本文旨在展示这些举措在智利产生的主要挑战、进步和影响,并比较分析这个国家的不同地区在函数的特征维度,例如,为创意和/或文化项目、文化基础设施、经济活动各部门、该行业就业、创意和文化职业培训以及文化消费提供资助。

本文以如下的方式组织:在介绍之后,理论部分是指创意经济的国际上增长潜力,即创意产业在一般方面、出口和创意产业部门参与性上的增长潜力。第三部分介绍智利创意产业的现状,总体方面有:在该领域和具体方面创意部门所起的作用,创意和经济相关部门及创意部门之间的相互依赖,比如基于不同创意维度的区域特征的实现。最后部分是总体评价。

二、国际上创意经济的增长潜力

1. 一般特征

创意经济贡献了全球经济的 6.1%,达到 2 250 亿美元,相当于 2 950 万个工作岗位(Ernst and Young, 2015; Buitrago Duque, 2013)。在经济危机期间,创意经济的弹性是显而易见的。恩斯特和扬(Ernst and Young, 2014)指出,2000—2007 年,文化和创意产业创造的就业岗位平均每年增长 3.5%,2008—2012 年继续以每年 0.7%的速度增长。与此同时,2000—2007 年,其他经济部门的就业岗位数量仅增长 1%, 2008—2012 年还每年下降 0.7%。在危机时期,创意经济也在市场中表现出稳定性,这清楚地表明,人们对于文化、社会活动、娱乐等被视为当代社会生活的象征的渴望(UNCTAD, 2013)。

联合国教科文组织还清楚说明,虽然大多数中等经济国家基本上都是创意产品和服务的进口商,但在有些情况下,具有这些特点的国家已经通过其文化和创意生产进入了外国市场。为了实现这一目标,很明显,它们至少有以下几个特点:一个尚未充分开发的利基市场,一种具有原创性或高质量的由世界知名艺术家创作的产品。

如图 1 所示,在拉丁美洲的水平上,巴西和墨西哥是在创意经济中参与度最高的国家,分别为 66.7 亿美元和 55 亿美元。另一方面,智利只达到 40 亿美元。关于创意产业中工人的数量,墨西哥有 500 多万工人,其次是巴西,有

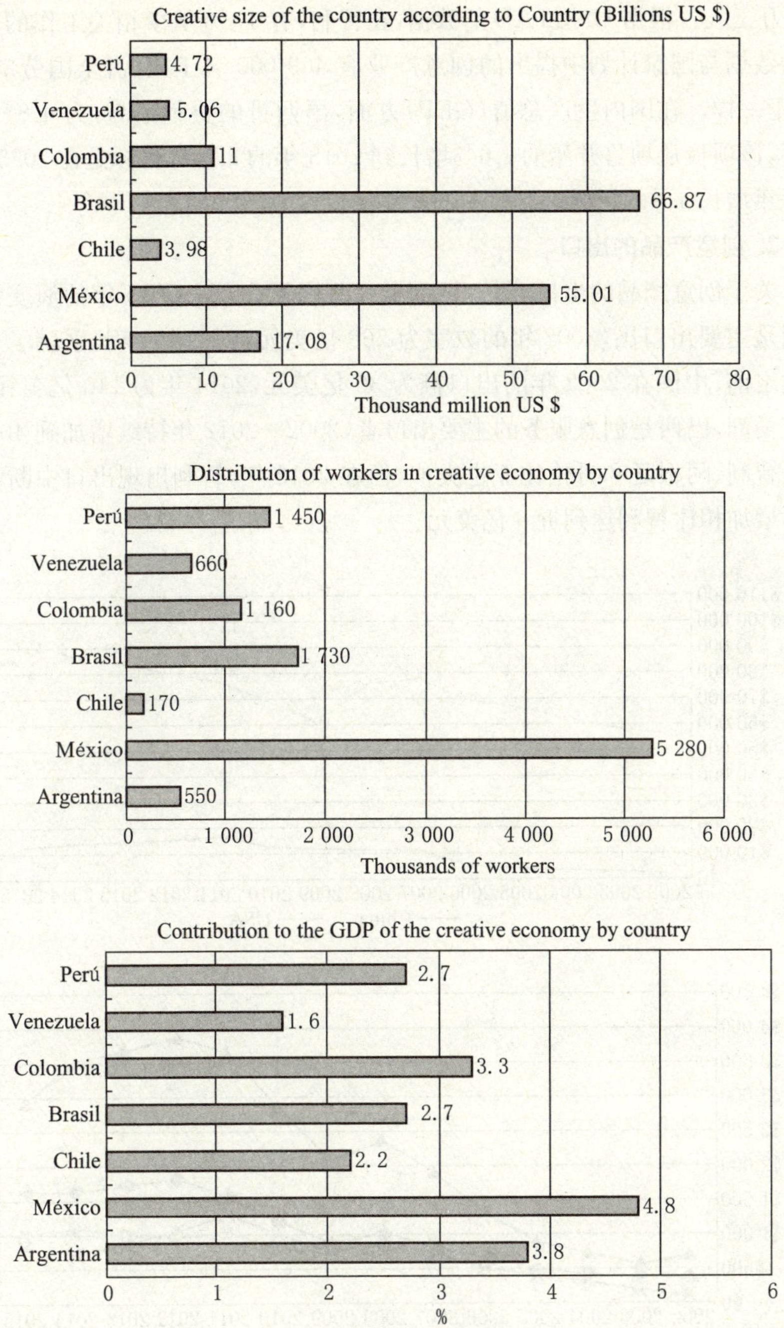

图 1　拉丁美洲的创意参与

资料来源：根据牛津经济学、世界银行以及 UNCTADStat 数据(2018)自编。

170 万工人。根据 UNCTAD 的数据，在智利，有 17 万从事相关工作的人员。这些数据与国家计划中提出的创意产业有 409 000 名工人，占全国劳动力的 6%不一样。在国内生产总值(GDP)方面，墨西哥的贡献最高，为 4.8%。在智利，该项目从项目开始的 1.6%增长到 2018 年的 2.2%，目标是在 2025 年达到每年增长 4%的目标。

2. 创意产品的出口

关于创意产品的出口，图 2 显示了一些国家 2002—2015 年的演变情况，美国是主要出口国，2002 年的数字为 560 亿美元，到 2015 年几乎翻了一番。在此之前，中国在 2002 年的出口额为 30 亿美元，2014 年为 140 亿美元。在拉丁美洲，巴西是创意服务的主要出口者，2002—2012 年持续增加到 40 亿美元。智利、阿根廷和哥伦比亚也类似，但在 2012 年，智利出现出口中断，其余两国增加相比智利达到近 6 亿美元。

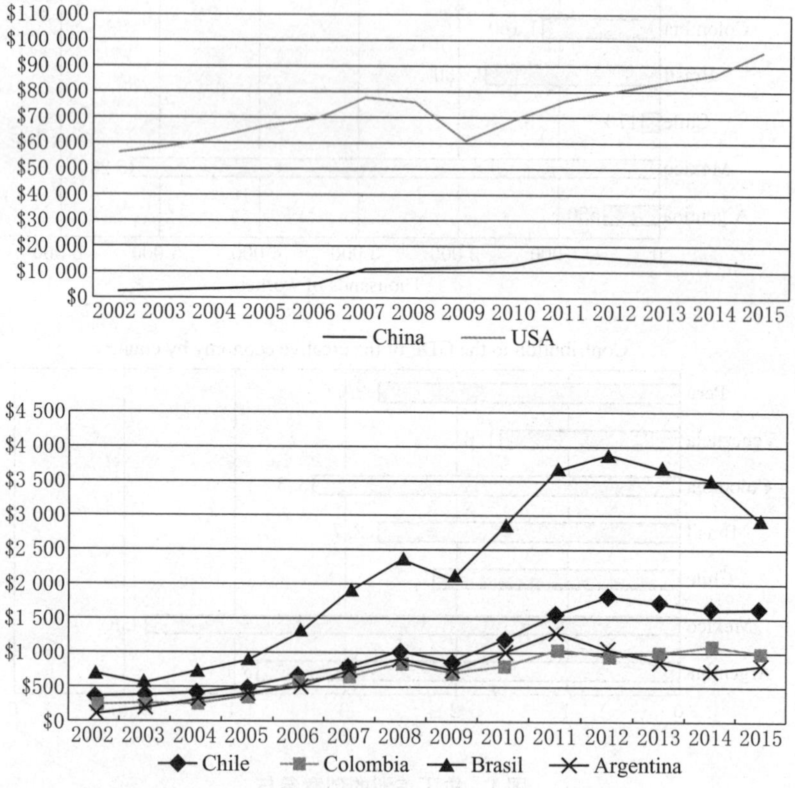

图 2　2002—2015 年创意产品出口值及份额

资料来源：根据 UNCTADStat 数据(2018)自编。

3. 创意部门参与

在分析的国家宏观文化领域经济参与程度提出了一种变化性的分布，它突出了在哥伦比亚、巴西和智利手工艺部门占比超过10%，所有国家设计部门的贡献占比由中国的45%到智利的64%。表演艺术是经济参与度最低的行业，在阿根廷，它只占2.5%（见图3）。

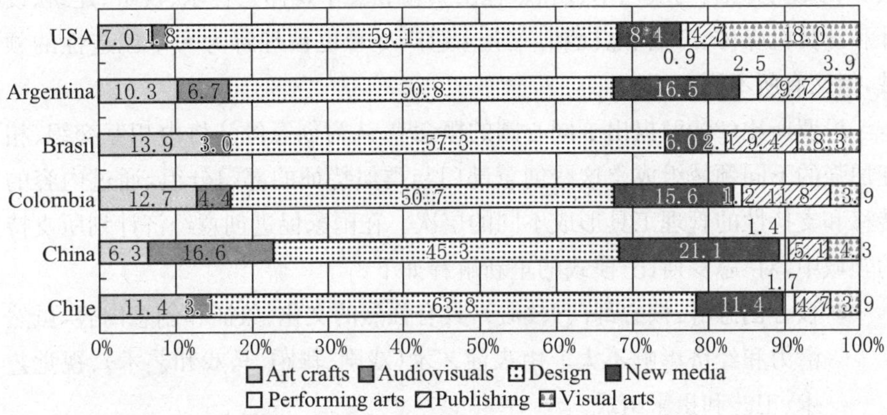

图3　各国创意部门参与情况

资料来源：根据UNCTADStat数据(2018)自编。

三、创意经济在智利的情况

（一）一般方面

智利在生产率方面面临着复杂的局面，即近年来经济增长下滑（根据圣地亚哥商会的预测，2008—2016年生产持续下降达到5.6个百分点，也就是每年下降0.6%）。公共和私营部门的不同代表性企业也存在着高度的分歧（圣地亚哥商会，2016；联合国开发计划署，2012、2016）。这种情况使民间社会的注意力重新转向促进创新的发展模式，但同时也保护对经济增长成果的参与度。为了达到这个目标，必须加强生产和出口矩阵的多样性和复杂性，从基于自然资源供应型的经济向基于知识和创新的经济推进，但与此同时，维护和优化文化的多样性、特质和价值观。确切地说，这提出了创意经济：从定义上讲，这是可持续的和包容性的经济部门，它哺育创意人才而且他们作为资源的来源是无穷无尽的（如果创意经济得到了充分的推广），并且不受社会经济阶层的制约（CNCA，2014）。

从经济政策的角度来看，对创意经济的提倡已经引起公共和私营领域决策者的注意(CORFO 等，2015)，因为它代表了一个促进生产矩阵复杂程度的经济部门。它不是一个地方性的现象；一段时间以来，世界都在关注创意经济的积极外部效应。

a. 创意部门。智利的创意产业是由以下领域组成的：手工艺、视觉艺术、摄影、戏剧、舞蹈、马戏艺术、出版(包括书籍和文字媒体)、音乐、视听、建筑、设计和计算机媒体、广播、电视和广告。①遗产尽管也被理解为一个创造性的领域，但又有所不同。

思罗斯比(2008)提出了同心圆的概念②，认为创意经济将由相互交织、相互加强的不同领域组成。这些创意部门与类似特征的部门分组，通过内容的转移和支持性的管理工具形成不同的层次。在国家促进创意经济计划所支持的领域中，对"思罗斯比"模式的重新解释如下：

- 核心创意群：核心部门(核心)，具有强烈的文化、象征和创意内容，虽然潜力和经济影响不大。由表演艺术(戏剧、舞蹈、马戏和艺术)、视觉艺术、工艺和摄影组成。
- 产业创意群：由产品具有较高文化和创意内容的行业组成。与核心创意群不同，它们有能力进行工业生产，如电影、音乐和出版业。此外，这一群体的消费能力也很高。
- 与媒体相关的创意群：为前一群体提供内容和要素的部门，并将其转化为具有大规模消费性质的商品和服务。它主要与具有更大经济潜力的娱乐业联系在一起，如电视、广播和印刷媒体。
- 创意支撑群：远离核心创意部门，在保持其创造性内容的同时，将其置于为其他行业提供服务中，将自身转变为生产过程的输入，而这些产业的目标可能不是文化的。在这个领域中有建筑、设计、广告和计算机媒体等行业，最终产品的实用价值是占据主导地位的。

b. 创意部门与其他经济部门之间的关系。为了衡量该行业的影响，它超越了可能被认为是创意产业本身的范围。英国国家科技艺术基金会希格斯等人(2009)在报告《超越创意产业：英国创意经济的地图》中提出了证据，在创意

① 文化委员会支持被称为"新媒体"的领域，将新媒体理解为对其他创意领域的支撑。目前，很难对其加以区分，并对涉及的部门进行明确的划分。另一方面，"计算机媒体"虽然可以与基于信息技术使用的新媒体关联起来，但应被视为一种切线关系。然而，联合国教科文组织提出的包含软件开发和其他数字创意内容的计算机媒体类也保留了。

② Herrero(2007)有一个相似的提法，认为创意产业是以创意为中心的内生和外生因素形成的。

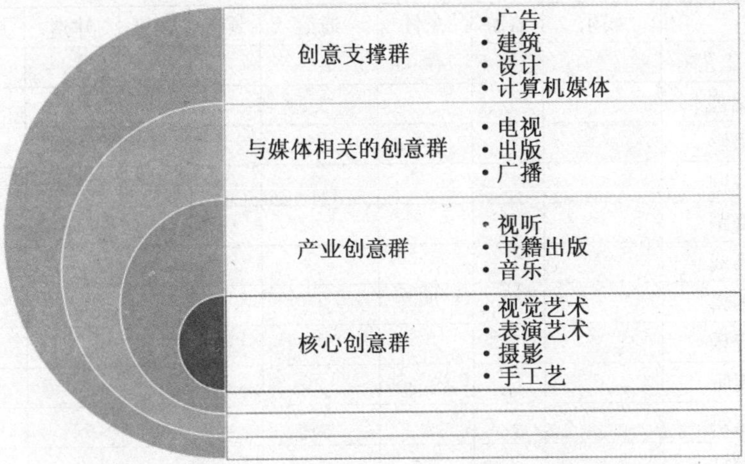

图 4　创意产业分层：思罗斯比适应性同心圆模式

资料来源：创意产业地图，特征和维度(CNCA，2014)。

产业之外而不是之内，有更多的有创造力的人从事创意工作。根据 CNCA(2014)的数据，在依赖就业方面，有 40%—50%的人在非创意性行业从事创意工作。此外，该研究还表明，健康、娱乐、旅游、美食、通讯、零售和建筑等行业是一些与创意直接相关的行业，在这些行业中，创意经济是一个重要因素。同样，创意部门与技术保持着密切的关系。“数字技术通过视频、播客、流媒体、电脑游戏和卫星、有线或互联网提供电视服务的方式，在媒体领域经历了巨大的增长”(UNCTAD，2010)。在它们之间可以建立的关系的例子是与音乐相关的生产和供应相关变化，比如音乐、分销渠道的数量和不断增长的平台，增加了对创意内容的需求。物联网扩大了市场，改变了流程、产品和营销模式，3D 打印意味着新流程和新产品生产有了实质性的变化。另一方面，创意产业部门与文化遗产的关系分析起来也很有趣。创意生产的一部分可以转化为文化遗产，而文化遗产影响力的增强也可能是由于生产的过程涉及创意性活动。多媒体和电信技术的整合导致了媒体的整合(CNCA，2015 年)。

如图 5 所示，这是由 CNCA(2014)和阿斯利亚加(Aspillaga，2015)根据智利的情况开发的创意产业地图，在创意产业的所有方面都有关联的唯一领域是旅游业。这些信息为提高由于国内和国际的需求带来的创意产业收入提供了非常重要的机会，因为这些需求可以使用或购买创意产品或服务，这是资源增加的另一个合理证明。

	娱乐	旅游	烹饪	通信	零售	健康	建造	其他
手工艺		■	■				■	
视觉艺术		■		■				
摄影	■	■	■	■	■	■	■	
戏剧	■	■		■	■	■		■
舞蹈	■	■			■	■		
马戏	■	■			■	■		
编辑	■	■	■	■		■		■
音乐	■	■	■	■	■	■		
视听	■	■	■	■	■	■	■	
建筑	■	■	■	■	■	■	■	
设计	■	■	■	■	■	■	■	
新媒体	■	■	■	■		■		

图 5　创意部门之外的其他部门对产品和/或创意服务使用

资料来源：改编自《CNCA 创意产业地图》(2014)及 Aspillaga(2015)。

c. 创意部门对当地的依赖。地区被理解为一个社区的非物质和物质文化遗产宝库。因此，该地区的特色烙印在创意产品之中，并随之带来独特性象征价值的增加。通过这种方式，如卢科和布伊特拉戈(Luco & Buitrago, 2010)所示，只有强有力的区域政策战略鼓励和促进私人和公共活动，城市的创造性活动才会产生预期的经济影响。

从另一个角度，从创意产业的地域分布逻辑来看，考虑创意活动和创意公司的空间行为是有关联性的。正如门德斯(Méndez)等(2012)所指出的，与创意经济相关的公司和机构的一个基本特征是具有集聚在某些地方，特别是在大都市地区的倾向。在分析创意活动的地域分布时，必须牢记这一点，因为在一些地区，创意产业缺乏可能更多地与缺乏机会有关，而不是该地区人口缺乏有关创意的职业。

最后，在路径依赖的概念中，可能会找到地区差异存在的基础，它适用于资源和创意者，继承社会文化和制度特征，划分城市的进化，产生对于每个地区的历史的独特理解。根据穆斯特德(Musterd)等人(2007 年)的说法，他们解释了城市和地区发展创意经济的潜力，同样解释了随着时间的推移专业化的持续存在。

(二) 区域水平上的创意经济特征

智利被划分为 16 个领土单位，称为大区。这些区域划分到省，最终分为村社(见图 6)。目前分析把大都会地区(包括智利首都圣地亚哥，该地区包含全国大约 38%的人口，集中了大量资源、基础设施，等等）排除在外，以免分析结果失真。此外，新大区努布雷（建于 2017 年）是比奥比奥大区的一部分，分析时把它们看作一个大区。总之，进行特征分析有 14 个大区。

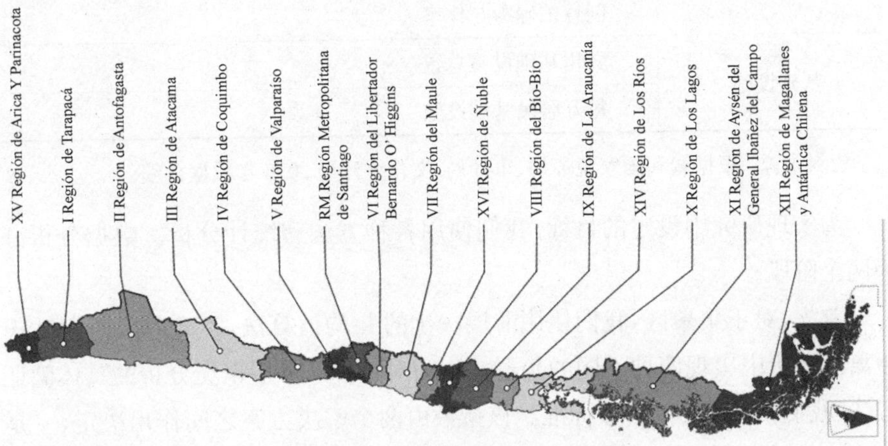

图 6　智利行政区划

资料来源：https://cdn.tralov.cl/chile/img/mapa-chile-contorneado.svg。

为了进行区域特征描述，表 1 中列出使用的变量，与融资、教育、经济活动、职业和文化创意部门的基础设施相关。

表 1　创意—文化部门相关规模与变量描述

规　模	创意变量
资　金	CNCA 总资金
	创意文化领域每名受雇者的 CNCA 总资金
	人均 CNCA 总资金（2017 大区人口调查数据）
教　育	第一年参与创意文化领域
	创意文化领域项目
	创意文化领域学费比率
经济活动	创意企业
	UF①销售情况
	人均文化领域销售

① 开发单位（UF）是在智利使用的根据通货膨胀可重新设定的账户单位。1 UF 大约等于 42 US$。

（续表）

规　模	创意变量
就　业	创意人员忙碌值
	创意忙碌参与比率
基础设施	文化基础设施总数
	每万居民基础设施

资料来源：根据智利国家税务局、审计局、文化统计局 2016 年数据自编。

为实现研究中设定的目标，我们使用各种方法和统计分析。数据分析分为两个阶段。

首先，对于集聚区，我们使用非层次化的 k-均值算法，距离的度量用欧氏距离。分析中出现四种不同的集群。作为对这种非分层聚类分析的具体验证方法，我们使用 Beale 指数标准。该指数由两个解决方案之间作出决定，一是 Q1 组，另一个是 Q2 组——Q1 > Q2，一方面，我们知道大多数组的解是均匀的，另一方面，包含更多组别会阻碍它们的可解释性。由于这个原因，检查组中错误的平方和的增加是否重要很有价值。只有当它不重要的时候，集聚群越少才越好。①

最后，我们试图通过资助、教育、经济活动、就业和基础设施的特点来概述每个小组的概况。根据变量的性质（公制），应用一系列统计测试来实现这一点。方差分析（ANOVA）用于确定研究中各集群与度量变量的方法之间是否存在显著差异，如创意公司、销售或总体文化基础设施。对于存在显著差异的变量，运用 Tukey 的多重比较测试以确定集群之间的差异。这些分析通常需要进行集群分析，以便进行验证和分段分析。

(1) 结果　创意—文化集群

将智利的各个区域细分可能是一个非常有用的工具，有助于更好地理解这些群体之间的差异。根据 Beale 指数，最合适的解决方案是三集群组。方差分析还表明，所有三个因素都有助于区分三种创意文化集群组（$p < 0.01$）。此外，还进一步使用了 Tukey 的特殊测试，以探索每个因素上的集聚组群之间的任何差异，并指出它们之间存在统计上的显著差异（见表 2），这一发现通常支持每个类别的适当性，描述如下。

① 更多细节见 Beale(1969)、Milligan 和 Cooper(1985) 以及 Gordon(1999)。

表 2　集群变量分析

变量	集　群		错　误		F&	p 值
	均方差	df	均方差	df		
F2	382 011.880	2	418 473.532	11	.913	.430 ns
F3	58 175.924	2	61 293.453	11	.949	.417 ns
AC1	922 272.762	2	10 136.121	11	90.989	.000 **
AC2	1.528 2E+13	2	6.344E+10	11	240.893	.000 **
AC3	1.239	2	.784	11	1.580	.249 ns
O1	1.9E+07	2	9.5E+04	11	195.943	.000 **
O2	.060	2	.032	11	1.873	.200 ns
I1	11 547.429	2	516.136	11	22.373	.000 **
I2	1.952	2	.253	11	7.727	.008 **
E1	1 682 188.762	2	51 023.212	11	32.969	.000 **
E2	15 955.667	2	232.924	11	68.502	.000 **
E3	3.443	2	1.402	11	2.456	.131 ns

注：** p 值＜0.01。

主要变量是那些与职业、基础设施、教育和经济活动相关的重要变量，而在这些群体中，融资并不重要。表 3 显示了每个组之间的差异的结果。在不同的字母表示集聚之间的差异时，使用 Tukey 测试。

表 3　变量产生的集群差异测定

	编码	集群 1	集群 2	集群 3	p 值
创意部门企业	AC1	165c	1 271a	494.67b	0.000 **
销售	AC2	291 894.5c	479 822.9a	124 447.5b	0.000 **
创意者忙碌情况	O1	559.83c	5 540.5 a	1 624.33b	0.000 **
文化基础设施总量	I1	45.5 b	169.5 a	79.5 b	0.000 **
每万居民基础设施数	I2	1.67 a	0.87 b	0.91 b	0.008 **
第一年进入文化产业人数	E1	101.5 b	1 586.5 a	344.33 b	0.000 **
创意产业项目数	E2	12.67 b	158 a	40.83 b	0.000 **

注：** p 值＜0.01。

作为对之前分析方法的补充，层次化的集聚群是通过 Ward 链接方法建立的，在标准化之后，实用欧几里得距离方差，只考虑在之前的分析中被证明是重要的变量。图 7 显示了生成的树状图，可以清楚地看到与前面分类的巧合。

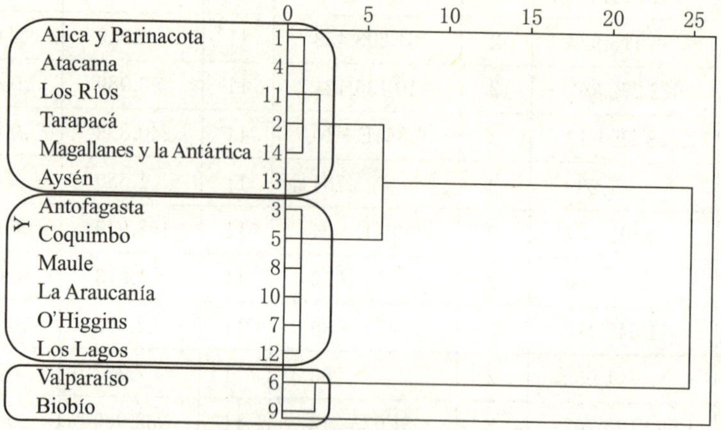

图 7　智利大区特征树状

资料来源：根据数据库自编。

根据 CNCA 研究中使用的名称(2013)，第 4 组称为发展初期组，第 3 组称为发展出现组，第 2 组为半发展组，第 1 组称为发展完成组。

(2) 集群的解释

根据可获得的和重要的文化变量，对智利地区的分类进行总结，可以在图 8 中看到智利的大区划分和分组地图。大都会区被包括在内以获得全球性的观察视野。根据 CNCA 研究中使用的名称(2013)，第 4 组被称为发展初期组，第 3 组称为发展出现组，第 2 组为半发展组，第 1 组称为发展完成组。

综上所述，如果我们考虑由分析所得出的大区类型所产生的排序，就有可能肯定：

发展完成组。在活动中表现出更大的活力。圣地亚哥位于智利的行政区和政治中心。这样的大都市区集中了作为创意部门重要组成部分的经济和教育活动，在资源和机会集中方面具有广泛的优势。作为一个例子，经济活动涉及 63.4%的创意公司(11 251 家公司)，贡献了 92.8%的销售额(1 020 300 万美元)。

半发展组。这组由智利另外两个大的中心组成：瓦尔帕拉多和比奥比奥。考虑到这些大都市区的性质，很明显它们所以占据这个位置，是因为它们在经济活动(创意产业和职业赋予的经济活力)和教育机会方面也高度集中。

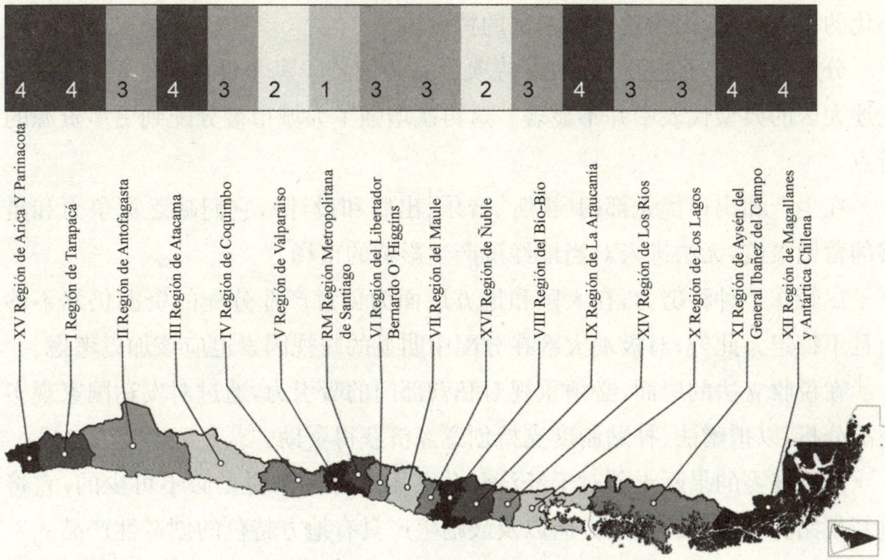

图 8　依据集群分组结果的智利大区分布

资料来源：依据分析结果分类自编。

这些大区，连同大都市地区，构成智利创意产业经济活动的核心。从这个意义上说，它们将作为分组的中心，聚集、集中和吸引该部门的大部分活动，把它们集聚和生产的经济活动向周边地区辐射。

发展出现组。该地区由塔拉巴嘎、安托法加斯塔、科金博大、奥希金斯、摩尔、阿劳卡尼亚和罗斯拉各斯等大区组成。这一群体的特点是，由资源相对较少的大区组成，它们处于大都市区和指标活跃程度低大区之间的中间状态。在区域范围内，可以肯定的是，这些大区的很大一部分与大都会中心相邻，形成一个受影响的区域，它们的活跃指标正在产业分析时被证实。

初期组。由亚里卡和帕拉那科塔、阿塔卡马、洛斯雷奥斯、阿西纳和马加兰尼斯等大区组成。这些地区的经济活动、就业、融资和教育水平在智利的创意产业中处于最低水平。在大区分布上，它们是最极端和最孤立的大区，阿塔卡马和洛斯雷奥斯也在其中。此外，平均而言，这些大区的人口数量较低，这也解释了创意部门报告的指标水平。

四、总评

必须提及的重要一点是，支持创意经济的政策应该聚焦于使集中效应最小化的极端地区,因为这就是本国的特点。

分析强调了对创意经济的支持项目完全依赖于竞争性融资工具,而这在上述大区的典型代表中并不显著。这再次增强了大城市被分配到更多资源的特点。

在生产和出口优先部门(视听、音乐、出版和设计),它们缺乏竞争力和足够的营销渠道,无法进入对当地经济产生影响的市场。

尽管作了种种努力,在大区和地方层面为创意产业分配的资源仍然不够而且不稳定。此外,对极端大区在分配中明显的歧视因素也应该加以考虑。

在税收立法的层面,必须重视对私营部门的吸引力,通过对发达国家现实情况分析,以捐赠法、补贴制度支持创意经济获得资助。

经济部委的果断干预对于经济和公共服务部门来说是必不可少的,它将重新规制贸易服务的发展方向以及鼓励生产具有地方特色的创造性产品。

最后,为了能够衡量创意经济产生的影响,无论是在大区还是在国家层面,制定一种方法体系以在其干预的所有领域获得数据是最重要的。为此,考虑开发一个文化发展指标作为公共和私人层面决策的依据非常重要。

参考文献

1. Aspillaga, A.(2015). Teoría de círculos concéntricos de la industria Creativa, adaptación al contexto chileno, y análisis de su pertinencia en la realidad actual nacional. *Políticas Culturais em Revista*, 2(8), pp.188—215.

2. Beale, E.M.L.(1969). Cluster Analysis. London: Scientific Control Systems.

3. Buitrago, F., and Duque, I.(2013). The orange economy. An infinite opportunty. Inter-American Development Bank.

4. CNIC(2007). Hacia una estrategia Nacional de Innovación para la competitividad. Volumen 2. p.244.

5. CONSEJO NACIONAL DE LA CULTURA Y LAS ARTES(2012). Ministerio de la cultura y las artes. Diagnóstico de la Economía Creativa en Chile y Propuesta Componentes Plan Nacional.

6. CONSEJO NACIONAL DE LACULTURA Y LAS ARTES(2013). Caracterización y análisis Regional de las Industrias creativas.

7. CONSEJO NACIONAL DE LA CULTURA Y LAS ARTES(2014).

Mapeo de las industrias Creativas en Chile.

8. CONSEJO NACIONAL DE LA CULTURA Y LAS ARTES(2015). Diagnóstico de la Economía Creativa en Chile y propuestas componentes Plan Nacional.

9. CORFO(2012). Consultoría sobre Financiación pública para industria creativa.

10. CORFO, ACTI and ESTRATÉGICA (2015). *Diagnóstico y Caracterización de la Economía Creativa*: Brechas y drivers de los 4 subsectores priorizados y la gobernanza de los esfuerzos públicos. Santiago: CNCA.

11. Ernst and Young(2014). Creating Growth. Measuring cultural and creative markets in the UE. Eygm limited. 100 pages.

12. Ernst and Young(2015). Cultural times. The first global map of cultural and creatives industries. Eygm limited. 120 pages.

13. Gordon, A.,(1999). Classification. 2nd edition. London: Chapman and Hall/CRC

14. Herrero, L.C.,(2007). Economía creativa y desarrollo económico. En libro El Español y la Economía de la Creatividad Autores y usuarios. Ed. Caja de Burgos. España Pag 53—65.

15. Higgs, Cunningham Y Bakshi (2009). Beyond the creative industries. Mapping the creative economy in the United Kingdom, NESTA.

16. Luco, J. Y Buitrago, F.(2010). Una ventana a la Economía creativa de Valparaíso. Estructuras y dinámicas de agregación de Valor.

17. Méndez, R., Ju (2012). Cultura y Desarrollo Evolución y perspectivas Maider Maraña UNESCO Etxea Cuadernos de Trabajo N°1.

18. Milligan, G. and Cooper, M.(1985). An experimental of procedures for determining the number of cluster in date set. *Psychometrics*, 50(2), 159—179.

19. Musterd, S., Bontje, M., Chapain, C., Kovács, Z., and Murie A. (2007). *Accomodating creative knowledge*. A literature review from a European perspective. ACRE Report 1. Amsterdam: Amsterdam Institute for Metropolitan and International Development Studies(AMIDSt), Universidad de Amsterdam.

20. Pnud(2002). *Desarrollo Humano en Chile. Nosotros los chilenos: un desafío cultural* Santiago.

21. SANTIAGO CHAMBER OF COMMERCE, (2016). *Chile: una orientación estratégica de largo plazo para elevar la productividad*. Santiago: Cámara de Comercio de Santiago.

22. Throsby, D.(2008). The concentric circles model of the cultural industries. *Cultural Trends* 17(3):147—164.

23. UNCTAD(2010). *Creative Economy*: A Feasible Development Option. Geneva: UNCTAD.

24. UNCTAD(2013). *Creative economy report*. Widening local development pathways. UNCTAD.

25. UNCTADStat.(2018). http://unctadstat.unctad.org/EN/Index.html.

Creativity and Economic Development in Chile

Andrea Báez Montenegro　Cecilia Gutiérrez Vega

Abstract: The objectives of this article were to review the baseline of the creative economy in Chile and compared with data in Latin America. Also, it is being important to contrast it with the current results of the strategic program of creative economy, regarding to improve export competitiveness from the prioritized sectors(audiovisual, music, publishing and design), to show the main challenges, advances and repercussions that these initiatives are having in Chile. On the other hand, to perform a multivariate analysis through a hierarchical cluster where the unit grouping were the fifteen regions in which the country is politically and administratively divided according to the dimensions of financing, education, economic activity, occupation and infrastructure as well as cultural consumption.

Key words: creative economy; multivariate analysis; hierarchical and nonhierarchical cluster

旅游目的地竞争力测评：方法和应用

西班牙巴亚多利德大学　马法尔达·戈麦斯-维加
上海交通大学　毕晓梅　译

［内容提要］　本研究综合梳理旅游目的地竞争力测评的主要方法论模型，尤其以思玛和威尔逊(2007)的模型为基础，聚焦于二阶段限定条件效率模型(two-stage conditioned efficiency model)。与其他办法相比，该技术具有许多优点，并且能够适应旅游竞争力的内在特征，能够反映外部因素的决定性影响。另外，通过采用双重驱动过程，为其他模型固有的传统偏差提供解决方案，不失为一种特别有效的方法。

［关键词］　旅游目的地竞争力；两阶段限定条件效率模型；双重驱动；文化旅游

一、导论

在国际上，旅游是最快速增长的部门之一，在当今地方发展过程中，已经被视为关键的因素(Noonan & Rizzo, 2017)，并逐渐与在过去的几个世纪中对经济发展至关重要的其他产业相匹敌(Mendola and Volo, 2017)，如汽油以及汽车产业等(UNWTO, 2018)。这一增长不应仅仅从字面上来理解，因为其最重要的特征就是广泛的多样性，这体现在新旅游目的地的涌现(Hidalgo & Maene, 2017)，这些新的旅游目的地正在开始挑战那些传统上被认为是对国际旅游者来说具有吸引力的目的地(Lee, 2015)。数据显示，这种增长在接下来的数年间还会持续巩固其作为主要的经济发展动力的经济部门的地位，创造就业、吸引投资、促进基础设施建设(UNWTO, 2016)。而且，如果考虑到它对建筑、农业、交通、电讯等其他部门的溢出效应，旅游对发展中国家尤其重要(Joshi et al., 2017)。

旅游的多样化也体现在与传统的阳光、沙滩、海岸旅游相关的新的动机的出现开始变得越来越重要,比如,工作、商务、会议以及文化或亲自然的动机(De Vita & Kyaw, 2016)。消费文化的愿望是旅游最古老的动机之一,但是在近些年,它也逐渐成为非常引人注目的重要动机。这导致了文化动机被认为是决定旅游目的地竞争力的最主要的因素之一,因为正是这些文化因素标注了目的地的特性,并将其与其他旅游目的地区分开来(OECD, 2009)。这就是为何现在旅游部门尤其强调所谓文化旅游,即“人们离开日常居所,……,前往文化胜地的活动”(Richards, 1996)。

不管怎样,我们现在清楚地看到国际层面旅游的迅速发展,这也在不同的旅游目的地之间引起激烈的竞争。这体现在利益相关者对于确定哪些因素有助于他们战胜对手的兴趣,以便于吸引更多的游人,增加收入,促进整体的经济发展,提高本地人的幸福感,促进繁荣(Pulido-Fernández & Rodríguez-Díaz, 2016)。

我们从不断增长的旅游目的地竞争力(CTD)测评研究的数量,也可以看出旅游产业的增长(Sainaghi et al., 2017)。这些研究非常有趣,因为它们能够让国家了解,与其对手相比他们所在的位置,确定目标,预测趋势(Mendola and Volo, 2017),以便锁定竞争优势(Croes and Kubickova, 2013),并最终提高潜在游客对该旅游目的地的关注度。

因此,本研究试图梳理总结近些年所使用过的测量竞争力的主要模型,考虑到其对于旅游目的地管理综合评估的能力,尤其聚焦于二阶段限定效率模型。秉之,本文的结构如下:在简短的介绍之后将讨论本文的基本概念——旅游目的地竞争力;第二部分开始讨论用于测量竞争力的主要的路径;第三部分接着详细讨论二阶段条件限定效率方法;第四部分对应用该方法以测评特定地理区域竞争力的三个实证研究进行简短的综述,论及西班牙、智利以及拉丁美洲和加勒比国家的样本,尤其聚焦于文化因素作为旅游竞争力的驱动力;最后部分是简短的结论。

二、旅游竞争力的概念

许多研究认为,旅游目的地竞争力作为一个概念,太过宽泛复杂和多维(Crouch, 2011; Dwyer, et al., 2014)。难以达成统一定义导致研究者会从许多不同的、分散的角度来理解它,正如克罗斯和库比科瓦(Croes & Kubickova,

2013)所指出的那样,“一个放之四海而皆准且精确的定义根本就不存在”。在20世纪90年代,研究者试图更精确地定义这个概念,其中较为重要的是里奇和克劳奇(Ritchie & Crouch, 1993)所做的工作,他们试图给此议题建构一个理论体系。随后,一拨研究者继续聚焦于旅游目的地竞争力研究,这些研究通常采用理论的视角,并且开始尝试为其量化建立模型。这些在达耶等人(Dwyer et al., 2002)的研究中已初具实证的雏形。在这些实证研究中,一些作者开始探索特定旅游目的地的竞争力,例如,卡迈克尔(Carmichael, 2002)对多伦多进行个案研究,科扎克(Kozak, 2003)比较了西班牙和土耳其;还有一些研究者讨论了旅游目的地的某些特别的方面,比如旅游管理体系(如Baker et al., 1996)、营销模型(比较有代表性的如Buhalis, 2000)、旅游可持续性(Hassan, 2000),等等。2003年,旅游目的地竞争力的概念还被认为是边界模糊的。里奇和克劳奇(Ritchie and Crouch, 2003)将旅游目的地竞争力定义为“……增加旅游消费的能力,提供令人满意的难以忘记的体验来吸引更多的旅游者,以增加盈利同时提高目的地居民的幸福感,保护目的地的自然资源”。近年来,研究逐渐多元化,不论是在研究的方法还是案例研究方面,在过去10年尤其突出,例如,达斯和迪伦佐(Das & Direnzo, 2010)、普利多-费尔南德斯和罗德里格斯-迪亚斯(Pulido-Fernández & Rodríguez-Díaz, 2016)以及埃雷罗和戈麦斯(Herrero & Gómez, 2017)等人的研究成果。值得一提的是世界经济论坛(World Economic Forum)所做的工作,每两年出版旅游和观光竞争力指数(Travel & Tourism Competitiveness Index),在世界范围内对130多个国家进行旅游竞争力排名,学界对此也提出了改善和拓展的建议(Croes & Kubickova, 2013; Pérez-Moreno et al., 2016)。不过,这一指数可算是旅游目的地竞争力领域主要的参考来源,甚至作为数据来源。

旅游目的地概念的定义需要在相关术语当中进行理解,比如通常会将其与目的地在旅游市场中的定位相联系(Pulido-Fernández & Rodríguez-Díaz, 2016)。这一相对定位是由竞争所要达到的目标所确定的,而这一目标往往不很清晰,正如克劳奇(2011)所指出的那样,其目标有多种可能性,如:最大化旅游盈利和经济回报、环境和可持续发展的考虑,抑或只是社会和文化方面的目标。在本文中,旅游目的地竞争力指的是能够让目的地获得相对于对手的竞争优势的诸多特质。换句话说,目的地“竞争”的目标是在全球化的旅游市场中获得关注,通过大量能让其更具吸引力的因素,将自身定位为受欢迎的旅游目的地。更进一步,最终目标是要能够有效管理这些因素或者资源以强化其定位。

三、测量旅游竞争力的不同方法

在过去的几年，旅游目的地竞争力测评的方法得以发展，许多不同的路径给同一个概念提供了多种理解视角。赛纳伊等(Sainaghi et al., 2017)的文献计量学研究为理解该领域提供了一条捷径，他们回顾了过去 20 多年的代表性研究，这些研究从多种视角讨论旅游管理，包括效率和竞争力的分析。在本文中，我们总结三种广泛应用的发展比较成熟的方法：综合指标法、效率分析法、二阶段条件效率分析。

(一) 综合指标法

这项技术的基本原理是将最广泛的意义上的目的地具竞争性的各种因素(酒店业、国家的准入、文化资源的积累、安全水平等)结合起来，成为一个单一的综合指标。所获得的结果是易于解释和可比的，并且通常通过 CTD 的排名来呈现。建立综合指标有许多方法。它们的复杂性程度不同，从根本上说，特别重要的是如何分配每个因素对构建综合指标的权重。一些模型是基于简单的措施建立的，其中最好的例子是世界经济论坛发布的《旅游与观光竞争力报告》，它总结了大约 90 个旅游因素。然而，世界经济论坛的做法也引起了很多批评。在世界经济论坛报告结果的基础上，研究者们提出了更复杂和客观的方法来构建 CDT 的综合指标。马扎尼克和林(Mazanec & Ring, 2011)基于偏最小二乘路径建模(Partial Least Square-Path Modelling)来分配权重，这取决于每个因素对 T&TCI 的解释能力。兰等人(Lan et al., 2012)利用非参数法、神经网络分析法，对每一个待反映的旅游资源获取客观权重。克罗斯和库比科瓦(2013)应用皮尔森系数，获得各因子之间的相关性，并将 T&TCI 的结果作为权重的值。最近的贡献之一是莫雷诺等人(Pérez-Moreno et al., 2016)应用多准则模型作为归一化和聚集模型的替代，也提供了解决因素之间的可替代性问题的解决方案。马丁等(Martín et al., 2017)运用数据包络分析(DEA)方法，构建了基于特质权重的旅游竞争力综合指标体系。所有这些综合指标构建的方法都非常受欢迎，尤其是它们易于解释，正如前面所指出的。然而，这些方法也被认为是不够的，因为它们忽略了生产过程，从而最终不能提供更多的结论。

(二) 数据包络分析

数据包络分析(DEA)是一种非参数技术，能够使竞争力在生产效率方面得到衡量。DEA 已成为近年来测量 CTD 最广泛使用的模型之一(Sainaghi et al., 2017)。这种技术不仅局限于总结旅游因素,而且侧重于生产过程中的管理策略。具体来说,DEA 考虑了生产过程,在此过程中决策单元(DMU)综合其资源,在这里指的是旅游资源,以产生或最大化其旅游产出。因此,这需要建立一个假设的生产函数,假定目的地能够管理它们的旅游资源,以便最大化产出。DEA 只分析内部管理,并且不考虑可能的外部动因,这一点招致批评,因为生产过程并不是独立于情景因素而发生的。如果再加上它的确定性,它可能导致识别由于不可控的驱动因素导致的非效率行为。然而,该方法确实具有许多优点,例如它能够估计每个低效 DMU 的改进余量,或者指出需要改进的主要需求所在的可能性,这在旅游管理领域中特别有用。这种技术在旅游部门中有不同的实际应用,它们主要在生产函数的定义上有所不同。某些作者,如索伊萨尔·库尔特(Soysal Kurt, 2017)严格的设定管理生产函数,只包含旅游输入和输出(住宿容量、支出、游客到达、留宿情况等)。其他作者在生产过程中包括更多不同的因素,如自然和文化资源,这是由意大利克拉科利奇和内坎普(Cracolici & Nijkamp, 2008)以及铃木等(Suzuki et al., 2011)开发的地区的模型;哈达德(Hadad)等(2012)对 100 个国家的样本也进行了同样的研究。

如前所述,这种方法比综合指标更进一步,不仅处理旅游资源的提供,而且分析如何管理这些资源。然而,主要批评的是,它没有考虑可能对 CTD 产生重大影响的情境因素,但情境因素的考量构成了我们下面要提出的方法的一部分。

(三)两阶段条件效率法

这种方法综合两种方法,它初始阶段进行 DEA 效率分析,在第二阶段中,效率结果被连同变量或外部因素一起作为删失回归分析中的因变量。在下文中详细介绍了它的方法。因此,我们这里仅仅指出,这种方法已经开始广泛应用于旅游管理领域,特别是过去 10 年,在这一领域获得了大量关注。关于 CDT 领域的应用,可以基于规模来区分。一些作品进行微观研究(例如,处理某一区域),例如,巴罗斯等人(Barros et al., 2011)在法国或贝尼托等人(Benito et al., 2014)、埃雷罗和戈麦斯(Herrero & Gómez, 2017)在西班牙进行的研究。另有一些研究则采用大洲的尺度,例如戈麦斯和埃雷罗(即将出版)的研究是在拉丁美洲和加勒比背景下进行的。最后,在全球范围内也进行了一些研究,如阿萨夫和乔赛亚森(Assaf and Josiassen, 2012)。

四、旅游竞争力测量：两阶段条件效率法

众多旅游目的地竞争力测量的方法中，特别常见的是效率分析(Sainaghi et al., 2017)。尤其常见的是基于前文所述的DEA的方法，近年来已经开始用回归分析来补充，形成一种更复杂的方法，称为两阶段条件效率法。考虑到它相比其他方法的许多优点，我们认为这是从全球的角度来量化旅游竞争力的最合适的模型。

首先，通过使用这种方法，我们能够评估生产过程，不仅描述输入和输出的积累，而且还可反映如何管理以及是否实现了高效的生产过程。其次，我们可以衡量一系列外部因素的决定作用，这些可能对旅游目的地的有效性产生重大影响。在这方面，特别是将与可访问性、基础设施和旅游服务提供、文化和自然资源甚至气候或安全因素有关的变量包括进来。它还允许在生产过程中确定改进方面的主要需求，这对旅游政策特别有用，从而有助于决策。然而，正如所有的程序，它也有一些需要知晓的缺点。它的确定性是可以通过第二阶段来克服的，当定义模型的生产函数和样本的组成时需要谨慎，这需要相对同质，因为模型对离群点敏感(see Dyson et al., 2001)。

从方法论的角度来看，该模型包括两个阶段：首先，利用DEA进行效率分析，获得技术效率比。在第二阶段，应用删失回归分析，在这个过程中效率结果被连同一组外部因素或情境因素一起引入作为因变量，它可以确定每个目的地所达到的效率水平，并且作为独立的因素被引入。ENT变量正如贾巴里等人的研究(Jebali et al., 2017)所指出的那样，在进行条件效率研究时，需要考虑各种问题以达到令人信服的结果。首先应该记住的是，观察到的不是效率的结果，而是经验估计的结果。此外，效率可能取决于在第一阶段生产函数中未考虑的其他变量。这意味着误差项可能与第二阶段的解释变量相关。最后，由效率计算引起的变量在0和100之间被删失，这是在第二阶段分析中应该考虑的一个事实。在思玛和威尔逊(Simar & Wilson, 2007)提出的基于双引导过程的改进模型中，考虑了上述许多方面，正是我们现在试图总结的模型。

在两阶段条件效率的第一阶段，通常用于测量性能或效率的方法是由查纳斯等人以法瑞尔(Farrell, 1957)以前提出的基本原则为基础开发的非参数DEA模型(Charnes et al., 1978)。从概念上讲，DEA是一种非参数前沿技

术，用于通过计算显示最佳实践和线性组合的单元的包络来评估一组单元中的效率水平。结果，边界以下的单位被认为是无效的。这种方法的主要优点是不需要预先指定生产函数的形式，因为它是根据所提供的信息计算的，解决了一个简单的优化问题。因此，DEA 基于设计生产函数，在旅游目的地竞争力的测量中，指的是旅游区的管理，反映它们的资源或输入的组合所产生的一系列产出或结果。假设，这意味着根据我们对主题的定义，目的地能够管理它们的旅游资源以最大化它们的产出，这将是选出的竞争力标志，并且在我们的方法中与客流量联系在一起。

当考虑 DEA 的效率分析时，有必要建立一组关于模型的假设。首先，它需要一个关于方向的决定，它可以被假定为在给定的输入水平上最大化输出，或者相反的，基于输出的输入最小化。这些研究大多倾向于选择第一种选择，因为它更符合实际（Assaf & Cverbar，2010；Assaf & Agbola，2011）。目的地的目的是，根据它们的资源最大化游客数，游客数将产生影响并最终带来期望的发展。对于规模报酬也必须作出决定。同样，有两种可能性出现；换句话说，考虑到恒定的规模报酬（CRS），模型将不能反映构成样本的单位中的可能的尺度差异，或者可变的回报规模（VRS），在这种情况下模型确实反映了国家之间的可观察到的差异。在考虑到所讨论的 DMU 的样本，以及该模型可能考虑的可能的可量化的尺度差异时，这一决定应当认真考虑，并进行处理。我们现在提出基于输出和可变回报规模模型的方法构想：

$$\begin{gathered}\max_{\theta,\lambda}\lambda\\ \text{s.t.}\quad \lambda y_{im}\leqslant\sum\nolimits_{k=1}^{C}\gamma_k y_{mk},\ m=1\cdots,\ M,\\ \sum\nolimits_{k=1}^{C}\gamma_j x_{kn}\leqslant x_{in},\ n=1\cdots,\ N,\\ \gamma_i\geqslant 0,\ i,\ k=1\cdots,\ C\end{gathered}\tag{1}$$

其中 C 是构成样本的目的地的数目，$x\in\mathcal{R}_+^N$，$y\in R_+^N$ 是与目的地 i 对应的输入和输出的向量，γ 是权重 $C\times 1$ 的向量，λ 是标量。需要记住 λ 将采取大于或等于 1 的值，而 $\lambda-1$ 是第 i 个目的地以恒定量的输入来实现的输出增加比例。值 $1/\lambda$ 是技术效率在 0 和 1 之间变化的结果。前一个公式是 C 次求解，一次用于样本中的一个国家。此外，基于思玛和威尔逊（Simar & Wilson，2007）所描述的改进，该模型通过引导程序来补充完善，对效率结果进行至少 2 000 次迭代（Barros et al.，2011；Simar and Wilson，2000）。

关于第二阶段，所分析国家的技术效率受到影响其生产过程的情境变量的影响。这些外部因素本身并不构成生产过程的一部分，但确实对其产生影响，将它们包含在模型中可以描述可能的低效性。具体到旅游目的地竞争力的研究，通常包括与基础设施、社会经济因素和资源或旅游景点相关的禀赋变量。从结果，我们可以得出哪些变量在何种程度上决定目的地竞争力，这些影响是否有助于创造一个提高效率的环境，或者相反，是否创造不利的条件。

在此基础上进行删失回归分析，假设效率结果总是介于 0 和 100 之间的变量，其中在第一阶段生成的效率比作为因变量，并且作为所谓情境变量或外部因素的解释变量，符合以下公式：

$$\theta_k = \beta x_k + \varepsilon_k \tag{2}$$

其中 $\varepsilon_k \sim N(0, \sigma^2)$，并且 β 是一组自变量的参数向量。如前面所指出的，这些变量是社会经济特征以及与旅游基础设施、自然和文化资源等有关的其他因素。基于思玛和威尔逊(2007)提出的论点，为了求解等式(2)，如普通最小二乘法(OLS)或 Tobit 回归之类的模型是不合适的，因为它们不能防止效率结果和误差项 ε_k 之间的相关性。这就是为什么思玛和威尔逊(Simar and Wilson, 2007)提倡删失回归模型，其中一旦基于公式(1)的效率比被提取，我们使用低效率决策单元(DMU)的子样本，对公式(2)中 x_k 的 $\hat{\theta}_k$ 删失回归中使用最大似然为 β 取 $\hat{\beta}$，为 σ_ε 取 $\hat{\sigma}_\varepsilon$。换句话说，结果低于 100。随后，对 β 和 σ_ε 的 L 自回归执行如下：

(1) 对于每一个效率低下的单位，我们采用方差和左截断的正态分布来计算。

(2) 然后利用最大似然估计 In 回归，生成 Bootstrap 估计。

(3) 最后，执行至少一个第二引导，具有至少 5 000 个副本，允许建立置信区间，从而避免所提到的可能偏差。

五、两阶段条件效率模型的实际应用

从理论上介绍完两阶段条件效率法，下面展示一些研究中的结果，这不仅有趣而且能够阐释该方法的优势及应用。为此，我们介绍旅游目的地竞争力测量领域的一系列工作，每一个包含在非常不同的背景下进行的个案研究。它们都使用相同的方法，其不同将在后面更详细地解释。这些差异之一与所考虑的生产函数有关。第一个研究假设文化旅游的生产过程，换句话说，在生产函数中将文化资源作为另一个输入因素，而在后两个研究中，这些变量被包括在第二阶段中，只留下了生产函数中的管理和技术的角度的旅游因素。在不同研究之间的另一个差异在于，前两个使用两阶段条件效率法，而第三个采纳了思玛和威尔逊(2007)提出的修改。然而，他们的特别兴趣点都集中在探索文化资源的积累对旅游目的地竞争力的影响。这是有趣的，因为可以觉察到文化因素可能只会影响具文化动机的旅游者。然而，这不一定是完全正确的，因为游客可能会证明他们的杂食性(Barbieri & Mahoney, 2010)，这使得他们消费文化，但文化不是他们旅行的主要原因。因此，它不应该被排除出驱动因素之列。

(一) 文化资源作为文化旅游吸引力的因素之一：西班牙地方旅游目的地技术效率评价

第一项研究(Herrero & Gómez, 2017)是在西班牙的情境中进行的，以区域为测量单元，旨在测量吸引国内文化动机游客的技术效率。在本研究中，生产过程中的文化资源被纳入考量，假设的生产函数被用作基础，其中文化资源和旅游需求相关联，正如表1所示。从方法论的角度，两阶段条件效率模型得以应用，并综合了DEA与删失回归分析。

表1 埃雷罗和戈麦斯(Herrero & Gómez, 2017)模型

模型特征		生产函数		
样 本	方 法	输 入	产 出	外部变量
17个西班牙大区，时间跨度为5年(2004—2012)的面板数据	两阶段条件效率；DEA-CRS-Output-oriented(bootstrap)和删失回归	文化节日；博物馆；历史遗产和文化就业	文化游客客流量	联合国教科文组织文化遗产认定；旅馆容纳量；三、四、五星宾馆中床位数；高速公路里程数；海岸线长度；国家公园；文化支出；文化企业；安全性；趋势；非文化旅游；国际文化旅游

资料来源：作者原创。

至于结果，应该指出的是，西班牙管理国内文化旅游更有效的地区是那些在阳光和沙滩等自然资源最贫乏的旅游地区，以及内陆地区和北部海岸，而地中海地区效率明显偏低。特别值得一提的是，在第二阶段得到的结果，可以看到西班牙的国内文化旅游者倾向于避开拥挤的传统国际旅游区域。这为我们提供了一个清晰的西班牙内地文化旅游者的图景，即倾向于与文化有关的特定消费的旅游,而不是与其他类型的休闲活动相结合。一项平行研究(Gómez & Herrero, 2017)复制了这项研究,但是研究对象是来西班牙的国际文化旅游者。结论是,国际文化旅游者的行为与国内游客完全相反。在国际文化旅游中,特别有效的是那些游客可以将文化消费与阳光和沙滩活动相结合的地区。基于这些结果我们推测,文化旅游者在本国的行为举止与他们在国外时的行为不一样。当他们在自己的国家旅行时,他们的行为比在国外旅行时更为专一,在国外他们倾向于多样化消费,这与出国旅行的情况非常吻合。

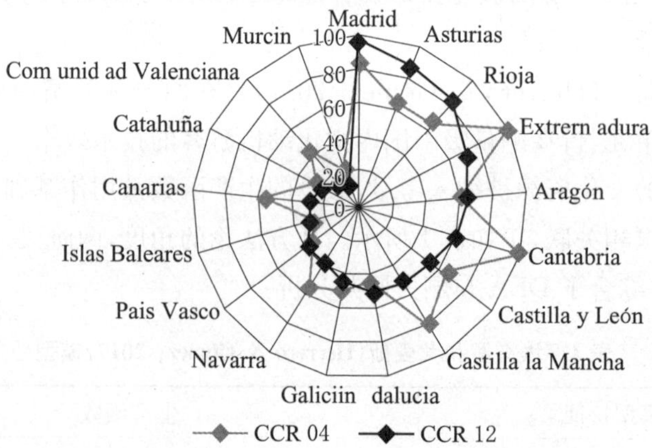

图 1 效率比率结果/西班牙地区/国家文化旅游

资料来源:作者原创。

(二) 分析文化因素如何影响智利旅游目的地效率

现在我们总结下智利地区旅游客流管理效率研究(Figueroa et al., 2017)的方法和结果。鉴于它在国际范围内增强的旅游重要性,智利提供了一个非常有趣的案例研究,它现在已经成为拉丁美洲最受欢迎的目的地。这项工作根据其来源对三个旅游群体进行区分:国际、国内或两者的结合,但没有区分他们的动机有什么区别。这里再次假设区域,在此指的是智利的不同区域,能够决定其为了最大限度地提高旅游人数而具备的旅游吸引力。与以往的方法不同,生产过程只考虑严格的技术视角的旅游变量。因此,以国际游客的过夜逗留作为产出,以国际游客的住宿和到达容纳能力作为主要投入,假定虚拟生产函数,如表 2 所概括。文化变量现在连同其他逻辑因素、基础设施、安全等包括在第二阶段,将其决定因素的影响进行量化。

表 2　菲格罗亚等人(Figueroa et al., 2017)模型

模型特征		生产函数		
样　本	方　法	投　入	产　出	外部变量
6 年内(2009—2014)15 个大区的面板数据	两阶段条件效率法; DEA-CRS-Output-oriented (bootstrap)以及 robust Tobit regression	宾馆床位数;旅客到达人数	旅客过夜逗留	历史遗产;自然保护区;自然古迹;受保护的野生地区;安全;公共文化支出;保护区的游客;野生地区的游客;道路公里数;网络访问;电影院数量;电影院容量;文化就业;旅行社

资料来源:作者原创。

至于最重要的结果,一般说来,最有效的决策单元是大都市,连同传统上更适合旅游的区域;也就是说,在北部海岸以及该国的中心南部的特定地区。尽管智利旅游人数不断增加,但其效率却略有下降。这可能是由于住宿供应的规模过大,这是为了跟上旅游者不断上升的速度,但未能最大限度地延长他们的逗留时间,至少在数据可用的年份情况如此。关于第二阶段,除了在内陆旅游的情况下被证明是特别重要的与动态创意部门有关的变量,以及自然资源的积累之外,我们还可以看到文化资源积累的决定作用。

图 2　效率比率结果/智利地区/总体旅游状况

资料来源:作者原创。

(三) 拉丁美洲和加勒比国家的旅游竞争力:DEA 两阶段双驱动法

最后,我们再呈现一个与前面相同路径的研究结果(Gómez & Herrero),

但在本研究中，测量单元从地区层面扩展到国家层面，样本由拉丁美洲和加勒比地区的 17 个国家构成，这一地区对旅游者的吸引力一直处于不断增长中。正如本节开始时指出的，在该研究中方法稍有不同，应用了思玛和威尔逊(2007)基于双引导程序以纠正偏差的算法 1。在对这些国家最大化国际游客过夜停留数量进行效率分析时，考虑到住宿容纳能力和旅客到达数量，再一次使用特定的管理生产函数。在第二阶段，目的是观察除了其他外部因素，积累文化资源的趋势对效率的影响(见表 3)。

表 3　戈麦斯和埃雷罗(Gómez & Herrero)模型

模型特征		生产函数		
样　本	方　法	输　入	产　出	外部变量
拉美和加勒比地区 17 个国家 5 年(2011—2015)面板数据	两阶段条件效率法；DEA-VRS-产出导向(Simar and Wilson 双驱动)	宾馆床位数；国际旅客到达人数	国际旅客过夜逗留	UNESCO 文化遗产认定；UNESCO 自然遗产认定；保护区；人均 GDP；安全；国内航班数；网络接入；岛屿；趋势

资料来源：作者原创。

从所获得的结果可以看出，这些国家的竞争力在多年的研究中有所增长，虽然只是逐渐增长，这些增长可能是由许多目的地的新兴性质所驱动的。此外，加勒比地区已被证明比拉丁美洲国家更为高效，尽管这一结果可能受到不包括国内旅游的限制，而国内旅游在拉丁美洲地区表现突出，这可能导致低估

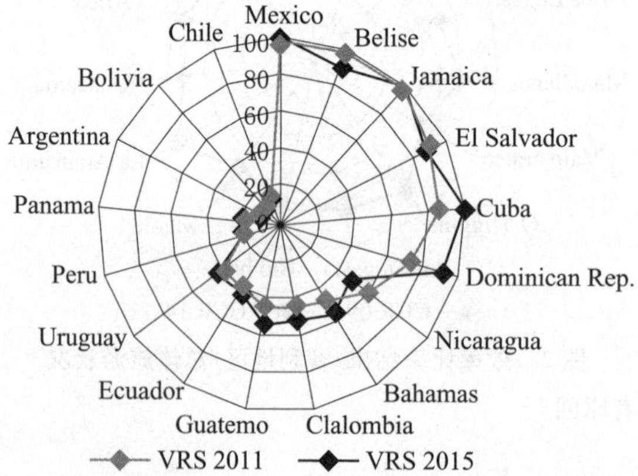

图 3　效率比率结果/拉丁美洲和加勒比地区/国际旅游

资料来源：作者原创。

这些国家的效率。第二个阶段再次反映了在使旅游目的地更具竞争力的过程中积累文化资源的重要性，在这项研究中体现为联合国教科文组织认定的重要性。在这一背景下，与该地区的旅游传统相关联的其他因素的关键作用再次显现，突出了它的新兴性质以及它的多样化是如何发展的。这些因素与度假胜地和蜜月旅游有关，这在加勒比群岛是非常重要的。

基于上述结果，很明显，文化资源的积累是增强旅游目的地竞争力的一个关键因素，无论是在老牌旅游区如西班牙，还是在新兴的旅游地区如拉丁美洲和加勒比地区。这就是为什么这种类型的研究的实际应用可能会得出以下结论：促进文化因素，使其可持续性发展和提高它们的知名度，是赋予某些目的地比较竞争优势的关键。

六、结论

旅游业正在明显扩张，并显示出促进经济往来和创造就业的巨大能力。此外，它证明在发展中国家具有特殊的影响，在发展中国家，它正在巩固其作为经济增长的关键推动者的地位。旅游业发展经济的能力正促使各个目的地展开竞争，以便成为最吸引游客的地方，从而引发一场蔓延全球的竞争。因此，这些目的地寻求提高其知名度，并使自己处于比其竞争对手更好的位置。从旅游管理者的角度来看，关键在于明确在多样化的旅游动机分布中，哪些方面使一个目的地更具竞争力。这就是需要通过提供大量应用对旅游竞争力进行研究之处，其中最重要的是关于哪些因素决定目的地竞争力的信息。

本文梳理了旅游目的地竞争力评价的不同方法。最流行的一种是综合指标模型，这种方法侧重于测量旅游资源的积累，从单一角度观察竞争力。然而，DEA 等技术能够评估这些旅游资源是否得到有效管理，从而提供关于生产过程的结论。最后，两阶段条件效率模型包括情境因素对生产流程的影响，使竞争力能够从更全面的角度被观察，并且提供对旅游政策大有用处的结论。由此可见，两阶段条件效率模型是衡量旅游目的地竞争力的最合适的方法。

除了方法论的综述之外，本文还对西班牙、智利、拉丁美洲和加勒比三个采用两阶段条件效率模型的案例研究的结果进行了总结。首先，可以看到该模型适应不同环境的能力，使得我们能够以相对可比的结果来衡量旅游竞争力。其次，最有趣的结果是，不仅在纯粹文化激励型旅游情境中，文化资源的积累对于旅游竞争力具有重要性，在所有的研究中，与文化因素相关的变量都能够解释效率，并都是积极影响。其他被确定为决定因素的因素也得以确认，如可达性、安全性、休闲选择，等等。最终可以这样说，文化资源是每个目的地特性最清楚的差异之一，而这些差异是决定目的地的吸引力的关键因素，并决定能在多大程度上延长旅游者的停留时间，由此带来不同的经济影响。

还可以得出的结论是，这种方法可以作为旅游政策的工具，因为它突出了目的地的优势和弱点，从而帮助它获得超过其竞争对手目的地的竞争优势。使用这种方法能够帮助推动一个能够产生巨大影响和经济回报潜力的新兴部门，这最终将推动旅游目的地的发展。

最后，我们应该指出可以从本研究得出未来的研究路径。该旅游竞争力测度模型是可复制的，适用于任何区域环境，并允许多种视角的杂糅。它可以集中于竞争力的总体面向，或者聚焦于更加具体的因素，如可持续性、盈利性、战略等，这就使其实际应用更加多元。

Measuring Competitiveness of Tourist Destinations: Methods and Applications

Mafalda Gómez-Vega

Abstract: The present works offers a summary of the main methodological models applied to measure the competitiveness of tourist destinations, focusing particular attention on one method, the two-stage conditioned efficiency model, based on the model developed by Simar and Wilson (2007). This technique offers a number of advantages compared to other approaches, and adapts well to the features inherent in of tourist competitiveness, reflecting the determining effect of external factors. Moreover, by applying a double bootstrap process, it proves to be a particularly robust method, since it provides a solution to the traditional biases attributed to other models.

Key words: competitiveness of tourist destinations; two-stage conditioned efficiency; double bootstrap; cultural tourism.

城市遗产保护的思考：遗产性城市

西班牙巴亚多利德大学　霍思佳

［内容提要］　如果城市的发展和遗产的保护是两个方面的研究对象，就不可避免地要产生矛盾。本文通过“城市遗产就是城市的记忆”，“遗产性城市就是有记忆的城市”，阐述城市的发展和遗产保护是一体的。而在保护中要尊重遗产本身，不要以加入世界遗产名录为目的，用平和的心态以及正常的保护方式，让城市的发展和遗产保护融为一体。

［关键词］　遗产保护；城市记忆；一体；保护意识

以前城市遗产的保护是一个很沉重的话题。近几年，文化城市、遗产城市又成了一个时尚的话题。这是好事，说明随着我们生活物质水平的提高，随着文化遗产在30年的城市化进程中被大量毁损，功能性城市的千篇一律，城市记忆消失，建设的失调等问题[①]出现后，文化的回归，又成了城市找回自我的主流。

遗产保护和城市发展的矛盾主要源于中国的城市发展太快了。过去30年里，中国的城市化率以平均每年1个百分点的速度上升[②]，每年有1 200多万人口涌入城市。中国的城镇化从大约18%到现在的57%，用了30年时间。[③]

但是从世界上来看，城市化率从30%提高到60%这一发展阶段，英国用了180年左右的时间，美国用了90年左右，日本用了60年左右。中国只用了

① 单霁翔：《城市化进程中的文化遗产保护》，《北京观察》2006年第5期，第29页；陈学敏：《城市化进程与文化多样性的冲突——从历史遗产保护谈起》，《世界环境》2010年第4期；杨剑龙：《论中国城市化进程中的文化遗产保护》，《中国名城》2010年第10期。

② 翟烜：《中国城市化速度超世界两倍》，《京华时报》2008年10月31日；彭仕：《国家统计局数据：中国城市数量规模不断扩大》，《羊城晚报》2008年11月5日。

③ 闻哲：《中国城市化进程加快》，《人民日报》（海外版），2007年9月27日；谢志强：《怎样看待我国的城市化速度》，人民网・理论频道，2008年3月14日；《2020年我国城镇化率50%—55%》，《重庆时报》2005年9月26日。

30年左右时间。[1]这些数据再加上中国和其他国家国土面积的对比.就可以看出中国的城镇化速度有多快。

急速的城市发展对城市中的文化遗产绝对有破坏。人口的剧增，商业化的发展，让传统的文化遗产保护方式受到了挑战。

在这样的环境下，很多学者都在关注城市化进程中的遗产保护问题。“城市化”和“遗产保护”是两个不可调和的矛盾体吗？联合国教科文组织提出的“遗产和遗产周围环境的保护”，吴良镛先生的“人居环境科学”，单霁翔先生的“从功能城市走向文化城市”以及其他很多学者的研究，都给我们开启了遗产保护和城市发展如何协调的思考。

在研究了欧洲的众多案例，结合中国现在发展的实际情况，我们对城市化进程中的文化遗产的保护提出了“遗产性城市”的保护理念。

一、城市的遗产是城市的记忆

首先，在文化多样性以及遗产保护理念不断的发展下，今天的“遗产”已经不只是“古文物”。

从国际保护趋势上来看，遗产的保护的范围从有形遗产到无形遗产，从单体建筑到建筑群组，从古代文物到当代建筑。世界遗产的发展的目标是人类社会的可持续发展。联合国教科文组织在关于世界遗产的全球战略中这样表达：“新的愿景超越了遗产狭义的定义。我们要努力认知和保护那些人类与土地共存，人类交往，文化共存，精神与创造性表达的杰出场所。”“人”是世界遗产保护的核心，社会各阶层、各方面，特别是社区都要参与遗产的保护和管理，遗产保护是可持续发展的。

随着遗产概念的发展，遗产逐渐多元化。它可以是古代的、现代的、动态的、静态的；单一的、多元的；物质的、非物质的；所以说，遗产的界定范围在逐渐扩大。比如城市建筑遗产。以柏林2008年的一个世界遗产建筑为例。城市建筑遗产可以是古代的，可以是现代的。

德国柏林不同区域的6个20—30年代建造的建筑群(Berlin Modernism Housing Estates)2008年被列入世界文化遗产。这些建筑就是今天看来也很漂亮。建它们的初衷是为了改善低收入人群的生活。一些杰出的建筑师也都

[1] 单霁翔：《城市文化建设和文化遗产保护》，《中国人大杂志》2012年第9期。

参与了整个的建造过程。由于它们是城市发展的标志,也对世界范围内的住宅建设发展产生了巨大影响,被列入世界文化遗产。

所以遗产不都是古文物,建筑遗产不都是古建筑。只要在城市的发展中起过重要作用的,在城市的发展中有意义的,有纪念性的遗产(物质的、非物质的)都可以是城市的遗产。

在 2016 年 10 月第三届联合国住房和城市可持续发展大会中,就明确提出城市遗产的概念。"城市遗产代表着社会、文化和经济方面的资产及资源,反映了世世代代所形成的、阐释的、传播的价值观的动态历史沉淀。"①

也就是将城市遗产的概念扩展的更加宽泛。几乎包括在城市发展的历史中,留下的对这个城市的市民所有的重要的物质和非物质遗产。这种"世世代代所形成的动态的历史沉淀"就是城市的记忆。这些在历史中存留下来的物质和非物质遗产是城市的标志和灵魂,是城市整个历史生命中的那些重要的记忆。钱穆先生曾经说过:"如果没有罗马存留下来的那些断壁残垣,我们就不知道当时罗马的伟大。没有金字塔,我们就不知道埃及的文明。"所以保存这些记忆是我们保留文化遗产的一种方式。

城市遗产就是城市在历史发展过程中存留的记忆。

这里涉及一个"城市记忆"的理念,就像人的记忆。有以前的、现在的;值得骄傲的、沮丧的;正能量的、负能量的等等,虽然它们都是些残存的碎片。然而,只有保存它们才能成为一个完整的人,才能知道"你是谁"。城市的遗产也是这样。它们是城市的标记。现代的城市在发展的过程中,出现了很多问题,最明显的是"千城一面",就是把这些城市的标记毁掉了。城市并不是不能发展,而是要在发展的同时保护好城市在历史中留下的对这个城市和市民重要的物质和非物质遗产。

联合国教科文组织保护文化多样性下的发展理念是这样定义的:"联合国教科文组织拥护文化和发展的不可分性。发展不能仅仅简单的用经济增长的观点来理解,同时也是获得一个满意的理性、情感、道德和精神的存在手段。发展是要和理性、情感、道德和精神同时存在。"

那么城市的发展要和理性、情感、道德和精神同时存在,就是要保持它在历史发展存留下来的特色,保护城市人文的那一面,让它在发展过程中也不失去它的灵魂和记忆。让它作为一个遗产性的城市发展下去。那些遗产,那些

① http://habitat3.org/wp-content/uploads/Urban-Culture-and-Heritage-%E5%9F%8E%E5%B8%82%E6%96%87%E5%8C%96%E4%B8%8E%E9%81%97%E4%BA%A7.pdf.

记忆就是我们的情感、道德、精神、理性的存在。让我们在城市在发展中仍然能找到儿时的记忆。

所以对于一座城市来讲，保护遗产和城市的发展是一体的，并不是两个对立的矛盾体。除去经济利益的驱使和人为的破坏，它们本身是不冲突的。

保护城市中的遗产，需要用一种整体性的思维来全盘考虑和发掘在历史发展中整个城市的特点，然后来保护这个城市的特点和记忆。最好不要在发展城市的过程中只保护单个的文化遗产建筑，非常容易让城市发展和保护遗产产生冲突。因为我们在思维意识上把它们作为两个对立面。古与新，落后和进步，有价值和无价值等。这本身既不利于城市的发展，也不利于保护文化遗产。

二、"遗产性城市"是有记忆的城市

既然城市的文化遗产就是那些城市在历史中的记忆，那么遗产性城市就是一个有记忆的城市。它可以是符合世界遗产名录保护要求的遗产城市，也可以是一所普通的城市。任何城市都可以成为遗产性城市。

"遗产城市"和"遗产性城市"其实是两个不同的词汇。"遗产城市"，就是公认的符合世界遗产名录保护制度中的"遗产城市"。而"遗产性的城市"是另一个不同的概念，只要城市在发展的过程中注重保护城市的历史记忆，就是"遗产性城市"。这些在城市中的记忆，可能并不能成为世界文化遗产，或者国家的重点保护对象，可能并不古老，或者也可能只存留了一小部分，但它们是这个城市辉煌的过往，是一个时代的见证，是这个城市不可缺的记忆。只要能够保存好这些历史记忆的城市，就是"遗产性城市"。

图 1　西班牙巴亚多利德市区内的老城墙遗址

图 1 是西班牙的巴亚多利德市的老城墙遗址。左边是市区中心主要街道上存留的一点城墙的遗址。我们可以看到城墙上有一个简单的说明。城墙的后面是一个酒吧。右边是城墙遗址在另一条街道上残留的一小段。它们就静静地伫立在城市的一角,并没有影响城市的发展。而巴亚多利德的市民都认为这是他们历史上一段文化的象征。

其实,我们也有一些城市在这方面做得不错。比如杭州就是一个注重保护记忆的城市。在杭州的街道上时常都能看到一些城市历史的遗留物。图 2 是杭州南宋御街的遗址陈列馆,它就在中山路上面,遗迹是开放式的,用透明的优质钢化玻璃罩着,还可以从旁边的陈列馆顺台阶走到下面,从侧面近距离地看遗迹。馆前展示不同时代御街路面的地下陈列橱窗,透过玻璃,人们可以向下看到各个时代中山路的模样,更深地了解这条街的演变。这个小的遗产点成了南宋御街的亮点。名为"南宋御街",既有历史遗迹作为考证,又可以展现杭州自古作为江南商业中心的记忆。

图 2　南宋御街陈列馆

对于一座城市来讲,保护文化遗产就是保存城市在发展过程中的记忆。从上千年到几十年都有。这些遗产都是不可再生和复制的。保存这些珍贵的物质遗存,不仅可以用作展览、旅游,开展文化活动,对于我们这个世界上唯一存留下来的文明古国,这些点点滴滴的记忆,就是我们曾经辉煌的见证。在我们感叹罗马是一座巨大的露天博物馆的时候,在羡慕法国巴黎整个时尚和古老冲击又融合的城市的时候,我们似乎忘记了中国这个在世界上唯一的文化没有断裂的古老的国家,它的每一个城市都有几千年的记忆,每一个城市也都有它独特的文化特点。我们整个的国家,每一个城市都可以作为几千年文明发展的博物馆。不论它现在已经发展为现代化的大城市,还是独具特色的中小城市，蕴含在骨子里的文化还在。

所以说发展城市和保留城市的记忆遗产是不冲突的。那么只要我们能够保护好城市的记忆，这个城市就是遗产性城市。

城市本身就是发展的、动态的。遗产性城市是保护一个城市的过去、现在，并且把它传承给将来。

三、改变遗产保护的意识

世界遗产保护的理念是一个源于西方世界的理念。联合国教科文组织致力于将这个理念用来保护全世界的自然和文化遗产。从 1972 年建立“保护世界文化和自然遗产公约”(Convención sobre la Protección del Patrimonio Mundial Cultural y Natural，1972)以来，保护理念和操作指南已经运行了 46 年。在 46 年里保护的范围在逐渐扩大，从遗产本体到遗产的周边环境，从物质到非物质，甚至到包括多个国家、多个物质和非物质遗产的文化线路的保护。这些保护理念和方法的改进，都是为了维护和支持文化遗产有形和无形的可持续性。

然而在 46 年的发展和保护过程中，这种保护的原则和方式在亚洲、非洲和阿拉伯地区都受到了冲击(日本伊势神庙对“原真性”保护原则的挑战；一些国家，如沙特阿拉伯因为不愿意遵守一套西方法规，拒绝对麦加和麦地那等地区进行命名。Pocock，1997①)。现在的每一次保护会议上都在解决不同文化背景下遇到的各种问题。

那么同一个制度，在欧洲和西方世界可以运行，但是到了不同文化地区，就出现了各种的变化情况。很多时候，并不是由于保护遗产的资金和制度的问题，更重要的原因还是保护遗产的理念。由于世界文化的多样性，不同民族保护自己遗产的方式和理念也是多样的。

除了联合国教科文组织的保护方式和原则偏于西方社会的情况以外，发展中国家对遗产的保护理念也过于偏激，致力于加入世界文化遗产清单，并且不惜以牺牲遗产地的原生文化为代价让遗产变成旅游商品。对遗产进行人为的经济层面的价值划分，让很多遗产毁于发展中国家的“发展”中。欧洲国家由于比较早地开始用现代的遗产保护原则和方式来保护遗产，整个社会对遗产的心态是平和的。这也是西方国家在保护遗产中比发展中国家问题少的原

① Douglas Pocock, Some reflections on World Heritage.

因之一。

虽然联合国教科文组织也在讨论很多现实的问题，比如如何尊重当地的文化（有形遗产和无形遗产），如何管理位置附近的外部开发，是否应限制某一地区的访问能力以便入侵旅游者不会最终破坏地点和文化，文化差异如何得到承认和尊重，当地社区应该如何参与并开发一个位置，等等，如果保护理念不进行调整，很多问题是比较难解决的。

（一）不以加入世界遗产名录为目的而保护遗产

为什么加入世界遗产名录的文化遗产，尤其是亚洲的遗产地就会“商品化”得更严重？为什么用“原真性”和“完整性”保护的原则，就会让遗产城市失去原有的文化，变得“不可持续”？而像巴黎、罗马、西班牙，欧洲国家的很多遗产城市，就能够很好地用“原真性”和“完整性”保护遗产，而并没有改变本地居民的生活模式和本土文化？同一个制度，在欧洲和西方世界可以运行，但是到了不同文化地区，就出现了各种的变化情况？

比如，丽江古城是一个很好的文化遗产变成旅游景点的案例，但不是一个可持续发展的案例。很多学者也在研究。丽江古城的原住居民大部分搬出了丽江，很多旅游开发的组织和个人进驻丽江，完全改变了丽江的原始文化。国家也注意到了这一点，也在考虑怎样能够避免遗产地变成生态博物馆。而这样的情况，不仅是中国，整个亚洲都非常严重，暹粒的吴哥窟、越南的会安，很多著名的世界文化遗产地都出现了这样的情况。

亚洲很多发展中国家，在有资金能力的情况下，往往为了加入世界文化遗产清单，花巨资打造一个符合联合国教科文组织要求的申请环境。（加入联合国教科文组织的条款）将遗产地变成著名的旅游产品，破坏了文化的可持续性，违背了联合国教科文组织发展和保护的理念。

虽然一个遗产一旦加入了联合国教科文组织的遗产名录，它就被承认具有普遍的文化和/或自然价值。它就是全人类共同的文化遗产，需要保护它免受破坏。但是对于遗产的保护不能以加入世界遗产名录为目的。“世界遗产名录”这个保护机制在保护其他不同文化区域的遗产，出现了很多问题。尤其是加入世界遗产名录已经成为世界旅游业的重要营销工具。加入名录的世界遗产很容易变成旅游商品。现在，各个国家之所以积极地申报遗产点成为世界文化遗产，有一个重要的原因，就是它可以成为世界旅游业的重要营销工具，吸引各种参与者、专家、新闻媒体的关注，被更广泛地用于营销活动和推动国家旅游。许多世界遗产是文化旅游的主要景点，是国家认同的象征（Shackley

2006)。[①]“在联合国教科文组织的遗产清单中的遗产,许多参与者非常期望它们能够带来更大的宣传力和更多的收入”。[②]

很多世界遗产的原生态文化变成了旅游文化。这种现象在亚洲尤其严重。派科伦(M.Pyykkönen)[③]提出,在联合国教科文组织下的文化遗产会产生三种类型,民主化、商品化和政府化。由于文化遗产只有通过融入文化产业和监管才能获得认可,所以文化的商品化和政府化就会兴起。现在的商品化和政府化保护已经远远大于处于人的道德意识或者说人道主义/民主方面的保护。

约瑟菲娜·考斯特和玛丽莱娜·维科(Josephine Caust & Marilena Vecco)[④]提出,如果一个遗产点加入了世界文化遗产名录,获得了联合国教科文组织的徽章,随着财富和流动性的增加,越来越多的游客可能会对遗产地产生负面影响,并影响当地文化和地区的完整性,特别是在发展中国家。那么,对于遗产保护来说是一种负担,教科文组织的遗产名录在一定程度上破坏了这些遗产的可持续性。

约瑟菲娜·考斯特分析,虽然这个联合国教科文组织的名称看起来很有名望,但它可能会进一步影响文化遗产的可持续性。[⑤]联合国一方面想保护文化遗产,另一方面,教科文组织的设想可能是导致文化遗产不可持续的一个负面驱动因素。

德埃拉莫(M.D'Eramo)[⑥]则更加尖锐地提出了获得联合国教科文组织的遗产地位是一座城市/地方的“死亡跪拜”。

在很多的研究中,证明加入世界遗产名录会破坏遗产的可持续性。尤其是发展中国家,加入世界遗产名录的地区都有变成旅游商品的可能。

柬埔寨的吴哥窟,1992 年成为世界文化遗产。吸引了大量的游客。从柬埔寨的政府网站上可以看到,2010 年有 1 155 055 名外国游客,但到 2014 年,

---

① Shackley, M., 2006, Visitor management: case studies from world heritage sites, Oxford: Butterworth-Heinemann.

② B.S.Frey, L.Steiner, “World Heritage List: does it make sense?” Int. J.Cult. Policy 17(5)(2011), 555—573.

③ M.Pyykkönen, “UNESCO and cultural diversity: democratisation, commodification or governmentalisation of culture?” Int. J.Cult. Policy 18(5)(2012), 545—562.

④⑤ Josephine Caust, Marilena Vecco, “Is UNESCO World Heritage recognition a blessing or burden? Evidence from developing Asian countries”, *Journal of Cultural Heritage* 27(2017), 1—9.

⑥ M.D'Eramo, Urbanicide in all good faith, Domusweb, Domus 20 August 2014 accessed on the 6.9.16 at: http://www.domusweb.it/en/op-ed/2014/08/20/urbanicide in allgoodfaith.html.

已有2 350 937名外国游客，在4年内增加100％。①虽然2015年的数字减少了约9.6％，但在5年的时间里访问量大幅增加。由于游客大量增加，遗产地处在危险中，曾被联合国教科文组织列在危险遗址的清单中。2004年从清单中清除。由联合国教科文组织协调的众多保护和修复活动取得了成功，但是没有看到任何控制性的措施。靠近吴哥窟的暹粒(Siam Reap)是游客聚集的地方。那里可以进行开发，酒店和设施的大小不受控制。建了很多的大型酒店，破坏了吴哥窟周围的环境。劳尼(Launey)②指出，这些庙宇已经存活了1 000多年，但在过去10年中迅速恶化。③巴戎寺(Bayon Temple)现在面临倒塌的危险，因为游客用水导致水位下降。

再看一个被联合国教科文组织认为是亚洲保护得不错的世界文化遗产，东南亚越南的会安。会安市的建筑和周围的环境都没有太大的商业的改变，现在已经是一个以旅游为主的地方。会安的政府网站指出，2014—2015年，该镇的旅游业增长超过10％。值得注意的是，会安在建筑方面仍然保持完好的原因是在过去的100年中，它被排除在经济发展之外。其实现在很多发展中国家能保存下来的世界文化遗产地都有曾经被排除在经济发展之外的情况。遗址区整洁、干净，会定期收集垃圾，为了更好地服务游客还开设了信息中心。当地人也会保持他们的手工艺传统，销售手工产品。整个镇子还是原来的面貌，没有像吴哥窟一样为了满足游客的需求增加各种商店和酒店。当地将会安老城的建筑改成咖啡馆、画廊或商店。④

会安被认为是亚洲地区保护得不错的世界文化遗产。但是它保存的只是美丽的建筑和环境。遗产成功变成“不可持续”的旅游地。它的建筑完全符合世界遗产保护“原真性”和“完整性”的原则，但是它却不是保护文化“可持续”的好例子。居民靠旅游为生，你看到的在钓鱼的渔民其实是在等待游客和他们照相或租船的机会。会安的原始生态文化变成旅游文化。之前那些活生生的文化，靠手工业生产、靠打鱼为生的生活模式已经不复存在。虽然美丽的建筑还在，但它的功能已经改变，这里成了一个旅游文化博物馆。中国的丽江也存在这样的问题。

---

① Aspara Authority accessed on the 5/9/16 at：apsaraauthority.gov.kh.

② G.De Launey，Are there too many tourists at Angkor's temples? BBC News，2012(Siem Reap accessed on 4/6/13 at http://www.bbc.co.uk/news/world-asia-18363636).

③ T.Fawthrop，Will Angkor Wat survive the invasion of mass tourism? 2007(Accessed on 5.6.13 at Third World Resurgence ＃207/208).

④ UNESCO，Quàng Nam：Partnership to promote culture for sustainable develop-ment，Published by UNESCO Office in Viet Nam，date unknown.

会安老城的文化发生的不可逆转的变化，已经成为国际评论家关注的一个重要问题，他们担心发展中世界的濒危文化遗产。①

老挝的琅勃拉邦是19世纪初至20世纪传统的老挝建筑与法国建筑融合的世界文化遗产。②这里所有的建筑都尽量保持整个遗产区环境的和谐。到目前为止，这里人们的正常生活还没有受到旅游的影响，也就是说还保持之前的生活模式。寺庙、社区都保持正常的原始的状态，还没有变成旅游景点。当地人会邀请游客参加当地的习俗和仪式，但游客在任何地方都会受到警告，要尊重当地的文化。游客只是这里被邀请的客人，还没有入侵和改变当地的文化。当地人在用他们可以接受的方式利用游客带来的利益。虽然琅勃拉邦旅游业中传统的民居也在随着旅游业的发展而增多，但这种变化是他们东部改革的一部分。③接受联合国教科文组织的世界文化遗产标签已经使琅勃拉邦成为一个旅游陷阱。④有些居民正在把一些古老的建筑出售给专门经营旅游的公司。

已经加入世界名录的遗产地，因过度使用自然资源和基础设施如排水系统不足等对其自然优势产生负面影响，物理环境很快就会恶化。此外，由于游客人数的增加，该地区以前的和平或宁静可能会被破坏。旅游价值的上升会影响原生文化，原生文化价值的退化又会对旅游价值产生负面影响。就像多克西⑤假定的那样，当地人对旅游开发态度会有四个阶段（欣快、冷漠、烦躁和对抗），他将其定义为“旅游刺激指数”。从2017年开始的西班牙的巴塞罗那市反游客浪潮升温⑥，威尼斯也出现反游客游行，政府设置金属门限制游客数量引起矛盾。⑦威尼斯只有5.5万常住居民，并持续减少。2030年，威尼斯将没有半个真正的居民。每年接待的游客数大约是2 200万人，平均一天就接

① Global Heritage Found(2010), Saving our Vanishing Heritage, http://globalheritagefund.org/images/uploads/docs/GHFSavingOurVanishingHeritagev1.0singlepageview.pdf.

② UNESCO, UNESCO Convention for the Safeguarding of the Intangible Cultural Heritage, Paris, 17 October, 2003.

③ R.Staiff, R.Bushell, Mobility and modernity in Luang Prabang, Laos: re-thinking heritage and tourism Int. J.Herit. Stud. 19(1)(2013) 98—113.

④ M.D'Eramo, Urbanicide in all good faith, Domusweb, http://www.domusweb.it/en/op-ed/2014/08/20/urbanicide in allgoodfaith.html.

⑤ G.Doxey, Visitor-resident interaction in tourist destinations: inferences from empirical research in Barbados, West Indies and Niagara-on-the-Lake, Ontario, Unpublished paper presented to the Symposium on the Planning and Development of the Tourist Industry in the ECC Region, Dubrovnik, Yugoslavia, 1975.

⑥ 中国新闻网，http://www.chinanews.com/hr/2017/08-23/8311676.shtml。

⑦ 欧洲时报，http://www.oushinet.com/europe/italy/20180503/290430.html。

待 6 万人。[1]很多欧洲国家，葡萄牙、荷兰、西班牙、法国、意大利，都出台了一些限制旅游业发展的禁令。

所以，如果要保护好自己民族的文化遗产，不能以加入世界遗产名录为目的。

（二）用平和的心态保护遗产

欧洲也曾经在城市化发展过程中对文化遗产有过破坏。第二次世界大战后，许多国家遭受战争的破坏，博物馆、历史建筑物和古迹，遭到严重损害。而且为了恢复重建，很多欧洲国家也经历了大量毁坏遗产重建新城的时期。但是很快，它们就认为这是一项错误的决定。之后，它们知道遗产是城市中的一部分。保护是很正常的事情，就像我们会下意识地保护我们的眼睛一样。而不是把它们作为商品来对待。有商品价值的就花钱保护，没有商品价值的就销毁在城市建设中。

遗产既然是记忆，是我们生活中的一部分，就不要把它们神圣化，也不要把它们废弃。不需要把它们修得金碧辉煌，供起来。也不需要认为它们影响了城市的发展，而消灭。就让它们那样正常地融在生活中。可以使用的单个的建筑文化遗产，可以作为公共设施予以使用。只有在使用中才能更好地保存。所以欧洲的城市，不论是罗马、巴黎、巴塞罗那等历史城市还是其他普通的城市，在现代化的进程中并没有和保护遗产形成激烈的冲突。

比如波兰，从数量上来说，文化遗产肯定没有我们多。但是，华沙老城的例子，就可以看出波兰人保护遗产的意识。复建的华沙古城，在遗产名录上的名字是“华沙历史中心”，但在波兰人的心中它就是“华沙古城”。建于 13 世纪的华沙古城在希特勒的疯狂宣言中从地球上被抹去了。二战胜利后，波兰人坚持用了 5 年时间，复建了一个完全一样的华沙古城。各种历史纪念物、名胜古迹大多集中在这里，我们可以看到宏伟的宫殿、巨大的教堂，各式各样的箭楼、城堡以及周围的城墙和护城河等。这座新建的古城在 1980 年成为世界文化遗产。但是对于华沙人来说，这座复建的古城不管是不是世界文化遗产，它都是华沙人最宝贵的历史记忆，是波兰人的文化尊严。

西班牙这个旅游大国，世界遗产数第三的国家，虽然中国的遗产数量上超过了它，但是对遗产的保护意识仍要向其学习。西班牙人保护意识更平和。西班牙也和其他欧洲国家一样经历了毁掉老建筑的阶段，但是现在的西班牙

① http://cms2.newsduan.com/newsyun/HuaYuOriginal/TZ/20170804/14532.html.

人经过50年的时间，保护历史记忆的方式已经成为了一个社会的必然。西班牙人不只是对文化遗产的保护很注重，他们对一个历史长一点的古建筑都很注重。

图3 西班牙巴亚多利德市的老建筑

巴亚多利德市内的一个老建筑需要拆除（见图3）。因为老建筑遗留了巴亚多利德人的记忆，所以他们将这个建筑的内部拆除，留有建筑的外观，在建筑内再重新建造一栋楼房。既留下了记忆，又改善了楼房的问题。这个方案得到一致好评。现在建设图纸刚出来，楼房已经预售了95%。大家都喜欢这种保留城市记忆的方式。从这个例子可以看出，他们对古建筑保护的意识和我们不一样：不排斥新的发展，但是希望找到一个可以留住历史和记忆的平衡点。

其实保护文化遗产，不完全取决于它具有多么珍贵的艺术和科学价值，不取决于它是否还有经济价值。它就是城市文化的重要组成部分，它印刻在市民的记忆里。不论是千年的古迹，还是只有几十年的建筑。

如果保护文化遗产就是保护和发展我们城市本身，那不就是保护"遗产性城市"吗？让我们和后代都能触摸到历史的发展。从传统到今天，今天又将成为传统。

（三）遗产保护不需要花费太高的代价

保护遗址不需要花费太多资金。虽然我们现在的城市都在保护古街道、古建筑、古遗址区，但单纯把它变成一个城市的亮点，急功近利，花很高的代价来保护，又会让保护变得沉重、不可持续。

图4是西班牙一个古城的遗址。不是任何公园，完全免费。它就那样矗立在那里。每一个遗址的每个部分都放了指示牌和说明介绍的牌子，是铁质的，可以翻面。还有一个小型的解说机。经常会有学校和游客去参观。城墙可以上去，还有一些岩画。

图 4　西班牙的 Territorio vetón 古城遗址

其实对于很多城市中的遗产点，不需要花费过多的人力物力来保护它。它们需要的是真正的尊重和存留，城市就是要靠它们来展现历史的发展过程。对遗产做一些基本的维护，在旁边立一个可以让公众了解的设施。很多时候，我们发现的遗产或者遗址，可能只是一个古老城门的石质基座，或者是曾经的旧宅、古人的墓葬，在历史上对这个城市非常重要的道路和水渠遗址，等等。不一而同的各类并不是多么大的、多么重要到可以变成世界文化遗产的遗址，但它们曾经对这个城市是重要的，有这个城市的历史故事，反映了一段历史时期的情况。我们就可以用合适的简单的方式将它们保护起来，在旁边立一个说明的标识。让所有愿意了解这个城市的人都能看到，这才是一个城市文明和发展的标记。根本不需要动辄就用巨资来保护，或者在建设中将它们毁掉。

所以，遗产的保护一定是我们对历史的保护，对遗产本身的尊重。

当遗产偏离了它作为一种文化传承而存在，保护遗产变成了新的旅游开发模式和谋求资金的手段。这种悖论的循环，一定会导致遗产本身的文化价值的逐渐消失。当然大量的游客也会破坏遗产本体。当遗产不是我们生活中的一部分，把它上升或者说隔离了生活本身，就变成另一种物化的价值。不论是物质文化遗产，还是非物质文化遗产，这种保护方式都有可能让遗产脱离它本身的价值。

Reflection on protection of the urban heritage: Memory City

Huo Sijia

Abstract: If we take the development of the city and the protection of heritage as independent factors under investigation, given their nature, it is inevitable that contradictions arise when trying to achieve these objectives simultaneously. By means of the concepts of "the heritage of the city is the memory of the city" and "the heritage city is a city with memory", this document considers the development of the city and the protection of its heritage as an indivisible unit. With concerning to protection, we must respect the heritage for what it is; we should not only pursue the objective of getting the heritage elements enter the World Heritage List. With moderate measures and normal protection methods, the development of the city and the protection of heritage can be achieved in an integrated manner.

Key words: heritage protection; urban memory; integration; protection awareness

欧盟“创意欧洲”文化政策及其意涵*

武汉大学　钟　晟

［内容提要］“创意欧洲”是欧盟委员会实施的2014—2020年的框架性战略计划，旨在促进欧洲文化和创意领域的整合与发展。“创意欧洲”的项目体系包括四个领域：文化、媒体、跨部门、欧盟奖项和活动，通过14.6亿欧元的预算，为欧洲的文化和创意领域打造一个统一的项目平台。“创意欧洲”政策的制定、实施与调整，具有深厚的欧洲政治、经济和文化背景，与欧盟作为区域性国家联盟的性质与职能密切相关，同时也是近年来全球范围内一系列重大变革与事件在文化政策领域的深刻反映。首先，“创意欧洲”体现了对欧洲一体化价值观的高度维护，是应对近年来欧洲社会危机与变革的文化政策工具。同时，“创意欧洲”反映了欧盟对文化促进经济增长和培育竞争力的作用的高度重视，进行了大量对文化新技术和新商业模式的政策探索。此外，“创意欧洲”也是提升欧洲文化软实力和对外影响力的政策导向。

［关键词］　创意欧洲；欧盟；文化政策

欧洲以其灿烂的文明历史、丰富多元的文化遗产和繁荣的文化创意产业，长期是全球文化发展领域的引领者。欧盟委员会高度重视文化创意产业的发展，在其2014—2020年的框架性战略计划中，高票通过了迄今为止欧洲最大的文化基金项目“创意欧洲”（Creative Europe），预算为14.6亿欧元，为欧盟国家的文化和创意部门（Culture and Creative Sectors）提供全面的一站式资金资助平台，以进一步支持和促进欧洲文化和创意领域的繁荣发展，对欧盟乃

*　本文受到国家留学基金委、文化部文化艺术科研项目“文化科技融合创新的理论构建与政策研究”（15DH71）和武汉大学青年学者团队项目“公共文化空间机制设计研究”资助。

至世界的文化创意产业产生了深远的影响。

一、欧盟的文化战略和文化治理

（一）欧盟的文化战略

近年来，随着欧盟内部的不断整合，欧盟对其共同文化价值观的形成和培育日益高度重视。2007年，欧盟委员会发布《世界全球化中的欧洲文化议程》(European Commission, 2007)表示，欧盟在形成经济共同体之前，首先是一个文化共同体；正是因为文化的沟通和交流，才促成了欧盟的形成。①《欧洲文化议程》标志着欧盟的文化战略框架正式形成。2007年12月13日欧盟27个成员国签署的《里斯本条约》(*The Lisbon Treaty*)(European Union, 2007)第167条进一步明确了欧盟在文化领域的职能：欧盟将协助各成员国促进文化的繁荣，尊重国家和区域的文化多样性，同时将共同文化遗产置于首位。欧盟将致力于促进各成员国之间的合作，并在必要时支持和补充以下领域的行动：促进欧洲人民文化和历史知识的传播，保护和维护具有欧洲价值的文化遗产，促进非商业的文化交流，促进包括视听领域在内的文学艺术创作。②2017年12月，欧盟委员提柏尔·那夫拉克昔克斯(Tibor Navracsics)在欧洲文化论坛指出："文化遗产让我们成为欧洲人，正是我们的遗产让欧洲变得有意义。"③

文化在欧洲一体化、欧盟经济发展和欧盟对外关系三个战略层面拥有重要地位(戴启秀、王志强，2016)。④一是欧洲一体化的"多元统一"(Unity in Diversity)理念。欧洲文化的多样性是文化繁荣的基础，而在多样性中蕴含的统一性则是欧盟建立的根基。因此，欧盟致力于不断保护和发展各成员国的文化多样性，同时不断促进各国之间的文化交流和对话，以实现欧盟"多样性中的统一性原则"，不断增强欧洲的社会凝聚力和文化向心力。二是文化与经济相融合。欧盟一直将文化视为经济发展的催化剂，尤其是进入知识经济时代，文化创意是知识创造的源泉，是创新的基础，也是欧盟经济增长、提升竞争力

---

① European Commission: On a European Agenda for Culture in a Globalizing World, Brussels, 10.5.2007.

② European Union: Treaty of Lisbon: Amending the Treaty on European Union and the Treaty Establishing the European Community, Lisbon, 13.12.2007.

③ Tibor Navracsics: European Culture Forum 2017 Digital Booklet, 2017.

④ 戴启秀、王志强：《欧盟文化和创意产业研究：基于欧盟文化战略的视角》，《德国研究》2016年第3期，第73—85页。

和促进就业的重要驱动力。在2008年金融危机和2010年欧债危机以后，欧盟更加重视文化创意在推动经济转型发展中的重要作用。三是提升文化软实力。欧盟及其成员国致力于将文化作为发展与其他国家和地区伙伴关系的积极因素，促进全世界对欧洲文化的了解和理解，进而不断提升和增强欧盟的文化软实力。

（二）欧盟的文化治理体系

欧盟的文化治理体系分为两个层面，一是各个成员国的文化治理（郭灵凤，2007）①，二是欧盟层面的文化治理，本文着重介绍欧盟层面的文化治理体系。欧盟采取三权分立的政治体制。欧洲理事会（European Council）是欧盟首脑会议，也是欧盟的最高权力机构。欧洲议会（European Parliament）是欧盟的执行监督、咨询机构。欧盟委员会（European Commission）是欧盟的常设机构和执行机构。欧盟委员会下设教育、媒体、文化执行署（Education, Audiovisual and Culture Executive Agency, EACEA），负责具体文化政策的拟定和执行，是“创意欧洲”和其他项目的执行机构。“创意欧洲”在各个参与国设立“创意欧洲办公室”（Creative Europe Desk），负责向该国提供“创意欧洲”的项目信息，促进文化创意领域的跨国合作，为该国文化创意部门提供帮助等。

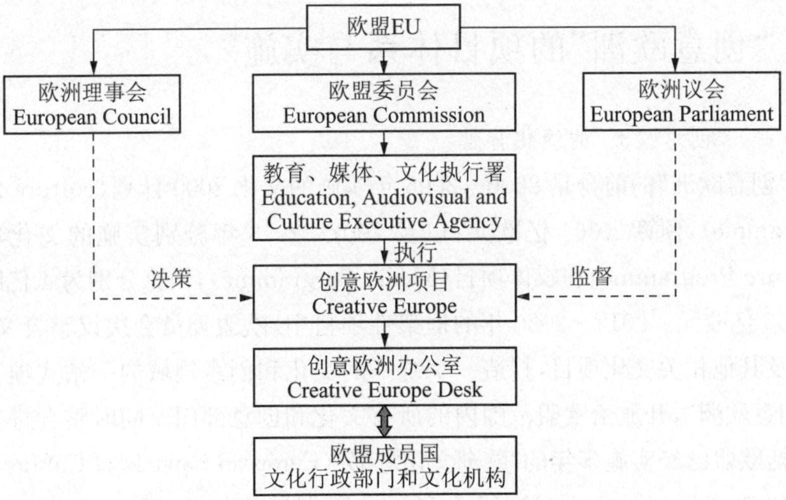

图1 “创意欧洲”的文化治理框架

① 郭灵凤：《欧盟文化政策与文化治理》，《欧洲研究》2007年第2期，第64—76页。

（三）欧盟委员会的文化职能

欧盟委员会在大文化领域的职能主要包括5个方面：支持文化创意产业、支持文化部门、支持媒体部门、促进国际合作、欧洲新阐释。支持文化创意产业的职能为：提升文创从业者技能、促进艺术家交流、与成员国协调改革监管环境、文化创意产业市场准入和投资政策制订；支持文化部门的职能为：保护文化遗产、打击文物走私、文化战略和政策研究、促进城市和区域文化发展等；支持媒体领域部门的职能为：提高媒体素养水平，支持音像作品的数字发行；促进国际合作的职能为：促进文化在维护欧盟对外关系中的重要作用，促进欧盟成员国的文化多样性；欧洲新阐释的职能在于向艺术、文化、科学和知识界发出声音，阐明欧洲今天和明天的立场。

欧盟委员会的文化职能不能替代欧盟各个成员国的文化职能。欧盟委员会的文化政策目标主要服务于欧盟的文化战略，对欧盟文化的作用主要体现在欧盟层面的引导、促进、支持和跨国管理。因此，"创意欧洲"更加类似于一个跨国家的文化项目基金，在欧盟整体的文化战略框架下，对欧盟成员国（也包括部分欧盟周边国家）的文化项目进行引导性支持和资金支持，组织管理国际性的文化项目和活动。而具体文化的监管职能以及对文化机构的财政拨款依然由各个成员国的国家层面来执行。

二、"创意欧洲"的项目体系与实施

（一）"创意欧洲"的演化背景

"创意欧洲"的前身是2000—2006年实施的文化2000计划（culture 2000 programme），预算2.364亿欧元；以及2007—2013年分别实施的文化项目（Culture Programme）和媒体项目（Media Programme），预算分别为4亿欧元和7.55亿欧元。2014—2020年的框架性项目中，欧盟委员会决议整合文化、媒体及其他相关文化项目，打造一个统一的文化和创意领域的一站式项目平台"创意欧洲"，开放给欧盟范围内的所有文化和创意部门。同时整合进来的还包括欧盟已经实施多年的"欧洲文化之都"（European Capitals of Culture）、欧洲文化遗产日（European Heritage Days）、欧洲遗产标签（European Heritage Label）等项目。

（二）"创意欧洲"的支持范围

"创意欧洲"的支持领域限定在"文化和创意部门"（Cultural and Creative

Sectors，CCS）。欧盟委员会在制定“创意欧洲”计划时，对“文化和创意部门”进行了定义：所有以文化价值、艺术和其他创造性表达为基础的部门，无论其是市场导向还是非市场导向，无论其结构类型如何，也无论其如何获得资金。这些活动包括体现文化、艺术和其他创造性表达的产品和服务的开发、创造、生产、传播和保存，以及教育或管理等相关环节。文化和创意部门包括建筑、档案馆、图书馆、博物馆、艺术工艺品、音像（电影、电视、电子游戏和多媒体）、物质和非物质文化遗产、设计、节日、音乐、文学、表演艺术、出版、广播和视觉艺术。①“创意欧洲”的项目体系包括 4 个领域：文化、媒体、跨部门领域、欧盟奖项和活动。在“创意欧洲”计划总预算中，媒体领域预算约占 55%，文化领域约占 30%，跨部门领域约占 15%。

表 1 “创意欧洲”的项目体系

支持领域	主 要 项 目
文化领域	国际合作项目，欧盟网络项目，欧盟平台项目，文学翻译项目
媒体领域	市场进入项目，观众发展项目，电影院网络项目，影视创作项目，影视发行项目，在线发行项目，电影节，国际联合创作项目，媒体培训项目，电视节目项目，电子游戏项目，欧洲电影论坛
跨部门领域	文化和创意部门担保基金，跨国政策合作，难民、移民和跨文化对话
欧盟奖项和活动	欧洲文化之都，欧洲遗产标识，欧洲遗产日，欧盟文化遗产奖，欧盟当代建筑奖，欧盟文学奖，欧洲跨国音乐奖，欧盟媒体奖

资料来源：基于 Creative Europe 官方网站整理。

（三）“创意欧洲”的动态变化

“创意欧洲”的项目体系不是一成不变的，其根据实际情况发展在不断进行动态变化与调整。2016 年以来，主要有两个重要的变化值得注意：

一是“文化和创意部门担保基金”。为了强化“创意欧洲”项目资助的市场化导向，解决文化创意企业的市场融资难题，2016 年 6 月，在“创意欧洲”框架下，“创意欧洲”与欧洲投资基金（European Investment Fund，EIF）合作，共同实施“文化和创意部门担保基金”（Cultural and Creative Sectors Guarantee Facility，CCSGF），在跨部门领域预算内设置 1.21 亿欧元的专项融资担保基

① Definition of cultural and creative sectors in Regulation 1295/2013 of 11 December 2013 establishing the Creative Europe Programme[2014—2020], article 2(1). http://eur-lex.europa.eu/legal-content/EN/TXT/?uri=celex%3A32013R1295, last accessed on 20 January 2018.

金,预计将撬动新增6亿欧元的融资贷款,为欧洲中小型文化企业获得贷款提供了机制保障,以此促进文化创新主体企业——小微型文化创意企业的发展。2017年12月,“文化和创意部门担保基金”又收到来自欧洲战略投资基金(European Fund for Strategic Investments, EFSI)的新增6 000万欧元的资金,使其预算增加至1.81亿欧元。

二是难民、移民和跨文化对话特别资助项目。为了应对欧洲难民危机,支持欧盟成员国政府应对接收大量难民和移民问题成为欧盟工作的重中之重,欧盟和各成员国政府必须确保新移民在社会、文化、政治和经济层面上的融合。“创意欧洲”在2016年4月提出的特别资助计划,向总计20个国家的62个组织机构提供了235万欧元的特别资助,通过跨文化对话来弥合人与人之间的差异,鼓励东道国与难民和移民之间增进相互了解,促进社区融合。

(四)“创意欧洲”的资助方式

“创意欧洲”主要采取基于预算管理的项目直接资助方式。每年年初“创意欧洲”会制定发布本年度的项目预算计划和政策导向,之后该预算会根据实际执行情况在年内进行1至2次调整,所有的预算及其调整都会在其官方网站进行发布。同时,“创意欧洲”在文化、媒体和跨部门领域提供的各种不同类型资助项目,每种项目都会制定详细的申报指南,包括其政策导向、申请资格、申请流程、评判标准、资助方式和评估反馈方式。

以文化领域的国际合作项目为例,至2017年6月其预算由3 350万欧元调整为3 602.44万欧元。根据欧盟的文化战略和“创意欧洲”的战略目标,国际合作项目政策有一定的导向性,优先支持文化艺术的跨国交流、观众发展、能力提升、数字化、新商业模式和培训等项目。在申请资格上,国际合作项目开放给所有欧盟成员国及部分非欧盟成员国(欧洲自由贸易联盟成员国、瑞士联邦、欧洲睦邻政策涵盖的国家)的组织机构法人,不接受个人申请。在申请流程上,由申请机构提交项目材料,经过资格审查、专家匿名打分、会议评审和调整等阶段,最终确定项目是否获得资助(评价指标见表2)。项目一旦获得批准,“创意欧洲”则与承担机构签订协议,基于项目成本预算,采用直接拨款的形式,将资助以一定比例分期拨付给承担机构。“创意欧洲”对资助项目进行严格的财务管理,当资助金额超过6万欧元,所有项目都必须按照规定提供详细的财务审计报告。

表 2 国际合作项目的评价指标

评价指标	指 标 描 述	最高分
相关性	与框架性目标和优先项目的相关性	30
项目质量	项目实施的方式	30
沟通和传播	项目的传播方式是否有助于知识和经验的跨行业和跨国家分享	20
合作机构质量	从项目实施的有效性和持续性评价合作机构的质量	20

资料来源：EACEA. Creative Europe Culture Sub-programme: Support for European Cooperation Projects Guidelines，2015。

三、"创意欧洲"的政策意涵

欧盟作为在全球范围内最具影响力的区域性国家联盟之一，具有明确的价值体系和政治、经济、文化职能，但欧盟并不是"超国家"，也不是松散的国际合作组织，这决定了"创意欧洲"政策具有非常显著的独特性。基于傅才武(2016)对国家文化体制的起源、演进与定型的论述①，欧盟"创意欧洲"政策的制定、实施与调整，具有深厚的欧洲政治、经济和文化背景，与欧盟作为区域性国家联盟实体的性质与职能密切相关，同时也是近年来全球范围内一系列重大变革与事件在文化政策领域的深刻反映。同时，欧盟作为全球领先的文化创意产业发达地区，"创意欧洲"政策对世界其他国家，尤其是中国的文化政策制定也具有一定的借鉴与启发价值。

(一)"创意欧洲"是维护欧洲一体化核心价值的具体体现

欧洲一体化是欧盟价值观的核心，文化是欧洲一体化的重要基础。正如《欧洲文化议程》所述，欧盟在形成经济共同体之前，首先是文化共同体，欧洲文化的"多元统一"是欧盟得以形成的文化根基。在维护欧洲一体化核心价值体系的指引下，"创意欧洲"政策极力促进跨国家的文化项目合作与文化政策合作，不断增强欧洲文化的认同感和凝聚力。

欧盟是世界上文化多样性最为丰富的政治经济实体，包含 28 个成员国，正式官方语言有 24 种，被各成员国承认的官方语言更是达到 60 种之多。文化的多样性是欧盟文化繁荣的基础，但也为维护欧洲一体化增加了障碍和成

① 傅才武：《近代中国国家文化体制的起源、演进与定型》，中国社会科学出版社 2016 年版。

本。因此，在“创意欧洲”的项目体系中，具有明显的促进跨国交流合作的导向性，另外还设有文学翻译和跨国文化政策合作专项项目，不断促进欧洲文化的统一性。同时，在维护欧洲文化多样性方面，欧盟尊重和保护各个成员国的独特文化，在“创意欧洲”的实施过程中有对多元文化和相对弱势文化进行支持的倾向，比如在“欧洲文化之都”的评选中充分兼顾了不同成员国之间的均衡，以及对作为地方文化代表的非首都城市的支持。

（二）“创意欧洲”是应对欧洲社会危机的文化政策工具

近年来，由于全球政治环境的变化和周边地缘政治的改变，大规模移民潮、英国脱欧、难民危机、恐怖主义、极端主义、分离主义、民粹主义、部分欧洲人的仇外心理和失落心理等一系列问题，使欧洲面临着自 1957 年建立欧洲经济共同体的《罗马条约》(*Rome Treaty*)签订以来，最深刻的社会转型和一系列社会危机。在这种背景下，“创意欧洲”是应对欧洲社会危机的重要文化政策工具，充分发挥文化的社会整合功能。

“创意欧洲”政策体现了对团结欧洲各种不同文化和族群的努力，尤其是对年轻一代提供对话、包容和团结的空间，通过文化的表达和触及心灵的力量，培育并更新欧洲的共同价值观，使欧盟民众更加紧密地团结起来，而且文化的作用比以往任何时期都更加重要。在应对难民和移民危机方面，“创意欧洲”在 2016 年 4 月提出的特别资助计划，支持难民和移民的跨文化交流，通过文化对话来弥合人与人之间的差异，促进新移民的不断融合，提升欧盟文化凝聚力。

（三）“创意欧洲”体现了对文化经济功能的高度重视

随着全球创意经济的不断崛起，欧盟文化政策日益重视文化对于经济发展的重要促进作用。《欧洲文化议程》(2007)指出，文化创意产业对欧盟的经济增长和就业做出了重要的贡献，同时也是培育创新型社会、促进科技创新的基础，而这是欧盟竞争力提升的重要驱动力(Chapain & Stryjakiewicz, 2017)。①根据欧盟委员会在 2011 年提出设立“创意欧洲”项目的提案数据，文化创意产业占欧盟 GDP 的 4.5%，占所有就业岗位的 3.8%。②尤其是从 2008 年金融危机和 2010 年欧债危机以来，文化与创意对经济发展和就业的作用显得更加重要。根据欧盟统计局(Eurostat)对文化就业和文化企业的统计报告，文化就

① Chapain, Caroline & Stryjakiewicz, Tadeusz(Eds.), *Creative Industries in Europe: Drivers of New Sectoral and Spatial Dynamics*, Springer, 2017.

② European Commission: Proposal for the Regulation of the European Parliament and of the Council on establishing the Creative Europe Programme, Brussel, 23.11.2011.

业对 2008 年经济危机以来表现出很好的恢复力，2008—2010 年文化就业年均增长 0.4%，而在这个时期社会总就业年均下降 1.5%；在经济恢复期的 2014 年和 2015 年，文化就业分别增长 1.8%和 2.6%，相较之下社会总就业增长为 1.4%和 1.2%。①

2012 年欧盟委员会发布《促进文化和创意产业作为欧盟增长和就业的推动力》的政策性文件（European Commission，2012）②，为发展文化和创意产业确定了战略框架，文件要求欧盟成员国加大发展文化创意产业，使之成为促进欧洲经济增长、提高欧洲就业的新动力。“创意欧洲”是欧盟的文化经济战略的重要体现和具体政策工具。“创意欧洲”项目对文化领域和传媒领域进行整合本身，也体现了欧盟对于建立一个统一的文化创意产业的高度重视（Primorac，Koržinek，Uzelac，2017）。③

（四）“创意欧洲”是培育新技术和新商业模式的政策实践

在经济全球化和数字化的双重变革之下，文化内容的创作、生产、传播、获取和资本化都产生了深刻变革，新技术和新商业模式对文化创意产业的发展至关重要，这也是欧洲维护其作为全球创新中心地位的重要手段。2016 年，有 64%的欧洲人使用互联网玩游戏、看电影或听音乐。因此，“创意欧洲”在政策设计的过程中，高度重视对文化创意产业的新技术和新商业模式的培育和促进。2015 年，欧盟委员会审议通过了对建立统一数字市场（Digital Single Market）④提案中提出的建议，消除跨境获取文化内容的障碍，实现欧盟版权框架的现代化，并使其适应新的消费者行为，在整个欧盟范围内提供更广泛的在线数字内容，以及为文化创意产业提供更公平和更可持续的市场环境。

在“创意欧洲”的具体政策实践中，有十分明显的对文化创意产业的新技术和新商业模式进行鼓励和扶持的政策，提升文化创意产业的科技含量和技术水平，促进合作和测试新的商业模式，支持文化、创意和媒体内容的创新，培

① Culture statistics-cultural employment，http://ec.europa.eu/eurostat/statistics-explained/index.php/Culture_statistics_-_cultural_employment.

② European Commission：Promoting Cultural and Creative Sectors for Growth and Jobs in the EU，Brussel，26.9.2012.

③ Primorac，Jaka，Koržinek，Nina Obuljen，Uzelac，Aleksandra，“The Place and Role of Culture in the EU Agenda. Policy Implications of the Culture Sub-programme of the Creative Europe Programme”，*Media Research*：*Croatian journal for journalism and the media*，2017，23(1)：5—23.

④ European Commission：Proposal for a Regulation of the European Parliament and of the Council on ensuring the cross-border portability of online content services in the internal market，Brussel，2015.

养新兴文化创意人才(尤其是青年人才),强化他们在快速发展的数字化时代下的创新和创造力的增长,最大限度发挥文化创意产业对经济增长和就业的贡献,提升文化企业在欧洲和国际层面的竞争力,不断维持和强化欧洲在全球文化创意产业的领导地位。

此外,"创意欧洲"不断探索对文化创意企业的新资助模式,采用更加市场化的资助方式,这也是"创意欧洲"相较于之前的文化资助项目的创新之处。欧债危机之后,欧盟各国财政预算大幅度缩水,大多数欧盟国家对文化的资助一直在下降,探索市场化的资助方式显得更加重要。此外,金融机构认为文化创意产业的风险性太强,使得文化创意企业获得市场资金也十分困难。在此背景下,2016 年 6 月,"创意欧洲"与欧洲投资基金合作,发起了 1.21 亿欧元的专项融资担保基金,主要促进作为创新主体的小微型文化创意企业的发展,加强文化创意产业与金融界的联系,进一步提升文化创意项目的可行性和对经济发展的贡献,这也将会逐步成为欧洲对文化创意产业进行扶持的主流政策导向。

(五)"创意欧洲"是提升欧洲文化软实力的政策导向

"软实力"(soft power)是美国肯尼迪政府学院约瑟夫·奈(Joseph Nye)教授提出的概念,软实力是"一种通过吸引力而不是强制和利诱手段获取所要东西的能力"。联合国教科文组织(UNESCO)认为文化软实力(cultural soft power)也被称为文化外交,是一种促进理念和意见交流、促进对其他文化了解、建立社群之间桥梁的力量,其最终目的是实现文化多样性的积极愿景,并成为创新、对话与和平的源泉。①

欧洲文化和文化创意产业是不断发挥欧洲影响力、提升欧洲文化软实力的重要基础。根据欧盟统计局对文化对外贸易的统计报告,2008—2015 年,文化产品出口年均增长 5.1%,尤其是艺术品出口创下年均增长 12%的高增长率,文化产品进出口从 2008 年的 20.68 亿欧元的逆差转变到 2015 年 27.86 亿欧元顺差。②欧盟文化的对外影响力不断增强。在"创意欧洲"的政策体系中,欧盟高度重视通过欧洲文化作品在全球范围内的流通,以及通过来自第三国的艺术家、文化创意专业人士的参与,成为欧盟公共外交的有效工具。在欧

① Culture Sector Knowledge Management Tools, https://en.unesco.org/themes/protecting-our-heritage-and-fostering-creativity/culture-sector-knowledge-management-tools, last accessed on 12 December 2017.

② Culture statistics-international trade in cultural goods, http://ec.europa.eu/eurostat/statistics-explained/index.php/Culture_statistics_-_international_trade_in_cultural_goods, last accessed on 15 December 2017.

盟"国际文化关系战略"的框架内,使欧盟成为一个更强大的全球参与者,通过建立相互理解,促进交流和帮助第三国文化创意产业的发展。此外,"创意欧洲"建立起"泛欧洲"的政策平台,将部分非欧盟成员国(欧洲自由贸易联盟成员国、瑞士联邦、欧洲睦邻政策涵盖的国家)纳入文化政策支持和合作体系之中,不断发挥欧盟在周边区域和全球范围的影响力和软实力。

四、总结与展望

欧洲是人类现代文明最重要的发源地之一。从古希腊、古罗马文明至今2 000多年,欧洲各个国家和民族之间的文化碰撞和交融就一直没有中断,留下了世界上最丰富的文化遗产,欧洲首先是一个文化意义上的欧洲。1983年11月,希腊文化部部长梅利纳·梅尔卡里(Melina Mercouri)在雅典举办的文化部部长非正式会议上提出,文化必须与贸易和经济享有同等重要的地位,并强调文化在实施欧洲项目和推进欧洲一体化方面能够发挥重要作用。正是基于对文化力量的深刻认识,从1985年开始的"欧洲文化之都",1987年开始的"欧洲文化之路",到2014年的"创意欧洲",欧洲日益高度重视并且不断实践文化的功能和价值,建构欧洲一体化的文化认同基础。此外,2016年的英国脱欧公投成功,以及近年来欧盟所遭受的一系列政治、经济和社会问题,使欧盟正在经历自组建以来最深刻的危机。为了应对欧盟危机,文化对欧洲的作用获得了比以往任何时期都更加重要的地位,并直接促成了2018年欧洲文化遗产年的重新启动。越来越多的人士认识到,欧盟不仅是经济和政治的共同体,更重要的是建立跨越民族和国家的欧洲文化认同,才是维护和促进欧洲一体化的灵魂所在。

European Union "Creative Europe" Cultural Policy and Its Implications

Zhong Sheng

Abstract: "Creative Europe" is the European Commission's framework programme for support to the cultural and creative sectors. The programme includes four areas: culture, media, cross sector, prize and initiatives. With the budget of €1.46 billion, this programme aims at constructing a comprehensive platform for supporting cultural and creative sectors. The formulation, implementation and adjustment of the "Creative Europe" policy, profoundly influenced by the political, economic and cultural backgrounds of Europe, are closely related to the nature and functions of the EU as a national alliance and are also a reflection of a series of major global trends and issues in the field of cultural policies in recent years. First of all, "Creative Europe" is an embodiment of highly valued European integration and a cultural policy tool to deal with the social crisis and changes in Europe in recent years. Moreover, by conducting a large number of policy exploration on the promotion of new cultural technologies and new business models, "Creative Europe" reflects that culture plays an increasing important role in economic growth and competitiveness. In addition, "Creative Europe" is also a policy guide to enhance European cultural soft power and international influence.

Key words: creative Europe; EU; cultural policy

文化场景研究

第 27 卷

Commentary on Cultural Industry in China

文化场景营造与城市发展动力培育研究

——基于北京三个案例的比较分析

浙江大学　浙江省城市治理研究中心　杭州国际城市学研究中心　吴　军

[内容提要]　以往的城市发展动力的研究多集中在诸如土地、资金、劳动力等传统生产要素上，很少涉及具体的城市舒适物(urban amenities)、人群、活动、价值观、生活质量、生活方式、地方消费与体验等反映地方美学或文化特征的元素，尤其是这些元素不同组合后对新经济增长和人口流动的驱动作用。然而，随着知识经济的来临，这种研究传统逐渐发生转变，向强调空间品质与生活质量的地方美学与消费转向。本研究选取北京中关村创业大街社区、798艺术社区、南锣鼓巷社区三个城市复兴案例，从文化场景的视角来探索后工业城市与社区发展的驱动力。研究发现，不同文化场景对创新创意人员的吸引聚集不同，产生地方发展结果也不同，比如，"一切皆有可能"的场景价值观对于创新创业人员吸引力比较强，"自我表达"的场景对文化创意人才的吸引力比较强，"闲适淡雅"的生活场景对老北京居民、文创人员和游客吸引力比较强。另外，文化场景营造的重要机制是政府、企业、社会组织和公众四者寻找利益平衡点，只有这样，一个地方才能从场景营造中获得发展。

[关键词]　文化场景营造；城市；社区；发展动力；北京

一、现代北京城市发展的动力演变

城市发展具有历史阶段性，每个时期会面临一些特定问题，对城市发展的驱动因素也会发生变化，从经典的生产要素土地、资本、劳动力和管理技术，到后来的人力资本要素，再到城市舒适物(urban amenities，又译文化设施与活动)和文化场景(cultural scenes)等。每一次城市发展动力因素的变化，都反映了城市发展路径与模式的转变，同时也反映了人口、生态、生产、生活、文化等形态的社会变迁。

（一）传统生产要素与城市发展

新中国建立以来，中国的城市发展可谓是经历了比较曲折的过程。新中国建立之初，为了实现国民经济的快速恢复，中央政府和各级城市政府安排了100多个重点项目工程，希望通过这些项目建设来带动华北、西北和西南等城市的快速发展。当时的城市政策导向，比较注重"生产性设施"建设，对于涉及消费与生活文化服务设施的建设并不是很多。北京也不例外。在这一阶段，土地、资本、劳动力、管理技术等这些生产要素对于城市的快速发展起着关键性推动作用。

改革开放以后，城市经济社会快速发展，但大多数的发展路径绕不开工业化这条主干线。北京在这方面也依然。这时期的城市发展绩效衡量指标，往往与经济建设及经济效益有着紧密关联。当时，很多地方的城市政策都提出了"变消费城市为生产城市"，特别强调工业生产性投入。以北京为例，作为全国的政治中心，同样在城市规划与建设过程中，通过土地扩展、资本投入（招商引资）、劳动力成本优势以及现代化管理技术等来推动像"首钢"、"燕山石化"、汽车制造等巨型生产性企业落地，成为当时的名副其实的全国经济生产中心之一。这种现象在国内许多工业城市发展中也比较普遍，即用工业来驱动城市发展。

（二）人力资本因素与城市发展

人力资本对于城市发展的作用已经得到普遍认可。从20世纪80年代开始，北京特别重视人力资本的作用。比如，1988年，北京海淀区政府就开始着手建立中关村科技园，后来它成为中国第一个国家级高新技术产业开发区、第一个国家自主创新示范区、第一个国家级人才特区。中关村科技园区是我国科教智力和人才资源最为密集的区域，拥有以北京大学、中国人民大学、清华大学为代表的高等院校近41所，以中国科学院、中国工程院所属院所为代表的国家（市）科研院所206家；拥有国家重点实验室67个，国家工程研究中心27个，国家工程技术研究中心28个；大学科技园26家，留学人员创业园34家。根据北京2017年统计年鉴数据，北京科技创新从业人员2016年底达到了81万多人。另外，据不完全统计，北京常住人口中，受过高等教育的人口数量占比超过了30%，在全国排名第一。数量庞大的高级人力资本对于北京的城市发展发挥着重要推动作用。

（三）城市舒适物与城市发展

2008年北京奥运会之后，"雾霾"这种空气污染加重让更多的人们意识到城市宜居性的重要性。北京最近推动的“疏解整治促提升”行动,对于城市复兴与空间品质的提升有很大的作用。在这一过程中,除了整治背街小巷、违章建设、拆墙打洞等,北京还建设与更新了一大批生活文化设施,公园、书店、博物馆、画廊、艺术馆等城市舒适物设施,以及推动了很多城市微更新的活动。这些实践极大地提升了城市宜居性水平。

事实上,2014 年和 2017 年习近平总书记先后两次视察北京并发表重要讲话,对首都发展提出明确要求。习近平总书记强调的北京要“建设国际一流的和谐宜居之都”的战略目标,既是北京发展蓝图的核心要义,又成为北京未来发展的动力源泉。随后,新版《北京城市总体规划(2016—2035)》这一重要意义的文件颁布实施,把北京城市功能准确地定位在“四个中心”,即全国政治中心、文化中心、国际交往中心和科技创新中心;优化城市功能和空间布局,科学配置资源要素,统筹生产、生活、生态空间,把北京建设成为世界和谐宜居之都。这种城市功能的实现,对城市舒适物的规划与建设将发挥着越来越重要的作用。

(四) 三个相互嵌套的城市发展模型

后工业城市与工业城市发展模式有很大不同,其驱动力也有很大差异,前者强调城市宜居性与舒适物,强调消费、生活与文化等;后者强调生产。通过以上分析,我们简要地勾画出现代北京城市发展的动力转变历程,从传统生产元素,到人力资本要素,再到城市宜居性中的舒适物与文化场景营造。参考新芝加哥学派城市研究成果,结合北京城市发展情况,将城市发展的三个层次模型进行完善。

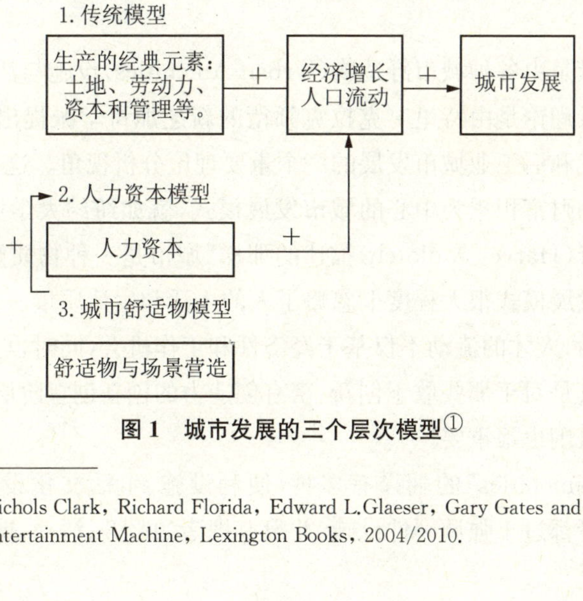

图 1 城市发展的三个层次模型[①]

---

① Terry Nichols Clark, Richard Florida, Edward L.Glaeser, Gary Gates and other Coauthors, The City as an Entertainment Machine, Lexington Books, 2004/2010.

从图1不难发现，城市发展动力模型是相互递进的三个层次，它们之间是继承与互补关系。具体而言，在早期的传统城市发展模型中，诸如土地、劳动力、资本和管理技术等生产要素影响着地方经济增长和人口流动；到城市发展的第二个层次，人力资本又作为一个新的动力因素加入城市发展议程，人力资本和传统生产要素一起对经济增长和人口流动产生影响作用；但问题的关键是这些具有知识型的高级人力资本流动是受到城市宜居性的影响，而舒适物多少决定了城市宜居性水平。也就是说，对于城市来说，同样的生产要素和人力资本水平，城市舒适物越多，宜居性越好，人力资本越丰富，城市发展也就越快。这就是后工业城市和知识经济时代的特点。

这样的城市发展规律不仅在北京出现了，在近年来的美国许多城市中也有所体现。根据芝加哥大学城市与社区研究专家克拉克的分析，美国许多城市的政策制定者，已经意识到舒适物和场景对于发展的重要性，并开始致力于规划与建设提升城市居民生活质量的舒适物。比如，结合本地文化特点，规划建设各种舒适物设施，举办各种节庆活动，刺激市民文化消费行为；有的地方甚至为了吸引年轻的自行车爱好者，还专门修建了自行车赛道等。这些措施，已经证明了，在促进地方消费和经济社会发展方面有着很显著的作用。毫无疑问，在这一过程中，也增加了地方的吸引力。因此，在某种程度上，这代表着后工业城市发展的“良方”，即舒适物和文化场景主导下的城市发展战略。

二、一种新的理论分析视角

文化场景是由各种城市舒适物(Urban Amenities)设施与活动组合而成。舒适物与场景理论是由特里·克拉克领衔的新芝加哥学派提出来的，已成为知识经济时代和后工业城市发展的一个重要理论分析视角。这种视角打破了传统以物质和财富积累为中心的城市发展模式，就如纽约大学城市研究专家哈维·莫洛奇(Harvey Molotch)描述的那样“城市是一种物质财富的增长机器”；这样的发展模式很大程度上忽略了人的生活和生活质量。基于舒适物的场景理论认为，人才的流动不仅基于经济性和工作机会，同时也基于生活质量的考虑。尤其是对于那些敢于创新、富有创造力的创新创意阶层而言，城市的人文环境和氛围也很重要。

舒适物“amenities”的翻译有多种，便利设施、生活文化设施、文化设施等。这些翻译都过于强调硬件设施，并没有把诸如服务、活动、地方体验、地方情感以及当地市民价值观等综合地方质量的意思表达出来，更没有把该词所表达的“能够带来愉悦的所有事物”的含义表达准确。经过反思思考，本文用舒适物来表示该词的含义，能够给城市带来舒适宜居的事物，包括设施与活动等。

舒适物大致上分为三种：自然舒适物、文化舒适物和社会舒适物。

自然舒适物更多指向诸如温度、湿度、气候和水资源等，自然元素给人带来的舒适性，比如充足阳光的地方和寒冷的地方对于人群的吸引不同，东北很多有钱人就在海南买房养老。

文化舒适物偏向于人工建构的设施服务活动，如图书馆、博物馆、剧院、酒吧、咖啡馆等；这些设施的服务活动都掺杂了人的属性，不同于动物，有文明、文化的含义在里边。其他动物不能像人类一样，创造咖啡馆、书店、艺术馆、俱乐部等，这些都反映文明文化的意思。这些设施活动服务等，也是人与动物的本质区别之一。所以，我们选择文化舒适物来表述。

社会舒适物是指本地区居民价值观与态度，比如友善、包容、敢于冒险等。这样的舒适物比较偏重社会心理学范畴，属于价值观范畴。比如，一个地方的人是否排外、是否包容、是否具有创新精神。比如，北京的包容性就比一些二线三线城市的包容性大；温州的创新创业干劲就比其他地方的大，因为温州人冒险精神比较强。

文化场景是各种舒适物组合的复合体，代表了一个地方的整体文化风格或美学特征。尽管可以在多个层次上来识别文化场景，但我们更强调社区层面而不是城市或国家层面，因为从社区层面识别场景可以捕捉那些较大单元内部和之间的差异。

文化场景可以通过以下方式进行识别[①]：(1)通过舒适物，比如根植于具体的、可识别的、聚集人的场所里的舞蹈俱乐部或购物商场等。(2)人群，这些人群是按照种族、阶层、性别、教育程度、职业、年龄等维度来描述的，这些告诉我们一个事实，即一个场景不仅由那里的事物来定义，而且还由那里都有谁来定义。(3)特色活动(例如备受青年科技工作者喜欢的本地朋克音乐会)。(4)象征性的意义和价值观，这些定义了某个地方能够提供怎样的体验的重要性；尤其是，我们强调诸如合法性之类的含义，比如合法性，正确或错误的生活

① Terry Clark and Coauthors, *The city as an entertainment machine*, Elsevier Health Sciences, 2004/2010(9)；吴军、特里·克拉克：《文化动力——一种城市发展新思维》，人民出版社 2016 年版，第 67 页。

方式;戏剧性,吸引人观看和被看的方式;真实性,一种真实或原真的身份认同。最后,(5)公共性,对于路人和爱好者来说是可获得的。

尤其值得注意的是,文化场景的研究体系是建立在主观认识和客观结构两大体系上。①客观结构由被研究区域中的舒适物(Amenities)设施与活动构成。通常,我们将拥有大量商铺的城市区域称为商业区,拥有大量工厂的城市区域称为工业区。文化场景中客观结构的概念类似于此,不过更为细化。比如,咖啡馆、酒吧、书店、博物馆、艺术画廊,以及朋克音乐会、文化沙龙、娱乐俱乐部活动以及音乐艺术节等。主观认识体系是指场景中蕴含的价值观范畴。比如,自我表达(express-self)、传统主义(traditionalism)、迷人魅力(Glamor)等。②

以鼓励自我表达和迷人魅力的场景为例。一种好的场景可以作为强有力的纽带,把艺术家群体与经济表现连接起来。以两个艺术家为例,即艺术家A和艺术家B。每位艺术家每周工作时间相同,所使用的工具相似(电脑、绘画颜料、软件等)。艺术家A生活在生机勃勃的场景,如倡导自发行为(个体自我表达与创意)、上演令人惊喜的秀(魅力与形式)以及鼓励不拘泥于传统等。艺术家B生活的场景刚好相反,传统、死板和守旧的环境。艺术家A工作在一个比较肥沃的艺术土壤(场景)里:在这里,我们可以想象,开放的即兴创作与冒险、对创意多次失败的理解与包容、许多创意与技术分享的机会与交流、乐意克服传统偏见与刻板印象(stereotypes),回归原初与质朴的经历与体验……这种场景,有利于激发艺术创造,有利于产出高质量的艺术作品,从而形成创意经济。这种现象用"艺术红利"来形容,再恰当不过。

对于企业组织更是如此。在两个案例中,肥沃的土壤"孕育"的公司1和艺术家A,比公司2和艺术家B更富有成效,更具有生产力。从这个意义上讲,它们的输出结果会更有价值,而土壤就是本文所说的场景。艺术家群体和这些公司所产生价值的多少与场景的不同有关;不同设施的组合会形成不同的场景,不同的场景孕育着不同的价值观与生活方式。这些案例说明,场景发生变化,其他变量的经济输出结果也会随之变化。③

---

① Edward Glaeser and Joshua Gottlieb, "Urban resurgence and the consumer city", *Urban studies*, 2006, 43(8):1275—1299.

② Terry Nichols Clark, *Can Tocqueville Karaoke? Global Contrasts of Citizen Participation, the Arts and Development*, Emerald Group Publishing Limited, House, 2014.

③ Daniel Silver and Terry Clark, "The power of scenes: quantities of amenities and qualities of places", *Cultural Studies*, 2015, 09(13):425—449.

三、三种不同类型文化场景的比较分析

为了阐述文化场景作为一种新动能，本文选择了北京三个不同文化特征的社区，从场景视角来探讨地方发展动力。它们分别为：以创新创业文化为特征的中关村创业大街、以创意文化为特征的798艺术区以及以传统文化为典型的南锣鼓巷。

（一）中关村创业大街：创新创业文化场景

中关村创业大街的前身是北京海淀图书城。2013年，海淀区政府决定对图书城经营业态进行调整，按照“政府引导、市场化运作”的方式，将图书城打造成创新创业孵化社区。入驻的创新创业孵化机构有40多家。创业大街定位于建设创业服务集聚区、科技企业发源地、创业者文化圣地。

中关村创业大街作为一种独特的创新创业场景，既是一种科技创新人才的空间聚集，也是科技企业与产业的业态融合。在这样的场景里，创新创业产生更多绩效。比如，印娃（inwow）移动打印公司创业过程①很好地诠释了场景动力作用。

印娃是创业大街孵化出众多公司中的一个，创始人李先生是做传统的复印机，起初对互联网行业并不在行，当时来创业大街只是抱着一个简单的想法“如果复印机能够做成移动复印会怎样呢？”于是，他来到创业大街，在极短时间内完成了公司注册、融资、产品开发、品牌设计以及市场推广等。据介绍，从“创意”变成现实产品再到市场也就3个月时间。传统的创业过程至少需要1年时间。这种高效且便利的场景，正吸引聚集着科技人才和公司。据不完全统计，像李先生这样的创业团队在创业大街孵化出的达到1 600多个。

这种场景里，除了高效与便利外，还有着人才密集的特点。比如，中午12点提交一份用人需求，7个小时后，就可能有一名来自BAT（百度、阿里巴巴和腾讯）的顶尖工程师到岗，开始为你的创业公司工作。这个听起来几乎天方夜谭的场景已经成为现实。这就是中关村创业大街社区场景孕育的可能性。正如创业者所说，这里给每个有创业梦想的人提供了“一些皆有可能”的实践

---

① 随着移动互联网的发展，智能手机的功能越来越强大，手机逐渐取代了台式电脑成为新的办公工具，越来越多的人不局限在办公室办公。移动互联网在改变世界的实践，打印服务却依然自顾自地走自己的老路。而传统的打印服务，在这个时代已经难以满足移动办公人群的打印需求。用户通过印娃App，将存放在云端或手机端的文档与线下打印终端建立连接，可以随时随地享用文件打印服务，享受更便捷、更潮流、更专业的打印服务。

意义。

从发展态势来看，中关村创业大街已经初步形成独特创新创业场景，吸引与聚集着各种创新创业资源，成了北京城市创新创业的一个地标，也成为全国创新创业者心目中的圣地与文化家园。

1. 社区特点

从社会学角度，社区是放置在一定地理空间上的社会，强调互动、认同与网络组结合功能等。在特定的时间里，创新创业群体、设施与活动等放置到一定空间位置里并形成一种有机且紧密网络联结，而非松散或物理堆砌。比如梦想者、创意者、高校与科研机构、行业领军企业、IT 人才聚集、天使投资、创业金融、各种孵化器以及政府补贴优惠政策等组合形成的一种独特场景。这些共同构成一种创新创业文化，一种专属于创新创业者的亚文化群体与生活格调（生活方式）。

2. 舒适物：创业咖啡馆＋便利设施＋互联网大企业

物理结构是创新创业场景形成的载体。中关村创业大街的物理结构有三类设施：

一是以创业咖啡馆为典型代表的众创空间，近创业大街上有 45 家，包括周围的有上百家。这些咖啡馆不但为创业者提供办公、公司注册、法律咨询、技术支持等服务，还经常举办各种沙龙，邀请各领域最顶级的企业家、创业者、投资人做深度分享；甚至，有些咖啡馆还成立创业基金，资助创业团队；还有的咖啡馆提供员工招聘等。

二是以生活休闲消费为导向的便利设施，如咖啡馆、书店、特色小食店、果汁店、超市、健身房、主题酒店、银行、移动打印以及清洁高效的餐厅等，据不完全统计，这样的便利设施有成千上百个。这些设施也都比较受创新创业者青睐，除了对生活便利的满足之外，而且还构成了一种格调、一种创新创业者特有的生活方式。

三是靠近互联网大企业或分支机构。创业大街社区里有百度、阿里、腾讯、小米以及联想等这样的互联网企业的分支机构，以及清华、北大、人大等高校，为创业大街提供了各方面高端人才与资源。

3. 创新创业活动

自创业大街 2013 年开办以后，整个社区呈现“天天有路演、日日有沙龙”的局面，这些活动包括创业沙龙、讲座培训、政策宣传、展示陈列、路演推广、创业比赛以及其他，等等。据不完全统计，在两年多的时间里，创新创业活动超过 1 600 场，平均每天有两个以上的主题创新创业活动，参与人数达到 16 万之多。

4. 多样性创业人群

从来源地来看，有北京土生土长的青年、取得北京户籍的新青年、部分高学历海归以及“北漂”等。从学科背景来看，创业者学科背景多元，知识面跨度大，有做 IT 计算机与软件开发的，有搞音乐与艺术，有做平面设计，还有的做核动力研发的。从行业分布来看，有互联网、IT、教育、医疗、智能家居、汽车以及生活服务等几十个行业。总之，这些多样性的人群是创业大街社区活力的重要来源。

5. 创新创业场景中的“价值观”：一切皆有可能的精神

中关村创业大街的社区文化、以创业孵化为核心的物理设施、各类创业活动、多样性人群等，都透出激情和憧憬。如果要用一句话来概括创业大街的价值观和生活态度，不妨归纳为“一切皆有可能”。这里有在国内堪称最优秀的创业人才，有最新信息，有最知名的风险投资机构，有最好的服务。这里是将梦想变成现实的最佳场所。印娃移动打印创业过程就很好地诠释了这一点。这里诞生了很多创业神话，这种神话激励着更多的人选择这里创业。这不是一条只有咖啡馆的“街”，也不仅仅是创业大潮中的昙花一现，在这背后，是一个关于“一切皆有可能”的文化场景。

（二）798 艺术社区：创意文化场景

798 艺术社区是从工业生产主导型向以文化艺术消费进行城市复兴的案例。这样的案例触及一个核心的研究议题，到底是什么因素驱动着一个地方能够从一个封闭生产工业厂房转化为开放型的文化社区，从一个自发形成的艺术区转化为城市文化旅游的重要吸引物。恐怕，这个问题是很多关注后工业社会城市与社区发展的学者普遍关心的问题。

1. 社区特点

798 艺术区位于北京城乡接合部地区（大都市郊区）的酒仙桥街道大山子社区，故称“大山子艺术区”，是原来国有企业无线电工业生产厂区所在地，占地面积约 30 万平方米，其中 50 年代风格建筑面积为 97 230 平方米，包括约 2 万平方米的锯齿形包豪斯风格建筑。798 艺术区从 2002 年开始至今，经历了一个快速变化的过程，包括规模变大和功能变化。2003 年只有 30 多家艺术机构和个人，到如今的 400 多家。空间从最初的厂区部分空间扩展到整个园区；功能则从一个艺术家聚集区转变成现当代艺术画廊聚集区，从艺术作品的创造转变成现在的艺术作品的展示区和流通区。①

2. 舒适物:工作室、画廊和艺术餐厅

798艺术区成功地实现了由生产工业区向艺术消费社区的转变。798艺术区最初的入住设施是艺术家工作室,而画廊是随着艺术区的逐步形成而进驻的。画廊的入驻,彻底改变了这里最初的艺术家群体聚集单一形态。

在仅仅为30多万平方米的空间里建设了众多设施,还有艺术家工作室,涉及雕塑、环境设计、摄影、手工艺术、表演、服装设计、精品家居设计、影视传媒、特色书店、餐饮、酒吧等。调查显示,该区域各类文化艺术机构总数高峰时达450多家,其中工作室、画廊和展演设施就达200个,这些设施主要用来创造、展示和交流。除了画廊、艺术工作室之外,798艺术区还有大量的商铺和餐饮,经营范围包括特色书店、创意首饰、原创服饰、刺绣、旅游纪念品等;餐饮以艺术餐厅为主。

3. 艺术家群落

艺术家的聚集形成不同的艺术群落,众多的艺术群落形成今天的各种艺术社区。他们与艺术区的关系总像一个怪圈:他们的入驻,给区域注入活力,使该区域的土地在短时间内得到升值,同时房租提高,反过来,艺术家又会因生活成本提高和喧嚣环境而被迫迁移,去寻找下一个适合他们生存的区域,然后进入另一轮循环。艺术家的聚集与离散,可以直观反映艺术区的整体变化。

4. 创意文化场景的价值观:自由表达精神

街头涂鸦是798艺术区倡导鼓励自由表达价值观念的典型体现。在798艺术区的很多墙面和角落,都有各种涂鸦的存在,它们已经成为艺术区的一道风景,很多参观者在此拍照、留影。这些涂鸦,既有艺术家的作品,也有游客的作品;既有组织的创造,也有随时又随意的涂抹。欧美社会流行的涂鸦(Graffitist)往往代表了一种对现实生活的发泄或嘲讽,通过这种形式表达自己。在798艺术区,涂鸦更多的是一种对外宣传的途径,因为进入艺术区,各种涂鸦已经暗示游客进入了一个不同于普通生活地点的区域,涂鸦既是一种点缀,也是艺术区作为当代艺术所持有的反叛、突兀和自由表达的一种象征。

(三)南锣鼓巷社区:胡同生活文化场景

南锣鼓巷是一条胡同,位于北京中轴线东侧的交道口地区,是北京最古老的街区之一,至今已有740多年的历史。它是我国唯一完整保存着元代胡同院落肌理、规模最大、品级最高、资源最丰富的棋盘式传统民居区,也是最富有

① 刘明亮:《北京798艺术区:市场语境下的田野考察与追踪》,中国艺术研究院,2010年。

老北京风情的街巷。现在已经变成北京旅游文化名片，每天吸引着大量的游客。

1. 社区特点

在元大都“左祖右社，面朝后市”的城市格局中，南锣鼓巷是“后市”的组成部分。整个南锣古巷建筑以胡同、四合院形态为主，呈现出棋盘式的城市建筑格局。除了胡同和四合院外，这里还有大量的个性酒吧、咖啡馆、餐厅、各种手工艺商店。如今的南锣鼓巷，商业兴盛，市场繁荣。

2. 舒适物：胡同、四合院和商铺

从南向北，西面8条胡同是福祥胡同、雨儿胡同、帽儿胡同等；东边8条胡同是炒豆胡同、前圆恩寺胡同、菊儿胡同等。这些胡同名称是明朝以后逐渐演变来的。还有以四合院为主的名人故居。这些名人故居经过保护和修缮变为城市重点文物。比如，僧王府是清代僧格林沁的王府，以及齐白石故居、茅盾故居、蒋介石行辕等。沿着南锣鼓巷和各条胡同有各类商铺。有些商铺临街，有些设在民居深处。这些商铺多以传统手工艺为主，如吹糖人、捏泥人、烙画葫芦、制作陶瓷、绘制脸谱、画鼻烟壶等；还有一些生活类的创意休闲酒吧、餐馆、书店等。①除了这些设施外，这里还有艺术机构，比如中央戏剧学院、中国国家话剧院、北京美术家协会、蓬蒿剧场、七色光儿童剧场、老物件博物馆等。这些设施不仅吸引了大量游客，而且还是创意人群的重要来源。②

3. 四类不同的“人群”

人群是城市社区发展的驱动力，不同人群对于社区发展的推动作用不同。活跃在南锣鼓巷的“人群”分为四类。③一是商家和手艺人。这里的商家比较有创意能力，有的是传统手工艺者，有的是时尚设计师、服装师等。二是旅游参观者，平时有2万左右，节假日高峰期能达到10万以上。三是常住居民，由汉、满、回、蒙等多民族组成。四是各级政府机关派出机构、社区组织和事业单位的工作人员。

4. 胡同生活文化场景：闲适淡雅的精神气质

南锣鼓巷保留下来的元明胡同肌理、青砖老树、古色古香的四合院等构成的北京传统文化场景，体现着地道的“北京味道”，这种特点特别受游客青睐，尤其是来北京的外国人比较喜欢到这里闲逛。同时，胡同与四合院为基础形成的闲适淡雅生活方式，也是吸引游客的重要原因。

---

① 张纯等：《地方创意环境和实体空间对城市文化创意活动的影响》，《地理研究》2008年第2期。
②③ 刘东超：《场景理论视角上的南锣鼓巷》，《东岳论丛》2017年第1期。

（四）三种城市文化场景特征的比较分析

以上三个案例讨论了北京城市发展的文化场景动力，即由舒适物、人群、活动这些元素组合形成特定文化场景以及场景蕴藏的价值观，将作为一种新动力，吸引着创新创意人才等优秀人力资本聚集，影响经济增长和人口流动。

从舒适物来看，三个案例中社区场景内容也有着较大差异，比如中关村创业大街的舒适物是以创业咖啡为主的众创空间，活动有创业沙龙、讲座培训、政策宣传、展示陈列、路演推广和创业比赛等。798 艺术区的舒适物主要以艺术家工作室和画廊为主，配套一些混合经营的咖啡馆和餐厅，活动以产品展示和艺术沙龙为主。南锣鼓巷社区相对比较传统，以民居胡同和四合院为主，活动多以传统节日庆典为主。

从人群来看，三个城市社区都具有人口多样性特点，不同地域来源、不同专业背景的土著、海归、北漂、新北京青年、游客、艺术家、画家等分别聚集到不同社区，比较包容和多样。

从价值观层面来看，中关村创业大街场景凸显了科技创新创业文化，其呈现的“一切皆有可能”和“创新创业作为人生情感体验”等价值观，影响着青年毕业大学生群体的城市流动；而 798 艺术区以画廊和艺术家工作室的场景给予创意阶层自我表达的自由和都市乌托邦理想的实践；南锣鼓巷靠着其独有的胡同与四合院等元素集合呈现出地道的“北京味”，传统主义、闲适淡雅民居生活方式，吸引着社会大众，尤其是来北京的外国游客。

表 1　北京三种不同的文化场景特征比较

案　例	设　施	人　群	活　动	价值观与符号意义	公共性
中关村创业大街（创业文化）	创业咖啡馆与众创空间	土著、海归、北漂、新北京青年、游客	路演、发布会、创业沙龙、投资会	一切皆有可能、创新创业情感体验	免费开放
798 艺术区（创意文化）	艺术工作室、画廊、混合咖啡馆或餐馆	艺术家、画家、游客	产品展示与艺术沙龙	自我表达精神、乌托邦式的理想	免费开放
南锣鼓巷（传统文化）	胡同、四合院	游客、商户、居民	传统文化节、旅游节	传统主义闲适淡雅	免费开放

四、场景营造机制：寻找多元利益诉求的平衡点

通过以上案例分析，场景营造对于地方发展有着很强的动能作用。然而，在具体的某个文化场景的形成过程中，政府、市场和社会三种力量都涉及，但侧重点不同。有的是政府和企业共同推动，比如中关村创业大街；有的是艺术家群体“自下而上”的自发形成，比如798艺术区。不同的主导力量所形成的文化场景不同，对于地方发展的动能结果也有所不同。

在三个案例中，政府的推动力最为关键，那种“地方、地方、地方”的概念尽管重要，但是，“政策、政策、政策”在三个文化场景营造中扮演着极其重要的角色。现实中，往往那些扶持力度大、政策密集的地方，其发展会更快；比如，中关村创业大街仅仅在2年时间里就完成了传统图书商业街区向创新创业孵化基地的转变。

进入后工业时代后，城市经济结构的重组，使得城市作为制造业中心的作用基本被终结，取而代之的是城市成为第三产业的基地和消费场所。对于政府来说，它们急需一种新的“抓手”来维持增长和更好的社会发展。同时，对于城市废弃空间改造升级，有利于城市面貌改善的迫切需求。这两方面做好了，政权的合法性和官员政绩才能被上层所“认可”。这对于官员的提拔来说，至关重要。这就是场景形成的第一大动力，来自政府和官员的政绩考量，从传统的房地产、基础设施建设领域向社区公共文化服务转变。本文把这种特点称为场景形成机制的政治性。这种政治性有时候被地方官员理解成为“政治正确”。

对于市场经济组织来说，创意文化是新的经济增长点，创意经济的年增加值已经取代很多传统行业。因为后工业的城市已经俨然成了一座娱乐机器。这是城市社区场景营造过程中的重要动力。

不同于前两者，对于社会大众来说，文化艺术就是一个消费利益的表达。他们在物质生活大幅度提高的今天，对文化艺术消费提出了更多的需求；同时，他们也需要文化消费的便利性、低价性和参与性。这样的要求和过程往往是由社区精英（艺术家）和代表大众利益的社会组织所推动。

表2简单地比较了三个案例在场景营造过程中具有的政治性、经济性和社会性。在中关村创业大街的发展过程中，从一开始就是政府的强力介入与推动。它的前身是海淀图书城和电子产品卖场，房屋产权归属在不同私人业

表 2　三个文化场景营造机制的比较

场景营造的驱动力	中关村创业大街社区	798 艺术社区	南锣鼓巷社区
政府（政治性）	中央和地方政府大力支持，把这里打造成中国创新创业的标杆；**政府介入恰到好处**	地方政府政策鼓励文化创意产业发展；管理控制文化艺术发展方向；**中后期政府开始介入**	市政府的文物建筑保护与街道社区改造升级；**初期政府介入较少**
市场经济组织（经济性）	传统图书行业与电子卖场转型到现在的众创空间，探索一种新的营利模式；**强调企业社会责任的市场运作**	营利为目的的文化艺术机构，配套的餐饮服务经济，以及旅游创意经济；**中后期出现“过于商业化”**	特色休闲餐馆、酒吧和旅游创意产品商店；**中后期出现“过于商业化”**
社会大众（社会性）	青年大学毕业生和部分科技企业高管的创业体验；**社会大众参与积极**	社会大众旅游文化消费；艺术家思想表达，以及高房价的社会底层反应；**游客过多，本地居民并未从发展中获得很大收益**	社会大众的旅游文化消费；**游客过多，居民生活受到影响**

主手里，比较分散；当地政府为了建设创新创业中心，通过成立国有公司来强力回购房屋产权，然后再把收回的房屋进行整体规划与设计，低价出租给创新创业机构。在中国，在市中心黄金地段，也只有政府的力量才能在极短的时间里促成土地和房屋等不动产统一。因为土地从一开始就属于国有，这一点不同于欧美的土地私有制。高效率的土地征收和房屋征用，为随后的创新创业社区规划发展奠定了基础。另外，中关村创业大街按照“政府引导、市场化运作”的方式推动，海淀区政府与清华科创共同出资组建企业，政府在意识形态和战略规划上进行把关，具体事物由清华科创运作整个园区，形成很好的合作模式。

798 艺术区场景形成作用力有所不同。在其发展过程中，一开始主要是由艺术家群体自发聚集形成。它本身是废弃工厂，并且处在城市边缘地方，因低廉租金和宽大空间吸引了一批艺术家入驻。发展到一定程度后，产生了一些经济影响，特别是旅游效应，更多的文化艺术机构及相关产业也就介入。随后，市场主体开始发挥重要力量，商人通过投资主导社区的基本发展方向。再后来，798 艺术区达到一定影响后，北京市政府开始更多介入。政府角色开始对 798 社区进行规制，艺术也展现了更多的国家政治性。①

南锣鼓巷社区的发展是一个复杂的动力体系。从 20 多年的情况来看，主要是受到三类政策影响：一是关于历史文化街区保护，二是关于居民社区改造与腾退，三是关于旅游商业发展。前两者的主导力量是政府，后者主要是商户和社会大众。

总之，无论社会怎么变化，政府、经济和社会是场景营造的三种力量。当场景生成的政治性、经济性和社会性达到一个平衡点的时候，一个良好的文化场景的动能才能最大发挥作用，一个地方发展的动力才有可能出现。如果政治组织支持一种场景与价值观，但是企业组织或是社会大众不迎合这种场景与价值观的走向，那么，场景动能就很难出现。同样，如果场景是一个“从下到上”的过程，当从下到上的这种发展不符合政府管理的需要时，政治规制可能会变得更强。因此，一个稳定能够发展起来的场景往往是符合多方利益的。三个案例中所营造出来的场景，这些场景都是在政府、市场与社会之间正在趋向一种平衡点，虽然很难说是已经找到，但是至少是向这种方向在发展。这为地方发展提供了场景动力。

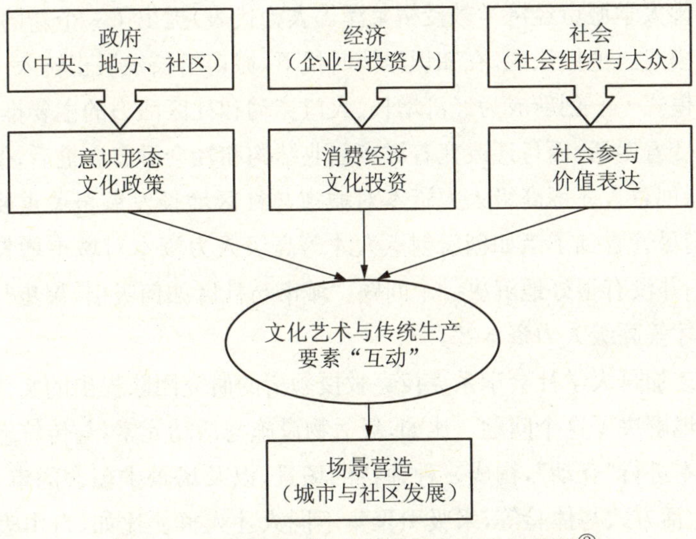

图 2　一个良好的城市场景营造机制分析模型②

①②　吴志明、马秀莲、吴军：《文化增长机器：后工业城市与社区发展的路径探索》，《东岳论丛》2017 年第 7 期。

五、结论与城市政策启示

事实上，文化场景营造是在探索后工业城市与社区的发展机制问题，即什么因素推动着后工业城市与社区发展。传统的发展模式认为，土地、资金、劳动力和管理技术等作为生产要素影响着经济增长、人口流动以及其他社会进程。在这一时期，美国纽约大学社会学教授哈维·莫罗奇等学者从城市政治经济学的角度把城市与社区发展演化机制形象地比喻为“城市作为增长机器”。他们大致的核心观点是，基于土地与租金的地方精英联盟最能在城市人口增长和经济繁荣中将自身利益最大化，因此他们投身政治权力斗争，不遗余力地通过塑造资源分配政策来推动本地区的增长势头——在政治经济力量的塑造下，城市便成了一台巨大的“增长机器”。

到了20世纪五六十年代，美国的另外一些学者又提出，促进城市迅速增长的重要原因已不是土地和资本存量的增加，而是人的技能的提高与知识的积累。于是，他们把这种增长模式命名为人力资本模式。

进入2000年，在此基础上，又有一些学者(多伦多大学创意管理教授弗罗里达和哈佛大学城市经济学教授格莱泽等人为代表)提出了一个新的模式，即创意阶层模式。他们认为，在知识经济时代下，城市增长发展正转入一种创新型的增长模式——创新成为经济增长、人口流动和社区活力的主要推动力；创意不仅改变着生活，而且还改变着城市创业结构和社会形态。最后，他们得出结论：创新创意人才等高级人力资本对城市与社区增长发展至关重要。可惜的是，他们尽管看到了诸如创新创意人才等高级人力资本对城市增长的重要性，但他们并没有很好地解决一个问题：“城市与社区如何吸引、聚集与涵养创新创意人才等高级人力资本?”

美国芝加哥大学社会学系克拉克教授领衔的研究团队提出的文化场景理论就很好地解决了这个问题。比如，舒适物设施与活动元素，与传统经典元素土地和资本进行“互动”，构成一种独特的场景，以及场景中蕴含的审美趣味、价值观、生活方式与体验等，来吸引聚集不同人才人群。比如，自由表达的文化场景能够吸引聚集IT科技人才与艺术家群体；阳光充足与传统价值观显著的场景比较吸引聚集老年人群。所以，不同的文化场景对不同的社会群体会产生不同吸引聚集结果，从而带来不同的城市与社区的发展模式。

也许有很多人会问，这种理论框架对当下中国城市与社区发展有何指导意义？

本文认为至少有两方面意义：一是有利于地方政府解决“筑巢引凤”问题；这里的“凤”有其特定的含义，即知识经济时代下城市发展迫切需要的优秀人力资本，尤其是创新创意人才，包括IT技术人才、科学家、工程师、艺术家、设计师、建筑师。二是借助文化艺术因素来推动城市发展问题，即地方政府如何借助构建文化场景的办法来刺激文化消费，从而推动本地区经济增长和社会发展。

事实上，现实中，许多地方政府也做了这方面探索，但结果往往出现很大差异。比如，同样是用建设文化生活设施来推动区域发展，但是为什么有的地方就能成功（比如吸引了大量的人口与企业入驻），有的地方却失败了呢？这背后的原因，就是忽视了设施与活动背后的审美趣味、价值观、生活方式与体验等文化驱动力的考察。

过去的两年间，我们也对北京的两个案例进行了跟踪研究，研究结论基本上和我们的理论分析保持一致性。

比如，中关村创业大街为什么能够在短短几年时间从传统的图书城与电子城，转化到现在创新创业的文化圣地和精神家园？为什么能够成功？除了从经济学资本聚集与业态、政治学上的政府政策力量推动外，还有一种视角，来自社会学的文化解读。在这里，已经建设的设施与活动完全是基于创业文化的价值观、审美、生活体验以及各项配套功能，比如，这里的咖啡馆不叫真正意义上的咖啡馆，而是叫“众创空间”（车库咖啡、binggo咖啡、小样青年社区），咖啡馆不仅有休闲娱乐功能，而且还提供办公与社交等多样性需求；这里的产品发布会不叫发布会，叫“路演”等。这些设施和活动背后体现了很强的草根创业文化价值观。

另外一个例子就不那么成功，或者说它曾经成功过，但目前面临着很大的危机与挑战，那就是大家也许都比较熟悉的“798艺术社区”。相信很多专家与老师都很熟悉；但是最近，他们在走“下坡路”，原因何在？我们认为，大量的连锁商业机构入驻驱赶了原创的艺术家群体，新建的设施与活动过于商业化，忽略了其背后的原创文化价值观、审美趣味与生活体验。所以，调研时，一些市民就感叹，现在798艺术社区已经不是原来的798了。因此，失去了原创艺术文化价值观和审美，必然走下坡路。

通过以上讨论，思考利用文化艺术要素在推动城市和社区发展时，城市政策不妨也思考以下五个建议：

第一，政府、市场和社会三方力量如何快速达到利益平衡点是场景营造的关键。场景营造可以建立一种有效的合作组织与机制，包括政府、企业、社会组织和居民。政府可以出资一半或少于一半，其他组织可以出资剩下的一半。这样更有利于寻找利益平衡点。政府干预太多，或者企业干预太多，这个地方都不会成功。

第二，文化场景各要素的组合应该是“有机”的，而非机械的。这一点可以从城市生态学视角来组合舒适物设施与活动。

第三，在文化场景营造时要注意原真性。尤其要重视舒适物设施与活动所体现的审美趣味、价值观、生活方式和体验等文化性要素。

第四，文化场景营造过程中要防止“资本驱逐艺术”的现象。

第五，文化场景营造还要处理好与本地区居民之间的关系。某一设施或几项设施的营造如何融入当地社会发展的议程。这是城市政策应该聚焦的重点。

Creating Cultural Scenes and Cultivating the Driver Factor of Urban Development

—Based on Comparative Analysis of Three Cases in Beijing

Wu Jun

Abstract: The previous research on urban development dynamics focused on traditional production factors such as land, capital, and labor, and rarely involved amenities combining the scenes such as the aesthetics or cultural characteristics of the place. With the advent of the era of new economy, this research tradition has gradually changed, shifting to local aesthetics that emphasize spatial quality and quality of life. This paper selects the three urban revitalization cases of Beijing Zhongguancun Community, 798 Art Community and Nanluoguxiang Community, and explores the driving force of post-industrial city and community development from the perspective of cultural scenes creation. The study found that different cultural scenes attract different creative people, and the results of local development are different. For example, the scene value of “everything is possible” is more attractive to innovative entrepreneurs, and the scene value of "self-expression" is more attractive to artists groups. The "leisure and elegant" value of the scene is more attractive to old Beijing residents and tourists. In addition, the important mechanism for the creation of cultural scenes is that the government, enterprises, social organizations and the public are looking for a balance of interests. Only in this way can a place be developed from the scene creation.

Key words: cultural scene creation; cities; communities; development dynamics; Beijing

国外城市文化场景类型及其创建路径

中国传媒大学　刘柯瑾

[内容提要]　针对城市创新发展的趋势，从创新主体、创新资源、创新机制、创新环境四方面提出未来发展目标，并认为场景理论以丰富的内涵、多样的形式、灵活的操作、广泛的参与、即时的反馈等特征成为当下城市创新建设中的有效途径。创造性地梳理出国外城市文化场景的类型和建设路径，并针对我国的实际情况从认识到实践层面分别提出几点建议。

[关键词]　城市创新；场景理论；国外城市场景；建设路径

一、城市创新发展的趋势

城市创新能力是以科技创新为经济社会发展的核心驱动力，拥有充满活力的创新主体、丰富独特的创新资源、高效多元的创新机制以及开放包容的创新环境，对城市创新能力的建设发挥显著支撑引导作用。

创新主体，主要反映了城市创新实践活动的承担者，即具有创新能力并实际从事创新活动的人或社会组织。城市创新领域是广阔的，创新主体是多元的，包括普通公民、创意阶层、社会组织、企业、政府，等等。要想实现城市的创新发展，就需要调动最广泛创新主体的积极参与，通过推动企业创新活力、激励创意阶层发挥自身所长、鼓励公民积极提升自我以及引导社会组织承担社会责任，以创建利于城市创新发展的多样性人力资源。创新主体的主要目标是通过多样性的主体参与，打造非典型的城市学习路径，以提升公民、创意阶层、社会组织、政府部门对城市创新能力的认识并培养不同主体在创新实践中的工作能力。

创新资源，反映了城市创新发展所需要的各种投入，包括技术、文化、便利设施等各方面的投入要素，这些既是需要流动的商品，也是需要加以保护的重要资源。只有独特的、难模仿的、难转移的关键资源才能为城市创新发展带来长期优势，因而领先的科学技术、深入日常生活的便利设施、凝聚城市价值观的文化要素，是城市创新能力发展的重要方向。用科技改变社会协作方式，用便利设施更新公民生活方式，用文化要素激发深层次的价值认同，是城市创新能力提升的重点实现路径。创新资源的发展目标是打造智慧治理、以人为本、资源集约的城市创新发展模式。

创新机制，主要反映了城市创新的发动机系统，城市创新的组建和发展过程其实就是网络组织的组成和发展过程。在建设过程中将生产要素和生产条件的新组合引入城市更新的体系中，突出创新要素的集聚和互动，以形成结构完整、功能完善的城市创新系统。打破陈旧的自上而下的行政管理手段，采取积极鼓励多元参与的民主自发形式，鼓励社会力量在城市建设中发挥作用是城市机制创新的主要手段和实现保障。创新机制旨在创造一个组织结构灵活多样，通过一定的过程引导之后，能够在社会范围内形成相对稳定的城市价值观。

创新环境，反映的是城市创新过程中，影响创新主体进行实践的各种外部因素的总和，主要包括城市创新发展的战略与规划、城市创新实践行为的经费投入力度以及社会创新行为的态度等。创新环境不仅跟科技本身有关，而且和社会文化理念有着密切的联系，信息和知识的交流传播不仅通过物质手段，重要的是通过人与人之间正式或非正式的社交网络连接。加快形成鼓励创新、宽容失败的社会氛围，是城市创新能力建设的重要支撑和实现路径。创新环境的主要目标是实现宜人的自然景观环境的同时，打造宽容开放的社会氛围，能够使不同的创新主体在城市中实现自我价值。

综上所述，城市创新主要应从创新主体、创新资源、创新机制、创新环境四个方面推进建设，作为建设的主体部分我们称之为骨骼。如何将骨骼有组织、成系统地连接，就需要找到城市的脉络。城市场景，作为针灸式的城市创新模式，成为城市更新过程中较小的互动单位。因其灵活多样的组织形式、丰富深刻的意涵、包容紧密的活动机制成为城市创新过程中需要的微小单元。本文旨在用场景理论的视角透析城市创新的建设路径，并在此过程中有条理、有层次、有目标地实现城市创新营造。

二、场景理论与城市创新

什么是场景理论？什么是城市场景？城市场景又是如何建设和营造城市创新的四要素的？

场景理论最早是由美国芝加哥学派特里·克拉克教授提出，旨在营造一种以拉动文化消费为动机的审美品位和文化体验。它包含三个维度：个体自我呈现的方式，即个体努力在别人眼中创造的属于自己的形象，称为戏剧性；同一性所产生的乐趣，即真实自我与本地风格是否具有同一性，称为真实性；符合信仰和道德所带来的快乐，即政府主管部门对个体评价作出错或对的裁决，称为合法性。戏剧性、合法性和真实性是理解“各种城市便利设施混合体所形成的具有价值取向的场景”的三个主要维度，通过对三个主要维度和15个子维度的提取和赋值，提供了一种兼顾普适性和本土性的城市场景创新分析工具。①

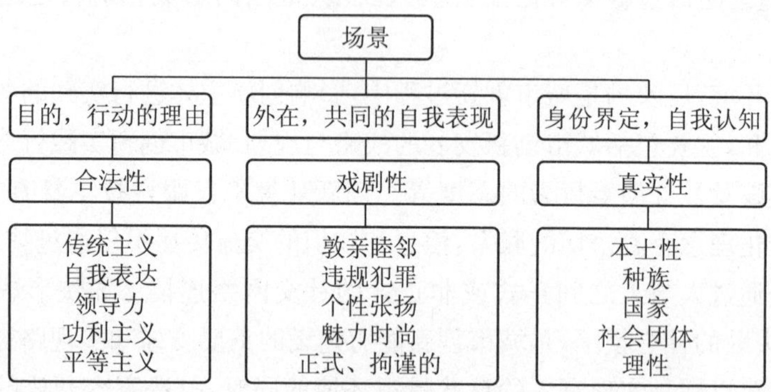

图1　场景创新分析维度

城市场景是创新在城市中的具象，是城市某一区域内蕴含特定价值观的文化设施组合。也就是说，只有体现一定价值取向的文化娱乐设施才是营造场景的基础，城市空间内不同文化设施的组合将引领不同类型的文化消费，其价值观维度有不同的内涵和侧重点。可见，场景营造不是一个简单的城市空间概念，它依托于城市空间而被赋予某种文化价值，因此要以整体性、系统性、协调性思维看待场景，正是诸多要素的集聚、集合才生成特定的意义，使其成

① 特里·克拉克：《场景理论的概念与分析：多国研究对中国的启示》，李鹭译，《东岳论丛》2017年第1期。

为一个体现意义和价值的场景。要想实现城市创新的总体目标，一是通过城市场景的营造实现区域内文化基础设施的优化更新，进而带动生活方式和文化消费的转型升级；二是以构建场景为途径，推进智慧城市、宜居城市、绿色城市、文化城市的打造，最终实现城市创新与创意阶层集聚之间的强关联性，以及城市创新对城市整体氛围及价值观的引导。综上所述，运用场景理论这一理论研究新范式，在有机组成的城市场域内，针对具体城市创新方式可以实现有效构建和引导。

三、场景打造城市创新肌理的具体路径

通过构建城市场景实现城市更新及创新能力的提升，是当下经济社会背景下，成本最合理、收益最优化的建设模式。首先是范围更广，与建设地区性产业园区、商业中心等传统的城市创新不同，场景的建设像针灸一般散落在城市的各个角落，相对区域性的拆除或重建，建设范围更加分散。其次是形式灵活，当下城市创新的衡量指标不再局限于专利数或是论文数，这就推动了城市场景在建设过程中可以采取文化活动、空间复兴、基础设施建设、政治生活体验等不同的形式，深入广大公民的日常生活，潜移默化地改变公民的日常生活态度。第三是受众多样，城市场景是一种自下而上表达自我价值追求的有效管道，因而从公民、创意阶层到社区、社会组织、政府部门都是场景建设的主体及服务的对象，因其强大的包容性可以搭建多方互动的平台，以实现信息的有效沟通跟互动带来的群体融合。最后是对城市文化破坏较小，场景建设不搞大拆大建，在已有的城市空间中赋予其新的文化意涵，即使是建设便利设施、打造城市互动空间等工程，也都是遵循以不破坏城市原有文化肌理为原则。综上所述，构建场景是吸引创意阶层集聚、实现城市创新发展的必由之路。具体应该如何打造城市场景呢？以城市创新四要素的发展为分析脉络（见图 2），详细阐释国外城市的先进经验。他山之石，可以攻玉，相信必将对我国的场景建设提供有益的参照。

（一）创新主体

创新主体的主要目标是针对最广泛的实践主体挖掘最丰富的智力资本，智力资本的发展和维护成为未来城市创新发展的重点。通过城市场景打造针对不同对象的学习场景、培训场景、体验场景等，以期在此过程中提升主体对城市创新的认识能力和实践能力，确保所有公民都能感受到城市的互动和热

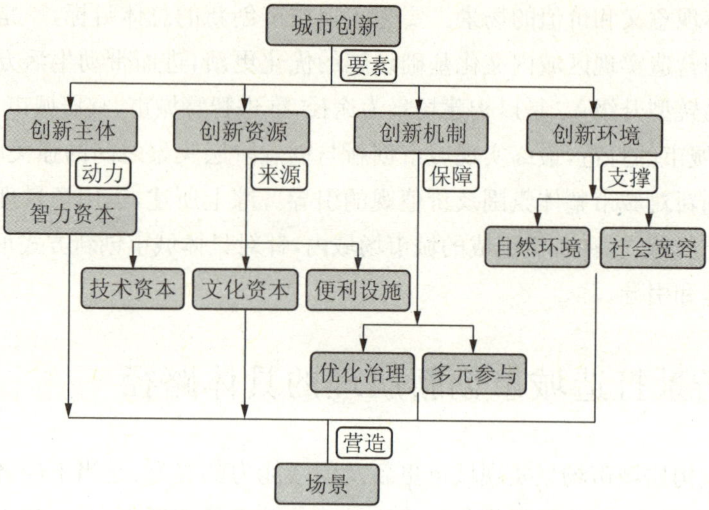

图 2　城市创新发展四要素及其分析脉络

情，并激发公民以最佳状态运用到工作和生活的环境中。

第一，全民技能学习场景。根据对场景子维度的提取和赋值，此类场景的特点是领导力、功利主义、国家的比重比较高。这类具有普适性、适宜全民参与、具有较广泛社会价值的场景是城市创新中最重要的基因，丹麦对自行车出行的宣传教育是很典型的案例。丹麦格外注重自行车的社会符号作用，将之与活力、健康、社会成功等价值符号形成关联，通过王室成员、高级官员身体力行的宣传教育，鼓励公众将骑行文化深入日常生活中。全民宣传教育等城市场景，是凝聚城市活力、培育城市价值最快捷的方式，在学习中不断累积主人翁责任感以及对创新生活的向往。

第二，青年艺术培训场景。青年是城市创新发展的重要后备，是城市场景打造的主要实施者及受益者之一，针对青年多种技能的培育，就是对创新主体的探索与发展。此场景的维度权重分布可以看出社会团体、自我表达、敦亲睦邻特点显著。华盛顿特区的非营利组织“城市艺术”主要为有才华的青年艺术家提供有报酬的学徒培训，并向其他年龄段的艺术爱好者提供免费培训，主要目的是让居民参与到反映社区历史和文化的艺术作品的创作中。例如，通过青年创作的艾灵顿公爵壁画有助于街道景观的视觉完整性，并给社区居民带来自豪感，使之成为充满活力的艺术社区和娱乐社区。可见掌握艺术技能之后的社区青年，拥有了复兴街区、创意城市的资本和能力，而充满吸引力的城市空间反过来也为留住创意阶层提供了筹码。

第三，儿童文化体验场景。将儿童视为城市创新主体的一部分，是从长期战略发展的角度考量的。这类场景是通过特色活动将特定人群链接起来，并形成强种族、领导力、本土性的特点。以瑞典斯德哥尔摩开展的儿童市政厅学习体验为例。按照惯例斯德哥尔摩的中小学生有机会在市政厅用一周的时间就热点社会问题、城市规划和市政要闻等信息与市政工作人员进行对谈与分析，在此过程中学生往往能够设身处地地提出一些令人深思的问题。结果显示这种体验式的实践学习场景是直观形塑儿童心理及社会态度的最好方式，鼓励孩子们从小就对身边环境报以审慎的态度，以思考、变革的眼光观察城市周遭。

（二）创新资源

创新资源主要由文化、技术、便利设施等方面的投入要素构成，因而在城市场景营造时也主要是从这三方面进行破解。

首先，城市创新资源中的文化要素旨在构建城市形象，塑造城市独特的价值观。主要的实现路径是通过打造蕴含文化意涵的城市景观、将艺术设计元素嵌入日常生活、根据不同的文化政策培育地方性特色产业等具体场景，并以此激发城市特有价值观的形成和塑造。

一是城市景观复兴场景。此类场景中领导力、个性张扬、魅力时尚比重较大。以费城艺术大街复兴为例。作为美国最早的街道之一，位于市中心的南布罗德街在 20 世纪上半叶经历了由盛即衰的坎坷历程。艺术组织、商业团体和城市管理部门达成共识，即通过街道景观改造的方式振兴南布罗德街。以尊重周边社区地理特点和空间尺度为前提，重点针对老式路灯柱、人行道、植物、公共汽车棚和地铁入口处等区域，打造充满创意的城市文化景观。自此南布罗德街从逐渐落寞的街道改造成充满活力的文化走廊，先后有 23 个艺术团体、三大艺术机构、三家大型宾馆、20 多个高端零售商、30 多家餐馆落户于此，并且通过对城市建筑的改造实现了 1 450 个住宅单位落地。①根据 2007 年 9 月发布的《经济影响力研究》：2006 年，费城艺术大街创造了大约 4.24 亿美元的营业额，预估有 1.5 亿美元的总收入，创造了大约 6 000 个工作岗②，城市文化景观真正成为城市空间繁荣、区域经济振兴的加速器。

---

① Dylan Gottlieb：*Avenue of the Arts*，The Encyclopedia of Greater Philadelphia，http://philadelphiaencyclopedia.org/archive/avenue-of-the-arts/，2018-06-28.

② *Arts & Economic Prosperity III：The Economic Impact of Nonprofit Arts and Culture Organizations and Their Audiences*（2007），https://www.americansforthearts.org/by-program/reports-and-data/research-studies-publications/arts-economic-prosperity-iv/arts-economic-prosperity-iii，2007.

二是城市艺术设计场景。为城市注入美学元素、为区域嵌入艺术精神是城市创新中文化要素的重要来源之一，艺术设计场景旨在解决城市特色“趋同”问题，并借此提升和优化城市形象和艺术品质。个性张扬、自我表达是此类场景外在的自我表现。墨尔本在车站放置“共享钢琴”是城市与艺术结合，并孕育创新文化形态的典型案例。从 2017 年 1 月 19 日开始，共有 21 台钢琴被随机摆放在墨尔本的多个交通枢纽站供路人弹奏。在文艺气息浓厚的墨尔本，这个活动的影响力被发挥到最大值。在 *Time Out* 评比中，墨尔本被选为全球幸福度最高的城市，同时还是全球最快乐城市，并连续 7 年当选全球最宜居城市。通过创造性的交互设计，艺术家通过色彩、影像、音符等媒介给了公众表达自我、体味生活的机会。艺术是画笔，城市是画布，城市多彩的文化场景是城市创新的成果，更是城市创新的源泉。

三是创意产业集聚场景。创意产业集聚是一个城市在长期发展中依托积淀、成型的一种或几种特有创新资源优势而发展起来的、具有核心市场竞争力的产业集群，是区域经济发展、社会环境营造、生活方式转变的沃土。[①]这类场景的审美维度主要集中在合法性和戏剧性，其中，功利主义、违规犯罪、魅力时尚的特征较为显著。惠灵顿是通过打造特色文化产业实现城市转型升级的典型案例。《指环王》三部曲的导演彼得·杰克逊选址他的家乡新西兰惠灵顿建成了世界上最复杂、最精密的电影后期制作中心，于是，电影后期制作的文化场景吸引了来自世界不同地区的创意人才集聚于此，包括摄影师、音响师、数字绘图师、建模师、动画师、剪辑师等。地方性特色产业的集聚所形成的独特文化氛围和完整产业链成为吸引创意阶层的强力引擎。基于文化要素所凝结的城市价值观成为今后创意人才流动的重要参考指标。其次，城市创新资源中的技术要素旨在提升城市创新建设能力，打造智慧宜居城市空间。主要通过建设智能的生活设施、提供便捷的公共文化服务、采取精细的社会治理，秉承科技改变生活条件、科技创新社会协作方式的宗旨，实现智慧城市场景为城市创新带来的勃勃生机。

一是智能出行场景。此场景主要是运用科技手段让人们生活更安全、更方便，子维度中赋值较高的是功利主义、理性、正式拘谨等特征。巴塞罗那的街道智能设备是科技创造城市便利出行的典型案例。巴塞罗那纺织产业的老工业区已经萧瑟多年，现在成为城市创新项目最重要的试验地。当视力障碍

---

① 祁述裕：《建设文化场景　培育城市发展内生动力——以生活文化设施为视角》，《东岳论丛》2017 年第 1 期。

者处在十字路口时,红绿灯上安装的黑色小盒子可以发送信号给他们随身携带的接收器,并引起接收器震动以提醒他们已临近路口。这是为弱势群体有针对性设计的技术手段,可以最大限度地为有需要的公民精准地提供公共服务。

二是智慧文化旅行场景。这类场景主要是在科学技术的支持下,利用AR、数字还原等技术细致挖掘文化遗产及文化景观背后的深刻意涵,并为公众提供极致的旅行体验。在场景理论子维度赋值中戏剧性特征较为显著,其中魅力时尚、个性张扬权重较高。巴塞罗那被誉为"高迪的城市",在其知名建筑"巴特罗之家"的参观过程中会向参观者提供内嵌VR技术的手机,不仅可以提供专业的语言导览服务,更重要的是将手机摄像头对准任何一个方位都可以在手机屏幕上360度还原房屋本来的样貌,仿佛身边的人流形如透明。这一技术在文化旅游产业上的运用,极大地还原了文化资产最本真的形态,为游客带来了最纯粹的文化体验,为城市打造了最惬意的旅行场景。

三是社区卫生治理场景。这类场景是通过科技设备使得社区环境更为舒适、社区服务更为高效,具有本土性、理性的特点。在法国拉罗谢尔市的社区中,会在智能垃圾桶上安装信号传输设备,此传感器能够检测社区垃圾桶是否已满,并通过监测垃圾中二氧化碳的含量,以制定合理高效的垃圾车回收路线,而这一切信息处理均由社区数据库完成。此外,垃圾桶中还会安装一个气味传感器,如果垃圾桶气味超出正常标准,传感器会发出警报进行提醒。生活设施智能化、公共服务便捷化、产业发展现代化、社会治理精细化,才能真正实现城市的科技智慧场景。

最后,城市创新资源中的便利设施存在形式多样,有市政建设领域的轨道交通、雨水管道等方面的设施改进,有市容建设领域的公园绿地、滨水区域等方面的设施打造,也有文化建设领域的娱乐休闲、公共空间等方面的设施升级。便利设施作为城市创新的实体投入,实现途径一是创造新的便利设施场景;二是将原有的便利设施要素按照不同的方式重新组合后形成新的场景。一方面,旨在拉动当地的消费活动,培育受众的文化消费习惯,进而实现消费模式的转型升级;另一方面,旨在打造新兴生活模式以吸引创意阶层工作、生活于此。

一是城市轨道组合开发场景。此类场景通过利用功利主义、正式拘谨、本土性等子维度实现轨道场景的合法性和真实性,不仅能够打造宜居的环境氛围,而且能够拉动当地的就业水平、优化公民生活方式。亚特兰大正在建设一个名为"Beltline"的耗资 30 亿美元的公共项目，力求打造"绿地+步道+轻轨"的公园网络。Beltline 覆盖了 45 个社区，有 22%的亚特兰大人口居住在规划区域内。一旦完工，该项目将增加 1 300 英亩的绿地和 33 英里的小径，轻轨交通预计将达到 22 英里。就经济效益而言，这个庞大的项目刺激了就业——48 000 个建筑岗位和 3 万个固定工作岗位，同时它还增加了 5 600 套保障性住房。①可见，便利设施不仅对城市空间中人才的集聚起到了向导的作用，而且对文化消费转型升级的提振作用也十分显著。

二是城市水资源管理场景。在这类场景主要是强调利用便利设施对城市中环境、资源等问题的改进，促进资源可持续、社区亲近的城市空间打造，其中领导力、平等主义、多元性得到较大程度的发展。加拿大多伦多舍博恩公共空间是第一个将紫外线雨水净化设施与雕塑、娱乐设施整合在一起的公共公园。纯净的雨水通过细腻的面纱瀑布从 3 个 9 米高的雕塑流下，经过沉淀后被输送到位于凉亭下方的紫外线过滤系统。经过紫外线处理后的干净水源一部分被输送到公园的植被观赏区，另一部分被输送到内置 50 个喷泉进行水上表演的中央池塘中。科技便利又有设计感的雨洪设施不仅起到了节约水资源的功用，而且有设计感的公园景观跟娱乐设施引得一年四季都有游客纷纷打卡。作为一个新兴社区的心脏，体现了后工业时期北美城市空间，公共设施的投资如何提供再生力。

三是城市娱乐场景。这类场景想要说明的是在公园等公共空间中举办艺术活动、建设娱乐设施都是空间价值观的体现，主要表达了这类场景个性张扬、正式拘谨、违规犯罪的子维度特征。长期以来，芝加哥公园一直被认为是吸引本地居民和外地游客的主要景点。芝加哥公园区是由包括 77 个游泳池和 530 个绿地操场组成的空间系统，创意新奇的空间设计与便捷完善的娱乐设施相结合，引得年均访问量超过 5 000 万人次。②每年芝加哥的格兰特公园会举办为期三天的音乐盛会，为公园带来 27 万人次的参与人数以及约 270 万美元的收入。这种盛况象征着芝加哥依托公共绿地空间及娱乐设施举办活动并产生收入的创新方式，通过娱乐场景的开发创造更有吸引力的城市。

四是便利设施提升消费模式场景。这类场景往往是将原有的场景元素重新组合之后形成新的意涵，而人们往往更愿意为了重塑的文化意涵买单。这

① *The Atlanta BeltLine in 5*, Atlanta BeltLine Website, https://beltline.org/about/the-atlanta-beltline-project/atlanta-beltline-overview/.

② Chicago Park District, https://www.chicagoparkdistrict.com/events.

类场景主要表达本土性、自我表达等子维度特征。以希腊圣托里尼岛为例，岛上的第二大镇伊亚镇建立在海边的悬崖上，被认为是世界上观看日落最美的地方。于是，咖啡厅、餐馆、酒吧、礼品店、民宿、五星级酒店密密麻麻地镶嵌在面向日落的悬崖边。人们所购买的已不仅是便利设施本身提供的服务，更多的是空间中蕴含着的文艺、异域、惬意、时尚的附加值。从原始海岛到度假胜地，圣托里尼的消费热点不断涌现。随着消费结构的合理和优化，海滨度假场景势必将带动圣托里尼城市创新能力的提升。

（三）创新机制

创新机制建设的主要目标是实现创新要素之间的集聚与互动，以形成功能完整结构完善的自运营模式。基于场景理论的特征，主要从行政管理手段多样化及多元民主参与的两个角度进行城市创新场景营造。以期实现区域内安全高效的信息流通以及多元社会力量积极参与城市创新建设的局面，扩大参与主体、缩短沟通成本、提升治理效率。

一是虚拟议政场景。此类场景旨在打造一种新的互动关系，我们可以看到信息从政府部门流向公民，然后再反馈回来以加强政府的文化策略或领导能力。突出的场景子维度是有关身份界定及自我认知的真实性场景，突出的特点是本土性、国家及理性。以纽约的市民互动机制为例。纽约市长每周都会参加一档特别的广播节目，任何人都可以就关心的任何问题直接通过电波向他发问，当然针对问题的解释和回复也需要向成千上万的听众开放，形成参政议政的良好机制。通过电波的形式，将政治生活渗透到每一个公民身边，打造了信息高效交流互动的虚拟场景，为解决实实在在的民生问题疏通了管道、搭建了平台。新颖的行政管理手段为城市创新注入了无限的活力，是提升城市整体质量、激发全民主人翁责任感的有效手段。

二是青少年决策参与场景。多元民主参与最突出的特点是自我表达跟领导力。让青少年参与政策制定、吸纳城市中最有活力的群体，不仅是他们的民主抱负的施展，也是对他们发展潜力的认可。多伦多近年来施行的“城市青少年内阁”城市管理参与项目，是由 Leah Ross 的官方委员会领导的，旨在建设一种管道让城市管理者听到多伦多青少年的声音。主要的参与方式是通过青少年论坛、会议和宣传展示，确保青少年可以参与到公民进程和城市决策的制定过程中。根据对每一位青少年内阁成员的决策议题和执行成果的观察，结果显示这群青少年确实在不同程度上执行了自己的自主权，从各自群体的角度出发制定着合理的议程和决策。以青少年作为行为主体的参与场景，对城市创新的实现方式提供了许多细微的参考意见，不失为创新机制中值得推广的手段之一。

三是社区艺术参与场景。主要通过调动社区内最广泛的参与者，实现城市中最基本生活单位中成员之间的相互融合，民主自治地解决当地问题、推动在地文化事务、营造趋同的价值观。此类场景传统主义的权重比较高，其次魅力时尚、本土性、领导力比重相当。加拿大温尼伯日前推出了“艺术城市：儿童、艺术和城市复兴”项目。由国际知名的艺术家杰西卡·布特（Jessica Boot）发起，关注城市中年轻人在参与社区决策、艺术规划方面的行动和意义。艺术中心原址是一个被木板封住的废弃夜总会，如今打造成为坐落在西百老汇的居民聚集地。除了免费提供绘画、雕塑、摄影、木偶制作等多种艺术课程之外，艺术中心启动了青年领导力项目，不仅促进“艺术城市”的可持续性发展，而且让孩子们成为社区营造的领导者和促进者。尊重青少年的意见、鼓励青少年参与的模式成为名副其实的社区黏合剂，为打造安乐融洽的社区环境、自主自治的社区机制提供了良好的平台。

四是社区生活帮扶场景。此类场景的主要目标是鼓励社会力量积极参与城市创新建设，打造创新性城市互动机制，以期用最少的资源、最高的效率、最恰当的方式解决城市发展中所面临的问题。这类场景最显著的特点是自我表达，其中社会团体的子维度赋值较高。由 200 人组成的温哥华社区综合服务队打造出与在地居民积极互动的场景，赢得联合国公共服务创新奖。针对建筑、垃圾、噪音或非法活动等问题，深入社区实地调研，鼓励居民将最直接的感受和意见毫无负担地进行表达，最终找到高效可行的解决方案。可见，社区层面的帮扶场景是改善民生、倾听民意最有效的管道。随着社会机制的逐步改善和健全，不仅有助于鼓励公民对当地服务和当地环境承担更多的责任，而且有助于改善生活的整体质量。

（四）创新环境

创新环境的主要目标是通过人与人、人与社群、社群与社群之间正式或非正式的组织结构产生连接，形成鼓励创新创造、宽容多元取向的城市氛围，以激发创意阶层的知识产出及广大公民的到访定居。[①]依托场景理论的主要实现途径有打造良好的自然景观环境及营造宽容开放的社会氛围，使不同创新主体都能够找到合适的自我定位和自我实现方式。

---

① 吴志明、马秀莲、吴军：《文化增长机器：后工业城市与社区发展路径探索》，《东岳论丛》2017年第7期。

首先，创新环境中良好的景观环境、田园化的空间布局以及自由开放的交流空间等，能够吸引高素质人才的居住地选择，从而吸引创新型企业迁入和资本流入，提升地区创意生产力和区域经济增长。①

一是城市自然环境场景。此类场景运用文化资本对本土性的城市景观进行改造，突出自我表达、正式拘谨的场景特点。布鲁克林大桥公共空间是通过景观建设打造田园化布局，从而改变城市环境的缩影。该地区原本是20世纪50年代废弃的散货运输和仓储综合体。经过景观改造，大面积的绿地、便利设施、雕塑作品、自行车道及步道错落有致，将这片后工业滨水区变为重要的城市地标。不仅为活动和节庆提供空间，而且在此可以欣赏到对岸曼哈顿天际线的壮观景色。打造空间结构合理、适宜全民休闲娱乐的良好自然环境场景，对城市区域复兴起到强有力的催化作用。

二是城市空间布局场景。此类场景旨在功能复合型的有限的城市空间中，合理规划道路、街道等空间布局，营造出生活宁静祥和的场景。主要突出的是场景中个性张扬、本土性、敦亲睦邻的子维度特点。以比利时布鲁塞尔著名的漫画墙为例。1991年漫画家第一次将故事场景浓缩在咖啡馆的外墙上，引得众多顾客慕名而来。后来在市政府的鼓励下，50多位比利时漫画艺术家通力合作，创作出40多座“镶嵌”在老城区不同建筑上的漫画墙②，自此绵延3公里的文艺街道成为布鲁塞尔街头最独特的一道风景。事实证明，墙体艺术场景是拓展城市文化空间、活跃城市文艺氛围、激发城市创意源泉的合理外延。

其次，创新环境中宽容和开放的核心品质，旨在用更多元的视角接纳并培育不同群体所依存的文化意涵。涌入城市的富有创造力的专业人士往往会导致城市内部特定地区的中产阶级化。中产阶级化不仅不会削减文化多样性，反而会提高不同文化类型互相作用的机会，高度交融及由此产生的意见交换会推动城市创新。主要的实现路径是打造正式和非正式的社会场景形式③，在此环境中思想可以自由流动，多元文化可以相互结合，最主要的是可以为参与其中的人创造价值。

一是多元交互场景。此类场景有点传统但不违规是其特点。社区娱乐交

① Florida R.,“The rise of the creative class”, *The Washington Monthly*, 2002, 34(5):15—25.

② 刘柯瑾:《蓝精灵、丁丁均出自于此，被低估的欧洲漫画王国比利时怎样启发中国漫画创作》, Comic book route, https://www.brussels.be/comic-book-route。

③ 根据社会资本领域最杰出的专家之一罗伯特·帕特南(Robert Putnam)教授所述:“正式的会面场景包括学会、俱乐部和拥有正式成员结构的特定利益组织。非正式会面场景指的是在餐馆、酒吧、公共空间等地的社交聚会。”

互场景主要是在钢筋水泥的城市中为孩子开辟一块交流玩耍的空间，也给社区中家长相互亲近的机会。以斯德哥尔摩的克里斯蒂娜伯格（Kristineberg）社区为例，丹麦著名设计工作室 MONSTRUM 在社区中建造了一个创意游乐场：由约 5.4 米高的猫头鹰雕像和木质蘑菇雕像组成。孩子放学后的闲暇时光相聚于此，在娱乐中传递着社区价值，激发了极大的认同感和归属感。这类交互场景的打造给了孩子与不同环境、不同事物自由互动的机会，形塑对城市、对空间、对事物的认知，为城市创新能力的提升储备后续力量。

二是历史遗迹再生场景。这类场景旨在实现过去与现在的对话、历史与未来的交融，利用历史文化遗迹打造现代鲜活的文化场景，是多元文化的积淀与包容。以西班牙塞维利亚为例，这座西班牙第四大城市保留着各个时期特色鲜明的建筑，有摩尔时代的塞维利亚王宫、光复时代兼具哥特风格和伊斯兰风格的主教堂、巴洛克风格的西印度群岛综合档案馆、20 世纪 20 年代安达卢西亚风格的西班牙广场，以及 2011 年建成的现代景观建筑蘑菇云（城市阳伞）等等。在现代与历史相互交织的城市，没有文明的冲突也没有空间上的错乱，反而是较好地保留了完整的古城肌理和缓和的天际线，还原了几个世纪前的城市空间格局，体现了这座城市极强的包容性。

四、场景营造提升城市创新能力的建议与思考

城市文化场景作为规范的研究理论被提出也是近几年的事，虽然在过去的城市建设中决策者及实施部门潜移默化、不约而同地采取了相关手段及措施，但是并未有规范的阐释及系统的梳理。因此，在对国外依托场景营造实现城市创新能力提升的案例进行深入探析后，针对我国的城市创新能力建设提出几点建议。

第一，城市创新不仅是一个技术概念，也是一个社会经济发展的概念。

技术显然是城市创新的必要条件，是为了提高生活质量进而促进城市社会发展的手段，但是采用最新技术本身并不能够保证城市创新计划的成功。① 城市创新与社会经济发展的协调性是城市可持续发展的核心问题之一，城市的创新发展满足了社会安定、经济增长对该区域提出的要求，同时睦邻友好、

① Kramer, K.L., *Information technology and administrative reform: Will the time after e-government be different?* In Proceedings of the Heinrich Reinermann Schrift fest, Post Graduate School of Administration, Speyer, Germany, 2003-09-29.

创意集聚又反过来对城市的转型升级发挥了促进作用。因而,在城市场景营造的过程中要兼顾社会效益与经济效益,切忌对科技等单一指标的过分追求。

第二,城市创新不是系统驱动的,而是以服务为导向的。

城市创新的终极目标是提高城市服务的整体水平。建立一体化的系统本身并不是最终目的,而建立一种提供服务、分享信息的机制才是城市创新的最大追求。其中,创新主体和创新资源是有效推行公共服务和准确考量公民切实需求的基础和保障,成为营造城市场景的支点和源泉。因此,城市场景营造是在充分培育城市创新主体、深入挖掘城市资源的前提下,秉承服务导向型的工作方针,将为公民提供便利设施,为公司集聚发展资源,为社区营造和谐睦邻,为城市建设宜居环境,为社会培育宽容氛围作为工作的宗旨和路径。

第三,城市创新不是单一部门的概念,而是多部门统筹协作的概念。

城市创新能力提升所设计的范围远远超出单个部门或组织的范畴。城市创新是一种人与人、人与组织、组织与组织之间新型的伙伴关系和治理理念,它是通过多层次、多管辖的政府和所有非政府利益相关者(如公民、社区、公司和非营利组织等)的场景连接而发展起来的。基于城市创新的多元内涵,经济利益、社会价值、文化意涵、科技创新、社区协作、空间包容等维度成为城市场景的不同面向,共同构成城市场景的统一体。因此,在具体城市场景的打造过程中,应摒弃自上而下、条块分割的体制惯性,拓展多部门共治模式,引导最广泛社会力量的积极参与。

第四,城市创新不是变革,而是进化。

一些评论家及学者确实有可能会在唾手可得的果实(似乎是革命性的)和长期策略(实际上是进化的)之间产生混淆。①②③城市创新能力的建设是一个长期的战略,而不是一个快速解决的方案,人们应该遵从创新的长期演进轨迹,给城市场景的培育及发展以足够的耐心和呵护。城市便利设施的建设不是一夜之间完成的,城市价值观的培育不是一夕之间实现的,城市氛围的改进亦不是转瞬之间颠覆的。因此,城市场景的建设应以长期发展策略为指导,阶段性预期成果为目标,短期建设任务为手段,有决心有力度地稳步推进。

---

① Martin, R. & Simmie, J., "Path dependence and local innovation systems in city-regions", *Innovation: Management, Policy & Practice*, 2008, 10(2—3), 183—196.

② Paskaleva, K.A., "Enabling the smart city: The progress of city e-governance in Europe", *International Journal of Innovation and Regional Development*, 1(4), 405—422. 2009.

③ Toppeta, D., *The Smart City Vision: How Innovation and ICT Can Build Smart*, "*Livable*", Sustainable Cities: The Innovation Knowledge Foundation, http://www.thinkinnovation.org/file/research/23/en/Toppeta_ Report_005_2010.pdf. 2010.

第五，城市创新不是物理结构的替代，而是现实与虚拟社会的和谐。

社会创新势必超越时间和空间的限制，这是一种误导，因为地理位置的物理环境仍然极大程度上影响着组织的生活方式和运作方式。然而，城市创新确实存在强大的潜力，可以通过缩短物理距离和客观时间，在某种程度上改变着社会生活。任何一种理论都存在局限性，场景理论也不例外。虚拟场景在理论上的缺失会激励我们在实际建设中反哺理论研究，填补场景理论在现实虚拟场景研究范畴中的缺失。随着 VR 技术的不断突破，不久的将来，城市应该能够通过无缝连接物质世界和数字世界来实现城市创新的价值观愿景。

The Types of Foreign Urban Cultural Scenes and Their Creation Paths

Liu Kejin

Abstract: According to the development trend of the city innovation, this paper proposes future development goals from four aspects: innovation subject, innovation resources, innovation mechanism and innovation environment. In addition, scenes theory, with its rich connotation, diversified forms, flexible operation, extensive participation and immediate feedback, has become an effective approach to urban innovation construction. The author creatively sorts out the types and construction paths of foreign urban cultural scenes, and in view of the actual situation of our country, the author puts forward several suggestions from cognition to practice.

Key words: urban innovation; scenes theory; foreign urban scenes; creation paths

新自由主义VS社群主义:如何利用场景培育文化创意产业园的社群参与

中国电影集团公司 李 鹭 赵 峘

[内容提要] 伴随着文化产业的转型升级,文化创意产业园区的发展呈现不同的态势:有的朝气蓬勃,发展势头良好;有的则缺乏活力,逐渐走向衰落。通过对相关案例的分析,发现创意社群集聚的滞后是文化创意产业园亟待解决的难题。通过对文化创意者创业实践的剖析,认为社群参与则是提升文化创意企业成活率,培育创意社群集聚,与产业同步发展的关键,而新自由主义和社群主义的角力则是社群参与的影响要素。最后,借助场景理论框架,尝试梳理出能够激发或提高社群参与的场景维度,并就如何优化提升它们提出有针对性的建议。

[关键词] 个人主义;社群主义;社群参与;场景

一、文化创意产业园快速发展背后的隐忧

我国文化创意产业园区建设起步于20世纪90年代,它的出现标志着我国文化产业从散点式发展走向了集聚式的道路。2004年,文化部评选了首批国家级文化产业示范园区,2006年,《国家"十一五"时期文化发展规划纲要》中提出要"优化文化产业布局和结构","加快文化创意产业园区建设,使之成为文化创意产业的孵化器"。从2007年开始,园区建设呈现爆发式增长的态势,2008—2012年,全国共建成各类园区1 122座,年均增速42.2%。①2014

① 《2 000家文创园背后的隐忧:文化产业集聚区不到5%》,新华网,http://www.xinhuanet.com/chanye/2015-05-26/c_1115408700.htm。

年，园区数量达到 2 570 个。自 2015 年起，园区数量稍有回落，全国正常运作的园区在 2 506 个左右。其中由国家命名的文化创意产业各类相关基地、园区就已超过 350 个。①至 2017 年，我国共有文化产业园区近 3 000 家。

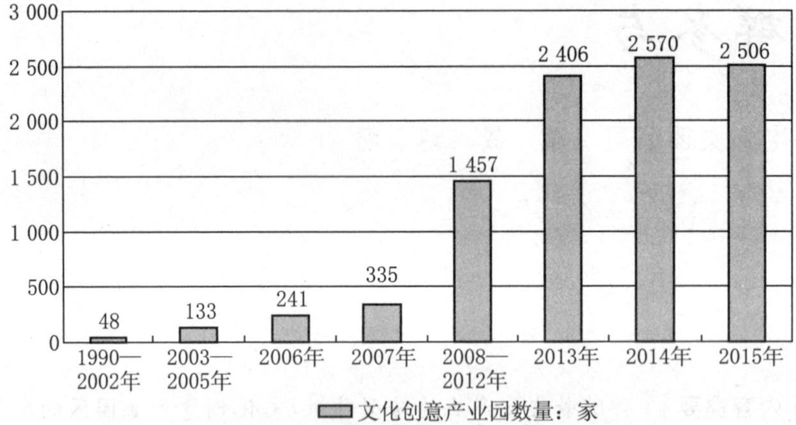

图 1　1990—2015 年间我国文化创意产业园数量统计

资料来源：《2016 年中国文化创意产业园区分布及关注格局现状回顾》，中国产业信息网，http://www.chyxx.com/industry/201610/461071.html。

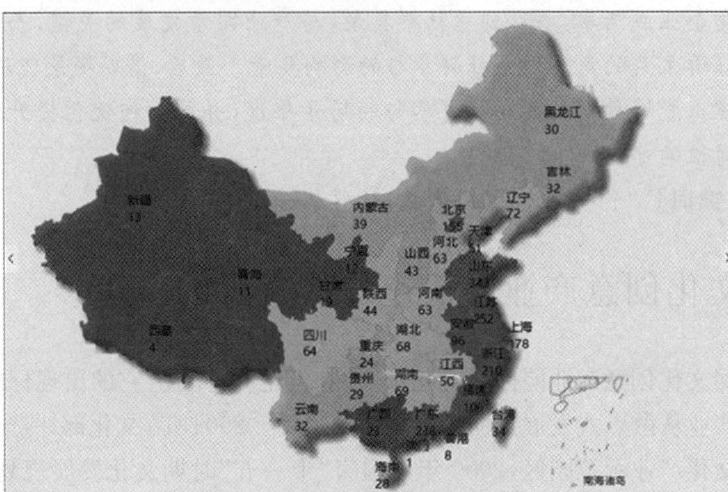

图 2　2015 年我国文化创意产业园区域分布示意

资料来源：《2016 年中国文化创意产业园区分布及关注格局现状回顾》，中国产业信息网，http://www.chyxx.com/industry/201610/461071.html。

① 《2016 年中国文化创意产业园区分布及关注格局现状回顾》，中国产业信息网，http://www.chyxx.com/industry/201610/461071.html。

从图 1 和图 2 可以看出，尽管我国文化产业园的数量在 2015 年出现了小幅回落，但从全国分布情况来看，四级阶梯形产业带已经初步形成，整体发展态势良好。

而与蓬勃发展的文化创意园区形成鲜明对比的，则是日渐式微的小微文化企业：第三次全国经济普查资料显示，2013 年，全国共有小微文化企业 77.3 万个，占全部文化企业的 98.5%，从业人员 979.9 万人，占全部文化企业的63.3%。然而 2013 年，在文化企业中占 98.5%的小微文化企业营业收入为38 306.8 亿元，仅占文化企业营业收入的 45.7%。与之相对应的是规模以上文化服务业企业数仅占全部文化服务业企业的 3.2%，但从业人员却占三分之一，资产占一半。实现营业收入 13 482 亿元，比上年增长 12%，占全部文化服务业企业的 62%。① 而且，这一差距正在逐年扩大：2015 年，我国共有规模以上文化企业②近 5 万家，实现营业收入 84 163 亿元，比上年增长 14%，占全部经营性文化企业收入的 74.5%；2016 年，5 万家规模以上文化企业实现总营业收入 80 314 亿元，比上年增长 7.5%；2017 年，全国规模以上文化企业达 5.5 万家，实现营业收入 91 950 亿元，比上年增长 10.8%，增速提高 3.3 个百分点，继续保持较快增长。③

从英国、美国等文化创意产业领军国家的发展经验来看，小微企业是文化创意产业的活力和潜能所在，而文化创意产业园区则是孵化和培育小微企业的最佳温床。而从以上数据对比情况来看，一边是立足于孵化培育小微文化企业的文化创意产业园快速发展，一边则是小微文化企业的营收占比日趋降低④，这充分说明，小微文化企业在文化产业中的生存（利润）空间正在逐步被规模以上文化企业所挤占，生存状况不容乐观，我们的文化创意产业园区并没有发挥出其应有的作用。

二、滞后的创意社群集聚

文化部文化产业司副司长吴江波曾表示，数量众多的文化产业园区中，有

① 张玉玲：《中国文化产业：两万亿元平台上的新坐标——从国家统计局最新数据看文化产业发展》，《光明日报》2015 年 1 月 24 日。

② 根据国家统计局的指标解释：规模以上文化及相关产业的统计范围在《文化及相关产业分类（2018）》所规定行业范围内，年主营业务收入在 2 000 万元及以上的工业企业；年主营业务收入在 2 000 万元及以上的批发企业或主营业务收入在 500 万元及以上的零售企业；从业人数在 50 人及以上或年营业收入在 1 000 万元及以上的服务业企业，但文化和娱乐服务业年营业收入在 500 万元及以上。

③ 见国家统计局相关统计公报。

④ 由于国家没有公布 2013 年以后小微文化企业营收有关数据，作者只能用规模以上文化企业营收占比的增长来反向印证。

70%以上处于亏损状态,真正盈利的不超过10%。有专家指出,国内真正称得上"文化产业集聚区"的园区不到5%。[①]那么影响文化产业园区,尤其是文化创意产业园区盈利的关键是什么呢?我们可以在文化产业园的基本职能中找到答案:2011年,文化部文化产业司司长刘玉珠在做客人民网文化频道《文化会客厅》时指出,"文化产业园区对于推动文化产业的发展,特别是企业聚集、孵化、引导、示范,……它的作用日益明显"。可见,文化创意产业园的核心功能在于实现企业的集聚。然而从文化创意产业园区的发展现状来看,单纯让企业进驻园区的物理集聚是不够的,迈克尔·波特认为真正的集聚应该被称为"集群"——一组在地理上靠近的相互联系的公司和关联的机构,它们同处在一个特定的产业领域,由于具有共性和互补性而联系在一起。[②]从定义可以看出,波特认为集聚的重点在于"群"的形成,这既包括资本、资源、空间、企业、服务的集群,更基础的则是文化创意社群的集聚。这种集聚也不应该是简单的堆砌,而是应该通过相互的关联和分工,形成有机的整体。也就是说,园区的核心功能并非单纯提供廉价的工作间,而是要吸引目标主体的进入,对于文化创意产业园区来说,目标主体应该是那些富有文化创新创意能力的创意社群。创意社群对文化创意产业园区的关键性作用,将通过以下两个案例进行阐明:

案例一:798艺术区

从2001年开始,来自北京周边和北京以外的艺术家们以独到的眼光看中了798老厂房的艺术价值,先后租下了些老厂房和食堂,作为艺术工作室或展示空间,圈内的口耳相传,吸引了更多艺术家,来到798工作、定居。随着艺术家数量的增多,798厂的艺术氛围日益浓厚,并很快成为世界认识北京文化的新名片:2003年,798艺术区被美国《时代》周刊评为全球最有文化标志性的22个城市艺术中心之一;同年,北京首度入选《新闻周刊》年度12大世界城市,原因在于798艺术区把一个废旧厂区变成了时尚社区;2004年,北京被列入美国《财富》杂志一年一度评选的世界有发展性的20个城市之一,入选理由仍然是798。2004年,"北京大山子国际艺术节"在798艺术区成功举行,来自国内外的8万名观众参加了本次活动,120多家中外媒体争相报道,瑞典首相、德国总理、奥地利总理、欧盟主席等也将798艺术区作为到访北京的重要

① 《2 000家文创园背后的隐忧:文化产业集聚区不到5%》,新华网,http://www.xinhuanet.com/chanye/2015-05-26/c_1115408700.htm。

② 王缉慈:《集群战略的公共政策及其对中国的意义》,《中外科技信息》2001年第11期,第3—6页。

参观项目之一。798艺术区的意义,绝不仅仅是一群优秀老建筑艺术性再生或打造了一座新的文化地标,而是在以悠久历史为傲的首都北京,创造出了一种时尚、现代的艺术生活方式,既是对城市老旧建筑的一次重生,也是中国文化生活理念的一次飞跃,老北京真正成了世界的北京。然而从2006年开始,798艺术区开始逐步“变味”,不断增长的房租与不景气的艺术品市场,导致许多画廊难以维持,相继撤离798,逐渐被咖啡馆、纪念品商店等替代。798艺术区从“艺术高地”变为观光步行街,刚起步不久的艺术产业走入了萧条。

案例二:景德镇乐天陶社创意市集

乐天陶社是一家始建于香港的私营企业,2005年,为丰富工业陶瓷旅游的层次,雕塑瓷厂老厂长邀请始建于香港的乐天陶社进驻。乐天陶社利用租赁来的土地和厂房,仿照费城的陶艺交流工作室的模式,开设了景德镇第一家陶瓷交流艺术中心,提供国内外一流陶瓷艺术家驻场、展厅、设计工作室、实验工厂等多个服务内容,带来一种新的陶瓷产业链模式和艺术陶瓷创作理念。作为一家有社会责任感的企业,乐天陶社开办了陶艺讲座,每周五晚邀请驻场或布展的艺术家免费为学生传授心得和知识,带领学生进行各类公益艺术实验,增长见闻的同时,鼓励其尝试在制瓷技术、工艺乃至科技上进行新的突破。而在与景德镇本地传统工匠的沟通交流中,国外陶瓷艺术家碰撞出新的灵感和火花,而在与国外艺术家的交流中,景德镇本地工匠,尤其是学生打开了新的创作思路。逐渐有学生尝试采用当地传统的“市集”模式,到雕塑瓷厂街边摆摊,售卖自己的作品。2008年6月,为满足学生销售自制作品的需求,乐天陶社创办了创意市集,作品的种类也从传统的茶具、餐具等实用器具变为年轻人喜爱的手机挂坠、小摆件等小型手工艺品。市集规模由最初的17人、10个摊位,营业额1 000元,到如今的100个摊位,营业额数万元,一些外地陶瓷产品经销商专程到创意市集收购产品,甚至出现了专门寻找陶瓷艺术人才的猎头者和经纪人。①而艺术家也纷纷在乐天陶社周边开设了设计工作室,希望借助景德镇的文化资源,研发出自己的产品,推广自己的品牌。原先在瓷厂的技术工人找到了收入不菲的技术工作。②就这样,由陶瓷艺术企业、学生、陶瓷艺术家和陶瓷技工的创意社群,与艺术资本、游客等有机结合,构成乐天陶社创意市集的独特产业链。尽管陶溪川、三宝瓷谷等新的陶瓷艺术区先后出现,但

① 李鹭:《文化社群引领:社区治理模式创新研究——以景德镇雕塑瓷厂创意社区为例》,《行政管理改革》2016年第4期,第68—73页。

② 陆筱璐:《论文化创意社群对特色文化城市发展的意义及路径——以景德镇乐天创意市集为例》,《浙江工业大学学报》(社会科学版)2016年第2期,第135—141页。

它们不约而同地与集市实行了人才和企业的差异化策略，集市始终保持着相对稳定的创意人口和新锐的创意理念，一批又一批的学生在这里尝试新技术，创造新艺术。

从以上两个案例的对比可以看出，文化创意集聚区的可持续发展，根源在于是否能够吸引创意者集聚，形成具有凝聚力和影响力的创意社群，从而孕育出具有生命力的文化创意产业集群。

三、社群参与：新自由主义与社群主义的平衡

在文化创意企业的生存和发展过程中，创业者尤其是小微文化企业需要经历诸多考验与挑战。据统计，在创业热潮中，许多人熬不过前3年的痛苦蜕变，而做基础研发或技术攻关的，起步期往往长至5年以上，“创业易，成活难”“快生快死”是文化创意园区的普遍现象。而症结出在哪里，学界提出了多种推论：魏鹏举(2010)认为，我国文化创意园区存在显著的管理与运营模式问题；陈少峰(2013)认为，破解我国文化小微企业的生存困局首先要解决企业融资难问题；张颐武在提案中提出，要把握政策的平衡，给予文化小微企业与科技小微企业同等的政策扶持；李凤亮认为高昂的生活成本是导致深圳文化创意人才不足的根本原因。而作者通过对刚起步的文化创意企业的访谈，得出结论：文化创意企业的成活率很大程度上取决于其所在创意社群的社会参与水平和方式，而这两点则主要取决于创意者个体在新自由主义与社群主义之间进行的抉择。

新自由主义，又被称为新个人主义，从方法论上来说出发点是自我和个人，个人是观察剖析一切社会政治问题的基本视角，一切历史事件、社会制度、政治运动等，最终都被简约为个人行为。在价值观方面，强调个人权利，尤其是个人自由权利、个人的自由选择和保证其发生的公平社会环境，认为，一旦个人能充分自由地实现个人价值，那么其所在的群体价值和公共利益也将随之自动实现。[①]而社群主义是在批判新自由主义的基础之上发展起来的，从方法论上根植于集体主义范畴，出发点在群体，它认为任何历史事件和经济制度的原始动因最终归结为诸如家庭、社区、阶级、国家、民族、团体等社群。在价值观方面，普遍强调善和公共利益，认为个人的自由选择能力以及建立在此基础上的各种个人权利都离不开个人所在的社群，个人权利既不能离开群体自

① 俞可平：《社群主义》，东方出版社2015年版，第2页。

发实现，也不会自动导致公共利益的实现，只有公共利益的实现才能充分实现个人利益，因此，公共利益才是人类最高的价值。①

尽管在西方政治哲学界两个主义的学者立场鲜明，但在实践中，文化创意者尤其是创业者，往往会在两种主义之间摇摆不定，两者角力的结果，最终在成功与失败间画出了分界线。总的来看，创意社群的社会参与主要分为三个层次：

第一层次，广泛的市场参与——成功项目的本质。亚当·斯密在《国富论》中主张，只有每个人都按照自己的意志，自由地进行经济活动，才会有效率，而经济体制应该围绕如何保障这一点来进行建设。熊彼特在自己的创新理论中也提出了相似的观点：企业家是推动经济发展的主体，而其推动力主要来自为了追求超额利润而做出的创新。对于文化创意者来说，追求经济回报，实现自身价值，应该是其走上创新创业道路的初衷和目标。但事实上，并非如此。在文化创意大军中，存在着一大批“盲从”或“玩票”类的创业者，他们仅凭着一腔热情就走上了创业的艰险之路。

网络作者慧超曾在“思维补丁”上发表过一篇文章《得了“自由”的病，却吃了“创业”的药》，作者与一群大学毕业生坐在一起闲聊，发现了一些非常有意思的现象：

现场100%的人都有着非常坚定的创业意向，但仅有3名同学，明确了自己的创业项目。现场100%的人都觉得品牌、公关和营销非常重要，但几乎没有任何一名同学，对这三者做过认真、深入、系统的研究，另外，现场100%的人，都喜欢提“爆款”这个词。现场100%的同学认为自己创业面临的最大困难是“缺钱”，但只有寥寥几名同学，承认自己创业的目标是“为了赚钱”。

而这些学生选择创业的初衷竟然是“为了自由”。

这样的现象并不鲜见，走进中关村创业大街的咖啡馆，到处是激情洋溢的交谈和路演，人人都在谈梦想。在表述中，绝大多数创业者习惯用“我”这个字眼，往往大谈特谈“未来”，很少会提及“当下”，更少数做过目标市场细分或同行业调研，而有着成熟的工作方案和运营模式的更是少之又少。大家似乎都志同道合地认为“自由”和“梦想”是高尚的，而“经营”和“市场”是充满了铜臭味，降低格调的。

有意思的是，正是这同一批被调研者认为资金匮乏是创业面临的最大难题，其次则是社会关系（见图4）。

① 俞可平：《社群主义》，东方出版社2015年版，第2页。

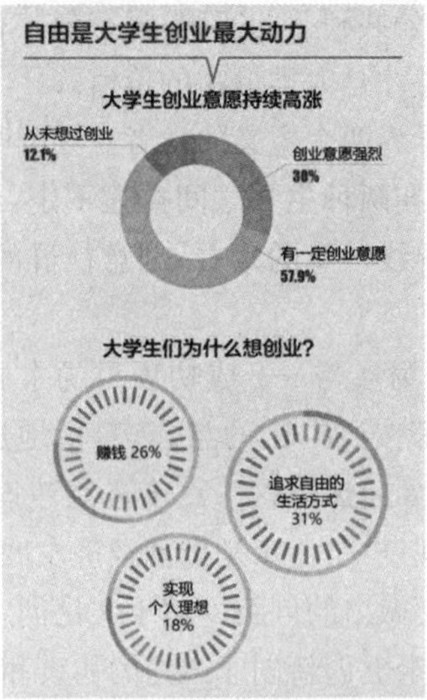

图 3 大学生创业动力分析

资料来源:《〈2017 年中国大学生创业报告〉最新出炉!》,搜狐网,https://www.sohu.com/a/219221411_248103。

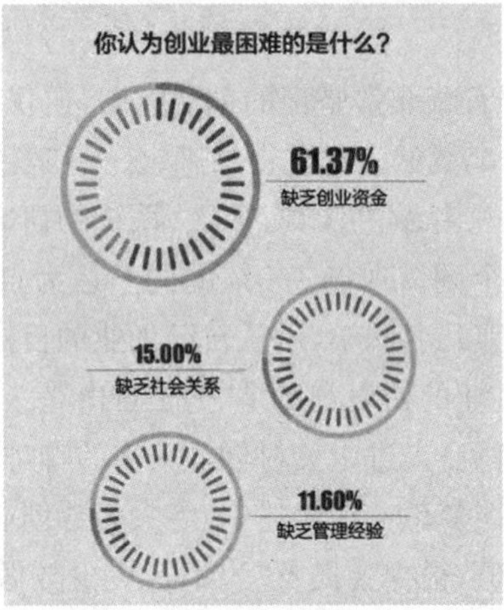

图 4 创业面临的最大困难

资料来源:《〈2017 年中国大学生创业报告〉最新出炉!》,搜狐网,https://www.sohu.com/a/219221411_248103。

但事实上,通过与成熟创业者和投资者分别的沟通交流,发现真正的好项目其实很容易找到资金支持。以摩拜单车为例:在没有清晰的盈利、运营和管理模式的前提下,自 2015 年 10 月至 2017 年 6 月,摩拜单车在不到两年的时间内就获得多家海内外投资公司 A 轮、B 轮、B＋轮、C 轮、C＋轮、D 轮的融资，先后向这个项目注入超过 10 亿美元，并最终以 27 亿美元的价格被巨头美团收购。

其实，决定创新项目成功与否的根本在于：你是否真的参与到了广泛的市场中，满足了广泛的社会需求。无论亚当·斯密还是熊彼特，他们的自由主义理念都建立在同一个基础之上——作为经济主体的企业家是理性的并且成熟的。企业家要有创新精神，但这是建立在与单纯追求利润的普通商人的比较基础之上，即创新者首先应该是一个合格的商人，致富尽管不是全部，但一定是其创新的动因之一。在这里，自由主义与社群主义实现了巧妙的平衡：追求利润意味着要满足市场需求，市场需求可以被挖掘也可以被创造，但无论哪一种，都来自大众。“饿了吗”正是这样一个典型的代表：几个上海交通大学研究生从一次晚上点外卖的失败经历中发现了外卖服务存在的缺口，从此走上了“喂饱自己也喂饱别人”的网络外卖创业之路。正是他们这种“推己及人”的广泛参与初衷，造就了 10 年 95 亿美元估值的创业神话。

可见，创新尽管发端于新自由主义的个体行为，追求的是自我实现，但它是否能够成功则取决于能否满足其目标社群的公共利益。也就是说，当一个创意仅停留在 idea 层面的时候，它可以是主观的，完全自由的；但是当这个创意需要被转化项目，获得经济回报的时候，它必须是客观的，服从于目标市场的要求（与市场规模无关）。因此，创意企业能否在市场上生存下来，归根到底取决于它的创意与实践是否符合社群主义理念。

第二层次，活跃的管理参与——企业凝聚力的基础。新自由主义与社群主义的角力还体现在创业团队内部的分工合作上，管理制度的缺失与混乱是许多文化创意企业的通病，这些企业也许熬过了初创期，却在规模扩大后摔倒。

心理学家所罗门·阿施（Solomon Asch）的心理学实验表明：人都倾向于从众，三个与自己不同的答案就能让实验者放弃坚持自己的观点，但是只需要一个人与自己的观点相同，实验者就能抵抗压力，愉快地提出异议。因此，在意见多元化的团队里，人们能够更好表达自己的意见。蒂姆·哈福德因此提出，去中心化机构更能凸显适应性创新的优势。①调研发现，头脑风暴是许多小微企业最典型的决策方式，几位或十几位创业者在一间朴素的会议室中，轻松愉快地畅所欲言，为项目的完善和企业的发展提出自己的意见和建议，这样

① ［美］蒂姆·哈福德：《适应性创新》，冷迪译，浙江人民出版社 2014 年版，第 8 页。

的场景十分普遍。然而,真正的难题在于头脑风暴之后所相应作出的管理决策。

以一个5人组成的小微企业为例,如果5个人意见无法达成统一,那么是应该继续耗费时间和精力继续沟通下去,还是出现一位独裁者直接拍板更有效率呢?显然,是后者。但是创意社群的活力恰恰来源于创意者团队自身的凝聚力,找到同道中人,获得认可,建立信任,建立起团队,所有的基础都建立在包容、开放、通畅的沟通与合作基础之上,完全的独裁则会打破这种自然的凝聚,从而影响团队的活力。从受访者口中,作者也证实了这一点:无论企业机制是否健全,成功的企业往往都建立起了一套头脑风暴+意见领袖的决策机制。

根据马斯洛的需求层次理论,人首先要满足低层次的生理需求、安全需求等,才会追求情感归属、自我实现等更高层次的需求。然而创意社群则是一群异类,他们大多同时存在低层次和高层次的需求。创意社群自身存在两面性:价值实现与趋利避害的同时存在,他们既勇于自我表达,张扬个性,同时也需要获得经济回报,养活自己。

如何来确保创意者的个体需求不会对企业整体利益产生冲突,或者在面对冲突时会将整体利益放在前面呢?引导他们参与管理,培育他们的社群主义理念是最佳途径。调研中,一位受访创业者讲述了与自己合作伙伴的一段真实经历:公司起步阶段,收益十分微薄,几位创始人都要靠自己的前期积蓄坚持创业。其中一位创始人开始出现了温饱问题,于是找到受访人询问是否可以提前发一些钱,但不巧的是当时公司没有多余的钱可以发放。受访人耐心地把公司的实际情况对这位创始人阐明后,给出了两个选择:返还部分股本或自筹资金解决生计问题。经过思考,这位创始人选择了后者:他用一包速冻水饺顶过了一星期的资金短缺阶段。而最终达成这一结果的动因,除了创始人对公司前景乐观的期望之外,更重要的是他在参与管理过程中建立起来的主人翁精神和情感归属。通过参与管理,这位创始人对自己的定位不再仅仅是一名员工,创业也不再是单纯的生存之道,他从主观转变为了客观,个人目标与企业整体目标融合在了一起,他从一名文化创意者转变成为这个企业创意社群的一分子,为了社群目标的实现而奋斗,通过社群价值的实现达到自我价值实现的目标。

第三层次,积极的公共事务参与——社群影响力的来源。无论是广泛的市场参与还是积极的管理参与,创意社群总能或多或少从中取得一定的个人利益。但真正的创意社群尽管发端于新自由主义层面对个人梦想与抱负的追求,但作为文化潮流的创造者和先锋队,他们自身的发展与升华,会促使其积极承担更多的社会责任，而并不仅止于做大蛋糕，从而分得更多的经济收益或获得更响亮的头衔。戴维·布鲁克斯在著作《布波族：一个社会新阶层的崛起》中从各角度阐释了布波族这个新兴高学历阶层的特征与追求，他们对生活的品质和品位有着高度的要求，崇尚真实与自由，比起"土豪"的名牌，他们更青睐为自身体验得到的幸福感支付超额费用。布波族坚持君子爱财取之有道，他们拥有高度的自我批判精神，也对社会有着更多的关注和责任感。理查德·佛罗里达在代表作《创意阶层的崛起》中指出，创意阶层具有这样的特点："他们思想独立，不受制于任何人。他们热爱他们所从事的工作，直到最终实现自我价值。他们的财产来自他们的创意。他们拥有非常相近的品位、愿望与偏好。"[①]我国文化创意社群，既是高学历阶层，又是创意阶层，布波族和创意阶层的特点在他们身上集中体现出来。

以乐天陶社创意市集为例，陶社和国内外的陶瓷艺术家为学生所做的讲座以及进行的创新实验都是纯公益性质的，无论陶社还是艺术家都没有从中得到经济回报，对他们来说，从指导、帮助学生和与学生的交流中所获得的精神满足才是对他们最具有诱惑力的。创意市集同样如此，无论对创办者、管理者还是参与者来说，集市的价值绝不仅仅是一个陶瓷交易场所，更多体现在，拥有共同艺术爱好与梦想的人在这里集聚、交流，从中获得更多的归属感和满足感，它是一种纽带，更是一种荣誉，是雕塑瓷厂艺术家和学生独特的文化标签和心灵家园。

一批有社会责任感的文化创意产业园也开始主动承担更多公共文化服务的职能。以751D·Park为例，它不仅集聚着许多文化创意企业，还承办各类国内外设计展、节庆活动，邀请业内知名艺术家举办公开课、私房课等，为社会大众享受艺术生活，体验时尚设计提供了良好的公共空间和服务。黑马会等创业咖啡馆，也开始开设黑马学院、黑马学吧、创业家、黑马基金等，为创业者提供更多元的服务。

但从全局来看，我国创意社群在文化创意产业园公共事务中的参与度仍然较低，无论园区的建设、发展还是运营管理，都由园区所有方自行负责，创意社群与园区之间的感情纽带（如归属感、责任感、信任、忠诚等），仍没有建立起来。这就导致创意社群在面临选择时，会单纯通过资源、区位、政策优惠等的对比来作出决定，这也是"游牧"现象产生的根本原因。

从上面的分析可以看出，如何通过园区自身的优化，为创意社群提供良好

① ［美］理查德·佛罗里达：《创意阶层的崛起》，中信出版社2010年版，第10页。

的环境,培育和引导其从新自由主义层面向社群主义层面进化,是文化创意产业园区破解发展困境,真正发挥产业孵化和加速作用的关键所在。

四、基于场景理论的文化创意产业园区优化路径

"场景理论"是由新芝加哥学派领军人物特里·克拉克教授提出的,理论认为特定区域文化与价值观蕴藏在社区、建筑、人口、风俗和群体性活动中,并外化为生活娱乐设施的功能、种类、布局的总和(场景)。文化和价值观通过区域场景反映和形塑着人们的空间行为动机与现代生活秩序。①我们把文化创意产业园区视作一个区域,园区中的建筑、设施、活动和各类人群等,相互作用,共同形成文化创意场景。

克拉克尝试构建了以3个母维度和15个子维度共同构成的指标体系,这些各具特色的要素通过抽象组合,相互作用,最终形成独特的实证场景。通过对各相关维度实施干预,有助于培育并引导场景中的创意社群提高参与,实现人、产、园的有机协同。

表1 场景理论维度示意

3个主维度	15个次维度
真实性 感觉"真" (Authenticity)	理性(Rational) 本土(Local) 国家(State) 社团(Corporate) 种族(Ethnic)
合法性 感觉"善" (Authenticity)	传统主义(Traditionalistic) 自我表现(Self-Expressive) 实用主义(Utilitarian) 超凡魅力(Charismatic) 平等主义(Egalitarian)
戏剧性 感觉"美" (Authenticity)	亲善(Neighborly) 正式(Ponnal) 展示(Exhibitionistic) 时尚(Glamorous) 违规(Transgressive)

资料来源:吴军:《城市社会学研究前沿:场景理论述评》,《社会学评论》2014年第2期,第90—95页。

① 吴军:《城市社会学研究前沿:场景理论述评》,《社会学评论》2014年第2期,第90—95页。

表 2　几个代表性复合场景的场景深层次结构

场景模型 / 子维度	迪士尼天堂	波希米亚	合法武士聚居地	洛杉矶浮华地标	雷阿诺包厢	罗西尼的旅程	瓦格纳的人民	布鲁克的波波族	黑即美	酷大都会主义	多元性	纳斯卡赛国家
传统主义	4	2	3	3	2	2	4	4	4	2	4	5
自我表达	2	5	3	4	4	5	2	4	3	4	4	2
功利主义	4	1	1	2	1	2	2	2	3	2	4	4
领导力	3	4	3	4	5	5	3	3	4	4	4	4
平等主义	2	2	3	2	3	3	4	4	3	5	4	2
正式拘谨	3	2	2	5	4	3	3	2	4	2	4	4
敦亲睦邻	4	2	1	3	2	3	4	3	4	2	4	5
美丽时尚	2	3	3	4	5	5	3	4	4	3	4	1
个性张扬	1	3	4	4	5	3	3	3	3	3	4	3
违规犯罪	1	5	5	2	3	3	3	4	3	4	4	2
本土性	2	3	3	3	3	4	4	4	4	2	4	5
种　族	2	3	3	3	3	3	5	4	5	4	4	3
国　家	3	2	3	3	3	3	2	3	3	2	4	5
社会团体	4	1	3	3	3	2	2	2	3	2	4	4
理　性	3	2	2	3	2	3	2	3	3	2	4	3

注:这个矩阵明确表示了如何通过 15 个不同维度的搭配及赋权创造和阐释更多的复合型场景:矩阵行为的 15 个场景维度,列为复合性场景模型,空格中的数字为权重,满分为 5 分,通过不同的赋值来描述不同模型的特点,从而将其加以界定和区分。以迪士尼天堂模型为例,从维度的权重分布来看,该场景的特点是:有点传统,但是违规性不强。

资料来源:[美]特里·N.克拉克著:《场景理论的概念与分析:多国研究对中国的启示》,李鹭译,《东岳论丛》2017 年第 1 期,第 16—24 页。

根据我国文化创意园区发展现状和社群参与的三个层次，部分参考布鲁克的波波族复合场景的层次结构，提高创意社群参与的创意文化场景需着力提高以下几个维度的建设：

1. 自我表达

对于具有社群主义理念的文化创意者来说，与拥有相同或相近价值观的同伴沟通交流，并得到他们的认可与赞许是十分重要的，由此产生的归属感和心灵愉悦是他们凝聚成为一个社群，并积极参与社群和园区建设发展的必要基础和前提。

而对于园区管理者来说，文化创意社群不应仅仅只是园区的“房客”和“资产”，更应该成为园区经营的监督者和参与者。稻盛和夫的“阿米巴经营”理念与蒂姆·哈福德的去中心机构，其核心理念都是要给予所有参与者们充分的思想自由，鼓励他们各抒己见，共同为企业的整体发展付出智慧和努力。只有加强与社群的沟通交流，并将他们充分吸纳到创意场景的系统内，才能激发他们产生对园区的忠诚和责任感，实现人才与土地、产业的协同发展。

首先，园区须加强公共空间的建设，提供更多如图书馆、座椅、健身器械、公共休息区、广场、绿地等便利设施，营造轻松、闲适的氛围；其次，园区应引入更多如咖啡馆、茶馆、简餐馆、书吧、水吧、健身房等适合文化创意社群品位及文化休闲需求的配套商铺，提高工作生活的便利度和舒适度；第三，园区还应协助或鼓励文化创意社群成立社团组织，并建立起有效的信息沟通和反馈机制，时常听取创意社群在实践中的感受和建议，并将其理念融入园区经营的优化中。

2. 平等主义

文化包容度是衡量一个国家文明程度的重要指标，更是激发创意活力的土壤，而追求自由与梦想是文化创意社群的共同特征，也是其创造力的源泉。文化创意园区需要为创意社群提供一个自由、开放的环境，为各种类型文化创意的萌发提供机遇。

我国文化创意园区普遍存在着同质化的问题，这种同质化一方面突出体现在它们往往面对的是同一类创意群体。许多园区对入驻企业的产值、规模、行业类型等设置了较多限制，有些体现在园区的招商范围或类型上，有些则直接体现在园区的租金上。整体来看，我国的文化创意园区孵化型较少且效益不佳，加速型较多，部分与城市规划、旅游业、文化娱乐结合紧密产生了良好的效益;偏重互联网和移动互联网的科技文创类园区较多,而纯粹的文化艺术类园区较少。另一方面则突出体现在园区的运营模式上:现有园区大多是“筑巢引凤”型,即由政府或开发商根据规划进行征地建设,然后利用各类优惠政策和补贴措施吸引企业入驻。但这样的模式令园区的收益单纯体现在地租的增长上,因此为了加快成本回收,许多园区开始面向更多类型企业敞开大门,最终导致势微力薄的小微企业被“挤出”园区。

因此,园区应改变传统的“地主”模式,转变身份,跳出新自由主义的围栏,融入文化创意社群中成为利益共同体,建立一套公平、包容、普惠性的体制机制,向更多元的文化主体敞开大门,承担更深层次的文化创意产业扶持职能,比如设立园区创投基金,搭建有偿版权申报、交易和质押平台,提供布展、宣传等增值服务等,令创意社群和产业的发展成果反哺、带动园区实现转型升级。

3. 敦亲睦邻

文化创意产业园是城镇的景观和空间的重要组成部分,文化创意社群更是地方社区的重要成员。创意社群参与不仅仅体现在为个人、企业和产业带来的发展,更重要的是对社会文化的服务和引领作用。以景德镇乐天陶社创意市集为例,调研发现,尽管这里只是一个工作场所,但许多学生和艺术家把自己看作街区的一员,许多艺术家会时不时到相邻店铺串门、喝茶、聊天,他们关心街区的建设发展,也时常通过装点自己的铺面,美化街区景观。而市集最大的影响并非自身产生的产值,而是将时尚、潮流、创新的星星之火传播给了以学生和陶瓷艺术家为代表的市集创意社群,社群成员又通过各种社会交往或作品,将它传播给了更多人,最终改变了许多人的创作理念和消费偏好。因此,具有较高社会参与水平的创意社群能令文化创意园区变成本地文化发展的风向标和驱动器,通过其开放式的公众影响,带动当地文化理念、艺术审美、消费习惯乃至城市规划、人口结构等方方面面的变革。

文化创意产业园区首先应将区内非办公区,如绿地、公共文化娱乐设施、景观等向社会公众全面开放,承担周边社区部分公共文化和休闲职能;其次,应举办更多开放性的文化活动,如各类文创展览、公开课、演讲、论坛、艺术交流活动、沙龙、体验活动、特色节庆活动、产品交易或拍卖活动等,搭建文化创意社群与社会大众沟通交流的桥梁;最后,文化创意园区还应与当地政府部门开展合作,鼓励、组织和引导区内的文化创意社群参与地方形象美化建设、公共文化产品设计、公共文化教育、文化惠民工程、地方文化保护与传承等活动，丰富文化产品供给，培育创意社群的社会责任感，同时培养本地文化消费习惯，提升社会文化活力，营造良好的文化创意环境和氛围。

4. 国家

随着我国国民经济的换挡升级，文化创意产业在经济和社会发展中发挥的作用日益凸显，而“一带一路”倡议的提出及沿线经济带建设，更是为中国文化创意产业进一步扩大开放，与世界接轨带来了前所未有的机遇。作为中国文化的先锋队和文化潮流的创造者，我们的文化创意社群需开阔眼界，提升境界，一方面开阔胸襟，吸收和学习世界其他国家的文化营养和先进经验，为中国的文化创意理念、方法、工具、技术等注入新的活力，创作出更多蕴含普世价值观、跨文化或文化融合的创意产品；另一方面则需要创意社群坚定文化自信，积极尝试用世界通行的产品形式、渠道和理念来诠释中国文化内涵，传播中国文化符号，讲好中国故事，弘扬中国精神，为提升国家形象和软实力添砖加瓦。

作为文化创意社群集聚区，文化创意产业园应首先应创办文化知识普及讲堂，向文化创意社群讲授国外文化理念、传统习俗、法律法规、产业政策等，同时加强中国传统文化知识教育，提高社群对传统文化的认识，加深理解；其次，应通过多种渠道加强中外文化创意社群交流，如举办中外文化交流夏令营、国际性文化活动或论坛，承办中外艺术院校培训班，组织、扶持创意社群参加中外文化周活动等；第三，园区还应积极与政府相关部门及文化自贸区合作，搭建国际文化创意产业信息平台、文化对外贸易快捷平台、文化产品进出口一站式服务、涉外法律援助等服务项目，为文化创意社群走出去和引进来保驾护航；第四，扶持、引导文化创意社群成立社团或公社，建立理事会制度，通过内部的资源整合、优化和分工，形成更完善的产业链，在对外贸易中集团作战，打破壁垒，分担风险。

综上所述，我国文化创意园区的优化升级，必须把服务对象从企业转移到创意者身上，通过经营理念、服务方式、工作机制的创新和变革，搭建起具有人文关怀和文化价值观的文化创意场景，引导创意者摒弃新自由主义而就社群主义，凝聚成为富有责任感和主人翁精神的创意社群。通过激发创意社群的多层次参与，使其与园区的发展形成有机关联的系统，从而实现人与园区的协同发展。

Neo liberalism VS Communitarianism: How to Cultivate Community's Participation in Creative-cultural Industry Zone from the Aspect of the Scene Theory

Li Lu　Zhao Huan

Abstract: With the transformation and upgrading of cultural industry, the development of creative-culture industrial parks begin to take on different situations: Some are flourishing, full of vigor and vitality; and some are lacking energy and declining gradually. Case-researches show that creative-community agglomeration's lagging is the barrier urgently needs to pass through. By analyzing creatives practices, it reveals that community participation influence highly on improving the survival rate of creative-cultural enterprises, cultivating creative communities and associating development with the industry, Balance between Neo liberalism and Communitarianism is the core stone. The key dimensions that are most effective on inspiring or improving community participation are selected based on the framework of the Scene Theory together advices on how to elevate them.

Key words: neo liberalism; communitarianism; community participation; scene theory

场景理论视角下艺术区创新活力机制研究

长安大学　崔艳天

［内容提要］ 艺术区作为以艺术家为主导的专业性城市文化空间，是后工业化社会的魅力景观和大都市的文化地标。艺术家的创新创意能力和艺术家之间、艺术家与艺术机构之间的互动最终带来了创新活力。本文研究了艺术区的形成机制，认为租金低廉是初始动力，历史建筑与空间特色激发创作灵感，自由的创作环境与多元价值观是艺术区的灵魂，政策变迁则影响艺术区的兴衰。空间内各要素的互动带来了艺术创作生态圈、创意氛围和品牌效应，带动了空间的商业繁荣，但商业的过度发展冲淡了艺术氛围，过高的租金迫使艺术家出走。本研究基于场景理论视角，认为要营造富有创新活力的艺术区，要着眼于艺术区形成的物质要素、组织要素和制度要素，厘清发展定位，分类扶持培育；合理布局便利设施，满足差异化诉求；创新管理体制，优化扶持政策；营造多元价值观氛围，构建艺术场景。

［关键词］ 场景；艺术区；创新活力；机制

20世纪90年代以来，在北京、上海等大都市先后出现了一批艺术区，成为新的文化语境下一种独特的城市文化空间类型，由于其不拘一格的创作形式和宽松、独特的艺术观念，一度成为最具创新活力的城市文化空间，对当代城市文化艺术生态和城市文化品牌产生了重要影响。然而，随着城市规划、政府管制带来的拆迁及商业化冲击等问题的出现，曾经倍具文化创新活力的艺术区，或消亡，或渐渐失去艺术原创与多元观念碰撞激荡的活力，很多艺术区已经或正在商业化的空间中渐渐没落，其现状不免让人扼腕。本文以场景理论为分析视角，通过对艺术区形成机制和空间产出效益以及约束性机制的研究，提出培育艺术区创新活力机制的构建路径。

一、国内外艺术区的发展趋势

在后工业社会的转型过程中，城市工业中心一度出现衰退，遗留的工业区、仓库和废旧厂房、废弃码头闲置，这些区域由于低廉的房租和独有的建筑气质，恰好成了艺术家自发或有组织的集聚之地，形成艺术创作、交流的文化空间。从18世纪50年代巴黎的巴比松画派的诞生到蒙马特高地，曾经集聚了梵·高、毕加索、卢梭等一批世界级的艺术家和思想家，他们以一种“集体无意识”对社会主流文化和异化状态进行反思，创作了大量举世闻名的作品。

(一) 艺术区成为大都市的名片和文化地标

世界上很多国际性都市，由于经济文化的变迁，存在大量自由艺术家集聚形成的艺术区，最出名的有纽约的苏荷艺术区、法国的左岸艺术区、伦敦南岸艺术区等。美国苏荷艺术区是西方最重要的当代艺术重镇，位于纽约市曼哈顿岛的西南端。这片占地不足0.17平方英里的区域以其独特而璀璨的艺术风格，成为美国艺术与时尚的潮流地，和纽约游客的必选之地。作为闻名世界的艺术区，曾经经历了无人问津、崛起、扩张、迁出和艺术与商业共存的发展历程。尽管苏荷区随着地租的飞涨，已由艺术区蜕变成为昂贵的商业中心，但艺术氛围无处不在，仍然是全世界艺术家的朝圣之地。这些艺术区为艺术家提供了自由创作、互相激荡的艺术氛围，激发了他们的创作激情，其鲜明的艺术风格和反思的张力带来了久违的创新活力，大大提升了空间知名度，不仅成了后工业化社会的魅力景观，也成了这些大都市的艺术名片和文化地标。①

(二) 我国艺术区向二三线城市蔓延

随着改革开放的深化，我国文化艺术领域不断放开，与国际艺术市场交流日益频繁，受国际艺术观念的影响，20世纪90年代，中国一些较为发达的城市出现了一批艺术区，如北京798艺术区、宋庄艺术区、上海M50艺术区、田子坊、大芬油画村等。其中，圆明园艺术村是国内最早的自然集聚形成的艺术区，但于2005年被迫拆迁。21世纪初渐成规模，最有典型意义和国际影响的则属798艺术区。在798艺术区的带动下，北京地区在21世纪的头10年形成二十多个艺术区，较为有名的有宋庄艺术区、北京酒厂·ART国际艺术园、环铁国际艺术区、草场地艺术区、一号地国际艺术区、大稿国际艺术区、二十二

① 武洪滨：《多头定位下的博弈共生——中国艺术区十年嬗变中的矛盾形态》，《浙江艺术职业学院学报》2011年第9卷第4期，第91—96页。

院街艺术区、雍和艺术区等。

21 世纪的前 10 年，798 艺术区作为北京的文化新地标蜚声海内外，甚至有媒体将 798 艺术区与纽约苏荷艺术区相提并论。在“798”的影响下，艺术区从一线城市逐渐向二线城市蔓延，除北京外，成都、西安、青岛等地都相继出现了艺术区。例如昆明由废置厂房改而成的创库艺术区、青岛的达尼画家村、成都的蓝顶艺术区、西安的纺织城艺术区等。艺术区作为一种新型文化空间，已成为一道独特的城市风景，不仅对文化艺术领域产生重要影响，作为一个特殊的文化现象，也在不断丰富着城市文化版图，重塑城市文化生态和城市品牌。①但在“艺术蔓延”的过程中，也呈现出不均衡发展状态，经济发达的北上广、东部沿海城市，艺术区发展态势相对较为良好，中西部地区艺术区绝对数量少，发展态势也较为缓慢。

（三）自发性艺术区绝对数量呈下滑态势

从国内外艺术区的形成来看，由于低廉的租金而自发集聚是艺术区形成的主要方式，从 20 世纪 90 年代到 21 世纪头 10 年，在圆明园花家村的影响下，北京周边地区出现一批自发形成的艺术区。在艺术家看来，艺术区由于远离喧嚣，是一种理想的艺术生活新模式，因此艺术区成了大部分艺术家向往的空间。艺术区的出现很大程度上改变了大城市的艺术生态，创造了城市文化空间发展的新模式，带来了久违的创新活力，然而由于城市规划建设和经济文化观念以及艺术区自身发展存在问题等诸多因素，很多艺术区并没有逃脱被拆迁取缔的命运。例如圆明园画家村、花家村（东村）、008 国际艺术区、创意正阳艺术区、长店 95 号艺术区、奶子房艺术区、蟹岛西艺术区、东营艺术区、北皋艺术区等十多个艺术区在 1995 年至 2010 年左右被拆迁取缔。②大量艺术区的消亡令人扼腕。

二、艺术区的形成机制及空间产出效益

艺术家是艺术区创新的主体，自由宽松的原创氛围和个人化的艺术活动、交往有助于激发艺术家的原创激情。研究发现，在工业遗址等城市废旧地区或城市远郊自然集聚形成的艺术区，由于受政府和商业干扰相对较少，往往能够自由创作和表达，其多元化的艺术观念及对社会的批评与反思容易引起社会的关注，因此也最具文化创新活力。本部分将用场景理论的分析框架，以案

① 魏鹏举：《艺术集聚区与中国当代文化生态》，《文艺研究》2010 年第 5 期，第 133—138 页。

② 刘明亮：《北京 798 艺术区：市场语境下的田野考察与追踪》，《中国艺术研究院》2010 年印。

例研究的形式集中探讨艺术区文化创新活力形成的动力机制。

(一)艺术区的形成机制

1. 租金低廉是初始动力

纵观世界范围内的艺术区,低廉的租金是艺术家集聚的原初动力。很多艺术家在成名之前收入较低,但他们对生活品位和生活方式的追求远高于其经济地位,这部分艺术家不喜欢受传统礼俗和政治制度的束缚,喜欢追求自由、宽松能够自我表达和追求多样性的创作空间。城市中那些衰败的工业遗址或废弃空间往往地租较为低廉而且具有破败的波希米亚风情,特别受以艺术家为代表的创意阶层的青睐。从国外艺术区来看,苏荷艺术区、威廉斯堡、布什维克以及格林尼治村都是因为低廉的房租吸引了艺术家集聚。同时,这些地方的艺术家来自世界各地,各民族、国家的文化、价值观念在此汇聚、激荡,成了艺术创作的源泉。①我国 798 艺术区、宋庄艺术区等的初始形成动力莫不如此。以 798 为例,20 世纪 90 年代,经济发展低迷,位于原电子工业部所属几个厂区范围内的 798,由于厂房不宜改造为产品生产基地,另外周边道路狭窄也不适合改建物流基地,造成一部分厂房闲置,中央美院的师生在发现了这片土地的利用价值后,从 2003 年起,艺术家与艺术机构开始成规模地租用改造闲置厂房,艺术家在 798 迅速集聚。由于低廉的生活成本,很多艺术家在起初都在厂区或周围居住,形成良好的社区氛围,集聚效应初现。

2. 历史建筑与空间特色激发创作灵感

简·雅各布斯认为城市需要新旧建筑的混合来培育、孵化新的用途。②艺术区往往是文化艺术、历史文脉、建筑空间与城市生活环境的有机结合。从国内外艺术区的发展看,艺术家一般会选择废弃工厂或城市郊区,因为工业遗迹的历史沧桑感和宽敞的空间,一方面能保持艺术家对工业化社会和异化现实的反思,另一方面还能提供艺术家所青睐的 LOFT 生活方式。纽约的苏荷艺术区、德国鲁尔艺术区便由工业区改造而来,郝德兰艺术中心由美国军事基地建筑群改造而来,我国的 798 艺术区、上海 M50 艺术区等也都由工业厂区改造而成。这种由废弃厂房、仓库改造分割出来的空间,宽敞、高挑、实用,内墙隔断较少,逐渐被改造成了艺术家居住、工作所需要的各种空间,形成了所谓的 LOFT 居住生活方式。作为工业化与后现代主义结合的产物,LOFT 生活

---

① 方田红、曾刚、张云伟:《纽约自发性创意街区空间迁移原因分析》,《城市问题》2012 年第 12 期,第 91—95 页。

② [加]简·雅各布斯:《美国大城市的生与死》,译林出版社 2006 年版,第 216 页。

方式逐渐演化为一种在世界范围广受喜欢的时尚居住和生活方式。蒋晓樱对LOFT解释道:“将LOFT的空间概念延展开来,我们不难发现,LOFT的实质可以说是一种工作和生活的方式,它是由特定的人群,在特定的经济环境、文化背景和生活观念下产生的。”①LOFT高大宽敞的空间不同于一般的办公环境,往往能带给艺术家无限的想象空间和改造余地,既可以改造为画廊、时尚发布场所、艺术工作室、媒体艺术公司,也可以成为餐厅、咖啡馆、书店等。这种充满历史沧桑感的空间特质,淳朴而独特的风格为艺术家反思和创作提供了适宜的环境和创作灵感的源泉。

3. 自由的创作环境与多元价值观是艺术区的灵魂

艺术家与传统企业相比,其创新动机并非经济因素,而是靠着内在动力去创新,哪怕无法取得可观的经济效益。Ipso代表Terna对400名艺术家进行调查,发现只有32%的艺术家靠艺术创作维持生计,而68%的艺术家还有兼职。既然艺术创作无法成为主要的谋生手段,为什么还有人愿意从事艺术创作,其内在动机是什么?行为经济学家往往忽略情感动机,而心理学家则认为内在情感动机比外在动机更能提供幸福感。主观幸福感来自个人,进而刺激能自主产生幸福感的行为,而不受外部回报的影响。很多人之所以选择艺术家的职业,主要是因为能创造性地表达自我,能彰显个人的价值观,能自由掌握时间并支配自身的生活方式。Ipso的调查支持了这一假设,个人满足感和个体价值观是驱使艺术家进行艺术创作的主要动力。调查显示,64%的艺术家用自己的作品带来的个人满足感来衡量成功,而仅20%的艺术家用批评家的欣赏来评判成功,11%的艺术家将经济因素作为成功的唯一评判标准。②

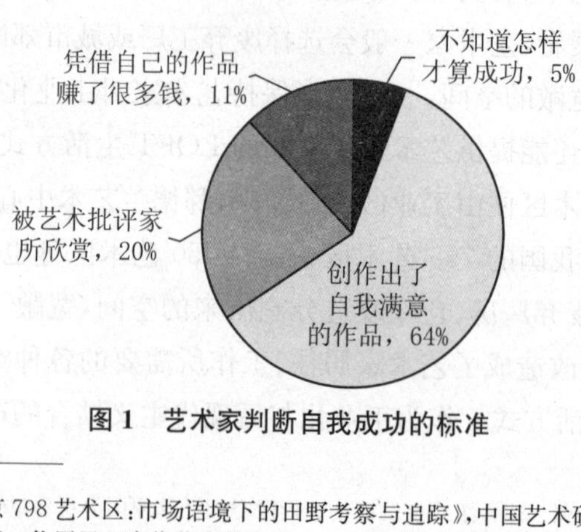

图1 艺术家判断自我成功的标准

① 刘明亮:《北京798艺术区:市场语境下的田野考察与追踪》,中国艺术研究院2010年印。

② [意]阿莱西亚·佐罗尼:《当代艺术经济学——市场、策略与参与》,管理译,东北财经大学出版社2016年版,第43—44页。

以798艺术区为例，通过发放调查问卷和访谈的方式了解到，艺术理念、价值观、独特的生活方式和宽松自由的环境等非物质因素是吸引艺术家集聚的主要动力，而物质、经济因素处于次要地位。

表1　798艺术区吸引各类主体的因素

题目/选项	艺术家	普通画家	艺术教育者	艺术型企业家	餐饮、娱乐、酒店服务	其他行业	平均分
较高的经济收入和更多的就业选择	1.5	5	2.75	2.18	3	2.38	2.80
自我表达和自由包容的环境可以激发自己的设计和创作活力	2.75	2	3.5	3.27	3.33	3	2.96
独特的生活方式	4	2	3.25	2.82	3.67	3.13	3.15
深厚的现代艺术文化底蕴和独特的艺术体验	4.25	3	3.25	3.18	3.67	3.5	3.48
高水平的艺术家，现代设计、创作理念	2.25	3	2.75	3.36	4	3.13	3.08
孵化器、创客、投融资、咨询、会展等配套服务	2.25	2	2.5	2.55	3.67	2.5	2.58
有品位的餐厅、咖啡馆等生活设施	1.5	2	2.75	2.36	4.33	2.5	2.57
很棒的旅游体验以及旅游文化产品	1.75	1	3.75	2.64	4	3	2.69

数据来源：2017年赴798艺术区发放调查问卷统计的结果。

从798艺术区对于各类群体的吸引因素来看，独特的生活方式；深厚的现代艺术文化底蕴和独特的艺术体验；高水平的艺术家，现代设计、创作理念三项因素得分最高，有品位的餐厅、咖啡馆等生活设施；孵化器、创客、投融资、咨询、会展等配套服务；较高的经济收入和更多的就业选择三项因素得分最低，可见除房租之外，其他物质因素并非艺术集聚的关键力量，尤其对于艺术家群体而言，独特的生活方式、前卫的艺术理念和浓厚的艺术氛围等非物质因素是吸引他们的重要因素。而对于从事商业活动的群体而言，他们则更容易受到便利设施、高收入和良好就业等物质因素的影响。

艺术家往往通过对社会的反思和批判来进行自我表达。因此在选址上，通常会选址大城市内开放、包容、多样的空间进行自由的艺术创作和表达。艺术家的集聚一方面可以强化文化艺术氛围，带动创新创意，另一方面创意能量内化为创新引擎并成为吸引外在资本进入场域的核心魅力。①

4. 政策变迁影响艺术区兴衰

很多艺术区的集聚是艺术家的自发行为，而政府的规范、引导政策或拆迁、取缔政策很大程度上左右着艺术区的命运。圆明园画家村作为我国最早的自发性艺术区，集聚了很多外地艺术家，但当时由于人口管控等问题，艺术家被政府遣散。从圆明园画家村流失的艺术家大部分选择在位置偏远、租金低廉、生活成本较低的僻静郊区宋庄发展。随着一部分原创艺术家作品影响力在全国的辐射，宋庄的知名度逐步加大，吸引了更多的艺术家和工作室、画廊等商业机构入驻。宋庄艺术区的形成并没有引起政府的反感，相反在宋庄镇政府“文化造镇”规划的引导和一系列政策支持之下，宋庄艺术区已成为国内最大的原创氛围相对较浓的艺术区。数据统计，宋庄居住的画家人数已由2004年的300多人增长到现在的5 000多人，区域内包括大型美术馆14家、画廊113家、艺术家工作室4 500多家、艺术工作区20个。②798艺术区的成长同样离不开政府政策的支持与引导。2005年798艺术区面临拆迁，后在艺术家及社会各界的呼吁下才得以保留。2005年出台的《北京市文化产业发展规划(2004—2008年)》提出，要在符合城市功能定位和发展规划的前提下对“大山子文化艺术区”进行认真研究和建设、管理，并对包豪斯建筑列入保护范围进行认真研究。2006年政府出面将其正式定为首批北京市10个文化创意产业集聚区之一。③

不为我国艺术区的发展受政策左右，即便如苏荷艺术区这样享誉全球的艺术区，曾经也受到当地政府政策的影响。形成于20世纪五六十年代的苏荷艺术区由于不合乎当时的政府规定，加之当时政府正在实施“高速公路计划”，苏荷艺术区一度也面临被拆迁取缔的境遇。为此，在艺术家的联合下成立了“反筑路联盟”，集体抗议政府行为。在各方力量的对抗下，纽约政府最终妥协，并修改了现行法律承认苏荷艺术区的合法化，同时也停止了高速公路计

---

① 魏鹏举:《艺术集聚区与中国当代文化生态》,《文艺研究》2010年第5期,第133—138页。

② http://www.sohu.com/a/160546807_819453.

③ 杨永忠、林娜萍、林明华:《创意园区集聚:一个新经济地理学的分析框架》,《云南财经大学学报》2011年第27卷第2期,第99—104页。

划。20 世纪 60 年代，超过 3 000 的画家、表演艺术家、舞蹈家、雕塑家在苏荷区聚居，从 1976 年到 80 年代末，画廊由 70 家快速增长到了 1 000 家，在 8 000 多常住人口中，艺术家便有 5 000 多人。其中，第一代居民中不乏安迪・沃霍尔、李奇斯坦等著名艺术家，并培育出一些现在较出名的画廊。

(二) 艺术区的空间产出效益

1. 艺术创作生态圈

(1) 艺术创作圈

艺术家是艺术空间的核心力量。由于艺术区群体远离喧嚣之地，艺术家之间形成的"艺术圈层"以及在咖啡馆、书店等"第三空间"经常性的交流活动，往往能吸引具有独立思想、喜欢自由表达、不受束缚的具有波希米亚风情的创意阶层在一起交流和碰撞并产生一定程度的认同感。这些人之间的文化生活及思想碰撞才是艺术区真正的活力之源。正是艺术家之间自由、宽松的交流环境和文化生活构成了富有活力的艺术空间。此外，由艺术家效应引发的文化机构、商业组织进场，他们组织的一些文化活动也吸引了大量人群，增添了空间活力。文化生活及多样化的活动一方面创造了思想交流、碰撞的环境，易于艺术家创新，另一方面围绕艺术家展开的文化活动具有空间波及效应、文化示范效应和经济拉动效应，对于激活艺术区创新活力作用显著。

(2) 艺术产业链

艺术家之间的交流往往是思想的碰撞、技艺的切磋与话语的交流。艺术家的集聚效应带来了文化机构的入驻，维持了艺术系统的运转。尽管艺术家来到具有波希米亚风情的艺术空间专注于艺术创作，但生存与交易是绕不开的话题，艺术市场仍然是艺术家存活与检验作品的有效试验田，而艺术市场的正常运转离不开收藏家、画廊、艺术评论家、策展机构等个体和艺术流通机构。艺术家与各类艺术机构之间大致存在策展包装、委托代理和长期签约几种形式的合作。①艺术作品是核心内容，其他艺术机构都围绕艺术作品进行运作。当代艺术市场大致可分为当代经典市场、先锋艺术市场、另类市场和旧货市场四大类，由相互依存与联系的机构、产业和市场组成，进行艺术产品和服务的生产、推广和交易。②根据功能、文化、象征和情感标准，不同主题的艺术衍生了不同的艺术消费收益，各类机构都产生了各自对艺术系统有关产品和服

① 孙洁：《文化创意产业集聚动力机制研究》，上海社会科学院 2012 年印。

② [意]阿莱西亚・佐罗尼：《当代艺术经济学——市场、策略与参与》，管理译，东北财经大学出版社 2016 年版，第 36—37 页。

务的特定需求，并形成从生产、分配、定价到消费的供应链。而供应链始于艺术家(即生产艺术品的人)传达的想法，整个供应链围绕艺术家的想法及作品展开，艺术家与艺术家的竞争或合作、交流以及艺术家与各个机构之间形成的网络资产最终带动整个艺术系统的转动，产生了较为完备的艺术生态链。

2. 创意氛围

创意是人类行为的一大显著特征，由非逻辑的智力决定，是新想法产生、发展和转化为社会价值必须借助的一种资源。亚当·斯密将创意比作天赋并称之为天赐之福，它能使人们更好地掌握能力和技巧。工业社会的市场竞争通常依靠标准化产品进行市场竞争，而后工业化社会则更强调创新创意能力，知识、直觉和想象力，即创意已成为企业眼中最有价值的资源。从前工业化社会到工业化社会再到后工业化社会，创意在经济构成要素中所占权重及重要性日益增加，创新创意成了决定企业和社会经济结构的重要因素之一。

艺术是人类文化门类中最需要创新创意的门类之一，而创意氛围则是产生创新活力的温床。兰德利认为，创意氛围指依附于特定空间，能够为各种思想交融和发明创造形成必要的前提基础的由软硬件设施所构成的环境。创意氛围强调通过非传统手法和创意手段将创意有效植入城市的基因代码最终促进经济繁荣。在艺术区集聚之初，艺术家是艺术区的核心力量，正是艺术家的艺术创作活动和思想碰撞增添了艺术区艺术氛围，才吸引了更多艺术家及艺术机构的入驻，集聚效应越来越显著。艺术家之间、艺术家与艺术机构之间以及艺术家、艺术机构与艺术消费者之间的互动产生了浓厚的创意氛围，最终推动了艺术区创新活力的产生。

3. 品牌效应

当艺术家及作品的影响扩大到一定程度时，便会产生较高的知名度，带来更多商业设施、人流的涌入，带来区域品牌效应。在艺术区达到一定知名度时，一般都会引起当地政府的重视，往往通过完善设施、区域规划等手段来进一步提升艺术区的环境品质，由此一定程度上催生了品牌效应。艺术区的创新活力来源于艺术家之间的交流、碰撞，各类文化活动的举办也会为艺术家提供交流切磋的品牌，并能最大程度吸引外界的关注，产生活动品牌效应。巴塞尔艺术博览会、林茨电子艺术节都是品牌活动效应的典范。艺术家的进场必然带动周边文化艺术机构的入驻，艺术家工作室、画廊、拍卖机构、收藏机构、艺术经纪人、策展人以及颜料等创作工具供应机构之间形成的产业生态链一定程度上形成的产业品牌效应也会带来空间的活力。如果说社会网络、艺术生态链和创意氛围是艺术区直接的空间产出资产，区域品牌效应则是前几个空间产出资产的集合与最终表征。

三、艺术区的约束机制

艺术区集聚形成之初，由于受外界政治、商业影响较少，艺术家往往能较为自由地表达艺术理念，然而随着知名度的扩大，商业开始进场，在商业化的冲击下，艺术区主导结构发生变化，艺术集聚效应减弱，而替代效应和租金效应凸显，艺术区创新活力逐渐丧失。

(一) 租金过高迫使艺术家出走

无论是纽约的苏荷艺术区、巴黎的蒙马特高地等世界知名艺术区，还是798艺术区、上海的M50、大芬油画村等国内有名的艺术区，由于租金的过快增长，艺术家工作生活成本急剧增加，迫使部分艺术家从艺术区搬迁。以大芬油画村为例，调查数据显示，九成以上商户表示房租在经营成本中占比最大。

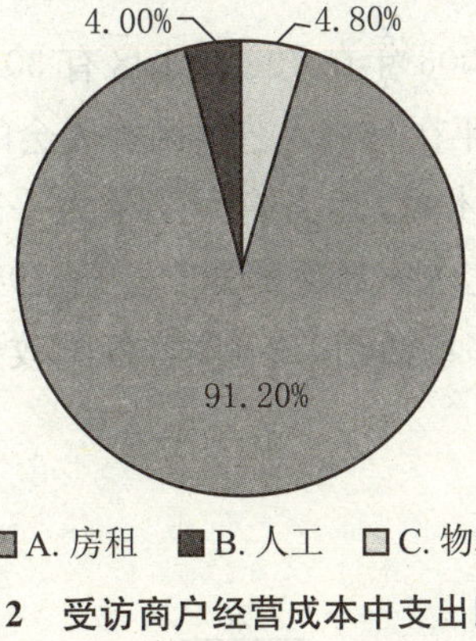

图2　受访商户经营成本中支出比例

数据来源：北京大学艺术学院影视戏剧研究中心课题“打造‘国际艺术创客小镇’——大芬油画村转型升级课题研究报告”调查数据。

43.49%的受访商户表示考虑过离开大芬油画村，54.31%的受访商户表示不打算离开大芬油画村，2.20%的受访商户表示“已经在准备搬迁”。北京798、上海田子坊都无一例外。近年来798艺术区的发展带动了周边商业的发展和房价的增长，10年来租金价格上涨了10倍以上。

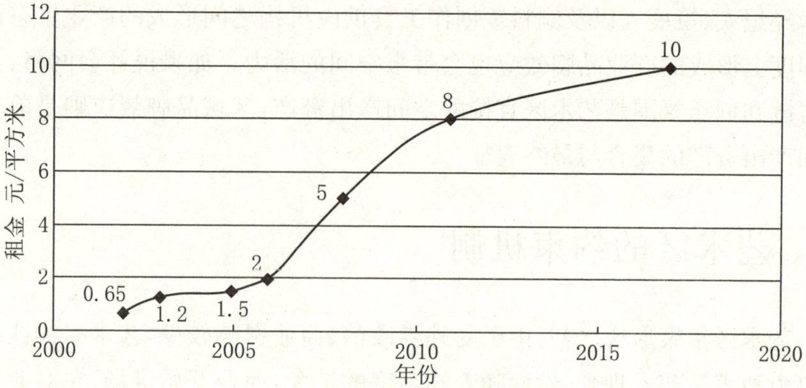

图3　798艺术区租金变化

艺术家是艺术区的核心，尤其是原创艺术家之间的交流激荡是创新活力的根本，然而随着房租的水涨船高，一方面大幅度增加了艺术家的创作成本与运营成本，另一方面由于生活成本剧增也迫使艺术家不得不在远离艺术区的地方居住，每天不得不耗费几个小时在路上，因此又加大了艺术家的时间成本。快节奏、高成本的生活工作状态使得艺术家很难静心创作，不得不从成本高昂的艺术区搬迁到租金低廉、僻静的下一个艺术区，开始新一轮的循环。

以798艺术区为例，2003年在798艺术区有30多名知名艺术家，2012年则只有20人左右。2017年在与798艺术区管委会的访谈中知悉，798艺术区尽管声称有3 000多名艺术家，其实绝大部分为一般画家、画工和画廊经营者，真正意义上的高水平艺术家凤毛麟角。尽管798艺术区仍然在国内享有一定知名度，每年有200多场活动，100多名各国政要参观访问，20多家境外

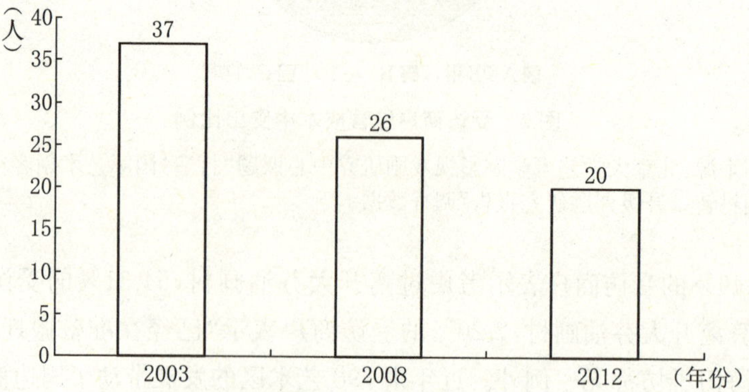

图4　798艺术区知名艺术家数量变化

艺术机构入驻①,并对周边地区产生了很强的艺术辐射力,先后形成环铁国际艺术区、酒厂国际艺术园区等艺术区,但曾经极富原创能力和思想张力的艺术核心外移已成事实。

(二)商业设施过度发展冲淡艺术氛围

在艺术区区域品牌效应的影响下,各类商业机构入驻艺术区已成为世界范围内艺术区的必然规律。即便艺术知名度之高如苏荷艺术区,如今艺术氛围也已被商业气息所掩盖,90 年代,苏荷艺术区内就有包括路易・威登、伊芙・圣洛朗、维多利亚的秘密、普拉达和香奈儿在内的多家高级百货店和珠宝店以及餐厅。如今苏荷区的饰品店、时尚购物店、化妆品店、品牌服装店、百货中心达 600 多家,囊括世界各地风味的各式餐馆逾 100 家,很多知名品牌旗舰店也入驻其中。

798 艺术区亦不例外。随着 798 艺术区影响力的日益扩大,画廊等艺术机构和咖啡馆、餐厅、便利店等商业设施不断涌现,艺术家数量快速下降,艺术原创氛围大大减弱,商业对艺术的"替代效用"越来越明显。②从艺术及商业设施数量结构的变化可见端倪(见表 2):

表 2　798 艺术区 2003—2016 年入驻机构变化统计

时间	艺术家工作室	画廊	其他艺术机构(设计、广告、媒体等)	餐饮类	商铺	总数
2003 年	18	6	10	2	2	38
2004 年	38	11	16	5	5	75
2005 年	40	19	31	6	7	103
2006 年	51	87	39	12	14	203
2008 年	43	120	48	20	14	245
2009 年	25	168	36	38	64	297
2016 年		600	100	47	79	826

数据来源:刘明亮:《北京 798 艺术区——市场化语境下田野考查与追踪》,中国文联出版社 2015 年版;2017 年 798 艺术区管委会访谈。

从 2002 年至今,画廊的入驻在很大程度上改变了艺术区的艺术生态。目前 798 艺术区至少有 600 多家画廊,围绕画廊周边形成餐饮、咖啡馆、时尚店、

① 2017 年 798 艺术区管委会访谈。

② 杨永忠、林娜萍、林明华:《创意园区集聚:一个新经济地理学的分析框架》,《云南财经大学学报》2011 年第 27 卷第 2 期,第 99—104 页。

服饰店、经营当代艺术书籍的书店、艺术机构等业态，而入驻 798 艺术区的艺术家工作室逐渐减少，目前 798 艺术区存在的艺术家工作室不到几十家。[①]虽然 798 艺术区每年至少有 400 万的人流量，但 798 艺术区的人流结构也发生很大变化，其中以学生和外地游客居多，而这部分人群主要以旅游休闲为主，真正具有艺术鉴赏能力和艺术消费能力的群体则数量很少。文化艺术机构与商业机构的冲突使得艺术氛围日渐减弱，艺术的原创意味也渐渐平淡，艺术家失去静心创作的乐土，原初“艺术家主导”的集聚模式变为“艺术商业机构主导”的集聚模式。最终艺术家被自己亲手创造的艺术区所驱逐，不论是国外还是国内艺术区，都难以逃避“自我毁灭式”的发展道路。

（三）管控不当抑制创新创意

自发性的艺术区通常比规划建设出来的艺术区更具创新活力，然而在自发性艺术区成长的过程中，地方政府的入场及其与管理企业之间的博弈往往对艺术区创新活力的营造产生重要的影响。

首先是关于艺术区定位，国内大部分艺术区在产生一定知名度后都会引起政府的介入，政府的初衷固然无可置疑，但对于艺术区的定位往往决定艺术区的发展方向。鼓励原创的艺术区通常能保证艺术家之间的自由交流与精心创作，有很强的创新活力，但政府如果以追求经济绩效为目标，欲通过发展文化创意产业的战略来带动空间发展，此时，艺术区很难摆脱艺术原创氛围被冲淡的命运。例如北京市政府在 2006 年将 798 艺术区命名为文化创意产业集聚区，虽然从战略上重视 798 艺术区的发展，但文化创意产业是“多圈层”发展的集成系统，艺术原创只是其中很小的一个环节。当艺术区被定位为文化创意产业集聚区时，画廊、广告、设计、影视制作、餐饮、教育等业态必然进场，原先艺术家主导的发展模式将发生根本转变。

其次是关于文化安全问题，具有创新活力的艺术区往往集聚了前卫性、实验性和创新性的一批艺术作品，正是因为其对社会的反思和善于批判的向度，才催生了一批新潮、独创的艺术作品。然而不论是宋庄艺术区还是 798 艺术区等国内艺术区，政府管理部门对艺术家作品内容的监视一定程度上抑制了创新创意的生成。以 798 艺术区为例，798 艺术区管委会采取“1＋1＋3＋265”的方式进行分片管理，通过巡查、送审、监管、处理的方式来管理艺术家的作品创作与展览。妨碍意识形态、危害国家文化安全的作品固然不提倡，但过于严格的作品监管方式将严重影响艺术家的创作激情，最终影响艺术区创新

① 数据来源：2017 年赴 798 艺术区调研所得。

活力的产生。

四、艺术区创新活力机制的构建路径

艺术家是艺术区最重要的资产，如何吸引并留住艺术家是保持艺术区创新活力的关键。场景理论为营造具有创新活力的艺术区提供了新思路。芝加哥大学城市社会学家特里·克拉克为代表的新芝加哥学派最早提出了场景理论，它以消费为基础，以城市的便利性和舒适性为前提，把空间看作汇集各种消费符号的文化价值混合体。①认为场景是特定空间不同便利设施、多样化活动的有机组合系统，场景内孕育着价值观，正是价值观作为纽带才将具有不同符号特征的人群连接在一起。一个具有创新活力的艺术区，在物质要素、组织要素和制度要素的综合作用下可以吸引艺术家的集聚，最终可以形成艺术生态链，产生互惠、信任等社会网络资产，产生创意氛围，树立区域品牌，最终对艺术创新网络产生"递归强化"作用。其中，艺术区内艺术家的创新创意能力是产生空间创新活力的根本因素。要营造具有创新活力的艺术区，不论是便利设施的营造还是艺术活动的举办，最终要服务于吸引艺术家及艺术机构，形成良性的艺术生态。

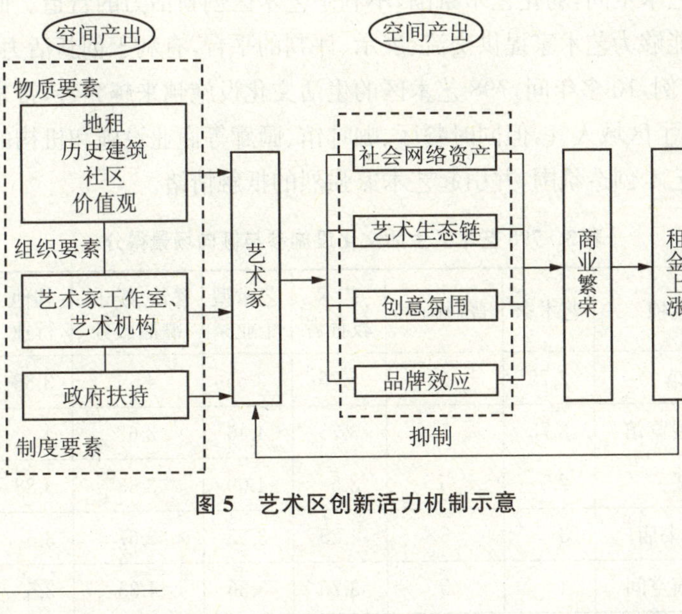

图5　艺术区创新活力机制示意

---

① 吴军、夏建中、特里·克拉克：《场景理论与城市发展——芝加哥学派城市研究新理论范式》，《中国名城》2013年第12期，第8—14页。

（一）厘清发展定位，分类扶持培育

要保持空间创新活力和艺术特色，首先，要厘清发展定位。鼓励艺术原创抑或发展文化创意产业，关乎艺术区的发展命运。媒体、设计、影视制作、画廊、产权交易等机构的引入，固然对带动区域经济增长有显著作用，但对于定位于艺术原创的艺术区势必带来冲击。因此政府主管部门首先要明确艺术区发展定位与目标，区分原创型艺术区和艺术商业区的特征与规律，分类扶持与培育。对于原创型艺术区要提高准入标准，严格审查进入者资质与从业内容，加大对原创艺术的鼓励支持力度。重视对艺术区的整体规划，合理布局艺术门类、业态及空间结构，控制艺术与商业的配比，纠正过度功利化的倾向，合理控制租金，为艺术家打造安心创作的环境与氛围，激发更多具有思想性和艺术性兼具的作品面向公众。对于定位于艺术商业区的空间，则可适度发展商业设施，允许商业业态与文化创意产业并存。

（二）合理布局便利设施，满足差异化诉求

便利设施（Urban Amenities）也有学者翻译为舒适物，指能为人们提供经济、社会和生活便利并能带来美学享受的各类设施。艺术区的便利设施分文化艺术便利设施和商业便利设施两类，不同类型的便利设施对艺术区发展的作用也有所不同。商业性便利设施可以带来区域经济的增长，但其过度发展则会挤占艺术空间，弱化艺术氛围，不利于艺术区创新活力的营造。而文化艺术类设施能够为艺术家提供交流、展示、评判的平台，有利于创新活力的增强。以“798”为例，10 多年间，798 艺术区的生活文化设施越来越完善，带来大量的游客，提高了区域人气，但同时餐厅、咖啡馆、画廊等商业设施和机构的过度发展破坏了艺术创造氛围，并引起艺术家强烈的抵触情绪。

表 3　798 艺术区生活文化设施参与倾向场景得分

题目\选项	艺术家	普通画家	艺术教育者	艺术型企业家	餐饮、娱乐、酒店服务	其他行业	平均分
博物馆	2.75	5	3.75	3.55	4	3.38	3.74
美术馆、展览馆	3.75	5	3.75	4.45	3.67	4	4.10
画廊	2.5	5	3.5	4.09	3.33	3.88	3.72
图书馆、书店	3	5	4.25	3.55	3.67	3.5	3.83
剧场、表演空间	4	5	3.75	3.36	4.33	3.5	3.99
艺术教育培训机构	3	3	3.5	3	3	3	3.08

（续表）

题目\选项	艺术家	普通画家	艺术教育者	艺术型企业家	餐饮、娱乐、酒店服务	其他行业	平均分
艺术品商店	1.75	4	2.75	3	3.33	2.88	2.95
咖啡馆	2.5	2	2.5	2.36	4.33	2.88	2.76
主题餐厅	1.25	3	2.5	2.27	3.67	2.63	2.55
酒吧	1	1	2.5	1.82	3.33	2.38	2.01
舞厅、KTV	1	2	2	1.55	2.67	1.88	1.85
电影院	2	1	2.75	2.91	3.31	2.88	2.48
便利店、超市	1.25	1	2.75	2.36	4	2.63	2.33

从表3可以看出，艺术工作者对博物馆、美术馆、展览馆、剧场、画廊的参与度相对较高，而从事餐饮、娱乐、酒店服务的工作人员对咖啡馆、主题餐厅、便利超市等设施的参与度要相对高于艺术工作者群体。从各个类型的生活文化设施的平均得分来看，美术馆、展览馆、博物馆、画廊、书店、剧场、艺术教育机构的得分要明显高于咖啡馆、主题餐厅、酒吧、KTV、电影院、便利店、超市的得分。可见，真正从事艺术工作的群体更愿意参与一些与文化、艺术关联性较强的文化艺术设施，对咖啡馆、餐厅等生活化设施则热情不高，甚至在采访过程中有艺术家对此类设施嗤之以鼻，认为咖啡馆泛滥成灾。

因此，艺术区的发展过程中要不断捕捉各类主体对便利设施的诉求，通过主体对便利设施的打分来确定艺术区内便利设施的供给与布局，满足不同主体的诉求。

(三) 创新管理体制，优化扶持政策

艺术家与管委会、运营企业的矛盾是困扰艺术区发展的一个重要问题。要谋求艺术区进一步的发展，应当改变当前艺术家与企业存在的租户与房东的传统关系，发挥管委会的全面领导作用，通过多种方式调动多元主体的参与积极性与创新热情，实现多方参与管理的良性互动。第一，主管部门应当以开放的胸襟鼓励艺术形式的多样化，肯定各类先锋艺术、实验艺术和前卫艺术的合法性。只要不突破法律与道德底线，有利于提升城市形象，有利于促进艺术的多元发展，都应该得到鼓励和支持。第二，通过设立专项资金、房租补贴等政策扶持原创艺术家及青年艺术家的创作。第三，推动艺术区社区化，开辟艺术家公寓，推动艺术家的生活融入周边社区，降低交通、时间等生活成本，发挥邻里效应。第四，以全局视野来制定扶持政策，走出过去只看经济绩效的传统思路，不仅仅将艺术区作为艺术品交易的市场，而是要将其作为文化的辐射地和社会美育的平台，发挥其熏陶功能。

（四）营造多元价值观氛围，构建艺术场景

场景理论认为，价值观是蕴含在便利设施之中，联结多样化人群和活动的内在纽带，在场景中扮演着非常关键的角色。克拉克将场景价值观分为真实性、合法性和戏剧性三个维度，每个价值观又有五个次维度。根据特里·克拉克的研究，不同价值观维度的场景对于艺术家的影响也不同。假设创作时间、创作工具相同的两个艺术家群体，当艺术家群体 A 住在富有朝气、鼓励自我表达、具有个人魅力的场景中时，要比住在这些场景特质较弱的艺术家群体 B 更有创造力，他们有着即兴创作和冒险的开放态度，更能摆脱传统的刻板成见，思维更为活跃。同时，在更加注重自我表达、具有光彩照人魅力的，以及富有领袖气质的场景中，艺术家等创意阶层的集聚数量会激增，经济增长也会更强；如果处在相反的场景中时，则创意阶层的集聚数量及经济增长都会相对较弱。[①]因此要通过打造社区、生活文化设施、文化艺术活动与多元价值观有机组合的艺术场景来吸引、留住艺术家，营造宽容、多元、自由创作的空间，使艺术家自由思想、个性表达、独立思考，创作有生命力的艺术作品，培育充满创新活力的艺术区。

Research on Creative Vitality Mechanism of Art District Based on Scene Theory

Cui Yantian

Abstract: As a professional urban cultural space dominated by artists, the art district is the charming landscape of the post-industrial society and the cultural landmark of the metropolis. The creative ability of the artist and the interaction between the artist and the art organization bring the creative vitality finally. This paper studies the formation mechanism of the art district, and holds that low rent is the initial motive force, historical buildings and space characteristics stimulate creative inspiration, free creative environ-

① 丹尼尔·阿龙·西尔弗、特里·N.克拉克、马秀莲：《回归土地，落入场景——场景如何促进经济发展》，《东岳论丛》2017 年第 38 卷第 7 期，第 47—60 页。

ment and pluralistic values are the soul of the art district, and policy changes affect the rise and fall of the art district. The interaction of the elements in the space brings the ecological circle of artistic creation, creative atmosphere and brand effect. It leads to the commercial prosperity of the space, but the excessive development of commercial dilute the artistic atmosphere, and the high rent forces the artists to run away. Based on the perspective of scene theory, this paper argues that in order to create a creative and dynamic art district, we should focus on the material, organizational and institutional elements of the formation of the art district. Firstly, to clarify the orientation of development and to cultivate it by Classification. Secondly, layout of convenient facilities reasonably to meet the demands of differentiation. Thirdly, innovating management system and optimizing supporting policies. Fourthly, construct the atmosphere of multiple values and construct the scene of art.

Key words: scene; art district; innovation vigor; mechanism

城市发展中的亚文化场景建构

——一项关于北京后海酒吧街的民谣音乐文化的研究

首都师范大学　郭　嘉　卢佳华

［内容提要］后工业时代中的文化矛盾和文化焦虑进一步凸显，主流意识形态的解释和回应能力呈弱化趋势，形形色色的亚文化现象异军突起。亚文化作为社会某些特定人群的精神抚慰方式，在特定的时间和空间往往体现出比主流文化更大的亲和力和吸引力，成了促进城市发展的新动力机制。本文分析了当前中国亚文化发展现状，并采用参与式观察和深访的研究方法对北京后海酒吧街的民谣亚文化发展进行了个案研究，最终基于文化场景理论为该空间未来的发展提出合理路径。该研究旨在以一个典型范例为亚文化探寻一种科学长效的发展机制，使中国亚文化创造新的经济增长极。

［关键词］场景理论；亚文化；空间建构

引言

后工业时代的开放语境为各类人群提供了多元话语表达空间，亚文化的形式和内容不断丰富。以脱口秀、直播、街舞、民谣等为例的亚文化在某种程度上更能真实地再现某些社会群体真实的生活状态和精神空间，例如：《吐槽大会》《这！就是街舞》《热血街舞团》等综艺节目，之所以能够在社会上引起一阵浪潮，除了大众媒体的推动之外，更离不开其文化背后的人文因素及社会精神的推动。因此，要想使诸类亚文化形式得以正向发展，并对整体社会进步起到良好的促进作用，简单的规制和硬性引导其与主流文化融合并不是有效的路径，而应从文化表象背后的社会文明发展过程中的阶段性文化矛盾和问题着手，这样才能准确地促进亚文化本体的健康发展，并发挥亚文化对主流文化的补充和丰富的作用。

民谣音乐是当前社会中一种重要的亚文化形式，它拥有较长的历史、深厚的亚文化底蕴和广泛的受众基础，是整体社会文明发展的真实影射。但由于民谣亚文化有其特殊性，在发展过程中始终在主流话语之外，是政府资源配置和社会资本极少覆盖的领域。如何利用民谣亚文化本身的根植性发挥其在主流文化语境中的辐射力和影响力是本文着眼的关键问题。基于此，本文选取地理空间上较为集聚的北京后海民谣音乐酒吧街作为研究案例。后海是元大都时期的古老水域，东起地安门外大街，西至新街口大街，南起平安大街，共占地 146.7 公顷，刻画着时代变迁的痕迹，成为现代都市人的休闲之地和外地人的旅游胜地。随着文化消费的增长，后海地区的民谣音乐文化不断发展，"民谣"逐渐成了后海的一种代表性文化符号。由于酒吧街的民谣亚文化与场景理论之间存在着密切相关性，同时，后海酒吧街属于北京市重点文化旅游地区，是一个典型的地理文化空间，就此而言，从场景建构的角度来探究北京后海酒吧街的建设路径具有一定的实践意义。

场景理论是美国芝加哥大学教授特里·克拉克及其学术团队提出的城市研究理论，该理论将城市发展的研究范式提升到文化消费层面，从微观文化动力学的视角探讨了激发城市文化活力的路径，力求通过构建一个具有符号意义的多元文化空间带动区域的综合发展。场景理论主要包含五个要素：社群、基础设施、创意人才、文化活动、文化价值观。①

一、从民谣发展的问题看构建亚文化场景的必要性

在工业文明和信息文明的影响下，资本主义经济的发展导致人们对金钱、专制、拜金主义的崇拜，使得文化领域真正的艺术家以一种反叛的姿态对这种趋势大加鞭挞，否定和批判传统的价值体系，现代主义的先锋精神与市民现代性之间的巨大矛盾由此形成。从一定意义上讲，中国大陆的摇滚民谣就是受这样的全球文化语境影响而产生的。到了 20 世纪 60 年代，后现代主义文化在西方社会已经形成一股汹涌的浪潮。后现代主义将现代主义推向了极致，其在一定程度上打破了艺术与生活的界限，是使用破碎的艺术形式来对抗破碎的世界的一种"反文化"现象。②这种反文化思潮使人在找寻自身生命意义

① 吴军：《场景理论——利用文化因素推动城市发展研究的新视角》，《湖南社会科学》2017 年第 2 期。

② 牛宏宝：《现代西方美学史》，北京大学出版社 2014 年版，第 706—708 页。

时显得空洞且荒凉。在中国，“城市民谣”在这样的语境中成为亚文化的一种代表性符号。

“亚文化”概念是由截维·雷斯曼(David Riesman)提出的“次文化”概念发展而来的，通常是指与主流文化相对应的那些非主流的、局部的文化现象。本文所探讨的“亚文化”打破其与主流文化之间的二元对立关系，将其视为当代社会中存在的一种特殊的过渡的文化形式，指的是：集中分布在某些圈层空间中，并采取某种独特的形式反应其群体内在价值观，本质上与主流文化统一于正统语境的文化表现形式。亚文化具有三个典型特征：(1)归属性，亚文化所带有的反叛色彩只是在某些特定时期和特殊社会环境下产生的，本质上，亚文化群体是在精神上找寻内在自我认同感和社会归属感。(2)群集性，亚文化直接作用于人们生存的社会心理环境，能够对群体成员的内在价值观产生深刻的影响力，使群体以一种更细腻的排他性的方式建构自身的话语体系。(3)根植性，首先，这种根植性来源于真实的在场和某些通过想象建立的虚拟在场，亚文化群体的形成往往是自发的、主动的，而非如主流文化一样被建构。其次，亚文化群体的成员在没有亲身参与活动的情况下，会想象“他人”在场，与他人之间形成一种稳固的关系网络。

目前我国民谣亚文化发展存在以下问题：第一，大众媒介和商业市场过度操控，主要表现为借助综艺节目形式对某种亚文化形式进行IP开发，通过打造明星提升影响力，这种形式的问题在于只能形成短期热度和流量溢出，资本运作的痕迹过于明显，沦为了大众娱乐时代的快销品。例如，因《快乐男声》中一首《董小姐》而迅速翻热的民谣音乐等，都是凭借媒体市场的运作才得以在大众的视野中得到一时火爆的关注度，随着媒体热度的下降便会再次退出大众的视野。第二，可持续的发展模式缺位，在目前存在的一些民谣文化场景中，其内部的要素之间没有形成互动机制和共构关系，资源未能达到优化配置，场景与政府、企业之间的外部之间未能建立良好的互动。面对大众娱乐时代中受众的流程化审美，亚文化发展不能单纯依赖于媒体，而是应当建构自身的空间，用亚文化内核构建具有根植性的文化场景，形成持续广泛的效应。

二、以文化设施汇集创意人才

“文化设施”是创建文化场景的基础，它指的是满足居民日常文化消费和娱乐的设施，包括文化步行街区、艺术工作室、博物馆、电影院、剧院、音乐厅等为该空间中活动的人群提供文化服务的设备和空间的总和。从根源上讲，现代文化的发展是以凌驾于精神文化之上的物质文化的主导性地位为基础的。

亚文化之所以存在，是因为处于都市离心的状态之中的亚文化群体的社会资源占有不足，找不到自身生存的空间和价值。①从这个角度来说，文化基础设施供给是更重要的一种关怀，它体现了一种精神和价值观层面的对社会成员的接纳与包容。因此，物质基础设施是城市打造文化场景的根基，但同时也是当前中国文化场景建设中的短板。整体而言，后海酒吧街民谣文化场景的搭建在社会空间层面，文化群体、在地居民、官方政府、企业之间没有建立健全的互动机制，这种主体间性的缺失直接致使基础设施供给不足，物质资源的匮乏严重制约了场景的进一步构建，这成为民谣文化发展和传播过程中的巨大障碍。以“江湖酒吧”为例，活动所有的设备及场所都是经营者独自承担，其盈利模式是通过低价售卖演出门票和酒水来实现，缺乏与政府和市场企业的对接。这直接导致创意人才难以集聚，后海酒吧街的活动人群主要有游客、商家、在地居民，从场景理论的人群要素来衡量，该场景中缺少创意力人才的供给。经实地走访了解，大多数民谣酒吧的经营者是非艺术和非文化经营管理等专业出身，有的甚至学历在本科以下，整个后海酒吧街其实就是商业经营和游客聚集的场所，缺乏专业的文化经营理念和专门的文化管理人员。

通常按照实践主体的不同，场景建设有三种模式：政府主导型、政府＋精英企业型、中小企业＋草根社群型。②从当前的实际情况来看，中小企业＋草根社群的模式更符合北京后海民谣酒吧街亚文化场景，由于亚文化与生俱来的小圈群特质，所以与草根社群的模式不谋而合，而该模式的重点在于如何通过文化基础设施的建设激发社群内部的活力。具体而言，可以从以下两个方面着手：

（一）以个体民谣空间为核心建立完整产业链

目前发展形式较为丰富的是胡同深处独立的民谣文化空间——专业独立音乐人的小型专场音乐会，这些空间聚集的人群多样性较强，例如坐落于交道口南大街、东棉花胡同的江湖酒吧、69Cafe、蜗牛之家等酒吧。根据对“蜗牛之家”的深入参与式观察所得，该场所会定期举办专业民谣歌手的专场演出，这

① 汪民安、陈永国、马海良主编：《城市文化读本》，北京大学出版社2008年版。
② 陆筱璐：《空间治理视域下城市文化场景建设研究》，北京2018年印。

些音乐人包括马潇、曹秦、任东、马雨阳、陈鸿宇、麦子等。平时,“蜗牛之家”每周末会举办电影放映活动,另外,其旗下还有“旅行日记餐厅”和“蜗牛食堂”等餐厅衍生品。深访中,经营人员表示他们将联合一些音乐公司推出音乐人并出品相关的周边产品,打通音乐产业链以拓展 Live House 的盈利点,使 Live House 成为融音乐众创平台、休闲咖啡厅、明星工作室、录音摄影棚、直播间等多种功能的音乐空间,让创意人才的力量在其中发挥到极致。

(二)发挥多样性群体的创造性价值

主流文化与亚文化之间的区别可以视为官方文化与非官方文化之间的区别,巴赫金认为,无论是西方世界中的官方文化与非官方文化还是东方文明中的两者之间都存在着一堵墙,官方文化是精英阶层的文化,而非官方文化中所表现出来的更多是群众的创造性。[①]从国外的文化场景建设的经验来看,以英国为例,从其文化政策中可以看出,文化场景建设通常与当地的大学、私有文化企业联合,形成不同主体间的广泛互动,这也是集聚创意人才并提升场景中人群多样性的重要途径,从而最大程度激发固定空间内的活力和价值。意识形态的引领要真正和社会多样的群体发生关系,了解其物质和精神层面的需求。进一步讲,要与各类社会群体进行沟通就要在一定程度上包容多元的社会文化价值观,集聚创意社群的力量,通过提供一定的物质基础真正将各样的文化群体纳入社会发展的主流框架中,并借助创意社群的智慧反哺社会经济文化的发展。

三、以文化活动来营造文化场景

文化活动的丰富程度在场景构建的过程中十分重要。社群、文化基础设施和创意人才是构建场景的关键要素,文化活动是在三个要素基础上得来的,多样化人群与文化活动、文化价值观三者之间形成一种联结。多样化的人群有利于提升场景中的文化创意力,从而在这些群体中孕育多元的文化价值。反过来,这种包容性又会吸引更多的人力资源,为文化场景建设贡献更多的文化实践活动,这里的文化活动同时也能够带动场景中的文化消费,从而拉动区域内的经济增长。

目前酒吧街的固定的演出之外,围绕民谣文化开展的其他活动较少,文化形式过于单调。在对后海酒吧街的部分拥有自身民谣工作室的歌手的深度访

① [澳]约翰·多克尔:《后现代与大众文化》,王敬慧、王瑶译,北京大学出版社 2011 年版。

谈中了解到，经营者表示自己和工作室没有收到任何来自政府的相关支持，政府也并没有自上而下组织相关的民谣文化活动，大多数诸如小型民谣音乐专场演出、吉他体验课程等活动是由工作室自己组织并举办的，而这些只是社群内部成员之间的互动，民谣文化的影响力仍然维持在社群内部，并没有在社会上形成广泛传播。

在丰富民谣亚文化活动的方式上，可以从个体空间和公共空间两个视角出发。首先是独立的民谣酒吧，经走访了解，大多数酒吧的营业时间是从下午两点左右开始，高峰时间通常是晚上七点至凌晨两点。但平时工作日的白天酒吧客人稀少，许多酒吧生意惨淡面临亏损，这样的情况便造成空间资源的浪费。场景理论强调提升对场景内空间的有效利用率，从该视角出发，为了有效利用酒吧的空间可以在工作日的白天将酒吧开放给民谣音乐从业者，为一些当地社区音乐爱好者提供交流学习的机会，同时也为民谣文化的发展铺设一个便捷的平台，强化凝聚和带动的作用。其次是场景中公共空间的利用及空间内不同主体之间的互动。后海酒吧街靠近两个文创中心，分别为北京西海48文化创意中心和77文创中心。其中77文创中心的戏剧影视主题文创园聚集着大量核心文化资源，园区内入驻了音乐、戏剧、影视、设计等的多家文化企业，形成较为成熟的文化资产运营生态链条。后海酒吧街民谣文化的发展可以与两个文创中心进行互动，使场景与场景之间形成外部联结，丰富民谣文化活动的形式，增强民谣文化的传播力和影响力。

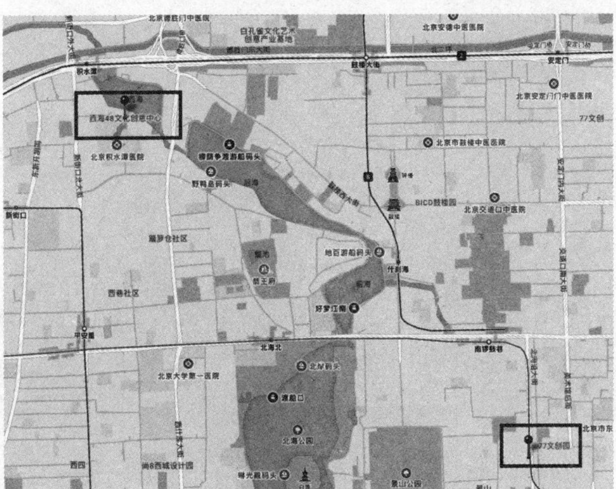

图1　北京后海酒吧街附近的两个文创中心分布

四、以“社群”孕育文化价值观

完善文化设施、汇集创意人才、丰富文化活动，基于此输出社群的价值观，这样才能创建多元文化空间以带动区域综合发展。对于后海酒吧街而言，建立社区与民谣酒吧之间的广泛互动并通过建立底线原则温和对待其亚文化价值观，是以“社群”孕育文化价值观的关键所在。

（一）社区与民谣酒吧之间建立广泛互动

社群这一要素的概念较为宽泛，它涵盖社会空间和精神文明空间两个层面，包括邻里、社交网络、社会情感、社会关系等系统。根据实地调研统计，北京后海酒吧街现营业的音乐酒吧有 41 家（截至 2018 年 6 月 15 日的统计数据），其中以民谣为主题的音乐酒吧有 30 个，主要分布在后海南沿、前海东沿和后海西沿附近，酒吧街地处商业旅游区内，为了迎合过往游客的观光体验需要，因此酒吧文化也呈现出强烈的商业气息。在该空间，除了酒吧之外，还有餐厅、小吃店、工艺品店等，同样也是以游客为主要目标群体。从“社群”这一要素来看，该空间场景的内部构成单一且封闭，社群内部的互动性较弱，主要是以商业为主导的模式，缺少政府部门的统一规划和管理。社群的本质是某些边界线内发生作用的一切社会关系，它可以指实际的地理区域或是存在于较抽象的、思想上的社群精神或社群情感。①因此，若要从场景要素的角度构

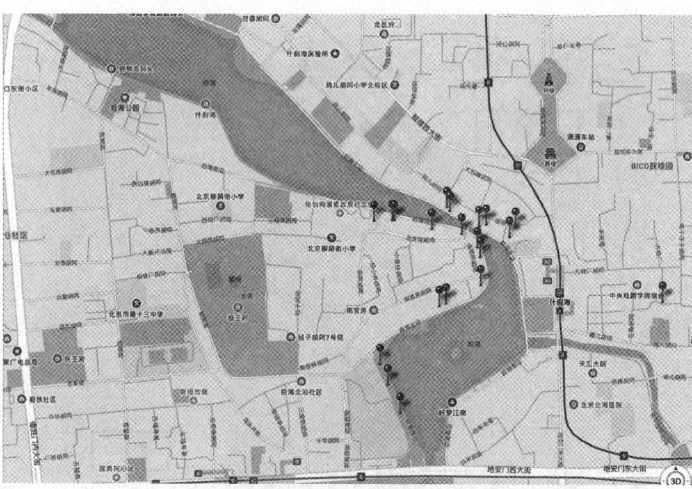

图 2　北京后海地区酒吧及周围胡同分布状况

① 李毅：《社会学概论》，暨南大学出版社 2011 年版。

建稳固的民谣亚文化空间，社群内部必须具有一定的历史文化作为根基，以此形成价值观的联结。

从图2中可见，酒吧街处于北京市的老城区内，附近分布着鸦儿胡同、烟袋斜街、银锭桥胡同、北官房胡同等老街，但从规划和发展情况来看，整个后海酒吧街却沦为了商业的附庸品。酒吧街街面是一派现代气息的场景，而胡同内部是完全不同的老北京市民生活的空间，两者之间处于一种完全隔绝和疏离的状态，社群内部未能形成互动的共生机制。在城市老城区等人口密集的空间的经济功能往往更强，因为其密集的社会关系网络有利于文化产业与相关产业融合，提升空间发展的集聚度，进而增强创新的活力。因此，在北京后海酒吧街的文化场景建构中不应忽视在地居民的文化价值。在尊重社群文化原始性的基础之上包容多元文化，避免在场景建设的过程中舍本逐末，造成畸形发展。同时，在场景的社群建设中，为了提高社群的参与度，弥补结构性缺失，应该建立自上而下的推动机制，政府和相关管理部门要起到统筹引领的工作。例如北京市西城区旅游发展委员会可以主动发起类似于“民谣音乐节”的活动，将后海酒吧街作为一个亚文化传播的空间，与周围在地的北京文化进行结合。在民谣中有许多有关北京故事的作品，例如：《北京女孩》《南方姑娘》，这些民谣中的意象都与北京文化有着很密切的联系，因此，在民谣文化的发展中应多关注音乐中反映的与社会现实、社会历史、社会文化相关的内容，为民谣音乐注入更多的社群文化内涵，在提升场景凝聚力和影响力的同时，也能促进民谣音乐与周围的空间场景深层融合。

（二）通过建立底线原则温和对待亚文化价值观

亚文化本身有着自己独特的文化基因，它源于某一群体内在的价值观和理想。从大陆民谣的发展历史来看，社会文化价值一直是民谣音乐的精髓。中国的民谣是西方民谣的舶来品，最早在20世纪五六十年代由台湾传入大陆。到了90年代，校园民谣兴起，而到了90年代末以来，校园民谣中的“集体共情”逐渐淡化，进而步入“城市民谣”发展阶段。新世纪以来，大陆的城市民谣却以“背离”大众的方式发展着，在复杂的舆论环境和混沌的社会背景下，以一种萎靡的姿态走向“小众化”，在“Live House”等形式的小空间内进行着底层叙事。“城市民谣”广义上指的就是在繁忙复杂的现代社会中，依然用最简单的乐器创作，唱出最纯净心声的音乐类型，它承载了一种城市和人类理想，希望使人回归简单、质朴、忧伤或浪漫的情怀。城市民谣大多关注普通人群的生活，以观察者的视角对某一个或某一类人群的命运进行书写，是现代人生活和情感最真实的表达。伴随着城市化进程中社会矛盾和问题的不断凸显，民谣音乐的基调整体上分为两种，一种是漂泊、苦楚、异乡、孤独等情怀，例如《家在天涯》《狗日的青春》《落泪的戏子》等；另一种是以反叛、先锋为主题的价值观表达，例如《黑色梦中》《悲伤的梦》《大国民》等。在一定意义上说，民谣音乐所具有的这种精神是一种宝贵的民间文化，尽管民谣音乐有着一定的经验意味，大多不是对社会现象所做的深层反思，但其对社会生活和都市群体精神层面的反映是直接的和敏捷的，同时它以一种独立的民间姿态保持了对社会文化现象的清醒批判意识，准确地反映了一个时代的社会生活变迁和大众的社会情感。因此，民谣音乐是全面真实了解当代中国社会状况的重要依托。①

而如何处理这种具有狂欢和反叛的文化价值观是民谣亚文化场景构建中最难的问题。较好的处理办法是建立底线原则，这个底线即以社会安定为前提，在此基础上去包容亚文化对社会的反思精神。因为亚文化群体是都市中较为边缘化的或者是主动地自我隐退的人群，这类人群身上体现着典型后都市主义的特征，他们所具有的反叛精神是被主流生活压制下的一种自我爆发，因此他们身上带有极强的自我本位性特征，为了保存个人的精髓而呼唤独特性。因此，政府和社会舆论无法从外部干预民谣音乐价值观和基调，因为这是该音乐形式之所以存在的根本的精神支撑，离开了反思，就没有真正的民谣音乐。同时，这种情感的宣泄之于城市离心群体也有其存在的必要性，政府在引导的过程中不能采取激烈的态度，避免使该群体发生精神层面的断裂，而是为其提供一个相对适度的表达空间，构建一种场景精神，增强其认同感和归属感，这是维持社会精神文明发展的一种相对温和的方式。

结语

场景理论强调五个要素，但这五个要素在具体运用中不是孤立的，如图 3 所示，各个要素之间应该发挥广泛的协同作用，彼此之间形成一个密切互动的闭环网络，进而驱动城市整体的经济、社会、文化全面升级。上述的这种要素间的组合在后海酒吧街文化场景建构中体现为保持在地社群的原始价值，这是增强场景凝聚力的前提，在此基础上才能尊重并包容多元的文化观念。此外，以民谣音乐的发展及其广泛的吸引力带动后海酒吧街的文化消费，这样可以避免以旅游为单一业态的发展模式，在提升该场景的文化厚度和持续发展

① 刘素军：《解读现代民谣文化传播》，《电影文学》2008 年第 2 期，第 101 页。

的能力的同时，增强空间的吸引力以集聚更多的文化创意力量，最终提升后海酒吧街空间内部的活力，创造多元的经济社会价值。

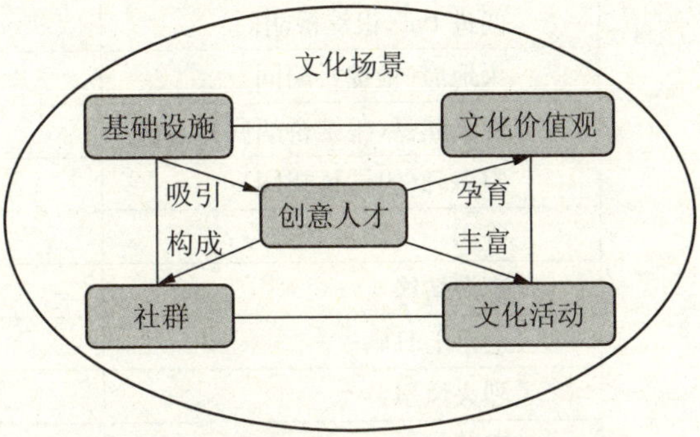

图 3　文化场景建构中要素间协同作用关系

亚文化与主流文化之间其实不是传统认知中的二元对立关系，在后现代的文化语境中，人们的思想意识以及文化追求不能靠单纯的统一的思想来引领，而应在把持核心理念的体系下包容多元的文化表达，在尊重不同群体间文化差异的基础之上把握每一种亚文化现象的精神和文化内核，为其发展建构一定的空间场景，并提供充足的社会资源，以此激发创意阶层内部的活力，发挥亚文化自身的独特价值，使我国未来文化的发展迸发出更多的势能。主流文化与亚文化之间不是一种本质上的转换，而是在完整的社会结构中发生的共进式弥合。

附录一：

后海民谣音乐酒吧一览

地理位置	酒吧名称	是否为民谣主题
后海南沿（31）	Mouton Cadet	否
	后海相遇	是
	蝠人 Bar	是
	坚果	是
	吉他吧	是
	金色部落	否
	边城（银锭桥胡同）	是
	一品昌（银锭桥胡同）	是
	听荷雨（银锭桥胡同）	是

（续表）

地理位置	酒吧名称	是否为民谣主题
后海南沿（31）	飞鱼（银锭桥胡同）	是
	闻进 Bar（银锭桥胡同）	是
	天地缘（银锭桥胡同）	是
	烈火麒麟（银锭桥胡同）	是
	银海轩（银锭桥胡同）	是
	谷雨	是
	忘海情缘	是
	七月七日晴	是
	烈火凤凰	是
	聚仙阁	是
	Red Bar	是
	声声慢	是
	启点	是
	阁楼	是
	David Café & Bar	否（餐厅式）
	醉初 DRUNKBEGINS	否
	自由	否
	震颤	是
	集贤堂	是
	后海时光	是
	秋叶	否（餐厅式）
	见面	否（餐厅式）
前海北沿（1）	渡口驿站	是
前海东沿（6）	Wine Bar Kitchen	否
	海棠吧	是
	36 号酒吧	是
	后海 5 号	是
	鸦儿渡口	是
	6.8 俱乐部	是
后海西沿（3）	Zone	否
	西席喜戏	否
	传说	否

注：按地理方位从南至北。

附录二:

深访人员名单

1. 郭团中:北京市西城区什刹海风景区管理处常务副主任;
2. 李福林:北京市西城区什刹海风景区街道管理人员;
3. 小鑫(化名):七月七日晴酒吧驻唱歌手;
4. 老逗(化名):江湖酒吧歌手;
5. 赵立:鸦儿渡口酒吧驻唱歌手;
6. 魏宏鹏:坚果酒吧服务管理人员;
7. 小伟(化名):蜗牛之家 live house 经营者;
8. 杨晓岳:学生,蜗牛之家长期参与者。

The Construction of Subcultural Scene in the Development of Urban in China

—Research on the Development of Folk Music Culture Based on Houhai Bar Street in Beijing

Guo Jia　Lu Jiahua

Abstract: In the post-industrial era, cultural contradictions and cultural anxiety have become more prominent. The interpretation and response abilities of mainstream ideology have weakened, and the subcultures of various forms have sprung up. As a spiritual comforting method for certain specific groups of society, subculture often reflects greater affinity and attraction than mainstream culture in a specific time and space. Therefore, in such a social transformation, subcultures have become a new impetus mechanism for urban development. This paper analyzes the current development status of the subcultures in China, and adopting the research methods of participatory observation and deep interview, selects the typical folk culture development of Houhai Bar Street in Beijing as a research case, and proposes a reasonable path for the future development of the space based on the theory of scene. It will explore a long-term development mechanism for subcultures with a typical example to promote subculture development and create a new economic growth pole.

Key words: theory of scene; subculture; construction of space

城市人才政策的思考与优化：场景视角下的人才吸引方案

宁夏大学　陆筱璐　国家行政学院　范　为

［内容提要］　场景是对空间的一种综合视角和促进人力资本集聚的有效工具。在场景中，由于具备多样化的舒适物和特定的文化特点或价值，往往能够集中开展丰富的创意活动，促进城市区域商业发展，提升消费水平，最终吸引大量的人力资本集聚。同时，这种人力资本集聚具有可持续性和全面性。由于形成共同的文化价值理念，相关的产业人才也会有长期驻留的意愿。因此，如何在城市中建设和完善场景成为一个重要问题。本文通过分析城市空间对人力资本的吸引以及场景理论的内容及本质，提出了一系列建设城市场景的政策建议，并提出了一些发展中需要注意的关键要点。

［关键词］　人才政策；人口集聚；城市发展；场景建设

随着“我国经济已由高速增长阶段转向高质量发展阶段”，南京、武汉、成都、天津、海南、长沙等20多省区与城市的“抢人大战”从2017年正式拉开帷幕。多数城市面向高层次人才，出台了例如“送户口、发放安家费、送房补、免费租借办公区”等相关政策，以适应后工业时代城市对知识型、创意型人才的需求。习近平提出：“发展是第一要务，人才是第一资源，创新是第一动力。”事实显示，为了进一步促进城市的转型升级，提高城市的经济和文化竞争力，城市已经开始高度重视高人力资本和创意人群的作用，并将其作为未来发展的重要资产。

在传统的城市学分析中，对人口在城市的集聚问题的研究分析往往倾向于单一因素和维度的解释，而经济通常是分析的核心要素。也正因如此，许多定量研究将重点放在区域的经济和人口变化关系上。这意味着，传统的人力资本集聚理论中，城市的区域都具有同质性——因为城市中任何具有高经济效益的区域都可以吸引各种社区和各类背景的人群。而这种传统思维，也一定程度上引导城市人才政策关注经济刺激手段和荣誉的激励（这也是我国多数城市通用的人口吸引手段）。但是，在后工业时代，城市人口对区域的选择已经开始受到更加广泛和复杂的因素影响。人们选择定居在哪个城市，或者更加具体地说，选择定居在城市的哪个区域，正在受到社区环境和社区文化等其他因素广泛而深入的影响。如果不了解城市，以及城市内部具体因素对人口居住选择的影响，许多城市人才政策或许难以发挥长期稳定的作用。

一、城市空间如何吸引后工业时代的人力资本

在后工业时代，随着现代服务业的进一步发展，城市的休闲娱乐产业、信息技术产业迅速增长，因此，城市的文化价值开始转变为城市发展的重要动力。在这样的背景下，人口对城市，以及城市区域的选择偏好也相应地产生了一些变化。在这个问题上，国外的学者展开了较多的研究和论述，总体上，城市区域的物理环境和区域文化价值较大地影响了人力资本的城市选择。

（一）城市物理环境对后工业时代人力资本城市选择偏好的影响

城市区域的物理环境对后工业时代的人力资本产生了较大的影响。随着经济发展和人们对生活品质的追求，人们的生产、生活开始更加青睐拥有便利的设施、舒适的交通环境、优美的自然风光等设施的城市。格莱泽的研究发现，城市的社会氛围与自然娱乐休闲环境对高人力资本（尤其是创意阶层）有重要作用，城市的技术增长和自然气候环境是城市人口增长的重要因素。[①]克拉克对便利设施的研究则强调，都市便利设施的多样性极大地促进了城市人口的集聚[②]，不同的都市人群会因为不同的便利设施而选择在不同的区域定居。

不仅如此，较好品质的城市公共空间也对人群有很强的吸引力。威廉·怀特[③]一项长达30年的城市空间的研究提出，好的城市空间推动人们产生新的生活习惯，城市广场中的坐凳数量、阳光、水源、食品都会极大地影响城市该

① Glaser, Edward L. and Matthew. G. Resseger, “The complementarily between cities and skills”, *Journal of Regional Science*, 2010, 50(1).

② Paniel A.Silver & Terry N.Clark, *Scenescapes: How Qualities of Place Shape Social Life*, Press of University of Chicago, 2016, p.13.

③ ［美］威廉·怀特：《小城市空间的社会生活》，叶齐茂、倪晓晖译，上海译文出版社2016年版。

区域的活跃程度和人流量①；而那些更有吸引力，具有更好商业活力，甚至能够成为城市品牌的商业中心，往往是能够很好联通城市交通、具有良好公共服务能力，并且能够与公众相交流的建筑。丹麦学者杨·盖尔对空间和公共生活的研究发现，当户外公共环境好的时候，社会性活动的频率也会稳步增长（见图1），相应也会吸引大量第三产业的相关人才选择驻留。②

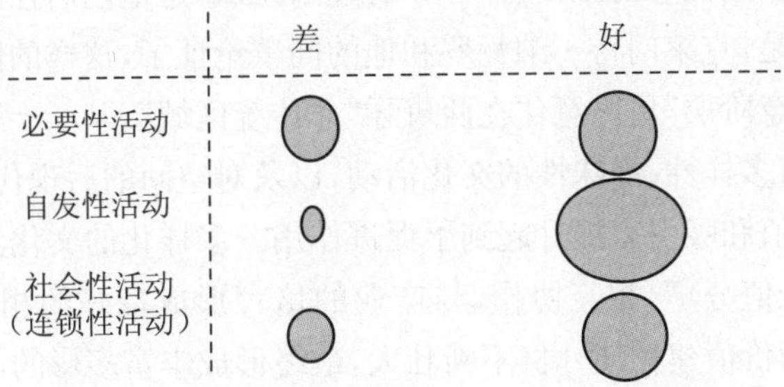

图1 户外空间质量与户外活动发生的相关模式

沿袭对物理空间关注的思路，西方对小范围区域的交通情况也做了一定的探索。研究显示，“适宜步行”的交通和街道成了吸引新居民和创造就业的第一步，它给城市带来诸多红利。庞大而快捷的交通系统促进了城市工业化的进程，而步行街道、公共交通、自行车交通道改变了人的生活环境和方式，成了城市吸引人群集聚的要素。国际上有一系列对步行适宜性的测算，例如美国的“步行指数”（Walk Score）网站，欧洲Walkability APP，以及英国的行人环境评估系统（PERS：Pedestrian Environment Review System）等均显示“相对于高速公路的场域，城市公共交通、自行车道和人行道的建设场域能够多提供60%—100%的就业岗位，同时这样的城市更容易吸引有创造力和技术专长的人才”。③

（二）社区文化价值与文化氛围对后工业时代人力资本城市选择影响

在选择城市的过程中，虽然物理环境极大地影响人群对城市的选择，区域的文化价值也同样重要。人们更加喜欢加入一个能够满足精神和价值认同的区域。城市不再是建筑和交通的拼凑，而更加是一个承载生活记忆、催生想象力和创造力、孕育文化创新、引领文化潮流的多维度立体空间。因此，在一个

① 例如，在那些最有活力的城市广场中，坐凳的数量占开放面积的6%—10%，人群能够增长数倍；树木、水源等能够驱使人群甚至在一些糟糕的天气或者环境下也愿意来到公共空间；公共空间的小商贩和食品摊对城市活力有重要作用，20%的开放空间应该用于室外食品经营等。

② ［丹麦］杨·盖尔：《交往与空间》，何人可译，中国建筑工业出版社2002年版，第19页。

③ ［美］杰夫·斯佩克：《适宜步行的城市：营造充满活力的市中心拯救美国》，欧阳南江等译，中国建筑工业出版社2016年版，第22页。

设施完备的城市区域内，具有包容性、多元性和承载文化价值的城市空间，才更具备集聚人群和保持区域活力的能力。

经济学家迈克尔·奥利弗、米迦勒·弗里斯奇和斯蒂芬·海布利希(2010)论证了有巴尔卡剧院的德国城市和别的城市相比，更可能吸引到那些能够刺激地方经济增长的高学历住户。他们也引用了一份有50万德国人的调查，调查发现，给高学历工作者一个"有趣的区域"是他们居住决定最重要的选择。相似的是，克莱门特·纳瓦罗和他的同事论证了，这样的区域在南欧也同样重要，"创意阶层"更愿意住在西班牙"非传统区域"。①

同时，城市多样性、趣味性的文化活动，以及对空间的后现代主义改造，为城市的文化价值和吸引力提升起到了促进作用。多样化的文化活动凝结了社群，社群化的价值分享、相互协作，与产业的培育形成良好的相互支撑关系。一方面，区域的价值建构使社群不断壮大，最终形成丰富多彩的城市文化活动和氛围，吸引更多相同价值的人才进入；另一方面，社群为经济发展提供规模平台和社会资源，扩大了城市的容纳体量。

中国的实践也越来越证明了文化价值对人群选择哪些城市有巨大影响。不同的城市文化空降正在集聚各种不同的人群。在江西景德镇，每年大约有2万个"景漂"驻留在景德镇从事陶瓷创意生产的活动。景德镇有很多外来艺术家，有的像候鸟一样每年都来，有的待了超过10年。许多艺术家表示，"没有一个城市像景德镇一样有那么多的陶瓷手工艺人和那么大的制瓷规模，成千上万的陶瓷作坊每天迸发出无与伦比的鲜活的创造力"②；在北京的中关村创意大街上，仅仅200米的街道上集聚了40余家企业，数十万创新创业人群在北京定居、生活。可以说，来自城市区域本身的文化价值和文化氛围正在极大地影响着城市人力资本的城市选择偏好，一个地方可能塑造什么样的生活方式，是定义它能否成为一个有吸引力的生活场所的关键因素，这也是后工业时代人力资本集聚的重要依据。

二、后工业时代人才政策的再思考：以场景作为补充

城市区域人口的吸引既需要物理空间的支持，也离不开区域文化价值的

① Daniel A.Silver & Terry N.Clark, *Scenescapes: How Qualities of Place Shape Social Life*, University of Chicago Press, 2016.

② 《手艺人的乌托邦》，http://www.sohu.com/a/134775893_113213。

持续建设。城市想要吸引更多人力资本的驻留，需要更加注意城市空间的科学规划，尊重空间的社会网络沿袭，注重城市的文化和品质，营造更多受到人力资本青睐的城市空间。

因此，城市的空间建设方案自然成了人才政策的一个新的关注点。美国芝加哥大学的克拉克提出的"场景"作为一个较为全面、综合的空间方案，提供了人才政策完善充实的政策工具。

克拉克认为，"场景"是能够表达氛围、情感、情绪，以及具有特定人群认同气氛的区域。一些人受到场景的感召，会认为综合考虑所有因素，场景所在的区域是一个和谐并具有吸引力的，可以选择居所的社区，而其他地方不具有这些因素。在这里会更容易引起共鸣，而不是感到冷酷和打击。

场景理论恰好综合考虑了城市物理空间和社会文化价值两个方面，对城市人力资本的集聚政策作出了一个补充。场景的定义是，"蕴含一定价值观的都市设施的组合"①，它将感性维度②（例如区域价值）和舒适物③相联系，为城市提供了一个综合、全面的城市空间方案。与其他研究不同，场景最重要的贡献在于，它通过大量的实证研究，将地理区位、便利设施、街道、建筑、本地社区、创意阶层、企业等多个元素统一起来，从中观区域的视角来观察城市以文化动力为主的建设和发展，既不会导致城市建设规划的过于细小，也不会由于区域发展的宏大规划而忽略文化和人的切实联系。

总体而言，场景对于人才政策有以下几个补充：

（一）场景能够促使城市人力资本的可持续性驻留

我国的人才政策仍然存在着很多问题。其中，较为明显的是人才政策过于关心经济要素，对人才的长期发展需求较少涉及。中国高层次人才激励政策体系包括国家科学技术奖励政策、选拔两院院士政策、政府特殊津贴政策、激励青年高层次人才政策（留学生、博士后）、股权激励政策等方面，但是较少关注人力资本在区域的生活便利程度，文化价值认同程度等因素。

一项对国家文化产业园区的研究发现④，在全国34个代表性文化产业园区中，园区0—14岁孩童托管机构承载能力、交通便利性和公共空间开放性均有所不足，同时，也存在全国范围内文化园区便利设施风格趋同，带来文化创

① 特里·克拉克、李鹭：《场景理论的概念与分析：多国研究对中国的启示》，《东岳论丛》2017年第1期。

② 克拉克将城市空间（场景）内所蕴含的文化价值观分为15个维度，并在研究中对它们打分。

③ 舒适物也有学者翻译为便利设施，指能为人们提供经济、社会和生活便利并能带来美学享受的各类设施。

④ 陆筱璐：《空间治理视域下城市文化场景建设研究》，国家行政学院2018年印。

意单一，产业创新能力弱等一系列问题。因此，即使地方政府提供了较好的人才引进政策，但是对园区内人才的生活服务和娱乐休闲的忽视，也使区域存在着极大的人才流失风险。

在下一步，通过场景的视角，需要考虑通过生活舒适物（例如养老院、学校、医疗以及休闲娱乐设施）的建设，影响人群"愿意长期定居"的决策选择，从而促进人力资本的可持续性增长。

（二）场景有助于帮助促进城市人口素质的总体性提升，培养更多的城市人才

查尔斯·兰德利指出，在后工业时代，尽管艺术家，还有那些参与创意经济的人扮演着重要角色，但创意可能来自任何人。因此，在城市利益关系者的运作中，需要深植创意文化。在场景的研究中，认为差异性的、蕴含价值观和文化倾向的都市舒适物能够组合成不同的场景，从而吸引相近的群体居住、消费、体验，最终使区域的文化活力不断增长，最终驱动城市发展，完成城市人口素质的整体性增长。而这需要场景内所有人对价值的共同认同和持续的文化活动参与。

场景不同于佛罗里达等人那种表面上将积极或消极的价值与独特群体相联系的关注。取而代之的是，场景关注人群能够通过城市的便利设施，建立起重要的技能、社会联系、知识和能力。①同时，克拉克也强调，场景的重要作用是"让城市中不同群体都能够从中受益"。

分析我国的人才政策主体可以发现，我国的人才政策主体较为单一，多数来自人力资源和社会保障部、国务院等单一主体部门，大约占总政策文本数的62.9%。②同时，政策制定的主体部门都按自己的需求与偏好来制定相关的人才计划，缺乏协同性和交流沟通，从而导致人才政策的碎片化发展。

因此，有必要通过优化的空间方案，通过场景文化价值的设立和舒适物优化，促进更多的人群参与和生活在场景之中，在不断的文化活动和消费生产中，最终促进城市人口素质的整体性增长。

（三）场景有助于提高企业和市场活力，促进人才自主进入

从后工业时代的工业发展特色来看，好的场景能够吸引人才的自主进入。在那些具有良好交通环境、具有创意氛围的区域往往具有高密度的人才集聚。

---

① Daniel A. Silver & Terry N.Clark, *Scenescapes: How Qualities of Place Shape Social Life*, The University of Chicago Press, 2016, p.22.

② 郑代良、钟书华：《中国高层次人才政策现状、问题与对策》，《科研管理》2012年第9期。

在良好的空间环境中，由于多样化的舒适物和文化价值影响，创新人才和企业即使支付高昂的生活成本也愿意在其中生活。①这是因为，良好场景更有利于交通、宣传、客户获取和品牌效应的产生，其商业环境更好，更有利于第三产业的发展，也具备更好的文化品牌和文化产品传播条件。在场景的研究中发现，在“在艺术工作集聚在哪里”的预测因子中，关联最强的是大学学位持有者人数的比例和县郡的人口规模（人口基数越大，市场活力越强），而不是我们普遍认同的租金水平。这就说明，有活力的场景能够通过市场和社会活跃度，克服一些困难，吸引更多的人力资本进入。

相比较，我国的人才政策多数存在“弱企业化”的问题。我国的政策支持的重点主要集中在科研院所、高等院校等层面，而对企业的人才开发、培育和扶持缺乏相应的支持。此外，在“百人计划”“百千万人才工程”“长江学者奖励计划”“千人计划”等人才专项计划项目中引进的高层次人才，绝大部分也在科研院所和大学中工作，社会和企业占比较少，不利于人才的自主发展和培养。

因此，通过空间建设促进人才集聚，更有助于城市通过区域文化导向促进人才的自主流入，提高市场活力和竞争力。

三、建设场景促进人力资本集聚的具体路径思考

美国场景的研究为后工业时代人口的集聚提供了很好的工具。在中国的研究范式中，虽然缺乏城市的具体维度分析，但是仍然给公共政策以深刻的启示：在依靠文化动力发展城市的过程中，需要再次审视都市的舒适物（例如社区、街道、人群分类、商业情况），辨别那些具有文化和价值观特质的区域，然后通过空间建设发展和保留它们。

克拉克认为，从国家政策层面来看，国家政策对场景建设能够提供的最大帮助是财政资金的提供。为了使财政资金使用得更为合理，克拉克提出三条建议：第一，应当在已经有所成功的场景中，将资金融入现有的项目，而不是凭空建设场景；第二，向各类中介开放，培育、发展各类社会组织和中介机构，使其发挥作用，通过竞争使场景进一步的达成；第三，成为信息枢纽，为地方政府提供决策咨询。

从地方公共政策来看，由于更加了解实际情况，地方政府的优势是能够使

① 高雪莲、张贝、马露露等：《创新企业为何在都市区集聚——基于北京企业和人才集聚意愿的调查》，《天津商业大学学报》2017年第37期。

用多样化的手段发展场景。具体而言，克拉克认为，首先，应当仔细研究本地场景特色，再具体针对不同场景的类型制定公共发展政策。其次，为本地打造区别于其他区域的、更加具备功能性和多样性的便利设施体系。不仅如此，场景的建设应当建立在当地已有的资源之上，并体现其独特性。第三，在建设场景的过程中，应当以步行（或者自行车）交通距离为主，仔细了解当地社区的需求。最后，不同的地方具有不同的政策策略，应该充分考虑当地的政治特色和条件。

虽然克拉克只是提供了一些指导性的意见，但是仍然为我国场景建设提供了很好的框架。根据克拉克的思路，本文为城市的场景建设提出了一些可借鉴的思路。

（一）建设宏观的物理空间治理机制

城市场景是一种综合性的空间方案，它寻求城市人力资本对文化价值的认同和整体性增长。同时，为了节省政策资金，场景的建设不因当是大规模的新区建设，而是对既有的、具有文化价值区域的重新改造和整合。

我国城市的人才政策仍然呈现一种碎片化的发展状态，为了避免单一部门发展局限，需要形成一种适应文化产业发展特色和现代组织发展特色的机构组织，形成宏观的物理空间治理机制。具体而言，宏观的物理空间治理机制应当协调以下几点，以最大化形成文化价值的认同、增加文化活动，并促进人口对区域居住偏好的增长。

第一，为城市制定长期发展愿景和规划。受限于中国的行政体制和官员任期制度，城市的人才政策发展目标在长期内受到不同的政策思考影响而具有不确定性和不稳定性。但是，文化场景的建设却需要在一个较长的周期内完成。为此，需要帮助城市统一长期的发展愿景和人才需求，在城市发展的长周期内聚焦城市文化区域建设的组织活动，并长期维持参与组织的活力和竞争力。

第二，为城市区域提供综合性空间规划标准。城市的空间较少考量人力资本对舒适物的需求。在未来场景建设中，国家宏观政策应当形成一种综合性的空间规划指导，对场景的舒适物设计有所指引。其中，不仅包括文化范畴的公共文化服务、文化产业发展等，更要综合交通、住建、财税、医疗、养老等多种维度设计考量。例如，在园区的物理建设中，提倡小规模的区域改善，对街区的交通、生活舒适物建设、建筑的混合功能等给出一些发展规划，并通过提高企业和社会的参与能力和放宽权力范围，给予场景更多的发展机会和参与机会。

第三，普遍重视小型空间建设，鼓励商业和社会参与，建立人群对文化价值的认同和信心。城市小型空间的建设，应当鼓励私有单位的不断参与，以建立私人对该城市区域发展的信心。例如，在曼彻斯特、伦敦中心区为主的“设计引领”企业投资的区块政策实践中，政府偏向地标式建筑和大型项目，但是仍旧给企业充分的发展自由。在大量私人部门的参与建设下，在曼彻斯特“街头咖啡生活”已经成了一种风尚，社群发展极大地刺激了企业的投资方向，也吸引了大量白领和高级知识分子的落户。

（二）成立地方的城市人才发展保障机构

在景德镇乐天创意市集[①]的发展中，有一个现象值得注意。出于政府对文化产业园区的支持，在城市西侧的“陶溪川”（由政府主导的旧厂房改造文化项目）开始举办和城市东侧乐天创意市集相似的创意市集，并对创意者提供了更好的条件，这与乐天市集形成竞争关系，给乐天的发展造成一定的困难。由于陶溪川具有政策优势，加之环境优美，许多创意人才开始离开了乐天。

但是，城市的发展不能依靠单独决策项目的发展，而是应当依靠多处场景的多元化吸引各种人才。克拉克的场景理论认为，场景不同元素对不同人群具有的吸引力不同。因此，城市的吸引力有赖于多样不同场景的开发。地方城市发展决策会能够帮助减少地方文化同质性问题，安排和策划城市发展的细节。在英国的诺丁汉、利兹、布里斯托等城市，都通过地方城市专门组织的长期策划，并利用协会（例如“建筑与设计促进会”）建筑师、公民信托组织完善规划方案，进行“集体创作”，获得了较为成功的城市全面、平衡发展结果。

成立地方的城市发展决策会，能够避免出现城市政策与宏观政策无法相互协调，或者资源无法对接的问题。总体而言，地方城市发展决策在物理空间建设方面应当具备长期、综合、特色几点功能：

第一，根据宏观设计愿景，对地方城市具备发展潜力的区域长期观察，并给出长期的治理方案。应当根据城市本身的文化特色和城市人群的特点，为城市人才集聚选择合理的舒适物和文化导向建设方式。

第二，对地方发展提供服务型的微观管理，提高地方社区参与场景的程度。长期与地方其他政府部门合作、协调优惠政策，并综合物理空间的交通、公共空间建设、建筑设计和功能混合等问题，对地方区域愿景作出要求和综合治理方案。

---

① 这是一个典型的城市通过草根力量发展场景，从而集聚大量创意人才的案例。

第三，协调地方企业、设计师等人员参与地方场景的建设、设计和竞标活动，不以短期经济利益为准，而是以区域长期活力发展为准则，通过竞赛或者评议等多样的方式，提高城市设计规划水平，有效提升区域的吸引力。保护和支持不同场景的长期发展，同时为不同场景制定特色化的支持方案。

第四，投资建设具有文化风格的基础设施、便利设施、地标建筑、公共空间等，为城市作出设计引导，吸引多个区域的城市相关服务业、商业、娱乐业繁荣发展，从而促进更多的人口进入。

（三）加强关键舒适物建设，提高城市对人才的吸引力

在场景中，舒适物与人群产生了千丝万缕的联系。《城市娱乐机器》跟随着关于舒适物如何驱导城市移民的前沿研究，首次使用黄页数据显示有更多城市舒适物的区域（例如戏院和果汁店）能吸引更多的年轻人，而老年人会在有自然舒适物的地方增多（例如山脉、湖泊）。但是，在我国，还缺乏大型的数据研究和数据库的建立，还不能了解具体舒适物和不同人群之间的联系。但是，在面向后工业时代高层次人力资本发展的城市空间方面，有一些维度可以格外注意。

第一，重视城市公共交通网络，建设有“乐趣”的街区场景。事实上，“适宜步行”一直是西方社区建设中宜居程度和完整性的指标，更加是创意阶层集聚的重要指标。例如墨尔本的涂鸦街、法国巴黎的贝拉雀斯路、意大利的梅佐市场，都是城市吸引人群，分享创意的重要场景，也创造了大量的产业机会。适宜步行区域人群可以与道路两边的各种房屋面对面交流，相较于车道更加安全舒适，通过物理空间加强陌生人之间的联系，建立一个强的交流空间，这正是人口集聚最重要的基石之一。当然，步行不是场景中唯一要素。通常创意人群和消费人群会喜爱有历史厚重感、有独特风采的场所。那些惹眼或有意义的建筑物，能够营造微妙的美感。建设有“乐趣”的街区场景，对城市未来进一步的空间高层次人口集聚有重要作用。

第二，科学规划城市建筑，建造有“功能”的场景。场景理论中，城市的房屋往往承载了许多的功能。为了保证区域内人口的多元化和长期驻留，需要保证建筑的功能性。在房屋建设过程中，首先，要保证区域内功能的多元化。一个成功的文化场景内不能仅仅承载旅游、生产或者展示功能，还应当具备商业功能或者居住功能等。多样化是保证场景内人流的基础。不管是由于何种日程或者何种目的来到场景中的人，都应该有许多的共同设备可以使用，有相应的舒适物可以承载。这些舒适物，往往由于“方便”“美观”等因素，可以吸引

大量的人群，为文化创意产业的商业或者公益活动、生产及销售行为集聚大量的人气。

其次，一个场景内，需要各式各样，年代和状况各有不同的建筑，这对于保证区域的地价水平有重要作用。区域内需要有大型企业对产业起到引领作用，因此需要高端商业区域；同时区域也需要考虑小型企业、个人工作室的需求，因此需要相对老旧的房屋场所。同样多样化的房屋可以保证地租水平的稳定，减少居民必要支出，释放消费潜力。差异化的地租，对建立多样化人群的社交网络有重要影响。

第三，保证公共空间，建设能"社交"的场景。在现代信息技术的促进和发展下，文化创意产业的共享和社交属性被进一步放大，因此也成为许多人才重视的要素之一。根据雅各布斯的研究，只有"地点靠近社会和功能的多元化和活跃性都突出的地区，才能自然地、随意地受到人们的享用"。[①]因此，在未来的城市空间重构中，要对空间的"社交"属性进一步思考。

首先，场景内需要开放足够的公共空间，满足文化社交的需求。事实上，酒吧、咖啡馆以及一些具有巨大橱窗的商店，甚至一面可以任意涂鸦的墙壁，都可以承担社群对文化的交流和社交作用。其次，要在具有公共空间的区域内，保证社区人群的支持。要充分发挥我国地方行政组织的作用，保留并支持社区的大力发展。社区的支持能够为文化创意产业发展所需要的文化活动提供支撑。通过场景对社区居民文化的审美及消费习惯的持续培养，会带动整体人力资本的增长，帮助城市活力的培养。

四、建设场景促进城市人力资本集聚的几个建议

场景是一项基于人力资本研究的理论成果，因此，它也大量地研究了人群与城市舒适物之间的关系。但是，在具体的应用和场景建设过程中，受限于我国土地、财税、城市规划、土地功能等体制机制，在具体建设场景过程中，很容易偏重某些要点，从而片面地认识场景建设对人力资本集聚的重要作用。因此，有几个误区需要进一步澄清。

（一）城市的舒适物建设不是吸引人力资本的充分必要条件

在以往学者的研究中，往往对城市硬件设施对人力资本的影响关注过多，而忽视了场景中"个体"对场景的主观认识体系的形成。当区域内的舒适物不

① ［加］简·雅各布斯，《美国大城市的死与生》，译林出版社2005年版。

能形成某种“文化价值或者风尚”，那么简单的舒适物（文化或自然设施）的建设，将很难集聚人群，促进城市人力资源的增长。

例如，在马秀莲对美国底特律的案例研究中，发现城市大型体育馆、赌场等文化设施的建设并不总是能够带来城市的活力增长。[①]美国学者麦克·凯瑟提出城市的对文化空间的投资很多时候是有限的，大型娱乐设施的基础建设不一定会达到预期的经济效益。[②]在英国纽卡斯特的城市空间建设的过程中，公共部门对该地区的经济复兴作出了极大的贡献，以至于一旦公共支出减少，其经济就会脆弱不堪。[③]

（二）场景建设应尽量避免人力资本偏好的刻板印象，应重视本土数据收集

在通常的研究中，往往对某一类人群的居住选择偏好有某种特定的刻板印象。因此，为了吸引某一类特定的人才，城市的相关政策会尽可能迎合这种偏好需求。例如，为了更好地吸引创意阶层，在英国的城市规划方案中，城市“致力于投资兴建更棒的单车道、人行道以及初创企业孵化器，旨在培育一批又一批知识经济年轻俊才，并希望他们能在自己的城市待得更久一点”。

但是这样单一的、对人力资本偏好带有刻板印象的政策并不总是得到良好的政策效果。大量相似的城市涌现，城市“绅士化”已经成为全球的普遍问题，城市的千城一面问题也开始日益严重。在伦敦、纽卡斯特、布里斯托等城市，“绅士化”和“全球化”的批评声贯穿了城市规划的整个过程。而在我国，城市的高品质住宅和商圈投资，也在某种程度上造成社会的断层和不公平贸易问题。区域内投入过大，导致地租上涨，因此只有那些具有巨大资本的跨国企业能够参与当地文化消费的情况屡见不鲜。例如，星巴克咖啡店对本地咖啡文化的冲击；麦当劳等快餐文化对当地餐饮文化的冲击等。

（三）同质化类型的人群可能偏好多种场景

事实上，根据克拉克的研究，相同的人力资本并不总是偏好于一种场景。例如，在通常的刻板印象中，往往认为从事艺术和文化工作者倾向于集聚在租金低廉、具有边缘性和多样性的区域。因此，在一些城市希望吸引艺术家集聚时往往会选择为艺术家提供低廉的地租和房屋优惠。但事实远非如此。根据

---

① 马秀莲、吴志明：《挣扎的底特律：后工业城市复兴的理论、实践与评述》，《北京行政学院学报》2015 年第 4 期。

② Eisinger, P., “The Politics of Bread and Circuses, Building the City for The Visitor Class”, *Urban Affairs Review*, 2000, Vol.35.

③ A.Midnipur, “Cities in Time: Temporary urbanism and the future of the city”, Abstract from: http://www.bloomsbury.com/uk/cities-in-time-9781474220736/.

克拉克对美国艺术家的研究,“艺术家”是一个远非同质化的分类;其成员的范围广泛,而这种内在的差异表现使他们分布在多个场景中。

(四)在场景中,经济手段可能不是激励人口集聚的关键手段

我国存在许多场景,它们都为城市集聚创意人才贡献了重要的力量。例如产业园区建设、高新技术区园区建设等。这些园区多数通过低地租等手段吸引相关产业人员的进入。但是,场景的研究显示,对于一些人群而言,经济手段已经不是最重要的激励手段。

克拉克发现,在美国,1990—2000 年艺术的集聚与租金变化之间没有任何关系。①城市分析师卡尔·格罗达赫和迈克尔·塞曼在对 2007 年之后的大衰退期间的文化领域的分析中,在将要超出标准的变量中得到同样的结论。他们发现,即使在经济全面衰退的时期,生活成本也是对艺术就业影响较弱的决定因素。

随着我国城市社会的进一步发展,经济和生活手段的刺激作用也可能进一步降低,因此,在我国施行相关的场景建设中,对生活和地租的刻意降低或许不会提高政策效能,这虽然需要在未来的研究中进一步验证,但仍然是具有参考价值的思考维度。

Reflection and Optimization of Urban Talent Policy: Talent Attraction Scheme from the Perspective of Scene

Lu Xiaolu　Fan Wei

Abstract: The scene is a comprehensive perspective on space and an effective tool to promote human capital agglomeration. In the scene, due to the variety of comforts and specific cultural characteristics or values, it is often possible to carry out rich creative activities, promote urban commercial development, increase consumption levels, and ultimately attract a large amount of human capital. At the same time, this kind of human capital agglomeration is sustainable and comprehensive. Due to the formation of a common cultural value concept, relevant industry talents will also have a long-term willingness to stay. Therefore, how to build and improve the

① Daniel A.Silver & Terry N.Clark, *Scenescapes: How Qualities of Place Shape Social Life*, University of Chicago Press, 2016.

scene in the city has become an important issue. By analyzing the attraction of urban space to human capital and the content and nature of scene theory, this paper proposes a series of policy recommendations for building urban scenes and puts forward some key points that need attention in development.

Key words: talent policy; population agglomeration; urban development; scene construction

区域文化产业

第27卷

Commentary on Cultural Industry in China

上海建设现代化文化大都市"短板"问题研究*

上海交通大学　凌金铸

［内容提要］　本文聚焦于上海建设现代化文化大都市的"短板"问题，采用比较的路径和实证的方法，建立起发现和论证上海市建设现代化文化大都市短板问题的参照系统，使得短板问题在这个系统中得以凸显，进而深入分析短板产生的原因，针对性提出了解决短板的政策建议。

［关键词］　上海；文化大都市；短板；分析系统；政策建议

一、

所谓"短板"主要涉及两个问题，第一，什么是短板问题？短板，是个舶来词，源自美国管理学家劳伦斯·彼得(Laurence J.Peter)的木桶理论：一个木桶能装多少水，取决于最短的那块板子。对于本文，既可以理解为，上海建设现代化文化大都市过程中的差距、短处和不足，也可理解为上海建设现代化文化大都市过程中的问题、矛盾和困惑。之所以用短板一词，实际上是要通过科学的研究，把影响和制约上海建设现代化文化大都市的最短的几块板子，即主要问题和主要差距找出来，以便进一步明确建设现代化文化大都市的有效路径。第二，为什么要提出短板问题？2011 年上海市委九届十六次全会明确提出建设国际文化大都市的两个具体目标，一是到 2015 年要实现的目标，二是到 2020 年的目标。其中，到 2015 年，要在公共文化服务、文化创新、文化产业和文化市场等多个领域的主要可比指标趋近国际大都市水平。这些目标实施

* 本文系上海市哲社规划系列课题"推进上海国际文化大都市建设研究"(2016XAH001)的研究成果之一。

的如何，实施过程中有哪些问题，需要总结，需要明确，需要坚持，也需要调整。另一方面，到2020年，要实现市民综合素质和城市文明程度显著提升，城市文化软实力和国际影响力显著增强，建成文化要素集聚、文化生态良好、文化事业繁荣，文化产业发达、文化创新活跃、文化英才荟萃、文化交流频繁、文化生活多彩的国际文化大都市。6年多的实践，这个目标也需要更加具体、明确和调适。而对以上诸多问题，都需要对短板问题有明确和清晰的认知和判断。

对上海建设现代化文化大都市的研究成果主要集中在以下三个方面：第一，现代化文化大都市的条件和标准是什么？第二，在建设现代化文化大都市目标下，上海文化建设中存在哪些问题？第三，国际文化大都市建设有哪些经验值得上海借鉴？首先，有关现代化文化大都市的条件和标准的研究：(1)文化大都市应具备三个基本特征：影响力、包容性和大市民(蒯大申，2007)。①国际文化大都市应包括两个层面的内容：一是具有国际化大都市的规模、地位及功能；二是必须以文化的繁盛为其主要标志(林少雄，2008)。②(2)文化竞争力是城市综合竞争力的重要组成部分。从城市功能看，必须拥有高度现代化的文化设施和文化服务功能，拥有高水平的大学、医院、图书馆、博物馆和各类科学、技术、文化研究机构，拥有发达的出版业、报业、影视传播业、娱乐业，从而在文化生产、服务领域和国际文化交流方面具有明显的国际地位。从国际联系看，必须是国际间科技、教育、文化、信息的交流中心，是新技术、新思想层出不穷的地方，在国际上具有强大的文化辐射力和吸引力。从国际形象看，应当拥有高素质的市民、高品位的生活质量、良好的生态环境和鲜明的文化特色来吸引国际投资者和国际游览者，并在国家文化交流中不断提高自己在世界的知名度(蒯大申，2002)。③(3)作为正在迈向现代化的国际大都市，上海应将增强城市的文化多样性和文化包容性、不断提升城市的文化创新能力作为自己不懈的文化追求(蒯大申，2003)。④一个国际化大都市，必须努力建立一种机制，这种机制能够提供一个让社会创新的理念、观点、思维得以产生的文化环境和文化土壤，还能使这些东西在这块文化沃土之上结出丰硕的果实，并将这种创新的文化力量向周边城市群发散，发散到全球(褚云茂，2004)。⑤其次，有关在建设现代化文化大都市目标下，上海文化建设中存在问题的研究：(1)以

① 蒯大申：《文化大都市就是多出书多演戏吗》，《解放日报》2007年9月3日。
② 林少雄：《上海国际文化大都市的内涵建设》，《上海大学学报》(社会科学版)2008年第3期。
③ 蒯大申：《重视国际大都市形成的文化条件》，《文汇报》2002年11月28日。
④ 蒯大申：《多样性·包容性·创造力》，《文汇报》2003年6月8日。
⑤ 褚云茂：《国际大都市应有怎样的文化形象》，《文汇报》2004年6月7日。

下诸要素与国际文化大都市都存在明显的差距：城市概要、文化出版、文化设施、文化消费、公共文化支出、文化贸易、信息传播、教育水平、科学水平、医卫水平、国际化程度和人类发展指数（瞿世镜，2004）。①特别是在文化出版、公共文化基础设施、公共文化支出、文化娱乐消费、信息传播、科技水平和国际化程度等方面，上海除了少数指标与纽约、巴黎、伦敦和东京四个城市不相上下外，绝大多数指标存在不小的差距（徐清泉，2012）。②（2）上海缺乏更为开放宽容的文化生态（杨剑龙，2009）。③（3）与国际文化大都市相比，上海只能算是一个文化艺术展示的大舞台（乐景彭，2010）④，由于习惯于定位于"文化码头"，而忽视了真正的码头同时也是文化资源整合的交汇点和文化创新转化的中转站，既应成为四面八方文化资源云集的码头，更应成为对各种文化资源进行加工提升和创新的源头（罗怀臻，2016）。⑤最后，有关上海与国际文化大都市的比较研究：（1）纽约人口只有上海一半，却有电影院 282 家，博物馆 360 个，图书馆 1 279 个，戏剧制作体 1 287 个（孙惠柱，2002）。⑥上海在文化设施的建设和利用、文化资源的保护和创新以及文化产业开发等方面都不如纽约，主要原因是文化地位矮化、观念保守和管理体制陈旧（林广，2005）。⑦（2）纽约市的最大优势在于不同的意见都能得到尊重，从而有利于创造力的迸发（苏智良、江文君，2008）。⑧20 世纪下半叶上海发展的停滞、纽约发展的飞速，形成这两个都市经济发展、城市建设的距离，也形成文化的落差（杨剑龙，2008）。⑨国际文化交流是国际大都市必须具备的功能，纽约市是上海学习和仿效的对象（任一鸣，2009）。⑩纽约市复合的文化资助体系值得上海学习和借鉴（施福平、唐丹妮、吴丹妮、郭奕华，2013）。⑪也有学者通过对纽约百老汇剧院区的发展历程、现状特征和主要做法进行梳理和归纳，对上海打造具有海派特色、多层次、多

① 瞿世镜：《国际大都市文化竞争力比较》，《上海行政学院学报》2004 年第 6 期。

② 徐清泉：《国际大都市文化是灵魂》，《解放日报》2012 年 5 月 30 日。

③ 杨剑龙：《大都市文化发展趋势与上海文化发展坐标、定位问题研究》，《科学发展》2009 年第 7 期。

④ 《市政协常委会"扩内需、调结构"专题议政协商》，《联合时报》2009 年 5 月 5 日。

⑤ 罗怀臻：《什么是国际文化大都市的应当品质》，《文学报》2016 年 1 月 8 日。

⑥ 孙惠柱：《国际大都市的文化建设》，《文汇报》2003 年 9 月 14 日。

⑦ 林广：《上海与纽约文化形态比较研究》，《历史教学问题》2005 年第 6 期。

⑧ 苏智良、江文君：《双城记：上海、纽约城市比较研究》，《上海师范大学学报》（哲学社会科学版）2008 年第 5 期。

⑨ 杨剑龙：《白玉兰与大苹果：上海、纽约都市文化之比较》，《上海师范大学学报》（哲学社会科学版）2008 年第 5 期。

⑩ 任一鸣：《纽约与上海：国际文化交流比较》，《科学发展》2009 年第 6 期。

⑪ 施福平、唐丹妮、吴丹妮、郭奕华：《纽约文化资助体系给上海的启示》，《上海文化》2013 年第 4 期。

功能的世界级表演艺术集聚区提出了建议(左学金、王红霞、钱智,2012)。[①] (3)近年来,有学者建议直接引进目前影响力最大的世界城市文化报告所运用的国际文化大都市的评估体系,对上海建设国际文化大都市进行比较研究,增加评估的可操作性和合理性(黄昌勇、夏洁秋、徐一文、章超,2015)。[②]

以上研究成果的价值在于:第一,基本明确了上海建设现代文化大都市的目标体系;第二,在国际比较的视野下,初步分析了上海建设现代文化大都市的差距和存在的问题。由于对这个课题的研究出现过中断,特别是比较研究的系统性设计和阐释的针对性还有待进一步的提高和完善,加之一些研究者在比较研究时大多没有拿到第一手资料和数据,因此,有必要在上述研究的基础上进行深入扎实的研究,以期聚焦一些关键性问题并取得突破。

本文聚焦于上海建设现代化文化大都市的"短板"问题,采用比较的路径和实证的方法,建立起发现和论证上海市建设现代化文化大都市短板问题的参照系统,使得短板问题在这个系统中得以凸显,具体研究三个方面的内容:首先,借鉴科学合理的国际文化大都市评估体系,对纽约市、伦敦市、巴黎市和东京市文化大都市建设过程中的具体发展指标进行研究,在此基础上,建立上海建设国际文化大都市文化活力阐释的话语体系;其次,在比较分析的基础上,分析上海市建设现代化文化大都市短板之所在及其产生的根源;最后,有的放矢地提出如何消除上海市建设现代化文化大都市中的突出的短板问题。

二、

从研究的合理性和可操作性来看,英国的罗伯特·欧文斯(Robert Owens)等学者在《世界城市文化报告》中所建立的国际文化大都市评估体系的确比国内学者所建立的国际文化大都市竞争力指标体系要好。这个评估体系在"文化供应"(将城市文化"基础设施"的范围和组成进行分类,跟踪这些分类的年产出)和"消费与参与"(量化城市文化供给的受众规模、特性和价值)两个宏观维度下,安排了文化遗产、阅读文化、电影与游戏、表演艺术、创意人才、文化活力和多样性六大领域,又设计了 52 个具体指标,形成了评估世界城市文化发展的指标体系。把上海文化发展现状的具体数据放入这个指标体系,

① 左学金、王红霞、钱智:《借鉴纽约经验,建设上海"百老汇"》,《科学发展》2012 年第 8 期。

② 黄昌勇、夏洁秋、徐一文、章超:《上海国际文化大都市建设评估研究》,载《上海文化发展报告(2015)》,社会科学文献出版社 2015 年版。

能够比较直观地发现上海建设国际文化大都市的成绩和差距。

在国际文化大都市中，纽约、巴黎、伦敦和东京4个城市，与上海建设国际文化大都市进行比较研究的最有价值。从行政单位的人口来看，纽约817.513 3万，巴黎1 179.702 1万，伦敦782.52万，东京1 315.938 8万，而上海2 347.46万，人口最多。从行政单位面积来看，纽约1 214.4平方公里，巴黎(巴黎大区行政区)12 012平方公里，伦敦1 572平方公里，东京2 130平方公里，而上海6 340.5平方公里，小于巴黎，大于其他三个城市。在6个不同的领域，上海与这4个国际文化大都会的比较如下：

文化遗产。具体包括9项指标，分别是:(1)国家博物馆数:纽约5个，巴黎24个，伦敦11个，东京8个，上海27个。(2)其他博物馆数:纽约126个，巴黎113个，伦敦162个，东京39个，上海87个。(3)美术馆和画廊数:纽约721个，巴黎1 046个，伦敦857个，东京688个，上海208个。(4)博物馆和画廊参观人数占全市人口的百分比:纽约暂无数据，巴黎43%，伦敦53.6%，东京33%，上海47.5%。(5)5个最受欢迎的博物馆和美术馆参观人次(百万次):纽约15.4，巴黎23.4，伦敦25.3，东京9.7，上海6.6。(6)5个最受欢迎的博物馆和美术馆的人均参观次数:纽约1.9，巴黎2，伦敦3.2，东京0.8，上海0.5。(7)世界文化遗产保护地数:纽约1个，巴黎4个，伦敦4个，东京1个，上海没有。(8)其他遗产所在地、历史遗迹数:纽约1 482个，巴黎3 792个，伦敦18 901个，东京419个，上海2 049个。(9)公共绿地(公园和花园)占全市面积的百分比:纽约14%，巴黎9.4%，伦敦38.4%，东京3.4%，上海2.6%。

阅读文化。具体包括8项指标，分别是:(1)公共图书馆数:纽约220个，巴黎830个，伦敦383个，东京377个，上海477个。(2)每10万人拥有的公共图书馆数量:纽约3个，巴黎7个，伦敦5个，东京3个，上海2个。(3)图书借书人次(百万次):纽约为68，巴黎47，伦敦37.2，东京112.2，上海58.7。(4)人均图书馆借书次数:纽约8.3次，巴黎4次，伦敦4.8次，东京8.6次，上海2.5次。(5)书店数:纽约777个，巴黎1 025个，伦敦802个，东京1 675个，上海1 322个。(6)每10万人拥有的书店数:纽约9个，巴黎9个，伦敦10个，东京13个，上海15个。(7)珍本和二手书店数:纽约99个，巴黎282个，伦敦68个，东京681个，上海343个。(8)国内图书出版量:纽约为302 410个，巴黎74 788个，伦敦151 969个，东京78 501个，上海328 387个。

电影与游戏。具体包括10项指标，分别是:(1)电影院数:纽约117个，巴黎302个，伦敦108个，东京82个，上海230个。(2)电影银幕数:纽约501

块，巴黎 1 003 块，伦敦 566 块，东京 334 块，上海 670 块。(3)每百万人拥有的电影银幕数：纽约 61 块，巴黎 85 块，伦敦 73 块，东京 25 块，上海 28 块。(4)电影院入场人次(百万人次)：纽约暂无数据，巴黎 58.2，伦敦 41.6，东京 29.3，上海 22.9。(5)人均电影院入场次数：纽约暂无数据，巴黎 4.9 次，伦敦 5.3 次，东京 2.2 次，上海 1 次。(6)本国电影上映数：纽约 610 部，巴黎 575 部，伦敦 557 部，东京 799 部，上海 252 部。(7)外国电影上映数：纽约暂无数据，巴黎 305 部，伦敦 438 部，东京 358 部，上海 60 部。(8)电影节数：纽约 57 个，巴黎 190 个，伦敦 61 个，东京 35 个，上海 2 个。(9)最受欢迎电影节参加人次：纽约 410 000，巴黎 1518 000，伦敦 132 000，东京 121 010，上海 260 000。(10)电子游戏厅数：纽约 17 个，巴黎 14 个，伦敦 44 个，东京 997 个，上海 587 个。

表演艺术。具体包括 10 项指标，分别是：(1)剧院数：纽约 420 个，巴黎 353 个，伦敦 214 个，东京 230 个，上海 97 个。(2)剧院演出场次：纽约 43 004 场，巴黎 26 676 场，伦敦 32 448 场，东京 24 575 场，上海 15 618 场。(3)所有剧院年均入场人次(百万次)：纽约 28.1，巴黎 5.7，伦敦 14.2，东京 12，上海0.6。(4)每 10 万人剧院入场次数：纽约 3.5，巴黎 0.5，伦敦 1.8，东京 0.9，上海 0.3。(5)现场音乐表演场地数：纽约 277 个，巴黎 423 个，伦敦 349 个，东京 385 个，上海 44 个。(6)主要音乐厅数：纽约 15 个，巴黎 15 个，伦敦 10 个，东京 15 个，上海 4 个。(7)音乐演出场次：纽约 22 204 场，巴黎 33 020 场，伦敦 17 018 场，东京 15 617 场，上海 3 356 场。(8)喜剧演出场次：纽约 11 067 场，巴黎 10 368 场，伦敦 11 388 场，东京 8 452 场，上海暂无数据。(9)舞蹈演出场次：纽约 6 292 场，巴黎 3 172 场，伦敦 2 756 场，东京 1 598 场，上海 1 686 场。(10)业余舞蹈学校数：纽约 682 个，巴黎 715 个，伦敦 618 个，东京 748 个，上海 438 个。

创意人才。具体包括 4 项指标，分别是：(1)公立专业文化艺术高等教育机构数：纽约无，巴黎 30 个，伦敦 11 个，东京 1 个，上海 5 个。(2)私立专业文化艺术高等教育机构数：纽约 12 个，巴黎 73 个，伦敦 46 个，东京 16 个，上海 18 个。(3)公立专业艺术与设计院校学生人数：纽约无，巴黎 14 024 人，伦敦 34 920 人，东京 24 120 人，上海 13 324 人。(4)综合性大学艺术与设计院校课程学生人数：纽约暂无数据，巴黎暂无数据，伦敦 15 745 人，东京 25 444 人，上海 43 501 人。

文化活力和多样性。具体包括 11 项指标，分别是：(1)夜总会、迪斯科舞厅和舞厅数:纽约584个,巴黎190个,伦敦337个,东京73个,上海1 865个。(2)酒吧数:纽约7 224个,巴黎3 350个,伦敦2 143个,东京14 184个,上海1 320个。(3)每10万人酒吧数:纽约88个,巴黎30个,伦敦27个,东京108个,上海6个。(4)餐馆数:纽约24 149个,巴黎22 327个,伦敦37 450个,东京150 510个,上海55 614个。(5)每10万人餐馆数:纽约295个,巴黎189个,伦敦478个,东京1 144个,上海237个。(6)节庆活动数:纽约309个,巴黎360个,伦敦254个,东京485个,上海33个。(7)最受欢迎节庆参加人数:纽约250万人,巴黎150万人,伦敦150万人,东京127万人,上海30.6万人。(8)国际留学生数:纽约60 791人,巴黎96 782人,伦敦99 360人,东京43 188人,上海43 016人。(9)国际旅客数:纽约838万人,巴黎1 330万人,伦敦1 521.6万人,东京594万人,上海851.1万人。(10)国际游客占城市人口的百分比:纽约102.5%,巴黎112.7%,伦敦194.5%,东京45.1%,上海36.3%。(11)国外出生人口占城市人口的百分比:纽约36.8%,巴黎12.4%,伦敦30.8%,东京2.4%,上海0.9%。①

这个评估体系的价值在于,第一,聚焦于影响城市文化的文化要素,摒弃了把科技、教育、医疗卫生等许多内容纳入城市文化比较范畴的体系设计,从而使得城市文化的比较得以真正落在文化层面。第二,这个体系在具体指标设计上,除了进行各项指标的总量比较外,还专门设计了人均指标的比较,这就使比较研究的平面坐标建立了起来,比较可以在两个维度上进行,从而使得评估系统更加客观和科学。第三,对城市文化评估的6项分类中,专门设计了城市的文化活力这一大类,这是以往研究或评估体系设计中所没有的。这个概念的提出和运用,比以往研究中所使用的城市文化实力或城市文化竞争力要更加贴切和准确。

那么,运用这个评估体系是否可以看出上海建设国际文化大都市的短板问题呢?在这个评估体系中,可以发现上海建设国际文化大都市中的部分短板问题,但是另外一些短板问题却发现不了。或者说,浅层的短板问题是可以发现的,而深层的短板问题是发现不了的。因此,在借助这个评估体系的同时,还需要借助对城市文化建设经验进行客观阐释,才能够把握上海的短板问题以及形成这些短板的原因。

这个体系设计的主要问题在于,创意人才和文化活力这两个领域的具体

① [英]罗伯特·欧文斯等:《世界城市文化报告(2012)》,黄昌勇、侯卉娟、章超等译,同济大学出版社2013年版。

指标安排不合理。创意人才这一领域,非文化艺术高等教育机构数、艺术与设计学院的学生数这两项指标所能涵盖。尽管罗伯特·欧文斯等人认识到了创意人才的数量和质量对城市文化发展的巨大作用,但是他们没有找到一种合理评估指标或模型来反映这个问题。其次,城市的文化活力也不是舞厅、酒吧、餐馆以及节庆数量所能涵盖的,尽管这些场所和活动可以促进市民交流,对提升城市活力有重要的促进作用,但并不是促进城市文化活力背后的主要因素。

什么才是促进城市文化活力的主要因素呢?人群的聚集形成了城市,而城市的最基本功能,一是满足居民的物质生活需求,二是满足居民的精神生活需求。文化艺术是满足居民精神生活的最重要内容。人们常把文化艺术匮乏的城市称为文化荒漠,说明了文化艺术对城市的重要价值。一个城市不管它的形成是政治、军事还是商业、工业方面的原因,它的发展与繁盛一定离不开文化艺术的发展,一个背离文化艺术发展方向的城市必然走向衰落。这是世界城市发展的一般规律。

国际文化大都市的两个基本条件是,从文化艺术的创造层面看,其创造能力非常旺盛,创新动力强劲,文化艺术产品源源不断;从文化艺术的参与层面看,必须是全体或绝大多数市民的广泛参与。两者缺一不可。一个盛产文化艺术产品而市民鲜有参与其中并享受其成果,或者市民广泛享受外来文化艺术而鲜有自己创造的国际文化大都市都是不可想象的。国际文化大都市必然是一个文化艺术不断创新的市民群体的积极创造、一个广大市民的积极参与、一个全体市民共同享受其创造成果的文化之城。

这里有两个基本概念。一是市民。市民是一个城市的居住者,不管他来自本国还是来自外国,不管他是来自其他城市或者乡村,凡是居住在这个城市中的所有人,都是这个城市的市民。二是文化艺术的创造者。广义的文化艺术的创造者包括全体市民。狭义的文化艺术创造者是一个有文化艺术创造能力的特殊群体,既包括诗人、作家、画家、音乐人、歌唱家、舞蹈家、编舞者、演奏家、演员、评论家、出版家、建筑家、设计者、制作人等专业创作群体,也包括民间艺人、民俗专家、街头艺人等业余创作群体。

通过世界城市文化评估体系中的数据比较和阐释,上海市建设国际文化大都市的短板问题会更加清晰起来。总的来说,上海城市文化建设的硬件和软件都存在着差距和问题,尤其以软件建设的差距和问题更大。所谓硬件主要是指“文化供应”中的“基础设施”,而所谓软件则是指“文化供应”中的文化艺术产品供给，和“消费与参与”中的文化供给的受众规模和享受质量。具体来说，主要是表现在以下三个方面：

首先，文化基础设施建设和管理有缺口、有差距。尽管高大堂皇的剧院、博物馆、图书馆不是文化大都市最主要的标志和最核心的部分，但是没有这些也难以成为人们心目中的文化大都市。国际文化大都市必然是内容和形式的统一。内容的主要成分是文化艺术产品，而形式则是建筑和设备。从博物馆和美术馆（含画廊）、图书馆、剧场和电影院 4 个方面来看，上海都存在着不同的问题和差距。

上海博物馆的差距，一是总量不够。博物馆的总数除高于东京外，与纽约、巴黎、伦敦都有差距。美术馆（含画廊），上海最少，仅是巴黎的 1/5，伦敦的 1/4，不到纽约和东京的 1/3。二是人均更少。博物馆每百万人上海 4.8 个，纽约 16 个，巴黎 11.6 个，伦敦 22 个，东京 3.6 个。美术馆（含画廊）每百万人，上海只有 8.8 个，纽约 88 个，巴黎 89 个，伦敦 110 个，东京 52 个。上海博物馆和美术馆（含画廊）运行质量也有明显差距。从 5 个最受欢迎的博物馆和美术馆参观人次（百万次）看，上海还不到纽约的 1/2，是巴黎的 1/7，伦敦的 1/8，东京的 2/3。从 5 个最受欢迎的博物馆和美术馆的人均参观次数看，纽约、巴黎、伦敦、东京分别是上海的 6 倍、7 倍、11 倍和 3 倍。

图书馆，一是总量上不算最少，但是人均图书馆却最少。纽约、东京是上海的 3 倍，而巴黎、伦敦分别是上海的 7 倍和 5 倍。上海每百人公共图书馆藏书也只有纽约的 7%、巴黎的 44%、东京的 13%。二是布局不合理。图书馆的辐射半径，上海市 2 750 米，步行需要 40 分钟以上，而纽约是 1 344 米，巴黎 600 米，伦敦 1 145 米，东京 950 米。三是功能不完善。由于图书馆功能单一，缺乏特色，加之藏书有限，新书上架过慢等方面的原因，上海图书馆的持卡人数和人均借阅量都很低。

剧院的问题更大。一是上海剧院总量明显不足，与这 4 个城市有很大的差距，仅是纽约的 23%、巴黎的 27%、伦敦的 45%、东京的 42%。二是演出场次不足，是纽约的 36%、巴黎的 58%、伦敦的 48%、东京的 63%，而音乐和舞蹈的表演场次仅是纽约的 28%、巴黎的 32%、伦敦的 39%和东京的 49%。三是观众太少。上海的观众总数是纽约的 2%、巴黎的 11%、伦敦的 4%和东京的 5%。

上海的电影院总数和银幕总数已超过纽约、伦敦和东京，落后于巴黎。差距在于：一是每百万人拥有的银幕数仅仅超过东京，与其他三个城市还有较大差距，仅是纽约的 45%、巴黎的 32%、伦敦的 38%。二是电影院入场人次差距较大，是巴黎的 39%、伦敦的 55%、东京的 78%。三是公映电影数偏低，本国和国外电影加在一起，上海仅是纽约的 49%、巴黎的 39%、伦敦的 31%、东京的 27%。

此外，上海的文化基础设施还存在布局不合理的现象。该集中的没有集中聚集，该覆盖的没有覆盖到位。比如上海缺乏文化聚居区，没有与纽约的百老汇、林肯中心、伦敦西区相类似的演出集聚区和纽约第五大道这样的博物馆集聚区。而在一些社区和边远地区，存在文化基础设施覆盖面不到位或者功能不全的现象。

其次，文化艺术创作创新不足，优质文化产品供给乏力。文化艺术创新能力不足的主要表现：一是文化艺术作品缺乏原创性。原创作品的出版和推出越来越少，经典重演、重拍成为文艺术作品的主要内容。我在上海市芭蕾舞团、京剧团、越剧团、淮剧团、昆曲团等演出机构调研，发现几年来鲜有新剧上演，大多剧目都是经典剧目重演。二是原创作品的质量堪忧。原创作品不但数量越来越少，而且质量不高。近年来，几乎没有给市民留下深刻印象的作品出现。许多作品内容空洞，只有用华丽的包装来增加卖点，正如观众批评的那样，一流舞美、二流表导、三流编剧。三是文化艺术作品创作出现顾上不顾下的现象。所谓顾上，就是创作者一味地以得奖为目的，以得奖为创作的最高追求，以得奖作为衡量作品好坏的标准，结果造成了虽然作品得奖了，但是口碑不好，票房不高，拿回了奖杯，经济亏了，人气散了。所谓顾下，就是以观众的评价为标准。创作上的顾下越来越少，顾上又顾下也不多见了。最后，文化艺术创作人才的不断流失。有研究者专门做了一个对比研究，认为民国时期的上海，是新文化运动的中心，是中国无可争议的文学中心、电影中心、报业中心、出版中心，但是，今天的上海不要说中心，连半壁江山都岌岌可危。[①]以上这些状况的持续必然导致文化艺术创作难以有创新，继而导致优质文化产品供给的乏力。

第三，市民文化参与不够，享受文化艺术成果的机会不多。通过几组人均数据的比较，这个问题可以看得更加清楚：(1)从 5 个最受欢迎的博物馆和美术馆的人均参观次数看，上海人均只有 0.3 次，而纽约、巴黎、伦敦、东京分别是上海的 6 倍、7 倍、11 倍和 3 倍。也就是说，尽管在许多博物馆和美术馆免

① 许纪霖：《上海文化为什么今不如昔》，http://mt.sohu.com/business/d20170206/125611038_465403.shtml。

费参观的情况下，上海市民走进博物馆的不到总人数的三分之一。(2)从公共图书馆的情况来看，上海不但人均图书馆最少，每10万人才有一个图书馆，纽约、东京是上海的3倍，而巴黎、伦敦分别是上海的7倍和5倍，而且上海每百人公共图书馆藏书也最少，每百人只有53本，只有纽约的7%、巴黎的44%、东京的13%；更为严重的是，上海的公共图书馆持卡人数也最少，仅占总人口的8%，不到纽约的1/8，而在持卡人中，人均借阅量也最少，只有1.82册，仅是纽约和东京的21%、巴黎的45%、伦敦37%。一方面说明，市民利用公共图书参与阅读的人数很少，另一方面，在少数阅读人群中，阅读也不是常态。(3)戏剧在现代化大都市建设中承载着重要功能。戏剧与阅读文本、电视、电影的不同之处在于，它不是由作家和演员在私人空间中完成的，而是在剧场这个公共空间中，由艺术家和观众共同形成的“场”中完成的，因此与观众的互动最强，联系观众最为紧密。但是上海演艺产品很难进入广大市民的日常生活，从人均看演出的次数来看，上海只有0.3次，是纽约的1/12、巴黎的1/2、伦敦的1/6、东京的1/3。剧院少、演出少、观众少的情况非常突出，戏剧观众属于小众之列，因此，剧院很难成为文化艺术作品与市民之间的精神纽带。(4)电影与上述三个领域相比，受众最多，但年人均观影人次也很低，只有1次，伦敦、巴黎、东京分别是上海的5.3倍、4.9倍和2.2倍。这说明，尽管市民通过电影接触文化艺术作品的情况比博物馆(美术馆)、图书馆和剧院的情况要好，是上海市民参与文化艺术活动的最主要方式，但是这个群体仍然是小众。由此可见，上海广大市民接触和参与文化艺术活动非常不足，享受文化艺术对他们来说，只是偶尔为之，并非生活中的一种常态。文化艺术产品对广大市民来说，是生活中的奢侈品，还不是生活中的必需品。

三、

为什么文化艺术产品不能成为上海市民的生活必需品呢？为什么参与文化艺术活动不能成为上海市民的一种生活常态呢？有许多原因，而最根本的原因有两个，一是文化供应(供给)不足；二是文化供应(供给)的质量不高。而文化供应(供给)不足和文化供应(供给)的质量不高的主要原因是，文化体制改革不到位，体制改革所释放的空间还远远不够。

计划文化体制的惯性是不可低估的。长期计划文化体制所形成的制度惯性对上海文化的影响巨大，甚至渗透到人们的心理层面，非一朝一夕的改革所能根除。这种体制的特点是,政府垄断文化资源,并通过文化事业单位分配文化资料,既排斥市场,又排斥社会力量。这个体制的惯性表现在:一方面,从政府层面来看,仍然拥有庞大的资源和配置能力,并且相信政府这只有形的手是文化艺术生产的主导者。从文化事业单位来看,由于长期在封闭的环境下生存,因而养成了依赖政府、崇尚权力、害怕竞争的心理,总希望政府在市场中扎起篱笆,给其保留领地,保护其垄断性经营。尽管近10年的事业单位企业化改革取得了突破性进展,将一批文化事业单位推向市场,但不少单位依然像长不大的孩子,断不了奶,习惯于向体制内部寻求依赖,以争取更多的补贴资助或垄断经营的特权。正如有研究者指出的那样,上海的大部分文化资源至今为止依然被事业单位垄断,文化市场的发育与活力远远不够。文化人普遍惧怕竞争,循规蹈矩,有一种典型的"事业单位人"心态。①具体而言,在上述4个领域,除公共图书馆必须保留事业体制外,博物馆(美术馆)、演艺、电影的问题都非常突出,主要集中在两个方面:

一是在市场化取向的改革中,体制内外有别,存在着重体制内、轻体制外的现象。有研究表明,体制内外,背景不同,差别很大。主要是,首先国有行政性文化建设主体垄断资源(如上海文广演艺集团、上海电影集团等),限制了民营主体的发展空间;其次民营文化建设主体无法享受公平待遇,发展面临诸多困难,如融资难、信息不畅以及无法享受公平的优惠政策;最后,民营文化类组织的成立受限很多。②

比如尽管放开了社会资本进入博物馆(美术馆)的限制,但民营博物馆(美术馆)的发展远比国有的艰难得多。由于国有博物馆和美术馆(含画廊)占比过高,国有与民营的结构不合理,国有馆独家做大,国有馆(廊)管理和运行质量存在的许多问题一直得不到解决,加之博物馆和美术馆(含画廊)一般都体量较小,所以上海至今没有具有国际影响力的博物馆和美术馆(含画廊)。上海的剧院、剧团情况也是如此。上海97家剧院基本都是国有。而纽约420家剧院中,国有只有4家,伦敦214家中只有2家,东京230家中只有4家。上海的剧团更是为国有所垄断,尽管有几十家民营剧团,但是大多有名无实,即使榜上有名的几家民营剧团,也是人员极少、设备简陋、办公条件很差。

总的来说,上海民营文化企业看似数量不少,但大多体量小、实力弱,至于

① 许纪霖:《上海文化为什么今不如昔》,http://mt.sohu.com/business/d20170206/125611038_465403.shtml。

② 陈圣来、徐清泉、蔡丰明、郑崇选、任一鸣:《上海文化建设主体多元发展的问题及对策》,《上海文化发展报告(2015)》,社会科学文献出版社2015年版。

非营利文化组织数量极少、实力更弱。一方面，国有文化组织几乎垄断了文化艺术产品的供应（供给），但能力有限、效率不高，另一方面，民营文化组织却难以参与文化艺术产品的供应（供给），其发展受到诸多的限制，这是深化文化体制改革必须要解决的问题。

二是文化体制改革以市场化作为唯一的目标，忽视了文化艺术生产的自身规律，造成体制内外的文化艺术组织无所适从。以公益性和经营性、文化事业和文化产业这一标准给文化艺术组织进行分类，非此即彼，造成理论上的许多困惑和实践中的许多困难。从近年来的实践来看，这种分类起码对博物馆（美术馆）、演艺机构不能完全适用。

以演艺机构为例，文化体制改革前属于文化事业体制，这个体制的弊端是，演艺机构对政府依赖严重，缺乏主动性，难以成为独立的法人主体。演艺体制改革后，大多数演艺机构要成为企业，改革的目的就是阻断演艺机构对政府的依赖，扶持其成为独立的企业法人，成为自主经营的责任主体。但是，对绝大多数演艺机构来说，企业体制很难适用。

经营性演艺机构除了较少的演艺公司能够盈利之外，绝大多数都难以从市场挣取足够商业回报维持生存，这是不争的事实，也是演艺业的特殊性所在。如果考虑到这一基本实际，那么要把大多数演艺机构培育成为合格的市场主体是不可能的。这样势必回到事业体制的老路，即从市场能挣多少就多少，不足的部分还是由政府兜底。演艺机构的创造活力来自它的责任性和主动性，这种责任性和主动性必须有一个适合的主体才能承担起来，而这个适合的主体既不是文化事业单位所能承担，也不是文化企业单位所能担当，必须是一个新型的责任主体。这是一个什么样的责任主体呢？

综上所述，上海建设现代化文化大都市的主要短板，一是文化产品供应（供给）不足，二是文化产品供应（供给）的质量不高，而文化产品供应（供给）不足主要是因为文化生产主体不足所致，文化产品供应（供给）的质量不高主要是因为文化生产者的责任主体不明确。因此，必须通过深化文化体制改革，解决文化生产主体不足和文化生产者的责任主体不明确的问题，具体建议如下：

首先，营造多元文化生产主体平等发展的文化生态环境。政府部门首先要养成和树立建设现代化文化大都市必须依靠多元文化建设主体的意识，摒弃依靠体制内的习惯思维和做法，大力倡导开拓进取、敢于创新、包容多元的文化氛围，鼓励试错、宽容失败、容纳个性，培育各种不同文化建设主体平等发展的环境，让体制内与体制外、国有与民营、内资与外资、区域内与区域外、集体与个人、事业、企业和非营利、中介与平台等都能有脱颖而出的机会。

其次，深化体制改革，推进文化生产主体的多元格局。一方面，政府部门要在市场准入上大胆推进，有所突破，撤除在国有与民营之间的藩篱，减低社会资本进入文化艺术领域的门槛；另一方面，要运用财政税收等政策杠杆，降低各类文化组织的日常运作成本，鼓励和引导更多的社会和个人资本进入文化领域。比如，对文化基础设施的不足，政府可以通过科学规划、合理布局、政策扶持、制度保障等办法，鼓励和吸引社会力量参与图书馆、博物馆（美术馆）和剧院的建设。

最后，创新体制和机制，培育文化艺术组织成为新型责任主体。要有一种特殊的体制和机制设计，能够使得一个责任主体，一方面可以从市场上获取商业回报，一方面又能接受社会捐赠，同时还可以取得政府支持。这个责任主体既不同于文化事业单位的责任主体，也不同于企业单位的责任主体，是一种新型的责任主体。博物馆（美术馆）和演艺机构都可以通过改革，培育成这样的责任主体。

以演艺机构为例，此前演艺业市场化取向的改革无疑是正确的。实践证明，演艺业的事业体制已经到了难以为继的地步，非改革不可。市场化取向的改革正在接受实践的检验，其主要问题已经显现。尽管不少国有院团在转制改企后，市场意识有所增强，经营能力也有提高，但是其商业回报还是不足以维持自身的运行，还需政府的财政支持。如果要维持生存，一方面不得不提高演出票价以增加商业回报，一方面开始同政府新一轮的财政博弈。

正因如此，市场化改革后，演艺业并未出现预期的效果。演艺业良好的生态环境是政府、演艺主体和广大市民间的良性互动，是政府支持、演艺主体出力和广大市民受益的良好局面。现在却是相互抱怨的局面：政府抱怨演艺主体拿政府钱太多，演艺产品叫座太少，广大市民抱怨好的演出太少，票价太高，而演艺主体则抱怨政府一味强调市场化、甩包袱。

为此，要打造非营利性演艺组织，使演艺机构既具备市场特性又具有公共特性。非营利性演艺组织与营利性演艺组织的最大不同与组织所得利润无关而与各自的宗旨有关。演艺机构要打造成为非营利组织，必须满足以下两个基本条件：第一，组织的首要目的一定不是“金钱至上”的；第二，除了薪资、费用和酬劳以及所发生服务的补偿金，组织的所有收益、资产或利润均不可用作个人（主管和成员）的收益。一方面，非营利演艺组织可以通过经营活动，从市场上挣回必要的商业补偿，另一方面，可以接受社会捐赠和政府资助，承担公共职能，向社会提供公共产品，既有市场特性又有公共特性。

除少数演艺机构保留事业体制和企业体制外，绝大多数演艺机构都可以进行非营利组织的改造。进行改制的基本目标是，第一，独立的法人实体；第二，有更好的内部监管组织规范；第三，可以接收拨款、捐赠、捐献；第四，可以取得政府给予的免税地位。非营利演艺组织顺利运行取决于立法的保障。上海可以在非营利组织分类系统、减免税和财政支持规范化上进行地方立法，在全国先行一步。

凡是不适合市场化改革的文化机构都可以进行非营利组织的改革。这些文化艺术组织和机构改制成为非营利组织后，既可以走出事业体制的老路，又可以在市场化取向改革的基础上往前迈出一大步，必将呈现一种新体制、新机制的活力，进而激活整个文化艺术生产主体的创造力，推动上海建设国际文化大都市快步向前。

Research on "Short Board" in the Construction of Modern Cultural Metropolis in Shanghai

Ling jinzhu

Abstract: This paper focuses on the "short board" problem in the construction of modern cultural metropolis in Shanghai. Using the path of comparison and the method of demonstration, set up a reference system to find and demonstrate the short board problem of building a modern cultural metropolis in Shanghai. The problem of the short board is highlighted in this system. Further analysis of the causes of the short board, and put forward the policy suggestions to solve the short board.

Key words: Shanghai; cultural metropolis; short board; analysis system; policy suggestions

符号、消费与遗产建构：乡村振兴战略下海昏侯国遗址旅游业态发展探究*

江西师范大学　刘爱华　江西省社会科学界联合会　吴　峰

［内容提要］ 海昏侯国遗址作为近年来国内的重大考古发现之一，不仅文物价值突出，在文化经济迅猛发展的今天，其旅游价值也逐步凸显。在乡村振兴战略大刀阔斧推进的当下，应注重海昏文化符号提炼，顺应、引导其符号消费，加快遗产旅游发展，成为当地产业振兴的重要发展路径和努力方向。因此，围绕遗址景区，注重当地旅游资源整合，积极拓展"遗产＋旅游""遗产＋农业""遗产＋非遗""遗产＋体育""遗产＋电商"等延伸旅游业态，用关怀、胸怀、情怀推进乡村振兴，在深度把握其内涵、价值及目标的基础上，大力推进当地遗产旅游产业，以切实提升人们的生活水平。

［关键词］ 乡村振兴；海昏侯国遗址；海昏文化；符号消费；遗产旅游

南昌汉代海昏侯国遗址包括海昏侯墓园、紫金城城址及贵族、平民墓葬区，文物丰富、价值重大，是我国目前发现的面积最大、保存最好、内涵最丰富的汉代侯国聚落遗址。作为文物价值突出的遗址，在乡村振兴时代大潮下，海昏侯国遗址保护成果如何更好惠及广大人民群众，成为海昏文化品牌塑造的重要内容。笔者拟在乡村振兴战略的时代背景下，充分挖掘海昏符号，推动海昏符号消费，并立足遗产旅游，探究海昏侯国遗址旅游的可能业态。

* 本文系国家社会科学基金重大委托项目"海昏侯墓考古发掘与历史文化资源整理研究"(16@ZH022)、江西省社会科学"十三五"(2016 年)规划重点项目"海昏历史文化资源及其利用研究"(16WTZD05)和江西省高校人文社会科学研究项目"江西文化产业品牌培育与发展研究"(批准号：JC1404)的阶段性成果。

一、乡村振兴战略与海昏侯国遗址

乡村振兴战略是党的十九大提出的唯一一项新战略，是和科教兴国战略、人才强国战略、创新驱动发展战略、区域协调发展战略、可持续发展战略、军民融合发展战略并列的七大战略之一，也是建设现代化经济体系的重要内容和战略部署。乡村振兴战略立足国情，从中国城乡融合发展的高度看待农业农村发展问题，是新时代中国解决“三农”问题的新战略新部署新布局，是党对中国乡村发展规律的科学研判基础上的宏观决策。“农业农村农民问题是关系国计民生的根本性问题，必须始终把解决好‘三农’问题作为全党工作重中之重。”①

我国是农业大国，在新中国建立初期为了建设完整的工业体系，国家对农业农村实行了“汲取”的政策，全力支持城市工业发展，大量农产品、原料源源不断涌向城市，农业农村为城市工业发展做出了重大贡献。20 世纪 80 年代以来，随着改革开放政策的推进，农村经济活力极大激活，乡镇企业快速发展，成为中国经济发展的一个亮点。“乡镇企业从业人员从 1978 年的 2 800 万人增加到 1996 年 1.35 亿人的顶峰，年增长率达到 9%。乡镇企业的增加值从 1978 年占国内生产总值不到 6%，增长到了 1996 年占国内生产总值的 26%。”②但由于产权制度改革的失败及城乡二元经济结构的束缚，曾经辉煌一时的乡镇企业逐步衰败，对农村劳动力的吸附性大大降低，大量农村剩余劳动力转移到城市，形成中国独特的“候鸟一族”，即农民工群体。乡镇企业的衰败，农村劳动力的转移，导致农村的空心化，“大量农村劳动力转移，不仅形成农村人口的空心化，而且还产生了一系列连锁反应——农业产业人才流失、留守群体社会救助缺失、农村整体布局严重破坏以及乡村文化发展后继乏人等。”③农村空心化的后果，又进一步导致人才的空心化、服务的空心化、土地的空心化及文化的空心化。21 世纪以来，城乡差距进一步拉大，“三农”问题进一步凸显。党和政府对此高度重视，将“三农”问题摆在首位，出台一系列强农惠农富农政策，统筹推进城乡协调发展，通过工业反哺农业、城市反哺乡村，

① 习近平：《决胜全面建成小康社会 夺取新时代中国特色社会主义伟大胜利——在中国共产党第十九次全国代表大会上的报告》，中国政府网，http://www.gov.cn/zhuanti/2017-10/27/content_5234876.htm。

② [美]巴里·诺顿：《中国经济：转型与增长》，安佳译，上海人民出版社 2016 年版，第 244 页。

③ 范东君：《农村空心化挑战及其化解之道》，《光明日报》2015 年 6 月 3 日。

实现了农业连年丰收、农民收入持续增长、农村社会和谐稳定，新农村建设取得较大的成绩。当然，由于城乡二元体制依然存在，农村产业的空心化，极大地制约着农业农村的持续快速发展。在这样的时代背景下，乡村振兴战略的提出，可以看成是新时代新阶段新农村建设的新探索、新航向和新启程，城乡融合发展的理念，也是以往统筹城乡发展、城乡一体化等探索的继续和深化，且将农业、农村并列，提出要坚持农业农村优先发展，加快推进农业农村现代化，突出了"三农"的首要、基础地位。乡村振兴战略对于新农村发展的前景、内涵也作了深入精准的顶层设计，在十六届五中全会"生产发展、生活宽裕、乡风文明、村容整洁、管理民主"的基础上，提出了"产业兴旺、生态宜居、乡风文明、治理有效、生活富裕"的发展总要求，高标准、严要求、宽视野地设计好乡村发展定位、目标、走向。

南昌汉代海昏侯国遗址包括海昏侯陵、紫金城城址及贵族、平民墓葬区。以紫金城城址为代表的海昏侯国都和以南昌西汉海昏侯墓为代表的墓葬区，是我国目前发现的面积最大、保存最好、内涵最丰富的汉代侯国聚落遗址。海昏侯墓，位于江西省南昌市新建区大塘坪乡观西村附近，被专家考证为第一代海昏侯即汉废帝刘贺陵墓，故而其社会知名度、关注度、美誉度大为提升。海昏侯墓园以海昏侯刘贺墓和侯夫人墓为中心，还包括 7 座祔葬墓，1 座车马坑，堂、寝、厢房、门阙及道路设施、排水系统等，面积 4.6 万平方米。紫金城遗址，位于大塘坪乡接壤的铁河乡陶家村，为海昏侯国都城遗址，东邻赣江，北依鄱阳湖，平面呈曲尺形，分内城和外城，总面积约 3.6 平方公里。花骨墩、祠堂岗、墎墩(刘贺墓园)、苏家山等几代海昏侯的墓葬区分布在紫金城的西面和南面附近。此外周边还分布着贵族和平民墓葬区。

海昏侯墓所在的大塘坪乡，地处新建区东北部，赣江西岸，濒临鄱阳湖，距省会南昌 45 公里。东南与象山镇接壤，南与金桥乡毗邻，西北与永修县三角乡隔河相望，东北与铁河乡相连。全乡面积 56 平方公里，辖 18 个村委会和 2 个社区居委会，3.1 万人。全乡耕地面积 5 万亩，其中水田 4.6 万亩，旱地 0.4 万亩，以传统农业为主。2014 年，农民人均纯收入达到 8 000 元。①该乡人均收入比较低，生活比较困难，而作为海昏侯墓附近的观西村为一个行政村，由 8 个自然村组成，总共 400 多农户，1 900 多人。自古以来这里人多地少，平均

① 《大塘坪乡简介》，新建区人民政府网，http://www.xinjian.gov.cn/Item/43397.aspx。

每人不到 2 分田地。①而紫金城遗址所在的铁河乡，属于传统农业乡，以水稻种植为主导产业，水产养殖为辅，无其他工副业，经济发展也比较落后。铁河乡位于新建县最北端，地处赣江下游，东临赣江，南连象山，西邻大塘，北靠鄱阳湖，与闻名世界的鄱阳湖候鸟保护区一湖之隔，距离南昌市区 60 公里。全乡面积 50.1 平方公里，辖 3 个国营分场、4 个集体行政村，1.2 万余人。全乡耕地面积 34 881.32 亩，养殖水域面积 15 530 亩。2014 年农民人均纯收入达到 7 600 元。②

海昏侯国遗址是近年来我国重要的考古遗址，在发掘保护方面也取得了重大成绩，2015 年入选中国文物报社和中国考古学会主办的素有考古界“奥斯卡”之称的“中国十大考古新发现”，入选由中国社会科学院主办、中国社会科学院考古研究所和考古杂志社承办的“中国社会科学院考古学论坛·2015 年中国考古新发现”揭晓的“2015 年中国六大考古新发现”、入选经中国考古学会田野考古奖评审专家组投票选举的全国田野考古奖(2011—2015 年度)二等奖等，2016 年入选国家大遗址保护“十三五”专项规划，2017 年入围国家文物局公布的第三批国家考古遗址公园立项名单。因其重大的文物价值、历史价值、考古价值，江西省委、省政府对海昏侯国遗址公园建设提出了高标准，即“三四三”目标定位③，全力打造江西文化旅游“新名片”和全国大遗址保护建设的“江西样本”。对当地来说，海昏侯国遗址是一个富矿，其隐含的意义，不仅是重要文物遗址，也是重要经济发展资源，不仅是重要的文化名片，也是重要的旅游名片。在乡村振兴战略大力推进的今天，如何有效利用海昏侯国遗址资源？笔者认为，应在注重保护的同时，积极整合当地人文资源，带动当地遗产旅游产业发展，助推扶贫工作，提升人民生活水平，全面决胜建成小康社会，让遗产保护最大程度地惠及当地群众。

二、文化遗产符号与海昏文化符号消费

在全球化的今天，随着城镇化进程的加快，污染严重、交通阻塞、能源短

① 吴齐强:《海昏侯墓，江西怎样打好这张牌》，人民网，http://data.people.com.cn/rmrb/20160329/20。

② 《2014 年铁河乡简介》，新建区人民政府网，http://www.xinjian.gov.cn/Item/43812.aspx。

③ “三四三”目标定位为“三个一流”、“四个结合”和“三个目标”。“三个一流”是指一流的考古水平、一流的文物保护水平和一流的展示水平；“四个结合”是指坚持遗址公园建设：与当地经济社会发展相结合、与当地群众生活水平相结合、与当地城乡基本建设相结合及与当地环境改善相结合；“三个目标”是指将遗址公园建设成为:国家考古遗址公园、国家 AAAAA 级文化旅游景区和世界文化遗产。

缺、人际淡漠，现代性的危机暴露无遗，人们对以往简朴、温馨的前现代生活无比留恋，文化乡愁汹涌袭来，"在快速城镇化过程中所有城市居民、农民工都存在无助感、失落感和排斥感，'城乡之愁'也就蔓延至全国，对城镇化发展失落与期待并存，'乡愁中国'成为乡愁主体对当代中国城镇化发展忧喜交织心绪及对'乡村中国'美好温馨一面镜像化放大等混杂心态的一种直观写照"。[①]文化遗产旅游作为文化旅游的一种形式，蕴含了人们对过去简朴、温馨生活的一种缅怀与追忆。通过对遗址符号的认知、解读和思考，拉远其与现实的距离，从而实现对文化乡愁的融入、凝视与体悟。

"在当代，个人不是作为生产者实现人生价值，而是作为消费者，尤其是作为一个符号消费者存在。"[②]符号化消费是消费社会的重要特征和呈现形式，文化遗产符号化能够更好地展示其历史价值、文化内涵。制造文化遗产符号，推动文化遗产符号化，成为文化遗产保护利用的重要趋势和发展路径。这样一方面文化遗产的本真性多元化解读成为可能。通过口头讲述、文本书写、舞台展演、数字媒介等传播途径，文化遗产符号的所指不断被制造，其真实性不断被转译、重构，政府、媒体、地方学者及游客对其理解、解读的差异，使文化遗产客体的真实性因消费主体的不同而产生差异，形成多元化的解读。另一方面符号化提升了文化遗产的展示价值。通过高科技的应用，文化遗产符号化突出，符号的传播更为便捷、高效，文化遗产内涵不断被消减又不断被深化，在文化遗产客体不断隔离化、抽象化、虚拟化的同时，由于多元媒介的播布、遗产科技的融合、消费体验的升级，其内涵不断被转译、重构、延展和深化。

海昏文化符号源自海昏文化，是海昏文化形式与内涵的符号化。海昏文化是指自西汉海昏侯国建立起在鄱阳湖地区不断融汇南北文化包括周边文化而逐步形成的一种区域文化，它是豫章文化的重要构成部分，包括海昏县文化、海昏侯国文化、海昏侯文化、海昏侯墓文化及以海昏为核心概念的相关文化五大块。基于海昏文化的构成，海昏文化符号则包括两个层面，一个是历史维度的，即所有海昏县、海昏侯国、海昏侯、海昏侯墓及以海昏为核心概念的文化的符号体现，不仅仅是指文物，也包括历史上相关的社会文化、区域社会、贵族生活等符号化表达、展示形式，另一个是现实维度的，即上述五部分内容相关的现实符号制造、生产，立足于海昏文化保护与利用所采取的一系列措施所产生的符号化表达、展示形式。

---

① 刘爱华：《城镇化语境下的"乡愁"安放与民俗文化保护》，《民俗研究》2016 年第 6 期。

② 赵毅衡：《符号学原理与推演》（修订本），南京大学出版社 2016 年版，第 7 页。

海昏文化符号是一套内涵丰富的符号体系，内容庞杂，既包括遗址本身的符号，也包括遗址生产的符号，简单来说，可归纳为两大类：一是文字符号。海昏侯墓出土了5 200多枚竹简和近百版木牍，大量青铜器、漆器、玉器，其文字大致有篆书、隶书和楷书三种。青铜器上的铭文、玉印上的刻字等属于篆书，如"昌邑籍田铜鼎""大刘记印"等。漆器、竹简、木牍上的文字属于隶书，如"瑟禁漆铭""昌邑九年造"等。马蹄金、麟趾金上、中、下三个字，金饼上题记属于楷书，如金饼题记"南海海昏侯刘贺凑金一斤"。这些文字书写风格多样、技法纯熟、拙朴俊朗、端庄大度，是书法艺术研究的重要参考范本。这些文字符号也包括海昏文创产品中使用的文字符号，如文件袋、文件夹中使用的从竹简木牍抽离出来的文字。二是非文字符号。海昏侯墓中除去文字符号以外的所有信息均属于非文字符号，主要包括图片、色彩、雕塑、建筑、布局等符号。图片符号是指二维空间的各类图像符号，如孔子像、"四灵"图像、玉舞人图像、玉神兽图像等符号及各种纹饰①如涡纹、麦穗纹、谷粒纹、卷云纹、柿蒂纹、梅花鹿纹、龟背纹、饕餮纹、羽人纹、朱鸟纹、凤鸟纹、缠枝纹、龙纹、虎纹、天象纹、几何纹等符号。在紫金城遗址采集的夹砂印纹陶片、灰质陶片、灰陶瓦当等标本上亦有方格纹、盆纹、网结纹、米字纹、兽纹等符号。色彩符号是指海昏侯墓中依托文物所展现的红、白、青、黑、黄、金等各种颜色符号。雕塑符号在这里是泛指，既包括采用雕刻、塑造方法制作出的立体形态造型艺术，也包括三维空间的具体文物，如伎乐俑、铜螭龙、说唱俑席镇、嵌贝鹿形席镇、雁形镇、编钟底座、藉田鼎、博山炉、雁鱼灯、蒸煮器、染炉、温鼎、编钟、提梁卣、马蹄金、麟趾金等造型符号。建筑符号是指海昏侯墓中两座主墓、七座袝葬墓、一座陪葬坑和园墙、门阙、寝、祠堂、厢房、园寺吏舍及道路系统和排水设施等建筑基址构成的符号，也包括未来创意开发建设的海昏侯墓考古遗址公园、遗址博物馆及其他融入海昏文化的建筑符号。还有紫金城遗址双城墙、护城河、角台、马面等防御设施的建筑符号。布局符号是指海昏侯墓园的总体布局，既包括由一座大墓、一座夫人墓、七座袝葬墓、一个车马坑、两座水井及祠堂、寝、厢房、墓园墙、道路、排水系统等组成的墓园整体布局的指示符号，也包括海昏侯主墓中钱库、粮库、乐器库、酒具库、衣笥库、武库、文书档案库、娱乐用器库、厨具库("食官"库)、乐车库、车马库的结构分布及墓室内棺椁、案、几、床等放置所构成的位置符号。

在消费社会，符号消费不是它的物质性，而是它的差异性。法国著名哲学

① 从整个画面来看，纹饰在图片中居于次要地位，起修饰作用，与图像在功能上有差异。

家让·鲍德里亚(Jean Baudrillard)在《物的体系》中明确指出:“要成为消费的对象,物品必须成为符号……它被消费的——但(被消费的)不是它的物质性,而是它的差异(difference)。”①海昏文化作为符号,具有稀缺性、差异性、唯一性,这种特征避免了日常消费的同质化、单一化、山寨化,在符号消费中,游客能够通过对符号的破译、转译,重构具有一定历史深度的海昏侯国遗址的真实性,尽管这种真实性并非是遗产客体本身的真实性,如海昏文创产品、汉风小镇等,但它源自海昏文化符号,在能指的有限范围内,其所指却更具弹性空间,真实性的体验也更具有个性化的特色。“消费者期望通过特色产品的消费,来彰显自我的身份感,并在‘他者’对‘自我’消费的产品的回应中,探寻自我。”②这种个性化的追求,通过对“我者”世界紧张的逃离及“他者”世界舒缓的欣赏,从而提升深度的遗产体验、历史感悟和文化认同。当然,海昏文化的符号性消费,不仅仅包括在遗产旅游中的情感共融,也包括购置的特色文创产品,固化、延续、重构遗产客体的真实性,符号性地构建一个超越自我的“他者”的文化形象,甚至还包括游客通过相机、微信照片展示出来的及时体验,“我去过了”,通过符号的传播,消解、缓解“我者”世界日常的紧张、压抑,从而凸显、放大边缘化、机制化、隐蔽化的自我的个性张力。

三、海昏文化遗产的多元建构

文化遗产是稳定的,通过对遗产客体的深度解读,可以接近历史的本来面貌。从物质文化遗产来说,它是静态的、固态化的,通过文字、纹饰、图像、造型、色彩、建筑等元素或符号,其历史文化内涵能够被破译、解读,其历史性、区域性、差异性等得以体现和展示。而非物质文化遗产,也是通过一定的物质载体展现的,尽管它是动态的,但其在历史长河中也有一些恒定的东西,如精神、规制、文脉等,在传承中是基本不变的,也就是说其符号元素在发展中具有相对不变的一面。因此,文化遗产是稳定的,是由多元符号组合构建起来的一个相对完整的表意系统。

同时,文化遗产又是发展变化的。遗产客体虽然是固化的,但它不可能远离人们的生活,总会不断烙下人类不同阶段的时代痕迹,构成人们生活的一部分,如历史街区、传统村落等。“文化遗产并不意味着死气沉沉或者静止不变,

① [法]让·鲍德里亚:《物体系》,林志明译,上海人民出版社2001年版,第223页。
② 吴兴帜:《文化遗产旅游消费的边界体系构建》,《民族艺术》2017年第4期,第61页。

她完全可能是动态的、发展变化的和充满生活气息的。许多文化遗产仍然在人们的生产生活中发挥着重要作用,充满着生机与活力。”①且对于相对静态的固化的物质文化遗产的遗产客体,基于自我需求和个性展现的需要,遗产主体会主动地对其进行选择、筛选,从而使其需求呈现出一定的个体性、异质性、独特性。对于非物质文化遗产,它是变动不居的,具有活态性,时时刻刻都在变化,不断汲取时代因子,使其呈现出既是原物又非原物的特点,不断融入人们的生活并改变人们的生活。

海昏文化遗产虽然是静态的,固化的,但它作为一种媒介走进人们的生活,却总会因为遗产主体的主观目的、信息获取及素养能力的差异,对遗产客体破译、转译程度不同,使得其在保护、传播、利用等方面呈现多元性的符号意义。也就是说,海昏文化遗产融入了人们的生活,其被解读的高度、深度、广度均有差异,谁更接近历史真实,并没有一个客观的标准。虽然不能说“一千个读者,就有一千个哈姆雷特”,但海昏文化遗产却因融入了遗产主体的主观解读,呈现的形象也就具有差异性。在保护、传播、利用过程中,政府、媒体、研究者、社会大众等都是主体,从各自的利益需求出发,都在按照自己的“图像”讲述海昏故事,在多元主体互动中,不断建构、重构海昏文化遗产。当我们认清遗产真实性本质的时候,就会在内心思考这样的问题:谁的遗产?遗产价值如何?遗产如何宣传?遗产如何利用?“人类遗产事实上从一开始就是一种‘建构’,而且一直处于‘建构’之中。”②

海昏文化遗产符号、价值也是一个不断建构的过程,如海昏侯刘贺的形象,遗产主体对其建构就有差异。对政府来说,政府出于经济发展需要,将刘贺作为一个大的筹码,更看重其身份地位,重视挖掘其亮点、看点和卖点,对于刘贺形象并不很在意。2016 年 3 月 2 日,当海昏侯墓墓主身份确定为第一代海昏侯刘贺时,在北京首都博物馆礼仪大堂举办了由江西省人民政府主办的南昌汉代海昏侯国考古新闻发布会和《五色炫曜——南昌汉代海昏侯国考古成果展》的开幕式,利用新闻媒体的集中宣传,放大、提升了海昏侯墓的文物价值。2016 年 6 月 7 日,副厅级单位南昌汉代海昏侯国遗址管理局正式挂牌成立。随后江西省委、省政府积极推动海昏侯国遗址公园申报工作,并对其高标准提出了“三四三”的目标定位,以期将它打造成为大遗址建设的“江西样本”,江西文化的“新名片”。因此,政府看重的并不是刘贺形象好坏,或者说那不是

① 单霁翔:《历史文化街区保护》,天津人民出版社 2015 年版,第 155 页。
② 李士全:《品牌文化遗产概论》,当代世界出版社 2013 年版,第 190 页。

它最关心的，而是看重海昏侯墓的墓主是汉废帝刘贺，拥有帝王侯民四种角色，在历史上具有传奇色彩，且海昏侯墓出土的大量文物精品，其影响力、知名度也为其所看重。对媒体来说，更看重的是新闻价值，新闻的吸睛指数，除了对“孔子屏风”、“火锅”、雁鱼灯、凤鸟纹提梁卣、铁编钟、马蹄金、麟趾金、金饼、金板、玉神兽等素材进行新闻制造外，对于海昏侯刘贺的形象，媒体也企图进行“翻案”。从新闻标题来看，《刘贺“归来”》《“海昏侯”刘贺的余生：疲病交加仍然心有不甘》《西汉海昏侯刘贺“在位 27 天坏事做尽”是史书的丑化?》《班固，你跟海昏侯有仇?》《带你还原“汉废帝”刘贺的多面人生》《刘贺荒淫？文物翻案!》《海昏侯刘贺究竟是个怎样的人》《海昏侯刘贺文化程度有多高就看 5 000 多竹简能读出啥了》《海昏侯身后，是一幕幕宫廷政治大戏》等，都旨在“翻案”，撩拨大众的探秘的心理和神经。至于网络电影《海昏侯传奇之猎天》《海昏侯传奇之藏锋》《守墓人之海昏侯迷踪》《守墓人之龙棺海昏侯》四部曲更是“还原”了海昏侯刘贺的形象，认为刘贺生前受过良好教育，喜好舞文弄墨，刘贺完全是政治斗争的牺牲品。对研究者来说，对刘贺形象的认识形成了截然不同的两种观点：一种是延续《汉书》的传统，认为刘贺完全是一个昏聩荒淫的纨绔子弟，“行淫乱”“清狂不惠”“其天资喜由乱亡，终不见仁义”等。朱绍侯(2016)、张显传(2016)、臧知非(2016)等学者持此观点。另一种观点是完全相反，认为刘贺年轻气盛无法掌控动荡的宫廷政局，是一个受害者。宋超(2016)、廖伯源(2017)、李峰(2017)等学者认为刘贺形象被历史“遮蔽”了。至于社会大众，作为吃瓜群众，限于信息的不对称及兴趣、关注点的变化，对于刘贺形象的认识更多是随从主流，尤其是媒体的报道，相对来说，社会大众更希望从刘贺的身上找到自己期望的优点、共同点。他们更喜欢刘贺是一个受过良好教育的皇家子弟，喜欢读书、爱好书画、擅长音乐等，从遗产客体中找到另一个美化的“自我”，或者从中找到一些共同点，即刘贺是一个吃货，喜欢“喝酒”、吃“火锅”，喜欢吃香瓜等，这样的刘贺，更让他们感到熟悉、亲近，这时，遗产便成为主体的一种投影或映射。

海昏文化遗产的建构由于遗产主体的目的意图、信息获取及素养能力的差异，往往会建构出不同的海昏文化遗产符号、形象，也就是说在海昏文化遗产建构过程中，不同遗产主体存在矛盾与斗争，都会按照各自的需求塑造自己的遗产符号、形象。但在建构过程中，遗产主体之间也会达成互动或妥协，如考古学者对海昏侯墓价值的评价，影响了政府、媒体及社会大众对海昏文化遗产保护、传播、利用的参与程度，媒体的全方位传播，又影响了政府、研究者对待海昏侯墓价值的意义，推动了政府在遗产旅游上的顶层设计，也促进了研究者对海昏侯墓这一个学术“热点”的持续关注及思考，而社会大众也不是完全被动的，随着海昏侯墓文物精品展的推出，社会大众对海昏侯、海昏侯墓表现出了极大的热情、兴趣，通过现场留言、微博公众号留言等形式，对海昏侯墓保护、利用提出了自己的见解，有时甚至要求媒体能够进一步传播海昏侯墓考古的专业知识，推动了公共考古学理念在海昏侯墓发掘中的逐步成熟。也就是说，海昏文化遗产的符号形象是一个动态的建构过程，是政府、媒体、研究者、社会大众相互妥协相互协商的结果。

四、海昏侯国遗址旅游业态发展探究

乡村振兴战略内涵丰富，包括经济振兴、社会振兴和文化振兴，对治理体系创新和生态文明建设也有规划，是中国新农村建设发展到新阶段的发展战略和科学布局。要推进乡村振兴，必须紧紧抓住产业发展这个推手，大力促进农村“产业兴旺”，加快农村农业现代化建设。“乡村振兴的关键和重点是产业振兴。因为只有农村产业振兴了，才有可能创造出更多的就业机会和岗位，为农民增收和农村富裕拓展持续稳定的渠道。”①海昏侯国遗址作为一种遗产资源，具有突出的文物价值、良好的社会影响、广阔的产业前景，符号价值鲜明突出，旅游消费潜力巨大，因此，结合当地丰富的人文、自然资源，积极探索“遗产＋”旅游业态是一种比较可行也比较合宜的产业路径。

鉴于海昏侯国遗址公园相关规划的保密性，笔者拟以大塘坪乡、铁河乡规划地带为中心，以规划地带相邻村落为实验对象，并整合新建区相关资源，以促进环规划带相关村落的产业振兴。紧紧围绕遗产旅游，以海昏侯国遗址为中心，探索“遗产＋”的具体旅游业态，具体来说，可进行以下业态的探索：

1. 积极发展“遗产＋旅游”业态

新建区旅游资源丰富，紧邻生态环境优良的鄱阳湖候鸟保护区，境内有“江南小朝廷”汪山土库、“江南第一沙漠”厚田沙漠、“白鹤王国”南矶山、净明忠孝道祖庭南昌西山万寿宫等，此外还有梦山旅游风景区、梦山水库水利风景区、象山森林公园、溪霞怪石岭、溪霞水库水利风景区、小平小道陈列馆、宁王朱权墓、南昌万达主题乐园等。要根据旅游资源优质度、黏合度及距离远近，以海昏侯国遗址为中心，对全区旅游资源进行合理整合、深度挖掘，加强创意

① 魏后凯：《坚定不移地实施乡村振兴战略》，《经济日报》2017年11月3日。

设计，构建精品旅游线路，扩大遗产旅游的延伸范围，提升游客旅游体验质量。

2. 大力推进“遗产＋农业”业态

海昏侯国遗址周边地区经济落后，但农业资源、水资源丰富，以传统农业为主，养殖业为辅，渔业较为发达。在产业振兴过程中，要注重保留乡村特色，整合本土人文资源、自然资源，深挖原乡文化内涵，建设有乡土气息的田园综合体。“在旅游过程中，只有让游客感受到原乡文化中所蕴含的价值观，让游客体验到乡村建筑、乡村活动中蕴含的生存智慧和精神世界，才能真正了解和认识所看到的乡村社会，领略乡村文化的内涵，传承乡土文化的精神，体验到当地的文化特色。”①因此，要立足本土文化，积极利用当地优质农业资源，一方面发展休闲农业，规划种植草莓、橘子等经济水果，吸引游客前来参与采摘水果活动，或者根据季节不同，种植各种具有经济价值的应景花卉，开展以花卉为主体的节日活动，增加环景区地带的旅游资源的吸引力、魅力。依托景区发展农家乐，规划鱼塘建设，提供优质垂钓服务。建设有机农家菜园基地，有选择饲养鸡鸭鹅等家禽，增加素朴、温馨、温情的田园氛围，为游客提供绿色餐饮或自助餐饮。建设烧烤休闲基地，规划绿色烧烤场地，提供餐具、食材、帐篷等后勤服务；另一方面推出特色农副产品。积极推出生米藠头、大塘东坡肉、大塘清明酒、松湖米粉肉、鄱阳湖鳜鱼、藜蒿炒腊肉等特色农副产品，加强宣传推介，对部分产品设计精美礼品包装，积极打造特色农副产品品牌。

3. 有效利用“遗产＋非遗”业态

非物质文化遗产具有厚重的文化内涵，对于猎奇、求异、求知的游客来说，具有很好的吸引力。大塘坪乡、铁河乡应有效利用公共空间或修建展馆，整合新建特有的非遗资源，根据其特性，选择一些具有较强参与性、观赏性、展示性的项目，如昌邑走马灯、石岗梅烛灯、新建得胜鼓、昌邑下河调、生米打狮子、上新建轿舞、下新建祭轿、厚田捏泥人手工技艺、流湖粽编制作技艺、张氏“微缩农具”雕刻、西山涂氏圆雕手工技艺、筱岭“桥烛灯”、望城青山街“双狮舞”等。积极利用这些非遗资源，在条件允许的情况下，积极加强非遗文创开发，拓展衍生产业链条。总之，积极探究“遗产＋非遗”业态，有效发挥非遗的资源价值、符号价值、产业价值、品牌价值，有助于拓展遗产旅游的空间，增强区域文化的吸引力、影响力和品牌力。

4. 合理挖掘“遗产＋体育”业态

体育旅游的融合是近年来旅游产业衍生的新兴业态，它在利用优质旅游

① 曹雯：《乡村旅游与农业现代化融合发展的路径》，《农村经济》2015 年第 5 期。

资源的基础上，探索户外体育的可能空间和多元形式。从当地实际来看，大塘坪乡多山林，山林面积 1.1 万亩，北有蚂蚁河沟通赣江①，铁河乡多水源，赣江和铁河由南往北贯穿，且紧邻鄱阳湖候鸟保护区，境内大小水库 6 个，溪流众多。可利用大塘坪乡的山林资源，建设大塘坪乡山林体育休闲基地，开展登山、探险、寻宝、露营、拓展训练等山林生态体育旅游活动，如大塘坪考古探险国际大赛、大塘坪登山休闲华东区域大赛、大塘坪户外拓展趣味赛等。利用铁河乡水资源，在铁河乡建立水上运动休闲基地，积极开展垂钓、漂流、龙舟赛、皮筏艇、游泳大赛等，如铁河潜水训练夏季营、铁河国际垂钓大赛、铁河国际龙舟赛、铁河皮筏艇国际挑战赛等，亦可建立铁河生态体育野外基地，利用优质水资源发展马拉松赛、自行车赛，如铁河秋酷跑、铁河嬉戏跑、铁河竞走赛、环鄱阳湖马拉松国家大赛（鄱阳湖一段）、铁河跑骑行国际挑战赛、环鄱阳湖自行车赛、父子骑行娱乐赛等。通过这些体育旅游活动，增强了游客对景区的旅游黏性，发掘了当地的旅游资源，有助于传播绿色运动、健康生活理念，弘扬拼搏坚韧的体育精神，展示大塘坪乡、铁河乡得天独厚的自然资源、人文风情和文化底蕴，打造人与自然和谐共生的体育旅游胜地，塑造国内著名体育赛事品牌。

5. 逐步建立"遗产+电商"业态

加强大塘坪乡、铁河乡人民政府的协同办公、服务职能，统筹行政资源，建立电商培训平台，选拔一些具有较好文化素养的村民，进行电商业务培训，壮大电商队伍。在推进景区"智慧旅游""旅游电商"的基础上，逐步建立环景区电商服务系统，加强与国内外著名信息科技公司的合作，探索旅游景区 VR & AR 技术与应用，推出 AR 导览、VR 网游、VR 影视、VR 购物、VR 教育，全面宣传推介景区自然资源、人文资源、生态环境、习俗风情。在旅游产品同质化、趋同化、单一化的当下，大塘坪乡、铁河乡人民政府要加强景区周边规划，提升遗产旅游的特色，改善服务质量、水平和档次，尤其是针对散客的电商服务，"当前个性化、零散化的旅游消费正逐步取代传统的团队旅游，旅游景区电子商务可以全天候、跨地域地为散客旅游者提供旅游景区预览和决策参考信息"。②同时要大力提升环景区的电商综合服务水平，全方位立体式深度推介环景区旅游项目、旅游指南、文创产品等，将当地旅游信息推出去，推动线上线下互动，旅游电商深度融合。

① 《大塘坪乡简介》，新建区人民政府网，http://www.xinjian.gov.cn/Item/43397.aspx。
② 李云鹏、黄超：《基于综合旅游服务商的旅游电子商务》，清华大学出版社 2015 年版，第 51 页。

此外，还可以探索“遗产＋民宿”业态，在民宿风格上尽可能与景区协调，突出汉文化元素，建设可供小型会议、单位培训等活动的会场。开拓“遗产＋养生”业态，利用当地优质生态环境，并加强与桑海生物制药产业基地的合作，打造标准化生态旅游养生康健综合体，大力推进发展养生康健产业，等等。

乡村振兴战略是一个综合性系统性的宏观战略，涉及乡村发展的方方面面，海昏侯国遗址周边地区乡村振兴，需要紧紧围绕遗址景区，加强产业延伸、业态探索。在探索“遗产＋”业态时，政府部门要深刻理解乡村振兴战略的内涵、目的及深层意义，一定要心存关怀，给予村民更多理解、同情和帮助，一定要有宽广胸怀，深远眼光，积极创新旅游业态，一定要有事业情怀，将振兴当地旅游产业作为自己的奋斗目标和终生事业，为乡村振兴付出自己的心智、汗水，在精准扶贫工作上迈出坚定、坚实、坚韧的步伐，以推进当地早日实现全面建成小康社会的共同梦想与追求。

Symbol, Consumption and Heritage Construction: Research on the Development of Tourism Formats to Haihun Marquis State's Site under the Rural Revitalization Strategy

Liu Aihua Wu Feng

Abstract: It is one of the major archeological discoveries on Haihun Marquis State's Site in recent years, which is obvious to not only for its outstanding value of cultural relics but also for its conspicuous tourism value, in today's rapid development of cultural economy. At present, the Rural Revitalization Strategy has been greatly promoted, we should focus on refining Haihun cultural symbols, follow and guide its symbol consumption, speed up the development of heritage tourism, which has become an important development path and striving direction for local industry-revitalization. Therefore, focusing on the site scenic spots, paying attention to the integration of local tourism resources, expanding the extended tourism forms actively, such as "Heritage + Tourism" "Heritage + Agriculture" "Heritage + Intangible Cultural Heritage" "Heritage + Sports" "Heritage + E-commerce", ect. We should promote Rural Revitalization with our solicitude, mind and feelings, give great impetus to local heritage tourism industry on the basis of in-depth understanding of its connotation, value and goal, so as to improve people's living standards effectively.

Key words: Rural Revitalization; Haihun Marquis State's Site; Haihun culture; symbol consumption; heritage tourism

复合空间的管理策略研究

——以长沙博物馆为例*

复旦大学　周婧景　长沙市博物馆　王文彬
台北教育大学　林咏能

［内容提要］　在过去，许多文化机构的消费者研究多单独聚焦在观众的事前预期或消费之后的满意程度；但极少同时检视预期与满意程度之间的关系。而一些复合空间的管理机构与组织的营销人员发现，要分别将预期或满意程度应用在实际的机构管理与营销上，往往无法提供较为有效的策略，造成管理上的困难。研究以长沙博物馆为场域，使用重要表现程度分析法来同时评估观众的事前预期及消费之后的满意程度间的互动关系，为有效强化复合空间的管理策略，提供了相对简单的决策参考依据。

［关键词］　复合空间；重要表现程度分析法；长沙博物馆

一、前言

当代文化产业园区、博物馆等复合性空间的经营管理若要了解市场需求或开拓市场，皆需要对于消费者，即所谓的目标市场进行了解，才能作出适当的决策判断。正如美国博物馆评量专家艾伦·朱斯蒂(Ellen Giusti)所言，观众研究会直接影响 4 个层面的决策：博物馆展览设计(exhibit design)、教育规划(educational programming)、观众服务(visitor services)和营销策略(marketing strategies)。[①]因此，博物馆领域自 1884 年首次开展观众研究后，到 20 世纪 70 年代"急速升温"，至 21 世纪成为博物馆研究的"显学"。

---

* 本文系长沙博物馆"博物馆观众研究课题"；国家社会科学基金青年项目"互联网线上线下融合的文献收藏机构展览研究"(编号 16CTQ001)。

① 刘婉珍：《博物馆观众研究》，台湾三民书局 2011 年版。

消费者在参观前后会产生不同的感受程度，而产生高低程度的落差，将影响整体评价。参观前的期望与参观后的满意，两者之间的差距大小，影响博物馆功能的成效发挥；如此的交互作用，渐形成良性或恶性的循环回路，是博物馆经营管理团队所必须重视的关键课题。其原因有二：一是消费者参观博物馆是一种自主行为，由于差异化的个人背景和多样化的参观动机，因此学习效果千差万别，只有通过前后比较研究，才能适用学习效果多维度的检测。二是博物馆参观效果检测的标准还未达成共识，学校教育的狭义标准并不适合博物馆，同时参观效果又难以依靠观察直接判断，因此需要通过参观前后的观众自我评量来推断。

鉴于此，本文以长沙博物馆的消费者为研究对象，运用重要表现程分析法(Importance-performance analysis, IPA)，结合消费者的期望与满意度评量，以了解复合空间主要业务的运营现况，进而对调查所获现况进行分析，并据此提出实施建议以提升服务质量，作为管理与营销策略的参考。这种策略可能的价值在于：一方面长沙博物馆作为 2015 年底开放的新馆，在中小博物馆中具备典型性和代表性，针对其开展的研究思路与方法可辐射至我国数量众多的、拥有复合性空间的中小型组织。另一方面，在全球学习型建设的浪潮中，消费者成长性需求日益旺盛，精神文化发展带来的差异性需求可能导致文化供需差日益扩大，如何顺应社会需求和时代变化，为消费者提供“精准”服务，将成为很长时间内复合性空间的经营管理应当考虑的重点。

二、文献探讨：服务质量与消费者满意

虽然博物馆“服务质量”意识早在 20 世纪 20 年代已经产生，但服务质量相关研究却始于 20 世纪 70 年代末(Gronroos, 1982)①，伴随着博物馆的注意力从物到人的转向。“消费者满意”相关研究则可追溯至 20 世纪 60 年代(Cardozo, 1965)②。此后“消费者满意”逐步演变成“服务质量测评”重要的研究内容。实际上，博物馆领域的“消费者满意”研究发轫于博物馆观众研究，成果则主要集中于 20 世纪末 21 世纪初。纵观相关文献，对博物馆“服务质量与消费者满意”的研究主要包括服务质量研究的意义和维度、服务质量与消费者满意关系、服

① Gronroos C., “An Applied Service Theory”, *European Journal of Marketing*, 1982, 16(7), 30—41.

② Cardozo, R. M., “An Experimental Study of Consumer Effort, Expectation and Satisfaction”, *Journal of Marketing Research*, 1965, 2(8), 244—249.

务质量的测评等方面，其研究呈现两者之间深入发展与交叉渗透的特点。

（一）服务质量研究的意义和维度

消费者服务对消费者满意度的结果攸关重要，消费者服务会影响口碑的流传，开发新消费者的成本是维系现有消费者的五倍，挽回糟糕服务所造成的伤害则需花上十倍努力。首先，服务质量的研究意义重大，这种意识与市场营销学的兴起休戚相关。19世纪末至20世纪20年代，因工业发展，市场营销在美国得以创立，30年代博物馆进入市场调查时代，“开始早期的观众调查分析”。[①]20世纪70年代末，世界性经济危机促使政府在80年代大幅度削减博物馆经费，推动博物馆积极采取市场营销，生存压力使得博物馆主动学习企业市场营销的理念和做法，将博物馆观众视为“消费者”。博物馆向消费者提供学习经验，而其所提供之服务质量好坏，对消费者学习经验有强化或减弱之效。因此，消费者服务质量可以说是博物馆成功的关键（Genoways & Ireland, 2006）。对经营者而言，提供高质量的服务将能创造竞争优势、增加市场份额、提高服务效率与提升组织生产力（Berry & Parasuraman, 1991）。在文化观光与休闲产业当中，服务质量成为普遍性的管理议题（Crompton, MacKay & Fesenmaier, 1991），文化产业园区、博物馆等复合空间亦然。其次，对服务质量的概念界定，尽管学者各持己见，但主要呈现两种观点：第一，从服务质量构成要素的角度进行界定。莱蒂嫩提出服务质量由过程质量和结构质量构成（1982）[②]；格朗鲁斯指出由功能质量和技术质量构成[③]；阿米斯特德则认为由组织、人、设施设备、商品、服务过程构成（1985）。第二，从消费者期望与实际感受比较的角度进行界定。代表学者有帕拉舒拉曼、蔡撒姆尔和贝里，赫斯克特、卿前龙等或提出服务质量是消费者事前期望和实际感知的差距[④]；或指出是感知质量和期望质量的比较[⑤]；或认为是消费者在需求满足后的主观评价。[⑥]再者，在服务质量研究的维度上，也缺乏统一认识，代表观点同样为两

---

① 安来顺：《当代博物馆的人文情怀与文化角色》，《中国国际友谊》2010年第7卷，第27页。

② Lehtinen U., Lehtinen J., “Service Quality, A Study of Quality Dimensions”, *Working Paper Service Management Institute Helsinki*, 1982, 439—460.

③ Gronross C., “A service Quality Model and Its Marketing Implication”, *European Journal of Marketing*, 1984, 18(4), 36—44.

④ Parasuraman A., Zeithaml A., Berry L., “A Conceptual of Service Quality and Its Implication for Future Research”, *Journal of Marketing*, 1985, 49(8), 41—50.

⑤ James L., Heskett W., Earl Sasser, Leonard A., Schlesinger, *the Service Profit Chain*, New York: The Free Press, 2000, 8—19.

⑥ 卿前龙、李江帆：《服务质量及其度量模型》，《世界标准化与质量管理》2003年第6期，第21—24页。

种。其一，由于服务型产品的无形性、服务过程中的因素可变性等，所以服务质量难以检测；其二，服务质量研究可以被划分为不同的维度，其中最广为推崇的是前文所述的由格朗鲁斯主张的技术质量和功能质量维度[①]，以及由帕拉舒拉曼等提倡的有形性、响应性、保证性、可靠性和移情性维度。[②]在博物馆领域，以卢米斯、布鲁纳、古德林、吉尔摩等为代表的学者则分别提出服务质量的研究需从观众投入层面、参观过程层面和参观结果层面[③]；从实用性需求维度[④]；从教育、可访问性和可沟通性维度[⑤]；以及从在传递信息的同时创建博物馆形象的维度展开。[⑥]

（二）服务质量与消费者满意之间的关系

围绕服务质量和消费者满意关系的研究主要出现三种不同视角与观点。以帕拉舒拉曼、蔡撒姆尔和贝里[⑦]、拉斯特和奥立弗[⑧]、韦福祥（2003）[⑨]等为代表的学者认为消费者满意是服务质量的因变量；以奥立弗[⑩]等为代表的学者主张服务质量是消费者满意的因变量；以克罗宁和泰勒[⑪]、布雷迪[⑫]等为代表的学者则提出服务质量和消费者满意之间不存在因果关系。尽管两者之间的关系仍未达成一致的结论，但主流观点仍倾向于第一种，即消费者体验服务后会做出满意程度的判定，消费者满意是服务质量的因变量。

---

① Gronross C.，“A service Quality Model and Its Marketing Implication”，*European Journal of Marketing*，1984，18(4)，36—44.

② Parasuraman A.，Zeithaml A.，Berry L.，“A Conceptual of Service Quality and Its Implication for Future Research，Journal of Marketing”，1985，49(8)，41—50.

③ Ross J.Loomis，“Planning for the visitor：the challenge of visitor studies”，Sandra Bicknell，Graham Farmelo(ed.)，*Museum visitor studies in the 90s*，London：Science Museum，1993，13—24.

④ Bruner，MacDonald，Gordon Fyfe，*Theorizing Museums：Representing Identity and Diversity in a Changing World*，Oxford：Basil Blackwell，1999，345—346.

⑤ Goulding. C.，“The Museum Environment and the Visitor Experience”，*European Journal of Marketing*，2000(3)，261—278.

⑥ Gilmore A.，Rentschler R.，“Changes in Museum Management：A Custodial or Marketing Emphasis”，*Journal of Management Development*，2002(10)，745—750.

⑦ Parasuraman A.，Zeithaml V.，Berry L.L.，“SERVQUAL：A multiple-item scale for measuring consumer perceptions of service quality”，*Journal of Retailing*，1988，641，12—44.

⑧ Rust R.T.，Oliver R.L.，*Service quality：New directions in theory and practice*，New York：Sage Publications Inc，1994.

⑨ 韦福祥：《顾客感知服务质量与顾客满意相关关系实证研究》，《天津商学院学报》2003 年第 1 期，第 21—25 页。

⑩ Oliver R.L.，“A cognitive model of the antecedents and consequences of satisfaction decisions”，*Journal of Marketing Research*，1980，17(3)，460—469.

⑪ Cronin J.J.，Taylor A.S.，“Measuring Service Quality：A Reexamination and Extension”，*Journal of Marketing*，1992，156(7)：55—68.

⑫ Brady M.K.，Cronin J.J.，Brand R.R.，“Performance-only measurement of service quality：A replication and extension”，*Journal of Business Research*，2002，55(1)，17—31.

在博物馆领域，服务质量及满意度关系的研究成果丰实，近几年研究同样显示，博物馆的服务质量对消费者满意度有显著影响，台湾地区的代表学者有陈劲甫、林怡安(2003)；林若慧、陈永宾(2004)；林士彦(2005)；萧志同(2006)。国外相关研究虽然数量众多，但观点仍较为统一。彼得和奥尔森(1990；2001)提出顾客满意是顾客在购买产品前的期望被实现或超过的程度。“服务质量”取决于实际服务与原有期望服务之间的差距。帕拉舒拉曼尔、蔡撒姆尔和贝里(1991)认为：“顾客所认知的服务质量乃是顾客认知与期望之间差距的方向及大小所决定。”满足消费者的期待，将提高消费者的重游意愿与口碑推荐，有利于正面影响整体经营绩效。科特勒和谢夫(1997)更指出文化消费者的不满意并非全来自服务欠佳，而是预期与实际落差太大。影响复合空间的服务质量的成效优劣，来自消费者参观前期望与参观后的实际知觉之差距大小。法斯瓦纳-马夫亚(2005)采用服务质量感知模型对观众在罗宾岛博物馆的期望与感知进行了对比研究。①我国大陆学者以史吉祥(2005)②、王娟(2005)③、赵洁(2009)④、李林(2009)、张恩君(2010)⑤、戴明叶⑥为代表则从博物馆观众体验后的满意度、参观前后比较的满意度等方面展开探究。

（三）服务质量的测评

若要对服务质量进行测评，首先需确定研究维度，其次从维度中提取指标，进而构建指标体系。指标选取依据存在差异，因此服务质量的测评具有多种模型，如重要性—绩效分析法(Important-importance-performance analysis, IPA)、美国消费者模型(American consumer satisfaction index, ACSI)、服务质量法(Service quality, SERVQUAL)。其中，IPA模型作为一种简单而有效的定量研究方法得到广泛应用，主要被运用至商标辨识、产品或服务、观光、零售业等产业的优、劣势分析(Kozak & Nield, 1998; Chu & Choi, 2000)。

（四）重要表现程度分析法(IPA)

IPA分析法是由马蒂拉和詹姆斯(Martilla & James)于1977年提出⑦，

---

① Phaswana-Mafuya N., Haydam N., “Tourists's Expectation and Perception of the Robben Island Museum—A World Heritage Site”, *Journal of Museum Management and Curatorship*, 2005 (2), 149—169.

② 王娟、史吉祥：《河南博物馆观众满意度调查报告》，《中原文物》2005年第2期。

③ 王娟：《我国博物馆观众初步研究——以数据分析为基础》，吉林大学硕士学位论文，2005年。

④ 赵洁：《博物馆顾客满意度研究》，北京工商大学硕士学位论文，2009年。

⑤ 张恩君：《博物馆观众服务满意度研究》，北京大学硕士学位论文，2010年。

⑥ 戴明叶：《基于结构方程模型的顾客满意度研究——以湖南省博物馆为例》，湖南师范大学硕士学位论文，2014年。

⑦ Martilla J. A., James J. C., “Importance-performance analysis to develop health care marketing strategies”, *Journal of Applied Business Research*, 1985, 10(4): 24—34.

是针对消费者认为产品或服务的重要性和其表现情形进行测量，将特定服务或产品的相关属性优先排序的技术。以顾客对机构服务或产品之重视度与满意度的平均得分为基础，绘制一个二维矩阵，重要程度为纵轴，表现程度为横轴，将消费者对各属性的评定等级作为坐标，并以等级中点为分隔点，将空间分为 4 个象限（如图 1 所示，O'Sullivan，1991），第一象限(Ⅰ)表示重要与表现程度的评价皆高，此象限的属性应该继续保持；第二象限(Ⅱ)表示重要程度高但是表现程度不佳，此象限的属性是应该加强改善的重点；第三象限(Ⅲ)则是两者皆差，此象限的属性表示改善的优先级较低；第四象限(Ⅳ)表示重要程度低但是表现良好，此象限的属性可能是供给过度。依据矩阵中各个不同点的相关位置，分析其重要性与表现情形之间的关联性，并提出经营管理与营销策略建议。

高 重要程度	**(Ⅱ)优先改善** 顾客高度重视 机构低度绩效	**(Ⅰ)继续保持** 顾客高度重视 机构高度绩效
	(Ⅲ)次要改善 顾客低度重视 机构低度绩效	**(Ⅳ)过度重视** 顾客低度重视 机构高度绩效
低	满 意 度 程 度	高

图 1　重要表现程度分析(O'Sullivan, 1991)

综上所述，国内外相关研究已经取得一些重要成果，为后续研究提供了理论和方法支撑，但国内研究目前还存在两个问题：(1)博物馆领域围绕服务质量和消费者满意关系的研究数量不多，仅见陕西历史博物馆、广东科学中心等个案研究；(2)已有研究中维度分析、指标确定等相关研究匮乏，更多是吸收旅游业界、旅游政府部门和旅游院校等其他学科各方专家的成果，难以与博物馆服务内容及其服务特征相契合。因此，本文尝试借鉴国外代表性研究成果中的思路和方法，并且深入博物馆业务部门，以焦点小组访谈法来针对性获取维度、界定指标并构建指标体系，进而运用 IPA 分析法来探究长沙博物馆消费者服务质量及其满意度关系，提出中小型博物馆复合等空间的管理策略。

三、研究设计

本次研究的问卷设计，系依照联合国教科文组织的文化统计架构规范①，

① UNESCO, The 2009 UNESCO Framework for Cultural Statistics, UNESCO, 2009.

以湖南长沙博物馆的观众为研究对象，调查参观观众的各项意见。问卷调查于2018年7月2日至9日进行，总计发放363份问卷。样本抽取间平均分配于尖峰时段与离峰时段、平日及例假日，以正确反映参观观众对博物馆的意见与相关服务需求。问卷设计分为三大部分，共18题，第一部分为观众基本参观行为调查，包含参观频率与时间、信息来源与偏好等；第二部分为观众参观长沙博物馆前对各项服务的期望与参观后的满意度调查，问卷中关于观众对博物馆等'硬件设施''展览与教育活动'和'友善服务'等事前期望与事后满意的衡量，采用Likter scale五点量表，分"非常同意/满意""同意/满意""普通""不同意/不满意""非常不同意/非常不满意"与"未使用本项服务"；第三部分则为消费者基本人口统计变项资料，包含性别、年龄与教育水平等。

研究调查问卷于长沙博物馆展场出口处，待观众参观完博物馆展览后、欲离开博物馆前进行问卷发放。本调查考量阅读问卷之理解能力，排除不懂中文的外国人士，采便利抽样的方式，凡于博物馆展览动线出口处离开之消费者，以每隔三位观众抽取一位填写问卷。访员以问卷调查方式进行，当访员进行问卷调查时，先简单向观众说明本次调查的目的，若受访者没有意愿填写问卷，则改抽取下一位观众填写，以确保调查受访者的意见能实际反映母群体的代表性。如遇两人以上之团体观众，为避免研究样本产生偏误，原则采一个群体进行一份问卷的方式，若遇到大型旅游团体，则至多一个群体抽取两人进行访谈。问卷调查期间，所有抽样方式皆按此方式实施。

调查资料处理与分析采用SPSS22.0中文版统计软体，经过信度分析得整体Cronbach's Alpha值达0.848。本研究分析观众之平均期望与满意数值，并使用IPA，对长沙博物馆的各项服务进行评量以归纳结论。[①]IPA分析法是为了解观众对于博物馆某项服务的重视程度与实际的感受程度，可提供机构在改善服务质量上的优先顺序。操作方式是先计算个别题项的重要与表现程度平均数，并将这些平均数值置入二维矩阵中，然后以所有题项的平均值做为分隔点，形成四个象限，再利用个别题项的重要与表现的相对位置，描述此项服务项目的表现情形，以提出服务改善策略与建议，非常适合如博物馆、文化产业园区、游乐园等复合空间使用。

① Lin, Y.N., "Importance-performance analysis of the Taipei Fine Arts Museum's services", *Museum Management and Curatorship*, 2009, 24:2, 105—121.

四、结果与分析

（一）观众特质

国际间的博物馆观众调查结果通常显示，核心消费者以具有较高社会经济地位与教育水平的观众为主，而本次长沙博物馆调查受访观众的特质与国际间多数博物馆的观众调查数据相当一致，并无太大的差异。依抽样结果分析，以有效百分比计算，博物馆观众性别以女性60.3%多于男性39.7%，显示女性观众是长沙博物馆主要的消费族群。在年龄方面，博物馆的观众在34岁以下的年轻族群居多，比例占76.3%。在教育程度上，博物馆的观众以拥有较高教育水平的观众为主，其中拥有大学/大专以上教育程度的比例达到65.3%；而初中(含)以下与高中/高职的观众比例分别为17.1%与17.6%。在职业分类上，以在校学生的比例最高，达40.2%；企、事业单位为24.8%、个体户、自由工作者为24%。居住地以北部为主，占63.6%。在居住地区方面，约七成居于湖南省(69.9%)，而有三成来自湖南省以外的中国大陆地区、港澳台地区与国外；显示长沙博物馆对省外的观众具有相当的吸引力（见表1）。

表1　长沙博物馆观众特质

变项	项目分类	样本数	%	变项	项目分类	样本数	%
性别	男	144	39.7	教育程度	初中(含)以下	62	17.1
	女	219	60.3		高中/高职	64	17.6
职业	党政机关	23	6.3		大学/大专	204	56.2
	企、事业单位	90	24.8		硕士及以上	33	9.1
	个体户、自由工作者	87	24.0	年龄	14岁及以下	48	13.2
	在校学生	146	40.2		15—19岁	70	19.3
	退休	17	4.7		20—24岁	69	19.0
居住地	长沙市	166	45.7		25—34岁	90	24.8
	长沙市以外湖南地区	88	24.2		35—44岁	67	18.5
	湖南省以外中国大陆地区	106	29.2		45—54岁	0	0
	港澳台地区	1	0.3		55—64岁	10	2.8
	国外	2	0.6		65岁及以上	9	2.5

（二）观众参观行为

在参观次数方面，依博物馆学界的研究指出，在过去 12 个月去过所有博物馆次数在 1 到 2 次的观众，被定义为偶发性观众；而 3 次及以上的观众则为经常性观众。这两个群众的观众行为有相当大的差异，因此，调查亦依照此分类方式进行归类。在长沙市博物馆的观众，过去 12 月参观所有博物馆的次数，以偶发性（1—2 次）观众较多、（占 54.5%）为主，而参观所有博物馆 3 次及以上的经常性观众为 45.5%。虽然博物馆偶发性的观众较多，但长沙市博物馆拥有超过四成五的经常性观众，显示了博物馆的观众的文化资本较高；这群观众的消费行为倾向停留较长时间与在其他休闲花费较高。

而停留时间在 1 小时以上的观众占 70.6%，为最多。传统的博物馆观众的文献显示，博物馆参观是重要的社交活动，提供了亲友间重要的社交与休闲功能。调查结果亦印证这点，独自参观的民众仅占不到一成（9.9%）。而在团体参观行为上，以和朋友家人一起的比例最高，达 82.1%；与单位组织出游为 5%，与旅游团队一起则仅 2.2%。在观众的信息来源方面，以他人介绍，即口碑效应为最高，达 44.54%，其次为其他网络（17.82%），而民众最常使用的微信为 14.94%，微博则为 6.9%；长沙博物馆观众的信息来源与国外大多数博物馆研究相符，亲友的“口碑”为博物馆观众信息的主要来源之一，但较国外的研究来得更为重要。因此，未来博物馆在信息的策略上，应更加重视口碑的效应。

表 2　长沙博物馆游客参观行为

变项	项目分类	样本数	%	变项	项目分类	样本数	%
参观次数	1—2 次	198	54.5	信息来源	微信	52	14.94%
	3 次及以上	165	45.5		微博	24	6.90%
停留时间	1 小时以内	107	29.5		他人介绍	155	44.54%
	1—2 小时	181	49.9		本馆网站	13	3.74%
	2 小时以上	75	20.7		团体参访	22	6.32%
同行	独自参观	36	9.9		电视	10	2.87%
	和朋友家人一起	298	82.1		报纸	5	1.44%
	单位组织	18	5		电台	5	1.44%
	与旅游团队一起	8	2.2		其他网络	62	17.82%
	其他	3	0.8				

（三）重要表现程度分析

观众的实际满意度来自参观前的期望程度与参观后的实际满意程度的差距大小。而重要表现程度分析法（Importance-Performance Analysis）则可运用在服务业满意度的分析。IPA 系针对观众对博物馆的产品或服务重要程度和其表现进行测量后，并依相关属性予以排序。对复合空间的经营者来说，高品质的服务有助于消费者满意与再访意愿，有利运营绩效的提升。依据 IPA 结果所绘制的二维矩阵中，依据各项产品或服务的相关位置，分析重要与表现的关联性，提供了属性改善的优先顺序。而本研究使用 IPA，并以五点尺度（1—5 分）针对长沙博物馆的"硬件设施""展览与教育活动"和"友善服务"等三大项目进行问卷调查，依本研究量表设计，1 分为"非常不重要"，2 分为"不重要"，3 分为"普通"，4 分为"重要"，5 分为"非常重要"。

在重视程度方面，由调查结果得知参观观众对本馆各面向的产品与服务的重视程度平均数为 4.09，表示观众对博物馆的服务相当重视。而其中最重视的前三个项目分别是"清洁的厕所"(4.40)、"良好的服务态度"(4.34)和"清楚的展品说明"(4.33)。另外重视程度较低的项目为"博物馆商店商品"与"良好的餐饮服务"，平均数值分别为 3.43 与 3.49。而在表现程度方面，观众对博物馆服务满意度的平均数为 4.07，其中最满意的项目为"清洁的厕所"(4.46)、"良好的服务态度"(4.33)、"清晰的参观路线指示牌"与"展品陈列方式"(4.19)。而满意度较低的项目为"博物馆商店商品"与"良好的餐饮服务"，平均数值分别为 3.43 与 3.49。

为了解观众的事前预期程度与参观后的满意程度的关系，将表现程度的平均值减掉重视程度的平均值，可得出重视/表现程度的落差，正值表示满意程度大于重视程度，负值表示满意程度小于重视程度。而本馆今年主要服务项目中，重视/表现程度的落差值为正值的有如"展品陈列方式""流畅的参观路线""清洁的厕所"等；重视/表现程度的落差值为负值的有"清楚的展品说明""良好的导览解说服务/设施""充足的休息座位"及"教育文化活动"等（见表 3）。

表 3　博物馆观众的产品与服务重要与表现程度分析

项　　目	重视程度(I)	表现程度(P)	落差(P-I)
总平均数	4.09	4.07	−0.02
1. 展览内容	4.17	4.16	−0.01
2. 展品陈列方式	4.14	4.19	0.05

（续表）

项　目	重视程度(I)	表现程度(P)	落差(P-I)
3. 流畅的参观路线	4.09	4.17	0.08
4. 清晰的参观路线指示牌	4.22	4.19	−0.03
5. 清楚的展品说明	4.33	4.00	−0.33
6. 良好的导览解说服务/设施	4.22	3.98	−0.24
7. 多媒体互动区	3.93	3.95	0.02
8. 教育文化活动	4.13	4.08	−0.05
9. 博物馆商店商品	3.43	3.59	0.16
10. 良好的服务态度	4.34	4.33	−0.01
11. 清晰的停车指示	4.07	4.07	0.00
12. 良好的餐饮服务	3.49	3.71	0.22
13. 清洁的厕所	4.40	4.46	0.06
14. 充足的休息座位	4.31	4.12	−0.19

传统上文创产业园区、博物馆、游乐园等文化复合空间的营销人员，多以观众的满意程度为营销策略的改善依据。但仅关注满意程度的结果，可能造成服务改进的失误，使机构资源的配置无法有效运用。而使用重要表现程度分析的结果为基础绘制二维矩阵，并加依相关属性进行优先顺序的排序后，可产生 4 个象限。依据各象限的重要与表现程度的评价，即可产生继续保持、优先改善、次要改善与过度重视等 4 个营销的策略。而资源的流动的方向，则是由第四象限往第二象限移动，可帮助复合空间的营销人员迅速做出决策。本次调查结果经使用重要表现程度分析后的结果显示，“展览内容”“展品陈列方式”“清晰的参观路线指示牌”“教育文化活动”“良好的服务态度”“清洁的厕所”与“充足的休息座位”这七项位于第一象限（Ⅰ），表示服务重要程度与表现程度皆佳，是本馆的优势，应继续保持，显示长沙博物馆的产品与服务的质量有很好的表现；“清楚的展品说明”与“良好的导览解说服务/设施”这两项位于第二象限（Ⅱ），表示这项服务观众重视程度高，但满意度不高，应为重点改善项目；而“多媒体互动区”“博物馆商店商品”“清晰的停车指示”与“良好的餐饮服务”位于第三象限（Ⅲ），表示这四项服务虽观众满意度不高，但观众重视程

度也不高，属于次要的改善项目，可视本馆的资源许可与否，再决定是否投注资源改善。最后，“流畅的参观路线”这一项位于第四象限（Ⅳ），表示观众十分满意，但重视度不高（图 2）。

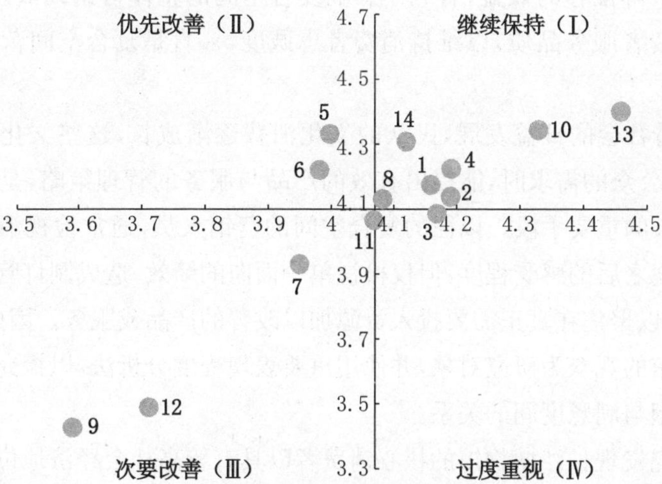

图 2　长沙博物馆重要表现程度分析

表 4　长沙博物馆各项服务分析结果

继续保持（Ⅰ）	优先改善（Ⅱ）	次要改善（Ⅲ）	过度重视（Ⅳ）
1. 展览内容	5. 清楚的展品说明	7. 多媒体互动区	3. 流畅的参观路线
2. 展品陈列方式	6. 良好的导览解说服务/设施	9. 博物馆商店商品	
4. 清晰的参观路线指示牌		11. 清晰的停车指示	
8. 教育文化活动		12. 良好的餐饮服务	
10. 良好的服务态度			
13. 清洁的厕所			
14. 充足的休息座位			

五、结论与建议

在文化产业中服务品质是普遍性的管理议题之一。对文化产业园、博物馆等文化复合空间而言，提供高品质的服务将可创造竞争优势、提高服务生产力。而对消费者而言，服务品质是其评估这些复合空间的标准。服务品质取决于原有期望服务与实际服务间的差距，因为消费者认知的服务品质乃其认知与期望之间的差距。满足消费者的期待，将会提升消费者的再访意愿与口碑推荐的效益，有利于影响复合空间的整体营销绩效。因此，如何提高消费者服务品质，以维持消费者忠诚度，一直是复合空间营销上的重要议题。

而随着社会的日益发展，民众的文化消费逐渐成长，这些文化复合性空间，在面对公众的需求时，能提出有效的产品与服务的管理策略，是确保机构能永续成长的重要手段。以往的复合空间的营销人员，通常检视消费者在参观前或参观之后的感受程度，但仅检视单一面向的绩效，造成制订营销策略上的困难，难以聚焦在真正需要投入资源加以改善的产品或服务。因此，本文以长沙博物馆的观众为研究对象，并使用重要表现程度分析法，以探究复合空间的观众期望与满意度间的关系。

本研究发现长沙博物馆的核心消费者以具有较高社会经济地位的民众为主；而拥有三成来自湖南省以外的地区，显示长沙博物馆对外地观众具有相当的吸引力。同时，参观博物馆的观众中45.5%为经常性观众，显示长沙博物馆拥有一群较常消费文化活动的消费者；而这群观众的消费倾向停留较长时间与花费较高。在参观行为方面，独自参观的民众占不到一成，显示博物馆参观是重要社交活动。而在观众信息来源，则以亲友介绍的口碑效应为大。在重要表现程度分析方面，观众对长沙博物馆的各项服务多所肯定，显示长沙博物馆的产品与服务的质量有很好的表现。而博物馆仅有“清楚的展品说明”与“良好的导览解说服务/设施”两项服务为重点改善项目。

本研究结果显示，传统上使用满意程度的结果，可能造成服务改进的失误，使机构资源的配置无法有效运用的情形，可通过简单、操作容易的重要表现程度分析法加以解决。使文化复合空间的营销人员，在配置营销资源时，能有优先顺序的营销策略产生，通过继续保持、优先改善、次要改善与过度重视等四个维度，营销人员能迅速辨识本身的优缺点，进而提高运营的绩效。不过，重要表现程度分析法是针对个别文化复合空间机构的经营成效加以分析，其结果无法用来推论其他的复合空间；同时亦无法提供其问题症结的背后原因。因此，这些空间后续仍应重视运用质性研究的必要性。

An Investigation of Management Strategies for Multi-sue Environment: A Case of the Changsha Museum

Zhou Jingjing Wang Wenbin Lin Yongneng

Abstract: In the past, most traditional audience surveys have examined either expectations or actual product and service performance, but not both factors together. Operation managers in compound space sometimes find it difficult to convert the survey findings of these studies into operations. In order to solve this problem, the importance-performance analysis method has been used in this research to show how to evaluate audience expectations and perceived service in Changsha Museum.

Key words: compound space; importance-performance analysis; Changsha Museum

摆拍与日常：非物质文化遗产视域下的民间赛社仪式探微

——以山西上党潞城贾村赛社与唐王岭十转赛为例*

山西师范大学　姚春敏

[内容提要]　山西省长治市潞城贾村赛社2006年进入首批国家非物质文化遗产保护名录，是被纳入国家保护行为的民间社火。而相隔30公里的唐王岭十转赛是当地9个村落自发的民间赛社，20世纪90年代初村民开始复原，基本沿用古法，完全无政府参与，具有传统民间仪式的狂欢精神，贾村赛社与其相比出现了一系列变化。如增加了学者和媒体在场；仪式环节和演出内容更具"表演性"，准确有序，同时剔掉仪式中的所谓"迷信"部分；资金来源以政府拨款为主、个人集资为辅；非物质文化传承人"社首"与"乐户"地位提高并兼任主礼。这些变化说明，村落相对自发的文化生产和社会组织在非物质文化的旗帜下开始并入新的政府行为的组织运作之中，从而进入有序和规律性运转，不过也随之产生了一系列严重的问题，如摆拍痕迹过于明显，民众自发参与度过低等。更为关键的是，太过有序的仪式缺失了民间赛社本身的信仰和狂欢质朴的本质特色，进入一种形式上的仪式摆拍中，逐渐离民万里。

[关键词]　贾村赛社；十转赛；摆拍；日常

山西师范大学戏曲文物研究所的开创者黄竹三老先生在一次学术论坛上谈及近半个世纪的田野调查中印象最深刻的事情，20世纪80年代末在湘西土家族复原茅古斯舞时，当地有位中年女性认为过去这个仪式中的女巫一直

* 本文系国家社会科学基金项目"明清山西碑刻题名收集整理与研究"的阶段性成果(编号：14BZS028)；2016年度山西省高等学校人文社会科学重点研究基地项目"上党地区赛社文化的考察与研究"的阶段性成果(编号：2016328)；"泽潞商人研究"阶段性研究成果(编号：201818)。

是仅用简单稻草遮体，如果盛装则该仪式无效。于是，在数台摄像机和照相机面前，她勇敢地除去衣物，依古法，赤膊上阵，致使那次复原引起极大轰动。但是，仪式结束后，这位勇敢又执拗的女性遭遇了被丈夫离婚和被子女抛弃的厄运，所拍影像因为打上了淫秽的烙印均被禁播。女巫在傩仪中赤裸，在传统民间仪式中并不鲜见，这位妇女的记忆应该是准确的。但在现代话语下，数台闪光灯的照耀下，媒体记者的眼睛里，赤裸进行原始仪式表演是否就意味着淫秽？仪式复原是遵从传统要求还是按时代灵活变通？传统仪式在非物质文化遗产下的语境中怎样复原？复原之后的仪式又存在什么问题？这些问题已随着非物质文化的热潮进入学界的视野，并且日趋严重。

2003年联合国教科文组织第32届会议通过的《保护非物质文化遗产公约》第二条规定"'非物质文化遗产'包括以下方面：(1)口头传统和表现形式，包括作为非物质文化遗产媒介的语言；(2)表演艺术；(3)社会实践、仪式、节庆活动；(4)有关自然界和宇宙的知识和实践；(5)传统手工艺"。2005年，国务院下发的《关于加强文化遗产保护工作的通知》中将非物质文化遗产定义为：各种以非物质形态存在的与群众生活密切相关、世代相承的传统文化表现形式，包括口头传统、传统表演艺术、民俗活动和礼仪与节庆、有关自然界和宇宙的民间传统知识和实践、传统手工艺技能等以及上述传统文化表现形式相关的文化空间。

非物质文化遗产进入我国已经10余年了，被保护的这些项目是否如期待的那样发展，这些需要大量的实地调查和评判，才能得出正确论断。笔者所在的山西省是非物质文化遗产传承的大省，在国家级非遗名录中，山西省第一批入选32个项目；第二批入选64个项目；第三批入选40个项目；第四批入选21个项目。目前，山西省共有157个非遗项目入列国家级非遗名录。其中，山西省长治市潞城贾村赛社①(民间社火)被定为首批国家级非物质文化遗产。笔者比对了其他各省的非物质文化遗产名录，民间社火也是立项的重中之重。

近年来笔者参加了大量民间各类仪式的复原活动，以赛社为首。学界对

---

① 赛社，旧时称酬神曰赛，亦用以代指节日娱乐活动。《史记·封禅书》"冬赛祷祠"。民间赛社源于古代先民对土地的崇拜，它的源头就是商周时代，秦汉以下历代皆举行"社稷"之祭祀大典，至宋代正式称为"赛社"。赛社礼乐逐渐由仿唐宋帝王"圣节"寿筵演变为以庙神"圣诞"的规制，盛行于黄河、长江、珠江等流域，元代开始收缩，日渐式微，明清以来直至民国年间，山西上党地区特别是长子、潞城、屯留、平顺、壶关等县民间较为兴盛迎神赛社。

赛社的研究，除了赛社演剧[①]与赛社文献整理[②]外，多集中在对其历史的追述和考证[③]以及在非物质文化遗产话语下的赛社仪式的挖掘、抢救、传承和保护上。[④]但是，在非物质文化遗产的视域下，民间仪式的复原似乎有点跑偏的意味，非遗的资助是否真的能够起到预想的作用，还需要实践来发言。笔者通过距此不过数十里的另一处自发的民间赛社进行比对，也许可以看出一点端倪，尝试着分析在制度运作下的民间仪式的问题所在。

一、潞城贾村赛社仪式(2016)

上党潞城贾村 1996 年以来开始复原赛社仪式，此后因为《唐乐星图》和明万历赛社抄本《礼节传簿》的发现不断进入政府和学者的视野中。[⑤]该地从 1996 年开始对赛社仪式进行复原，此后每年都有演出，甚至应地方政府和国内外学者要求每年多次复原。2006 年，贾村迎神赛社以“民间社火”被正式列入首批国家级非物质文化遗产。笔者曾多次受邀参加该村的赛社仪式，下面简单描述 2016 年仪式过程。

山西省长治市潞城贾村赛社的主赛场在该村中心的九天圣母庙。明正德元年(1506 年)重修残碑记载，该庙称九天圣母庙，正殿名碧霞宫，当地俗称“奶奶庙”，庙内所供奉主神为碧霞元君。[⑥]目前庙内仅见数通重修碑刻，始建年代不详。乾隆年残碑载：“详阅历来碑记，尔时已不知其建自何代始自何人，源流莫溯?”[⑦]当地民间传说：先有碧霞宫后有潞城县。据现存后宫(寝宫)重修结构经文物部门鉴定为元代建筑，距今已有 600 余年的历史。碧霞元君庙为贾村大庙，也即社庙，是每年办赛的主赛场。村内除了碧霞元君庙之外，还

① 关于赛社演剧，见冯俊杰主编：《太行神庙及赛社演剧研究》，《民俗曲艺》丛书第 8 辑，台北财团法人施合郑民俗文化基金会；白秀芹：《迎神赛社与民间演剧》，中国艺术研究院 2004 年博士学位论文；寒声主编：《上党傩文化与祭祀戏剧》，中国戏剧出版 1999 年版。

② 关于赛社文献整理，可见杨孟衡等人校注的 14 种赛社抄本之一《赛上杂用神前本》在《中华戏曲》第 16 辑发表，山西古籍出版社 1995 年版；廖奔的《晋东南祭神仪式抄本的戏曲史料价值》，《中华戏曲》第 13 辑，山西古籍出版社 1993 年版；李天生等《赛社祭礼与乐户伎艺》，《民俗曲艺》第 115 期，台北财团法人施合郑民俗文化基金会 1998 年印，等等。

③ 戴云：《旧京赛社一瞥——燕九承应戏〈庆乐长春〉中的赛社场景描写》，《中华艺术论坛》2007 年第 7 辑。

④ 刘文峰、王学锋：《从贾村赛社的变化看非物质文化遗产的保护》，《中南民族大学学报》(人文社会科学版)2009 年第 3 期；刘文峰、王学锋：《从贾村赛社及戏剧形态的当代变化看非物质文化遗产的保护》，《民族遗产》2009 年第 2 辑。

⑤ 王学锋：《贾村赛巧及其戏剧活动研究》，中国艺术研究院 2007 年博士学位论文。

⑥ 《□修□天圣母庙记》，明正德元年(1506 年)，此碑现存于碧霞宫东角殿前墙下。

⑦ 《重修碑记》，清乾隆六年(1741 年)，此碑现存于碧霞宫东角殿前墙下。

有大大小小十三座庙宇:关帝庙、祖师庙、三元宫、玉皇庙、吕祖庵、土地庙、五道庙、白衣堂、观音阁、崔家堂、三大庙、佛殿、秃奶奶庙,它们自村内沿街排列,使得整个村庄笼罩在信仰的范围内。

传统时代贾村庙赛较多,有二月二、三月十八、四月四、六月十八等。农历二月二祀玉皇[①],俗称“上香会”。农历三月十八祀蝗王“唐太宗”[②],原与周围十二村八大社轮流主办,属古传“转赛”,后变异成各村自办的小赛。农历四月四祀碧霞元君,古例有官府参与,属传统“官赛”,1937年日军占领后时办时停,1945年后中断。六月六祀灵贶王[③],原属村内小社轮办的小赛,因其神殿附属在碧霞宫内,民国以来渐被四月四庙赛取代。因此,唯四月四赛社传承最久,最见完整,也最具贾村赛社特色。[④]

该庙赛社自明代以来,又有“每年一小赛,四十年一大赛”新规。依规,每年办赛从三月筹备,三月底办赛人员正式进庙。四月初一开始“下请”(请神),初二正式迎神,初三头场赛社,初四属于正赛(正场),初五末场,初六送神,共六天活动。每场赛社有大致相同的节次,从清晨开始,依次有报晓、盥洗、祭太阳、卯筵、午筵、祭风、晚筵等仪节。每筵皆依供盏礼规,进食献酒时佑音乐歌舞信盏。每晚乐台乐户演出“队戏、院本、杂剧”,既娱神又娱人,清代以来地方戏兴起,庙外每年有“大戏”(上党梆子)演出。民国六年(1917年)碧霞宫办过最后一次大赛。

2016年复原主要是应长治市电视台拍摄需要,时间是5月的6、7、8日,比原定6天减少3天。活动的基本仪式如下:

分头赛、正赛、末赛三日。头赛前日有“下请”仪式,末赛之后有“送神”仪式,按照年、月、日、十二时辰排定的二十八星宿当值,进行供盏,并确定相应供祀祭品和礼仪程序。完整的供盏仪式有所谓“前七、后八、中十二”和“跑太阳”,即头赛七盏、正赛十二盏、末赛八盏,外加“祭太阳”一盏,总计3天二十八次供盏仪式,并穿插乐户及其他演艺人员的音乐、舞蹈、戏剧等表演。

5月6日头赛上午迎神仪式:迎神,由赛庙主神(碧霞)作为东道主,将应

① 玉皇庙位于贾村村中,坐北朝南,一进院落布局,东西长21米,南北宽10米,占地面积210平方米,创建年代不详,现仅存正殿及西耳殿。正殿为元代遗构,遗有明代嘉靖年间和清代乾隆两通碑碣。

② 传说唐初蝗灾,唐太宗李世民曾吞蝗以平灾。《贞观政要》载:“贞观二年,京师旱,蝗虫大起。太宗入苑视禾,见蝗虫,掇数枚而咒曰:‘人以谷为命,而汝食之,是害于百姓。百姓有过,在予一人,尔其有灵,但当蚀我心,无害百姓。’将吞之,左右遽谏曰:‘恐成疾,不可。’太宗曰:‘所冀移灾朕躬,何疾之避。’遂吞之。自是蝗不复为灾。”(唐)吴兢:《贞观政要》,上海古籍出版社2008年版,第172页。

③ 传说中射九日的后羿被敕封为“灵贶王”神,也称三嵕山之神,“能致雨司雹”。

④ 杜同海主编:《上党赛社》上册,湖南地图出版社2011年版,第23页。

邀赴会的村舍诸神，请至神庙，接受民众的供盏排宴和礼乐祭祀。届时，主礼生（俗称阴阳，实为整个活动的主祭司）通过土地神代为邀请的方式，随着社火队伍到村社各神庙，将神主牌或神轿请到神场。其中，社火队伍的巡游，包括了赛社演出时的各类形象和民间文艺的诸多形式：迓鼓①、跳方相②、扛妆③、抬妆④、面具队⑤、皇杠⑥、神驾⑦、神马⑧、銮驾⑨、神轿⑩。参加人员不是自发，而是雇用的本村和邻村村民。

圆神仪式，就是随着游行社火队伍，将到会的诸神，迎请到庙前圆神地，主礼生及社首念诵《圆神文》，奉迎诸神，并呈献鼓乐技艺，圆场团拜，祈愿风调雨顺。

下马仪式，神庙门前，随着主礼生念诵《下马文》，轿马一一走过，以示临会诸神下马驻留、赴会登坛。原定的队戏⑪仪式，因为队伍表演负载，已经被取

① 由古代军队鼓乐演变而来，一般因其表演格局的不同而分为文迓鼓、舞迓鼓。前者以鼓为节，演奏各种曲牌，同时由鼓手表演舞蹈；后者以鼓乐合奏，檀板等其他乐器可以单独展现其音乐个性。迓鼓早在宋代的山西等地即已广为流行，上党文迓鼓即其遗韵。上党地区的迓鼓主要出现在社火游行队伍和丧葬中，特别是后者，迓鼓为“跳方相”伴奏。

② 上古时代就已经非常流行的驱傩活动，《周礼》中所说的方相氏掌蒙熊皮、黄金四目、玄衣朱裳、执戈扬盾的形态，成为后世礼法社会中遵循的标准，但是也是在后世，方相的装扮和表演发生了很大的变异，也滋生出各具地域特色的形态，其功能也在传统驱瘟逐疫、丧葬驱邪的基础上，渐渐增加了更多的意味，逐渐成为社火队伍中用来开路的主要形式。

③ 也叫走故事，在山西晋中一带也叫背棍，在男青年身上绑铁架，架上绑扎一个或几个身穿戏装、手拿道具的小孩，展现传统戏剧故事人物。这种表演极似传统文献中所说的连相、肉傀儡等，历史比较悠久。

④ 山西晋中一带也叫铁棍，即由两人抬着，在一米见方的桌形装置上，由几个身穿戏装的男女展现戏剧场面。

⑤ 包括《月明和尚度柳翠》、八仙、钟馗、监斋等，主要是通过面具装扮的角色及其简略的舞蹈表演，增加社火队伍的气氛。

⑥ 也叫“硬杠”，用木料仿制宝塔形状制成，横插有一定弹力的木杠。皇杠下部为方形木柜，彩绘图案，内放重物以作平衡；上面一般分三层，用彩绸、花朵、明镜、斗形等装饰，拼扎而成，同时书写“风调雨顺”“封土立社”“祈福报功”等字样，皇杠最上面要插鸡毛掸。在圆神的时候，人们要抬着皇杠上下左右颤动，以示狂欢。

⑦ 在木质架上，披上神衣，上面安放泥制头像，神像面部分别涂青、黄、赤、白、黑五色，一说为诸海龙王。在结束游行之后，神驾被安放在大殿两厢，接受供祭。

⑧ 意为神灵的坐骑，头戴红绸，身负新鞍。

⑨ 主礼生按照临会诸神神阶位次，将神主牌及神偶，依次安奉于正殿各处，并念诵《接神文》《正殿禀状文》《安神文》等，供祀酒饭、音乐。即巡游村舍的主尊神所配置的全套仪仗。

⑩ 即行神坐像，一般居于社火队伍的最后。潞城赛社的社火神轿安奉玉皇上帝和碧霞元君两像。

⑪ 宋代即已成熟并盛极一时的歌舞、戏剧演出形式。上党地区的队戏采用诗赞体式的剧诗吟诵，用打击乐器中的锣、鼓伴奏，表演形态活泼，以征战故事为特征的队戏保留了台上台下、走街串巷的表演形式。贾村对戏，描述关云长挂印封金，辞别曹操，过五关斩六将，护送甘、糜二夫人千里寻兄，最后古城相会的过程，是上党地区乐户队戏最具特色的剧目之一。队戏首先要在神庙戏台演出，然后，关公真车真马带着随行人员，依次到各个村庄事先搭就的舞台上，表演斩杀守将的情节。其间要闯过东岭关、洛阳关、汜水关、荥阳关、黄河渡口，最后回至舞台结束。

消。由于怕巡行时间太长，队伍漫延，故此次队戏演出改在碧霞宫前的广场上表演。

5月6日下午接神(升殿)、安神仪式：供三盏[①](供茶、供酒、供饭等共六次)“前行”，头戴相帽，身穿红蟒袍，手执竹竿子，引导乐户和社首、香老(行香奉盏者)、司香、司烛(捧持香烛仪仗造型者)、亭子(即端盘者)、水倌(一般由童子担当)等执役人等，在主礼生的指挥下依次在此供盏上馔。供盏时，主鬯、香老跪叩礼拜，乐户吹奏鼓乐，“亭子”口衔禁花，以示虔诚恭敬。供盏礼仪分三段，先为“一茶三酒”；接着供奉一盏，每盏两趟(头趟果、后趟食)；最后一盏茶。一般要求“吹头盏、唱二盏、舞三盏”，三盏之后进行杂剧、队戏表演。领羊，即主礼生念《领羊文》，表达陈祭献羊、享赛诸神的诚意，因为比较血腥，此次去掉了这一仪式。

5月6日晚上演院本《土地堂》。[②]

第二天(5月7日)上午：正赛、报晓、催寝、盥漱、接二仙奶奶，在晨鸡的报晓声中，主礼生和社首念诵《报晓文》《催寝文》《盥漱文》《上香文》等，恭迎圣驾；村社老年妇女为碧霞元君和二仙奶奶盥洗、梳妆，并接请至花祭前与其他神灵一起接受供盏。听命文：主礼生向玉皇上帝跪诵《听命文》，呈诉祭礼隆盛、民心虔敬。祭太阳、祭太阴：即在神场的东南、西北两处分别祭祀太阳、太阴二神，一般在清晨或上午举行。迎寿、庆寿、放生(因程序复杂，省略)。

其中演出队戏《八仙庆寿》，表演时，在八仙列队向寿星祝寿的情节中，用列队念诵韵语的形式，表达福寿康乐的美好祝愿。供三盏、跳监斋(省略)[③]、猿猴脱壳(省略)[④]。末赛，供三盏，打太平鼓，是乐户于末赛日的供三盏之后，在神前必奏的重要鼓乐，曲牌联奏，鼓乐雷动，以示年年太平之意。

下午(5月7日)祭风，祭祀风神，祈求风雨随时、五谷丰登。传统的祭祀

---

① 供盏，是唐宋时代就已经在宫廷中定型的宴会礼仪行为。

② 院本，原指金元时代行院表演所依据之本，与杂剧形制不同，后专指以对白、调笑为主要内容的演剧形态，甚至台词中牵涉男女两性之事，创造出民间所谓的“荤谜素猜”的机趣风格。在上党地区一直传承的院本《土地堂》，早在明代抄本《礼节传簿》即有记载，其演出模式可以一直追溯到元明时期。由于地方语言的使用，上党地区保留的院本颇具地方特色。

③ 宋明时代流行的哑队戏在上党地区的遗留。监斋，本是佛教、道教仪式中用来监督斋戒的护法神灵，在赛社祭祀中，这一神灵因袭了这一内涵，但是却用歌舞哑剧的表演来展现监察的内容。传统的表演由前行的念诵和监斋神队戏组成，特别是监斋进入厨房后，改换装扮，成为三头六臂、手持板斧的威猛形象，颇感震慑。

④ 这一名目早在明代抄本《礼节传簿》中即有记载，这表明截至明代中叶，这一表演形态仍然是赛社活动的重要表现内容。不过，在上党的不少地区，这一形态还出现在丧葬礼仪中。该段表演，没有对白曲唱，由扮作猿猴的人躺在绒毡上，让人将盛有面粉的面箩筛过，以此留下猿猴影迹，供奉于花祭前面；丧葬礼仪中，这一猴像则挂在灵棚内。

形式，需要将鼓乐吹打，围绕村落的东南西北行进，不过，在通常的祭祀中，这一形式相对简略。乐户吹戏（包括咔戏、鼻吹、要牙等吹奏技艺），是乐户演奏技艺的重要展示，也是上党地区八音会中的文乐、武乐所表现的重要内容，乐户用唢呐、咔碗、糜子、笙等乐器，惟妙惟肖地展现上党地区戏曲样式，如上党梆子、上党落子、秧歌、鼓书的剧目，演奏生、旦、净、丑各行当的唱念场面，逼肖真人，亦自有其音乐特色。传统的咔戏主要是在喉部放置特殊的铁片，发出特殊而浑厚的声音，以便模仿戏剧中的特定场景；鼻吹，则通过鼻部控制气流，吹奏唢呐等乐器；要牙，要在口内放置一至六只猪牙，增加吹奏的难度，显示吹奏水平和技艺。乐户吹奏成了所有仪式的重中之重。

晚上院本《闹五更》①（取消）。

5 月 8 日第三天上午乐户表演：古曲牌吹奏。下午送神。

二、唐王岭十转赛（2016 年）

唐王岭位于上党地区长治县东南山区，距离上文中的潞城贾村约 20 公里。十转赛是当地传统的赛社仪式，来源于地方神二仙奶奶的传说。②二仙在上党的传说各地不一，此地人认为这两个女孩子是当地西池乡北宋璧人，因其母亲早亡，父亲续娶，不堪忍受后妈的虐待跳崖自尽，羽化成仙。然后，回到姥姥家唐王岭开始为当地百姓排忧解难，甚至开林造泉。于是，依照冲淑、冲惠二姐妹的亲属关系形成以姥姥家唐王岭为中心的九村联盟。

除在唐王岭住两年外，其余八个村依次为：北宋璧、东池、南池、西故县、西池、北仙泉、南仙泉、申川各住 1 年，10 年一个轮回。另外还有西口、下西口、坡头、后坡、工农村、河东、地南头、南耳、北耳、沙峪、土桥村称为帮赛村。虽然二仙奶奶的神主并不去，但是也要帮助送辇轿。此后每年的农历四月，各村有

---

① 乐户亦称此剧为“副末院本”，由此可知，此类型的表演沿袭了很多宋元时代的戏曲扮演要素。全剧由副末、老张两个脚色互讲笑话，展现老秀才和王老婆的暧昧关系，全部用土语方言渲染。其中，剧中的“荤谜素猜”，牵涉两性关系，但又能以生活常物出之，颇有机趣。

② 晋东南二仙信仰研究成果颇多。如张薇薇：《晋东南地区二仙文化的历史渊源及庙宇分布》，《文物世界》2008 年第 3 期；《晋东南地区二仙庙宇建筑平面分析》，《文物世界》2009 年第 2 期；罗丹妮：《唐宋以来高平寺庙系统与村社组织之变迁——以二仙信仰为例》，《历史人类学学刊》2010 年第 8 卷第 1 期；李留文：《豫西北与晋东南二仙信仰比较研究——兼论区域文化之间的互动》，《世界宗教研究》2010 年第 5 期；易素梅：《道教与民间宗教的角力与融合：宋元时期晋东南地区二仙信仰之研究》，《学术研究》2011 年第 7 期；《战争、族群与区域社会：9 至 14 世纪晋东南地区二仙信仰研究》，《中山大学学报》（社会科学版）2013 年第 2 期；段友文、刘金蕾：《晋东南二仙传说信仰内涵的三次转变及其社会文化图景》，《中国文化研究》2014 年第 2 期；宋燕鹏：《晋东南二仙信仰在唐宋时期的兴起——以碑刻资料为中心》，《社会科学战线》2014 年第 11 期。

接有送，都要举行一场特别的民俗庙会。人们手持灯笼、合抱高香，把他们拿手的民间技艺虔诚地献给两位仙姑，感恩戴德纪念姐妹俩给人们带来的福祉，这种活动历代不衰，相传至今，形成远近闻名的“十转赛”。

笔者大约在2013年去贾村参加学术交流会时偶闻“十转赛”，从2014年以后持续关注。2013年的赛社路线是从东池村到唐王岭村，2013年与2014年在唐王岭待两年，2015年从唐王岭到南池村，2016年从南池经过西池村到西故县村，原本约定只在西池村路口短暂停留，不知何故，銮驾被强行拦截转村，持续半个夜晚才转完，到西故县村已经是第二天中午。2017年从西故县村经由周南村、北宋壁村、小河村到西池村。彻夜狂欢，第二天晚上才到相隔不过数里的西池村。

大致描述2016年从南池经过西池村到西故县村的十转赛经过：

接送二仙奶奶的日期规定为每年农历四月初三，据说这一天是其生日，恭送的村从初一到初三为二仙奶奶唱大戏三天。在唐王岭村的第二年，要在四月十四到十六为二仙奶奶唱大戏三天，同时帮赛的工农村也要唱戏三天。在接送的时候，民众会自觉地做上纸质灯笼，上写“二仙真人”“朝真进香”等字样。

大概晚上七点多钟，仪式开始。没有繁琐的程序，放过炮后，大队的接神队伍就出发了，没人召集，没人讲话，村委会、神职人员①似乎都参与其中，但又不是真正的组织者。在整个过程中，感受更多的是民众的热情与决策的随意。如果真正遇到难办的事情，好像还得村委会出面协调。

有些个人会在赛社这天为二仙奶奶唱戏、说古书，表达自己的敬拜之情。从对联中可以看出，“去年俊平献鼓书迎二仙求全家平安，今春庆文说大书谢奶奶愿众村安康”“讲文明构和谐百姓欢欣鼓舞唱大戏，爱家园爱祖国村民兴高采烈办社事”“二仙住东池东池父老得福交好运高兴，奶奶辞旧居，乡亲奉戏表真情满意”“二仙恩泽百姓惠民生，百姓敬仰仙人表真诚”“前人忠孝慈悲终成仙，后人虔诚敬拜求平安”“采茹奉母纯孝格天宜般于仙占莲席，二仙真人佑福百姓更为坤界放奇光”。

在南池村的二仙庙内，西故县接奶奶的人员磕了头，放了炮，就开始了准备程序。南池村民开始为奶奶梳妆，梳妆是不允许生人观看的，因此，殿里程序我们不得而知，非常繁琐，大概要花费一个多小时。在此过程中，看热闹的人不断涌进，前来烧香、放炮、呈上供品，鞭炮声震耳欲聋。这些参与群体当

① 指村子中负责维持平时烧香、打扫等事务的专职人员，应该也不是真正意义上的社首。

中，各色人等纷乱繁杂，男女老幼不限年龄，士农工商无论职业，确实令人大为困惑。一般而言，参加赛会的都是些老人，很少有年轻人来凑热闹。但在二仙奶奶的赛会中，靓丽的姑娘，帅气的小伙，都是虔心祭拜。打麻将、看电视、打扑克这些游戏在今晚显得格外冷清，似乎在向我们展现古老赛社的正常形态。传统社会中，人们的游戏活动很少，遇到赛社活动，谁都不愿意错过这个特殊时间。那么在今天，各种游戏活动纷繁难计，还有如此多的人来参加，实在不可思议。在殿外等待之时，一部分像村干部一样的人看出我们不是本地人，带着警觉的探查询问我们的来意，当我们告诉他们只是学术研究，他们突然兴奋起来，给我们介绍了好几个从天津回来的村民，他们专门赶来送“奶奶”。

梳妆完毕，按理说该出发了。但是，出现了新问题。中间经过的西池村民为迎接奶奶已准备了一台晚会，是从平顺县请来的戏班，定在十点开始，可是由于梳妆花时间太长，此时已接近开演时间。西池村早有人在庙门口等着，传言说要抢奶奶的轿子，目的在于尽快回到南池村。在这种情形下，南池村的人加派了人力“护驾”。而西故县村要抢轿子，也是事出有因，如果西池村抬着奶奶转村①，西故县村可能就要花更多的时间等待。而转村的规矩以前是没有的。大多民众认为老奶奶10年才来一次，一辈子实际上见不到几次，这样隆重的活动希望与自己结下缘分，不愿意错过良机，希望能有机会为奶奶送上供品，表达心意。事实上，转村的消息已经公布出去，大家都准备好了供品，如果不转，总会有点失落。

在漫长的鞭炮声中，在十来个身强力壮的小伙子的护送下，老奶奶终于起驾了。庙门口的西池村人也早已等上，抢轿子在所难免。果然，刚出大门，就开始了激烈的争夺，西池村的一帮人就开始抢轿子，许多人，其中包括很多年轻的女孩子，一拥而上将轿子推回了殿前。然后又开始了新一轮的谈判、协商。又开始放炮。过了一会儿，似乎谈成了，又向外走。刚出大门，又开始上演新一轮的抢轿子与“护驾”行动。这样来回三四次，颤巍巍地护着奶奶的銮驾出了院门。当然仍有人担心被抢，也有人说没事没事，不会抢了。在这过程当中，我们的心也一直悬着，担心这样的事什么时候是个尽头。闹不好还会出乱子，说不定打架斗殴之事也会发生。

下面最具有戏剧性的一幕出现了，抬轿的数十名男女青年杂沓其间，摩肩擦掌，中间不断有人争先恐后地更替前者，落空的青年紧跟着銮驾，等待着再一次被遴选抬轿。就这样上一层，替一层，喊着号子，摩肩接踵，已经不大有性

① 所谓转村，即抬着二仙奶奶的轿子，经过每家每户门口，接受人们的献祭。

别的区分。村委会门口的抬轿持续了两个多小时，其间，村里每个人都带着香火，鞭炮震耳欲聋，即使是最贫困的家庭也挤进了放鞭炮的队伍，家家门口摆设供品，给二仙奶奶享用，同时也给抬轿的青年补充给养。

午夜时分，銮驾终于在一步三回头中离开村委会大院，走到村头，又沿原路返回，接下来是转村里的每个胡同、巷子。当转村队伍行进到村西头时，为了节约时间，有几个小一点的胡同就没有进去，只稍微停留了一下，让各家各户放炮。就在此时，一个人跑过来，对着队伍大叫，"怎么不去老子家了，就这样走呀"。刚开始，我们还以为是南池村的过来闹事了，后来才听明白，就是刚才转到胡同口没进去，于是这些家户有意见了。①然后自己抬上轿子，推攘着众人往回返，一边返一边还骂骂咧咧的。大家也没人害怕，没人生气，都笑嘻嘻地往回返。可能是大家觉得错了，有点对不住人家，反正谁也没有怨言。从这家出来，这些抬轿子的干脆将刚才没转到的都重转一遍。于是又挨家挨户将刚才漏掉的几户重新来一遍。其实已经到了凌晨两点多钟，但是整个村里依然像一个不夜村，狗吠，鞭炮轰鸣，孩子在队伍中穿行，就连老人也没有板着脸说教，似乎也知道这是一个非常态的狂欢节日。如果开口就会违背"二仙奶奶"的意志，溜掉了福气。这样的程序大家乐此不疲，一直重复到第二天接近中午才到了西故县村。

根据当地百姓的口述，"十转赛"在明清一直持续了数百年，20 世纪 50 年代末因为封建迷信被禁止，不得不转入地下，在中断的 30 年间，九个村落之间仍在悄悄传递神位。被强行中断 30 多年的"十转赛"于 20 世纪 90 年代初旧事重续，公开活动，至今已近 30 余年，规模日趋壮大。

三、有序与无序的辩证

贾村赛社与十转赛相较，最大的不同是：摆拍的有序与日常状态下的无序。表面上看，笔者数年内所看到的贾村赛社是有序与规范的，仪式程序严丝合缝，井井有条，从组织者到参与者，都是有条不紊地在完成任务。而十转赛则完全处于无序化状态，非常不合规范，但隐藏在民众背后似乎又有组织者（并不是村长），只是隐而不发。一切活动都在"乱"中进行，在"乱"中解决问题。民众的参与完全是出自本心的信仰，显得非常质朴粗狂。

① 关于老奶奶能带来福气的传说在当地似乎家喻户晓，无需验证，大家宁信其有，不信其无，并且表现出从心底里的重视。

某种程度而言，有序规范似乎是中国传统祭祀礼仪中的首要问题。孔子曰："祭神如神在。"祭祀一定要有很严格的规范与仪式，缺少任何一个规定项目都是对神灵的亵渎。贾村赛社有下请、圆神、头赛、正赛、末赛、送神等活动，每一个活动都有严格的仪式，要撞钟、伐鼓、供盏、读祭文、盥洗、献戏、吹打，还有一系列的民间歌舞表演，如皇杠、扛妆、高跷等，整场活动，热闹有序。从人物上看，整齐的仪式有香老、司茶、司酒、执旗、打伞、棚户、铳手、乐户、厨子、阴阳等人物，各司其职，严谨有序，即使是服装也是统一定做，整齐划一。供盏仪式非常细致，一遍遍上供，不厌其烦。既有分班站立，又有合班行礼。①但是，过于严苛有序的秩序和队伍更像是闪光灯下的摆拍。

然而，在十转赛中，似乎一切都是处于无序无轨状态，未按照一定的规程进行，也没有排练，因此，才导致仪式过程中会出现这样那样的问题。而对于问题的解决也没有所谓的宗教领袖社首出面协调，似乎也是无规矩可循，没有程式，甚至没有具体的组织者。解决问题是通过一边发展一边协调的方式来化解。这一原则，似乎符合中国人的传统心理，有时候不必过分较真，重心在做事，而非表面上的讲究。但是回顾数年来深夜跟赛的体会，不难发现，十转赛的灵魂是二仙信仰，无论是抢銮驾，还是拦銮驾，民众内心都是虔诚的，希望在二仙信仰的统一前提下，协调解决未经彩排而不断出现的矛盾和争端。很多时候，我们这些他者总以为大家吵得面红耳赤就要发展成械斗，不知为何，争吵就变成诙谐的笑语，男男女女始终不停轿辇。比如说，2013 年，在十转赛中曾经出现了一个僵局，由于东池村不断抬轿转村，又多花费了两个小时，南池村民忍无可忍，在两村交界处的小桥上发生争吵，几乎是全村性质的争吵，双方"君立桥头，我立桥尾"，一下子僵住了。就出来一帮妇女，说男人不抬，咱们抬。旁边的人也不敢言语，抬轿子的人就出发了。其实这时大家也不管是谁抬着，反正一堆人乱哄哄地就过去了。过了桥，南池村的人也不知怎么就接上了，都是趁乱找面子。事后谈起，都会为自己找一些说辞。究竟是怎么回事，也无人能说得清楚。到了南池村，果然看到了一幅盛景。南池村请来的戏班子使尽全力演奏，个个非常卖力。但是乐队的演奏声完全被鞭炮声淹没了，刚才的不愉快很快烟消云散。

这种无序的狂欢仪式，其中正传递着中国人的模糊观念，也正是这些观念制约着中国传统学术的综合性及模糊性。老子《道德经》载："道可道，非常道；

① 杜同海主编：《上党赛社》，湖南地图出版社 2011 年版。

名可名,非常名。"①道是存在的,但究竟是什么?并不具体,它只存在于具体实践之中,对道的解释必须结合具体的问题、具体的情境。孔子讲仁,也没有固定的定义,他会针对不同的人、不同的环境、不同的需要对仁作具体的解释。在这种观念下,就没有必要按照固定仪式去完成民间的事情。这样一种现象正体现了二仙信仰当中的民众性,即二仙赛社是纯粹的、由民间自发完成的事情。

仪式活动体现了丰富的文化内涵,体现了民众虔诚的心情。没有仪式的活动展现了民众的放任与恣意。这种无序也是一种规则,这种规则在民众的日常行为之中,已经内化为一种理解与适应。规则还在不断调适中,看似没有规则的背后,其实更多的是民众自己的理解,是民众自己熟悉的规则。例如转村,本来没有规定,在北仙泉村转了之后,东池村自然也要转,这种民众自发的制定规则,自发地执行规则,对新的规则仍要有条不紊地进行。

但是,形式上的有序和无序背后可能体现了一个相反的局面,即实质上的有序与无序确实截然相反。比如,在仪式的时间上,十转赛雷打不动的是每年的农历四月初三,据说这一天是二仙奶奶的生日。2016 年春寒料峭,甚至下起雪来,村民如织,还是一派狂欢气象。而贾村赛社已不再局限在农历二月二、四月四等传统会期,而是逐渐在学术研讨会、元宵节、电视节目录制等场合中配合拍摄进行演出。实际上,村民表演比之专业人士相去甚远,民间赛社在于一种信仰的力量,以及这种力量给予民众的激情,真的摆拍却又失去了那种粗犷的乡土味道。再如,因为忌惮封建迷信话语,原本带有点神上身的"马匹"开刀,被彻底取消。村落对戏的"过五关"因为骑马有难度,且耗时太久也被取消。而这两项,恰好是传统社会中民众参与度最高的项目。再造的仪式中加入了很多所谓外来专家的观赏因素,也删掉了很多被打上迷信烙印的因素,其实质即作为民间民俗活动与信仰本身多发生了严重变异,几异于失去了灵魂,致使传统仪式成为在可控性基础上运作的提线木偶。

余论

笔者跟踪十转赛已数年,村民通宵达旦地抬轿、推搡、迎神,其间男女杂沓,熙熙攘攘,不由自主地被感染,有几次也加入抬杠的队伍,其实不符合我们

① (魏)王弼注,楼宇烈校释:《老子道德经注校释》,中华书局 2008 年版,第 1 页。

的“他者”身份。这样的赛事此前大部分学者闻所未闻，与我们长久以来作为专家看到的摆拍赛社截然不同。它给我们展示了一种完美地打破日常秩序的民间狂欢状态，而此类酒神的狂欢精神也一直被认为并不存在于中国传统民间社会中。赵世瑜曾指出狂欢精神，“是指群众性的文化活动中表现出的突破一般社会规范的非理性精神，它一般体现在传统的节日或其他庆典活动中，常常表现为纵欲的、粗放的、显示人的自然本性的行为方式”。①正是迎神赛社的狂欢性和凝聚功能激发了乡民们的参与热情，这也是十转赛以及其他民间组织的自发的迎神赛社活动长盛不衰的主要缘由。

近些年来，随着文化产业大力发展，加之非遗保护面临诸多困境，我国各地掀起了非遗产业化的实践热潮。由于非遗产业化尚处于摸索阶段，过程中也暴露出一系列问题。非物质文化遗产来源于民间，存在于民间，其群体性、传承性等特征都使其在很大程度上带有自发性的特征。民间赛社本身即来源于民间的宗教信仰，假如把所有涉及民间信仰与民间崇拜的内容都去掉，中国的传统文化将所剩无几。②笔者在贾村进行赛社观摩时，为了拍摄画面的整齐，电视台工作人员强行赶走前来烧香的老人，致使在寺庙的空间场域中其实就剩下了被雇用的抬杠人员、电视台记者和一些如我之流的所谓的学者。贾村有 14 座清代之前的古庙，还有秃奶奶庙等近代神庙，基本都有香火，可想而知当地的民间信仰的氛围非常浓厚，信仰有种自身的内生力量。如果对非物质文化遗产名义下的赛社仪式干预过多，客观上就会限制其自主传承，就会使活生生的文化事象僵化，从而缺失生命力。北京妙峰山庙会和韩国端午祭这两个传统民俗事象之所以保护得比较好，其共同点就在于保持了独特的民间信仰，守住了生命之本。③

地方政府角色的定位不准也是赛社仪式僵化的原因之一。“大众参与的不足，是与政府对各种非物质文化遗产保护主体尤其是政府本身的角色定位紧密相关的。”④官方的过度干预往往容易导致包揽包办。笔者回忆起 10 年前努力争取进入非遗的贾村赛社，锣鼓喧天，合村出动，扛桩、献花几乎全是自愿参加，10 年以后，此村几乎只有非物质文化遗产传承人在张罗，10 年前的很多村民大多已经做了看客。口头采访时候，耆老纷纷说，谁得了钱谁干活，就

① 赵世瑜：《狂欢与日常——明清以来的庙会与民间社会》，三联书店 2002 年版，第 116 页。

② 田青：《非物质文化遗产保护三议》，《文艺研究》2006 年第 5 期，第 35 页。

③ 贺学君：《非物质文化遗产“保护”的本质与原则》，《民间文化论坛》2005 年第 6 期，第 74 页。

④ 刘志军：《非物质文化遗产保护的人类学透视》，《浙江大学学报》(人文社会科学版)2009 年第 5 期，第 40 页。

是借奶奶庙办他们的事。一句“办他们的事”其实已经暴露出贾村赛社最严重的问题。加之,电视台对民众的驱赶,更滋生了本村村民的怨言。地方政府为了形象工程的大包大揽和大众参与的形式异化,就违背了“文化的自我表达”原则及“社区卷入的参与式保护”策略,一些原本由民间操办的传统节日,随着政府的介入,原本的主人变成了看客,仪式内容也开始“官俗”化。

回忆起民国时期赛社盛景,凡本村 18 岁以上,55 岁以下的男人一律参加扮演。民国二十七年(1938 年)演对戏《过五关》,河北、河南等外省民众亦纷纷赶来观看。据亲历者言,当时街口洞、房檐下皆露宿着远方来人,马童①云集,其大赛规模及影响由此可以想见。赛社把整个村庄的村民都凝聚结合在了一起,也使得贾村赛社成为当地民间的一面旗帜。

1938 年正月的赛社,是复原前最后一次有文字记载的。“那年,由社首和十二家科头组成‘调龟总经理处’,主持赛社。经费按社内地亩摊派。每亩地摊派谷子五升,大麻二两,大豆一两。社里四十顷地,起谷子二百石,大麻五百斤,豆子二百五十斤,还卖了几棵大杨树。”②原先赛社所需要的资金是村民自愿集资,有钱的出钱,有力的出力,更具宗教和社会伦理意义的经济运行方式。现在的赛社,特别是给学者、游客看的赛社,完全变成要靠政府投资、企业赞助,参与的村民按劳付酬的市场运作方式。在这种情况下,传统祭祀中的传承力量对表演形态的规范很难。信仰仪式脱离了非物质文化遗产语境,沦为单纯的表演,缺乏对信众基本的尊重。出于强化艺术表现力的需要,媒体往往着重展现非物质文化遗产中更具欣赏性、表演性的片段,甚至仅仅截取艺术性和娱乐性强的片段,这样的做法势必割裂文化遗产的整体性。

To Pose and Keep Usual: A Study on the Folk Sai-she Ceremony from the Perspective of Intangible Cultural Heritage

Yao Chunmin

Abstracts: The Lucheng Jiacun Sai-she of Changzhi, Shanxi Province, entered the first batch of national intangible cultural heritage protection lists in 2006. It is a folk She-huo that has been included in the national protection

① 当地的巫婆神汉。

② 潞城市政协文史委员会编:《潞城风情》,潞城市政协文史委员会印,第 70、71 页。

behavior. Tangwangling ten transfer Sai-she is a spontaneous folk She-huo in nine local villages. In the early 1990s, villagers began to recover it. They basically followed the ancient law, totally without government participation, and had the carnival spirit of traditional folk rituals. Compared with it, Jiacun Sai-she has undergone a series of changes. These changes show that the relatively spontaneous cultural production and social organizations in villages began to merge into the organization and operation of the new government behavior under the banner of non-material culture, thus entering the orderly and regular operation, but also produced a series of serious problems, such as too obvious signs of pendulum, too low spontaneous participation of the public, and so on. More importantly, too orderly ceremony lacks the belief of the folk competition society itself and the essential characteristics of Carnival simplicity. It enters into a formal ritual pendulum and gradually leaves the people for thousands of miles.

Key words: Jiacun Sai-she; Ten Transfer Sai-she; pose usual

基于相对标准化法的增彩定制战略研究

——“创意设计+”助推工业产品升级的四川华体照明经验*

西南民族大学　马　健

[内容提要]　增彩定制战略是企业在生产标准化产品时，事先在产品特定部位预留一定的空间，以便根据不同客户的特殊需求，通过在特定部位“做加法”的方式创造出具有相对标准化和量身定制感特征的个性化产品的设计与制造模式。在“供给侧改革”的大背景下，增彩定制战略是通过“创意设计+”助推工业产品升级的重要途径。

[关键词]　增彩定制化；创意设计+；工业产品升级；相对标准化法

国务院印发的《关于推进文化创意和设计服务与相关产业融合发展的若干意见》(国发〔2014〕10号)提出，“推进文化创意和设计服务等新型、高端服务业发展，促进与工业产品深度融合，是培育国民经济新的增长点、提升国家文化软实力和产业竞争力的重大举措”。但在近年来的工业产品设计与制造实践中，究竟如何才能通过“创意设计+”与“文化科技+”的有效融合，助推工业产品升级，依旧是摆在不少管理者、设计师和制造商面前的难题。

一、文献回顾

“竞争战略之父”迈克尔·波特(Michael Porter)在总结企业竞争的三大基

*　本文系成都市科技局软科学项目(项目编号：2015-RK00-00007-ZF)；四川省哲学社会科学重点研究基地现代设计与文化研究中心项目(项目编号：MD15Z003)；国家民委人文社科重点研究基地(培育)中国西部民族经济研究中心项目(项目编号：CWEER201703)；国家民委人文社科重点研究基地中国彝学研究中心项目(项目编号：YXJDY1702)；西南民族大学中央高校基本科研业务费专项资金项目(项目编号：2018SQN08)的阶段性研究成果。

本战略——成本领先战略、差异化战略和专一化战略后指出，企业要么选择成本领先战略，要么选择差异化战略。假如企业同时追求成本领先和产品差异，由于两者之间存在的诸多矛盾，会使企业陷入“夹在中间”(Stuck in the Middle)的困境。①格雷戈里·德斯和彼得·戴维斯②，以及里查德·罗宾逊和约翰·皮尔斯③等人针对成本领先战略与差异化战略能否兼得这一问题而展开的诸多实证研究，得到来自不同地区和许多行业的大量支持“夹在中间”理论的有力证据。

然而，随着技术的进步和企业的创新，“夹在中间”理论越来越受到产业界和学术界的质疑和反思。例如最典型的戴尔公司(Dell)就在运营信息技术对企业的资源和能力进行优化配置之后，不仅增加了产品特色，而且提高了生产效率，更是通过响应速度的提高和战略联盟的形成，持续推动着企业产品的不断优化，从而同时获得低成本优势和差异化优势。④与此同时，学术界也提出了诸如精益生产(lean production)、计算机集成制造(computer integrated manufacturing)、敏捷制造(agile manufacturing)、智能制造(intelligent manufacturing)、柔性制造(flexible manufacturing)等多种先进的设计与制造模式。事实上，虽然在传统的生产技术条件下，“大规模生产”与“定制”是不相容的两种生产模式，但随着现代信息技术的发展和文化消费时代的来临，越来越多的客户开始注重价值和体验，介于“价格敏感型”和“价值敏感型”两个极端之间的客户更是占到了相当大的比例，而且数量还在不断增长。产品价格和产品差异所存在的多种可能组合形式以及由此产生的产品优势成为了融合竞争战略成立的客观基础。

约瑟夫·兰佩尔和亨利·明茨伯里⑤在深入分析设计、制造、装配和销售等不同环节的个性化需求之后，进一步提出了介于“标准化”和“定制化”之间的战略连续集(见表1)。他们提出的这个看似严谨的连续集所忽略的介于定制标准化(customized standardization)与剪裁定制化(tailored customization)之间的以相对标准化为基础的“定制化”则是本文提出的新概念——增彩定制化(additive customization)，即企业在生产标准化产品时，事先在产品特定部位预留一定的空间，以便根据不同客户的特殊需求，通过在特定部位“做加法”的方式创造

---

① [美]迈克尔·波特：《竞争战略》，陈小悦译，华夏出版社2005年版，第33—47页。

② Gregory Dess, Peter Davis, “Porter's Generic Strategies as Determinants of Strategic Group Membership and Performance”, *Academy of Management Journal*, 1984, 27(3):467—488.

③ Richard Robinson, John Pearce, “Planned Patterns of Strategic Behavior and Their Relationship to Business-unit Performance”, *Strategic Management Journal*, 1988, 9(1):43—60.

④ 曾凡琴、霍国庆：《“夹在中间悖论”研究》，《南开管理评论》2006年第3期。

⑤ Joseph Lmpel, Henry Mintzbery, “Customizing Customization”, *Sloan Management Review*, 1996, 38(1):21—30.

出同时具有相对标准化和量身定制感特征的个性化产品的设计与制造模式。增彩定制化发生在设计和装配环节，而不是制造和销售环节。四川华体照明科技股份有限公司（简称华体照明）基于相对标准化法的增彩定制战略或许能够为那些在工业产品设计与制造实践领域苦苦摸索的企业提供一些有益的启示。

表1 "标准化"和"定制化"之间的战略连续集

类　别	含　义
完全标准化（pure standardization）	客户没有定制需求，企业大规模生产标准化产品。
细分标准化（segmented standardization）	客户的定制需求发生在销售阶段，与设计、制造、装配环节无关。
定制标准化（customized standardization）	客户从大规模生产的标准化部件中定制产品。定制标准化发生在装配和销售环节，而不是设计环节。
剪裁定制化（tailored customization）	企业提供同样的产品给客户，客户则通过适当的自主"剪裁"来满足其个性化需求。剪裁定制化发生在制造、装配和销售环节，而不是设计环节。
完全定制化（pure customization）	企业根据客户的需求进行产品设计，产品完全按照客户的需求定制。

二、"创意设计＋"与文化竞争力

20世纪90年代中期，中国的城市照明领域就出现了所谓的城市光彩工程（亮化工程）概念。可是，在建筑和街道变亮的同时，却随之出现了诸如光污染、能源浪费，以及各地雷同、千城一面等诸多问题。华体照明在最初进军LED（light-emitting diode，即发光二极管）产业时，首当其冲面临的就是因LED产品造价过高而"遇冷"的困境。通过市场调研，华体照明发现：首先，对于户外照明尤其是景观照明来说，人们对灯体美观程度的关注要远远超过对灯珠发光效果的关注。其次，每当特定节假日，各地往往会在路灯的灯杆上悬挂用于营造节日氛围的各类照明装饰品。问题是，这些临时性照明装饰品存在着安拆工作量大，重复利用率低，资源浪费率高，安全隐患较大等一系列问题。第三，传统的户外照明设计往往受制于灯珠的大小。相比之下，LED产品体积小、功耗低、寿命长，以及光束集中、光色可控、调光便捷等优势则为户外照明设计提供了广阔的空间。上述调研结论为华体照明扬长避短，制定具有差异性的企业竞争战略提供了科学的论据和坚定的信心(见表2)。

表2　华体照明的主要竞争对手概况

竞争领域	企业名称	主要业务
照明方案设计	光景照明设计有限公司	拥有行业领先的照明环境体验、照明及控制系统实验、灯具产品检验评估等相关的场所和设施。提供照明设计、照明器具研发、照明控制系统研发、照明医生等方面的服务,覆盖照明工程领域照明技术与照明艺术的大部分需求。
照明工程施工	北京海兰齐力照明设备安装工程有限公司	专注于照明领域,拥有城市及道路照明工程专业承包二级资质,集照明工程设计、工程施工、设备贸易、国际品牌代理、特型产品开发、系统节能改造、系统运行管理为一体的专业化公司。
产品研发制造	宁波燎原照明集团	主要生产和经营大功率LED路灯、工矿灯、防爆灯、500 W投光灯、隧道灯、庭院灯、景观灯等特种照明灯具,已形成较完整的产品体系和年产70万套大功率绿色照明灯具的生产能力,是国内规模较大的道路照明灯具生产企业之一。
	浙江阳光照明电器集团	拥有年产一体化电子灯3亿只,紧凑型稀土节能荧光灯管3.5亿支,T5直管大功率节能荧光灯及配套灯具1 200万套,T5灯管2 000万支,户外灯及LED配套灯具20万套的生产能力,是国内照明电器行业的排头兵。
城市照明智能控制系统	上海五零盛同信息科技有限公司	城市智慧照明综合管理平台集合网络通信技术,工作流技术、实时监控技术、地理信息技术、移动GIS技术、全球定位技术,创建“过程管理”新模式,实现管理对象的精确定位和照明管理的流程化,确立夜景照明监控指挥中心“统一门户、一键管理”的管理机制,从而实现精确、高效、全时段、全方位覆盖的城市照明管理。
	广州正力通用电气有限公司	集城市照明控制产品研发、生产、安装、系统整合应用与销售服务为一体,产品包括城市照明自动化监控系统、节能控制系统、防盗监测系统及时间控制系统等。

资料来源:根据光景照明设计有限公司(http://www.lightandview.com/)、北京海兰齐力照明设备安装工程有限公司(http://www.hailanzm.ledcac.com/)、宁波燎原照明集团(http://www.nbliaoyuan.com/)、浙江阳光照明电器集团(http://www.yankon.com/)、上海五零盛同信息科技有限公司(http://www.50sht.com/)、广州正力通用电气有限公司(http://www.gzzldq.com/index.asp/)的官方网站资料整理。

路灯设计的文化介入，能够传递一种审美价值，从而实现艺术与技术，外观与功能的有机结合。基于对城市照明的深刻理解，华体照明设计总监李代雄提出了“文化照明”的概念，即管理者和设计者运用现代科学技术照明手段，

表 3　华体照明的文化定制类照明产品概况

产品名称	适用环境	设计创意
玉兰灯	主要用于城市主干道、迎宾大道、快速道、标志性景观等场所	在保留玉兰灯传统式样的基础上，拥有更加美化的线条，更富有现代感。在光源设计方面做出更大的改进，同时满足人们现代审美与城市道路照明的需求，既传承历史文明，又保留城市记忆。
芙蓉中华灯	主要用于城市主干道、慢车道、景区道路、庭院、广场等场所	中华灯是一款极具中国特色的灯具。在保留传统中华灯神韵的基础上，加入新的元素，不仅强化照明效果，对主光源进行调整，还对外观进行改良，以保证灯具更加适合现代审美的需要。
银杏灯	主要用于城市主干道、迎宾大道、公路、街区等场所	银杏灯造型优美、简洁，却能充分体现树体高大，树干通直，姿态优美的特点。
神晖灯	主要用于城市主干道、迎宾大道、公路、街区等场所	在细节处融入城市地域文化元素，使得灯具外观别致，简洁大方，同时又体现地方文化特色。
鸽子花灯	主要用于城市主干道、迎宾大道、公路、街区等场所	以“鸽子花”的形态来展现独特的地域文化特色，此灯型为功能性道路景观灯，用于城市主干道及景观大道，也可用于广场及公共场所的出入口；灯型的主体、杆体、底座材质为金属钢件，表面热镀喷塑，灯具为铝件，可配光源 LED/钠灯。
金荷灯	主要用于城市主干道、迎宾大道、公路、街区等场所	灯型以莲花为创作元素，经过设计者的提炼，将莲花与花瓶的形态结合，顶部的莲蓬造型生动形象，流畅的花纹连接件，表现莲花的婉约清雅，杆体的独特造型使得整个灯具呈现出亭亭玉立之感，底部花纹为传统水纹，表现莲花出水的形象之态。
皎月智慧路灯	主要用于小区、厂区、广场、公园等场所	皎月象征明亮与美好，路灯的设计沿用该系列现代与未来的风格，融入传统的美好意象和智慧路灯功能组件，提供照明的同时，能实现新能源汽车充电、环境监测、徽基站、无线 WIFI、智能监控及市政设施管理等功能。

资料来源：根据《四川华体照明科技股份有限公司首次公开发行股票招股说明书（申报稿 2017 年 3 月 2 日报送）》第 148—149 页资料整理。

通过深入挖掘区域历史文化资源，准确而恰当地展现区域特色文化的城市照明。在李代雄看来，城市照明不仅要用灯光照亮对象和环境，而且应该使灯具和灯光在造型、结构、亮度、色彩等方面符合并体现当地的文化精神。当然，正如李代雄所说，“将一个故事与一盏路灯融合起来，这背后需要深厚的文化底蕴”。事实上，正是“创意设计+”的理念铸就华体照明的文化竞争力(见表 3)。

以华体照明对传统华灯进行创意设计后改造的新型玉兰灯为例，华体照明的创意主要体现在 4 个方面。一是灯杆的设计。传统华灯的灯杆都是简单的单杆，很难满足现代人对通透感的要求。华体照明在设计灯杆时，充分考虑到了人们对通透感的审美追求，通过将四根小矩杆成组排列的方式，使其组合成虚拟的大型矩杆，从而呈现足够的通透性。二是灯臂的设计。传统华灯的灯臂往往是用细小的 U 形或 S 形金属管来连接灯杆和灯头部分。虽然这种格式化的灯臂设计非常秀气和精巧，但缺乏气质感和厚重感。新型玉兰灯的灯臂则直接用树干的设计来表现稳定和厚重之感。三是灯罩的改造。传统华灯灯罩的最大麻烦就是未能解决自洁问题。因此，随着路灯的使用，白色的灯罩往往积满了尘垢并严重影响了照明效果和美观程度。新型玉兰灯的灯罩则采用特殊技术处理，从而具有较为理想的自洁功能。换句话说，在新型玉兰灯的使用上，无需专门的清洁维护，大大降低使用成本。四是光源的改造。传统华灯的多头向上光源虽然美观，却是以牺牲照明功能为代价的。一些企业为增强照明效果，在华灯灯杆和灯头之间加装向下投光灯的设计方案又破坏了灯型的整体美感。新型玉兰灯则将灯臂设计为植物型叶和茎的有机结合体，在增加灯臂厚度的同时，将灯具安装在灯臂之中，使玉兰灯的审美性和实用性得到完美的统一。

图 1　通过在特定部位“做加法”的方式为峨眉山定制的新型玉兰灯(整体效果)

图 2　通过在特定部位"做加法"的方式为峨眉山定制的新型玉兰灯(局部细节)

三、相对标准化法与量身定制感

在工业产品设计与制造实践中,成本领先与产品差异化是一对长期以来难以调和的矛盾。针对这一难题,华体照明的解决之道很值得设计师和制造商借鉴。

一是根据客户需求,设计和制造具有区域文化特点或者满足客户特殊需求,其他地方不能使用的所谓完全定制化产品。华体照明为四川北川地震灾区的灾后重建所设计的两款路灯——"羌"灯和鸽子花灯就属此类。羌人尚白,崇拜白石。因此,"羌"灯以白色为主色调,"羌"灯上的图纹内容出自《郑羌伯鬲》上的铭文,字体选用的则是"羌"字的甲骨文和金文。鸽子花灯的设计灵感来源于北川当地的植物——鸽子花。鸽子花的花序圆似鸟头,苞片洁白硕大如翅,宛如展翅的白鸽。华体照明将北川人民熟悉的鸽子花造型融入为北川的主要景观大道——永昌大道所设计的鸽子花灯中。但由于成本较高,这类产品的市场需求量毕竟有限。

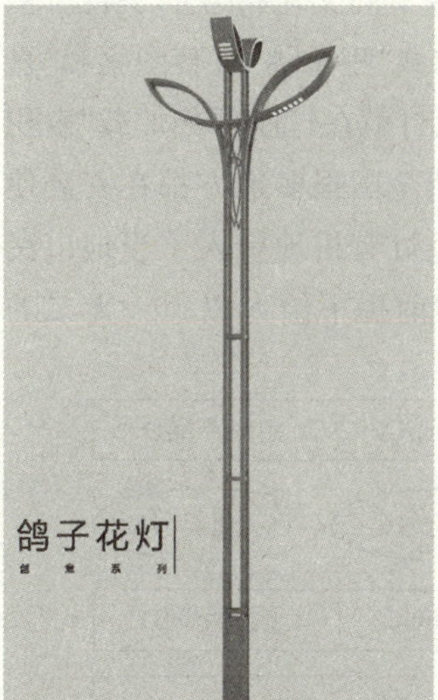

图 3　鸽子花灯

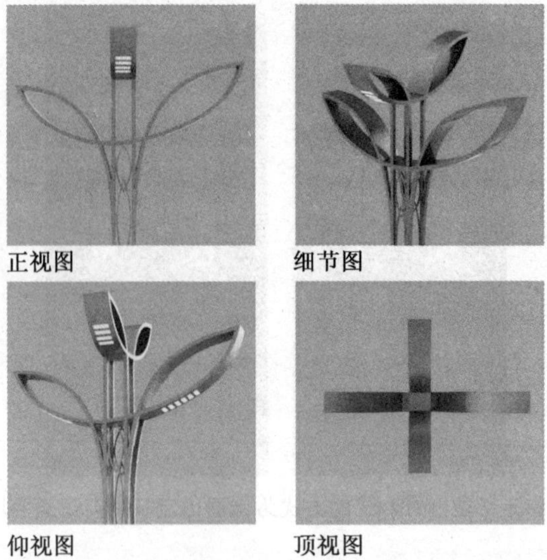

图 4　鸽子花灯细节

二是在标准化产品的特定部位事先预留一定的空间，以便根据区域文化特点或者客户特殊需求，通过在特定部位“做加法”的方式创造出具有相对标准化和量身定制感特征的产品。在有效控制成本的前提下，最大程度地满足客户的个性化需求。这就是本文总结和提出的增彩定制战略（见图 5）。以新型玉兰灯为例，为了使新型玉兰灯具备一定的通用性，华体照明就采取了相对标准化法，专门在灯座部分预留了一个可用于加载不同文化符号的平台。例如，为四川南充设计的新型玉兰灯就在灯座部分加载“鲤鱼跳龙门”图案和“嘉陵江第一曲流”符号。为甘肃天水设计的新型玉兰灯就在灯座部分加载“麦积飞天”和“东方微笑”等麦积山佛教文化图案。虽然全国很多地方都在安装使用这种新型玉兰灯，由于华体照明设计的新型玉兰灯有机地融入了当地市民熟悉和喜爱的文化元素，因此，在有效控制成本的前提下给人以独一无二的

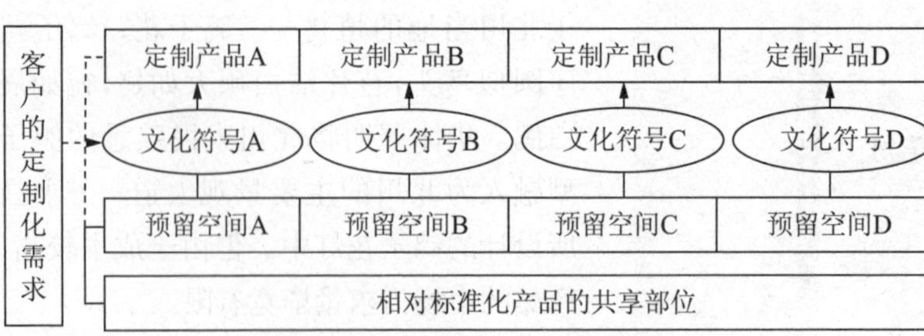

图 5　增彩定制战略的实施路径

量身定制感。市场调查表明，由于这类路灯能够恰当地展现当地具有鲜明特色的文化元素，既使当地市民产生亲切感，又使外地游客产生新鲜感，因此，广受市民和游客的好评。需要指出的是，无论纯个性化产品，还是相对标准化产品，都需要通过具有一定个性化和差异性的设计，使每个系列的产品既有准确的出处，又有精彩的故事。

事实上，华体照明在相对标准化产品设计与制造方面的最重要经验就是通过大规模的增彩定制，或者说标准化产品的个性化定制而实现了为产品"增光添彩"，从而构建了产品的核心竞争力。这是"华体照明的核心产品和服务"。简单地说，增彩定制，就是通过相对标准化的设计和装配来最大限度地满足客户个性化需求的设计与制造模式。大规模的增彩定制并非纯粹的照明产品标准化，而是照明产品的某些部件标准化。在具有通用性特征的照明产品上加载能够反映某种特色的特定内容或文化符号，从而满足客户的个性化需求。以路灯灯杆与灯臂的连接方式为例，由于各地的区域文化都可以凝练为文字、符号、图案或色彩的表达，因此，华体照明在设计产品时事先就预留了比较大的空间，专门用来加载客户所需要的文化元素，从而满足客户对区域文化的个性化需求。例如，华体照明为四川成都设计的路灯灯箱是镂空内透的成都市城市形象标识——太阳神鸟纹饰，而为陕西西安设计的路灯灯箱是镂空内透的西北风情浓郁的户县农民画，为四川内江设计的路灯灯箱则是镂空内透的内江城市名片——大千故里图标。华体照明的经验表明，在产品设计与制造的过程中实现一定程度的标准化，可以极大地降低生产成本，提高生产效率，增强客户认同，减轻客户负担。通过大规模的增彩定制，满足客户的个性化需求正是华体照明近年来迅猛发展的主要原因(见表 4)。

表 4　华体照明的主营业务收入与业务利润情况(单位:万元)

项　目	2014 年	2015 年	2016 年	2017 年
主营业务收入	35 477.69	36 596.50	40 276.22	47 535.86
主营业务利润	11 086.13	12 024.60	12 649.37	—
其他业务收入	594.09	492.23	529.32	491.59
其他业务利润	139.76	133.28	24.10	—
利润总额	4 293.73	5 065.31	5 665.94	5 287.77

资料来源：根据《四川华体照明科技股份有限公司首次公开发行股票招股说明书(申报稿 2017 年 3 月 2 日报送)》第 385 页和《四川华体照明科技股份有限公司 2017 年年度报告(2018 年 4 月)》第 183 页的资料整理。

图6　成都市蜀都大道的神晖灯

四、按需照明技术与智慧照明路

如果说，增彩定制是华体照明的“创意设计＋”战略，那么，智能照明则是华体照明的“文化科技＋”战略。华体照明的智能照明管理系统是其自主研发的集云计算、互联网、无线网络和电力线网络等“多网一体”的智能化照明管理系统。该系统无需另外铺设线路，只要在单灯线路上安装单灯控制器（内含传感器和控制器等设备）并直接连接在输电线路上，就可以利用电力载波通信技术，完全实现城市道路照明的回路或单灯管理。每个单灯控制器就是一个具体点位，不仅可以监测路灯是否正常亮起，还可以监测对应点的电压、电流等相关数据。

不仅如此，在构建华体智能照明管理系统时，华体照明还在中国西部信息中心建立了照明专用服务器，所有单灯系统反馈回来的信息都会存储在这个服务器数据库中。这意味着，客户无论身处何处，只需要一个登录账号，就可以通过云技术服务等手段，随时利用任何互联网终端进行远程控制，还可以实现自动预警、自动报警，以及短信通知等多种功能。只要某个单灯控制器发出预警或者警报，工作人员远程即可分析出该点位的故障原因，继而进行点对点维修。例如，当某个路灯出现故障时，城市路灯管理部门某工作人员的手机就会收到一条短消息，告之某街某号电杆的路灯出现故障，原因是线路短路，需要带上什么维修工具和材料开展作业。相比之下，传统的路灯维护和维修，则是通过工作人员沿途巡视来进行的。

此外,华体智能照明管理系统还可以实现按需照明:不仅可以分组控制路灯,而且可以控制单灯亮度,还可以根据不同时段的实际需求控制不同路灯的不同亮度,从而真正使城市道路照明系统完全满足城市照明的实际需要。例如,每晚7点30分,路灯准时亮起;晚上11点后,除了中心城区繁华路段的亮度不变,其余区域路灯均减少50%的亮度;凌晨1点后,所有区域路灯均减少为50%的亮度;凌晨4点后,所有区域路灯全部恢复100%的亮度;早上7点,所有区域路灯准时关闭。总之,华体智能照明管理系统不仅免去了客户自行架设网络服务器的投入,而且为客户提供了专业化后续网络服务支持,还通过按需照明极大地节省能源和维护成本,从而提供了更高的安全性,更佳的性价比,更好的客户体验,大大提升了城市路灯的管理水平(见表5)。

表5　智慧照明的节能减排效益

方案(单位:元)	电费/天	电费/年	综合节能率	二次节能率	减排二氧化碳/年
高压钠灯(250 W)	3	1 095	—	—	—
LED路灯(120 W)	1.44	525.60	52%	—	567.69
LED智能控制	0.792	289.08	73.60%	45%	803.51

资料来源:根据孔凌飞《户外照明龙头,智慧路灯先行者——华体科技(603679)》,华泰证券股份有限公司,2018年4月20日,第14页资料整理。

五、结语

增彩定制战略的出发点是,采用大规模生产的方式制造具有量身定制感的产品,充分满足广大客户的个性化或区域性需求,最大限度地为广大客户创造价值,从而为企业赢得可持续的独特竞争优势。增彩定制战略的立足点是,虽然客户的消费需求是以个别和分散的方式而存在的,但只要通过深入分析和仔细归类,这些个性化或区域性需求仍然隐含着大量具有共性的需求。以华体照明的企业经营实践为例,从2008年开始,华体照明就从文化切入,先后设计、制造和安装了包括玉兰灯、瓦楞灯、鸟笼灯、望柱灯、银杏灯、神晖灯、金荷灯、民国风情灯、芙蓉中华灯、牡丹栖凤灯、凤舞九天灯在内的多款文化内涵丰富,创意别出心裁的增彩定制型路灯。可谓"款款充满设计感,盏盏道出文化味"。

2014年度、2015年度和2016年度,华体照明的营业收入分别为36 071.79万元、37 088.74万元和40 805.54万元,净利润分别为3 576.14万元、4 262.00万元和4 806.56万元。在2015年度的营业收入仅同比增长2.82%的情况下,净利润却同比增长19.18%的主要原因就在于，毛利率相对较高的文化定制类照明产品销售收入占道路照明产品销售收入的比重由2014年的73.28%增加到2015年的80.74%。①其中，仅文化照明产品线上的玉兰灯、银杏灯、神晖灯、芙蓉中华灯等采用相对标准化法设计与制造的增彩定制型路灯的年销售量就超过了万套。

2017年6月21日，华体照明更是在上海证券交易所成功上市(股票代码为603 679)，成为成都市双流区近16年来第一家在主板上市的企业。2017年，华体照明实现营业收入48 027.45万元，同比增长17.70%，归属于上市公司股东的净利润为5 287.77万元，同比增长10.01%。事实证明，在标准化产品的特定部位事先预留一定的空间，以便根据区域文化特点或者客户特殊需求，通过在特定部位"做加法"的方式创造出具有相对标准化和量身定制感特征，从而满足客户个性化需求的增彩定制战略是"华体照明近年成功发展的主要原因"。在"供给侧改革"的大背景下，增彩定制战略更是通过"创意设计+"助推工业产品升级的重要途径，非常值得那些仍在工业产品设计与制造实践领域苦苦摸索的同行学习和借鉴。

A Study of Additive Customization Strategy Based on the Relative Standardization Method: How "Creative Design +" Boosting the Industrial Products Upgrade in Sichuan Huati Lighting Technology Company Limited

Ma Jian

Abstract: Additive customization strategy is a design and manufacturing mode which reserving a certain space in specific parts of products and in a "do addition" way to create personalized products with relative standardization and tailored sense, which focusing on the individual customer requirements when the enterprises making standardized products. Additive customization strategy is an important way to boost the industrial products upgrade through "creative design +" in the supply-side reform context.

Key words: additive customization; creative design +; industrial products upgrade; relative standardization method

---

① 四川华体照明科技股份有限公司:《四川华体照明科技股份有限公司首次公开发行股票招股说明书(申报稿2017年3月2日报送)》,第18页。

“至若春和景明”
——2017年上海市戏曲艺术发展调查报告*

上海艺术研究所　杨　子

[内容提要]　本文从地方戏曲剧种现状、剧目建设与创作、演出收入与场次、戏剧节与展演活动、戏曲电影工程与新媒体传播、对外交流与海外传播、戏曲人才现状与培养七个方面对上海市2017年度戏曲艺术的发展进行分析，在总结成绩的同时提出发展中存在的问题，如编导、作曲及舞美人才的断层与匮乏、戏曲评论人才培养和理论建构的弱势等，并提出相应的对策与建议。

[关键词]　上海戏曲艺术；小剧场戏曲；戏曲电影；戏曲人才培养

2017年初，中共中央办公厅、国务院办公厅印发《关于实施中华优秀传统文化传承发展工程的意见》，“传统戏曲传承与传统工艺振兴戏曲”等一系列相关政策出台，戏曲持续发展政策利好，上海戏曲界“文化自信”被极大激发起来，在政府相关利好政策的扶持和戏曲表演院团的共同努力下，上海市戏曲艺术发展呈现“春和景明”的局面。本文从上海市地方戏曲剧种现状、剧目建设与创作、演出收入与场次、戏剧节与展演活动、戏曲电影工程与新媒体传播、对外交流与海外传播、戏曲人才现状与培养七个方面对上海市2017年度戏曲艺术的发展进行调查分析，提出发展中存在的问题，并提出相应的对策与建议。

一、上海市地方戏曲剧种现状

根据文化部《关于开展全国地方戏曲剧种普查工作的通知》（文艺函〔2015〕62号）要求，上海市地方戏曲剧种普查工作办公室于2015年12月至

* 本文系2015年国家社科基金重大项目“当代美学的基本问题及批评形态研究”（15ZDB023）子课题“审美制度问题研究与当代美学批评向度”阶段性成果。

2017年6月开展全市戏曲剧种普查工作。通过普查,全面掌握上海市地方戏曲剧种的数量、形成发展历史、艺术特点、分布和流传地区、演出团体、人才状况、演出剧目、生存现状等。这次普查范围覆盖上海市辖15个区,1个县[①],其中中心城区包括:黄浦区、徐汇区、长宁区、静安区、普陀区、虹口区、杨浦区;中心区半郊区包括浦东新区;郊区包括:宝山区、嘉定区、闵行区、松江区、青浦区、奉贤区、金山区;郊县:崇明县。普查内容包括上海各区县传统戏曲剧种名称、声腔、艺术渊源、形成时间、流行区域、剧目、主要演出团体、人才培养机构、报刊专著、代表人物等。

普查结果显示,上海市现存9个活态戏曲剧种,其中本土戏曲剧种3个:沪剧、滑稽戏、上海山歌剧;跨省戏曲剧种6个:京剧、昆剧、越剧、淮剧、豫剧、黄梅戏。其中豫剧和黄梅戏为新增剧种。扬剧尚存1名区级传承人,无本地专业或业余演出团体。

上海市共有戏曲演出团体72个,其中京剧表演团体5个:国办1个,民营团体2个,民间班社2个。昆剧表演团体3个:国办1个,民营团体2个。越剧表演团体14个:国办2个,民营团体6个,民间班社6个。沪剧表演团体38个:国办5个,民营团体20个,民间班社13个。淮剧表演团体3个:国办1个,民间班社2个。滑稽戏表演团体6个:国办2个,改制转企1个,民营团体3个。山歌剧表演团体有民间班社1个。豫剧表演团体有民间班社1个。黄梅戏表演团体有民营团体1个。

对比《中国戏曲志·上海卷》所记载的戏曲剧种,4个戏曲剧种在上海市已消亡:粤剧、甬剧、锡剧和扬剧,它们均为外来戏曲剧种。上海自开埠以来,海纳百川,吸引众多来自广东、浙江宁波、江苏无锡、江苏扬州的移民在上海工作、生活,移民将自己家乡的本土戏曲带入上海,粤剧、甬剧、锡剧和扬剧等外来戏曲剧种在上海应运而生。随着社会、经济与文化的发展,早一辈的移民因老龄化而逐渐减少,新一代移民或移民后裔随着与上海社会的不断融合,乡土观念愈加淡漠,外来戏曲剧种面临新生代观众造血机制欠缺的窘境。20世纪90年代以来,电视、电影产业发展,大众娱乐文化兴起,人们可选择的文化生活越来越丰富,大众艺术欣赏与趋向多元化,戏曲舞台艺术在大众娱乐时代遭

① 戏曲普查的标准时间为2015年8月31日,共采集数据约3 400份。2015年末,上海市全市总面积6 340.50平方千米,常住人口2 415.27万人,共辖黄浦区、徐汇区、长宁区、静安区、普陀区、虹口区、杨浦区、闵行区、宝山区、嘉定区、浦东新区、金山区、松江区、青浦区、奉贤区15个市辖区和崇明县,104个街道、107个镇、2个乡(合计213个乡级行政单位),4 154个居委会,1 593个行政村。2015年11月,闸北区与静安区合并为静安区,2016年7月,崇明县撤县设区。

遇市场萎缩的困境，尤其是没有本地居民为基本受众的外来戏曲剧种的生存遭受严重挑战，粤剧、甬剧、锡剧和扬剧等外来剧种在上海的萎缩和消亡已成必然。

二、戏剧创作与剧目建设

戏剧创作与剧目建设包括原创剧目的创作和传统经典剧目的恢复、复排等。从整体上看，2017 年上海戏曲剧目建设以新编、改编剧目和传统剧目恢复、经典剧目复排并重，现实题材原创剧目集中在本土戏曲剧种，而实验小剧场戏曲立足传统，另辟蹊径，以实验探索的精神回归传统。

（一）新编和改编剧目

2017 年度上海戏曲各剧种新编和改编剧目作品数量和质量有所提升。如上海京剧院年度新编、改编剧目有《浴火黎明》（修改提高）、《春秋二胥》（修改提高）、《月光下的行走》等；上海昆剧团的《红楼别梦》、《琵琶记——蔡伯喈》、《双声慢·幽情》等；上海沪剧院的《回望》（修改提高）、《敦煌儿女樊锦诗》（剧本）、《董竹君》（剧本）、沪剧电影《雷雨》（剧本）等；上海越剧院年度新编和改编剧目 9 部，包括整理改编传统大戏 2 部（《双凤珠》《凄凉辽宫月》），新编改编大型剧目 3 部（《素女与魅》《红楼·音越剧场》《湖畔盲女》）、以及《薛丁山·哭灵》《洞君娶妻》《再生·缘》等；上海淮剧团新编和改编剧目 3 部，包括《武训先生》《秀才审妻》《林冲之死》；上海滑稽剧团新编剧目有《皇帝勿急急太监》等。

年度新编和改编剧目中不乏精品的打磨与制造。上海昆剧团最新原创作品《红楼别梦》突破传统戏曲舞台空间，登台上海交响乐团音乐厅，以当代人的视角解读薛宝钗这一人物的命运。由上海淮剧团创排的新编淮剧《武训先生》沿用都市新淮剧《金龙与蜉蝣》的原创班底，通过讲述武训从自发到自觉行乞兴学的经历，刻画出一个以殉道精神投身民间教育的“奇丐”形象，完成演出 40 场，获“2017 年上海市舞台艺术作品评选展演”优秀作品奖，获得良好的社会影响和收益。为庆祝中国共产党建党 96 周年，由上海京剧院创排的新编现代京剧《浴火黎明》挖掘红岩史料，以新中国成立前后的重庆为时代背景，展示了年轻的中国共产党党员在狱中面临酷刑的极端情况下，坚定信仰、坚守信念，最终壮烈牺牲并留给党八条诤言（“狱中八条”）的历史事件。该剧以新颖的人物塑造、颇具深度的人性挖掘和鲜明的现实意义赢得市场口碑。上海沪剧院原创沪剧《回望》改编自王愿坚的小说《党费》，以烈士后代追寻祖辈足迹为线索，讲述了主力红军长征后在江西苏区的一段可歌可泣的故事。这些剧目表现了戏曲院团弘扬社会主旋律，寻求主流话语表达的诉求与努力，也体现了戏曲承载意识形态主流教化的传统职能。

值得一提的是，在新编、改编剧目中，出现一批小剧场实验戏曲作品，结合戏曲传统和当代审美，受到市场尤其年轻观众的欢迎。上海越剧院首部小剧场作品《洞君娶妻》取材湘西落洞传说，重新进行虚构，讲述一个颇具东方神话色彩的故事。其本真的表演加上现代风格的剧场、流行的音乐、明快的节奏，是上海越剧院在小剧场形式下追求当代审美的探索。上海昆剧团小剧场昆剧《长安雪》对接中国传统艺术与当代哲思，使得作品的文化格调、当代意识有了观念性的转变，对戏曲文化立足传统、升级转化做出了有益尝试。上海昆剧团创排的小剧场实验昆剧《椅子》改编自荒诞派大师尤金·尤涅斯库的同名舞台剧，延续尤奈斯库原著精髓，以哲学思辨触及自由、生死、爱情等人生叩问，让600年历史的昆曲在小剧场语境中与当代先锋戏剧形态进行碰撞升华。上海京剧院创排的小剧场京剧《草芥》，把欧·亨利的《警察与赞美诗》置于中国北宋年间，尝试西方小说的本土化，对传统戏曲舞台上常见的道具进行符号性开掘，意象化地使用戏曲服装代替角色，在舞台处理上颇具新意。

2017年度，中华创世神话系列工程酝酿、启动。上海戏曲艺术中心旗下的京昆越沪淮五大剧种齐上阵，依各剧种特色推出一批创世神话题材的新剧目，集体打造“创世神话”题材作品。上海淮剧团的《神话中国之洪荒时代》剧本获上海文化发展基金会重大文艺创作选题资助，计划于2018年3月首演。上海越剧院的大戏《素女与魃》作为“十三五”选题规划之一，和小戏《少年伏羲》《鲧复生禹》于2018年夏与观众见面。上海京剧院的《开天辟地》也将正式启动，上海沪剧院的《奔月》、上海昆剧团的《神农尝草》都已进入剧本创作修改阶段。

（二）年度现实题材原创剧目

2017年度现实题材原创剧目主要集中在京剧以及沪剧、滑稽戏等上海本土戏曲剧种。上海京剧院首演的《夫妻哨》创作于2016年，取材于真实生活，以传统京剧表演手段演绎发生在现代高原的故事，有文有武，展现现代军人和军嫂以国家和人民利益为先的奉献精神，以此纪念中国人民解放军建军90周年。由上海滑稽剧团出品、获文化部戏曲剧本孵化资助及上海文化发展基金会资助的大型滑稽戏《皇帝勿急急太监》由著名编剧梁定东操刀，青年导演虞杰执导,汇集一级演员钱程、小翁双杰,演员徐磊等,于2017年12月10日作为中国滑稽戏诞生110周年展演闭幕大戏与观众见面。该剧围绕一对急于为孩子找对象的父母展开,关注当下父母在面对子女婚恋问题上所表现出的集体焦虑感,一波三折的剧情背后,体现了两代人的婚恋观。该剧在2016年预演的基础上重新打磨,从剧本、舞美、音乐等方面进行整体修改提高和品质提升,旨在打造为上滑独具魅力的海派精品。

上海宝山沪剧团打造的沪剧《挑山女人》作为沪剧现实题材原创代表剧目,自2012年10月26日首演至今,5年内完成全国巡演40场,累积演出场次达265场,观摩人数超过25万,囊获包括中宣部"五个一工程"奖、文华奖"优秀剧目奖"、中国戏剧节"优秀剧目奖"在内18个重要文艺奖项,并被豫剧、壮剧、蒲剧等剧种移植、搬演。主角华雯凭借剧中出色的表演获得"二度梅"和"文华表演奖"。《挑山女人》5年来取得的成功从一个侧面反映了中国戏曲自党的十八大以来所取得的成就,成为中国文艺发展动向的一个风向标,作为一种"挑山现象"值得深入剖析。2017年11月27—28日,由中国戏曲学会、上海剧协、宝山区文广局等单位主办"不忘初心,牢记使命——《挑山女人》创作演出五周年系列活动",京沪陕等地专家学者及艺术家与主创就《挑山女人》的创演所引发的对现代戏创作的当代意义,传统戏曲如何进行创造性转化、创新性发展,如何发挥优秀传统戏曲文化对社会主义核心价值观的培育弘扬作用等议题展开研讨,总结梳理经验,推动上海戏曲界创作出更多艺术精湛、制作精良的现实主义题材作品。

现实题材原创剧目在上海沪剧民营院团中硕果纷呈。上海勤苑沪剧团的《51把钥匙》以"感动上海十大人物"、首届上海市"十佳"家庭医生严正为原型创编,讲述了严正医生热心服务社区居民,以真诚爱心与病人建立融洽医患关系的真人真事,于2017年11月获第十五届中国人口文化奖戏剧类一等奖;原创剧目《亲人》塑造了一名党的优秀基层干部形象,在2017年上海市舞台艺术作品评选展演中获作品(大型作品)奖。继《51把钥匙》《亲人》后,上海勤苑沪剧团根据奉贤区青村镇"中国好人"马利军事迹创作的大型沪剧《遥遥娘家路》于11月中旬在奉贤区会议中心首演。这些剧目题材取自生活中的真人真事,有时代气息和生活气息,展现了沪剧的剧种特点和艺术特色,展现了基层院团的艺术风貌和创作实力。

上海浦东彩芳沪剧团出品与原创的大型沪剧《担当》获2017年度上海文化发展基金会资助项目及2017年度上海市演出行业协会孵化扶持项目。作为国内首部描绘消防官兵及其家属形象的原创沪剧,《担当》弘扬消防官兵士气,体现无私奉献精神,倡导正能量,在原创沪剧的选题方面具有创新和开拓意义。

上海文慧沪剧团2017年创作演出的大型沪剧《绿岛情歌》描写了崇明生态岛建设中一位"捕鸟人"转变为"护鸟使者"的故事,题材视角独特,入选文化部优秀戏曲剧本创作扶持项目,并在民营展演与新剧目展演中获奖。

上海奉贤华龙沪剧团推出的大型现代沪剧《塔之恋》讲述了第一代石油工人在艰苦年代,以钢铁意志克服种种困难的感人故事,塑造了不畏艰险、无私奉献的石油工人形象。

反映现实生活是沪剧的特长,虽然各沪剧院团都有反映当下现实生活甚至是根据真人真事改编创作的大戏,但为数不少的作品呈现出重当下宣教轻长远艺术价值、重任务性创排轻艺术规律的简单化、粗糙化创作倾向。这是许多现实题材戏曲作品的共同短板。

(三)年度传承复排经典剧目

在进行作品新创的同时,各院团也关注传统经典的价值,重视戏曲传统的重新发现与现代呈现,使之成为2017年度重要的戏曲艺术风尚。

上海京剧院复排经典剧目2台:《廉吏于成龙》和《黑旋风李逵》;完成新编和改编大型剧目1台:《浴血黎明》(修改提高);新编和改编小剧目2部:《夫妻哨》、《草芥》(修改提高);整理改编传承大戏5台:《七侠五义》《潇湘夜雨》《杨排风》《佛手橘》《一捧雪》等;整理改编包括《麒麟阁》等15部小戏。上海京剧院2017年度复排《廉吏于成龙》如期完成"尚长荣三部曲"3年传承计划,由青年演员挑梁主演的"尚长荣三部曲"陆续在上海和北京亮相,不仅标志着上海京剧院用3年时间对"尚长荣三部曲"进行的传承工作取得阶段性成果,也对京剧新编剧目的传承、京剧院团人才的接力颇具借鉴意义。上海京剧院阔别上海舞台30余年的京剧连台本戏《七侠五义》(头本)于2017年底在逸夫舞台亮相,跌宕起伏的剧情、复杂考究的机关布景,生旦净丑众多角色文武兼备的表演,是海派连台本戏激活市场的一次有益尝试。

上海昆剧团经典复排传承剧目包括《长生殿》《狮吼记》《潘金莲》《嵇康打铁》等12部。2017年是上海昆剧团四本《长生殿》问世10周年。作为国家艺术基金2017年度传播交流推广资助项目,上海昆剧团全本《长生殿》在广州、深圳、昆明、上海、北京等地展开全国巡演20场,吸引观众2.8万人次,观众中40岁以下占80%,30岁以下占40%,上海站观众达6 500人次,票房收入逾

150 万元，创造了昆剧商演的历史最高纪录。五代三班老中青艺术家同台演出，为昆曲人才的代际转换做好充分铺垫。经典剧目的全本演出是昆曲的最高形态传承，对剧种的传承具有重要的历史意义和美学意义。全本《长生殿》以切合传统风范为核心，把焦点凝聚在昆曲本身，折射的是整个传统文化生态的巨大变化，代表了一种阔别已久的文化态度的复归。①

上海越剧院年度复排经典剧目 4 部，包括《碧玉簪》《盘夫索夫》《追鱼》和尹袁版《红楼梦》。上海淮剧团复排上演经典保留剧目 1 部：青春版《白蛇传》。为纪念筱文燕诞辰 95 周年，上海淮剧团整理改编"筱派"经典剧目《女审》，并整理改编小戏 4 部：《金钱豹》《罗英访贤》《秋江》《游湖》等。上海滑稽剧团复排剧目 4 台，包括经典滑稽戏《乌鸦与麻雀》、《好"孕"三十六计》、《爱情样板房》、非遗传承滑稽戏《行善・缺德》等。

上海沪剧团复排上演经典保留剧目 3 台，包括《陆雅臣》(传承版)、《大雷雨》(传承版)和《家・瑞珏》(音乐剧场版)。为迎接党的十九大召开，2017 年 9 月，上海沪剧院传世经典《芦荡火种》复排上演。该剧集合沪剧"丁派""石派""解派""邵派"等流派的精华，是沪剧发展史上具有里程碑式意义的作品。上海沪剧院以《芦荡火种》1960 年版本为蓝本整理复排，在尊重和保留经典的基础上，传承该剧并进行全新制作，以传承版和青春版两组演员阵容呈现给观众。

三、国有院团演出收入与场次

2015 年下半年起，上海启动 18 家市属国有文艺院团"一团一策"改革，充分激发文艺院团创新创造活力，社会效益与经济效益双丰收。

2017 年，各戏曲国有院团演出总场次与上一年度相比都有所增长，在演出收入部分，除了上海越剧院与上年相比稍有下降，其他各院团收入均有所增长。

2017 年，上海滑稽剧团演出 177 场，演出收入同比增长 0.3%；上海京剧院完成演出 252 场，演出收入同比增长 16%；上海昆剧团完成演出 287 场，同比增长 5%，演出收入同比增长 37.05%；上海沪剧院完成演出 236 场，演出收入同比增长 21.59%；上海越剧院完成演出 214 场，演出收入同比下降 0.8%；

① 中国戏曲学院戏曲研究所所长傅谨语，见白瀛：《10 年全本〈长生殿〉：昆曲最高形态传承是"全本传承"》，新华网，2017 年 11 月 27 日。

上海淮剧团演出 115 场，演出收入同比增长 17%。

表 1　2017 年上海市国有戏曲表演院团演出场次

院　团	上海滑稽剧团有限公司	上海京剧院	上海昆剧团	上海越剧院	上海沪剧院	上海淮剧团
演出总场次	177	252	287	214	236	115

四、戏剧节与展演活动

在国家大力扶持戏曲艺术发展的利好政策下，交流、展示戏曲艺术精品，推动青年优秀人才的成长和艺术创造，促进社会各界更全面认识和接纳戏曲艺术，推动代表性戏曲艺术团体和优秀剧目的社会认知度，提高精品剧目的受众数量和市场占有率，2017 年，上海戏曲界积极开展戏剧节和各项展演活动，并将之作为重要经验进行归纳、总结与提升。

经历 3 年的发展，上海小剧场戏曲节不断升温，赢得全国范围越来越多的关注。2017 年第三届"戏曲·呼吸"上海小剧场戏曲节共收到申报剧目 39 个，涵盖 15 个剧种，包括京剧、昆曲、淮剧、越剧、豫剧、黄梅戏、评弹、锡剧、广东粤剧、山东梆子、梨园戏、瓯剧、彩调、海歌采茶剧、啀戏、客家山歌剧及跨界作品。申报作品来自上海、江苏、浙江、北京、河南、山东、安徽、广西、福建 9 个省及直辖市的 17 个城市。申报剧目之多、地域之广、剧种之丰富，创下历届之最。最终亮相上海小剧场戏曲节的来自 5 个地区的 9 部(含特邀作品 2 部、祝贺演出 1 部)展现不同地域、不同历史年代的戏曲作品，涉及京剧、昆曲、越剧、淮剧、豫剧、彩调、梨园戏七个剧种。其中，上海本地有 4 部作品入选，涵盖京剧、昆曲、越剧、淮剧 4 个剧种；外省市共 5 部作品入选，涵盖梨园戏、越剧、彩调、豫剧、京剧等剧种，在为期半个月的展演中体现出小剧场戏曲多题材、多风格、多形式的发展趋势。

上海本地 4 部作品包括上海京剧院《草芥》、上海昆剧团《椅子》、上海淮剧团《孔乙己》和上海越剧院《洞君娶妻》。淮剧《孔乙己》是一出有着江南韵味的人文新淮剧，立足经典，参悟人生。京剧《草芥》改编自欧·亨利的《警察与赞美诗》，在舞台处理上颇具新意。昆剧《椅子》延续荒诞大师尤奈斯库原著精髓，闺门旦演员沈昳丽以老旦形象出现，探索演员跨行当演出。越剧《洞君娶妻》中演员王柔桑在范派唱腔与尹派唱腔间切换，探索以两种流派唱腔变化凸显角色的转化。

河南豫剧院三团与河南省沼君艺术发展中心联合出品的豫剧《伤逝》，首开河南小剧场戏曲之先河，首次出现在上海小剧场戏曲节中。福建省芳华越剧团的《潇潇春雨》由梨园戏名家曾静萍导演，尝试经典电影《小城之春》的戏曲化呈现。柳州市艺术剧院出品的彩调《空村》将剧种特色融入剧目创作，将剧种命运融入剧情发展，展现乡音、乡情、乡貌。北京戏曲艺术职业学院的京剧《谁共白头吟》承袭了传统荀派京剧在表演艺术上的精髓，又以现代视角对爱情、婚姻、名利乃至人性进行反思。闭幕戏福建省梨园戏传承中心的《吕蒙正》是梨园戏小梨园流派传统"十八棚头"之一，可谓"承宋元余韵，传古乐遗风"，是文学、表演与音乐上完美和谐的结合。

上海小剧场戏曲节汇集戏曲新人和青年主创，注入当代思想内涵，以最新技术手段与舞台样式，为传统戏曲的创造性转化、创新性发展提供实践交流平台，帮助一批具备独立思考和原创能力的戏曲新人脱颖而出，展现当下青年主创对传统戏曲创新探索的自觉意识，并以较为扎实的专业功底、勇于探索的创新精神赢得青年观众的青睐，在帮助戏曲艺术本体进行更大胆的创新探索的同时，也让当下观众更多地走进、了解、欣赏戏曲。

作为剧种门类的艺术节，由上海浦东新区区委宣传部、浦东新区文化广播影视管理局、上海沪剧院等机构组织发起的上海（浦东）沪剧艺术节在业界的影响力逐渐增加。2017 年 7 月 20—28 日，第三届上海（浦东）沪剧艺术节吸引了来自上海市市级、区级的专业沪剧院团和多家上海民营沪剧团、上海沪剧沙龙、票友，以及苏州、无锡、常州、南京等地的沪剧团队参加演出，近五千人的演出团队、演出阵容和演出形式创历届沪剧节之最。在全面展示沪剧表演院团艺术创造力时，沪剧节作为"上海的声音"文化价值的集中展现，凸显沪剧艺术在上海城市文化发展进程中的现代品质和发展道路。

2017 年 9 月，由上海市群众艺术馆、上海市民文化节闵行区指导委员会、上海戏剧家协会主办，闵行区群众艺术馆、浦江镇文化体育事业发展中心承办的第四届上海浦江沪剧节暨"乡音和曲"沪剧邀请赛颁奖展演举行，聚集了来自全市近 40 支沪剧团队和众多沪剧沙龙的爱好者。自 2014 年起，几乎贯穿全年的浦江沪剧节从训、赛、秀等环节传承推广沪剧，4 年来影响力不断扩大，以打造"乡音"多样性成为根植于观众心中的品牌活动。

2017 年 9 月 4—8 日，上海淮剧团发起举办首届"上海（浦兴）淮音艺术节"，聚集了来自沪苏两地 15 家专业淮剧团的演员和上海市民。这是上海首次为淮剧这一来自江淮大地的外来剧种举办艺术节，也是两地淮剧界"抱团取暖”的一次集体大联动。

2017 年 11 月，上海滑稽剧团承办第三届上海国际喜剧节，历时 36 天，来自 13 个国家和地区的 29 台喜剧齐聚申城，总场次达 70 多场，演出时间和剧目数量及质量比上一届有所提升。2017 年也是滑稽戏诞生 110 周年，上海滑稽剧团主办中国滑稽戏诞生 110 周年系列活动，汇集全国 7 家最具影响力的滑稽剧团进行剧目展演，7 台戏共计 14 场演出、10 余场专题讲座，吸引数万市民参与，为滑稽事业今后的业态发展带来推动作用。

除了以上各类戏曲节、戏曲季，2017 年 2 月由上海奉贤区区委宣传部、区文广局主办，涵盖越剧、沪剧等剧种的“美丽奉贤”戏剧节，由上海宝山文广局等主办的第三季“宝山大剧荟”为市民群众带来一场文化艺术大餐，将一批高质量的精品力作送到寻常百姓家门口。6 月，“我是戏迷”长宁戏曲艺术欣赏季开启。全年不间断的戏曲节、展演活动不断夯实戏曲艺术在群众中的基础。

在 2017 年的国家级艺术平台中，由文化部主办的“第 19 届中国上海国际艺术节”的 45 台舞台艺术作品中，展演了浙江昆剧团、北京京剧院、河南省曲剧团、西安秦腔剧院、湖南省湘剧院、广西戏剧院壮剧团、上海京剧院的 7 部剧目。这一国家级的艺术平台在上海“国际文化大都市”的城市发展宗旨下向全球观众推出经典戏曲剧目和新创作品，同时保持中国戏曲的民族品格与传统韵味，体现了以戏曲为核心的优秀传统文化走向世界舞台的导向。

五、戏曲电影工程与新媒体传播

为传播传统戏曲精品剧目，扩大戏曲艺术作品的传播渠道与受众，上海戏曲界稳步推进影视工程并加强新媒体推广。

2017 年，京剧电影工程被列为国家重点文化工程，由中宣部立项予以资助和支持。京剧电影工程启动于 2011 年，由京、津、沪三地共同参与。在首批 10 部剧目中，《霸王别姬》《萧何月下追韩信》《勘玉钏》三部传统戏由上海京剧院完成拍摄。2017 年，京剧电影工程第二批 10 部影片拍摄启动，计划用 3 年时间完成。上海京剧院的《贞观盛事》是该工程拍摄的第一部新编历史剧目，2017 年，上海京剧院完成《贞观盛事》投拍前期工作，影片由滕俊杰执导，京剧表演艺术家尚长荣、关栋天、夏慧华、陈少云等演出。上海京剧院同时完成京剧电影《曹操与杨修》的后期制作。2017 年，上海京剧院京剧电影《萧何月下追韩信》参加首个“文化与自然遗产日”特别点映活动，京剧电影《勘玉钏》参加第七届北京国际电影节。

宝山沪剧艺术传承中心的《挑山女人》在首演5年后，在2017年7月拍摄成同名沪剧电影，这是一次沪剧走向全国、用现代手段传承、传播中华文化遗产的典型案例。

2017年，3D技术等高科技的运用也让传统戏曲打开传播渠道，扩大了传播受众。2017年9月，上海昆剧团创作的3D昆剧电影《景阳钟》获第二届加拿大金枫叶国际电影节最佳戏曲影片奖、最佳戏曲导演奖。作为中国昆曲史上的第一部3D电影，《景阳钟》的获奖是传统文化跨越时空、赢得世界瞩目的证明。影片跨界戏曲、电影、高新技术等多个领域，集中展示了上海整体文艺创作实力。上海京剧院的3D全景声京剧电影《萧何月下追韩信》的导演滕俊杰获第二届中加国际电影节最佳导演奖。上海越剧院于2015年9月投拍的3D越剧电影《西厢记》在2017年获中国电影电视技术学会第六届中国先进影像作品立体(3D)电影类优秀作品奖。同时，上海越剧院于2017年完成首部越剧4K电影《双飞翼》的拍摄。

与此同时，院团不断拓展与新媒体合作，扩大戏曲艺术的传播范围和受众。上海越剧院携手喜马拉雅FM共同构建基于"共享+越无限"为概念的文化产业圈，借助合作方的力量从视频、音频、网络直播等方面多角度、多元化地实现传统戏曲与互联网的融合发展，从多个维度合力孵化围绕于剧院品牌之下的IP矩阵，以创新设计的"关注流推送"方式为上海越剧院及演员创建展示个性、为越剧发声的个性化电台。上海昆剧团与"红蔓""取走""上海文化"等公众号合作，在社交媒体中进一步延伸上昆的品牌效应。与新媒体的合作不单是跨行业的资源整合，更是大数据时代背景下戏曲院团构建立体化宣传渠道，吸引年轻受众的积极探索，旨在借力更现代、更快捷的互联网推广普及戏曲艺术。

六、对外交流与海外传播

2017年11月15—21日，上海戏曲艺术中心组织开展"东方之韵·上海戏曲艺术中心经典剧目晋京展演"，上海京剧院、上海昆剧团、上海沪剧院分别携传承版京剧《曹操与杨修》、全本昆曲《长生殿》、沪剧经典《雷雨》等精品佳作向首都观众集中展现剧目建设和人才培养方面的成果。六场演出上座率达九成，观众愈五千人次，部分场次全部售罄，上海戏曲艺术中心经典剧目晋京展演在京热度高扬引发"经典戏曲在新时代的传承和传播"等热点议题。

上海各戏曲院团还积极推动中华优秀传统文化"走出去"战略，重视经典剧目对推进中华优秀传统文化走出去的作用和价值，张扬中国戏曲多元的艺术价值，传播中国声音，讲好中国故事。

在美国、法国、日本、加拿大、比利时、捷克、希腊、日本、俄罗斯等海外舞台上，上海戏曲频繁登台亮相，海外观众对中国传统文化的认知也愈加生动。京剧音乐剧场《月光下的行走》(国际版)赴比利时、法国参加海外中国文化中心中秋品牌活动展演，为弘扬中华优秀文化、塑造国家形象起了积极作用。2017年9月，上海京剧院京剧《霸王别姬》赴美国纽约大都会艺术博物馆、普林斯顿大学巡演，引发美国主流媒体联动报道。京昆合演《春水渡》及人文新淮剧《孔乙己》亮相于首届香港小剧场戏曲展演，共计演出3场，获得香港各界肯定。

传统剧目昆曲电影《景阳钟》、3D全景声京剧电影《萧何月下追韩信》在国际电影节捷报频传。上海昆剧团受希腊政府主办的首届中国戏曲节邀请，在雅典新建成的国家歌剧院为当地观众奉上传统大戏《白蛇传·雷峰塔》和折子戏《三岔口》《牡丹亭·游园惊梦》《天下乐·嫁妹》《西游记·借扇》。有着600年历史的"百戏之祖"昆曲，在希腊这个西方戏剧的发源地，用最原汁原味的手眼身法步展现中国传统戏曲人的文化自信，上海昆剧团也因此成为首个亮相该剧院的中国戏曲团体。实验昆剧《椅子》亮相俄罗斯"金萝卜"戏剧节及阿尔巴尼亚斯坎帕国际当代戏剧节。民营剧团张军昆曲艺术中心创排的当代昆曲《我，哈姆雷特》在2016年第18届上海国际艺术节亮相后引起多方关注和热议，2017年相继受邀在伦敦、纽约、巴黎、韩国演出。

讲好中国故事，讲好中国情感、中国审美，达到人文认识的高度，传统戏曲在"走出去"的过程中从最初的炫目、娱乐上升到了与国外观众进行审美与情感的交流，推动戏曲从"文化交流"到"文化名片"的角色转变，彰显民族文化的自信和自觉。

七、戏曲人才现状与培养

上海市戏曲剧种普查结果显示上海市戏曲人才现状如下：

1. 戏曲编导、作曲、舞美人才匮乏

全市戏曲从业人员共3 094人，其中演员1 535人，占从业人员总数的50%；演奏员605人，占19%；管理259人，占8%；制作155人，占5%；工勤

148 人，占 5%；舞美 92 人，占 3%；导演 62 人，编剧 57 人，作曲/配器 52 人，均占 2% 或不到 2%；其他 129 人，占 4%。

2. 国办团体和民营团体聚集七成以上戏曲从业人员

国办团体虽然数量少于民营团体和民间班社，但是聚集了 1 198 名戏曲从业者，占从业人员总数 39%；民营团体戏曲从业者 1 071 人，占 35%；民间班社从业人员 760 人，占 25%；转制改企团体从业人员 65 人，占 2%。

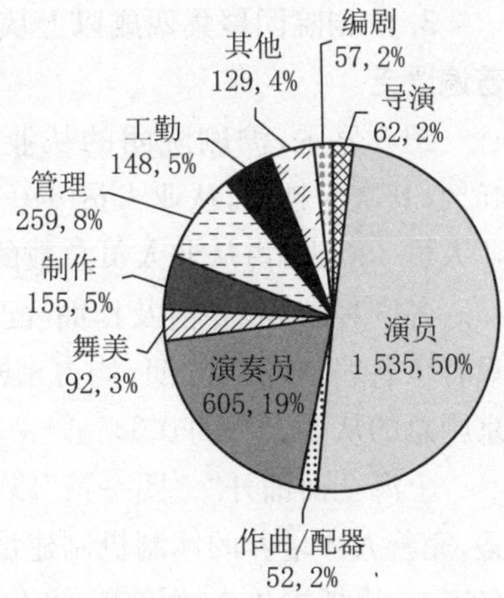

图 1　戏曲从业人员分布(艺术分工)

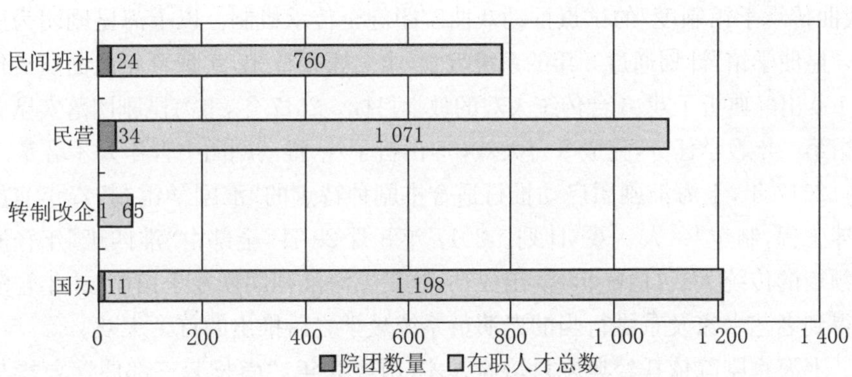

图 2　上海市戏曲从业人员分布(团体性质)

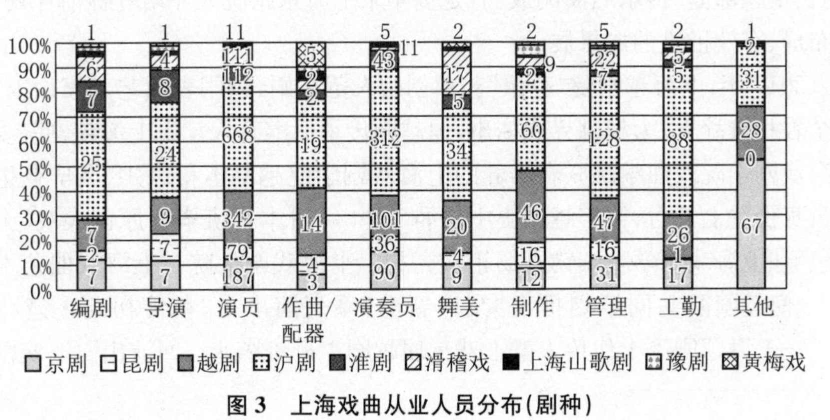

图 3　上海戏曲从业人员分布(剧种)

3. 沪剧院团聚集四成以上从业人员，各剧种编剧、导演和作曲/配器人才普遍匮乏

图 3 显示，沪剧院团的从业人员最多，达 1 389 人，占总的从业人员的 45%；其次为越剧，从业人员 640 人，占从业人员总数的 21%；第三为京剧，从业人员 430 人，占从业人员总数的 14%。

各剧种编剧、导演及作曲/配器人才普遍不足，如全市所有京剧院团一共只有 7 名编剧、7 名导演，均占京剧从业人员 1.6%，而作曲/配器只有 3 名，占京剧总的从业人员的 0.6%。①

上海全面铺开“一团一策”以来，各院团推出符合自身特色的人才培养方案，完善人才培养的体制机制建设、人才梯队的可持续发展，一手抓汇聚大家名家，一手抓青年人才培养，使人才队伍有传承、有梯队，让更多青年文艺人才脱颖而出。除了提高演职人员收入、提高院团高级职称青年骨干比例等举措，“戏曲传承学馆制度”的试点推动戏曲院团健全传承机制。以上海昆剧团为试点，“昆曲学馆”计划通过 3 年的系统教学，由名家带徒弟，实现青年昆曲演员传承 100 出经典折子戏、6 台传统大戏的教学目标。2017 年，上海昆剧团落实昆曲学馆第二年教学任务，完成 2 台大戏，35 出折子戏，推动剧团中青年人才培养。

2017 年，上海淮剧团启动推行适合本剧种特点的“淮剧学馆制”青年演员培养工程，制定“一人一戏”计划。2017 年 8 月 29 日，全部由“淮四班”年轻演员领衔的传统大戏《白蛇传》演出成功，这是上海淮剧团恢复学馆制，让年轻演员得到老艺术家及京昆行当的老演员系统教学之后推出的首个大戏。

上海京剧院依托经典剧目培养人才，历经 3 年，“尚长荣三部曲”《曹操与杨修》《贞观盛事》《廉吏于成龙》从老一辈艺术家手中完整传承至青年一代。“尚长荣三部曲”传承展演的成功，是多年来上海京剧院人才培养提前计划、系统布局、有效推进的成果展示。

2017 年，上海越剧院“范派”艺术创始人范瑞娟、越剧表演艺术家徐玉兰、傅全香相继辞世，为越剧界之痛事，但越剧传承后继有人。由上海越剧院委托上海戏剧学院戏曲学院联合培养的上海戏剧学院越剧本科班 18 名毕业生以演员身份登上舞台，百年越剧史中首届 10 年一贯本科班毕业原创大戏《十二角色》在上海戏剧学院端钧剧场正式亮相。上海戏剧学院与上海戏曲艺术中心、上海越剧院共同策划推出“梨园新韵”系列演出之“蓓蕾初绽 · 越苑新声——上海越剧第十代传人暨上戏首届越剧本科班毕业巡回演出”，巡演剧目

① 以上数据为上海市戏曲剧种普查工作办公室对 2015 年 8 月 31 日前戏曲人才现状的统计结果。

从名家名师传授的7台大戏中精选了越剧经典《红楼梦》《梁祝》和男女合演名剧《家》《花中君子》4台完整大戏，不仅兼顾了越剧各个时期不同流派的代表作，更充分展示了女子越剧及男女合演的别样韵味。

“一团一策”改革遵循艺术规律，“点对点”推进，在着力解决各院团共性问题的同时，分类破解个性化难题，在人才培养方面高度重视戏曲传承发展中的“专业化”特点，充分尊重戏曲在技术层面和艺术层面的表演传统，综合“口传心授”和“学校教育”等教育成就，强化戏曲教育所秉持的“专业化”标准，提高戏曲后续传承人的职业水准和艺术境界。

八、建议

2017年，上海戏曲舞台并不是没有遗憾，综合全年戏曲发展状况，在未来的戏曲扶持、推广工作中，需要高度重视以下几个方面的问题：

一是重视对表演艺术人才的培养，但不能忽视戏剧界普遍面临的态势严峻的“编剧荒”“剧本荒”，导演、作曲及舞美人才的断层与匮乏。创作机构、院团编剧锐减，编剧岗位虚设，编剧人员老化，编剧能力下降等已成为戏剧剧本创作生态不争的事实。上海戏曲院团面临同样的问题，其根源在于社会各界对戏剧的关注多停留在台前艺术家，而对幕后创作团队缺少了解，也进一步压缩了幕后创作人员的成长空间。为解决这一问题，应从学校教育和政府投入两个方面切入，推进和戏曲有关的院校教育模式改革，另一方面，政府及有关部门应明确培养人才的责任，不应只交给院团和市场自己解决。

二是重视戏曲艺术生产实践与创造，但不能忽视戏曲理论的建构和戏曲评论人才的培养。戏曲是专业化程度极高的传统艺术，戏曲传承与发展需要强有力的理论支撑，因此，须以清晰的世界观和方法论在关注戏剧的普遍性与戏曲的特殊性的整体视野中建构理论；须高度重视戏曲理论研究在戏曲工作中的指导作用，充分发挥艺术研究机构的智库职能，鼓励戏曲理论研究对戏曲艺术遗产的挖掘、整理，对戏曲表演体系的理论研究与总结；须重视戏曲评论人才的培养，以评论带动精品打磨，提高剧目水准。

三是重视代表性传承者在戏曲传承发展中的作用，但不能忽视戏曲代表性团体在戏曲传承发展中的作用，尤其是在2016年、2017年，众多戏曲大家名家相继辞世，使得戏曲传承的任务更为艰巨。在此前偏向于戏曲代表性传承人的工作基础上，要着力强化戏曲代表性团体的作用，促进剧种代表性团队和代表性传承者共同成为戏曲传承的核心要素。

Research on the Development of Xiqu Art in Shanghai in 2017

Yang Zi

Abstract: This essay analyses the development of Xiqu art in Shanghai in 2017 from the perspectives of the status quo of Xiqu types, repertoire creation, performance income and times, festivals and exhibition activities, Xiqu film projects and new media communication, external exchange, personnel training and cultivation, and puts forward the corresponding development countermeasures on the basis of rising the problems such as the lack of the script writer, director, composer and stage art designer, the construction of Xiqu theory and the cultivation of the Xiqu critics, ect.

Key words: Shanghai Xiqu Art; Small theatre Xiqu; Xiqu film; Xiqu

从边缘到主流：游戏产业在中国文化产业界的角色转换

——以电影《魔兽》风靡和电竞加入亚运为例

华中师范大学　刘玉堂　周学新

[内容提要]　多年来，游戏产业在中国文化产业界始终处于一个尴尬的地位：一方面产业发展迅猛且受众日益壮大，另一方面主流社会并没有给予其应有的地位，对于游戏产业的批评与歧视始终不曾消减。

2016 年 6 月上映的电影《魔兽》火爆中国，2017 年 4 月电子竞技成为 2022 年杭州亚运会正式项目，这两个事件已经向世人证明，游戏产业已经逐渐从边缘走向主流。本文试图从文化产业发展角度，浅析游戏产业在中国文化产业界中的主流化趋势。

[关键词]　游戏产业；文化产业；主流化趋势；《魔兽》；电子竞技

一、长期以来游戏产业的主流化缺失的原因分析

一直以来，人们都会约定俗成地认为某些文化产业领域是主流的、上台面的、正统，哪怕受众很少，比如围棋、歌剧。有些文化产业领域则是旁门左道、不务正业、非主流，哪怕受众广泛，如游戏、麻将、扑克等。笔者将这类有关主流社会接受程度的问题统一命名为文化产业的主流化问题。文化产业的主流化程度，特指一个文化产业门类，在政府部门、社会舆论、大众媒体等主流社会领域具有的正面影响力和地位，以及能够获取的社会资源的综合评价。

主流化程度高的文化产业门类，在宣传、推广、获得社会支持等方面具有显著优势。例如围棋、歌剧等，尽管受众数量较少，但是主流社会对其评价较高，媒体、舆论对其正面宣传占主导，政府更愿意出台有利于这些门类发展的政策，其从业者的社会认可度较高。央视长期直播围棋比赛，围棋选手被视作

运动员身份。歌剧从来都是登大雅之堂的高端艺术，无论观众多少都会受到主流媒体的广泛报道和称赞，各种音乐学校、剧团也具有较高的社会地位。这些小众文化产业，由于主流化程度高，尽管受众不多，但是仍然可以在市场上占据一席之地，获取大量社会资源与关注度。

游戏产业则与它们正好相反。尽管其在文化产业中是一个非常年轻的门类，成熟期从20世纪末算起也不到20年，但是这个新成员却顺应全球网络化发展的大潮，以迅雷不及掩耳之势发展成现代文化产业中最具活力的门类。但在中国主流社会，无论是政府部门还是社会舆论，对于游戏产业的发展则呈现一边倒的批评，甚至在很长一段时间里视游戏为洪水猛兽和“网瘾病根”。游戏产业的主流化程度长期以来尤为低下，在社会上属于典型的“非主流”一类。

游戏产业之所以长期处于主流化缺失状态有其深刻的社会原因。

第一，政府部门由于缺乏对游戏产业的正确认识，游戏产业相关政策相对滞后，对产业发展支持不足。作为一个年轻的产业，加上其主流社会认可度低，主流化程度低，政府相关人员对游戏产业的认识可能相对偏颇，这就导致许多相对不合理的政策措施。2004年4月21日，国家广电总局下达《关于禁止播出电脑网络游戏类节目的通知》[①]，禁止电视台播放涉及电子游戏的节目，红极一时的央视5套《电子竞技世界》和旅游卫视收视率最高的节目《游戏东西》都在禁播之列。该禁令直接导致游戏产业长期被主流传媒排斥，难以得到正面传播。在电子竞技方面，尽管国家体育总局在2003年承认电子竞技为我国第99个正式体育项目(2008年重新定义为第78个)，但是对于电子竞技的相关配套规定，如运动员身份待遇等，则一直是个空白，时至今日电子竞技选手的运动员身份也非常模糊，权益难以得到有效保障。2017年5月出现的Wings战队5人被ACE联盟禁赛的事件，足以显示国内缺乏保障电子竞技运动员权益的相关法律法规。而在足球篮球等传统领域，这类法规早已相对完善。

第二，社会舆论对于游戏产业缺乏正面宣传，甚至充斥负面宣传。这就导致游戏产业的社会形象恶劣，极大地提高了产业宣传成本，也不利于产业的健康发展。社会上长期宣传玩物丧志，加之学校教育对于娱乐的天然恐惧，视游戏为洪水猛兽顺理成章。许多专家教授公开批评网络游戏，推销“网瘾治疗班”，扩散了全社会对于游戏的恐惧。2017年3月29日，《人民日报》微博发

① 国家广播电影电视总局:《关于禁止播出电脑网络游戏类节目的通知》，2004年4月12日。

表《荆轲是女的？小学生玩〈王者荣耀〉还能学好历史吗？》一文，批评腾讯旗下手机游戏《王者荣耀》大改历史人物形象，有误导青少年嫌疑。[①]游戏产业恶劣的社会形象可见一斑。

第三，游戏产业在与其他文化产业部门竞争社会资源时仍处于不利地位。文化产业主流化问题本质上反映了各个文化产业部门相互竞争社会资源的现象。同一历史时期，文化产业发展所需要的各种社会资源是有限的，如关注度、政府支持度、社会接受度、市场、投资等。一个文化产业部门想要实现发展，必须要能够获得尽可能多的社会资源，这势必需要与其他文化产业部门进行激烈的竞争。游戏产业主流化程度低，体现出该产业在整个文化产业界内部缺乏社会资源竞争力。前文所述的游戏产业形象"恶劣"、政府支持不足，本质上是由于游戏产业社会资源竞争力不足，缺乏发声渠道，在主流社会缺乏影响力和关注度，相关发展生态尚不成熟。即便拥有较多的受众和较大的产业规模，如果无法提升社会资源竞争力，就难以登上大雅之堂，成为真正的主流文化。

二、主流化的标识——电影《魔兽》风靡与电竞加入亚运

尽管国内游戏产业的主流化水平不足，主流社会接受程度较低，但是游戏产业的迅猛发展势头非但没有减弱，反而还在不断增强。电子游戏的受众日益扩大，社会影响力与日俱增，这都为游戏产业从边缘走向主流积蓄着能量，很快，游戏产业的主流化趋势正在实现从量变到质变，而这种变化以电影《魔兽》风靡和电竞加入亚运为突出标识。

1. 电影《魔兽》风靡

2016 年 6 月 8 日在中国上映的《魔兽》是一部由中美合拍的奇幻类电影，改编自暴雪娱乐公司旗下著名游戏魔兽系列。该电影在国内上映三日票房突破 8 亿元，打破周星驰导演电影《美人鱼》保持的三日单片票房纪录，成为当年最快实现 8 亿元票房的电影。根据美国电影网站 IMDb，最终《魔兽》在全球取得 4.3 亿美元票房。[②]根据国内电影网站豆瓣统计，《魔兽》以 14.7 亿元人民

---

① 《荆轲是女的？小学生玩〈王者荣耀〉还能学好历史吗?》，《人民日报》微博，2017 年 3 月 29 日，http://weibo.com/ttarticle/p/show?id=2309404090560657935538。

② 《魔兽》票房统计，IMDb，http://www.imdb.com/title/tt0803096/business?ref_=tt_dt_bus。

币的国内票房在当年排名第3,截至2017年6月在国内电影史上排名第11。[①]傲视群雄的成绩引起社会各界广泛关注。人们纷纷惊叹一部游戏改编的电影,居然能迸发如此巨大的能量。

在文化产业学术界,《魔兽》也成为研究热点。高兴梅、刘澜等学者试图分析《魔兽》票房大热的原因,多篇文章共同指向电影素质、有针对性的宣传、魔兽粉丝情怀三点。白鸽、黄婷、赵森等学者则从文化产业角度分析《魔兽》,对"情怀"作出深入研究。其实只要是对游戏产业稍有认识的人,都对《魔兽》的大热毫不意外。魔兽系列中最为著名的游戏《魔兽世界》从2005年起就火遍全球,付费用户数量巅峰时曾达到1 200万[②],笔者大学期间身边就不乏魔兽世界玩家。魔兽系列的另一部作品《魔兽争霸3》是对电子竞技产生巨大推动作用的即时战略游戏。基于魔兽世界观的卡牌游戏《炉石传说》是2016年最赚钱的电子卡牌游戏,全球总收入3.95亿美元。[③]《魔兽》电影的成功与游戏产业的迅猛发展是紧密相连的。毫无疑问,魔兽玩家成为本次电影热潮的主力军。

从国内外对于电影的评价来看,《魔兽》并不是一个以电影素质取胜的作品。电影豆瓣评分7.7,低于公认的佳作线8,考虑到魔兽系列游戏粉丝众多,这个评分还有严重偏高嫌疑。另一方面,电影《魔兽》的票房在魔兽玩家数量较少的北美地区遭遇滑铁卢,首周票房仅2 400万美元,总票房不到5 000万美元,远低于预期。IMDb的评分仅7.0,与票房成正相关。这种票房、评价与粉丝数量呈正相关的现象,足以说明电影素质平庸,成绩依赖粉丝情怀的事实。张书乐、肖竞等人也在其文章中表达了对《魔兽》电影大卖情怀行为的批评。《魔兽》母公司暴雪娱乐也对电影极为不满,有意收回版权自己组建电影公司拍摄。[④]

可是,我们可以反过来思考,一部素质平庸的电影,仅仅依靠情怀,就能实现当今文化产业界乃至世界文化史上都极为罕见的热潮,这种情怀的威力就无法不引起全社会的重视。《魔兽》的大热,并不单单是一部电影的成功,更多是其背后游戏产业长时间发展所积累的文化影响力的总爆发,预示着游戏产

---

① 《中国内地电影票房总排行》,豆瓣,https://www.douban.com/doulist/1295618/。

② 《三大网游趣味数据对比 魔兽付费用户巅峰时达1 200万》,腾讯网,2014年3月11日,http://games.qq.com/a/20140311/003363.htm。

③ 《炉石竟成为2016年最赚钱的电子卡牌游戏》,多玩游戏,2017年2月20日,http://ls.duowan.com/1702/351530865868.html。

④ 《暴雪对〈魔兽〉电影非常不满,欲收回版权拍续集》,环球网,2016年6月7日,http://society.huanqiu.com/article/2016-06/9016769_2.html。

业从边缘走向主流的趋势已经无法阻挡。

从严格意义上讲，《魔兽》并不是第一部由游戏改编的电影。之前也有改编自《古墓丽影》《生化危机》《波斯王子》等游戏的电影面世，但是其票房、社会影响力都不显著。无论从任何角度上看，《魔兽》仍然是整个游戏产业向主流社会发起冲击的号角，其历史意义极为重大。

2. 电子竞技加入亚运会

正值《魔兽》上映一年之际，游戏产业又一次迎来了主流化的飞跃。2017年4月17日上午，亚洲奥林匹克理事会与阿里体育在杭州宣布，电子竞技将加入2017年亚洲室内武术运动会、2018年雅加达亚运会和2022年杭州亚运会，并且将在2022年杭州亚运会成为正式比赛项目。①长年以来处于尴尬地位的电子竞技体育运动至此正式进入国际奥委会批准的体育赛事行列。在雅加达亚运会上，中国代表队在作为表演项目的电子竞技上收获颇丰，在总共6个项目中收获了2枚金牌和1枚银牌，位居亚洲第一。其中全球关注度第一的电竞项目《英雄联盟》的中韩决赛共吸引近1.2亿观众人次，已经与同年传统体育NBA总决赛第七场克利夫兰骑士复仇金州勇士之战的1.3亿人次十分接近。②

电子竞技的定义众说纷纭，总的来说意指通过电子游戏来竞争胜负的体育运动。最早的电子竞技运动出现于20世纪末，短短数年，这一运动就在年轻人群体里深入人心，以至于早在2003年就被国家体育总局承认为我国第99个正式体育项目。2005年和2007年，来自河南的电子竞技选手李晓峰，在当时全世界最具影响力的电子竞技赛事三星电子杯WCG上两次获得《魔兽争霸3》项目的冠军。李晓峰的世界冠军在国内掀起一股电竞热潮，其本人也获得2006年CCTV十大体坛风云人物提名。遗憾的是，尽管电子竞技取得了巨大的成功，但是其主流化程度仍然很低。从2004年《关于禁止播出电脑网络游戏类节目的通知》下达以来，电竞赛事试图进入电视直播的努力也长期受阻。2007年之后，由于世界经济不景气，大量电竞赞助商纷纷撤资，曾经数量众多的电竞赛事相继停办，就连在中国有巨大影响力的三星电子杯也不例外。全球电竞寒冬已然来临，游戏产业主流化脚步更是停滞不前。

然而，寒冬并未延续太久。2011年后，以腾讯运营的《英雄联盟》为首的

① 《电子竞技进入2022年杭州亚运会 成正式比赛项目》，腾讯游戏，2017年4月18日，http://games.qq.com/a/20170418/024990.htm。

② 《一亿两千万观看人数，〈英雄联盟〉对中国仍展示了巨大潜力》，搜狐，2018年5月21日，https://www.sohu.com/a/232409306_204728。

数个竞技游戏相继面世。这些竞技游戏都十分重视电竞赛事发展，传统体育界成熟的联赛——杯赛模式被引入其中。2013 年，腾讯以《英雄联盟》为平台在国内建立起第一个成熟的联赛体系——LPL 英雄联盟职业联赛，第二年仿照中超、德甲等足球联赛建立起次级联赛 LSPL 英雄联盟甲级职业联赛。至此，电子竞技真正走向成熟，社会影响力蒸蒸日上。2016 年，持续一个月的英雄联盟世界总决赛 S6 的独立观众数超过 3.9 亿，全球总计 23 个频道和 18 种语言对赛事进行直播。[①]第六届 DOTA2 国际邀请赛 TI6 则在奖金上创下新纪录，总计 2 073.563 9 万美元的奖金池成为历史上奖金最高的电竞赛事。来自中国的 Wings 俱乐部最终拿下冠军，获得超过 912 万美元的冠军奖金。[②]2016 年 11 月 18 日，人民网微博发声"为电竞正名"，赞扬中国战队 Wings 为国争光。[③]到了 2018 年，第八届 DOTA2 国际邀请赛 TI8 的奖金已经达到了 2 547 万美元，中国战队 LGD 屈居亚军仍拿下 400 万美元奖金。[④]如此广泛的群众基础，如此高额的比赛奖金，即使是完全不了解电竞的普通人也无法不被其震撼。电竞成为亚运会正式项目，并非一蹴而就，而是多年来游戏产业在体育界积累的文化影响力的总爆发。

电子竞技在近年也成为体育界的和文化产业界的热点问题，陈东等学者已开始梳理电子竞技的历史和发展脉络。事实上，传统体育界早已开始关注这一新兴领域。德国足球甲级联赛俱乐部沙尔克 04 已经在 2016 年 5 月宣布进军电竞。美国篮球巨星奥尼尔也联合其他体坛巨星投资北美电竞俱乐部 NRG，甚至力推电竞进入亚运会的阿里电竞，其母公司阿里巴巴集团也是中超球队广州恒大淘宝俱乐部的股东。电竞拥有无限潜力已经是整个传统体育界乃至文化产业界的共识。

作为游戏产业在体育产业领域的延伸，曾经被强加上"玩物丧志"的骂名的电竞，现在已经成为华尔街研究小组眼中的"世界第七大产业"（特指博彩总值世界第七）。[⑤]2016 年 9 月 30 日，教育部职业教育与成人教育司发布《关于

① 《〈英雄联盟〉2016 全球总决赛数据：每日独立观众数 3.9 亿》，游戏风云，2016 年 12 月 7 日，http://www.gamefy.cn/nview.php?id=9948。

② 《TI6 中国 Wings 战队 3-1 胜 DC 夺冠 获奖金超 6 000 万》，搜狐体育，2016 年 8 月 14 日，http://sports.sohu.com/20160814/n464107552.shtml。

③ 《真・会玩！今天，为电竞正名》，《人民日报》微博，2016 年 11 月 18 日，http://weibo.com/renminwang?profile_ftype=1&is_all=1#_0。

④ 《Ti8 总奖金最终定格 OG 独享 1 123 万美元》，游久网，2018 年 8 月 28 日，http://dota2.uuu9.com/201808/575705.shtml。

⑤ 《电竞成世界第七大产业》，新华网，2015 年 7 月 2 日，http://news.xinhuanet.com/info/2015-07/02/c_134372163.htm。

做好2017年高等职业学校拟招生专业申报工作的通知》，公布了13个增补专业，其中包括“电子竞技运动与管理”，专业代码670411，属于教育与体育大类下的体育类。①这意味着未来“电竞”将成为全日制高等教育的一部分，主流社会已经不能再用过去的眼光看待今天的电子竞技和游戏产业了。

《魔兽》风靡和电竞入亚运两起标志性的事件，展现出游戏产业在文化产业界中竞争社会资源的能力得到显著提升，其主流化程度突飞猛进。游戏产业从边缘向主流跃进的趋势已经深刻地改变着世界文化产业的发展格局。

三、游戏产业主流化趋势的深层次透视

游戏产业在短短数年从“网瘾病根”变成“产业新星”，归根到底是由于其竞争社会资源的能力得到显著提升。尤其是相对于传统文化产业领域，游戏产业在争夺社会关注度、占据文化市场等方面具备天然的优势。这种优势还会随着时代发展不断扩大。

1. 游戏产业蕴含高价值文化资源创新

文化产业学者黄永林在《从资源到产业的文化创意》中提出，文化产业是以文化资源为基础，文化创意为核心，文化科技为动力，充分发挥人的智慧，进而创造财富与就业的新兴产业。②文化资源，在当今文化产业语境下常常通称“IP”。它不仅仅是文化产业开发的“原料”和基础，而且文化产业本身创造出来的文化产品也会变成新的文化资源供后人继续开发。如果一个产业门类能够稳定、连续、长期产出高价值的文化产品，其长期发展就能够得到保证，也有利于与其他产业门类竞争社会资源。

尽管游戏产业发展历史尚短，但是借助网络化和信息化的发展，近几十年里游戏产业所积累的产品——文化资源在数量和质量上却丝毫不逊色于传统文化产业领域。电影《魔兽》改编自暴雪娱乐旗下游戏界知名IP魔兽游戏系列，这一游戏系列包括5部游戏，前三作为单机即时战略游戏，分别是1994年发售的《魔兽争霸：人类与兽人》、1995年发售的《魔兽争霸2：黑潮》、2002年发售的《魔兽争霸3：混乱之治》。这三部游戏建构了一个宏大而完整的世界观，暴雪公司在这个世界观基础上创作了享誉全球的大型多人在线角色扮演

① 教育部：《关于做好2017年高等职业学校拟招生专业申报工作的通知》，教育部官网，2016年9月2日，http://www.moe.edu.cn/s78/A07/A07_gggs/A07_sjhj/201609/t20160907_277984.html。

② 黄永林：《从资源到产业的文化创意》，华中师范大学出版社2012年版，总序第1页。

游戏《魔兽世界》。该网络游戏2004年在北美测试，直到今天仍在运营。多年的积累使得魔兽系列世界观更加完善和细致，甚至成为暴雪推出新类型游戏的基础，2013年推出的集换式卡牌游戏《炉石传说》就是魔兽系列世界观的延续。除了上述5部作品，暴雪于2015年发布的多人在线竞技类游戏《风暴英雄》也包含大量来自魔兽系列的人物与设定。在游戏领域之外，魔兽系列还有超过30部官方小说、十余部官方漫画以及相关的手办、玩具等周边产品。依托《魔兽争霸3》和《炉石传说》的电子竞技在全球风靡10余年，《炉石传说》更是成为亚运会首批正式电竞项目。经过23年发展，魔兽系列已经形成以5部游戏为基础的跨领域综合文化资源聚合。时至今日，这个"历史悠久"的游戏系列还能为暴雪娱乐带来丰厚的利润，足见其强大的生命力。电影《魔兽》的群众基础和情怀，就是来源于这个文化资源聚合多年来积累的文化价值和社会影响。包括腾讯、万达、华谊在内的中国资本巨头不约而同地投资电影《魔兽》，正是对其文化价值及其背后商业价值的充分肯定。

国内游戏产业发展相对于国外较为落后，但也出现了类似《魔兽》这样的优质游戏系列，台湾大宇资讯制作发行的以中国神话和历史文化为背景的仙剑奇侠传系列就是其一。该系列首部作品《仙剑奇侠传》早在1995年就发布在DOS平台，一时间火遍两岸三地，各种版本累计销量达到一百万，2001年甚至专门推出了复刻原作的《新仙剑奇侠传》。这部经典作品凭借精致的剧本、独特的玩法，在当年游戏产业主要为日本和欧美垄断的历史背景下，开创了具有中国风格的武侠游戏流派，对整个中国游戏界产生了深远影响。很快，仙剑系列成为大宇公司的核心产品，连续多年推出续作。2003年推出的《仙剑奇侠传二》紧接前作剧情，开始构筑完整的仙剑世界观，并为该系列长远发展打下基础。同年发行的《仙剑奇侠传三》使用自主研发的Gamebox 3D引擎，使得该系列进入3D时代。同魔兽系列一样，其优秀的文化资源属性很快就被影视产业相中。2005年，改编自系列首部作品的电视剧《仙剑奇侠传》上映，很快就引起华语娱乐圈的强势震荡，两位主演胡歌和刘亦菲更是凭借此剧跻身一线明星。此后，仙剑系列发展开始加速，2007年、2011年、2015年连续推出《仙剑奇侠传四》《仙剑奇侠传五》《仙剑奇侠传六》三部作品，最新的《仙剑奇侠传七》也与2017年5月23日正式宣布立项。该系列的影视业也紧跟游戏步伐，推出《仙剑奇侠传三》和《仙剑云之凡》两部电视剧，捧红霍建华、杨幂、刘诗诗、唐嫣、古力娜扎等一众演员。今天，仙剑系列的奇迹还在继续，这个巨大的文化资源聚合已经深刻地改变国内文化产业市场旧秩序。

这种超长时间、大量作品、跨领域的文化资源聚合，放眼整个文化产业界也不多见。而游戏产业却在不断地量产这种文化资源聚合。因为，电子游戏本身就是多个文化产业领域融合和发展的结果，任何一部游戏都构建于文学、音乐、美术等其他传统文化产业门类之上，其他领域的精华可以轻松地吸纳到游戏中。贝塞斯达软件公司于 2011 年发售的《上古卷轴 5：天际》的纯文字量就达到数百万，从历史、地理、文化等方方面面构筑起一个完整的架空世界观，在国外甚至有专人研究该系列的历史。华裔作曲家田志仁为《文明 4》创作的主题曲《Baba Yetu》于 2011 年 2 月 13 日获得第 53 届格莱美奖的“最佳伴唱器乐编曲”奖项，成为第一个获得格莱美奖的游戏音乐。事实上游戏业采用高水平的音乐人制作游戏音乐在业内早已稀松平常，甚至曾参与《加勒比海盗》等多部知名电影制作，屡次获得格莱美奖、金球奖、奥斯卡奖的顶级音乐人汉斯·季默也曾为《使命召唤》游戏系列配乐。①至于游戏中的美术设计，已经成为大多高等院校美术专业的重要课程，每年投身于游戏美术设计的青年人不计其数。现代社会，市场对文化产品的要求不断提高，新时代的文化产品必须提供更加强烈的感官刺激和综合性的娱乐体验。显然，传统文化产业领域，如文学、音乐、美术等，都面临体验单一的问题，如果不与其他门类相结合，很难适应市场需求。广播被电视取代，电视被网络取代，正是这种趋势的体现。而电子游戏却正好适应了这种趋势，其产出的文化资源聚合能够森罗万象，其社会资源竞争力远超出传统领域。

放眼文化产业发展史，几乎所有的超长时间、大量作品、跨领域的文化资源聚合都会成为主流社会的关注焦点，从中国的《三国演义》到西方的《星球大战》皆是如此。随着游戏产业主流化程度不断提高，人们还会越来越多地看到这种高质量的文化资源聚合。

2. 游戏产业与科技结合极为紧密

现代意义的电子游戏诞生于 20 世纪末，是十足的信息时代产物，网络、计算机、人工智能等高科技领域一开始就与游戏产业紧密相连。时代进入 21 世纪，游戏产业发展壮大，反过来又促进了新技术的推广。

体感交互技术是一种不需要借助任何复杂的控制器，可直接通过肢体动作与周边数字设备装置和环境实现身临其境的互动、随心所欲地操控的智能

① 《〈文明 4〉主题曲获格莱美最佳配乐奖》，新浪游戏，2011 年 2 月 14 日，http://games.sina.com.cn/j/n/2011-02-14/1454474468.shtml。

技术，是自然人机交互技术中的前沿研究领域。①该技术问世不久，其巨大的潜力就被世界三大游戏主机生产商索尼、任天堂和微软所重视。日本任天堂公司率先于2006年推出了首款具备体感功能的游戏主机Wii，市场反响强烈。Wii所搭载的体感遥控器使用简单，还能一定程度上锻炼身体，对女性、老人等过去对游戏了解不多的人群也有较强的吸引力。另外两大游戏机生产商也不甘示弱，推出了自己的体感游戏设备。2010年，索尼公司推出了应用于PS3游戏主机上的外设PS Move，同年微软公司也发售了Xbox360游戏主机搭载的体感外设Kinect。以此为契机，学术界的前沿科技就开始普及到千家万户。

最近风靡全球的虚拟现实技术，也是以最快的速度应用到了游戏产业。早在计算机还不普及的1995年，任天堂就发售了首个运用VR技术的游戏机Virtual Boy。经过20余年的发展，应用于游戏的VR技术已经日益成熟，索尼、三星、HTC、谷歌、微软、Facebook等企业都试图抢占VR阵地。索尼于2016年10月发售了较为成熟的虚拟现实游戏机PS VR，在市场上引起轰动，短短数月销售量破百万。在2015年举行的巴黎游戏周上，索尼全球工作室总裁吉田修平表示，目前已有超200家开发商为PlayStation VR打造游戏，像《铁拳7》《GT赛车Sport》《死或生：沙滩排球3》等知名3A大作都将支持VR。②可以预测，在不太长的时间里这个前沿科技又会通过游戏产业实现普及。

事实上，现代科技发展史中从来就不乏游戏的身影，诸如体感技术、VR技术、显示卡技术、人工智能技术等，最早往往是为满足军事、科研等专业领域的需求而问世。但是在先进科技推广到民用的过程中，游戏产业往往会先拔得头筹，起到关键作用。这与游戏产业本身就是信息时代的产物有关，它天然地与现代科技紧密结合，对技术创新、时代进步最为敏感。

与此同时，其他文化产业门类如果不能与新技术紧密结合，难以适应新技术条件下的市场环境，往往就会面临淘汰的危机。从2007年苹果公司在MacWorld大会上正式发布了首款苹果智能手机iPhone开始，智能手机所带来的技术革命深刻地改变了文化产业格局。根据《2015年湖北省新闻出版广电发展报告》，在20世纪举足轻重的传统媒体出版业和广电业，在网络技术大

① 张金成：《体感交互技术发展现状及展望》，《软件导刊》2016年第6期。

② 《超50款游戏确认支持PlayStationVR包含众多3A硬货》，游迅网，2015年11月3日，http://www.yxdown.com/news/201511/238031.html。

规模普及的时代，都受到巨大的冲击，边缘化趋势日益明显。①而游戏产业却很快实现转型，移动端游戏短短数年里就如烈火燎原一般红遍大江南北。曾遭到某主流媒体批评的腾讯公司旗下手机游戏《王者荣耀》，仅2017年第一季度营业收入就达60亿元人民币，超过90%以上的A股上市公司。光大证券发布的一份研究报告则预计，《王者荣耀》的DAU（每日活跃用户）已经突破6 000万，在6 000万至8 000万之间，成为名副其实的“国民游戏”。②

在这个科学技术发展日新月异的时代，游戏产业凭借其天然优势，能够与技术紧密结合，敏锐地洞察时代变化，极大地提高了争夺社会资源的能力，加快了主流化发展趋势。

3. 游戏产业善于实现跨界发展和拓展新的产业领域

游戏产业本身就是多个传统文化产业领域交叉而成的新领域。无论是向传统领域延伸，还是拓展新产业领域，游戏产业相较传统文化产业领域都具有天然的优势，这种优势也使得游戏产业能在新时代的文化产业主流化竞争中逐渐占据主动。

前文提及的电影《魔兽》，就是游戏产业向电影领域延伸的典范。事实上，早在21世纪初，电影业界就有把热门的游戏题材改编为电影的尝试，如2001年到2003年的2部《古墓丽影》，2002年到2017年的6部《生化危机》等。但是由于游戏业在当时尚属稚嫩，这些电影改编的游戏原作的社会影响力尚浅，还不足以在电影业界产生较大的影响。短短数年后，《魔兽》大热，其他拥有优质游戏IP的企业都开始跃跃欲试，如曾经多次涉足过影视领域的育碧娱乐软件公司紧随暴雪之后，改编自旗下著名游戏《刺客信条》系列的同名电影于2016年12月上映，另外一款游戏《全境封锁》也将拍摄电影。腾讯公司也在《魔兽》上映之后透露“不排除将《英雄联盟》进行影视化改编的可能性”。③贝塞斯达软件公司也承认，其旗下《上古卷轴》系列在很长时间以来收到过很多次改编电影的邀请。④即便是对《魔兽》表达了不满，暴雪公司的电影热情也丝毫未减，其故事开发总监詹姆斯·沃（James Waugh）在接受记者采访的时候

① 湖北省新闻出版广电局、武汉大学国家文化发展研究院：《2015年湖北省新闻出版广电发展报告》，武汉大学出版社2016年版。

② 《果然王者荣耀！3 212家上市公司净利比不上腾讯一款手游，2亿人上瘾，比股民还多》，凤凰网，2017年6月22日，http://news.ifeng.com/a/20170622/51302797_0.shtml。

③ 《腾讯坦言只要Riot同意〈英雄联盟〉将有望拍成电影》，新浪游戏，2016年6月13日，http://games.sina.com.cn/hk/wlyx/2016-06-13/doc-ifxszmaa1944969.shtml。

④ 《想要看上古卷轴电影？除非彼得杰克逊亲自出马》，3dmgame，2016年8月10日，http://www.3dmgame.com/news/201608/3583272.html。

表示，热门游戏《守望先锋》的电影化正在推进中，其他暴雪游戏如《暗黑破坏神》《星际争霸》等未来也有电影化的可能。[①]《魔兽》已经悄然打破电影业界的旧秩序，新格局或许会被游戏业主导。

游戏产业也在积极拓展新的产业领域，近年来炙手可热的直播业就是其中翘楚。在短短数年前，"直播"在普通人眼里还仅仅指电视直播。人们想要观看综艺节目、体育比赛还是得打开电视。过去电子竞技长期发展受阻，就与电竞赛事被隔离出电视直播密切相关。随着游戏产业不断成熟，游戏玩家数量急剧扩大，"观看别人玩游戏"成了一个热门的需求。最早，玩家们还仅仅能在 YouTube、优酷等视频网站上观看其他人制作的视频，很快，玩家们不满足于这种被动的、不及时的、低互动的观看模式，新的模式呼之欲出——这就是网络直播。yy 语音、Justin.tv 最早在直播领域做出了尝试，随后斗鱼、Twitch 等直播平台建立起了相对成熟的网络直播模式。脱胎于游戏产业的网络直播，很快发展壮大，从单纯的"看别人玩游戏"发展成集体育、综艺娱乐、教育、新闻等多领域的综合型新媒体，彻底改变了传媒业格局。根据《中国新媒体发展报告(2017)》，当前中国的网络直播迎来爆发式增长，截至 2016 年，用户规模达 3.44 亿，市场规模约 150 亿元人民币。报告预测，到 2020 年，中国的网络直播将成千亿级大产业，生长空间巨大。[②]

从电子竞技到游戏外设，从魔兽世界手办到初音未来演唱会，游戏产业的根须已经扎进文化产业界的各个领域。显然，在这场各个文化产业领域相互竞争社会资源的大战中，游戏产业正在与传统领域拉开差距，从边缘逐渐走向主流。

4. 游戏产业具备显著的经济效益和社会效益

前文所述，游戏产业蕴含高价值的文化资源创新，与科技结合极为紧密，善于实现跨领域发展，拓展新的产业领域。这些优势综合起来，会产生整个文化产业界都为之震撼的经济效益和社会效益。巨大的经济效益和社会效益，是游戏产业在文化产业社会资源竞争中脱颖而出，最终实现主流化的根本原因。

根据腾讯 2016 年财报，腾讯全年总收入为人民币 1 519.38 亿元(219.03 亿美元)，其中网络游戏收入为 708.44 亿元，占总收入的 47%。[③]2017 年第一

① 《暴雪故事开发总监专访：守望先锋电影正在推进中》，爱玩网，2016 年 6 月 10 日，http://w.163.com/16/0610/15/BP76NNII00314906.html。

② 中国社科院新闻与传播研究所：《中国新媒体发展报告(2017)》，社科文献出版社 2017 年版。

③ 腾讯控股有限公司：《腾讯公布 2016 年第四季度及全年业绩》，2017 年 3 月 22 日。

季度财报显示，腾讯客户端网游收入141亿元人民币，同比增长24%；智能手机游戏收入129亿元，同比增长57%。①不难看出，在这个中国市值最高的互联网企业里，游戏产业是其最具盈利能力的核心部门。伦敦风险投资公司Atomico于2017年6月8日发布报告称，2016年全球计算机游戏营收首次突破1 000亿美元，中国以6亿玩家246亿美元营收，超越美国成为全球最大游戏市场。②

面对如此惊人的经济效益，政府和企业纷纷转变态度。整个2016年，政府连续出台多项政策扶持游戏产业发展，其密度和力度之大在国内文化产业界极为罕见。2016年4月15日，国家发改委发布《关于印发促进消费带动转型升级行动方案的通知》，明确指出“在做好知识产权保护和对青少年引导的前提下，以企业为主体，举办全国性或国际性电子竞技游戏游艺赛事活动”。③2016年7月13日，国家体育总局发布《体育产业发展“十三五”规划》。④规划指出“以冰雪、山地户外、水上、汽摩、航空、电竞等运动项目为重点，引导具有消费引领性的健身休闲项目发展”。文化部在2016年《关于推动文化娱乐行业转型升级的意见》中开放游戏设备的生产和销售限制和游艺娱乐场所的布局限制，并要求各省级政府确定3至5个重点城市，各重点城市应当分别发展3至5家歌舞娱乐转型升级示范场所和游戏游艺转型升级示范场所。⑤在中央政府的政策引导下，地方政府也纷纷跟进。2017年4月，重庆忠县宣布联合大唐电信投资14亿元打造国内第一家电竞小镇，并将成为未来5年内全国移动电子竞技大赛CMEG的总决赛地点。一时间电竞小镇成了热门话题，自2017年4月起，在短短两个月内，安徽芜湖、江苏太仓、河南孟州三地也公布了建设电竞小镇计划，除了芜湖市尚未公布投入成本外，其余三个电竞小镇总投资额已经超过59亿元，平均一座电竞小镇将近20亿元的投入。⑥在2018年，在中国最大的电竞联赛LPL英雄联盟职业联赛的联盟化背景下，已经有重庆、成都、西安、北京4座城市仿照NBA模式建立了联赛主场，其中曲江新

① 腾讯控股有限公司：《腾讯公布2017年第一季度业绩》，2017年5月17日。

② 《中国成全球最大游戏市场》，《经济日报》，2017年6月5日。

③ 国家发展与改革委员会：《关于印发促进消费带动转型升级行动方案的通知》，国家发改委官网，2016年4月15日，http://www.ndrc.gov.cn/zcfb/zcfbtz/201604/t20160426_799488.html。

④ 国家体育总局：《体育产业发展“十三五”规划》，国家体育总局官网，2016年7月13日，http://www.sport.gov.cn/n10503/c733629/content.html。

⑤ 文化部：《关于推动文化娱乐行业转型升级的意见》，文化部官网，2016年9月13日，http://zwgk.mcprc.gov.cn/auto255/201701/t20170118_483653.html。

⑥ 《总投资超59亿，建设成本超20亿，电竞小镇真值这个价吗》，《玩加赛事》，2017年6月13日，http://www.wanplus.com/article/52040.html。

区政府甚至专门为入驻的 WE 俱乐部举办了盛大的入城仪式。政府的积极支持也促使无数企业纷纷加入游戏产业，如进入游戏产业较晚的阿里巴巴集团，看到竞争对手腾讯在游戏产业上的辉煌战果，也组建阿里电竞，并获得亚运会电竞项目的承办权。各大媒体也从过去单纯的批判游戏，转变成较为客观地看待游戏。

在游戏产业主流化水平较低的年代，游戏产业被认为是缺乏正面社会效益、存在大量负面效益的“电子海洛因”。在游戏产业缺乏社会影响力和发声渠道、政策支持的不利条件下，这种舆论很容易得到年长一辈的人们支持。尽管有许多有识之士通过各种方式试图为游戏产业正名，甚至与反对游戏的专家正面碰撞，如女作家及魔兽世界公会会长陈岚（网名深海水妖）与戒网瘾专家辩论“网游是否该被封杀”事件，但是这很难改变主流社会的看法。当然，游戏产业的主流化，决不是几场辩论就能解决的，产业的问题必须通过产业发展才能解决。随着时间推移，越来越多的学者开始认真看待游戏产业的社会效益。2008 年，华中师范大学、北京邮电大学、文化部文化市场发展中心联合开展的《中国网吧、网络游戏调查报告》①研究课题，较早全面研究游戏产业的社会影响，肯定了游戏产业对于青少年成长存在正面效益。随后，学术界与主流媒体逐渐改变了过去的负面态度。

从科学角度而言，电子游戏是一种人的脑力运动，对于人的智商开发大有裨益。2015 年，电子科技大学神经信息教育部重点实验室宫殿坤博士及其团队的研究成果《动作类视频游戏可增加脑岛的灰质体积并增强其功能连接性》，被 4 月 16 日出版的 Nature 出版集团下属刊物 *Scientific Reports* 刊登。该研究结果表明，动作类电子游戏使用经验可能会改变相关脑区和脑网络，提高注意和感觉运动功能等认知功能。宫殿坤等认为，这些增强非常具有迁移到日常工作和生活中的可能，这与其他类型的学习具有相同的迁移机制。因此，未来部分动作类电子游戏将有机会作为一种相对方便、廉价的替代手段去干预认知缺陷疾病（如注意缺陷、脑瘫、老年痴呆等），还有可能作为一种非传统的学习方式去提高儿童的认知功能和延缓老年人的认知老化。②国外也有大量学者证明电子游戏对于大脑开发存在显著作用，如达夫妮·巴韦利埃和肖恩·格林在 The Brain-Boosting Power of Video Games 一文中提出电子游

① 华中师范大学、北京邮电大学、文化部文化市场发展中心：《中国网吧、网络游戏调查报告》，2008 年。

② 宫殿坤，“Enhanced functional connectivity and increased graymatter volume of insula related to action video game playing”，《中国科学基金》（英文版），2015 年第 3 期。

戏能够显著提升大脑技能,改善认知障碍等大脑缺陷。①

从社会角度来看,现代电子游戏强调对抗和合作,对人的能力提出了全方位的要求,即便在娱乐中玩家也能得到锻炼。电子竞技项目、即时战略游戏《星际争霸 2》需要玩家在保持高强度操作的同时,制定战略战术,揣摩对手想法。目前最为流行的竞技游戏《英雄联盟》需要一个 5 人队伍在一局游戏里保持紧密协同,在统一指挥的情况下与另一个 5 人队伍斗智斗勇。2016 年火遍全球的射击游戏《守望先锋》,需要玩家能够反应敏捷,在 10 分钟左右的游戏时长里保持高度专注,同时与另外 5 名队友形成紧密配合。这也是这些游戏会发展成电子竞技的关键原因。

从教育角度上讲,游戏产业在许多情况下能够填补传统教育的空缺,普及各方面知识,促进人的全面发展。前文提到《人民日报》微博发表的《荆轲是女的?小学生玩〈王者荣耀〉还能学好历史吗?》一文中,批评《王者荣耀》大改历史人物形象,有误导青少年嫌疑。作为一部架空世界观的游戏,《王者荣耀》所塑造的历史人物形象的确与史实相距甚远,但是也的的确确起到了普及历史文化的教育作用。日本光荣公司制作的以三国为背景的游戏《三国志》迄今为止已经延续 13 代作品,其影响力遍及中华文化圈,甚至在纪录片《三国的故事》里专门提到其特殊的宣传作用。只要一部游戏提到历史文化,就会极大地激发青少年的好奇心,如果加以正确引导,必然较传统说教方式事半功倍。事实上,《王者荣耀》为维护品牌形象,对游戏进行了大规模的改进:不仅在游戏里的英雄故事页面上添加了“查看历史上的 TA”功能,微信公众号“王者荣耀”2018 年 2 月就增添了“为你读诗”栏目,该栏目会请游戏角色的配音演员来朗诵与角色相关的诗词。在微信文章中,不仅有读诗的视频,还有诗词原文、翻译、作者介绍和解读。此外,《王者荣耀》还推出、筹备了“煮酒论王者”“王者历史课”等视频栏目。市面上也存在许多对史实拟真向的游戏,如 The Creative Assembly 开发的《全面战争》系列,Paradox Entertainment 开发的《欧陆风云》系列、《钢铁雄心》系列、《维多利亚》系列,这类游戏的卖点就是历史文化的拟真,很大程度上甚至可以当作历史教科书的补充。国外学者罗纳德·斯梅尔顿(Ronald Smaldone)甚至通过研究,明确指出电子游戏用于科学教育极为有效。②游戏本身绝不可能取代传统正规教育模式,但是其巨大的知

① Daphne Bavelier, C.Shawn Green, “The Brain-Boosting Power of Video Games”, *Scientific American*, 2016(315), pp.26—31.

② Ronald A. Smaldone, Christina M. Thompson, “Teaching science through video games”, *Nature Chemistry*, 2016(9), pp.97—102.

识普及作用也不应忽视。

游戏产业巨大的经济效益和社会效益，是传统文化产业领域所不具备的。一个社会如何分配它有限的社会资源到各个文化产业部门，归根到底是依照其经济效益和社会效益大小。文化产业主流化问题，其实是各个产业领域竞争其经济效益和社会效益的过程。凭借巨大的经济效益和社会效益，游戏产业不断向主流文化迈进。

四、结语

游戏产业是现代科技发展的产物，天然地适应了现代科技条件下的文化产业发展规律。在游戏产业发展初期，其主流化水平低下，社会资源竞争力不强，在国内发展遭到重重阻碍。但是经过短短数年发展，以电影《魔兽》和电竞加入亚运会为标志，其主流化趋势已经伴随日益增长的经济效应和社会效应而不可阻挡。游戏产业实现主流化水平的提高，是因为其拥有价值极高的文化资源，与科技结合极为紧密，善于实现跨界发展和拓展新的产业领域，在以上三点的基础上实现巨大的经济效益和社会效益。时至今日，游戏产业尽管已经大大提高了主流化水平，但是与传统的占据优势的文化产业领域仍然存在差距。游戏产业的主流化仍然有很长的一段路要走。学术界和政府部门也需要转变观念，积极地适应游戏日益主流化的时代，改变过去的一味批判的态度，认真、客观地看待游戏产业和游戏产业影响下的文化产业格局。未来的电影市场，还会有越来越多的《魔兽》；未来的体育界，还会有越来越多的 SKY、UZI；未来的游戏市场，还会有越来越多的《王者荣耀》；未来的世界文化产业市场，还会有越来越多的游戏玩家。

From Marginalization to Mainstream: the Role Transition of Game Industry in the Community of Chinese Cultural Industry

—Exampled by the Popularity of Warcraft and the E-sports Which Become a Formal Event of the Asian Games

Liu Yutang　Zhou Xuexin

Abstract: Over the years, game industry was in an awkward situation in the community of Chinese cultural industry. On one hand, the game industry developed rapidly with more and more game players; on the other hand, it never gained its due reward from the mainstream society whose criticism and discrimination were always there.

The film Warcraft, published in June 2016, was a big hit in China and E-sports became a formal event of the Asian Games in April 2017, which will be held in Hangzhou in the year of 2022. These two events prove that game industry has developed into mainstream from marginalization. The paper tried to simply analyze the mainstreaming trend of the game industry in the community of Chinese cultural industry from the perspective of cultural industry development.

Key words: game industry; cultural industry; mainstreaming trend; Warcraft; E-sports

书　　评

第27卷

Commentary on Cultural Industry in China

新时代构建国家文化产业体系的思考
——评胡惠林《文化产业发展的中国道路：理论 政策 战略》

中国传媒大学 齐 骥

［内容提要］ 后全球化时代，中国亟须构建文化领域的全球发展秩序，重塑战略价值的全球治理结构。构建国家文化产业体系，选择更好的“文化产业发展的中国道路”，体现中国发展的制度优势，是新时代文化产业提出的制度性挑战和严肃性命题。作为中国国家发展全新的真理性实践，文化产业以鲜明的制度性建构特征清晰地表明，理论建设牢固文化产业根基，制度变革释放出文化发展活力，政策创新重塑文化价值尺度，战略设计催生新兴文化市场，国家文化产业体系的构建，将为世界提供基于“更好的社会制度”的中国方案。

［关键词］ 国家文化产业体系；理论认知；政策规制；战略布局

胡惠林教授是我国有重要影响的文化产业理论家，文化产业管理专业学科建设的主要创始人之一。20 年执著于对中国文化产业发展的理论探索与学科建设，形成了这部摆在我们面前的《文化产业发展的中国道路：理论 政策 战略》，为我们认识和研究这 20 年中国文化产业理论发展史提供了一本有重要文献价值的文本。在人类社会已无法脱离文化产业这一社会系统而存在的时代，文化产业发展不再是外在于社会和文化的依附性力量，作为新时代社会主义文化的主体性建设，文化产业正回归本体①，而国家文化产业体系的构建却尚未完全走出“悲情化”和“意识形态化”阶段，以“战略应对”和“破解意

① 胡惠林：《文化产业发展的中国道路》，社会科学文献出版社 2018 年版，第 20 页。

识形态困境”[①]研究为主流的研究范式，使中国文化产业一直长于“疲于应对”的研究，而在国家体系的构建上却长期缺少理论强音。文化产业在改变中国文化发展形态和增长方式的同时，也将一系列重大理论问题和政策问题严肃地摆在我们面前。[②]胡惠林教授的《文化产业发展的中国道路：理论 政策 战略》在国家文化产业体系构建上进行了系统深入，既富有开创性又富于比喻性的长期思考。尽管诸如推动文化产业正义、构建文化产业发展生态、优化文化产业时空结构、加强国家文化治理和保障国家文化安全等一系列议题，常常见诸近20年来胡惠林教授的文献和讲稿中并引领了理论界学术讨论的思潮，但《文化产业发展的中国道路》的确不是一本一般意义上的论文汇编集，正如当前这本作者写了整整20年的书稿一样，这一大部头的专著一直以来坚守着一个核心问题——文化产业发展的中国道路。20年来，胡惠林教授每一组理论话题提出引发的热议，每一处文化现象激发的学术商榷，每一次学术发声获得的舆论关注，与其说是对策研究，不如说是以系统性的理论构建导入前瞻性的前沿研判，并由此对国家文化产业体系的构建，做出预警，产生影响，并对于文化改革发展和文化产业发展20年来的历程做出有力的注解。

一、重新认识中国文化产业理论演进和体系构建

近20年来，我国文化产业学术思想和学术体系经历了从形成到发展，从理论初建到集体反思的阶段。从学界提出文化产业的概念界定到对“文化产业”以及与其相近的诸如“创意产业”“数字文化产业”“文化创意产业”等概念的探讨，到国家统计局和中宣部联合发出《关于加强和规范文化产业统计工作的通知》，提出坚持以文化属性定位定向，继续统一使用文化产业概念的规范发展，文化产业体系构建开始进入规范表达阶段。而从学者对文化产业发展属性的探讨和对文化产业各发展阶段特征的关注，到对文化产业发展全方位的理论探讨以及力图构建一个系统的从学科建设到人才培养，从理论探索到实践应用，从学术创新到决策反馈的文化产业发展框架，对立足中国文化产业发展的文化产业体系构建的呼吁也更为迫切。毫无疑问，胡惠林的《文化产业发展的中国道路》是一部具有学术编年史性质的专著。

但事实上，在将文化产业的发展融入国家经济发展的洪流和社会变革的

① 胡惠林：《文化产业发展的中国道路》，社会科学文献出版社2018年版，第22页。

② 胡惠林：《文化产业发展的中国道路》，社会科学文献出版社2018年版，第2页。

时代的过程中，回顾文化产业发展的历史、审视文化创新突变现实、展望文化产业处于"十字路口抉择的转型期"[①]，当下文化产业理论研究进入"疲劳期"[②]的现实问题，也常常引发我们的研究之惑和理论之辩。在全球化和城镇化快速演进，科技迭代和环境危机掀起新的利益博弈，"中等收入陷阱"和"修昔底德陷阱"[③]带来发展难题和影响未来走向的背景下，文化产业在当代中国的发生和成长，不但是"解决和克服经济结构战略性调整中遭遇结构性矛盾和体制性障碍"[④]而提出的经济战略，而且在回答国家发展的规律性问题，重塑国家文化战略的核心价值观中，展示出着眼于国家意识形态安全、治理国家危机的特殊性质。而综观当前文化产业理论研究，学界不可避免进入一个学术思想理性发声、系统进阶踟蹰不前的时期。在经历了"国家战略需求转型导致对于文化产业发展启蒙式需求，使文化产业研究呈现爆发式特征后，今天的文化产业发展已经获得社会普遍性认知后，所呈现出的"文化产业理论的实践解释力下降现象"[⑤]，导致文化产业理论"疲劳期"的出现。

在文化产业现实建构随着全球科技迭代不断加快、业态更新层出不穷的战略背景下，对构建国家文化产业理论体系的思考问题，将从世纪之交对文化产业创新战略的拷问，进入美好生活维度下和改革开放 40 年语境中对文化产业创新体系的呼吁，从立足文化产业正义的价值实现，进入面对后全球化时代诸多发展困境和安全困境下，以国家文化产业体系构建促生文化产业"自然规律"科学缓释，激发文化产业"革命表现"秩序赋能的新阶段。[⑥]构建科学、系统的国家文化产业体系，科学解释和有效引领文化产业发展的中国道路，克服文化产业理论"疲劳期"，是《文化产业发展的中国道路》所着力探索的。

然而，选择什么样的"文化产业发展的中国道路"始终是一个难以解答的斯芬克斯难题。一方面，全球化话语体系中的中国文化产业，不可避免在资本主义生产方式和资本主义文明为人类世界文明进步提供文化产品体系、文化产业体系和文化市场体系的历史逻辑下，难以依靠完全创新获得世界文化竞

① 胡惠林：《文化产业发展的中国道路》，社会科学文献出版社 2018 年版，第 463—477 页。

②⑤ 段莉、胡惠林：《中国文化产业研究是否进入学术疲劳期——基于学科概念体系的研究》，《东岳论丛》2013 年第 8 期。

③ 胡惠林：《文化产业发展的中国道路》，社会科学文献出版社 2018 年版，第 3—40 页。

④ 胡惠林：《文化产业发展的中国道路》，社会科学文献出版社 2018 年版，第 13 页。

⑥ 胡惠林提出自然生成的文化创新周期和激烈的革命表现两种类型的文化创新周期律，是一个极富创见性的提法。见胡惠林：《文化产业发展的中国道路》，社会科学文献出版社 2018 年版，第 465 页。

争中的思想市场而一直在供给侧处于价值链低端位置上，另一方面，中国经济社会发展的战略导向下的文化产业，一度踟蹰在意识形态逻辑和市场经济逻辑的纷争中，在跨越“意识形态之坎”①的过程中不断展开的“矛盾的丰富性”②，构成和形成我国文化产业研究的问题对象来源，而其中的每一个节点上的关键性问题，及其由此引发的学术讨论、理论证明及学术圈对决策圈制度创新、战略选择的参与和影响，都构成近 20 年来我国文化产业系统理论构建的铺路石。

随着改革开放 40 年开启新发展理念下中国经济、社会和文化发展进入新阶段，在经济发展领域供给侧结构性改革深入推进，产业发展质量和效益不断提高的同时，我国文化产业也跨过“意识形态之坎”并历经了产业快速发展和规模迅速扩张的阶段，正进入时空特征发生突变的深度转型时期。新时期中国文化产业如何以完整的制度形态和制度系统，实现文化产业更好的表达方式和实现载体，为“人类对更好的社会制度探索提供中国方案”③给出重要的文化价值尺度和文明标准体系，是中国文化产业的承诺和责任。

胡惠林教授的《文化产业发展的中国道路》正是立足新时期改革发展时代中，中国文化产业处于“十字路口抉择期”，而开展的基于理论、政策和战略的系统研究和科学论述。《文化产业发展的中国道路》在理论体系的构建层面，立足全球化科技迭代的发展尺度和本土化传统文化的哲学智慧，将复杂晦涩的理论创新演变为深入浅出的“方程解答”和娓娓道来的“文化介质”——借助时空动量、科技哲学、人文地理推演文化产业运动，仿佛一种不接的触酶，开了以创新思维筑牢文化产业体系之基、以工具思维重构文化产业秩序之列、以跨界思维触发文化产业之力的先河；在政策支柱的搭建层面，则回归文化产业本质，以实现“国家文化治理”为方向，以重建人与社会和自然的精神关系和精神秩序为两翼，围绕“政府、市场与科学技术化”三个维度的文化政策视角，通过主动寻求一种创造性文化增生的范式实现文化的包容性发展的永续动能，构建文化产业政策的“四梁八柱”；在战略设计的规制层面，充分把握中国社会主要矛盾转化为人民日益增长的美好生活需要和不平衡不充分的发展之间矛盾

① 胡惠林认为，意识形态问题始终是影响和制约中国社会主义文化发展和文化建设道路选择的大问题，并提出“意识形态之坎”是很大程度上决定文化产业发展的中国道路性质的问题。见胡惠林：《文化产业发展的中国道路》，社会科学文献出版社 2018 年版，第 480 页。

② “矛盾的丰富性”的提出是依据胡惠林指出的“中国文化产业无论产业形态、产业结构，还是产业制度、产业政策等方面，都还没有充分地展开它的矛盾性和无限的丰富性”。见胡惠林：《文化产业发展的中国道路》，社会科学文献出版社 2018 年版，第 8 页。

③ 胡惠林：《文化产业发展的中国道路》，社会科学文献出版社 2018 年版，第 475 页。

的现实问题，却并未囿于中国文化产业“战略应对”和“破解意识形态之困”①的研究范式，而是立足于理论和政策的整体研究和系统设计，理性提出中国文化产业发展的策论建构的基本原理，既避免了因理论前线和政策空洞难以基于战略长远指导的不足，又避免了“两种文化产业创新律”和“两种文化产业周期律”存在的自身缺陷和固有短板，从而将新时代的文化产业导向“社会化、多边发展”②的均衡发展道路。

二、以创新思维寻找中国文化产业的理论触酶

改革开放带来国家政治和经济结构的巨大变动，也带来中国文化形态的巨大变动。在文化体制改革不断深化和社会主义市场经济体制改革目标提出并明确后，中国文化产业理论与政策问题在当代文化经济建设与文化市场发展过程中逐渐凸显并进入学术研究视野。随着文化产业在中国经济结构的战略性调整中逐渐扮演越来越重要的角色，文化产业形态的不断丰富、业态的不断迭代、产品的不断创新和服务的不断升级，对学术研究和理论建设提出了更高要求，文化产业体系的构建成为引导文化产业创新和文化成果转化的最为现实的发展需求。

从理论视角看中国文化产业的学术建构，我们常常发现，尽管近 20 年来学术界深入研究当前文化产业发展面临的现实问题，积累的发展经验，遭遇的文化冲突，并试图把文化产业的基础研究和应用研究有机结合起来，以应用研究促进基础研究，以基础研究带动应用研究，通过搭建文化产业理论研究与现实生产之间的桥梁，使文化产业理论体系的建设在具有国际视野、中国特色的基础上，能够形成具有中国特色的文化产业的学术框架。但事实上，随着文化产业成为经济发展的战略性产业，人们对文化消费多元化的需求和文化产业丰富性的要求更加强烈，文化产业进入以“美好生活”为导向的新历史时期，文化产业理论研究却陷入困境。一方面，文化产业理论常常呈现应景式研究取代基础性研究、快餐式研究取代本质性研究等现象，学者往往盲目跟从产业热点和现实焦点问题研究，难以秉持“坐冷板凳”的研究精神，对文化产业进行跟

① 胡惠林：《文化产业发展的中国道路》，社会科学文献出版社 2018 年版，第 22 页。

② “社会化”的“多边发展”的均衡发展道路是相对于“经济化”的“单边发展”的非均衡发展道路而言的，指的是以多元的价值建设为导向，以复合的文明发展为衡量标准，把文化产业界定为文化发展的载体形态纳入文化战略的发展轨道，以市场经济的方式发展文化产业，提升人民精神文化消费需求的文明质量。见胡惠林：《文化产业发展的中国道路》，社会科学文献出版社 2018 年版，第 33 页。

踪式、长效性研究。另一方面，文化产业理论研究的体系化构建任重道远，大部分学者将跨学科背景的理论经验引入文化产业理论研究，拓展了文化产业研究的方法和领域，但文化产业本质及其演化层面理论体系的薄弱，使跨学科研究影响了学术研究专业性和理论构建系统性的深化。

正是因为文化产业行业迭代速度之快、全球环境转变之快、文化政策更新之快，让文化产业作为战略性新兴产业持续获得资金关注和政策支持，却让文化产业体系构建问题不断延迟，而如果没有起底于牢固的理论之基的体系建设，快速应景的对策研究只能如同断线的风筝失去长远发展的方向。只有立足于文化产业战略价值、把握文化产业本质及其演化基础上，系统构建国家文化产业体系，从根本上回答中国文化产业创新之道。《文化产业发展的中国道路》在理论体系的构建层面，开了以创新思维筑牢文化产业体系之基、以工具思维重构文化产业秩序之列、以跨界思维触发文化产业之力的先河。

《文化产业发展的中国道路》以文化产业在"改变经济增长与经济发展的动力结构与动力形态"和"为社会生产力的解放和创造性提供动力源"两种"社会发展的文化生产力形态"的表现[①]，作为认识和理解文化产业本质的基础和依据，将全球化和人类社会全球史进化作为文化自觉精神力量，将数字化和科学技术发展史作为文化创新的驱动力量，借此，文化产业既是一种全球史的折射和书写，体现出在改变和塑造全球发展进程中力量结构的巨大作用，又是一种科技史的生产和表达，反映出在借力和反馈科技进步进程中创造性生产的革命性意义。在这一逻辑框架下，"社会发展的文化生产力形态"所衍生出的"传统、现代、新型三种文化产业形态，既相互影响，又相互区别，构成一个完整的社会文化生态系统"。[②]这无疑是对文化产业的本质——精神内容生产的注解，更是对文化产业生命长度和生命周期的注解，在文化产业被赋予"生命力"的一刻，传统文化业态不断通过现代性加以丰富，创造出新的生命形态，并融入新的情态布局以完成生命迭代。

《文化产业发展的中国道路》以"文化经济行为中的关系和价值认知，与其在实践中的积极态度的非对称性的和非均衡发展"[③]为依据，创造性地提出了时间与空间文化经济学，解释了文化产业发展的时代性、文化产业布局的地域差异性和文化多样性，更赋予了超越时间与空间的急剧变动下，认识时间概念

① 胡惠林:《文化产业发展的中国道路》，社会科学文献出版社 2018 年版，第 93—98 页。
② 胡惠林:《文化产业发展的中国道路》，社会科学文献出版社 2018 年版，第 98 页。
③ 胡惠林:《文化产业发展的中国道路》，社会科学文献出版社 2018 年版，第 159—174 页。

和重视空间效率的中国文化产业驱动创新和转型的力量。时间逻辑的关键在于延续历史文脉并链接未来生活，是一种将历史的时间坐标不断拉伸，将传统文化赖以生息的原生状态不断延展，从而实现在社会历史发展的过程中，不离本土的动态保护、更迭创新的文化创新语境。空间逻辑的主旨是通过复现历史地景，诠释文化肌理，构建一种文化与日常图景深入融合的空间正义，实现人与人所生活的场域相对平等、动态地享有文化空间权利，相对自由地进行空间生产和空间消费的理想状态。从这一维度看，似乎时间和空间这两组关系，可以解释文化产业运动中一切规律和现象，这无疑是当代中国文化产业理论领域最具价值的理论创新。

三、以系统逻辑搭建中国文化产业的政策框架

改革开放以来，“与社会主义市场经济体制相适应的新的文化发展观”成为见证中国现代性转型的重要维度之一，也勾勒出中国文化产业国家体系构建的发展地图。随着中国经济进入新常态，经济社会发展越来越呈现出以文化科技创新为主导的特征，单纯依赖需求端已经不能满足经济发展要求，传统的货币、财政宽松政策对经济贡献的边际效应也呈现递减趋势，在这一阶段，提升经济发展质量和提高产业发展效率，“既不能像凯恩斯学派那样单方靠财政刺激需求，也不能学供应学派那样完全靠市场去创造需求”①，探索供需协调的创新之路势在必行。文化领域也不例外，如何实现文化产业生产和消费端的平衡，供给和需求侧的协同，成为当前和今后一段时期文化产业科学发展、高效发展的关键。围绕新时期文化产业结构特点，设计科学有效文化政策，提高文化政策精准程度、加强文化政策执行能力、提高国家文化治理效能，为文化产业发展提出了严峻挑战。②

文化产业结构优化升级是一个循序渐进的过程，既需要中长期的制度构建和前瞻性的顶层设计，也需要对原有的制度进行新陈代谢，对存量资源和沉积库存进行去除消化。改革开放以来，“中国经历了从不提文化产业，到肯定文化产业，再到大力发展和加快发展文化产业的政策演变过程。这不仅是国家对文化产业态度与认识及其政策的一般性演变，而且是国家治理观和国家

① 杨承训、承谕：《紧紧依靠科技提升质量、协同供需》，《红旗文稿》2014 年第 17 期，第 17—18 页。

② 齐骥：《文化产业促生经济增长新动力研究》，《山东大学学报》（哲学社会科学版）2017 年第 5 期。

文化治理观的一次深刻变革”。[1]新时期文化产业的政策框架以国家治理体系为依据，以着力解决文化体制改革过程中“政府失灵”和“市场失灵”双重困境，文化产业“有效供给”不足，必须从文化产业的运行源头和运行结果、长远转型和近期发展的角度，进行系统的制度设计和完善的政策规制，以实现文化产业的双效统一、双端发力。[2]

《文化产业发展的中国道路》针对我国文化产业发展高度复杂性[3]的特征，从文化产业的战略价值出发，以发展文化产业的战略维度为视角，回归文化产业的文化制度建构与解构性，落脚文化产业创造的精神空间的秩序和规则，阐释出文化产业政策的本质问题和实践方向。例如在宏观层面，当前中国文化产业政策存在的部分行业政策缺失、政策针对性不足及措施偏软以及政策缺乏必要的稳定性和连续性等问题，一直制约着文化产业政策的体系化构建。在中观层面，文化政策制定往往“一刀切”，难以完全考虑到文化产业不同行业特性差异较大、城乡差异较大以及区域间市场成熟程度不同而导致的文化产品及服务发展路径差异性较大的特点，难以实现文化产业的均衡、均质发展。《文化产业发展的中国道路》立足我国经济发展不均衡所导致的文化产业产能与供给的空间分布不均衡的突出问题，跳出了单一区域文化产业发展的限制和个别地区文化产业发展成功经验和模式的制约，围绕更好地探索和建立以制度创新为核心的政策体系，提出了“政府、市场与科学技术化”三个维度的文化政策视角，为以“有形之手”破除“市场失灵”，以“无形之手”解决“政府失灵”，提供了有效的解决方案。特别是围绕“技术长波理论与文化产业成长周期”的数据分析和发展研判，无疑是一种在传统的需求管理还有一定作用和优化提升空间的语境下，进行系统化的、供给侧视角下的政策框架思考，其意义更在于一种前瞻性研判和警醒式反思。作者回答了新一代信息技术迭代背景下文化产品和服务的市场规律和发展特点，为提高市场对创新行为的引导和甄别能力提出了预警，也为数字文化产业政策的着力点提出了方向。

《文化产业发展的中国道路》以系统性逻辑搭建基于国家文化治理制度下

---

① 胡惠林：《文化产业发展的中国道路》，社会科学文献出版社 2018 年版，第 73 页。

② 齐骥：《我国文化产业供给侧结构性改革的探索与思考》，《福建论坛》（人文社会科学版）2016 年第 8 期。

③ 进入 20 世纪 90 年代以后，文化体制改革面临错综复杂的局面，我国文化体制改革逐步涉入文化领导体制、文化业务管理体制、文化财政体制、文化市场管理体制、文化单位内部机制等在内的广阔领域。文化体制改革在国家层面涉及意识形态安全和国家文化安全，因此改革的过程就显得犹为复杂。见胡惠林：《中国国家文化安全论》（第十章），上海人民出版社 2005 年版。

政府、市场和社会多方协同的政策框架，以期能够从顶层设计角度，实现文化产业管理决策过程的科学化、民主化、法制化，在本质上赋能文化产业制度供给的动力。制度创新是最为重要的经济发展"发动机"之一，良好的制度环境是提高文化产业经营效率的重要保障，还是文化创意迸发、文化创新涌现的强大诱因。加快转变政府职能，处理好政府与市场的关系，以文化治理实现文化产业发展方式的优化，既是文化产业供给侧制度变革的核心，也是文化政策创新的重点。《文化产业发展的中国道路》将作为文化治理的文化产业在"满足于人们日益增长的精神文化消费需求的多样性，克服和消除单一的以意识形态为唯一价值导向的文化发展模式"探索上，做出了后全球化时代的先进性探索。实际上，建立"文化治理体系"是国际上通行的成功的社会参与文化管理形式，也是推进国家治理体系和治理能力现代化的重大举措。改革文化治理模式，以市场经济的方式实现文化的政治、经济和社会的价值性转换，进而改变和重塑国家治理模式——服从于国家根本战略利益发展需求，平衡与协调人、社会、国家三者之间在政治、经济、社会、文化与生态之间的文明互动关系[①]，既是作者的期望，也是中国国家治理的必然。一个理想的文化产业政策框架的构建，必将以主动寻求一种创造性文化增生的范式实现文化的包容性发展，积极激活文化治理的能动力，最大限度地突破利益集团对文化市场不公平的"定价权"，充分释放文化市场的公平与正义[②]为逻辑起点，从而全面释放经济社会的发展活力，实现文化领域的全面发展。

四、以理性尺度赋能中国文化产业的战略转型

改革开放以来，中国文化产业迅速发展，已经成为国家经济社会发展战略的重要组成。党的十五届五中全会"关于'十五'计划的建议"是文化产业进入国家发展战略视野的重要标志；十六大报告提出"文化事业和文化产业"并重并在报告中多次使用文化产业概念；十六届四中全会提出"解放和发展文化生产力"；十六届五中全会提出发展文化产业的一系列任务；十七大将文化产业上升到国家文化软实力的认识高度，文化产业成为国家战略的重要组成；十七届六中全会则以文化为政治命题，集中探讨深化文化体制改革，推动社会主义

① 胡惠林：《文化产业发展的中国道路》，社会科学文献出版社2018年版，第73—89页。
② 胡惠林：《在文化发展的实践中推进文化理论的创造性发展》，《中国编辑》2015年第2期。

文化大发展大繁荣的战略路径，提出建设社会主义文化强国的战略目标。[①]十八大提出新理念、新思想、新战略，文化产业在推动国民经济保持中高速发展中发挥更加重要的作用。十九大报告进一步明确了文化建设在中国特色社会主义新时代的基本定位，并提出新时代坚持中国特色社会主义文化发展道路，激发全民族文化创新创造活力，建设社会主义文化强国的文化建设目标。“秉承中国的文化价值理念，坚持中国的文化立场，立足于当代中国的文化发展现状，思考和解决当代中国人关心的文化问题，提出中国的文化方案”[②]成为新时代文化建设的着力点。

随着文化产业在中国国民经济和社会发展中发挥着越来越突出的作用，在国家治理中产生着越来越重要的影响，中国文化产业发展战略问题，也成为国家总体战略的重要组成部分。不容忽视的是，在中国文化产业发展战略的建构和形塑中，学术研究不失为重要的推动力量。文化产业学术研究以经济社会发展的整体形势和文化思潮演进的历史进程为前置背景，这也使文化产业学术研究往往因时代特征、政策导向和动力驱动的阶段特征的不同，而呈现出较强的主题关联特征。特别是近20年来，文化产业理论研究和学术探讨对国家重大战略、经济发展走势、节点性政策发布、研判性分析研究更为敏感，对经济性、政治性、社会性、文化性和意识形态性等多重属性的反馈也更为迅速。随着新时代中国社会主要矛盾的变化，文化产业学术研究瞄准的战略重点，应当走向更具引导性的秩序层面，即以文化产业公平和正义为前提，秉持文化生命形态运动自然选择的规律，以重建人与社会和自然的精神关系及精神秩序为立足点，更多地通过解释、描述或预测文化经济现象和问题，解决复杂背景下和变化语境中文化产业发展的现实问题。

《文化产业发展的中国道路》从可持续发展的国家总体战略出发，立足于思考中国文化可持续发展的关键问题，提出了文化产业顶层设计的本质问题。当前，全球城市化的发展动力正在转型为以智慧、知识——文化软实力为主体的时代。全球化背景下，世界城市在城市形态、制度规范、市民行为等方面日趋雷同，只有文化上的区别显得尤为重要、更有价值。《文化产业发展的中国道路》以“文化生态”的规划思维指导文化产业科学规划，这种与“以GDP为导向的短期规划思维相反的文化产业可持续发展思维，优先强调和突出人的、社会的和自然的精神秩序和互相关系的完整性和有机性，优先和突出三者之间

① 齐骥:《理论与实践:中国文化产业十年总揽》(上),《学术探索》2012年第2期。

② 祁述裕:《党的十九大关于文化建设的四个突出特点》,《行政管理改革》2017年第11期。

的可持续发展和文化生态整体的安全性，优先强调国土空间健康与国民精神健康、安全和持久的公共文化利益的协调性”[①]出发而倡导的文化规划，必将为全球和谐的文化生态秩序提供全域和长效的发展样本。值得一提的是，《文化产业发展的中国道路》以“胡焕庸线”[②]对中国社会经济文化发展总量的分割所产生的空间差异为立足，提出了对文化产业发展所需要的“生态能量系统”的思考。这也恰恰是对文化产业发展的“时空经济学”[③]理论的丰富和完善。正是人的文化生产、文化消费和文化生活构成的能量释放，带动了时间延展和空间更新的能量交换，促生了文化经济新动能，更好地实现时间、空间的交融，为区域更新寻找到新的共生方案。

秩序、科学的文化产业规划是中国文化产业实现战略转型的指南，而理性、系统的文化产业评价则是实现中国文化产业可持续发展的理论基础和政策依据。《文化产业发展的中国道路》立足于人类社会进入数据文明时代的现实环境，着力于探讨以什么样的尺度衡量中国文化产业制度的文明水平，以什么样的维度评判中国文化产业战略的执行效能，以什么样的温度赋能中国文化产业的美好生活期待。尽管统计数据的完整性与科学性是一个世界性难题，但从联合国和国际社会建立各自的评价系统、指标体系和指数来看，定量测评的理性尺度的确对理论构建和政策执行起到了更具针对性的指导意义和参照价值。而一直尚未达到科学透明理想状态的中国文化产业，一直呼唤破除难点和克服困境的权威指标的建立。2012 年胡惠林教授及其团队开始发表的《中国文化产业发展指数报告》第一次提出了“两大指标”“三个梯队”“五种类型”[④]的中国文化产业发展指数分析的理论框架与测评模型，无疑是最立足文化产业外部关系和内部关系，最贴合文化产业表征和内涵的一种科学诠释。事实上，数据挖掘的意义和科学评价的价值一直引人关注，但在“中国文化产业发展集体无意识做好数据思维的准备”[⑤]之时，世界已经悄然进入大数据时代，数据思维已经成为行业发展和产品迭代重要的工具，文化产业仍深耕于“已知”领域而新兴业态已经扩大到“未知”世界。文化产业发展面临重建时空关系的“战略窗口期”，对文化产业的“数据挖掘”成为重塑中国文化产业市场资源配置、再造中国文化产业时空组群的核心要义。在这个维度上

① 胡惠林：《文化产业规划：重建人与社会和自然精神关系和精神秩序》，《东岳论丛》2015 年第 2 期。

② 胡惠林：《文化产业发展的中国道路》，社会科学文献出版社 2018 年版，第 290 页。

③ 胡惠林：《时间与空间文化经济学论纲》，《探索与证明》2013 年第 5 期。

④ 胡惠林、王婧：《中国文化产业发展指数报告》，《中国文化产业评论》2012 年第 2 期。

⑤ 胡惠林：《文化产业发展的中国道路》，社会科学文献出版社 2018 年版，第 450 页。

看，当前中国文化产业的数据分析、理性测度和科学评价的“战略性应用”仍有大量的工作要做，对下一代文化产业的对象挖掘和数据画像，仍有很长的路要走。

五、深入研究新时代构建国家文化产业体系新问题

新时代中国社会主要矛盾变化已经转化为人民日益增长的美好生活需要和发展不平衡不充分之间的矛盾。在当前制度结构、生产结构已经不能满足庞大的中等收入家庭多元化、个性化的各类新需求，而经济社会发展中因供给抑制和供给约束并存、供给不足与供给过剩并存导致的动力抑制甚至衰减的问题正逐渐变得愈加突出的境遇下，我们同时面临的还有新一代信息技术全方位地对中华文化和文明话语体系的系统性改造，及其所带来的中国文化产业前瞻性预判和科学性解释的难题。

《文化产业发展的中国道路》起底于胡惠林教授 20 年来对中国文化产业发展现实状况的本质追问和现实求索。将中国加入世贸组织后带来的制度性、政策性和战略性挑战，冷战结束后“文明冲突论”被植入学术视野带来的重建政治经济秩序对文化秩序的要求，作为构建国家文化产业体系的时代底色，这既是对中国文化产业预判和解释的前置条件，也是回答新时代国家文化产业体系建构的本质——后全球化时代发展什么样的中国文化产业。事实上，综观近年来文化产业学术探讨，学界往往将国际经验和本土特色作为两组博弈的理论，但笔者认为，正如对文化产业本质的探讨中，“意识形态逻辑”和“市场经济逻辑”一度成为典型的文化产业发展的中国问题而难以从思维理念上跨越一样，今天我们无需将全球化和本土化，世界经验和中国道路作为矛盾或博弈来对待，而是“秉持文化产业的双重视角——在全球的空间视角中思考和研究文化产业发展的中国道路，在中国的历史视角中思考和研究中国文化产业发展的现实道路”。[①]这进一步说明了构建国家文化产业体系所需要的思维范式和逻辑起点。

近 20 年来，文化产业对象的不断扩容与增量，使文化产业的边界一再被“修编”，并前所未有地渗透入中国的政治、经济和社会文化生活。[②]这也让国家文化产业体系的构建无可避免地具备了新的要素、汲取了新的动力。毋庸

①② 胡惠林：《文化产业发展的中国道路》，社会科学文献出版社 2018 年版，第 486—489 页。

置疑，文化产业横纵联合和深度交融和产业黏性，既符合经济社会发展向多元动力、混合动力发展的市场逻辑，又具备不断地颠覆原有动力结构并优化经济发展的组织结构的特征。文化产业在重构经济地理格局、打破高度甚至过度依赖资源的区域发展掣肘方面，为经济增长提供了永续动力。①究其本质，文化产业是一种以实现美好生活为目标实现动力结构变化和动量结构变化的需求。

从动力结构上看，文化产业的多重属性决定了文化产业动力结构的多元性，而文化产业政策价值取向的多样性又使文化产业动力呈现混合性，以为"经济性、政治性、社会性、文化性和意识形态性"②为多重性和多样化特征的文化产业，既遵循经济运动的基本规律，也具有文化运动的特殊法则。新时代文化产业的"现代性"表现出"文化与经济、政治和社会等活动领域之间以及文化内部各分支领域之间的传统界限不断趋于消失，从而导致所谓'逆分化'现象的出现"③，它一方面打破了传统动力的线性模式，突破单一的、静态的串联式产业链而演化为复合的、动态的并联式协作的网络，塑造文化产业行业边界消失和区域多边协作的拓扑式动力机制；另一方面打破了传统文化资源的排他型生产和消费模式，将传统生产活动和生活场景在市场化环境下转化成文化生态系统和生活美学图景，建构了"美好生活"的新秩序，文化产业已经完成产业门类向思维范式和生活美学的转换。

从动量组成上看，文化产业在叙述文化历史、塑造文化正义、诠释文化意象和激发文化动力方面表现出的动量特征，使文化产业的动量变化，必须在时间和空间之外，寻找新的激励禀赋。在相对论中，时间与空间构成一个不可分割的整体——四维时空，能量与动量也构成一个不可分割的整体——四维动量。这说明自然界一些看似毫不相干的量之间可能存在深刻的联系。文化产业生态系统也不例外。借由文化产业的物理属性构成物质动量，可以更好地阐发文化风貌，营造文化场景，成为文化时空的真实载体，借由文化产业的主体活动构成能量动量，可以更好地激励文化共享，丰富社群地景，成为文化时空的永续动力。前者以文化生活圈或领域圈（场所）构成"文化场景"，以"讲故

① 齐骥：《文化产业促生经济增长新动力研究》，《山东大学学报》（哲学社会科学版）2017 年第 5 期。

② 胡惠林：《论文化产业的属性与运动规律》，《上海交通大学学报》（哲学社会科学版）2007 年第 4 期，第 5—13 页。

③ 谢立中：《后现代性，还是新现代性？》，《清华社会学评论》2017 年第 7 辑，第 5—34 页。

事”(表达序列)①为时空关联赋予“物质”以“活态”存在和“动态”交互。后者以文化归属感为主线、以文化生活共享和文化地景再造为表现形态,以“人”的能量释放带动文化时空的能量交换。②

新发展理念下,用文化传达积极的精神信念,给人以希望和动力,用文化改革释放发展红利,洋溢着温暖和勇气。不管是文化产业的动力结构还是动量组成,都说明,新时代正在重塑文化产业的生产形式和组织形式,正在重构文化产业的生态系统和动力方程。改革开放 40 年将中国发展带入一个新的十字路口,在文化创新的伟大革命中,科学构建国家文化产业体系,将成为当前和今后一段时期文化产业学术研究和理论阐发的重中之重,没有一个科学的、体系化的文化产业,就难以通过理论创新构建文化产业政策支柱,无法通过理性评价搭建文化产业战略支撑,为文化产业制度创新寻求出路。新时代国家文化产业体系的建构,无疑将立足于新时代“美好生活”的新尺度,以人民群众对美好生活的期待和憧憬为最大公约数,作出新的选择。但毋庸置疑,文化本质上是人的生活方式,发掘释放“中国梦”的文化力量,说到底就是改进中国人的生活方式,创造一种清正的、文明的、和谐的、自由的新生活。这也是“以创新为灵魂”构建国家文化产业体系的应有之意。

Reflections on the Construction of National Cultural Industries Systems in the New Era

Qi Ji

Abstract: In the post-globalization era, China urgently needs to establish a global development order and reshape the global governance structure in cultural field. We must build a national cultural industry system and choose a better “China road for the development of cultural industry” to reflect the institutional advantages of China’s development, which is very important. Over the past two decades, the development of China’s cultural industry has shown that, theoretical construction solidifies the foundation of

① 胡惠林把中国文化产业的文明复杂性分为三重秩序:空间序列、时间序列和表达序列。其中,自然主义价值观——社会主义价值观——人文主义价值观即表达序列。

② 齐骥:《反思与重构:城镇化进程中的文化遗产与文化安全》,《中国文化产业评论》2015 年第 2 期。

cultural industry, system reform releases the vitality of cultural development, policy innovation reshapes the scale of cultural value, and strategic design promotes the emergence of new cultural markets. Definitely, the construction of a national cultural industry system will provide to the world a Chinese solution based on "a better social system".

Key words: national cultural industry system; theoretical cognition; policy regulation; strategic layout

编后记

文化产业的发展在全球风起云涌，但国内的文化产业研究主要聚焦于少数发达国家，对其他经济体的文化产业关注明显不够。2017 年 7 月，上海交通大学与西班牙巴亚多利德大学联合召开了“中国—西班牙文化政策国际研讨会”，旨在推进与西班牙及拉美葡语国家的文化产业合作研究。本卷“亚欧文化经济与政策”专辑的论文主要来自 2018 年 4 月在上海师范大学举行的第二届“中国—西班牙文化经济与政策国际学术研讨会”，内容涉及欧洲以及西班牙、哥伦比亚、智利等国的文化政策、文化经济、文化遗产等诸多方面，有些论文尽管学理性有待提高，但提供了有关国家的文化产业资料，依然具有史料价值。

本卷也不乏研究西方文化产业理论的论文，章建刚研究员的《思罗斯比如何讨论文化产品的特殊性》一文就深具思辨色彩。国内一些学者认为思罗斯比也谈及文化产品具有经济和文化的双重价值，不同于普通商品，因此不能完全市场化。这种简单的推论其实是一种误解。实际上思罗斯比认为，一切商品都具有价值二重性，文化产品并不例外；只是它们的使用价值与一般物质产品的使用价值有所不同。但仔细分析文化产品的使用价值，发现文化产品的精神性使用价值不仅具有一定的私人性，而且具有某些公共性特征，因此很难予以一次性经济价值评估。这是从商品使用价值内部分析剥离出的新的二重性。文化产品内容的这种公共性特征延缓了其市场化进程。章建刚研究员的论文初步澄清了思罗斯比著作译本中一些稍显含混的表述，有助于促进经济学与人文科学的进一步互动。

知识经济时代最重要的资源是创新创意人才。创新创意人才的多寡决定着城市发展快慢，理查德·佛罗里达（Richard Florida）、爱德华·格莱泽（Edward Glaeser）等西方学者对此都有精彩论述。问题在于，城市如何吸引聚集创新创意人才呢？美国芝加哥大学克拉克教授提出的场景理论就旨在探索通过文化场景营造，吸引聚集创新创意人才，激发创新创意，培育地区发展动力。本卷由中央党校（国家行政学院）祁述裕教授组稿的“文化场景研究”专辑六篇论文,较为系统深入地探讨了文化场景与城市发展的关系。祁述裕教授曾经赴芝加哥大学进行学术访问,与克拉克教授有过晤谈,并领衔翻译了克拉克教授的《场景:空间品质如何塑造社会生活》,对于场景理论及其中国应用多有洞见。对于一个城市来说,文化场景越丰富多样,就越有利于人才汇聚,也越有利于激发创新创意,最终将越有利于推动新经济增长和地区社会发展。

《中国文化产业评论》编辑部

2019 年 3 月

约稿启事

《中国文化产业评论》是上海交通大学国家文化产业创新与发展研究基地主办的学术理论刊物。它的任务是对当代中国文化产业发展实践中提出的重大理论和实践问题给出学术的回答，对当代国际文化产业理论研究给予中国学术界的关注，发表自己的见解。它追求的学术目标是：前沿性、学术性、原创性、公共性、先进性。

《中国文化产业评论》是一个"开放性实验室"，主张学术自由，倡导学术平等，坚持学术规范，遵循"百家争鸣"方针；主张全球性视野，贯彻发展是硬道理，突出原创品格，坚持社会关怀。本土学者和海外学人，凡是关注中国文化产业发展的，都可以在本书发表研究成果。

《中国文化产业评论》每年出版两卷。主要栏目有：理论探讨、改革瞭望、区域观察、全球环顾、文化政策研究、文化经济研究、文化治理研究、文化市场研究、文化消费研究、文化遗产研究等。

我们坚持以质取文，敬请投稿者注意以下要求：

1. 来稿格式要求规范，项目齐全，按顺序包括：文题、作者姓名、工作单位、主要研究方向、中文摘要、关键词、正文、参考文献、作者详细通信地址、邮编、电话号码、电子信箱。

1.1　文题：一般不超过 20 字，必要时加副标题。

1.2　作者姓名：多位作者之间以逗号分隔，并在篇首页用脚注注明作者简介，包括姓名、出生年、性别、民族、籍贯、工作单位、职称、学位。

1.3　作者单位：单位全称、省市名、邮政编码。

1.4　摘要：从文章中摘出其主要观点和结论，不用"本文"、"作者认为"等字样，不加评论和补充解释，200 字左右。

1.5　关键词：选反映论文主题内容的词或词组 3—8 个，关键词之间用分号分隔。

1.6　正文：来稿字数 10 000 字左右。

1.7　参考文献：参考文献置于正文之后。序号用方括号标注，引文起止

页码在正文中用圆括弧标注。如第 8 页标为(p.8),按正文中出现的次序标引,未公开发表的资料一般不宜引用。注录格式:

[期刊]作者,文题,刊名,年卷(期);

[书籍]作者,书名,出版地,出版社,出版年,页码;

[报纸]作者,文题,报名,出版日期,版次;

[论文集]作者,引文文题,主编,论文集名,出版地,出版社,出版年,页码。

1.8　注解:对正文特定内容的解释与说明采用脚注形式,按页编号,注释号①②③等标在相应正文右上角。

1.9　数字:公历世纪、年代、年月日、时刻、图表的序号用阿拉伯数字。年份不能简写。千位以上数字小数点左右每隔 3 位空 1/4 格,5 位以上数字以"万""亿"作单位。

2. 稿件若系省部级以上基金项目,需要注明项目名称、编号,本刊将优先发表上述稿件。

3. 勿一稿两投。投稿在 3 个月之内未收到刊用通知者,请自行处理,来稿不退。

4. 稿件要求用打印机打好,或用 Word 文档发 E-mail:kanghua99@hotmail.com。

图书在版编目(CIP)数据

中国文化产业评论.第 27 卷/胡惠林,陈昕主编
.—上海:上海人民出版社,2019
ISBN 978 - 7 - 208 - 15737 - 8

Ⅰ.①中… Ⅱ.①胡… ②陈… Ⅲ.①文化产业-中国-文集 Ⅳ.①G124 - 53

中国版本图书馆 CIP 数据核字(2019)第 032747 号

责任编辑 范 晶
装帧设计 范昊如 夏 雪

中国文化产业评论(第 27 卷)
胡惠林 陈 昕 主编

出 版 上海人民出版社
(200001 上海福建中路 193 号)
发 行 上海人民出版社发行中心
印 刷 上海商务联西印刷有限公司
开 本 720×1000 1/16
印 张 33.5
插 页 2
字 数 557,000
版 次 2019 年 5 月第 1 版
印 次 2019 年 5 月第 1 次印刷
ISBN 978 - 7 - 208 - 15737 - 8/G • 1961
定 价 99.00 元